THE PROTECTION OF FARMERS' RIGHTS
UNDER THE PUBLIC LAW

国家社会科学项目(一般项目)

农民权利的公法保护

THE PROTECTION OF FARMERS' RIGHTS
UNDER THE PUBLIC LAW

杨海坤 著

北京大学出版社
PEKING UNIVERSITY PRESS

图书在版编目(CIP)数据

农民权利的公法保护/杨海坤著. —北京:北京大学出版社,2015.8
ISBN 978-7-301-25986-3

Ⅰ.①农… Ⅱ.①杨… Ⅲ.①农民—权利—研究—中国 Ⅳ.①D621.5

中国版本图书馆 CIP 数据核字(2015)第 139203 号

书　　　　名	农民权利的公法保护
著作责任者	杨海坤　著
责任编辑	田　鹤
标准书号	ISBN 978-7-301-25986-3
出版发行	北京大学出版社
地　　　　址	北京市海淀区成府路 205 号　100871
网　　　　址	http://www.pup.cn　http://www.yandayuanzhao.com
电子信箱	yandayuanzhao@163.com
新浪微博	@北京大学出版社　@北大出版社燕大元照法律图书
电　　　　话	邮购部 62752015　发行部 62750672　编辑部 62117788
印　刷　者	三河市北燕印装有限公司
经　销　者	新华书店
	965 毫米×1300 毫米　16 开本　33.5 印张　498 千字
	2015 年 8 月第 1 版　2016 年 12 月第 3 次印刷
定　　　　价	68.00 元

未经许可,不得以任何方式复制或抄袭本书之部分或全部内容。
版权所有,侵权必究
举报电话:010-62752024　电子信箱:fd@pup.pku.edu.cn
图书如有印装质量问题,请与出版部联系,电话:010-62756370

前　言

　　中国自古以来以农立国,农民一直是中国社会结构中最大的社会群体,也是中国社会发展最强大、最持久的推动力。中国共产党领导的新民主主义革命是由农村包围城市走向胜利的,谁都不会怀疑,农民是中国新民主主义革命的主力军,当年他们之所以拥护共产党,就是为了分田地、求解放、谋幸福;新中国成立后,当时国家领导人力图照搬苏联模式加快建设工业化国家,在工业化过程中,做出最大牺牲和付出最多代价的是中国农民;"文化大革命"使中国国民经济濒临崩溃边缘,中国城乡居民仍然能艰难生存下来,也得益于中国农民依然担负着维持最低生活必需品的生产供应任务。粉碎"四人帮"之后,中国改革开放的序幕又恰恰是从农村拉开的,农民成为中国改革的主角,农民成为中国社会改革最原始、最基础、最深厚的动力。农民之所以拥护改革、推动改革,首先是为了自身利益的保障和发展,而他们在改革进程中实际做出的贡献已经远远超出了农村的范围。历史表明:中国的经济社会文化发展离不开农民的创造力,中国社会主义政权的巩固和政治的稳定也离不开农民的拥护和支持。近年来,尽管中国人口结构已经发生了巨大变化,城市户口迅速增加,大批农民进城务工谋生,他们的生活方式、思想面貌等都在发生深刻变化,但在一定时期内,农民,包括进城但仍没有脱离农民身份的农民工,依然是中国最大的人口群体——截至2012年底,中国总人口为13.5亿,农民数量占总人口的将近一半;虽然城镇化已经渗透许多省份,但中国广袤的大部分地区仍然是农村面貌。新中国建立以来,党和政府对"三农"问题一直高度重视。据新华社1998年时的统计,从1949年党的七届二中全会到十五届三中全会,中共中央召开的55次全会中,就有13次专门研究农业、农村和农民问题。改革开放以来,着重研究农业、农村和农民问题并作出重要决定的中央全会就有4次。在多数年份里,中共中央1号文件都与发展农业问题有关——在改革开放初期的1982—1986年和新世纪初的2004—2008年,中央曾分别发出10个关于农村工作的"1号文件",彰显出中央对"三农"问题的重视,2014年和2015年,中共中央1号文件依然如此。2013年末,中央农村工作会议特别指出"小康不小康,关键看老乡。一定要看到,农业还是'四化同步'的短腿,农村还是全面建设小康社会的短板。中国要强,农业必须强;中国要美,农村必须美;中国要富,农民必须富。农业基础稳固,农村和谐稳定,农民安居乐业,整个大局就有保障,各项工作都会比较主动"。会议形成的《关于全面深化农村改革加快推进农业现代化的若干意见》于2014年1月19日正式发布,是新世纪以来1号文件连续第十一年聚焦"三农"。2015年中共中央1号文件首次将农垦改革纳入其中,并将之视为改革重点。这个文件是连续第十二年聚焦"三农"。所以,有人称:中共1号文件原指中共中央每年发的第一份文件,现在已经成为中共中央重视农村问题的专有名词,可以说,党和国家领导人无不强调农民问题的重要性。最经典的是毛泽东曾经说过的:"所谓人民大众,主要就是农民,忘记了农民,就没有了中国民主革命,也就没有了中国的社会主义革命。不要把'农民'这两个字忘记了,这两个字忘记了,就算读100万册马克思主义的书,也是没有用处的,因为你没有力量。"①胡锦涛同志曾明确表示:"农业丰则基础强,农民富则国家盛,农村稳则社会安。"②言简意赅、通俗易懂、抓住要害、深得人心。2012年5月19日,温家宝在回到他的母校中国地质大学时,曾作过一个即兴讲演,他在演讲中提到:一个领导人不懂得农民,不懂得占中国人口大多数的穷人,就不懂得政治,不懂得经济。可谓语重心长,发人深思。2013年6月,习近平总书记进行国事访问,走访他国农户时说:"我经常去农村,同农民见面,了解他们的温饱冷暖和喜怒哀乐。做好农村工作,特别是集中力量帮助农村贫困人口脱贫致富,让农民们都过上幸福生活,是我们很重要的任务。"③可以这样推断,在21世纪中国发展的历史新时期,"三农"问题依然是中国最重

---

① 毛泽东:《毛泽东选集》(第5卷),人民出版社1991年版,第231页。
② 2006年2月15日胡锦涛同志在省部级主要领导干部建设社会主义新农村专题研讨班上的讲话。
③ 《共建中拉合作论坛》,载网易新闻 http://news.163.com/13/0605/03/90ITKL8B00014AED.html,2013年7月23日访问。

大的问题。

任何社会,都是纵横交错的立体社会。所谓"横",就是人与人之间的横向联系,他们之间的权利关系和义务关系,通常由"私法"来加以调整;而所谓"纵",就是指社会的纵向关系,因为任何社会都有其管理层,都有公权力的存在,尤其在中国这样幅员辽阔、人口众多、国情复杂的国度里,从中央到地方存在着各个层次的公权力。这种公权力从其产生本意上来说,是出于公共生活的需要,是公共管理和公共服务的需要,也是社会各群体生存和发展的需要,但这只是理想化的说法。实际上,作为统治者手中最强大、最得力的统治工具,公共权力对个人权利的侵犯、践踏、扼杀是经常的,甚至是非常严重的,但却由于人们权利意识的淡薄而司空见惯、熟视无睹。中国社会曾长期滞留于专制封建社会,其公权力的侵害力度尤为骇人听闻!而作为中国历史上人数最多的社会群体,同时又是最大的弱势群体的农民,其权利被剥夺、受侵害也已成为历史的常态。

现代化是一个全面的、动态的概念,从经济结构上看,现代化是一个国家从农耕文明向工业化、城市化文明的转变;没有任何一个国家能够停留在农业社会而实现现代化,从这个意义上来说,工业化、城市化是现代化的必由之路。21世纪初期的十多年,是中国城市化发展最快的时期。根据国家统计局的数据显示,2012年城镇化率是52.6%(其中包括1.7亿左右在城里打工6个月以上的农民工,该统计口径为城镇常住人口占全部人口的比重)。已故中国社会科学院社会学专家陆学艺认为:"从国际经验来看,当城镇人口的总数超过50%以后,朝向完全城市化进程迈进的步伐会更快,预计2050年这一数据会超过70%或80%以上。"不管人们对城市化、城镇化抱什么态度,其发展趋势是不可阻挡的,以乐观的态度看问题,笔者认为:只要引导得好,城市化、城镇化将会引领中国进入新的发展阶段。因为城市文明是与传统农耕文明完全不同的商业文明,城市化、城镇化的发展,必将深刻改变中国的社会结构,给人们的生活方式、职业结构、消费行为以及价值观念带来深刻的变化,并对中国的未来产生深远影响。但在城乡剧烈变化的时期,中国究竟是要走城市化的道路,还是城镇化道路?目前学者们的见解仍有分歧,例如胡德平先生曾指出,中国应走中国特色的城镇化道路。① 虽然城市化有节约土地、资源利用集约效率高、迁徙更自由等特点,但在很大程度上会牺牲农民、农业和农村的利益,城市中也会出现更多的贫民区。从国际经验看,大部分发达国家并没有走单一城市化道路,而更多的是走城镇化之路。城镇化指的是城、镇、乡等不同规模和等级的聚落形态,以形成大中小有机配合的城市体系。城镇化道路更符合中国的国情和民情,能更好地解决城乡居民生活、就业、住宅等问题。但无论是城市化,还是城镇化,还是两者兼具,中国社会最大的变化就是城乡发展一体化,这是一个无法回避的客观历史过程。中国要进步,显然不可能跳过这个过程,问题是如何走得更稳健、更文明、更科学,使进入这一潮流的每一个人感受到社会进步和个人幸福。《中共中央关于全面深化改革若干重大问题的决定》给我们提供了权威的答案,那就是当前中国亟需"健全城乡发展一体化体制机制",其中包括"完善城镇化健康发展体制机制"。可见,我们既要肯定城乡发展一体化,也要肯定其中的城镇化。现在,中国的城乡发展一体化不能说已经过头了,而是需要继续稳妥进行。问题是如何明确方向,遵循客观规律办事,使广大城乡居民获得长远的利益,逐步缩小城乡差距;而不是按照主观意志办事,滥用权力,损害群众利益。城乡发展一体化是一柄双刃剑,它可以为广大农民群体造福;但若进行不当,也会给人民带来灾难,尤其给农民造成不幸。前一时期,不少农村出现的"被上楼"现象,以及各地不断发生的因征地拆迁而引起的群体性事件,就是社会矛盾处理不当所引发的社会问题。我们应该看到:在城乡发展一体化的深刻变化过程中,一方面,农民的生活方式、思想观念变化最大,他们的物质生活质量会得到巨大提升,他们的权利意识以及实际享受的权利内容也会提高;但另一方面,我们也应同时看到,当代社会的公权力对公民权利特别是农民权利的侵害作为一种历史的惯性并没有消失。因此,在城乡发展一体化进程中,如何使广大农民——这个目前还处于弱势的中国最大的社会群体——的个人权利得到保障和创造力得到进一步发挥,同时保证公权力对农民发生积极正面的作用,确实是我

---

① 载http://www.takungpao.com/paper/content/2012/11/01/content_1325128.htm,2012年11月1日访问。

们面临的重大课题。

农业、农村、农民问题事关我国改革、发展、稳定的大局。"三农"问题的关键是农民问题,农民问题的核心又是农民权益的保护问题。在城乡发展一体化进程中,如何才能切实有效地保护好农民的合法权益呢?笔者以为,保护农民权益或权利的渠道、措施虽然很多,比如政策上给予农民更多的关怀、更多的实惠,但是更为积极、有效和长久的,还是从制度设计层面切实保障农民的权利。长期以来,农民权利遭受漠视与损害、农民越来越成为我国社会中的弱势群体的根源,"不仅源于我国长期存在着的城乡二元结构,以及近年来农民问题政策上的偏差,而且源于对农民权益保护方面长期存在着法律上的缺位"①,立法上的不完善、行政执法上的随意性以及司法保护方面的欠缺,都是农民权益保护中的突出问题。在法律保障方面,我们认为,应充分发挥公法的作用。因为公法(比如宪法、行政法)既能赋予权利又能限制权力,无论是从保护的范围还是保护的力度上,都具有无与伦比的优越性。

本书即拟从公法角度来研究农民权利的保护问题。鉴于此,笔者与团队走向农村,走向民间,去了解中国真切存在的农民问题。一位负责宣传工作的领导同志曾指出:"研究回答好时代提出的问题,是社科理论工作的基本任务,也是社科理论工作者展示自身优势、实现自身价值的客观要求。问题在哪里?钥匙在哪里?从根本来说,在基层一线,在火热现实生活中。只有走下去,深入实践中,才能发现真问题,找到'怎么看'的科学视角;只有走进去,深入生活中,才能得出真理论,提出'怎么办'的思路办法。"笔者就本着这样的理念进行本课题的研究。因为"农民的贫困根本上说是权利的贫困",我国建设社会主义新农村最主要的任务是让农民享有更多更切实的民主权利。本课题选题的根本意义旨在让民主在我国农村牢牢扎根,让法治在我国农村牢牢扎根。从公法领域来说,我们从事本课题研究之目的在于探讨农民权利与公法制度之间的内在关系并实现后者对前者的有效保护。可以清楚地看到:党的十一届三中全会召开以来,我们党以巨大的理论勇气,锐意推进农村改革,其

---

① 李长健、涂晓菊、张锋:《我国农民权益保护法律援助机制构建——宏观立法与微观运作的契合》,载《北京政法职业学院学报》2006年第4期,第31页。

决心之大、变革之深、影响之广前所未有,成就举世瞩目,特别是党的十八届三中全会决定提出了全面深化改革的总目标是完善和发展中国特色社会主义制度,推进国家治理体系和治理能力的现代化,其中必然包括广大农村的治理问题。农村稳则国家稳,农民富则国家富,农业强则国家强,有了农村治理体系和治理能力的现代化才有整个国家治理体系和治理能力的现代化;这个现代化的核心就是农村治理的法治化和农民权益保障的法治化!

"巧妇难为无米之炊",毫不讳言,笔者从事本课题的研究首先是踏在前人肩膀之上进行的。

1. 我们继承目前中国农村研究多以社会学的研究方式,通过田野调查的方法,着重研究中国农村的状况的做法

前人在这方面已经做了大量工作。著名社会学家费孝通早在20世纪30年代就写出了极具影响的《江村经济》,这是一份以社会学眼光进行农村调查和分析的著名报告,至今仍有影响。改革开放以来,更多学者对当代中国农村现状进行了调查,他们的调研是多角度的:有的学者调查的是村民与村民之间的关系;有的学者调查的是村民与村委会之间的关系;有的学者调查的是村民与基层政府之间的关系;有的学者调查的是村委会与村党支部之间的关系;有的学者调查的是村委会与基层政府之间的关系。有的学者还从地域的差别出发,对中国南方和北方的村庄组织模式及其中的农民权利保护方式的不同进行调查并给予类型化的分析等。特别值得一提的是,有些学者还非常重视习惯在农村社会组织生活中的作用,并不惜笔墨对其进行大量细致深入的分析。他们以这些社会学的研究方法为基础,往往能发现农村问题中最真实的一面,并提出具体的应对策略。他们的研究为我们提供了极其珍贵的素材,本书的研究是在他们的研究基础之上进行的,并努力吸收他们提供的宝贵营养。

2. 目前法学界已经有学者从立法角度,对与农民权利保护相关的法律制度提出了一些抽象或具体的建议

这些学者的共同特点在于,他们往往从一定的标准出发,对现行法律的实施情况进行调查,对现有的法律制度和规定提出不足之处或提出批评,进而提出修改和完善的意见。其中有的学者以立法原则为标准,

有的学者以自然法为标准,有的学者以域外的法律为标准,有的学者则以传统和习惯法为标准,不一而足。他们的研究多倾向于立法层面,但对于笔者对相关问题的宏观思考也提供了有益的参考。

3. 还有一些法学研究者从现有法律制度出发,对涉及农民权利保护的法律规范进行了法解释学的分析,探究现行法律究竟能为农民权利保护提供了多大的空间

具体而言,这些学者的研究角度又有所不同:有的学者从农民的角度出发,为农民维护自身的权利提供策略性的建议;有的学者从村委会出发,探究村委会所享有的权利和承担的义务;有的学者从行政机关执法人员的角度出发,为那些涉农法律的执行者提出具体的执法意见;也有学者从司法者的角度出发,为法官处理涉农权利的案件提供建议。这些学者的研究成果中普遍存在的一个特点是:他们在分析现行法律的规定后都会对其修改和完善提出一定的建议,最终还是把自己转换成一个立法者的角色。他们的研究颇有价值,也为我们提供了思路和帮助。

当然,在当今提倡理论创新、思想创新、学术创新的时代,我们不能墨守成规,不能无所作为。进行本课题的研究更需要我们独辟蹊径,发挥创造力,因此,在本课题进行过程中,笔者有意识地在理论和实践方面有所发现、有所创造、有所前进。具体而言,主要包括以下几个方面:

1. 本课题的研究更着重于对涉农公权力的有效规制

对公权力的法律规制是现代法治国家的根本要求之一。公权力与农民之间存在密切关系。中国公权力与农民之间的关系长期以来处理不好,孔子所讲的"苛政猛于虎",就是对当时公权力过度压迫农民状况的形象描述,这种情况在中国历史上绵延不绝,因为权力的惯性往往如此,以至影响到当代。权力历来是把双刃剑,可以发挥正能量,但运用不当,便会产生负面作用。在当今现实生活中,我们仍然能感受到权力的负面作用,以致在某些地方、某些领域恶权力肆虐,尤其在偏远农村问题更多,因此,在新时期对涉农公权力实现有效规制,对农民权利的保护具有非常重要的现实意义。前几年某些农村发生的农民与基层政权之间产生摩擦的群体性事件,包括瓮安事件、乌坎事件、通安事件等,都从正反两方面给我们以深刻的启示和教训,都足以说明从法律机制层面上解决此类社会矛盾的紧迫性。

2. 本课题的研究更注重于村民自治权的实现

我国的村民自治制度是农村政治发展的历史选择,也是世界上最大的"民主训练班"。村民自治是指在农村社区的居民自己组织起来,实行以民主选举、民主决策、民主管理、民主监督为核心内容,进行自我管理、自我教育、自我服务的一种政治参与形式,它是实行直接民主的一种基本形式。村民自治权作为法律明确规定的自治权,在我国现行法律体系中占据重要地位。而在现实生活中,对村民自治权的侵犯行为多种多样。有学者敏感地提出:"肇始于上世纪 80 年代中期的村民自治,经过近 30 年的发展,现在终于走到了转型升级的十字路口。"① 本课题的研究注重动态研究村民自治制度,并从实际状态出发,着重以这些可能侵犯村民自治权的行为为分析对象,努力从公法的角度提出相应的建议,以期实现对干预自治的权力予以有效规制。

3. 本课题的研究更关注社会公平正义

公平正义是社会主义社会追求的根本目标,社会主义消灭贫困、缩小贫富差距的前提即是关注弱势群体的权益保障。本课题努力从公法高度研究如何改变农民群体由来已久的在政治和法律上的弱势地位,使农民真正成为权利的主体。在当代中国,农民在政治、法律和经济各方面在总体上都还处于弱势地位,造成此种弱势地位的原因是多方面的,也是相当复杂的,但不容忽视的原因之一是,由于制度、体制上长期被束缚和限制的结果。本课题注重研究如何根除这些制度性因素,从而在根本上改变农民的弱势地位,尤其是着力研究农民的各项应有权利和实有权利,研究应有权利如何转化和演变为实有权利。社会主义政治、经济、文化、社会和生态文明的发展应该给农民带来更多的利益,使他们享有更多的实际权利,分享更多改革和发展的成果。本课题全面关心农民的政治、经济、文化、社会和环境权利,还特别把关注的重点之一放在对我国涉农社会保障制度进行全面分析方面,努力提出合乎实际的、具有可操作性的制度性建议。

---

① 高新军:《村民自治转型:从选举走向治理》,载《南风窗》2013 年第 22 期,第 25 页。

4. 本课题的研究更致力于使现行公法体系趋向完善

现行公法体系(主要是指宪法和行政法)重点关注公共权力与公民、法人或其他组织之间的关系,但对于广大农村,尤其是对国家权力与农村自治组织相关的法律关系还关注得不够,现已存在的法律规定在实施方面也存在执行不力、权利救济渠道不畅等弊病。本课题着力从案例中分析和研究基层人民政府与村民委员会这一自治组织相关的法律问题,并对其完善提出了具体建议。同时,我国公法体系越来越完善,《行政诉讼法》《行政复议法》《行政处罚法》《行政许可法》《行政强制法》等相继出台,但一般都关注这些法律在城市的实施,往往容易忽视在广大农村的实施,本课题对此也比较关注。2014年中共中央举行的十八届四中全会提出了建设中国特色社会主义法治体系的任务和目标,相信这个全面系统的法治体系应该包括农村治理公法体系,本书的这些研究和分析,将对我国目前农村治理公法体系的完善研究起到帮助作用。

5. 就理论方面而言,本课题更注重深入分析我国现行公法体系中所蕴含的国家与市民社会二元对立的精神,并从理论上阐明这种精神与当前中国农村社会实际治理状况之间的不适应性

在我国社会转型时期,各类社会矛盾暴露比较充分,尤其是在城镇化过程中,利益分化非常剧烈,对利益冲突和矛盾进行调整的任务十分艰巨和复杂,如处理不当就会影响社会稳定和谐,甚至导致群体性事件的发生。因此在努力解决这种社会内在紧张关系以至冲突的同时,着力培植农民权利意识、提高农民组织化程度就成为新时期新的重要任务,包括对农民群体迁徙权、结社权、受教育权等权利给予更多的关注,在理论上更多的阐述。另外,对我国社会主义新农村法治文化建设等新的理论问题予以重视并加以研究,努力在前人研究基础上有所发展和深化。最后,本课题开始触及农村治理体系和治理能力的现代化问题等新颖命题。

关于本课题成果的主要内容、基本思路、研究方法以及已突破的重点和难点,也简单介绍如下:

1. 主要内容

中共十七届三中全会通过的《中共中央关于推进农村改革发展若干重大问题的决定》,至今仍然是当前指导我国农村政治发展的纲领性文

件,该文件强调扩大村民自治范围,保障农民享有更多更切实的民主权利,逐步实行按照相同人口比例选举人民代表,完善与农民政治参与积极性不断提高相适应的乡镇治理机制等。实际上就是要在党和政府的领导下建设农村政治文明,实现农村民主与法治。本课题以此文件为指导,集中研究和论述农民权利的公法保护以及在公法统领下建立和健全农村民主管理制度问题。目前,农村村民自治制度已经初步建立,从根本上确立了农民在农村的政治主体地位,有力地保障了农民的政治利益,但如何从公法角度更全面、更系统地保护农民权利则需要更仔细的研究。本课题以农民权利的公法保护为主题,在对农民权利谱系进行详细梳理基础上,主要从四个方面进行探讨:① 农民的公民身份及其权利保护;② 农民的村民身份及其权利保护;③ 农民的弱势群体地位及其权利保护;④ 农民私法权利的公法保护。在这四个方面中,第一个方面以农民与国家的关系为切入点,探讨国家的立法、行政、司法制度及国家结构形式与农民权利保护之间的关系;第二个方面从村级权力体系运行的角度论证影响村民自治权实现的相关因素,并提出具体的解决建议;第三个方面主要是通过在对农民弱势地位现状及其成因分析的基础上,对涉农社会保障制度进行全面分析,并提出相应建议;第四个方面则从国家权力对农村社会深度介入的时代背景出发,探讨公法制度对农民私法权利,特别是土地财产权的影响。以此为基础,为公法制度对农民私法权利,包括土地财产权努力提供切实有效的保护。

2. 基本思路

本成果的基本思路是,首先以农民权利的公法保护为线索,在对相关法律规定及实践状况进行综合理论分析的基础上,从农民公民身份和村民身份、农民的弱势地位及受公法制度影响的农民私法权利等四个角度,详细分析和论证了农民权利保护与公法制度之间的关系。在分析过程中,除注重对现行法律规定进行分析外,还强调实证资料在论证中的作用。力争做到理论联系实际,一切从结论的有效性出发,保证研究成果的实用性。

本成果的基本结论方向大致如下:农村改革发展的动力源在于农民的利益要求,包括政治利益要求,因此必须对我国现行的城乡二元结构进行制度改良,利用已经修改过的选举法真正实现平等选举,使包括农民在内的每一个公民都享有平等的选举权和代表权,以政治发展推动城乡社会发展,消除城乡二元分化的制度根源和障碍;必须完善村民自治的制度机制,不断健全农村民主选举、决策、管理、监督制度,完善农村民主管理制度,使"民主选举、民主决策、民主管理、民主监督"真正制度化、法律化;必须坚持实行党领导下的村民自治,切实规范乡(镇)村关系、"两委"关系、干群关系,加强农村基层组织建设,从宪法、行政法角度解决理论依据和法律依据;必须在各种具体法律中切实规定农民的政治、经济、文化、社会、环境等权利,建立起各种实现农民权利的法律制度,包括权利救济和赔偿、补偿制度。本成果的目标是希望能从公法理论方面,为我国亿万农民提供实践民主和实现权利的具体途径和制度保证,并力图成为公法保护农民权利的一本有益的教科书。

3. 研究方法

本成果努力综合运用规范分析、实证分析、经济分析、价值分析的方法对农民权利的公法保护进行全面分析,以期得出具体可行的结论。其中尤其要从调查研究、实证分析着手,掌握我国不同地区、不同类型农村的第一手资料和实际案例。通过其他各种分析研究方式,综合灵活加以运用,研究我国农村民主发展中存在的诸多问题,得出比较切合实际的结论;最后,在此基础上主要采用法学分析方法,使最后的结论达到规范分析、制度分析的高度,即归结到从公法学高度,高屋建瓴解决问题,为我国立法和决策部门提供有益的参考。

4. 本成果已突破的重点、难点

(1) 本成果已突破的重点

一是从宪法高度阐明农民公民权[①]和公民地位的含义,并以此为基础论证农民公民权与国家制度之间的全面关系,就农民公民权的公法保护提出具体建议。本成果首先花费了较多笔墨讨论"农民"概念的确定,由于历史和现实的原因,"农民"概念已经复杂化。综合各种分析和论证,笔者认为现阶段农民还是与身份有关,与长期以来的户籍制度密切

---

① 公民权指现代国家国民基于成员身份获得和承担的、为该国法律确认的成员平等的权利和义务。长期以来农民所有的公民权因城乡差距而在事实上受限或缺失。

相关(尽管这一制度已经开始改革,但不能说已经根本上改变),但从长远来看,农民势必将转变为仅仅是一种职业,转变为在社会平等基础上的社会分工,最终彻底消除农民身上的各种歧视性、制度性枷锁。

二是详细论述农民的村民身份与其自治权之间的关系,然后通过规范分析和实证研究的范式,厘清当代中国农民的自治权是如何被规定和保护的,并深入分析目前大部分地区在此方面的实际情况,找出其中的差距和原因所在。在此基础上,为村民自治权的实现提供理论依据和实际可操作途径。本书立足于农民和农民组织自治权的实现,并主张党组织的领导权与农民自治权的平衡,党的领导权与农村行政权之间的平衡,以及农村基层组织内部的权力构成之间的制约和平衡。

三是由于历史和现实多种原因造成的农民群体的弱势地位,决定了其在当代中国社会无法与其他主体进行平等的竞争。这种竞争机会的缺乏又必然进一步加剧农民的弱势地位。为破除这种由于制度障碍而产生的恶性循环,本成果着重从公法理论出发研究完善我国选举制度、自治制度、户籍制度、结社制度、教育制度以及社会保障制度等问题,努力打破我国目前实际存在的城乡二元格局的制度基础,使农民和城市居民真正享有平等的公民权利,使全社会从形式公平真正走向实质公平。

四是通过对农民的私法权利,包括土地财产权利与公法制度之间的关系的分析与梳理,利用公法制度变革的杠杆使得农民私法权利,包括土地财产权利的保护,能够努力与国家和集体利益达到平衡。其中既涉及我国宪法的发展问题,也涉及行政法的进一步完善问题。本成果详细检讨了我国各个历史时期和不同发展阶段的具体情况,总结规律,努力寻找最佳解决问题的法律途径。

(2)本成果力图解决的难点

一是当前社会存在各利益群体的错综复杂的矛盾,为保护农民权利而提出的公法改革方案与非农民社会群体权利保护之间可能在利益上存在先天的鸿沟和冲突。如何逐渐填平鸿沟、化解冲突并实现公共利益的最大化,是本成果力图解决的最为困难的任务之一。本成果在这个问题上提出了一些可供参考的意见。

二是国家结构形式对农民权利保护的影响极大,这会涉及地方政治制度等问题,农村改革与许多领域广泛存在的地方保护主义有着密切的联系。如何将农民权利保护问题与其他相关的问题进行合理调整甚至必要切割,也是一个理论上不容易操作的难点。本成果为此作出了若干努力。

三是公法制度涉及的公法关系与涉农私法关系之间有着水乳交融、不可分割的联系,它们相互之间产生重要影响,但在对其进行研究时需要相对剥离,不能混淆,因此既要把重点放在公法研究方面,同时又不能忽视与私法权利、私法关系的联系,尤其在新一轮城市化、城镇化过程中,以农村土地为核心的农民财产权问题已经成为目前解决农村矛盾的焦点问题,这也是本成果完成过程中遇到的难点之一。本成果用了一定的篇幅讨论涉及土地转让等公私法交织的问题,因此在研究中特别注意到相关民法学理论成果的研究,把公法与私法不断作相互比较和相互补充,使之相得益彰,有助于解决当前农村发展中的实际问题。

四是我国社会主义新农村的建设离不开多层级党组织的领导,我国农村民主化的推进是政党领导下的村民自治实践过程,农村的法治推进过程也绝对不能脱离党的领导,因此,研究农民权利的公法保护如何与加强和完善党在农村的领导,包括如何处理好党的基层组织与村委会的关系等问题需要进一步创新,特别是在城镇化过程中农村结构和农民素质发生深刻变化情况下,党的领导面临许多前所未遇的难题,需要作新的探索。党的依法治国理论强调:中国社会主义法治包括坚持党的领导、人民民主和依法治国三个方面,缺一不可。党的十八届四中全会决定又一次重申了这一精神,因此在农村实行公法之治的时候,我们也特别注意把握和贯彻上述原则,同时又注意在具体运用过程中尽量做到不生吞活剥、简单生硬,做到言之有物、言之有理、符合实际。在这方面,我们特别注意到了两个问题:一个是建设社会主义新农村的过程与农村法治化过程是同步的,农村现代化必然包括农村法治化问题。新农村建设实际上涉及农村治理结构的体系问题,法治化的阳光必须普照广大农村,才可以说这里是新农村;如果依旧是人治横行的农村,那就不是新农村,还是守旧、落后的旧农村。另一个是建设社会主义新农村与城镇化的关系问题,实际上,没有农业、农村、农民的现代化,就不可能有新型的城镇化,经验表明,必须把农业、农村、农民的现代化作为新型城镇化的前提、条件和内容,只有这样,才能把社会主义新农村建设和新型城镇化紧密结合,走出一条中国特色农村发展的新路子。

改革开放以来,特别是党的十六届五中全会提出了建设社会主义新农村的战略任务,不仅明确了"生产发展、生活宽裕、乡风文明、村容整洁、管理民主"的新农村建设目标,而且还系统地提出了"统筹城乡经济社会发展,推进现代农业建设,全面深化农村改革,大力发展农村公共事业"的政策思路与实现路径。党的十八大报告中更是将"解决好农业农村农民问题是全党工作重中之重",从而将三农问题提高到了攸关执政党以及整个国家兴衰胜败这样一个新的高度。不唯如此,党的十八大报告还围绕城乡发展一体化的重要意义、政策目标、具体举措、体制机制等方面进行了详实阐述。可以看到,我国农村改革,正以巨大的勇气、智慧和力量,将中国的农业推进到现代农业发展的新阶段,正在深刻地改变着中国农村和农民的面貌。中国农民正经历着前所未有的大洗礼,生存方式、生活形态、劳动格局、收入分配等呈现多元化格局,政治兴趣和文化精神需求也大大提升。最令人欣喜的是,2013年中共十八届三中全会通过了重要的《中共中央关于全面深化改革若干重大问题的决定》(以下简称《决定》),这个重要文件总结了我国改革开放以来的宝贵经验,同时对中国未来改革进行了总体部署和蓝图设计,内容非常丰富精彩,其中对于农村改革,尤其是健全城乡发展一体化体制机制问题作出了全面部署。习近平总书记在关于这个《决定》的说明中特别指出:"城乡发展不平衡不协调,是我国经济社会发展存在的突出矛盾,是全面建成小康社会、加快推进社会主义现代化必须解决的重大问题。改革开放以来,我国农村面貌发生了翻天覆地的变化。但是,城乡二元结构没有根本改变,城乡发展差距不断拉大的趋势没有根本扭转。根本解决问题,必须推进城乡发展一体化。"可以说,这段话非常明确、清晰地点明了我国当前改革中遇到的困难和出路。笔者认为,中共十八届三中全会的《决定》将成为指引今后我国农村改革乘风破浪、高歌猛进的进军号和航标灯。《决定》全面提出了健全城乡发展一体化机制的改革措施,提出了保护农民权利的一系列具体设想,例如,《决定》要求赋予农民更多的财产权利。

主要是依法维护农民土地承包经营权,保障农民集体经济组织成员权利,保障农户宅基地用益物权,慎重稳妥推进农民住房财产权抵押、担保、转让试点;强调要推进城乡平等交换和公共资源均衡配置。主要是保障农民工同工同酬,保障农民公平分享土地增值收益,完善农业保险制度,鼓励社会资本投向农村建设,允许企业和社会组织在农村兴办各类事业,统筹城乡义务教育资源均衡配置,整合城乡居民基本养老保险制度和基本医疗保险制度,推进城乡最低生活保障制度统筹发展,稳步推进城乡基本公共服务常住人口全覆盖,把进城落户农民纳入城镇住房和社会保障体系等等。《决定》十分明确地提出:要"完善城镇化健康发展体制机制。坚持走中国特色新型城镇化道路,推进以人为核心的城镇化"。要"推进农村转移人口市民化,逐步把符合条件的农业转移人口转为城镇居民"。这些意见都体现了党的高瞻远瞩、超前思维和提前谋篇布局。

　　就在十八届三中全会之后不久,2013年12月12—13日,中央第一次城镇化工作会议举行,习近平在会上发表重要讲话,分析了我国城镇化发展形势,明确城镇化的指导思想、主要目标、重点任务。会议提出:城镇化是一个自然历史过程,是我国发展必然要遇到的经济社会发展过程。要以人为本,推进以人为核心的城镇化,提高城镇人口的素质和居民生活质量,把促进有能力在城镇稳定就业和生活的常住人口有序实现市民化作为首要任务。紧接着,在2013年12月23—24日,中央农村工作会议又在北京举行,会议全面分析了"三农"工作面临的形势和任务,研究全面深化农村改革,加快农业现代化步伐的重要政策,部署今后一个时期的农业农村工作。

　　2014年12月,习近平总书记在江苏调研时提出:协调推进全面建成小康社会、全面深化改革、全面推进依法治国、全面从严治党,推动改革开放和社会主义现代化建设迈上新台阶。"四个全面"的提出是中国共产党治国理政方略与时俱进的创造,是马克思主义与中国实践相结合的新飞跃。"四个提出"也是为我国农村改革和发展指明了根本方向,农村的改革和发展也成为"四个全面"重大战略布局的必不可缺的重要组成部分。在"四个全面"重大战略布局下,在城乡发展一体化、新型城镇化背景下,我国农村正在发生日新月异的变化,我国农民的地位正在迅速提升,农民权利的保护将得到空前的重视。我们可以非常振奋地感觉到,尽管还面临许多困难和挑战,还有许多未知的深层次问题需要我们去解决,但显而易见,中国农村的全面深刻改革已经站到了新起点,中国农村改革的理论方向盘已经被把握,中国社会主义新农村的美好画卷正在逐步绘就,中国农民权利张扬的新时代已经到来!

目 录

第一编 农民权利公法保护总论

第一章 农民概念 ······ 003
第一节 农民概念的历史性考察 ······ 003
第二节 国外关于农民的概念 ······ 007
第三节 国内学者观点 ······ 010
第四节 本书所持观点 ······ 017

第二章 农民地位 ······ 036
第一节 农民地位概述 ······ 036
第二节 "危险的陷阱"——农民地位悖论 ······ 042
第三节 农民地位的规范悖论：与平等原则的冲突 ······ 044
第四节 农民地位的事实悖论：作为弱势群体的农民 ······ 049
第五节 农民地位悖论的突围 ······ 053
第六节 农民的应然地位 ······ 056
第七节 农民的实然地位 ······ 060
第八节 中国最大的弱势群体 ······ 065

第三章 农民权利 ······ 070
第一节 农民权利的概念 ······ 070
第二节 农民权利与相关概念之辨析 ······ 073
第三节 农民权利的法律形式 ······ 076
第四节 农民权利的法律渊源 ······ 080
第五节 农民权利的现状及成因 ······ 090

第四章 公法与农民权利 ······ 097
第一节 公法概念的缘起 ······ 097
第二节 如何正确界定公私法 ······ 099
第三节 公法内部关系解构 ······ 108

第四节　农民权利与宪法 …………………………… 110
第五节　农民权利与行政法 ………………………… 119
第六节　农民权利与政策 …………………………… 122

第二编　农民权利公法保护各论

第五章　农民政治参与权之保护 ……………………… 135
第一节　农民政治参与权概述 ……………………… 135
第二节　农民政治参与不足的现状 ………………… 141
第三节　农民的选举权 ……………………………… 145
第四节　农民担任公职的权利 ……………………… 152

第六章　村民自治权之保护 …………………………… 158
第一节　村民自治制度的历史发展 ………………… 158
第二节　村民自治权概述 …………………………… 164
第三节　村民自治权的法律救济 …………………… 180
第四节　村民自治的好典型——江苏连云港"三权分治"
　　　　的探索 ……………………………………… 185
第五节　为出台"村民自治法"鼓与呼 …………… 193

第七章　农民结社自由之保护 ………………………… 198
第一节　结社自由简述 ……………………………… 198
第二节　农民结社自由 ……………………………… 203
第三节　我国农民自由结社的实践探索 …………… 214

第八章　农民迁徙自由之保护
　　　　——以户籍制度改革为视角 ………………… 233
第一节　迁徙自由概述 ……………………………… 233
第二节　我国户籍制度的历史考察 ………………… 237
第三节　我国户籍制度的发展现状 ………………… 245
第四节　我国户籍制度的改革方向 ………………… 248

第九章 农民土地权利之保护 ·············· 254
第一节 中国农民土地权利概况 ············ 254
第二节 中国农村土地产权制度历史演变 ······ 270
第三节 农民土地权利行使实践与评价 ········ 286
第四节 土地征收与农民权利保护 ·········· 298
第五节 城乡一体化背景下农民土地权利的法律设计 ······ 329

第十章 农村社会保障权利之保护 ············ 337
第一节 社会保障制度概述 ·············· 337
第二节 我国农村社会保障制度及立法发展 ······ 344
第三节 我国农村社会保障制度的完善 ········ 363

第十一章 农民受教育权之保护 ············· 387
第一节 农民受教育权之基本概念 ·········· 388
第二节 我国农民受教育权保障之现状 ········ 394
第三节 我国农民受教育权保障制度的完善 ······ 407

第三编 农民权利公法保护展望

第十二章 新型城镇化建设及其演进 ··········· 437
第一节 城镇化政策目标的法理考量 ·········· 438
第二节 农民是新型城镇化的最重要权利主体 ···· 440
第三节 城镇化模式取向的公平正义 ·········· 444
第四节 转型期城镇化发展模式的现实冲击 ······ 446
第五节 新型城镇化的行政法治保障路径 ······· 451

第十三章 农村治理体系现代化建构与农民权利保护 ··· 463
第一节 国家治理现代化背景下的农村治理 ······ 463
第二节 农民权利公法保护是国家治理的重点 ···· 482

参考文献 ···························· 489

后记 ······························ 507

第一编
农民权利公法保护总论

第一章 农民概念

许多耳熟能详、妇孺皆知的概念等到需要在学术上细究的时候,就会发生困惑,甚至只能意会,不易言传,语言的表达显得十分笨拙,这是一件非常有趣的事情。农民,古已有之,且人人皆知。在日常生活中,定义农民概念十分容易。一般认为,生活在农村环境以农为业的人就是农民,似乎不需要再讨论。在古代汉语中,农民的基本含义一直是以耕种为生的人,所谓"农"在词义上就是"耕种","农民"就是从事耕种、从事农业生产的人,对此,大家不会产生异议和分歧,而且参与交流的人都会明白对方的意思。但是,如果在理论上,真正讨论农民问题,包括在法律上讨论农民作为法律关系的主体,或者如何分析长期进城务工的农民工到底是农民还是工人等问题时,想要严谨地予以定义却是一件十分困难的事情。英国人类学家 M. 布洛克曾说:"学术界在议论究竟什么是农民时面临巨大困难。"究其原因,乃在于农民是一个变动着的概念,尤其是放在当代城乡发展一体化视野中观察,这种变动尤为明显。也正如有的观察者所体会的:"现实中看到的农民,与历史上的或者我们习惯的农民概念发生了某种程度的分离,或者说,当今农民的变化和现状,使得习以为常的农民概念难以准确表述。"[1]在中国目前工业化、信息化、城镇化的巨大变动环境里,农民和其他阶层、群体一样处于变动之中,其中以农民概念的变化最为剧烈,因此,准确厘清农民概念远非想象的那样简单。

第一节 农民概念的历史性考察

早在春秋之前,中国文字中已经出现了"农"字。根据《辞海》的概括,在古中国文字中,"农"包含三个不同的含义:① 指农业,如《商君

---

[1] 颜玉怀:《当代中国农民利益研究》,西北农林科技大学 2005 年博士学位论文,第 15 页。

书·垦令》中的"民不从贱农,则国安不殆";② 指农民,如《论语·子路》中的"吾不如老农";③ 古代的田官;④ 勤勉。①

《书·盘庚》中有"若农服田力穑,乃亦有秋";《诗·小雅·甫田》中有"我取其陈,食我农人";《诗·豳风·七月》中有"嗟我农夫,我稼既同,上入执宫功",这些古代文献中所出现的"农",大都指的是以稼穑为劳动对象,为人提供衣食的人。《说文解字》也以"耕"释"农";《汉书·食货志》曰:"辟土植谷曰农",皆把"农"解释为"耕种之人"。农民就是耕种者,即从事耕种的人。可见,"农"在古代倒曾经具有强烈的职业因素,而且它是诸多职业者中的一种,在《谷梁传·成公元年》中,将"民"分为士农工商四类。② 当时还时常发生这种情况,即"人们对居民中的农耕者与非农耕者的区分往往并不十分严格,所以,当时更多的情况是,人们就直接用众(众人)、庶(庶人)这些对全体居民的称谓称呼农耕者"。③ 因为农民是最多人群,也是当时社会财富最主要的创造者。手工业者等也是从农民群体中产生和分化出来的。

华夏文明自古以来即十分重视"农"的作用。据《汉书》记载,(文帝二年)春正月丁亥,诏曰:"夫农,天下之本也,其开籍田,朕亲率耕,以给宗庙粢盛。"④在这里,汉文帝以诏书的形式向天下宣示汉王朝重农的基本国策,将"农"作为天下的根本,并且亲自"率耕",以为天下之表率。可见,中国古代文化中,农民最初曾经是作为一种职业来看待的,受到社会一定程度的尊重,古语说:"民以食为天",没有农业,人们无法生存,社会无法维持。社会要存在,不能缺少农业,也不能缺少农民,因此,在职业为主要特征的农民概念中,稍后即使带有了某些身份的因素,还不足以被社会所歧视。然而,这种情况后来发生了变化,在中国后来的漫长历史表明,逐渐发生并长期存在着一个十分奇怪的历史现象,那就是尽管历代王朝都重视农业的作用,将"农"视为四民之首。然而在现实中,由于农民的经济状况高度依赖其占有的产业资本——土地,而中国社会

---

① 参见《辞海》,上海辞书出版社1999年版,第1075页。
② 《谷梁传·成公元年》:"古者有四民:有士民,有商民,有农民,有工民。"
③ 孙达人:《中国农民变迁论》,中央编译出版社1996年版,第33页。
④ 《汉书·文帝纪》。

的土地资源长期分配不均,绝大多数农民的实际地位始终处在社会下层——尽管不是最底层。战国名士顿弱已经发现,农者,"无其实而有其名也"。① 也即,农人虽然有着"农"的名义,表面上是一种职业,但逐渐主要转化为一种身份———一种被统治者歧视的身份,政治上被压迫,经济上被剥削,文化上被剥夺。他们从事最辛苦的田间劳作,但大多数农人家中仍无余粮,经济贫困,生活清苦,遇到天灾人祸,就会流离失所,过着"食不果腹、衣不蔽体"的痛苦生活。我国唐诗中描述的"朱门酒肉臭,路有冻死骨""四海无闲田,农夫犹饿死""遍身罗绮者,不是养蚕人"等,都是农民生活的真实写照。农民沦为一种身份的意义,成为社会的"贱民",甚至演变为被城里人瞧不起的"乡下人""乡巴佬"等,可见这是对最初农民具有职业意义的一种严重倒退,也是农民社会地位逐渐沉沦、社会价值被扭曲的结果。

据有的学者考察,在中国,比"农民"一词出现更早、使用更频繁的同义词可能是"农人"一词。《诗经》中只有"农人",未见"农民";在历史进程中,"农民"后来居上,逐渐取代"农人";越接近近代,"农民"的使用频率越高。他认为:"农民"与"农人"使用的一兴一衰,表明农业生产者地位的下降,"表明官、民分野与对立的显性化"。但这仅仅是一种学术观点,"民"和"人"到底有何区别?有无褒贬之分?这些还可以研究。但中国漫长封建社会史中"以农为本"的思想确实时隐时现、绵延不绝,这也是事实,在一定程度上彰显了农民的地位,但正如研究者所言:"究其实质,不过是基于统治者自身利益的考量,因为统治者也要吃饭,还要享受,他们头脑清醒时会体察到:如果没有农民和农业,全社会不能生存,

---

① 语出《战国策》卷六秦四"秦王欲见顿弱":秦王见顿弱,顿弱曰:"臣之义不参拜,王能使臣无拜,即可矣。不即不见。"秦王许之。于是顿子曰:"天下有有其实而无其名者,有无其实而有其名者,有无其名又无其实者。王知之乎?"王曰:"弗知。"顿子曰:"有其实而无其名者,商人是也。无把铫(diào,煮开水熬东西的器具)推耨(nòu,翻土的工具)之势力,而有积粟之实,此有其实而无其名者也。无其实而有其名者,农夫是也。解冻而耕,暴背而耨,无积粟之实,此无其实而有其名者也。无其名又无其实者,王乃是也。已立为万乘,无孝之名;以千里养,无孝之实。"秦王勃然而怒。

整个统治大厦将会坍塌下来。"①所以说,在中国社会吊诡的历史表明:农民不可缺,但是农民始终没有获得其应有的社会地位。这也可以说是造成中国社会结构畸形发展的痼疾之一。

根据《美国传统词典》的解释,peasant 有三层含义:① 农民就是由小农、佃农、土地劳动力等构成的阶级中的一员,他们形成农业部门的主要劳动力。② 乡下人、乡村人。③ 粗俗的人,粗鲁的人,或恶意的人,不懂礼貌的人。Farmer 有两层含义:① 在农场工作或经营农场的人;② 以支付金额用于收集和保留一定的收入或利润的人。②

在不太精确的意义上,"peasant"或"farmer"都可以用来指农民,但二者之间仍存在着显著的差别。在通常情况下,"前者是指以农业文明时代人的依附性为本质的共同体成员,后者是指专门为满足市场而生产,并在广泛的社会网络中置身于竞争之中的耕作者。"这两种不同意义的农民存在于不同的社会之中,被用于指称两个不同时代的农民。但是,在当代中国,这两种不同的含义似乎重合了。"中国农民的含义具有明显的中国特色,它主要还是一种身份特指,既具有'peasant'的依附性特征,又具有'farmer'的市场参与者的特征。"③或许在这个意义上,中国是一个十分典型的"转型社会",农民含义也典型地反映了中国社会变型的特质。

当然,也有人从群体划分的角度,在中国语境下使用 farmer 和 peasant,根据这种观点,"中国的农民是既有 farmer,比如国营农场的职工,又有 peasant,中国 9 亿之众的最广大的人群"。④ 这种观点并不认为中国农民兼具两种农民的特性于一身,而是认为中国存在两种不同的农民,一是国营农场的职工;二是继承古代农村的传统,仍然生活在农村的传

---

① 周永坤:《中国现代化进程中的农民问题》,载《河北法学》2012 年第 1 期。

② 转引自于学江:《中国农民就业保障体系研究》,西北农林科技大学 2005 年博士学位论文,第 15 页。

③ 陆益龙:《权利:认识农民问题的一个视角》,载 http://www.studa.net/shehui/060120/11412388.html,2006 年 1 月 20 日访问。赵立刚:《关于农民发展问题的若干分析》,载 http://www.66wen.com/03fx/shehuixue/shehuixue/20060830/36078_6、html,2006 年 8 月 30 日访问。

④ 李君甫:《贫困地区农民非农就业中的职业教育和培训研究》,西北农林科技大学 2004 年博士学位论文,第 17 页。

统农民。前者被称为 farmer,后者则成为 peasant。

第二节 国外关于农民的概念

关于农民,国外学者从不同角度进行了解读,得出许多不同的结论,形成许多不同的观点,比如有的从农业生产者的角度,将农民视为一种职业;有的从社会结构的角度,将农民看做一种不同于"都市文化"的文化体现者;有的是从阶级层面上来解释,把农民定义为特定生产关系中的一个阶级……①研究国外对于农民概念的理解,有助于我们拓宽视野、深化认识,准确把握新时期我国农民的概念和特征。兹举其要者,分述如下:

一、生活状态说

有的学者从农民的生活状态和态度来描述农民,其代表者为美国学者 M. 罗吉斯。他认为:"农民是农产品的生产者和传统定向的乡下人,他们一般比较谦卑,大多是自给自足的(虽然并非完全需要),就是说他们生产的粮食和其他东西,大部分是自己消费的。因此农民和自给自足的农业生产者是一个意思。农民并不是完全自给自足型的,他们是至少部分市场定向的,他们要购买一些消费品和生产资料,需要社会服务。但是尽管他们要卖出部分农产品,他们也不像商业农场主那样把农业作为一种企业。"②这或许不能算是一种定义,而主要是对某种特定类型社会成员的生活状态的描述。在这个描述中,自给自足只是他们部分人的特征,其中的部分成员,已经实现了市场定向,或者是在某些特定的事务上实现了市场定向。除了有部分农民实现了从农村向城市的转移,也有部分农民虽然尚未转移至城市生活,但其生活状态在一定程度上实现了市场化。以生活状态来定义农民有一定的直观意义,但缺乏分析,也缺乏深刻性。

---

① 参见方江山:《非制度政治参与:以转型期中国农民为对象分析》,人民出版社 2000 年版,第 42 页。

② 转引自程贵铭:《农村社会学》,中国农业大学出版社 1998 版,第 40—47 页。

二、生产标准说

自"二战"之后,农业协会就一直在日本的政治生活中占据重要地位。利用农业协会,日本农民在国家政策制定上获取了巨大的好处。究竟哪些人可以获得这些好处呢?为解决这一问题,日本农业协会曾规定成为农民必须具备以下4个条件:生产型土地面积必须在 0.1 公顷以上(包括 0.1 公顷);拥有 1 头以上公牛(包括 1 头);全年从事农业劳动时间在 90 天以上(包括 90 天);在农村社区内拥有长期稳定的住所。如果达不到以上条件,即使在农村生活,同样从事农产品的生产也不能算是农民。[①] 这一标准不可谓不详细,通过这些具体的标准,可以非常明确地确定究竟哪些人可以被称为农民,从而享受国家给农民提供的优惠。这一定义在规制内容上具有具体性,而并不具有对整个社会场域的普适性。但它提示人们,在确定农民作为法律关系主体的概念时要尽可能的具体和明确,不能照搬照抄其他地域的标准,此地的农民标准可能不适用于彼地的标准。正因为这个原因,这个定义也有明显的局限性。

三、相对标准说

还有一条被广泛接受的标准,就是在农民社会中,土地和农业生产占中心的地位。农民依靠种地或者为种地的人提供辅助劳动而谋生,这一点使他们有别于那些自己不劳动,只靠地租和利润生活的地主。[②] 这一定义以作为土地所有者的地主为参照,将农民置于相对于地主的关系中进行考量。由于它将地主完全排除在农民的范围之外,因此存在争议,被批评为该概念可能失之于狭隘,至于农民是否与地主在一般情况下都作为一对概念,学界意见不一。

四、"三标准"说

克利福德·盖尔茨提出了界定农民的三条标准,即经济标准、政治

[①] 参见李守经:《农村社会学》,高等教育出版社 2000 年版,第 30 页。
[②] 参见〔美〕米格代尔:《农民、政治与革命》,李玉祺、袁宁译,中央编译出版社 1996 年版,第 15 页。

标准和文化标准。经济标准是指农民至少在一定程度上已经介入了货币和市场关系;政治标准下的农民生活在相对集权的国家中,他们的身份处于从属地位,要服从那些有权阶级的法令和要求,必须把自己的部分收入缴纳给这些阶级;文化标准意味着农民是有着文化传统的社会的一部分。① 这三个标准的表述尚属清晰,但其相互关系则不甚明了。他们之间究竟是并列关系还是选择关系? 就经济标准而言,由于在一定程度上介入货币和市场关系者,已经具备了现代农民的初步特征,这或许是在传统农业社会走向解体阶段才能产生的现象。就政治标准而言,集权国家已经不符合现代文明的主流,因此这种政治上的农民当属传统社会的特色。当然,在传统农业社会解体的过程中,农民的这种从属性不但依然存在,有时候还会体现得非常明显。就文化标准而言,则十分强调农民的传统性,即使这种传统性随着农业社会的解体而处在不断消解的过程中。如果三个标准是选择关系,也即只要具备其中一个标准就可以称为农民,根据经济标准,所有介入货币或市场关系的人就都可以称为农民。这样的结论显得自相矛盾,因此,这三个标准应当是并列关系,也即只有同时符合这三个标准的人才能成为农民。然而,这三个标准之间明显是互相割裂的,并没有内在的关联;按照这三个标准界定的农民并不具有普适意义,因为它定义的农民很可能是指转型阶段的农民,而非稳定社会的农民,更不是现代社会里的农民。

五、"七标准"说

英国著名学者 R. 希尔顿提出了符合农民概念的七条标准:① 农民作为主要耕作者,占有农业生产工具;自给自足并且生产得比维持生计与自身再生产所需要的更多;② 农民非奴隶,不是他人的财产;③ 他们在多种多样的条件下占有土地,可以是所有者、租地者或自由佃农;④ 他们主要采用家庭劳动方式;⑤ 他们通常加入比家庭更大的单位,一般是村社;⑥ 农村中的辅助性工匠也可以作为农民看待;⑦ 在不同程度上受

---

① 参见〔美〕米格代尔:《农民、政治与革命》,李玉祺、袁宁译,中央编译出版社1996年版,第15页。

上层压迫阶级包括国家组织的剥削。① 这个定义秉承了不列颠人特有的思维方式,希尔顿采用了列举的方式陈述农民的特征。在他看来,任何人,只要符合这些特征,就可以确认他的农民身份。他力图从方方面面的特征来描述农民,但这些特征显然具有浅表性、局部性,农民的本质特征依然显得模糊。

六、复合标准说

《国际社会学百科全书》一书解释农民为"农业土地上生活资料的耕种者"。② 该定义认为农民首先是"耕种者",因此在农村专门从事商业活动的人就不属于农民。除了是耕种者,农民耕种的对象应该是生活资料。在这里,生活资料的概念本身就是含糊不清的,在宽泛的意义上,任何耕种对象都可以划入生活资料的范围之内。该定义还要求农民必须是在农业土地上进行耕种的人。显然,农业土地和非农土地的区分仍然需要进一步明确。

第三节　国内学者观点

为了更好地研究农民概念,我们认为需要进一步梳理国内学者关于农民概念的不同观点。兹列举如下:

一、居住在农村的人

有的研究者从社群意义上来定义农民,根据这一定义,"农民是指在农村地缘关系的基础上,通过各种社会关系和联系而组成的农村各类社会集团、群体及社会组织中的农村居民"。③ 这一定义强调地缘关系对农民身份形成的作用。农民是通过各种社会关系和联系而组成其团体、组

---

① 参见秦晖、苏文:《田园诗与狂想曲——关中模式与前近代社会的再认识》,中央编译出版社1996年版,第11—12页。

② 〔英〕迈克尔·曼:《国际社会学百科全书》,四川人民出版社1989年版,第488页。

③ 李守经:《农村社会学》,高等教育出版社2000年版,第30页。

织的,并在这种社会关系和联系的基础上来展开自己的生活。这一切都与农民所在地域有着密切的联系,如果脱离了农村的地缘关系,农民就不成其为农民了。诸多社会学者都对这种定义持肯定态度。这一定义的缺陷在于把农民概念建立在农村概念基础之上,农民概念的清晰表达寄希望于"农村"这一概念前提的确定,然而,当代农村概念也处于变化过程中,尤其在城乡发展一体化过程中发生着巨变,农村概念自身也带有无法克服的不确定性。

二、拥有农村户口的人

在当代中国,关于农民最常见的定义是将它界定为"户籍属于农业户口的人"。有的研究者将这种定义称为"制度意义上的农民"[①]。"户籍属于农业户口",这是一个十分确定的标准,其可识别性之高,远超过其他的任何标准。当然,这应当归结于我国所建立的严密的户籍制度。在这种制度下,任何人,只要曾经被人口普查过的,都会详细注明其户籍类型。正是因为有了这种制度,才在中国出现了所谓"制度上的农民",也许这是中国一度出现的浓重的"特色",正因为此,笔者认为需要重点予以解释。中国的城乡二元户籍制度始于1958年的《中华人民共和国户口登记条例》,其主要内容包括常住、暂住、出生、死亡、迁出、迁入、变更等7项人口登记制度。这个条例以制度形式严格对人口实行农民和城市居民的二分法,在一定程度上限制农民进入城市,限制城市间的人口流动,在城市与农村之间构筑起了一道高墙。这种制度以"一刀切"的形式给所有农村户口的群众——无论从事何种工作——定义了农民的身份。

很多研究者都持有这种观点:在经过扩展和详细解释之后,农民概念即被用来"专指具有农业户口的人,这样一来,主要以户口所在地确定的农民在数量上就相当于农村人口"[②]。如社会学家艾君认为,农民是

[①] 王佳慧:《当代中国农民权利保护的法理》,吉林大学法学院2007年博士学位论文,第20页。

[②] 王海燕:《我国农民非农化发展研究》,山东大学2005年博士学位论文,第19页。

"户口登记在农村并为农业户口的农村人"①。

按这一标准,只有拥有农村户口的人才可以称为农民。但在现实生活中,却有许多虽不具有农村户口,但仍属于农民身份的人。比如,1984年10月13日国务院颁布了《关于农民进入集镇落户问题的通知》,允许农民自理口粮进入集镇落户。自此开始,中国出现了一批没有农业户口,却被当做农业户口对待的人。这批人的最大特点就是虽然在"城镇取得了临时户口或常住户口,但不享受城市居民的各种福利补贴,身份仍然是农民"。当时他们需要自理口粮,而不被列在国家的粮油计划之中。再如城市近郊和国有农场的农民,他们过的是农村生活,但有"城市(郊)户口"。此外,即使在农村,户口也不能涵盖所有的农民,例如"超生子女",他们没有户口,是"黑户"。这类人既没有农业户口,也不是非农业户口,但是他们的生活主要来自土地收入,国家任何涉农法律或政策都会对他们的生活产生根本影响。如果国家某项法律或政策仅仅以农民为受惠对象,若严格执行这些法律和政策的话,这些"黑户"实际上是不能享受这些优惠的。当然,这已经成为一段历史,可见这个定义不是天衣无缝的,但用来研究中国农民问题,确实能解决不少问题。下文将进行专门论述。

三、从事农业生产的人

在一般情况下,从事农业生产的人就是农民。刘豪兴认为,"农民,即从事农业劳动的人"②。当然,这一定义成立的前提是廓清"农业生产"的概念。陆学艺将"农业生产"的标准予以细化,认为"农民是指实行家庭联产承包责任制后,在农村拥有承包土地,从事种植业、林业、养殖业的农业劳动者"③。但略去这个前提不论,也不能想当然地认为从事农业生产的人就一定是农民。因为,在国营农场中,从事农业生产的人

---

① 艾君:《农民与农民问题的探讨与思索》,载 http://www.chinaelections.or-g/NewsInfo.asp? NewsID=45537,2006年1月25日访问。

② 刘豪兴:《农村社会学》,中国人民大学出版社2004年版,第36页。

③ 陆学艺:《当代中国社会阶层研究报告》,社会科学文献出版社2002年版,第22页。

是农业工人身份,不属于农民。

四、土地集体所有制下的农业劳动者

中国社会主义经济制度的重要特点之一就是土地公有制。在中国农村,土地以集体所有制的名义归属于某个自然村或者行政村的全体人员。在农村社会主义改造完成之后,绝大多数被冠以"农民"称谓的人,都属于这样一个特定的集体。在联产承包之后,原来在集体中集体劳动、集体生活的人,获得了自己可以使用的土地,可以过上相对独立的生活,但个体农民及其家庭在名义上依然属于某个特定的集体组织。无论是哪种意义上的农民,他们都具有显著的集体公有制特征,而且这种集体公有制的特点是与土地集体公有制相联系的,他们之所以属于某个集体,就是因为他们集体拥有某块土地的所有权。学者高建民就认为,农民是具有农业户口、在农村生产生活、与土地有着天然联系的社会劳动者。[①] 显然,这个"社会劳动者"的含义与中国农村的集体所有制有着紧密联系。

五、生产关系标准

生产关系意义上的农民:"把农民定义为特定生产关系中的一个阶级,即中世纪的农民阶级。这个定义既不包括'农业社会'的非农业生产者,也不包括非农业社会的农民(如当代美国农民)。"[②]这是马克思主义经典理论中的农民定义,它以生产关系为其核心要素。在这个定义中,农民是处在特定的生产关系中的,单纯的从事农业生产并不能成为确认农民的唯一标准。这种生产关系只有在特定的社会状况中才能存在,也即在传统的农业社会才能存在。在农业社会中,存在农民阶级,也存在除农民之外的其他非农民阶级。在非农业社会中,虽然有些人被冠以农民的称谓,但由于他们已经脱离了农业社会的生产关系,所以,这些人并

---

① 参见高建民:《中国农民概念及其分层研究》,载《河北大学学报》(哲学社会科学版)2008年第4期,第30页。

② 方江山:《非制度政治参与:以转型期中国农民为对象分析》,人民出版社2000年版,第42页。

非农民。这一定义虽然冠之以马克思主义标签,但并不符合马克思主义的实质,马克思主义经典作家在特定意义上研究特定时期的农民,并没有给农民一个亘古不变的定义,更不可能抽象地运用于各国、各时期的农民的分析,例如,马克思在《路易·波拿马的雾月十八日》中论述的是当时欧洲的小农:"小农人数众多,他们的生活条件相同,但是彼此间并没有发生多式多样的关系。"①恩格斯也在《法德农民问题》中如此归纳小农:"我们这里所说的小农,是指小块土地的所有者或租佃者——尤其是所有者,这块土地通常既不大于他以自己全家的力量所能耕种的限度,也不小于足以养活他的家口的限度。"②可见经典作家都是针对特定环境和特定时期的农民作出的判断,我们不必拘泥于他们的论述,更不应该使农民的定义过于抽象和空洞,这样做并不能解决实际问题。例如,我们不能机械地套用马克思、恩格斯当时使用的"小农"概念来简单分析中国当前的农户经济,因为当今中国双层经营体制下"农户经济"的特征与马恩经典意义上的小农经济特征有着很大的区别,用简单的贴标签的方法不能解决实际问题。

六、文化标准

学者江国华指出:"农民不仅仅是一种职业,而且也代表着一种身份,代表着一种文化。"③有的学者从文化标准意义上来定义农民,这种观点"把'农民'看做不发达社会、宗法式社会或'农业社会'的居民,包括这个社会中的农业生产者,但不包括非农业社会的农民(例如发达国家的家庭农场主)。这种意见把农民看做一种不同于'都市文化'的文化体现者,或者用'农民'这一术语表达前工业时代'整个社会的特征'"。④根据这一概念,农民只有在特定的社会中才存在,这种特定社会主要指

---

① 〔德〕卡尔·马克思:《路易·波拿巴的雾月十八日》,人民出版社1961年版,第217页。
② 〔德〕恩格斯:《法德农民问题》,人民出版社1965年版,第568页。
③ 江国华:《从农民到公民——宪法与新农村建设的主体性视角》,载《法学论坛》2007年第2期,第28页。
④ 方江山:《非制度政治参与:以转型期中国农民为对象分析》,人民出版社2000年版,第42页。

的就是工业文明未产生和发展的前现代社会。在这种不发达社会中,农民拥有一种独特的不同于都市文明的文化体系。如果某些地方的人,虽然从事农业生产,也以农产品的生产和销售作为自己的主要经济来源,但在生活上已经融入都市文化,这些人就不应成为农民。这种划分角度有利于区分清楚农民和非农民在生存模式上的差别,从而促进研究者区分农民社会的规则和非农民社会的规则。但是,作为一个宏大的概念,文化本身的内涵和外延都是不清晰、不确定的,如果将这种区分标准用以指导法律的制定和适用,则无疑会引起很大的困难和混乱。所以,这种文化上的概念,在法律的宏观研究中,或许有利于人们加深对文化的认识和对法律本质的认识,但在法律研究的微观领域,则没有太大的实际意义,甚至会造成新的认识上的混乱。

七、身份标准

在当今中国,农民在实际上更多的还是一个身份概念,而主要不是一个职业概念。在这种身份概念普遍被认可的状态下,农民的公民权利必然受到相当程度的歧视和侵害,明显的是"无法享受和城市市民同等的教育、医疗卫生、劳动就业等社会保障,无法廉价享用水、路、电等代价高昂的公共基础设施"。除此之外,相当一段时间里,"农民还承担着和自己经济社会地位不相称的义务。无论有没有收入,或者收入高低,都要纳税,即使农民的人均月收入远远低于个人所得税的缴纳标准。"[1]诚如李昌平所尖刻指出的,中国农民是一群"没有国民待遇的人"[2]。这是对部分农民实际处境的描述,但这种表述对农民概念而言尚需要更全面、准确、科学的把握。

八、复合标准

有的学者从农民的政治属性、职业属性、阶级属性三个属性要件入手,将农民定义为"接受工人阶级领导,以从事农业生产劳动为主,属于

---

[1] 李君甫:《贫困地区农民非农就业中的职业教育和培训研究》,西北农林科技大学2004年博士学位论文,第19页。

[2] 李昌平:《我向百姓说实话》,远方出版社2004年版,自序,第22页。

乡村人口的劳动者"。①有的学者还从三个不同的层面来定义农民：一是职业的农民，他们是直接、长期、专门从事农业生产的劳动者。二是阶级的农民，他们是社会形态中的农民，如在封建社会不占有土地或只有极少量土地，在生产、生活、政治、经济上均依附于地主阶级的劳动者阶级，亦即农民阶级。三是户籍的农民，他们是新中国户籍制度中规定的农民，是由户籍制度确立的一种身份。②在这种定义模式下，因标准的不同，农民有着不同的定义。职业意义的农民强调的是农民所从事的农业劳动的性质；阶级意义的农民则强调政治和历史上农民的依附和被剥削地位；户籍的农民则强调其时空上的特定性，它仅仅是在当代中国存在的一种特殊的制度产物，也即这种身份是制度设定的，并非自发产生的结果。

有的研究者认为，要给农民下定义，下面几条标准应是不可缺少的：① 农民的基本生活资料和主要的生活来源是包括耕地、牧场、林地、渔场在内的土地；② 农业生产及与之相关的生产方式是农民最主要的劳动方式；③ 在满足自给性消费后，或多或少地与社会场域中其他个体发生经济交往；④ 作为特定关系中的成员，在与社会权威相处的关系中，在某种程度上处于从属地位，受外部权势的支配，要服从那些有权阶级的法令和要求，必须把自己的一部分收入交给这些阶级；⑤ 作为特定关系中的成员，利益表达的声音往往很微弱；⑥ 作为特定关系中的成员，在道德关系中，农民常常是文化传统的坚定承载者和维护者。⑦ 在有严格的户籍管理制度的条件下，出身给农民留下了深刻的烙印，即使农民改变其经营方式，改变他在经济行为中的角色，甚至改变职业，也难以改变其卑贱的社会地位和不易摆脱的低下身份。尽管这是一种偏见，但事实就是如此。⑧ 一般而言，农民与居住地的关系密切，他们的生产、生活、消费、工作等活动都围绕居住地进行，他们"安土重迁"，即使离乡也不离土。实际上，从上面第4条开始所讲的，就不再是定义农民的标准，而是农民在

---

① 孙德厚：《对规范使用"村民"与"农民"概念的思考》，载《北京农业职业学院学报》2003年第4期，第24页。

② 参见陆学艺：《社会结构的变迁》，中国社会科学出版社1997年版，第106页。

社会学上的行为表现。根据以上标准,可以把农民定义为:维持生计的生产者;追求利润的耕作者;权势力量的从属者;传统文化的承载者和维护者等。但总体上,这只是就农民一定历史时期一般外观特点的概括。事实上,农民的内涵在不断发生变化,农民的标准也因不同的历史、文化、制度而呈现出一些新的特殊的时代特点。①

有的研究者着重于强调农民的"劳动者"特性,将农民的概念定义为:① 户籍在农村,持有现行户籍分类中的"农村户口";② 不同程度地拥有户籍所在村集体经济主要是土地的所有权,并分享着其中的一定利益,承担一定的义务;③ 可以从事农业职业(未职业分化的农民),也可以从事非农职业(已经职业分化的农民);可以是体力劳动者,也可以是脑力劳动者。②

《现代汉语词典》将农民解释为:在农村从事农业生产的劳动者。③这个解释的特殊之处在于,它用三个要素来定义农民:农村、从事农业生产、劳动者。在这三个要素中,"农村"意在说明农民的主要生活场所一定是在农村的;"从事农业生产"意在排除那些虽然主要活动场所在农村,但不从事农业生产的人,如农村公办教师、离退休干部等;至于"劳动者",则意在强调农民的劳动人民属性。一般认为,这一农民概念把这三个要素结合在一起,比较朴素、简洁、直白,大致确定了农民的范围,因此获得了比较普遍的认同。

第四节 本书所持观点

《新帕尔格雷夫经济学大辞典》的"农民(Peasants)"词条,也困惑地写道:"很少有哪个名词像'农民'这样给农村社会学家、人类学家和经济

---

① 参见张桂英:《中国共产党农民利益问题政策研究》,东北师范大学2004年博士学位论文,第3—4页。

② 参见牟少岩:《农民职业分化的影响因素研究——以青岛地区为例》,山东农业大学2008年博士学位论文,第41页。

③ 参见林元:《当代中国农民的职业分化》,载《华东经济管理》2001年第2期,第20页。

学家造成这么多困难。什么是'农民'？即便在地域上只限于西欧,时间上只限于过去1000年内,这一定义仍是个问题。"当今中国农民的定义问题,其复杂性则更为突出。本书认为,为准确把握农民概念,既要从农民内部阶层复杂性和转型时代的流变性进行分析,又要从公法保护下的阶级阶层利益方面考察,更要考虑其明显的可识别性,这样才能正确解读农民概念,从而准确界定新时期我国农民应享有的权利。

一、从农民内部阶层的复杂性来把握农民概念

20世纪90年代起就有人首先提出了中国当代农民作为一个阶级而又划分为多阶层的学说,其中比较典型的是"九阶层"说。根据这一"九阶层"说的观点,农民作为一个整体性的社会阶层而存在,但它又可分化为以下几个主要阶层[①]：

1. 农业劳动者阶层

作为这个阶层的劳动者,通常具有以下特征：① 从事种植业、养殖业；② 依靠农业作为全部或主要生活来源；③ 身份上是农民、职业上也是农民,身份和职业重合。

农业劳动者的范围可以通过列举的方式确定,具体而言包括以下几类：① 农业专业户或承包户；② 比较富裕的农业劳动者；③ 温饱型的农业劳动者；④ 贫困农户。

2. 农民工阶层

农民工阶层具有如下特征：① 常年或大部分时间从事国有或集体企业中的非农业劳动；② 户籍在农村；③ 家中有承包土地；④ 不享受城镇居民的各种补贴和种种劳保待遇。在种类上可以分为：进城务工人员；在本乡本村本镇的集体企业里劳动的人。

3. 雇工阶层

雇工阶层的特征为：① 受雇于私营企业或个体工商户；② 在本质上不同于社会化大生产下的雇佣工人；③ 在农村拥有足以谋生的承包土地和其他生产资料；④ 在地位上、待遇上一般都很低,处于农民的底层。

---

① 参见尹小平：《中国改革进程中的农民利益问题研究》,中共中央党校2001年博士学位论文,第4—5页。

4. 农民知识分子阶层

农民知识分子阶层的特征为：① 拥有一定知识；② 从事教育、科技、医疗卫生、文化艺术等智力型职业；③ 有自己的一份土地，工作之余耕种或转包给他人耕种；④ 一般都还有固定的工资或补助。其主要类型为：民办教师、乡村医生、农民技术员、乡文化馆的文化工作者等。

5. 个体劳动者和个体工商户阶层

个体劳动者和工商户阶层的特征为：① 拥有某种专门技艺或经营能力；② 以个人或家庭劳动为基础；③ 生产资料和劳动产品归个人所有；④ 主要从事某项专业劳动或经营小型的工、商、服务业的劳动者和经营者。

6. 私营企业主阶层

私营企业主阶层的特征为：① 企业资产属私人所有；② 企业拥有雇工 8 人以上；③ 职业是企业的经营者。

7. 乡镇企业经营管理者阶层

乡镇企业经营管理者阶层的特征为：① 与其他本社区的职工一样拥有对企业资产的所有权；② 与其他职工不一样的是，他们还拥有经营权、决策权和管理权；③ 收入水平高于普通职工数倍；④ 户籍身份仍然是农民。

8. 农村乡务村务管理者阶层

乡村事务管理者阶层的特征为：① 身份上仍然是农民；② 不是国家干部。

这一群体主要由以下 3 类人组成：① 脱产干部；② 半脱产干部；③ 不脱产干部。

9. 其他阶层

除了上面所说的 8 个阶层之外，还有一些尚不能予以类型化的其他阶层。[①]

有必要回顾 20 世纪末的情况。根据 1998 年的资料统计，当时我国农村劳动力各阶层占农村劳动力总数的比重分别为：农业劳动者占

---

① 参见尹小平：《中国改革进程中的农民利益问题研究》，中共中央党校 2001 年博士学位论文，第 6 页。

71.6%;农民工占9.6%;雇工占6.0%;农民知识分子占0.8%;个体劳动者和个体工商户占4.8%;私营企业主占1.2%;乡镇企业经营管理者占4.8%;农村乡务村务管理者占1.2%。① 这一资料已经明显陈旧,时至今日,农村人口的比例肯定发生了很大变化,但"九阶层说"仍有一定道理。它的统计和分析意义在于说明,农民这一群体不是铁板一块的,其内部也是因地位、工作方式、社会待遇的种种差别而分层,因此关于农民问题的分析不能过于笼统,需要作详细的具体的动态的分析,不能囫囵吞枣,作简单分析和处理。

应该注意到,由于中国农村由传统的自然经济走向市场化、现代化的起步较晚,农民阶层在事实上的分化还刚刚开始,尚处于起步阶段,呈现出结构交叉、边缘模糊、流动开放等特点。特别是我国农民的阶层分化还仅仅停留在职业分化的表层变化上,分化后的农民各阶层大部分还保留着传统农民的身份,过着传统农民的生活,其身份和生活方式、生活质量等并没有发生根本性的变化。当然可以预计,他们的后代成长起来后会发生许多变化。有研究认为,就总体而言,目前这样的阶层分化还不能算作真正完全意义上的阶层分化。②

二、从转型时代的流变角度来研究农民概念

英国法学家梅因曾认为:"所有社会进化的运动,本质上都是从身份到契约的运动。"③中国农民的转型之路在这个定义下并不例外。理想的农民概念应该是一种社会契约中职业的分工,即从应然的角度来分析,不论对农民概念如何理解,也不应该把农民局限于一种社会身份,而且更不应该把这种身份固化,以致成为社会可以区别对待,甚至加以歧视的对象。但是,由于历史的、社会的复杂原因,农民在非常长的历史时期

---

① 参见农业部农村经济研究中心:《中国农村研究报告》(1999年),中国财政经济出版社2000年版,第736、737页。
② 参见尹小平:《中国改革进程中的农民利益问题研究》,中共中央党校2001年博士学位论文,第6页。
③ Maine H S. Ancient law, its connection with the early history of society and its relation to modern ideas[M]. J. Murray, 1906, p.97.

内处于社会的最底层,甚至将其身份的传统性、依附性特别加以强化。

在中国革命过程中以及新中国建立初期,中国共产党的领导者强烈地表示出对久远以来农民的地位加以历史性的改变的愿望,他们通过没收地主土地、土地改革以及后来走农村集体化道路,希望把农民彻底解放出来,这是良好的愿望。但是后来中国农村所走的曲折道路,实际上事与愿违,国家并没有真正解决农民问题。历史是复杂的,1949年后的相当一段时间内,由于农村经济基础并未发生太大变化,单纯通过变革上层建筑制度的形式强行推进农村现代化改革,必然面临矫枉过正的命运。国家政权过于强大的干预力,尤其是对农民、农村政策方面的实际上的歧视以及理论上步入误区,农民不能掌握自己的命运,在他们身上,农民身份的魔咒并没有真正摆脱,至少在改革开放之前农民的歧视性身份依然缠绕在几代农民身上。这种"开快车"式的剧烈社会变革,往往超越了社会实际承受程度,结果"欲速则不达",事与愿违。长期以来,农民仍然被视作没有文化的"乡巴佬",是与简单、重复、无技术含量的纯体力劳动相联系,与无社会保障、一遇天灾人祸就要倾家荡产的低收入者相挂钩,成为实际上不享受国家照顾和关怀的"二等公民",因此,农民在改革开放之前,通常得不到社会起码的尊重。其中,城乡分割的户籍制度起着关键性的恶劣作用。

1949年之后,中国社会被户籍制度区分为城市和农村。农业户口的人只可能通过升学、参军等很少途径转为非农业户口,但截至"文革"结束,通过这些方式能转户口的人仍然占少数,绝大多数农民自1949年之后就一直被束缚在土地上,其子女亦如此。到了党的十一届三中全会之后,由于纠正历史错误的改革开放逐步铺开,农民向城市的流动才加速进行。这种流动产生的原因是多种多样的:或因农民到城市打工、经商;或因城市规模的扩大导致了"城中村"的出现等。前者源于农民主体的行为,后者则源于政府政策的行为。尽管如此,农村居民真正融入城市生活仍然十分困难。因为无论哪种方式,这些农民在户籍上依然属于农业户口,依然与城市居民有很大差别。以部分城市中的"城中村"为例,其中的居民"虽与市民尚有差距,但也接近市民的生活方式,或许已经看不到观念和生活方式等方面与工人或城里人有截然区别。但是,在社会认同和称呼上,他们仍然是'农民'"①。再比如,有的农民尽管依然是农业户口,从其从事企业经营活动以及在收入来源和生活方式等方面来看,与城市里的企业主基本上没有区别。但对于这些特殊的群体,人们为了反映他们生活状态的变化,"不得不创造出'农民+工人''农民+企业家'等新的词汇。诸如农民工、农民企业家、农村民办教师等冠有'农民'二字的叫法,既表示了它与农民的某些联系和区别,又表达了它与工商业者的某些联系和区别"②。"农民+X"的表达,生动地体现了自改革开放以来中国农民流动性不断扩大的历史真实,与此同时,这些概念的出现,也给涉农法律的制定和实施带来了相当大的困难。在农民身份边际化越来越普遍的情况下,涉农法律中的法律关系主体范围出现了难以界定的情况。如果某个法律中授予农民以一定的优惠,且这种优惠是体现在土地之上,这对于那些已经脱离土地的农民往往又是没有意义的。此时,就会出现一些被称为"农民"却脱离了作为农民生产资料的土地的人,他们已无法享受农民身份带来的好处。还有一种情况:在建立社会保障制度时,农民和城市居民的标准是不一样的。对于那些居住在城市,且生活方式已经城市化的居民来说,他们的社保究竟应当适用农民标准还是适用城市居民标准?有的研究者就认为,这些"以非农活动为主,已经移居城市,但户口仍在原籍的就业人口及其所负担的家庭人口"也被包括在农民的范畴之内。③ 早在1998年8月,国务院批转了公安部《关于解决当前户口管理工作中几个突出问题的意见》,对当时户口管理做出了"四项改革",其中突出的一项是:在城市投资、兴办实业、购买商品房的公民及随其共同居住的直系亲属,符合当地政府有关规定的,可准予在该城市落户。当时这一文件的颁布,当时可以被看做是一个突破,为解决上述问题提供了一个方向。特别是在进入21世纪之后,这种流变性趋向正在加速,政策文件不断出台,各地改革措施也层出不

---

① 李矗:《城市化进程中农民进城就业问题研究》,中国农业大学2004年博士学位论文,第18页。

② 同上书,第19页。

③ 参见张远忠:《中国农民收入问题研究》,山东大学2002年博士学位论文,第8页。

穷,但各地之间的形势发展仍然很不平衡。①

针对这种因经济结构的转变而产生的农民身份变迁,有的研究者提出了"边际农民"的概念。根据这一概念,"现阶段的中国农民既不是传统意义上的'旧式农民',也不是同市场经济发展要求相适应的'现代农民',而是正处于由传统向现代演变和过渡过程中的'边际农民'"②。首先,在职业特征上,农民"不一定要从事农业生产,他可以选择打工,可以兼业,也可以经商等;职业上不限于从事农业"。其次,在经济特征上,农民的主要追求并不只是"维持生计",还在于作为"理性人"进入市场网络,参与市场竞争。最后,从政治特征上看,过去习惯视为农民所具有的"依附性"开始减弱,广大的农民要求政治权利,参与"自治"。③他们正以一种新的政治面貌和姿态出现在社会和政治现实中,他们中的很多人或者他们的后代可能转变为"新农民"。

三、着重从公法层面上定义农民

中国自古以农立国,一直都是一个以农业为主的国家,自古以来,农业人口在总人口中的比例处于绝对优势地位。"自春秋战国直到新中国成立前夕,农村人口在全国人口数中所占的比例一直停留在90%上下。"④直至1949年时,中国农民的人口总数依然为4.65862亿。⑤从1949到1979年的30年时间里,"全国总人口增加了4.3亿,达到9.7亿,而号称有8亿农民"⑥。如此庞大的人口数及其所占的比例,充分证

---

① 各地做法不一,有点像"摸着石头过河"。例如2013年起,兰州市公安局根据兰州市委、市政府下发的文件,取消农业、非农业户口性质区分,自当年5月1日起开始实施。其他地方还没有兰州市这样彻底的做法。
② 陈一放、潘圣平:《农村社会转型与农民现代化》,载《理论学习月刊》1998年第4期,第18页。
③ 参见赵立刚:《关于农民发展问题的若干分析》,载 http://www.66wen.com/03fx/shehuixue/shehuixue/20060830/36078_6、html,2006年8月30日访问。
④ 武岩等:《中国农民的变迁》,广东人民出版社1999年版,第36页。
⑤ 参见葛剑雄:《中国人口发展史》,福建人民出版社1991年版,第258页。
⑥ 李甍:《城市化进程中农民进城就业问题研究》,中国农业大学2004年博士学位论文,第18页。

明了中国乃是一个典型的"农业民族"和"农民国家"。① 因此,所谓的中国问题,其重心所指,向来就是农民问题。如果解决不好农民问题,中国当代社会所面临的诸多问题就无从解决,更遑论实现现代化这个宏伟目标了。正所谓"农业丰则基础强,农民富则国家盛,农村稳则社会安。"②

三农问题的关键是农民问题,而解决农民问题的核心保护是农民权利,而保护的前提是解决农民的自主性问题,其基本原则就是必须充分发挥农民的自主性,激活农民的积极性、创造性,让农民将农村问题、农业问题当做自己的问题;与此同时,还要给予农民充分的空间,充分的思想准备,让农民能够采用各种自己认为有利的方式来解决问题。很多问题,在外人看来似乎无解,但对当事人而言,则可能就很容易。中国农民问题的解决关键在于克服政策和决定由少数人制定的现状,使农民的个人权利意识和集体权利意识大大增强,让他们的自主性、积极性淋漓尽致地得到发挥,而不是包办代替或越俎代庖,代替农民出主意、谋计划、作安排,甚至不惜采用强制手段逼迫农民离开家园、"被上楼",等等。过去历史上农民的种种不幸往往是强加于农民意志所造成的,特别在计划经济年代,政府在农村干了许多对农民颐指气使、强迫命令的事,也干了许多"吃力不讨好"的傻事,结果不但不"讨好"农民,反而使农民利益受损,有些蛮干、瞎干的事情使城乡人民都深受其害。

如何发挥农民的自主性呢?从法律角度言之,首先必须改变历史上公权力与农民之间命令式的法律关系,建立新型的平等前提下的体系,其核心是确认农民个体和家庭在法律上的自主地位,保护其权利不受侵犯,坚决保护其在权利范围内以自由意志作出的决定。历史的偏差常常需要另一种历史力量来矫正,由于长期以来国家权力和公共权力在权力位阶中具有的天然优先性,因此笔者主张,在涉农法律关系中,树立以农民私权利优先的农民权利本位论,这才是真正切实保障农民权利,才是解决农村问题的关键。

权利作为一个法律用语,是构成法律关系的主要内容之一。法律通

---

① 参见孙达人:《中国农民变迁论》,中央编译出版社1996年版,第4页。
② 2006年2月15日胡锦涛同志在省部级主要领导干部建设社会主义新农村专题研讨班上的讲话。

过保护法律关系主体的权利并强制其履行义务的方式,维持着法律关系的正常状态。同时,权利首先是个体性概念,必须附属于某个特定的主体才能真正具有付诸实现的可能性。权利保护的首要前提就是确定其归属,也就是准确界定法律关系主体的范围。因此,农民权利的保护必须从定义农民的概念开始。简言之,解决农村问题应从公法角度,以保护农民权利为要旨;而保护农民权利首先应以定义农民概念为前提,而本书中农民概念的定义应从公法保护的角度考虑。

四、关注农民概念的阶层性特质

在马克思主义哲学的影响下,解读中国农民的概念,还必须面对一个不可避免的问题:农民的阶级属性为何?马克思首先提出了关于社会阶级的系统理论,列宁基于马克思主义理论对阶级下了最为经典的定义,他说:"所谓阶级,就是这样一些大的集团,这些集团在历史上一定社会生产体系中所处的地位不同,对生产资料的关系不同,在社会劳动组织中所起的作用不同,因而领得自己所支配的那份社会财富的方式和多寡也不同。所谓阶级,就是这样一些集团,由于它们在一定社会经济结构中所处的地位不同,其中一个集团能够占有另一个集团的劳动。"① 与阶级相关的是阶层的概念。在马克思主义之外,众多学者们也对阶级理论进行了论述和演绎。如德国社会学家马克斯·韦伯认为:"阶级是具有这样或那样共同境遇的人形成的团体。"② 不同于马克思主义按照经济基础划分阶级基层的标准,马克斯·韦伯提出通过财富、权力和声望来划分社会层级,而生产资料占有状况并不是决定经济划分的唯一标准。安德鲁·海伍德则认为:"社会阶级就是拥有相似的社会和经济地位的人们的群体。"③ 当代西方社会学中的新马克思主义,则试图从阶级意识

---

① 〔苏〕列宁:《伟大的创举》,载《列宁选集》(第4卷),人民出版社1972年版,第10页。

② 〔德〕马克斯·韦伯:《经济与社会》(下卷),商务印书馆1997年版,第247页。

③ 〔英〕安德鲁·海伍德:《政治学》,中国人民大学出版社2006年版,第232页。

和"与阶级相关的影响"两个方面去揭示阶级的内涵,从而对现实社会中的阶级关系和影响因素作出反应。①

当前我国关于阶级阶层主要有三种观点:第一种认为,当前中国只有社会不平等问题,不存在阶级关系,但中国存在经济关系上的阶层是不争的事实;第二种认为,我国的阶级关系就是工人阶级领导、工农联盟为基础的这样一种阶级关系;第三种认为我国存在着资本主义社会曾经出现的阶级关系,主要是劳资雇佣关系。②认为中国存在阶级关系的观点中,又将中国阶级阶层直接的利益关系表现为三种形式:一是合作互利关系,如外资和民间资本、农民工劳动力和城市生产力等;二是冲突与剥夺关系,如强势阶层与弱势阶层之间的利益矛盾和冲突,表现为群体性事件;三是竞争关系,如认为强势阶层与弱势阶层之间存在不正当竞争。③一种比较时尚的趋势认为,随着社会文明的进步,中国已经远离了过去"以阶级斗争为纲"的严峻时代,激烈的阶级斗争已经为缓和的社会关系所替代,学者们似乎更愿意用"阶层分析"来代替"阶级分析"。正如作家梁晓声在他的《中国社会各阶层分析》④中将生产力比作一柄梳子,在生产落后的年代,梳齿稀少难以解开各种经济利益胶合所形成的阶级矛盾,并且容易产生激烈的革命。当经济基础雄厚殷实后,生产力就成为一柄梳齿紧密的梳子,以往胶合的阶级矛盾自然松散开来,化粗为细,于是阶级被时代"梳"为阶层,原先的"阶级意识"转变为"阶层意识"。因此,人类社会由阶级化向阶层化转变,即由粗略向细致转变。阶级一经细化为阶层,就很难再重新胶合在一起,细分为阶层的社会也不再发生阶级斗争。这是一种解释。梁晓声的观点究竟是反映了个人观点、研究方法论的变化还是客观反映了社会的实际变化,很值得研究。笔者认为,主客观的变化是同一的过程,客观的社会变化必然或迟或早引起人的认识的变化。

---

① 参见〔美〕赖特:《阶级》,高等教育出版社1996年版,第254—282页。
② 参见王春光:《当前中国阶级阶层关系的变化与特点》,载《河北学刊》2010年第7期。
③ 同上注。
④ 参见梁晓声:《中国社会各阶层分析》,经济日报出版社1997年版。

实际上,不论是阶级还是阶层,本质上都是对社会结构的反映,它们都是由社会结构所决定的。"社会结构是社会基本组成部分之间以及这些组成部分内部所形成的相对稳定有序的关系网络。社会结构可以划分为总体结构、子结构、亚子结构等不同层级的社会等级类型结构,也可以划分为阶级、阶层、民族、职业群体等不同于别的社会群体类型结构。"[①]社会结构往往决定或影响着一个社会的政治、经济、文化等各个领域,因此对社会结构的研究历来是社会科学的重要内容之一,其研究大体上可以分为"冲突论"和"功能论"两类。其中,"冲突论"是马克思主义哲学的研究路径,它认为矛盾和冲突是整个社会的基本状态,"至今一切社会的历史都是阶级斗争的历史",社会各阶级阶层的对立和冲突逐步形成了一个社会的基本结构和秩序体系,因此阶级与阶层是研究社会结构的核心内容。"功能论"则认为,社会的每一个阶级、阶层都是该社会的重要组成内容并发挥着重要作用,阶级与阶层之间是稳定与平衡的关系,因此研究社会结构的核心就是研究阶级与阶层之间如何分工协作。可见,不论是"冲突论"还是"功能论",都认为阶级和阶层是社会结构的重要内容,只不过两者研究的视角、路径和方法有所区别而已。通常认为,马克思主义重视运用阶级分析方法,着重研究生产力与生产关系、经济基础与上层建筑的关系,从而根据生产关系来区分不同的阶级。从总趋势来看,现代社会科学方法论正在淡化阶级区分,将偏向政治领域和冲突思维的阶级转化为偏向经济社会领域和妥协思维的阶层,但在本质上并不排斥阶级。阶级、阶层都是对社会结构的认识,都把利益作为观察与分析阶级、阶层的标尺,于是,利益就成为了阶级、阶层等社会结构的根本范畴,基于此,笔者认为这两个概念都符合马克思主义哲学、社会科学的基本理论,可以分别使用或者结合使用。

人类社会从原始社会到阶级社会,究其产生和发展的根本,就是生产力的发展创造出剩余产品,从而催发了私有制的出现,而私有制体现出的正是人们利益诉求上的差别性、不统一性,这也是阶级产生的物质基础。现在我们回过头来看,任何一个过往的社会阶段都不是也不可能

[①] 刘润忠:《社会结构与科学发展》,载《中国现代化研究论坛论文集》2006年第4期。

是一个各种利益完全平衡的结构体,各个社会成员在利益的创造、占有、使用甚至消灭方面都具有不平衡性,因此人类社会不可避免地呈现出社会成员分化并形成不同等级序列的局面。在这个过程中,有着大致相同的财富、权力、声誉、文化资本等资源的群体受到相同利益诉求的牵引而逐渐走到一起,共同面对与其他序列的社会成员群体之间的冲突和矛盾,所以马克思、恩格斯认为社会划分为阶级是人们在生产过程中的地位决定的,并且认为阶级对立是建立在经济基础之上即建立在迄今为止存在的物质生产方式和由这种方式所决定的交换关系之上的。因此,阶级是经济社会发展到一定阶段的必然产物,而代表、决定着利益关系的生产资料所有制就成为马克思主义划分阶级的根本标准。任何一个时代、任何一个社会都可以将其阶级斗争的根源追溯到经济范畴。阶级的出现和演化,同时也在加剧着利益的不平等性,从而深化不同阶级之间的对立和矛盾。①需要注意的是,生产资料所有制并不是马克思主义划分阶级的唯一标准。"既然数百万家庭的经济条件使他们的生活方式、利益和教育程度与其他阶级的生活方式、利益和教育程度各不相同并互相敌对,所以他们就形成一个阶级。由于各个小农彼此间只存在地域的联系,由于他们利益的同一性并不使他们彼此间形成任何的共同关系,形成任何的全国性的联系,形成任何一种政治组织,所以他们就没有形成一个阶级。"②可见,在马克思看来,除了经济因素以外,阶级的形成还要受到生活方式、教育程度、政治组织等因素的影响。③

具体到我国农民身上,尽管中国社科院的《当代中国社会阶层研究报告》④将农民作为一个阶层排在第九位,尽管2007年实施的《农民专业

---

① 参见〔德〕马克思:《马克思恩格斯选集》(第1卷),人民出版社1995年版,第272页。
② 〔德〕马克思:《路易·波拿巴的雾月十八日》,载《马克思恩格斯选集》(第1卷),人民出版社1972年版,第693页。
③ 参见张道航:《当代中国"农民阶级"概念辨析》,载《理论研究》2010年第5期。
④ 参见《当代中国社会阶层研究报告》,载《中国社会阶层研究丛书》,社会科学文献出版社2002年版。

合作社法》明确规定了农民建立的是自己的经济组织而非政治组织①,但是农民是否为一个阶级或阶层这是一个事实问题。笔者认为中国仍然是一个农村人口占绝大多数的国家,各个社会成员之间的经济关系仍然是当前社会主要矛盾的重要因素,因此马克思主义关于社会阶级阶层划分的理论并没有过时,农民仍然是我国社会中的一个重要阶级。首先,从生产资料所有制来看,我国的农村生产资料主要掌握在农民的手中,农民不仅拥有宅基地,而且拥有农村集体土地所有权,仍然代表着我国的农业生产力。其次,从生活方式来看,以往的户籍制度将他们的基本生活范围紧紧地禁锢在农村,即使是许多长期进城务工的农民也始终难以融入城市生活,连他们也认为自己的家仍在农村。再次,从政治组织来看,虽然我国农民不是所谓的"自为阶级"②,"按照西方雷蒙·阿隆的观点,认为构成阶级利益应达到两个标准,一是能够最高限度地获取部分国民收入;二是有既定的政党代表他们来夺取政权"③。然而根据我国历次选举法的规定,虽然我国人民代表大会制度中农村与城市每一位代表所代表的人数比例在不断发生变化,并出现平等发展趋势,但理论上和选举制度预设上,应该有代表农民利益和主张的人民代表出现,这至少意味着在我国的最高决策机构中,农民总是有其席位的(尽管各个时期代表人数不等),也就是说,在国家权力机构中确实有一部分农民代表可以行使自己的权利,为农民说话办事。所以,我国的政治体制在制度预设和理论上完全可以解决经过宪法文本承认农民阶级作为"自为阶级"的问题。当然,我们此处讨论的"阶级"主要是站在社会结构的角度进行的客观界定,并不带有任何极端的"以阶级斗争为纲"的色彩。同时,我们也不认为马上要全部以"阶层"来代替"阶级",因为阶级与阶层毕竟是一个上下位的关系,即使我国农民这一群体内部目前确实存在着

---

① 参见杜丽:《"公平"与"共享"的呼吁:还农民以国民待遇》,载《法制与社会》2008 年第 5 期。

② 存在这样一种认识,即政治学上的自为阶级指阶级觉悟高,能够产生自己的革命理论并作用于实践的阶级。参见张道航:《当代中国"农民阶级"概念辨析》,载《理论研究》2010 年第 5 期。

③ 〔英〕埃利亚斯等:《论文明、权力与知识》,南京大学出版社 2005 年版,第 67 页。

不同的层次(可以按照经济关系、生活方式、文化教育等内容,把农民划分为不同的阶层,如农民工阶层、农民企业家阶层等),但是只要生产资料所有制的性质在宪法和法律上没有发生根本变化的情况下,农民在整体上就仍然是一个阶级。

五、坚持可识别性原则

定义农民的目的是为了明确涉农法律关系主体的范围,从而为法律规则的适用提供明确的对象,为法律手段的运用提供明确的程序,进而有效保护农民权利。

基于这一目的,农民概念首先就必须符合可识别性的条件,也即通过制度设置的某种外在形式,可以很容易识别某个特定的人或群体是否属于农民的外延范围内。当然,法律的不确定性是普遍存在的,这种不确定性一方面产生于语言文本表达本身的不确定性,另一方面则是由于人类认知能力的有限性。由于不确定性的存在,农民的可识别性也往往不可能达到绝对准确的程度。就目前中国情况而言,由于存在较为严密的人口普查制度,因此几乎每个人的户口归属都会明确标注于其户籍之上。如果以户籍登记为标准区分农民和非农民,很显然就是最容易识别的一种标准。然而,诚如前文分析,户籍标准在实际应用中存在诸多例外,比如农民工、农民企业家、常住农村的非农业人口、城中村及城郊的非农业人口,等等。这些人的存在使得户籍标准的适用受到了一定的限制。举个例子来说,如果某项与耕地有关的惠农法律采用户籍标准来确定其适用范围,所有登记为农业户口的人都有权享受这一优惠。然而,对于那些已经脱离耕地,不再从事农业劳动的农业人口而言,这样的优惠政策是否适合他们,各地的政策不同,也产生了不同的社会效果和社会评价。为此,有些地方和部门认为,为了法律上公平之实现,就必须对户籍标准进行一定的限制。

作为立法者和法学研究者,对此应予以合理对待。既要坚持一个可识别的标准,又要充分考虑这一标准的例外。笔者的思路是,尽可能实现农民概念的可识别性。至于那些仍然存在的不确定性的例外,则可以通过社会政策、司法程序等其他途径在个案中予以合理解决。

六、关于农民概念与特征的结论

(一) 农民的概念

基于可识别性的要求,我们目前仍持一种比较保守的观点,即主张使用户籍标准来定义农民,即使今后形成新型户籍制度也可以适用。[①] 根据这一标准,农民应定义如下:

农民,指的是在其户籍中被登记为农业户口的公民。

当然,这一概念本身的可识别性并不能否认它可能出现例外。但这些例外的存在也不能否定这一概念本身的可识别性。在目前的标准中,无论是地域标准、文化标准,抑或是其他标准,其可识别性都远远低于户籍标准的可识别性。在承认户籍标准相对合目的性的前提下,采用例外列举的方式排除那些不应作为涉农法律关系主体的公民,以及特别规定那些不能用户籍标准予以概括,但又应当作为涉农法律关系主体的公民。所以,这种例外规定应当在特定法律中予以规定。所以,在普遍概念中,在中国现行制度下,总体上将农民定义为"在其户籍中被登记为农业户口的公民"应当是最可接受的。

(二) 农民概念的特征

1. 宏观层面整体特征

有学者认为,若以前文所述的"户籍上的农民"来定义农民群体,当代中国农民在宏观上则具有几个典型特征。一是数量巨大,在中国占有一多半人口,有数亿之众。二是农民的职业多样化,有在乡下的,有在城市的,有以农为主业的,也有从事工商业的。三是农民总体上还处于"原子化"状态,他们通常缺乏资本,缺少社会联系,当下农民传统的社会关系、宗族组织、社区组织呈现日益衰减和弱化趋势,但总体而言,农民仍缺乏新的社会组织和联系。四是农民总体上文化技能程度相对较低,缺乏人力资本,在劳动力市场上缺乏竞争力。[②] 笔者认为,除了以上四个特

---

① 2013 年,党的十八届三中全会《决定》指出,要加快户籍制度改革。公安部已经表示要在 2020 年形成新的户籍制度。目前,这一工作已在进行中,有些文件已陆续出台,但这是一个过程,户籍制度不可能在实质上马上使农村户口完全消失,户籍意义上的农民概念也不会马上完全消失。

② 参见李君甫:《贫困地区农民非农就业中的职业教育和培训研究》,西北农林科技大学 2004 年博士学位论文,第 19 页。

征之外,还有两个重要特征是不容忽略的:一是在纵向阶层上农民群体的分层化;二是在不同地域、不同历史阶段上农民内涵的流变性。

(1)表现在农民外观的分层化方面。农民这一最大群体不是铁板一块的,其内部分层很复杂,而且差异不小。就以目前我国农村在社会转型过程来说,一个突出的问题是贫富悬殊比较大。华中师范大学中国农村研究院2012年8月21日在北京发布的《中国农民经济状况报告》指出:中国农民近年来收入增长较快,已经连续多年呈两位数增长,但伴随着收入增加,农民群体中的收入差距明显,中国国家统计局公布了2011年农村居民基尼系数为0.3949,正在逼近联合国规定的警戒线0.4。在中国,城乡收入差距达3倍,而农村内部的贫富差距更为严重,内部贫富差距在极端状况下甚至超过了10倍。因此,由于经济情况的差异,政治态度、文化接受等方面在农民内部各层次也是具有不同特点的,这在当前研究农民问题时不得不加以特别的注意。由于巨大的人口数加上有限的土地资源,注定了农民不可能通过土地耕作实现和城市居民相同的生活水准。多样化的职业一方面说明农民在市场经济的大潮下已经开始逐渐走出土地的束缚,开始谋求新的生活出路,另一方面则说明国家政策的转向已经促进农民在不同领域流动,农民身份不再如往昔那样将自己束缚在土地上。① 这是中国改革开放以后才具有的趋势,对此,有识之士都意识到:农民没有流动,就没有参与竞争的机会,也就丧失了平等,丧失了公平发展、向上提升的机会,这也逐渐成为当代人普遍的认识。然而,对照改革开放之前的情况远不是这样,早在20世纪50年代由政府设计并控制的在政治、经济、社会生活等多领域的社会主义改造之后,传统的社群关系、宗族组织、社区体制开始日益衰弱和弱化,国家权力的触角逐渐深入社会的各个角落。这种体制固然有利于国家整合和动员社会资源来实现特定社会目标,然而它在一定程度上将农民之间的传统纽带割裂了。这种割裂使得国家上层建筑与农民群体之间

---

① 据《参考消息》2012年8月24日所载信息,深圳当代社会观察研究所创办人刘开明表示:解决中国农民收入低下的各种方案里,应该包括鼓励和支持农民的流动性,在全球化的进程中,中国农民不仅应该在国内流动,还应该包括国际流动,中国的劳动力,包括农业劳动力,应具有在全球范围内流动的可能性,例如参与美国、巴西或者俄罗斯的农业耕作等。

的平衡关系被打破,农民难以通过集体行动的方式捍卫自己的权利,一旦国家权力运行出现偏差、缺位或者越位,农民只能任由损害的发生而无能为力,1958年"大跃进"之后我国广大农村出现的饥荒现象就是典型一例,当时温饱生存问题都存在严重威胁,更谈不上参与社会竞争。另外,农村教育水平的落后有目共睹,它直接抑制了农民文化水平的提高,在通常情况下,使得农民在包括劳动力市场竞争的社会竞争中处于不利地位。

（2）表现在农民内涵的流变性方面。根据众多学者们对农民的定义,已经可以看出并不存在一个完全精准和周延的关于农民的概念,不仅仅是关于农民的根本属性,而且是农民的外延都在不断变化。实际上,中外农民概念和特征的发展变化完全符合社会发展变化过程,在不同地域和不同的历史阶段,对于农民往往有着不同的认识。因此在这个意义上看,农民具有历史流变性。比如,西方的农民就经历了从原始农民、农奴、独立农民、农场主等一系列的变迁。诚如法国社会学家H.孟德拉斯所指出的那样,随着社会的发展,农民已经由传统的自给自足特征,转变为在农村中从事家庭经营,以营利和参与市场交换为目的的一种"企业"。① 即使是马克思主义对农民的定义也仅仅限定于中世纪时期,既不包括"农业社会"的非农业生产者,也不包括非农业社会的农民（如当代美国农民）。② 而我国的农民在1958年以前如果对其定义,绝对不会有户籍限制的条件,但从1958年颁布的《中华人民共和国户口登记条例》开始,农民的定义就与户籍制度绑定了,农民成为"一个职业和身份相结合的法律概念,而且其身份被永续化"③。总之,农民概念具有流变性。

---

① 参见郭君平、任钰、何忠伟:《都市型农民的内涵与特征分析》,载《北京农业》2010年10月下旬刊。
② 参见方江山:《非制度政治参与:以转型期中国农民为对象分析》,人民出版社2000年版,第42页。
③ 《中华人民共和国户口登记条例》第10条规定:"公民由农村迁往城市,必须持有城市劳动部门的录用证明,学校的录取证明,或者城市户口登记机关的准予迁入的证明,向常住户口登记机关申请办理迁出手续。"参见陆益龙:《户籍制度——控制与社会差别》,商务印书馆2003年版,第128页。

2. 微观层面个体特征

法律权利必然是特定主体的权利,或者是个人,或者是组织。宏观层面的农民特征固然会反映到农民个体之上。从概率上来说,大多数农民都符合宏观层面农民特征所描述的内容。但是,法律意义上的个体农民自然也应当具有一些独有的特征。

首先,农民是公民,在法律上首先必须被当做公民来对待。公民指的是拥有一国国籍的人。中华人民共和国公民自然就应当指那些拥有中华人民共和国国籍的人。作为中华人民共和国公民,应当享有中华人民共和国宪法及其之下的规范体系所规定的所有权利。当这些权利受到侵犯时,公民有权请求公权力的保护。公权力不能尽到保护义务时,应当承担责任。

其次,农民的户籍登记不同于城市居民。根据以往我国的户籍制度,人口被分为两类,一类是农业户口,另一类是非农业户口。前者被称为农民,后者则被称为城市居民。

最后,农民因其农业户口,享有一些城市居民没有的权利,如土地承包经营权、农民社保受益请求权,等等。这些权利和农民的公民权利一起,构成农民的权利体系的主要部分。与此相应,城市居民亦享有一些农民没有的权利。因此,在中国,城市居民和农民共享公民权利,除此之外,他们分别还基于自己的农民或城市居民身份而享有一些特有权利。尽管这种差别对待的做法从根本上是违背宪法精神的,但在相当长的一段时间里被视为"正常",甚至鲜有人提起质疑。

3. 历史角度传统特征

我们还应注意新时期农民概念与历史上小农概念的区别。在人们的心目中,中国传统农民就是自给自足的小农经济的代名词,农民与小农几乎就是同义词。"小农"之所以言其小,是因为其具有以下特征:"首先,是在一定程度上直接为自家消费而生产的单位,他在生产上所作的抉择,部分取决于家庭的需要。在这方面,他与生产、消费、工作和居住截然分开的现代都市居民显然不同。其次,他也像一个追求利润的单位,因为在某种程度上他又为市场而生产,必须根据价格、供求和成本与收益作出生产上的抉择。在这方面,小农家庭的'农场'也具有一些类似资本主义的特点。最后,我们可以把小农看做是一个阶级社会和政权体系下的成员；其剩余产品被用来供应非农部门的消费需要。这三种不同面貌，各自反映了中国小农的一个侧面，但却构成了密不可分的统一体。除了综合性分析，还需要区别不同阶层的小农。因为这些特性的混合成分和侧重点，随不同阶层的小农而有所区别。"①当然，以上传统农民生存状态主要是对中国社会主义革命之前的农民而言的，在社会主义改造之后，农民被融入了集体所有制之中，传统的小农特色曾一度消失殆尽。自"联产承包"之后，小农特色有所恢复，但目前总体上农民仍然处在集体所有制的框架之下。

4. 未来角度应有特征

在民主和法治的社会里，职业是社会成员自由竞争和选择的结果，而非国家强力施加的结果，职业是社会分工的产物，体现着社会成员的平等性和尊严。但是，在经济不发达以及民主尚不健全的社会里，身份是人的地位的标志，身份不是自由竞争与选择的结果，也不是社会分工的产物，而是社会，正确地说是国家强力干预的不平等产物。农民概念尤其显现了这一特点。"作为实现农民权利地位平等要求的基本体现，必须对农民的概念及其特征进行重新解读，对农民的身份地位进行价值重构，用职业概念取代身份概念。"②因此，在进入法治时代，在现代农业视野下，农民应该被视为一种"事农行为"的职业，应该把职业作为农民概念的基本特征，农民再也不能固化为一种被歧视的社会身份。农民作为从事农林牧副渔事业的职业或专业，将得到社会的尊重，它与工业、农业、商业、服务业等职业分类一样得到社会的平等待遇。从应然和理想的角度，农民主体地位上要逐步实现由身份概念向职业概念的转变，在这方面，人们的观念正在发生改变，但这种改变还需要理论上更大的自觉，需要大力宣传和认真引导，真正的转变还需要一个较长的时期。

---

① 〔美〕黄宗智：《华北的小农经济与社会变迁》，中华书局1986年版，第1—5页。

② 赵万一：《中国农民权利的制度重构及其实现途径》，载《中国法学》2012年第3期，第9—10页。

第二章 农民地位

本书选择以农民权利的保护问题为研究内容,要研究农民的权利保护,就无法绕开农民地位这个问题。因为保护农民权利的前提是农民可以享有哪些权利?应当享有哪些权利?为什么要提供保护?这就必然涉及农民在我国宪法上的地位问题。如果农民的宪法地位本身就不高,权利保护的程度相应弱一些似乎还有道理;如果农民的宪法地位很高,权利保护的力度应该很强,使这种地位得到充分的维护。农民的宪法地位,应该是农民权利保护的根本所在,是农民整体利益得以保护的命根子。虽然目前有很多保护农民权益的论著,但深入到农民宪法地位层面的极少。我们的社会正在不断进步,我们的政治制度、文化政策正日益走向开明,提倡思想解放、提倡公平正义的时代已经来临。在这样的时代背景下,我们应当敢于解放思想、实事求是,勇于面对实际问题,解决实际问题。

第一节 农民地位概述

一、农民地位的产生根据

从现实的角度观察,宪法的内容肯定是政治博弈的结果,它至少反映了参与制宪的不同群体对宪法本身的期许或者要求。尽管有很多人从很多不同的角度论证"宪法应该包含的内容",但是,现实往往是如此的残酷,宪法从来不会完整地反映某一个人或某一个群体的全部要求。与此相反,宪法所能反映的只是参与制宪的不同群体之间的妥协。在此情况下,如果参与制宪的人或群体仅仅因为宪法内容没有满足其全部要求就宣布不服从宪法的权威,可以断定这些个人或群体肯定缺乏参与政治的诚意。因为,如果参与制宪的每个人或群体都像他或他们那样,将无法制定出任何宪法,也无法基于宪法产生一个统一的政治共同体。

参与制宪的人或者群体,往往都会提出很多理由来论证自己观点的合理性,主张必须在宪法中得到体现。这些理由虽然多种多样,但总的来说可以分为两类:主观理由和客观理由。这两类关于宪法的观点乃是社会科学方法论里"应然"与"实然"两极的映射,持主观理由者多偏于实然领域,以个人或其所属群体的现实性利益为一切要求的出发点;持客观理由者则偏于应然领域,往往以较为超脱于个人利益的所谓客观的合理性为出发点。就实而论,持主观理由者,若无客观理由支撑,难免被指责为过于功利。此一点于中国这样一个传统上重义轻利的社会尤为不容。更为重要者,单纯的主观理由若不能容纳其他人之利益,就无法从理论上否定其他个人或群体的暴力反抗的合理性。因此,凡持主观理由者,要么采取容纳他人利益的妥协态度,要么将自己的要求披上客观理由的外衣,以此获得较多的支持。但是,持客观理由者也往往陷入不可操作之境地。以宪法作为"根本法"之判断而言,"此处的'根本'究竟指什么,通常并不清楚。它经常不过是一种陈词滥调,用来表示某种在政治上具有特殊重要性或不可违背的东西"。[①] 不宁唯是,人性、文明、社会目标等亦是此等不确定之概念。盖因其不确定,故而难免陷入不可裁断之纷乱争执,又因各方利益冲突严重,故而常常难以达成共识。

　　参与制宪者最常用的方式就是用客观的理由来包装主观理由,中国宪法中的农民地位亦具有如此之特点。就主观方面而言,中国之共产主义革命最能够激动民众之心的乃是土地改革,土地改革之目的无疑是为了满足占人口大多数的无地少地农民之利益。作为农民利益之代表者的中国共产党,从来亦未掩饰过其为无地少地农民谋利益之意图。毛泽东在《目前的形势和我们的任务》一文中指出:"人民解放军的后方……巩固。这是由于我党坚决地站在农民方面实行土地改革的结果。……中国土地法大纲规定,在消灭封建性和半封建性剥削的土地制度、实行耕者有其田的土地制度的原则下,按人口平均分配土地。这是最彻底地消灭封建制度的一种方法,这是完全适合于中国广大农民群众的要求

[①] 〔德〕卡尔·施密特:《宪法学说》,刘锋译,世纪出版集团、上海人民出版社2005年版,第4页。

的。"①凡是不能满足无地少地农民之利益的主张,盖为中国共产党所反对。就客观方面而言,中国共产党主张,农民获得宪法上的特殊考虑是中国革命胜利的必要条件,是马克思主义和中国革命实践相结合的产物。这种结合,就中国而言,是达成中国革命胜利目的之必要条件;就世界范围内而言,它亦是世界共产主义革命的重要组成部分。基于此,中国农民在宪法上的地位就获得了"革命胜利"这一客观理由的支持。毛泽东指出,中国现实社会的性质,既然是殖民地、半殖民地、半封建的性质,中国现阶段革命的主要对象或敌人……就是帝国主义和封建主义,就是帝国主义国家的资产阶级和本国的地主阶级。② 基于对中国革命对象的判断,毛泽东认为中国革命的任务主要就是打击这两个敌人,就是对外推翻帝国主义压迫的民族革命和对内推翻封建主义地主压迫的民主革命,而最主要的任务是推翻帝国主义的民族革命。③ 在革命任务已经确定的情况下,毛泽东指出,全部中农都可以成为无产阶级的可靠的同盟者,是重要的革命动力的一部分。④ 中国的贫农,连同雇农在内,约占农村人口百分之七十。贫农是没有土地或土地不足的广大农民群众,是农村中的半无产阶级,是中国革命的最广大的动力,是无产阶级的天然的和可靠的同盟者,是中国革命队伍的主力军。⑤ 农民这个名称所包括的内容,主要是指贫农和中农。⑥ 既然主要由贫农和中农构成的农民是中国革命胜利的主要动力,那么很显然在宪法确认革命胜利的成果时,必须承认农民在宪法中的重要地位。因此,回顾历史,并用历史审视的眼光回顾过去的事实,就比较容易理解宪法当时的规定以及一直沿用至今的原因了。

二、农民地位的宪法基础

在现行宪法中,农民是经宪法确认的一个特殊的群体,至于它的特

---

① 《毛泽东选集》(第3卷),人民出版社1991年版,第1150页。
② 同上书,第633页。
③ 参见《毛泽东选集》(第2卷),人民出版社1991年版,第635页。
④ 同上书,第643页。
⑤ 同上注。
⑥ 同上书,第644页。

殊性究竟体现在哪些方面,则是由宪法以及宪法之下的规范性文件予以具体确定的。更为重要的是,这些具体的特殊性随着历史的发展,形势的变化而不断变化着。农民地位的特殊性是不变的,但特殊性的具体内容则在不断变化。

然而,看待农民身份的特殊性不能仅仅从这种以宪法为前提的角度出发。从中华人民共和国建立的历史来看,农民地位的特殊性绝对构成了中国当代宪法体制得以确立的前提和基础。也就是说,宪法不是农民地位特殊性的前提,与此相反,农民地位的特殊性是《中华人民共和国宪法》得以制定的前提之一,是中华人民共和国政治体制得以确立的前提之一,农民无疑成为中国宪法所承认的主导性群体或阶级。

之所以有此论断,乃是因为农民地位的特殊性在中国共产主义革命的纲领中占据核心地位。在国共第一次合作破裂之前,这一点或许还不是十分明显。但自此之后,中国共产党迅速将革命胜利的希望转移到农民身上。这其中,以毛泽东领导的中央革命根据地最为典型。及至1949年建政,这一路线从未发生过根本改变。根据毛泽东的观点,"中国人民在几十年中积累起来的一切经验,都叫我们实行人民民主专政,或曰人民民主独裁,总之是一样,就是剥夺反动派的发言权,只让人民有发言权","人民是什么? 在中国,在现阶段,是工人阶级、农民阶级、城市小资产阶级和民族资产阶级",这些阶级"在工人阶级和共产党的领导下,团结起来,组成自己的国家,选举自己的政府,向着帝国主义的走狗即地主阶级和官僚资产阶级以及代表这些阶级的国民党反动派及其帮凶们实行专政,实行独裁,压迫这些人,只许他们规规矩矩,不许他们乱说乱动"①。这段话写在1949年中央人民政府建立之前,并且长时间作为中国共产党的革命纲领,甚至作为建设时期纲领的核心部分。因此,可以认为,人民民主专政构成中华人民共和国建立的前提,而人民民主专政的必要内容之一就是对农民地位特殊性的承认:首先,这一理论认为,占农民群体中绝大多数的受压迫的农民属于人民的一分子;其次,农民地位亦区别于工人、小资产阶级和民族资产阶级,与这三者相比,农民具有一定的特殊性,在革命过程中的地位不同,因此在革命胜利、政权建立以

---

① 《毛泽东选集》(第4卷),人民出版社1991年版,第1475页。

后,在政治上的地位也大有不同。

在《共同纲领》的序言中,参加政协会议的各组织共同宣布"中国人民民主专政是中国工人阶级、农民阶级、小资产阶级、民族资产阶级及其他爱国民主分子的人民民主统一战线的政权,而以工农联盟为基础,以工人阶级为领导"。这里再次强调了人民民主专政作为立国基础的地位,从而也就承认了农民作为一个阶级在新国家秩序的建立中具有某种特殊的地位。自此之后,1954年宪法及至以后的历次宪法修改,都将"人民民主专政"和"工农联盟"作为其序言或总纲的重要内容。可以这样说,这样的规定已经持续近70年历史,而且在可预见的时间内,也不会改变。

对农民地位特殊性的肯认,以及对无地少地农民利益的积极保护,凝聚了绝大多数无地少地农民对共产主义革命的热情。如果没有这种热情,农民就不可能在新民主主义革命中发挥如此巨大的作用。中国革命或许根本就走不到1949年的那一天。"人民民主专政"及"农民地位的特殊性"成为中华人民共和国宪政秩序的重要元素。所以笔者认为,宪法对农民地位特殊性的确认是必要而且必然的。

三、农民地位的宪法规定

(一)宪法明确宣示了"农民地位特殊原则"

自1949年《共同纲领》开始,我国的宪法性文件皆承认中华人民共和国是工人阶级领导的,以工农联盟为基础的社会主义国家。在如此定性之下,农民作为一个阶级的特殊性得到了鲜明的体现。尽管在国家领导权的分配中,农民阶级处于工人阶级之后,但相对于其他阶级,农民则一直处于优先地位。笔者无意于在此讨论此种规定的合理性和正当性,但不容忽视的是,既然宪法是国家的最高法律,由宪法所规定的农民特殊地位就必须成为我国法律制度的基础和前提之一。任何法律规范,如果直接否认规定了农民地位特殊性的宪法规定,又没有从宪法的其他原则中找到明确的根据,就可以判定它是一个违宪的规范。至于那些可能违宪的规范应当如何进行处理,应当根据其他的相关制度予以决定,或宣告无效或予以撤销或以司法决定更改立法规定等,目前尚难定论。无论采用哪种方式,都必须获得制定法的明确支持,否则任何形式违宪审查权的行使本身就有可能涉嫌违宪。在过去几十年的实践中没有发生过这样的问题,但在人们宪法意识日益觉醒之后,特别是中共十八届四中全会决定明确提出完善全国人大及其常委会宪法监督制度,健全宪法解释程序机制,加强备案审查制度和能力建设,把所有规范性文件纳入备案审查范围,依法撤销违宪违法的规范性文件等一系列主张之后,情况肯定会发生变化,对于违宪文件、违宪行为的警惕和关注势必摆上中国法治的议程,我们将乐见其成!

(二) 农民地位在经济制度上的特殊性

我国宪法还规定了不同的经济形态,并赋予这些经济形态以不同的宪法地位。就农民而言,宪法规定集体经济为农村主要的经济形态。现行《宪法》第17条规定,集体经济组织在遵守有关法律的前提下,有独立进行经济活动的自主权。集体经济组织实行民主管理,依照法律规定选举和罢免管理人员,决定经营管理的重大问题。该条的规定无疑赋予集体经济以非常特殊的地位。基于宪法的最高法律效力,集体经济所具有的这种宪法地位,必然成为我国经济制度的原则之一,获得和其他原则性法律相同的地位。

(三) 农民地位在政治组织形式上的特殊性

作为宪法性法律的《村民委员会组织法》,规定了农民作为一个群体所独有的政治组织形式。基于这部法律,农民根据其所属的群体实行自治。自治组织不是国家机关,在不违反国家法律的前提下,有权以民主的方式自主决定其内部事务。这种组织形式不同于国家政权的组织形式,亦体现了农民在宪法上所具备的特殊地位。

(四) 农民地位在国家整体权力结构中的特殊性

自20世纪50年代开始,中国就一直在实行城乡二元分立的户籍制度。农村户口和城镇户口之间被人为划出了一道难以逾越的界限。在这一结构之下,国家对农民和城镇居民采取了不同的对待方式。

在当时政治几乎压倒一切的情况下,新中国建立之后,只要是没有被划入敌人范畴的城镇居民,大部分都有一份正式的工作,获得工作的城市居民其生老病死都由国家统筹包办。但对绝大多数农村居民而言,除了土地收入之外,他们无法从国家获得生活方面的基本保障。有人甚至认为,在这一制度之下,"城市中的工人在'九天之上',而农民则在

'九地之下'"①,而且在客观上,"城乡之间的差别不是减轻了而是加深了"。② 然而,若是以规范宪法学角度来看待《共同纲领》及其后的历次宪法的规定,这种城乡二元结构并非是真的将农民打入"九地之下",恰恰相反,它是基本符合宪法本来安排的。因为,在宪法的排序中,中国共产党是工人阶级的先锋队,工人阶级是中华人民共和国的领导阶级,农民阶级——尤其是贫下中农——是工人阶级的同盟军,在国家权力结构的安排上,作为工人阶级先锋队的中国共产党组织及其成员实际处于国家权力结构之顶端,工人阶级次之,农民阶级又次之。除此之外,其他的阶级要么是可以团结的对象,要么则是敌人,他们的地位又是在农民之下。所以,这种权力结构的安排在当时生产力水平以及人们认识水平等条件下,基本上是符合宪法中农民政治地位规定的。农民之所以获得国家权力此等对待,基本上可以视为当时农民在宪法中特殊地位的直观反映。

但作为宪法学眼光值得注意的是,"特殊性"并不意味着"优越性",农民地位在宪法和法律文本中的特殊规定虽蕴含着保护农民权利的立法目的,但却因为实际上事实与规范之间的巨大差异又陷入了一个悖论,使人们长期纠结而不得其解。

第二节 "危险的陷阱"——农民地位悖论

悖论(prodox),又称为逆论、反论、吊诡、诡局或佯谬,维基百科全书将其定义为在逻辑上可以推导出相互矛盾的结论,但在表面上却又能自圆其说的命题或理论体系。经典的悖论包括罗素悖论、说谎者悖论、康托悖论等。"悖论的根源在于流行的逻辑原则与思维对象本性之间的不一致,问题出在推理原则方面。"③悖论的产生,往往是由于人们对概念认识的不够深刻而导致推理方法的错误。在根源上,悖论是一个合理性的问题。"在各种纷繁复杂的情况下,决定哪些行动是合理的行动,是接近

---

① 〔美〕艾恺:《最后的儒家——梁漱溟与中国现代化的两难》,王宗昱、冀建中译,江苏人民出版社1996年版,第331页。

② 同上书,第332页。

③ 同上注。

合理性这一课题的最好方式之一。"①对悖论进行研究,可以促进理论科学的发展,在研究方法论上具有重要意义。

关于农民的地位问题,长期以来在我国法学界、政治学界存在着一个"令人抓狂"的悖论,包括规范层面的悖论和事实层面的悖论。在规范的层面,1982年《中华人民共和国宪法》(以下简称《宪法》)第1条规定:"中华人民共和国是工人阶级领导的、以工农联盟为基础的人民民主专政的社会主义国家。"这表明我国的农民是工人阶级的天然同盟军,在宪法上拥有崇高的地位,至少不低于工人阶级以外的其他阶级(如果这些阶级存在的话)。但同时,我国1982年《宪法》规定了"中华人民共和国公民在法律面前一律平等",即"平等原则";第九届人民代表大会第二次会议就通过修正宪法的形式将"依法治国,建设社会主义法治国家"作为我国的基本国策,而依法治国的核心内容就是要依宪治国、法律至上。如此一来,我国宪法所赋予农民的优越地位似乎与民主平等的宪政精神产生了规范的悖论。尽管《宪法》第1条主要表述的是国家的建立基础在于工人阶级和工农联盟,并没有给国内各阶层划分三六九等,但是工人阶级、农民阶级的地位高于其他阶级的地位是确定无疑的。

然而在事实层面,暂时撇开宪法赋予农民的特殊地位不谈,单是从平等原则的角度来看,我国农民并没有在实然层面平等地享受到宪法和法律上的各项权利。恰恰相反,不论是在权利的分配、权利的形式抑或权利的保障方面,长期以来农民都是"弱势群体"。如果说农民地位是崇高的,与其他群体是真正平等的,那么为什么他们不能在现实中实际享有各种权利? 事实层面的悖论实际上是基于规范层面的悖论的曲折延伸和反映,客观上又印证着规范层面的悖论。

农民地位的悖论,给予我国的政治学者、法学者巨大的困扰:如果承认我国是民主共和国家,基于民主、平等、法治等宪法精神,就不能也不必强调农民在宪法中仅次于工人阶级的特殊地位;而实际上,我国宪法中反复强调的我国的国家性质就是工人阶级领导的、以工农联盟为基础的人民民主专政的共和国,农民明显具有宪法上的崇高地位;然而与农民在宪法上享有的地位相对照,我国广大农民在实际生活中的地位相差

---

① Nicholas Rescher, *Paradox: Their Roots, Range and Resolution, Open court Chicago and la sale Illinois*, 2001, p.256.

甚巨,他们的各种权利往往得不到充分的保障。这些理论与实际的相悖,宪法文本与实际生活的相悖,导致在农民的地位问题上长期以来很少有人作出深刻的、令人信服的论述,甚至长期被人视为一个理论禁区。这就涉及宪法层面的理论表述是否科学,是否与现实相吻合,涉及理论与实践的脱节或落差,到底是宪法理论太高妙了,还是实际层面严重滞后? 这不能不首先引起我们的深思!

第三节 农民地位的规范悖论:与平等原则的冲突

一、平等的含义

平等,是一个妇孺皆知的美丽字眼,也是千百年来人们梦寐以求的理想。而在政治学和公法学上,平等的概念主要是同特定的政治要求相联系的,比如人的尊严、选举权利等。在和这样的政治要求联系起来之后,它可以成为某些政治行动的纲领。例如呼唤人的尊严,一旦把它与平等联系起来,往往可以成为革命的理由,这种情况在历史上曾经屡屡发生。

除了上述最简单的平等含义之外,实际上平等可以从不同的实践层面上进行理解,在不同的语境下,它所表述的含义又有很大区别。

(一) 政治上的平等对待:平等参与规则制定的权利

在当代国家,可以得到强制力保证予以实施的法律应该都是由合宪的立法机关制定的,而宪法的制定以及合宪的立法机关之产生,则具有很强的政治性。在这一意义上,政治是优先于法律的。因此,在这种政治意义上谈论平等,实际上就是一种前法律意义上的平等[①],也即在参与

---

① 需要说明的是,此处提及前法律意义上的平等的目的,不在于从位置排序的角度争论到底是法律高于政治还是政治高于法律,也不在于从历史的角度探讨究竟是先有政治还是先有法律。此处使用这个概念,只是为了澄清当代社会的一个基本的事实:在民主社会,任何权力的正当性的终极根据都在于政治,也即政治共同体的共同意志。尽管基于这种政治意志的权力的行使过程需要受到法律的制约,但这些具有制约性的法律的产生仍然有赖于立法权力的行使,而立法权力的终极正当性依然有赖于共同体的政治意志。在这一意义上,笔者认为政治是前于法律的。使用这种表述时,我们无意否定在法律秩序建立之后,法律与政治之间的互动关系。但是,这种互动关系运行的终极基础仍然是共同体的政治意志。

共同体的机会方面的平等。通过这种平等,政治共同体的每一个公民都拥有平等的机会参与共同体规则的制定,并通过谈判与妥协使自己所主张的规则能够得到合法多数的同意。

(二) 法律上的平等对待:平等适用规则的权利

法律上的平等对待意味着已经制定好的规则应当平等适用于政治共同体的每一个成员。这种平等对待包含但不限于以下几个要素:

1. 拒绝法律的选择适用

根据这一要素,任何人所实施的违法行为,都不应当免除法律的制裁。不允许有的人被制裁,而有的人则逍遥法外。法律的选择适用出现的原因可能是因为执法机关的执法能力不足,也有可能是因为掌握决定权的人故意在不同主体之间进行选择适用。如果是前者,就应当根据社会经济发展的情况,以合法的程序增强执法机关的执法能力。如果是后者,则意味着拥有决定权的人有意通过这种选择适用的方式从法律执行中谋取个人利益。后一种行为是一种十分邪恶的执法方式,他暴露了执法者内心所暗藏的不可告人的目的,而且为了谋取个人私利,不惜以破坏整个法秩序为代价。对于这种行为,必须从制度上的监督与纠正予以解决,剥夺掌权人对执法机构的控制权。

2. 禁止滥用裁量权

滥用裁量权意味着执法者在法律所授权的范围内,对于同样的行为给予不同的对待。这种对待本身并不违反法律所规定的授权范围,但在最终的结果上,同样行为之间的法律后果差异很大。如果执法者滥用裁量权,就意味着他违背了法律面前人人平等的原则,即没有在法律上给予公民以平等的对待。

(三) 结果上的平等对待:平等享受资源的权利

结果上的平等对待只具有相对意义,不可能有绝对的结果上的平等。结果上绝对意义的平等意味着:在一个政治共同体中,不论起点如何,资质如何,能力如何,每个公民都享有完全同等的物质和非物质生活条件。历史已经证明,这种政体是不可能存在的,任何谋求实现这一社会状态的运动,无不以失败而告终。所以,结果上的绝对平等对待,只是一种乌托邦式的空想。

二、我国公法上的平等原则

1982年《宪法》第33条第2款规定:"中华人民共和国公民在法律面前一律平等。"1982年《宪法》的制定者认为:"我国的法律是工人阶级领导全国人民制定的,是广大人民的意志和利益的集中表现。人民服从法律,就是接受工人阶级的领导,服从人民自己的意志。在这样的法律面前一律平等,是我国公民的一项基本权利,也是社会主义法制的一条基本原则。"[①]在这里,制宪者首先强调的是工人阶级的领导地位,以及对人民的意志和利益的体现。按照毛泽东思想经典理论的解释,人民是一个与敌人相对的概念。现行宪法的制定者继承了这一思想,并根据新情况作了某些变通的解释,提出:"在我国,剥削阶级作为阶级已经消灭,社会主义民主正在不断加强和完善。这是人类历史上为最大多数人享有的最广泛的高度民主。但是,由于国内的因素和国际的影响,阶级斗争在一定范围内还将长期存在。间谍、特务和新老反革命分子,还在进行反革命活动。贪污受贿、走私贩私、投机诈骗、盗窃公共财产等严重犯罪活动,是新的历史条件下阶级斗争的重要表现。"[②]这就意味着,现行宪法认为在中华人民共和国的全体公民中,除了人民之外,还有一些需要国家机器予以镇压的敌人。人民注定是统治阶级。在这个称为人民的群体中,农民无疑是具有重要地位的一分子。在承认工人阶级以及人民的优先地位的前提下,制宪者方才认为公民是在"这样的法律面前一律平等"。基于此分析,如果尊重宪法文本及其原意,可以认为我国宪法中的平等保护具有如下几个特征:

(一)立宪层面上全体公民之间并未获得政治上的平等对待

就宪法的制定而言,我国宪法是在革命胜利之后,由取得胜利的阶级及其同盟者所制定的。在这一过程中,那些作为革命对象的公民就丧失了参与制宪的权利。就宪法所确定的立法权而言,也并未授予所有公民以平等参与立法的权利。至少,那些被判定为敌人的公民是无权参与

---

① 彭真在第五届全国人民代表大会常务委员会第二十三次会议上所作的《关于中华人民共和国宪法修改草案的说明》(1982年4月22日)第(七)部分。

② 同上注。

法律制定的。即使是那些不属于敌人范围的公民,在承认政治地位、经济地位存在合法差别的情况下,也不可能是真正平等的,表现在法律制定的参与权方面也是有明显差别的,比如城市居民就曾经享有优越于农民的参与权利,有决策地位的公民就享有优越于无实际决策地位的公民的参与权利。尽管有些学者呼吁立法上全体公民应该平等并认为这种平等现在已经实现,但笔者认为这只是理论上的探讨和渴望。

（二）法律实施层面（执法、司法）上的平等对待被明确确认

我国宪法将法律的平等保护非常具体的表述为"公民在法律面前一律平等"。就立宪理由的论述而言,这一具体表述所意味的就是公民在已经制定好的法律面前一律平等。因此,我国《宪法》明确确认了法律上的平等对待。当然,这种平等对待在现实中的实现情况并不理想,很多情况下存在不能严格执行宪法、法律的情况。这都是需要通过不断深化体制改革方能加以克服的。

（三）分配层面上的绝对平等对待被明确否认

虽然作为执政党的中国共产党以实现共产主义为最终目标。但是,在目前的情势下,它仅仅将社会主义作为自己现实的奋斗目标,而按劳分配是社会主义分配方式的根本原则之一。既然要按劳分配,就是多劳多得,少劳少得,就不可能在所有的公民之间实现按需分配意义上平等的分配。所以,可以这样理解,即资源分配上的绝对平等对待是被我国现行《宪法》所明确否认的。

三、法律上平等对待的局限性与农民公法地位的变迁

法律上的平等仅仅是一种形式平等。毫无疑问,这种形式平等是法治的根基。诚如哈耶克所言:"法律的平等需要建立在形式法律意义的法治基础上:正是在形式法律这一意义上的法治,也就是不存在当局指定的某些人物的法律上的特权,才能保障在法律面前的平等,才是专制政治的对立物。"[①]如果形式平等能够得到彻底的贯彻,其对于法治的实现、个人自由的保护无疑具有极其重要的作用。但是,形式平等毕竟不

---

① 〔英〕哈耶克:《通往奴役之路》,王明毅等译,中国社会科学出版社1997年版,第79页。

能涵盖平等的各个方面。按照笔者的理解，即使排除结果上的平等，包括政治实践中的平等对待、立法上的平等对待等也是不能忽视的。毕竟，政治上的平等对待意味着在一个政治共同体中所有成员都拥有平等参与政治过程的权利，也意味着这一政治共同体能够包容所有公民的利益诉求，并在不同诉求博弈的过程中实现国家政治的和谐发展。在这一过程中的平等才能保证所有成员自主决定自己的命运。因此，形式平等尽管重要，也并不能代替政治实践中，尤其是立法过程中的平等对待。出于学理上的考虑，在现行《宪法》仍然肯定阶级斗争存在的情况下，实现政治上平等对待根本出路是修改宪法。因为只要阶级斗争被宪法所承认，就不可能彻底让所有公民在政治上真正得到平等对待，否则，便与阶级斗争的基本原理相悖。所以，这里需要科学社会主义理论的进一步探讨和解释，也包括宪法解释机制作用的充分发挥。①

农民优越的宪法地位意味着这个国家中不同的群体因其政治地位不同而享有不同的参与国家政治的权利，也意味着不同群体政治上受到了不平等的对待，亦即不同群体的利益表达并非被国家平等地承认。这种政治上的不平等对待在特定的历史情势下或许能够获得共同体内绝大多数成员的认同。但我们又要看到，随着社会经济形势的发展变化，各群体之间均势的演化，人们的利益诉求也必然发生相应的变化。此时，若要维持体制的稳定性，就必须对体制进行一定程度的变革，以适应社会情势的发展。这种变化可以是彻底实现对所有公民给予政治上的平等对待，也可以根据新的利益群体结构的变化重新制定一个有差别的等级秩序。无论如何，这都意味着农民的地位在这种变革过程中必然会发生一定的变化。我们乐意看到这种变化成为一种不可抗拒的进步趋势。

---

① 《中共中央关于全面推进依法治国若干重大问题的决定》中强调，健全宪法解释机制具有强烈的现实意义，1982 年《宪法》实施 30 多年来，中国社会已经发生深刻剧烈的变化，宪法文本只是选择重大问题进行了四次局部修改，但是宪法文本中条文之间依然会有某些矛盾，或者条文表述与实际脱节，诸如此类的现象亟需通过宪法解释机制予以妥善解决。

第四节　农民地位的事实悖论：
　　　　作为弱势群体的农民

宪法确定了农民的特殊地位，但在现实中，农民的境况确实处于社会的底层——尽管不是最底层。在绝大多数情况下，农民被称为"弱势群体"，是需要国家和社会给予帮助的对象，是生活在文明社会边缘的群体，甚至被作为落后和愚昧的代名词。无论如何，宪法的规定和农民现实境况之间的差距，都强烈冲击或震荡着我们对宪法的认知。

一、政治上的弱势地位

如前所述，《宪法》规定农民是国家政权的基础之一，是作为领导阶级的工人阶级的天然同盟军。即使抛却对"天然"二字的刻意解释，也可以得出"农民应当具有较高政治地位"的结论。但是，事实的回答恰恰不能令人满意。

在选举权方面，1953 年的《选举法》对农村与城市每一位代表所代表的人口数规定为 8∶1。在 1979 年及以后的历次修改中，农民和城市居民在代表权上的不平等一直存在，直至 2010 年 3 月 14 日施行的全国人大《关于修改〈中华人民共和国全国人民代表大会和地方各级人民代表大会选举法〉的决定》(以下简称《选举法修正案》)，才真正实现了农民与城市居民在代表权上的平等。但也仅仅限于规定上的平等，实际状况还有待观察和落实。至于早期的不平等代表权，则将农民置于政治上的较低地位，更遑论真正平等的政治地位。人们也许很容易理解这样的道理：城乡居民选举权的不平等，使得广大农民代表在国家权力机关中难以充分表达农民的意志，不利于保障公民的平等权，这应该是造成农民长期以来在政治、经济、教育以及资源占有上居弱势地位的重要原因。

在立法参与方面，农民往往成为制度的接受者，没有成为制度的设计创制者。以 1998 年颁布的《中华人民共和国村民委员会组织法》(以下简称《村民委员会组织法》)为例，这是一部关乎农民政治生活的十分重要的法律。但是，立法实践中《村民委员会组织法》从立法试行到修订定型，直接听取农民的意见并不广泛和普遍。因此，广大农民实际上并没有真正成为村民自治制度的设计创制者,而只是该制度的被动接受者或者说践行者。

就公共事务的决定而言,《宪法》和《中华人民共和国地方各级人民代表大会和地方各级人民政府组织法》的规定,重大事项决定权是人民代表大会及其常务委员会的重要职权,这样的立法本意在于通过人民代表大会的形式确保国家重大事项的决定权由人民行使。但从这一规定本身,或许尚不能判定农民参与权的缺失,但若结合选举制度就会发现,真相远比规范所明示的要复杂得多。在县乡两级,农民居于绝对多数地位,且实行直接选举,所以,县乡两级的人大代表从规范层面上说应该绝大多数是农民。但在县级以上,由于实行间接选举,且因为农民本身的素质等原因不能承担人大代表的责任。所以,县级以上的人大代表中农民数量就会急剧减少。在此情况下,农民便失去了对较高级别公共事务的决定权。即使是在县级以下,由于农民代表的知情渠道很窄,认识程度参差不齐,农民的真实想法和意见很难得到充分表达,决策程序上也缺少设定,很难行使对特定事项的决定权。所以,农民其实并未真正享有对重大事项的决定权。

就担任公职的机会而言,至今为止,从公开的文献中,笔者尚未发现1978年后农业户口的人当选为政府领导人的现象,说明即使是改革开放之后,地地道道的农民直接担任公职的可能性微乎其微,而这是人们长期熟视无睹而当今特别值得关注的现象。至于担任一般公务员的权利,由于存在城乡二元户籍的问题,从中央到地方,各级国家机关录用工作人员,长期以来首要条件就是具备城镇户口,这就对农村户口的广大农民加了一道门槛,被排除了担任公职的可能性。最近已经发生一些变化,有些省市已允许农民参加全省公务员考试,使农民获得竞考县级党政机关的权利和机会,但是实际上,与城市居民相比,仍存在实际上的不平等,比如学历上的要求、工作经历的要求,等等,有些具体门槛条件就使真正的农民止步了。这已成为司空见惯、见怪不怪的现象。

就结社权利而言,随着人民公社的解体,农民的合作组织已不再普遍存在。尽管在某些地方存在农业合作社形式的组织,但其功能多限于经济方面。能够反映农民政治诉求的社团仍然付诸阙如。在当代中国,多元的利益群体已经成为国家政治生活中的一项重要内容。很多利益群体通过自己或公开或隐形的组织,主张自己的权利,维护群体利益。但是,由于中国农民长时期以来处于"原子化"的状态,相互之间较少联系,也较少合作。因此,农民的结社能力实际上非常有限,表达自己诉求的能力相当缺乏。因此,有的学者直言不讳提出:"20世纪90年代以来,农民逐渐演变为各个成本的主要承担者和利益的最大受损阶层,没有制度化的利益表达组织,无疑是其重要原因。"①

二、就业上的弱势地位

在就业机会方面,早期的农民很少有机会进入城市工作。即使有些农民勇于闯入城市的生活,但类似于"盲流""外来工""外来妹"等称谓,无疑将进入城市的农民钉在了二等公民的地位之上。即使现在颇具平等地位的"新××人"之称谓,也依然在本地人和外地人之间划出了一条若隐若现的鸿沟。这种称呼如果仅仅是一种简单的称谓,或许不能用来证明城市居民和农民工之间的不平等,但是若考虑到城市很多资源的分配依然是建立在这种区分之上的,情况就不那么乐观了。显然,近几年来尽管国家实施了一系列政策,要求建立城乡统一的劳动力市场和就业体系,为农民进城就业,消除不平等的歧视政策创造了条件,但真正做到农民和城镇居民实行平等就业还需要一个漫长的过程。

除此之外,农民即使进入城市中,相当长时期还有很多行业被禁入,一般只能从事一些条件恶劣的工作。早在1994年11月劳动部颁布的《农村劳动力跨省流动就业暂行规定》中,就设置了农民跨省就业的种种条件。在一些地区还用政策法规的形式剥夺了农民平等的就业和劳动权利,如上海市过去对其用工政策确定为:"先城镇,后农村,先本市,后外地",青岛则规定对外来劳动力的招用数量控制在市属企业职工总数的14%以内,并规定外来劳动力一人需缴纳50元费用。②

除了就业机会之外,农民在城市工作时所获得的工作报酬和身处的

---

① 周作翰、张英洪:《论当代中国农民的政治权利》,载《湖南师范大学社会科学学报》2005年第1期。

② 参见胡美灵:《当代中国农民权利的嬗变》,知识产权出版社2008年版,第37页。

工作环境也与城市居民有着较大的差别。据《江苏省农村调查》2004年第24期的调查资料显示,被抽样调查的苏南外来务工人员平均每周工作6.4天,每天工作9.3小时,其中52%的人没有休息日,42%的人日工作10小时,超过《劳动法》规定的时间,而他们的平均工资只有830元左右,仅为当地城市职工工资的一半不到。

农民工在劳动安全保障方面也依然处于较为艰难的境地。据国家统计局对全国2.9万名城市农民工的调查,在特殊岗位就业的农民工中,只有34.7%的有严密和较为严密的劳动安全防护措施,51.5%的有一些劳动安全防护措施,13.8%的农民工没有任何劳动安全防护措施。

三、教育上的弱势地位

农民的不平等地位还体现在文化教育方面。最直观的表现是农村教育经费和教育设施的严重匮乏。根据《中国教育报》2004年对302个地市和县教育局长的问卷调查结果,超过50%的农村中小学"基本运行经费难以保证",有58%的农村学校危房改造经费无法落实,超过40%的小学仍然使用危房,超过30%的农村小学"粉笔论支有限发放",接近40%的农村小学"交不起电费、有电不敢开电灯",缺少课桌凳的小学接近40%。[①]

除了教育经费和设施之外,农村师资队伍素质不高及其知识结构的失衡也是困扰农村教育的一个重要方面。根据教育部发展规划司的统计,2001年,城乡小学专任教师的合格率分别是98.3%和96%,差别不大,但学历差别很大,具有大专以上学历的小学教师比例分别为40.9%和20.3%,相差20.6个百分点。初中教师队伍的差别更大,专任教师的合格率城市和农村分别为92.3%和84.7%,城市比农村高出8个百分点,具有大学本科以上学历的比例分别为23.5%和9.4%,前者是后者的2倍以上。全国代课教师60万,其中农村占82.3%。[②]

[①] 参见刘亚荣、张婕、于京天:《教育局长严重的教育经费——对302个全国地(市)、县教育局长的调查》,载《中国教育报》2004年8月23日。

[②] 参见蔡昉等:《中国人口与劳动问题报告》,社会科学文献出版社2004年版,第231页。

城市农民工子女的教育问题更为严重。由于他们已经远离家乡,子女回乡上学基本不可能。另一方面,城市的教育资源有限,且在设计时就是只针对城市居民的受教育需求的。在此情况下,农民工子女要想在城市里上学,要么支付昂贵的"借读费",要么接受质量没有保障的农民工子弟学校。前者让农民工负担不起,后者让农民工子女对未来丧失了希望。这些数据都折射了农民地位在政治社会实践中的低下与弱势,与前文所述的农民在宪法上应有地位明显不相符合。

第五节 农民地位悖论的突围

在农民地位的悖论中,前提性的命题是:我国是民主法治的依宪治国国家,平等原则是共和国的核心精神。根据这样的命题,我国的农民不应当具有优越性,应当和其他公民一样平等地享有各项权利。实际上,产生这样的悖论,根本原因在于基本概念上发生了混淆。为此,需要讨论宪法政治概念的科学性和必要性问题。

尽管在现代法治理念下,政治学、宪法学与宪法政治制度有着十分密切的联系,但是从古至今、从东方至西方,学理上的政治学和宪法学与制度上的宪法政治始终没有完全重合。非制度性的政治意志往往是先于宪法和宪法政治的。柏拉图和亚里士多德从伦理道德的角度,认为政治是为了使人和社会达到最高道德境界的活动。奥地利法学家凯尔森从规范法学的角度,认为国家是法律的产物,政治就是立法和执法的过程。政治哲学家马基雅维利从权力的角度,认为政治是争夺权力、玩弄权术和施展谋略的活动。孙中山从社会公众的角度,认为政是众人的事,治是管理,政治就是"管理众人之事"。马列主义对政治也有着经典的表述,如认为"政治是经济的最集中的表现","政治就是参与国家事务,给国家定方向,确定国家活动的形式、任务和内容"。中国政治学通说认为,"政治"是各阶级为维护和发展本阶级利益而处理本阶级内部以及与其他阶级、民族、国家的关系所采取的直接的策略、手段和组织形式。从本质上看,政治是上层建筑领域中各种权力主体维护自身利益的特定行为以及由此结成的特定关系。

不容置疑,宪法不仅是一个法律概念,而且也是一个政治概念。用传统马克思主义观点来定义,宪法是阶级斗争的产物,是由在阶级斗争中取得胜利、掌握国家权力的阶级所制定的,用以维护和巩固本阶级的政权的法律规范。宪法是一个国家的根本大法,是特定社会政治经济和思想文化条件综合作用的产物,它集中反映各种政治力量的实际对比关系,确认革命胜利成果和现实的民主政治,规定国家的根本任务和根本制度。简单而言,宪法是规定并保障国家政治制度和政治运行方式的规范性文件。当一个国家宪法所规定的政治制度和政治运行方式与现实政治体制运作相一致时,我们就可以说这个国家是宪法政治国家。如路易斯·亨金认为,宪法政治意指"成立的政府要受到宪法的制约,而且只能根据其条款进行统治"。美国华盛顿大学的丹·莱夫也认为,宪法政治"意指法律化的政治秩序,即限制和钳制政治权力的公共规则和制度。它的出现与约束国家和官员相关"。中国学者也有人认为,宪法政治"其要义乃是将一切专横的权力纳入规范轨道的事业。"学者康志方认为,宪法政治"就是指要把政府用宪法控制,不能有超出宪法所规定的权利"。也就是说,宪法政治是现代民主政治的实质内涵。在成文法国家,宪法是政治的舞台,它限定了政治只能在有限的范围内,按照有限的方式来活动。正如学者肖北庚所言,宪法政治"具有政治权力合法性、政治关系稳定性、政治行为规则性和政治发展可预测性的政治实践模式"①。但是,有宪法并不等同于有宪法政治,当满足以下两个条件时才有宪法政治:一是宪法必须是一部体现了公平正义、民主平等的良法;二是宪法在政治社会实践中得到严格执行。

随着人类文明的进步,民主法治的理念深入人心,人们通过宪法和法律事先规定了各种权利和义务,以此来保护人权不受国家的肆意侵犯。宪法就成为人们约束政治活动的重要契约。当然,各国走向宪法政治的道路并非一帆风顺,大体上可以分为自上而下的改良型和自下而上的革命型,而更多的情况下是走和平的社会变革的道路,尽量避免流血,即花费最小的社会代价取得最大的社会进步。但无论是哪种类型的进路,都包含持久的复杂的斗争、博弈和妥协。因此,宪法除了具有规范功

---

① 肖北庚:《宪政规定性的法理分析——透视宪政的另一种视角》,载《湖南师范大学社会科学学报》2002年第3期。

能,还具有很强的政治功能,有时政治功能可以比其规范功能更显著。正如学者周叶中指出的情形:"在宪法发展实践中,宪法性质的政治化造成在制定、修改宪法时,容易把许多政治性、政策性的东西装入宪法,使宪法充满时尚化的政治语言,在宪法的作用上,把宪法当成政治工具,当为了某种政治需要时,才会想起'运用'宪法武器,这种情况下,宪法使用最多的部分是序言和总纲的内容,而不是宪法本身那些法律规范性内容。"说的就是这种情况。

无论如何,宪法的政治功能确实是存在的。宪法政治功能的合理性就在于其根源于实际存在的政治博弈。笔者认为,宪法的政治功能主要体现在三个方面:第一个功能是确认国家基本的政治关系,即谁是统治者,谁是被统治者的问题。第二个功能是决定政治的基本形式,即治理方式的问题。人类的政治基本可以划分为人治和法治两大治理方式,宪法则对一国的治理方式作出确认。当然,有时候宪法条文并不能真实反映一国的治理方式,如有的宪法宣称法治实际上则是人治;有的宪法没有明确规定是法治还是人治,其内涵却符合宪法政治的内在精神。无论技术上是否需要更为深刻的探究,宪法的内容实际上彰显着该国的治理方式。第三个功能是决定政治的运行方式,涉及公权力的配置和运作、公权与私权的界限、私权的保护等方面的内容。这是宪法对治理方式的具体化,政治的运行方式体现了治理方式的性质。宪法的这三个功能是互相联系、逐层递进的,它反映了一国走向宪法政治的逻辑顺序,即宪法从政治功能逐渐转向规范功能的演化路径。当宪法完成第三项功能时,宪法的政治功能就成为一种超规范的客观实在而被载入史册,剩下的就是它的规范功能,此时宪法的主要功能就成为弗里德里希所称的"维护具有尊严和价值的自我"。[①] 因此,宪法在第三层次的政治功能实际上就是赋予宪法的规范功能,从这个角度我们也可以说,宪法在第三层次上具有政治功能和规范功能的双重性。

根据宪法这个三层次政治功能理论来看我国的情况。我国《宪法》序言和总纲第 1 条的内容在实际上宣示了工人阶级是领导阶级,工人阶

[①] 〔美〕弗里德里希:《超验正义:宗教的宪政之维》,周勇、王丽芝译,台北三联书店 1997 年版,第 15 页。

级的领导又是通过其先锋队——中国共产党来实现的。宪法内容还表明我国的国体是"人民民主专政的共和国",并且"实行依法治国",即我国政治上奉行人民民主专政和社会主义法治为基本治理方式。这意味着,处于领导地位的工人阶级并没有垄断社会资源和社会权力,也不享受特权,其自身要自觉接受法治的约束,排除特权的存在。至于人民民主专政国家的表述,中国一直有着独到的诠释:民主是人民的民主,而所谓人民也有着比较明确的范畴,当下就是指热爱中国、维护中国主权,拥有中国国籍的自然人。专政是对敌对分子的专政,是占多数的人民对少数危害国家主权、破坏社会主义制度的敌对分子的专政。我们实行依法治国,将民主和专政的形式严格限制在宪法和法律事先规定的范围内,通过宪法设置立法权、司法权、行政权和基本人权来具体地实现民主,通过刑法、行政法、民法等以宪法为根本法的具体法律制度来保证民主与专政的落实。

理清了宪法与宪法政治的关系之后,农民的宪法地位问题的根源和定位就很清晰了。导致悖论产生的原因,就是人们往往将宪法地位与政治地位之间的复杂关系混淆,两者在良好政治环境下可能是一致的,而在不良政治环境下,两者可能是背离或者严重脱节的。因此,不能简单地认定宪法地位就是政治地位、阶级地位,同时试图用规范的概念去推论超规范的内容,至少在眼下中国语境下,需要注意其差别。我国宪法宣示了工人阶级是领导者,农民是工人阶级的同盟军。它肯定了我国农民在建立社会主义国家的历史过程中发挥了很大的作用,一起执掌政权,当然有很高的政治地位。但随着我国宪法紧接着选择民主专政作为基本治式,实行依法治国,在明确走依宪治国道路开始,工人阶级和农民阶级的政治地位就成为一种宣示性的客观实在,既不消失也不改变,宪法的目光也随之转移到规范的意义上来。这个时候,就需要从更高的规范意义上讨论这个问题。

第六节　农民的应然地位

在我国社会主义宪法政治体制下,我国农民宪法上的地位首先应当定位于"公民"。

一、农民的"公民"地位是宪法精神所决定的

　　随着人类文明进步发展到对宪政的追寻,我们可以发现,民主与人权已成为宪法最为核心的价值追求,而平等权则是民主与人权的核心,是核心的核心。① 根据《牛津法律大辞典》,平等是指人或事物的地位处于同一标准或水平;都被同等对待。② 平等原则作为宪法的基本原则之一,要求国家机关在立法和执法的过程中,都要给予所有公民平等的保护。③ 关于平等原则的论述,实在不胜枚举。如波斯纳认为,宪法的平等权要求"法律必须同等对待同等的人","法律必须是理性的,它必须对相同的情况予以相同的处理"④。德沃金将平等权利分为权利平等和对待平等,即平等地享有机会或承担义务和受到平等的对待。⑤ 此外,平等可以分为形式平等和实质平等,前者从抽象意义上要求对所有具备法律人格的主体给予平等对待,后者则注重从实质意义上对形式平等作出补正。平等还可以分为立法平等和法律适用平等,前者是指任何人都不因民族、种族、肤色、性别、语言、职业、政治或其他观点、宗教信仰、财产、居住地点、户籍和其他身份等差异,平等地享有宪法或法律规定的权利、平

---

　　① 参见问清泓:《试论公民的平等权》,载《武汉科技大学学报》(社会科学版) 2004 年第 1 期。

　　② 参见《牛津法律大词典》,法律出版社 2003 年版,第 383 页。

　　③ 我国宪法在公民基本权利和义务一章的开篇即明确规定"公民在法律面前一律平等"。对此,学界有人认为,这意味着平等"是我国公民的一项基本权利,也是社会主义法治的一个基本原则"。参见魏定仁、甘超英、傅思明:《宪法学》(第 2 版),北京大学出版社 2004 年 10 月版,第 422 页。如果将其解释为一种权利,意味着这种国家义务同时是公民的一项权利,当国家不能全面履行这项义务时,公民有提出请求或追究责任的权利。若将其作为一个原则,它所强调的就是抽象性和规范性,也即公民在权利受到不平等对待时,有权依据平等原则主张国家给予平等的保护。笔者认为,这两者之间在含义上或有所差别,但在公民权利保护方面,则发挥着近乎相同的作用。它们都可以作为公民请求国家给予平等保护的依据。

　　④ 〔美〕波斯纳:《正义/司法的经济学》,中国政法大学出版社 2002 年版,第 75 页。

　　⑤ 参见〔美〕德沃金:《认真对待权利》,信春鹰、吴玉章译,中国大百科全书出版社 1998 年版,第 299 页。

等地履行义务,平等地承担法律责任和获得司法救济;同样情况同样对待,不同情况差别对待;不得实施歧视和不合理的差别待遇。后者则是指"所有社会都遵守规则和一般性标准,所以通过规范性制度本身的运作,就可以在各地实现某种程度的平等"。① 我国 1982 年《宪法》就明确规定了法律面前人人平等的原则。《宪法》的制定者认为:"我国的法律是工人阶级领导全国人民制定的,是广大人民的意志和利益的集中表现。人民服从法律,就是接受工人阶级的领导,服从人民自己的意志。在这样的法律面前一律平等,是我国公民的一项基本权利,也是社会主义法制的一条基本原则。"②法律面前人人平等的原则是我国宪法政治制度的核心价值。③ 农民作为我们法治国的"公民",自然也要接受宪法至上的准则,在宪法上与其他社会主体平等地享有权利、承担义务。宪政法治的环境,决定了我国农民应当享有"公民"的一般性地位。反过来看,只有赋予农民以"公民"地位,才能保证农民与其他主体的平等关系。

---

① 〔美〕博登海默:《法理学——法律哲学与法律方法》,中国政法大学出版社 2004 年版,第 308 页。

② 彭真在第五届全国人民代表大会常务委员会第二十三次会议上所作的《关于中华人民共和国宪法修改草案的说明》(1982 年 4 月 22 日)第(七)部分。

③ 目前我国理论界关于公民的平等权,主要争议在于平等权是一项抽象的权利,还是一项具体的权利? 主要有三种观点:第一种是基本权利说,即认为平等权是一种原则性的、概括性的基本权利,体现为政治平等权、社会经济平等权等具体的基本权利;第二种观点是双重性质说,认为平等权既是一项宪法或法治原则,又是公民所享有的一种基本权利,具有"双重性质";第三种观点是实体权利说,认为平等权是一项基本权利,是实体性权利,也是可以用于实际运行的权利。笔者认为,平等权作为一种基本人权,具有抽象性、原则性的特点,从平等权可以演绎出许多具体操作层面的权利,所以平等权应当具有"双重性质"。也就是说,平等权在应然层面上既是一项基本权利,又是一项具体权利。但是具体权利的认定需要相应的制度环境,在我国目前还没有违宪审查制度的情况下,公民的平等权往往无法作为一项具体权利直接运用到法律适用中,这就是前些年齐玉玲案件等案件无法妥善处理的无奈之处。在实然层面,我国的公民平等权目前大抵是原则的、抽象的基本权利。当然这并不是说我国的公民平等权没有宪法和法律的保护,因此,下工夫构建起完善的民事权利、行政权利、刑事权利以及诉讼权利体系,可以帮助解决这个问题。

二、农民的"公民地位"是由宪法规范功能所决定的

正如前文所述,我们认为宪法具有三个层次的政治功能,体现了宪法对政治进行规制的逻辑过程,也是宪法规范功能的本源。农民在宪法上具有公民地位,也是基于宪法的规范功能所得出的结论。"公民"的概念不同于"人民"的概念。"人民"是政治术语,"公民"是法律术语,两者有联系,也有区别。在我国,"人民"与"敌对分子""反动派"相对应,"公民"则与"国家""政府""公权力"相对应。谁是"人民",谁是"敌人"?这是宪法第一层次的政治功能解决的问题,所以在这个层次是不存在平等的,统治阶级的地位必然要高于被统治阶级。但这里的地位,也仅限于政治地位。谁是"公民"?"公民"和"国家"的关系如何?这是宪法第三层次的政治功能解决的问题,也是宪法规范功能产生的本源。当统治阶级选择了法治的治理方式,就意味着他们相信宪法和法律的力量足够处理政治矛盾或阶级斗争,接下来就是要建立起一套宪法政治的具体制度来实现政治目的。宪法政治制度建立起来后,公民在宪法框架下拥有平等的地位。即使是所谓的敌人,只有他们威胁到政权时,国家才能运用各种宪法的规范功能,即运用各种法律制裁手段处置他们,化解政权危险。也就是说,成熟的宪法规范功能足以应对政治矛盾和阶级斗争,不需要突破宪法政治的精神。既然连我们的"敌人"在宪政的环境下都可以享有法律上的平等地位,作为人民内部的农民享有法律上的平等地位,自然不言而喻了。

三、人权保障理论对农民尊严的有力保护

人的尊严是一切法律价值的源泉,是人类社会法治的最高追求目标,也是一切立法和司法的最高指导思想。人的尊严是平等的、普遍的,不应因为种族、性别、宗教、政治意见、国籍等因素而产生差别。1948年《世界人权宣言》第2条对平等非歧视原则作了进一步的规定:"人人有资格享有本宣言所载的一切权利和自由,不分种族、肤色、性别、宗教、语言、政治和其他见解、国籍或社会出身、财产、出生或其他身份等任何区别。"对人的尊严的实现和保护具体表现为对民主、自由、平等、正义等价值内涵的实现,再具体化,就是每个人在宪法和法律上平等的享有那些

应当属于他们的权利和义务。平等是实现人的尊严的最核心、最基本的要求。农民与其他主体一样享有公民应当具有的地位,也是农民这一群体实现人的尊严的必然要求。随着人类文明的进步,人的尊严问题越来越占据突出地位,因此必须高瞻远瞩地看问题,深刻理解农民作为公民宪法地位的重要性。

第七节 农民的实然地位

一、权利、义务与责任——实然地位的表现形式

在分析农民在我国宪法上的实然地位之前,我们还要进一步搞清楚究竟什么是地位?地位高低通过什么标准反映出来?《布莱克法律词典》中对"地位"的解释为:一是指状态、条件和社会地位,这意味着地位应以某种参照物或标准作比较;二是指法律关系,意味着"地位"应包含不同主体在发生相互关系时的权利、义务和责任;三是指"地位"就是指发生关系的各主体的权利、责任和能力;四是指发生关系的主体之间客观上存在着不以各主体意志所转移的客观实在性。可见,不论是哪种解释,都必然包含三个方面的要素:第一个要素是参照物,即地位只有通过相互之间的比较才能显现出来。单独的个体如果没有其他的参照物,得不出关于其地位的结论。当然,参照物也是相对的,不是绝对的。第二个要素是联系,即接受评价的主体与其他主体或参照物之间一定要发生各种形式的关系,这里的关系是指一方会受到另一方的作用或影响。关系要素是决定地位的实质要件。两个事物只有在可能相互影响的前提下才存在评价地位的意义。第三个要素是行为结果。这是地位的形式要件,即地位最终要通过外在的行为、结果、状态等形式体现出来,并作为评价地位的标准。因此,参照物、联系、行为结果共同搭建起地位的架构,缺一不可。参照物和联系决定了地位的有无和意义,行为结果反映了地位的高低。虽然关于地位的论述很多,但是可以发现他们对地位的界定基本上逃不出这三个要素的范畴。比如马克斯·韦伯认为,财富、权力和声望是决定一个人社会地位的三大要素,而正是这三者带来的差

别导致了阶级阶层间的矛盾和冲突。① 但是在法治的环境中,我们进一步"解剖"马克斯·韦伯所谓的财富、权力和声望,就会发现它们的骨架无外乎权利和义务,所以有学者提出这样的观点:地位是"各个不同主体之间依照某种参照物或标准来确定不同主体在某种范畴中相互之间的关系,进而揭示出相互关系中的各自权利、义务和责任"。② 笔者认为这样定义地位是可取的。

当我们将地位的形式要件转化为法学术语时,就可以表述为权利义务的二分法。因为权利和义务是整个法治社会的基本元素,决定了个体在法治维度内的行为能力以及达至某种结果的能力。基于这样的思考,我们可以将宪法地位定义为:宪法主体在宪政环境下所表现出的相互关系,以及由此产生或体现出来的宪法上的权利和义务。由于宪法是根本大法,所以宪法规定的权利义务具有其基本性的显著特征,既可以体现为抽象的一面,也可以体现为具体的一面,由此它可以对应为抽象宪法关系和具体宪法关系两个方面。在抽象宪法关系中考察农民的宪法地位,就必须考察农民是否与其他主体平等地享有权利,平等地承担义务,以及考察这些权利和义务是否正当等,这其实就是考察我们前面提及的规范层面农民的应然地位。在具体宪法关系中考察农民的宪法地位,就要看农民在事实上是否享受到了应有的权利,是否承担了不应有的义务,也就是考察农民在事实层面的地位,即实然地位。应然地位与实然地位并不完全一致,当两者发生冲突时,我们就要考察其原因,研究症结所在。对于应然地位的评价,有助于我们研究问题的根本;对于实然地位的评价,有助于我们解决实际问题。在前面的章节中,笔者已经考察了农民的应然地位,即"公民地位",并且提出了在宪政法治的环境下,农民具有"公民地位"与我国的社会主义宪法制度和宪法理论的一致性。下面笔者就要考察农民在事实中的地位究竟如何。其实,宪法政治的基础除了应该体现强烈的自由平等民主精神外,更多的是体现在宪法文本

---

① 参见郭春生:《阶级分析与阶层分析:〈共产党宣言〉的历史价值和当代价值》,载《中国特色社会主义研究》2009年第6期。

② 唐鸣、陈荣卓:《农民工法律地位的界定及考察路径——一条从抽象到具体的研究思路》,载《浙江大学学报》(人文社会科学版)2006年第9期。

上的应然和现实中的实然相结合,现实往往并不理想,而理念长青,能一直鼓舞人们去孜孜不倦地追求梦想,因此路在脚下,只要我们披荆斩棘、不断进取,使实然不断向应然靠近,现实不断向理想进发,则意味着我们正朝向宪法政治目标前进!

二、新中国成立以来中国农民实际地位的变迁

从封建的旧中国到新民主主义革命,再到社会主义初级阶段的新中国,农民始终是中国革命和建设的重要角色,中国共产党始终将农民作为革命胜利的重要因素。从毛泽东经典的"农村包围城市"革命战略,到"小米加步枪"的革命实践,农民为中国民族独立和崛起发挥了巨大作用。可以说,没有中国农民就没有社会主义中国。然而,我国农民的地位却随着社会的形势而起起伏伏。纵观新民主主义革命到新中国改革开放这段历史,尽管从理论上反复强调农民是国家的主人、工人阶级的同盟军这一主体身份,而在现实中,在相当长的一段时间里,农民实际上仅仅成了国家发展以及稳定社会秩序的客体或工具。

人所共知,在中国封建社会中,绝大多数的农民没有土地所有权或仅有少量的土地,农业经济总体上处于自给自足的小生产状态。直到中国现代史开始,农民在中国共产党的领导下逐步走向解放。在革命中,为了团结一切可以团结的力量,保障革命的顺利进行,中国共产党根据时势先后制定了各种政策来协调农民与土地、农民与地主的关系,在不同时期实行过"没收地主土地""地主免租免息、农民交租交息"等不同政策。新中国成立之后,党和政府在全国范围内开展包括土地改革在内的社会改造运动,剥夺了地主的土地分给农民,但在土地改革之后不久,出现了有些地方农民卖地现象。于是毛泽东特别敏感地提出,如果不加阻止,土地买卖盛行,就会导致两极分化,因此必须走集体化道路,通过互助组、合作社、高级合作社等形式把农民组织起来。到1956年,我国绝大部分地方的农村完成了由个体劳作向合作化的转变。毛泽东一直以为,这条彻底消灭资本主义在农村萌芽的道路是完全正确的,以至在1958年推广更大规模的"一大二公"的人民公社化运动,把消灭农村"资本主义残余"的政治运动发挥到了极致。

在这一过程中,中国农民的实际地位发生了很大变化。新中国建立

初期,国民经济得到恢复并有一定的发展,但当时实行"一边倒"的外交政策,中国国际环境非常艰难,而国内面临百废待兴的艰巨任务。沿袭历史制度上没有禁止农民迁徙自由的习惯,农民仍享有迁徙的自由,他们可以因生存需要向城市转移,因此引发了当时城市中粮食、交通、住房、用工、公共服务等全面的资源危机,人民政府承受着巨大的压力。为了缓解农村对城市发展的巨大压力,中央政府在20世纪50年代开始,运用一系列政策逐步控制人口流动,如1951年的城市人口常住登记制度,1953年的粮食统购统销政策,1958年的户籍管理制度,这一系列的制度所指向的目标就是广大的农民,其直接后果是在我国形成了城乡二元社会结构并延续至今。在这些制度中,户籍制度最为重要,它人为地将广大农民与城市居民割裂开来,将农民牢牢禁锢在小块土地之上。据统计,20世纪50年代户籍制度实行后,新中国近九成是农业人口,1978年人口总数96 259万人,其中乡村总人口79 014万人,占总人数的82.08%;1991年全国总人口是115 823万人,乡村总人口84 620万人,占总人口数的73.06%;2001年全国总人口数是127 627万人,乡村总人口是79 563万人,占总人口数的62.34%。[1] 那个时期,农村青年若想脱离农村,改变农业户口,只有三条路:一是考上中专以上的学校;二是参军;三是争取到工矿招工的名额。[2] 今天我们回过头来再看当年户籍制度的产生,有些研究者认为这是无奈之举:"国家之所以控制户口的迁移,主要原因是担心城市粮食计划供应危机,以及国家财政在这方面负担的增加。"[3]他们甚至认为,将农民禁锢在土地之上,尽管看起来很不人道,但客观上促进了社会秩序的稳定和国民经济的发展。据有关专家研究,"从1952年到1978年,通过工农产品的不等价交换,农民为国家的工业化提供了7 140亿元的资金积累"。[4] 但也有学者一针见血地指出,

---

[1] 参见《中国统计年鉴》,中国统计出版社2002年版,第93页。
[2] 参见陆学艺:《中国社会阶级阶层结构变迁60年》,载《中国人口·资源与环境》2010年第7期。
[3] 陆益龙:《户籍制度——控制与社会差别》,商务印书馆2003年版,第128页。
[4] 潘逸阳:《农民主体论》,人民出版社2002年版,第64页。

户籍制度的推出至多是一种当时国家利用绝大多数的资源发展城市而剥夺广大农民分享国家发展成果的权宜之计。①

党的十一届三中全会之后,中国的农民开始进入一个新的历史阶段,其实际地位得到很大提高。改革之初开始普遍实行的家庭联产承包责任制,使农民逐步摆脱政策性加制度性的禁锢,走向富裕的新生活。同时,国家实际上逐步解除了农村人口自由流动的禁令,鼓励和提倡农民从事非农产业以及发展个体私营经济。进入新世纪以后,党中央高度重视三农问题,中央在 21 世纪的十余年间,已经连续发布了十几个一号文件,都是关于解决"三农"问题的,整个改革开放过程可以看做解放农民,还农民以自由,给农民松绑的过程。例如 2004 年 1 月通过的《中共中央国务院关于促进农民增加收入若干政策的意见》,把促进农民致富作为工作重点;2005 年 12 月,十届全国人大常委会第十九次会议通过决定:自 2006 年 1 月 1 日起废止《农业税条例》,从此农民缴纳农业税成为历史;2005 年 1 月 30 日的《中共中央国务院关于进一步加强农村工作提高农业综合生产能力若干政策的意见》、2006 年 2 月的《中共中央国务院关于推进社会主义新农村建设的若干意见》、2007 年 1 月 29 日的《中共中央国务院关于积极发展现代农业扎实推进社会主义新农村建设的若干意见》、2008 年 1 月的《中共中央国务院关于切实加强农业基础建设进一步促进农业发展农民增收的若干意见》、2009 年 2 月 1 日的《中共中央国务院关于 2009 年促进农业稳定发展农民持续增收的若干意见》、2014 年中共中央办公厅、国务院办公厅《关于引导农村土地经营权有序流转发展农业适度规模经营的意见》等一系列政策表明,领导者已经认识到了农民之于中国现代化的重要性。在农民为中国的经济发展和社会稳定作出几十年的巨大牺牲后,决策者开始认真考虑反哺农民、反哺农业的问题。在 2012 年中国共产党第十八次代表大会上,中共中央就"三农"问题提出了纲领性意见:"解决好农业农村农民问题是全党工作重中之重,城乡发展一体化是解决'三农'问题的根本途径。要加大统筹城乡发展力度,促进城乡共同繁荣。加大强农惠农富农政策力度,让广大农

---

① 参见江国华:《从农民到公民——宪法与新农村建设的主体性视角》,载《法学论坛》2007 年第 2 期。

民平等参与现代化进程、共同分享现代化成果。加快发展现代农业,增强农业综合生产能力,确保国家粮食安全和重要农产品有效供给。深入推进新农村建设和扶贫开发,全面改善农村生产生活条件。着力促进农民增收,保持农民收入持续较快增长。坚持和完善农村基本经营制度,构建集约化、专业化、组织化、社会化相结合的新型农业经营体系。改革征地制度,提高农民在土地增值收益中的分配比例。加快完善城乡发展一体化体制机制,促进城乡要素平等交换和公共资源均衡配置,形成以工促农、以城带乡、工农互惠、城乡一体的新型工农、城乡关系。"①在党的十八届三中全会决定以及随后举行的中央城镇化工作会议和中央农村工作会议中,继续出台了中央各项关于农村工作的政策。这一系列的政策表明:中国共产党坚持把解决好"三农"问题作为全党工作重中之重,坚持工业反哺农业、城市支援农村和多予少取方针,不断加大强农惠农富农政策力度,在改革进程中一定要把保护农民利益放在重要位置。应该实事求是地说,我国农民的实际地位正在提升,他们正逐步走向自由、平等、富裕、文明。当然,在巨大的进步之中,依然存在着大量的问题,特别需要从公法方向入手解决。

第八节　中国最大的弱势群体

由于农民长期以来在事实上并没有享受到应得的权利,于是很多学者就宣称农民处于"弱势群体"的地位。农民果真是"弱势群体"吗?

弱势群体的说法,主要是一个用来分析现代社会经济利益和社会权力分配不公平、社会结构不协调、不合理的概念。② 2002 年 3 月,弱势群体这一概念引起广泛关注,始于朱镕基总理在九届全国人大五次会议上所作的《政府工作报告》第一次提到了"弱势群体"这一称呼,提出了"要

---

① 胡锦涛在中国共产党第十八次全国代表大会上的报告:《坚定不移沿着中国特色社会主义道路前进　为全面建成小康社会而奋斗》。

② 参见郑杭生、李迎生:《社会分化、弱势群体与政策选择》,载中国网 www.china.com.cn,2003 年 1 月 20 日访问。

对弱势群体给予特殊的就业援助"①,但是没有对弱势群体进行定义,也没有明确界定哪些社会成员为弱势群体。

在国外,与弱势群体相类似的概念有"社会脆弱群体"(Social Vulnerable Group)、"社会不利群体"(Disadvantaged Group)等。所谓社会脆弱群体,一般是指因身体(包括精神)机能原因而导致难以参与社会竞争或在社会竞争中处于下风的人群。美国社会工作专家罗曼斯认为,社会脆弱群体包括身体残疾、精神残疾、老年人、孤儿等由于缺乏生活的机会而对他人或社会形成依赖的人。而社会不利群体,则多指在社会生活和社会交往中基于权利、财富、声望等因素而处于社会竞争不利地位的人。在国内理论界,不同的学科部门对于弱势群体也形成了专门的研究视角,如法学、政治学侧重于人权、民主、法治视角;社会学侧重于社会结构、社会分层视角;经济学则侧重于社会资源配置、经济效益角度。不同的研究视角也形成了对弱势群体的不同定义,主要有以下几种:高强认为,"弱势群体是在社会结构急剧转型的历史条件下,社会关系产生失调,其中一部分社会成员由于自身的各种原因,对社会生活不适应,从而导致生活障碍和困难的人群共同体"②。贾应生、何青洲认为,"弱势群体是指由于社会条件和个人能力等方面存在障碍而无法实现其基本权利,需要国家帮助和社会支持以实现其基本权利的群体。弱势群体主要是身份性概念"③。陈成文认为,社会弱者群体"是一个在社会资源分配上具有经济利益的贫困性、生活质量的低层次性和承受力的脆弱性的特殊社会群体"。邓伟志认为:"弱势群体是指创造财富、聚敛财富能力较弱,就业竞争能力、基本生活能力较差的人群。"李林认为,"弱势群体是一个相对的概念,在具有可比性的前提下,一部分人群比另一部分人群在经济、文化、体能、智能、处境等方面处于一种相对不利的地位"④。已

---

① 朱镕基:《政府工作报告》,载《人民日报》2002年3月17日。

② 高强:《断裂的社会结构与弱势群体构架的分析及其社会支持》,载《天府新论》2004年第1期。

③ 贾应生、何青洲:《从宪政角度看农民弱势群体社会权利保障》,载《重庆科技学院学报》(社会科学版)2007年第6期。

④ 李林:《法治社会与弱势群体的人权保障》,载《前线》2001年第5期。

故郑杭生先生曾提出,弱势群体是指那些依靠自身的力量或能力无法保持个人及家庭成员最基本的生活水准,需要国家和社会给予支持和帮助的社会群体。① 可见,我国弱势群体的概念基本上涵盖了国外社会脆弱群体和社会不利群体的内涵,同时也表明我国弱势群体大体上分为生理性弱势群体和社会性弱势群体两类,前者如老弱病残,后者如朱镕基总理在 2002 年度《政府工作报告》中提到的弱势群体主要是指四类人:下岗职工、"体制外"的人、进城农民工、较早退休的"体制内"人员。② 因此笔者认为,弱势群体是指因为身体障碍或社会因素而导致其在社会生活中处于权利保障缺失、利益易受损害、缺乏足够尊重等不利状况,需要国家和社会给予扶助的那些人。弱势群体应当满足以下特征:

第一,弱势群体产生的原因是基于身体障碍或社会环境、条件等"事实性原因"。所谓事实性原因,主要是指那些至始存在、难以改变、不以人的意志而转变的原因,即"天生的"使某人处于不良境遇的原因,如出生后残疾的人,再如社会基本制度中由于市场竞争原因等出现贫富悬殊导致社会中一部分人得不到利益保护等。

第二,在弱势具体表现内容方面。狭义论者认为,弱势仅表现为物质利益的相关内容,即认为弱势群体是指在物质利益方面难以得到满足的人。广义论者认为,弱势既表现为经济物质利益难以得到满足,同时还包括了政治、文化、社会等各个方面的利益或尊重。笔者认为,广义说比较符合现代社会对基本人权予以尊重的精神。也就是说,弱势不仅仅指物质方面的不良境遇,还包括诸如政治权利、人格尊严、文化认同、社会福利等各种方面的不良境遇,只要是作为一个平等的人应当享有到的待遇,就应当成为考量弱势的内容。当然,这也决定了弱势群体是一个相对的概念,在各个领域也有差异,例如经济领域的弱势群体并不意味必定同时是政治领域的弱势群体。但即使在广义论的语境下,经济物质利益分配上的弱势依然是判断弱势群体的重要内容。

第三,弱势群体依靠自己的能力难以改变其不良境遇,只能依靠国

---

① 参见郑杭生等:《全面建设小康社会与弱势群体的社会救助》,载《中国人民大学学报》2003 年第 1 期。
② 参见朱镕基:《政府工作报告》,载《人民日报》2002 年 3 月 17 日。

家或社会的扶助。如果具有自身可以弥补的能力和条件,但是却不去主动改变,一般不能将其称为弱势群体。之所以称之为弱势群体,关键就在于其自身的能力不足以使自身的待遇朝着好的方向发展。

现实中,数量较多的农民的境况确实处于社会的下层。当前很多法学著作和论文都将农民整体作为一个弱势群体进行分析,提出了种种建议。但是有必要深思这样一个问题:农民整体是弱势群体吗?如果农民整体是弱势群体,就意味着所有的农民在整个社会的层面上都受到社会条件的限制,或者农民这个整体在能力上存在着先天的不足,从而导致其无法实现某些基本的权利。如果真的是这样,宪法就需要考虑是否在权利的配置、义务的设定和责任的承担方面作出适当的倾斜,用实质平等来补充形式平等。基于弱势群体的概念和特征,笔者认为农民群体与弱势群体不能简单混为一谈,不是所有的农民都是弱势群体。首先,农民作为一个阶级整体,在宪政法治的中国与其他社会主体平等地享有公民的待遇,宪法和法律赋予了农民作为公民应当享有的各项权利(当然,这与农民现实中能否享受到权利是两个问题,这里暂且不论),我们的社会制度也围绕着这些权利而建构。我们的社会制度并没有先天地将农民这一阶级群体置于弱势地位,农民作为中国的公民的重要组成部分不具有"天生的"弱势。其次,改革开放三十多年来,我国经济建设取得了长足进步,经济的发展使我国农民这一阶级中的阶层划分十分明显、复杂,至少包括传统农民、农民企业家、进城务工农民等多个层次。不同层次的农民的生活状况和自身能力有着明显差距,甚至可以说社会待遇差距十分巨大,我们不能忽略这种分层而简单笼统地将农民视为弱势群体,至少农民企业家就明显不属于弱势群体的范畴。由此可见,农民是一个整体宏观的概念,弱势群体则是相对具体的实然状态的概念,因此,不能简单地在农民和弱势群体两者之间画等号。我们必须看到农民阶级中的阶层划分,才能真正厘清农民与弱势群体的关系。笔者认为,应当对农民阶级中的不同层次的农民群体进行研究,看是否符合弱势群体的特征。比如农民工和留守妇女儿童,一方面农民工甩开了农村生产资料,最初来到城市的社会环境中,在工资待遇、医疗保险、文化教育、社会福利、住房保障等工作生活的方方面面都受到城市环境的限制,其自身能力又难以改变这种不利的境遇。另外一方面,农村留守老人和妇女儿童,他们即使在农村的环境中也无力获得较好的生活状态,境遇甚至比进城农民工还要差。至少对于农民阶级中的这两个层次的人,笔者认为作为弱势群体可能更加合适。笔者总的观点是坚持具体问题具体分析的方法,不要简单、笼统、"一刀切"地把农民整体概括为弱势群体。当然,在特定场合,不排除可以把农民整个群体视为弱势群体。

第三章 农民权利

农民权利是一个现代法律概念,也是一个正在演进着的不断发展的概念。社会越进步,农民的社会地位越能得到社会的承认和法律的保障,农民的权利内容就越丰富和复杂。随着社会经济文化水平的提高,特别是随着民主与法治程度的提高,农民权利概念本身在发生变化,其涵盖的内容与表现的形式会发生相应的变化,其范围有不断扩大的趋势,其形式也会朝多元化方向发展。

第一节 农民权利的概念

前已论及,在中国目前的语境下,由于户籍制度的存在,农民指的是制度上的农民,即那些在其户籍中被登记为农业户口的人。这种身份是因其出生而取得。农民身份基于"实际存在的由人制定的法"(positive laws)[①]而确定,这种"实际存在的由人制定的法",不仅确定了农民身份,而且规定了农民身份向其他身份转换的条件和程序,也即农民身份从取得到丧失都是源于"实际存在的由人制定的法"的规定。

农民权利是农民基于其农民身份而享有的权利,由两个不同方面构成:一是身份;二是权利。正如前文所言,农民身份由"实际存在的由人制定的法"确定,也即由户籍制度予以确定。凡是在其户籍中被登记为农业户口的人,在原则上都应当具有农民身份。

《现代汉语词典》将农民定义为:长时期从事农业生产的人,即农民作为劳动者以从事农业生产为职业。不可否认,这是一个事实。然而,

---

① positive laws,刘星在其翻译的《法理学的范围》中,将其译为:实际存在的由人制定的法。它是科学的法理学真正的研究对象,是最为严格意义上的法。它和部分社会伦理规则一起构成准确意义上的法的一部分。它与那些因或贴切或牵强的类比式修辞活动而被称为"法"的东西有着严格的区分。参见〔英〕奥斯丁:《法理学的范围》,刘星译,中国法制出版社2002年版,第2—5页。

在当今的中国,农民这一职业却承载了过多与现代社会不相符合的凝重——由传统农耕文明的历史惯性和当代中国的制度事实共同造成的中国农民在现行市场经济条件下所不该继续担负的"身份"之名。"身份是指生而有之的东西,可以成为获得财富和地位的依据。"①身份给农民带来的事实是财富少、地位低、发展机会少。在现代市场经济条件下,"身份"意义上的农民业已钳制了"职业"意义上农民的发展,是造成农民权利贫困、农村发展滞后的主要因素,成为农村现代化过程中的羁绊。

"中国农民终究还是一种特殊的身份,这一判断的主要理由是:① 农民的地位与生存状态是基于出身而不是基于自由意志;② 城乡二元的利益分配格局包括政治权利分配格局的基本依据是身份,农民在这一现实格局中处于不利地位;③ 农民的这一不利地位不因为自己的迁徙与工作的变动而变动,除非摆脱了定义农民身份的农村户籍;④ 农民这一身份与从事的职业(农耕)没有必然的联系。在中国,存在许多同样从事农业生产的人,但是他们不是农民而是'职工',他们可以享受作为身份的'农民'所没有、只有城镇居民才享有的权利,如拿工资、退休金、公费医疗等。这些人有'国营农场'的从业人员,到农村'锻炼'的人员,刚刚出现的、少量到农村从事农业、养殖业的人员等。其工作性质是'农',但其身份却是'工'。"②

笔者认为,农民身份是一种为现行法律秩序所认定的身份,基于这种身份而产生的任何权利都可以说有实定法上的基础。因此,对农民权利的研究首先就要从分析实证主义的角度出发。当然,从分析实证主义角度出发,并不意味着我们否认其他角度的重要性,我们所要强调的仅仅是分析实证主义的优先性,故应在运用分析实证主义方法对实定法中的农民权利进行系统分析之后,再运用道德、习俗等实定法之外的标准对法条本身进行评判和改进。这样一种分析方法是对的,前者用的是公法学手段,后者提升到法社会学手段,两种方法结合起来,可以看到农民权利的全貌。本书认为,农民权利可以由四个基本要素构成:资格;请

---

① 朱光磊等:《当代中国社会各阶层分析》,天津人民出版社2007年版,第40页。

② 周永坤:《中国现代化进程中的农民问题》,载《河北学刊》2012年第1期,第102页。

求、要求或同意;合法性;主体需求的满足。

(一)资格是据以提出请求、要求或表示同意的前提

权利主体行使权利的前提是具备某种资格,这种资格是由法律规定的。以农民权利而言,农民身份是其行使农民权利的前提,一个不拥有农民身份的公民无权行使农民权利。当然,合法的委托可以让那些不具备农民身份的人代农民行使农民权利。此时,由于合法委托的存在,代为行使权利的人也取得了行使权利的资格。与此类似,基于农民权利授权而产生的行使农民权利的组织,亦享有行使农民权利的资格。它们所行使的这类权利,虽然不能直接称为农民权利,但可以称为间接的农民权利,并且亦属于本书的研究范围。

(二)请求、要求或表示同意则是权利行使的方式

请求权的行使需以义务主体的配合为前提;要求权的行使无需义务主体的配合,权利主体可以径直凭借此项权能而为一定的行为;同意权则意味着存在着一个相对于权利人的主体,这个相对主体只有在得到权利人同意之后,才能取得某种资格或作出某种行为。以农民权利中的土地承包经营权为例:作为一项物权,土地承包经营权人有权以"要求"的方式禁止他人干扰其权利的行使,亦有权据此排除他人对其权利所作的其他侵犯。当其他人提出请求要进入权利人承包的土地时,权利人可以表示同意或不同意,如果获得权利人同意,请求人就可以合法地进入权利人承包的土地。当加害人不愿意停止侵害时,权利人有权自己采取合法的措施来强制停止加害人的侵害;但如果加害人拒绝按照权利人的请求给予赔偿时,权利人无权自行采取强制措施要求加害人赔偿,他的赔偿请求必须经过加害人同意或法院认可之后,才能获得实现。因此,法律赋予其"要求"权能的权利,权利人即据此拥有了自行实施强制的合法前提,同时也使权利人的同意具有了合法的效力;法律仅仅赋予其"请求"权能的权利,权利人就无法据此获得自行实施强制的合法前提。

(三)合法性强调的是法律①对主体资格及其请求或要求的可保护性的承认

无论是具备"要求"权能的权利,还是具备"请求"权能的权利,它们

---

① 此处指广义上的法律,包括宪法及其下位的规范性文件、法律原则、习惯、惯例、公约或条约,等等。

最终的实现都依赖于法律的认可。即使对于"要求",权利人强制措施的采取仍然要以紧急情况为必要。如果此种紧急情况并不存在,仍然需要通过法定的司法程序解决权利人和加害人之间的纠纷。至于"请求"的内容,除非是得到权利人的承认,否则必然要经过司法程序的确认才能真正实现。当然,这并不意味着权利人的承认就一定能够证实"请求"的合法性,如果经请求和承认所达成的合意违反了法律的强制性规定或社会的风俗伦理道德,仍然不能承认其合法性。

(四)主体需求的满足是权利行使的结果,也是任何权利中都必然包含的要素

如果权利的行使结果不能使主体需求得到满足,就不能称其为权利。因为,既然权利行使是基于主体的主观能动性而主动发出的请求或要求,就必然包含着主体的某种动机。如果权利行使的结果无法满足主体的需求,这种动机就是不存在的,因此在逻辑上也就说不通。此外,主体需求在结果上是否得到满足乃是构成实然权利的必要条件。任何法律制度,如果其所设定的某项权利能够使符合其所定资格的人的需求得到实现,就可以将该项权利称为实然权利,否则,就只能称为应然权利。应然权利只是停留在法律文字中的权利,它需要条件才能转化为实在的主体需求的满足。如果一个法律制度所规定的权利都停留在法律文字之中,这个制度本身就是一个应然设计的制度而非运用于实际生活中。

因此,农民权利在较为具体的层面上,指的是农民基于其农民身份而具备的某种资格,以此资格为前提条件,作为农民的个体或群体可以提出某种请求或要求,这种请求或要求具备法律上的正当性,因此能够获得法律的保护,从而使得提出这一请求或要求的主体的需求可以得到满足。

第二节 农民权利与相关概念之辨析

一、农民权利与公民权利

马克思对现代意义上的普遍性公民权利作过这样的表述:"公民权就是只有同别人一起才能行使的权利。这种权利的内容就是参加这个

共同体,而且是参加政治共同体,参加国家。这些权利属于政治自由的范畴,属于公民权利的范畴。"[1]在英美法中,公民权利(civil rights)通常表述为公民自由权(civil liberties),该权利系由法律所认可。公民权不是自然权利,是由法律确认的一种自由,其内容包括意志自由权、政治自由权、经济自由权、宗教自由权、学术自由权等。[2] 因此可以说,能够参加到国家的政治体系当中是拥有公民权利的前提,参加到国家的政治体系当中的标志是拥有该国的国籍,而国籍的拥有则是给予法律上的规定。所以,公民权利取得的根据是国籍,适用的是国籍法的有关规定。在我国,凡是拥有中华人民共和国国籍的人都是中华人民共和国公民。我国的农民首先是中华人民共和国公民,其次才是农民。所以凡是我国农民都享有公民权利,但并非任何公民都享有农民权利。公民享有公民权利是其取得农民权利的前提。只有具备中华人民共和国公民身份的人,才有资格称为中华人民共和国的农民。外国人、无国籍人没有资格取得中国的农民身份,因此也就无权享有中华人民共和国法律所确认的农民权利。

当然,这中间有一个法律适用的空白地带。根据《中华人民共和国国籍法》(以下简称《国籍法》)第4条至第6条的规定,中国国籍的取得方式有两种:其一是父母双方或一方为中国公民,本人出生在中国或外国,具有中国国籍。但父母双方或一方为中国公民并定居在外国,本人出生时即具有外国国籍的,不具有中国国籍;其二是父母无国籍或国籍不明,定居在中国,本人出生在中国,具有中国国籍。根据这些规定,凡是符合上述条件者都具有中国国籍。但这仅仅是实体意义上的,也即在实体上,这些人都具备中华人民共和国公民的资格。在程序上,《国籍法》第14条规定:"中国国籍的取得、丧失和恢复,除第九条规定的以外,必须办理申请手续。未满十八周岁的人,可由其父母或其他法定代理人代为办理申请。"据此,一个人出生之后,符合《国籍法》第4条至第6条

---

[1] 《马克思恩格斯选集》(第1卷),人民出版社1995年版,第36页。
[2] 参见〔英〕戴维·M.沃克:《牛津法律大辞典》,光明日报出版社1988年版、第164页。

之规定的条件之一的,即具备申请中国国籍的资格,但是必须履行第 14 条所规定的程序。笔者所说的空白地带指的是:如果某人出生时符合《国籍法》第 4 条至第 6 条规定的实体条件,但未办理国籍登记,此时他是中华人民共和国的公民吗?他的法律地位如何?如果否认其公民地位,应当将其承认为何种地位?是外国人,还是无国籍人?这种可能性并非仅仅是理论上的假设,实际上这种情况在中国确实存在。同样的,农民身份的取得也存在这样的问题。一般来说,如果一个人在出生之后未及时办理户口登记,他究竟是农民身份还是其他身份?因此,在一个人的公民身份未能经法定程序予以确认前,其农民身份也是不确定的。在此情况下,农村中大量存在的"超生儿童"就成为法律调整的空白,其利益在过去相当一段时间里往往得不到有效的保障。

提起这个问题并非空穴来风。发生在南京的一吸毒母亲把两个亲生女儿饿死在家一案中,发现这位母亲从来就没有登记户籍;无独有偶,北京某区井下发现一农民居住达 10 年之久,但其子女均没有户口,导致升学机会将丧失。所以在全国城乡都会发现虽然属于极少数,但已经被社会遗忘的人群。他们的权利状态特别值得全社会关注!

二、农民权利与城镇居民权利

城镇居民首先是公民,其次才是城镇居民。以往的情况是:凡是城镇居民都基于其城镇居民身份而享有不同于农民的权利。这种城镇居民权利的取得是基于其城镇居民身份,是依据有关户口区分、登记和管理的法律。因此,以往城镇居民和农民都是由我国的法律制度所确认的特殊身份。这种特殊身份的前提都是其所具备的公民身份,可以说,公民权利是取得农民权利和城镇居民权利的前提,在已经取得公民权利的基础上,根据法律的特殊规定,农民和城镇居民都享有各不相同的特殊权利。今后,随着法律规定的改变,城镇居民与农民的界线将逐步消失,而更重要的是他们在享有权利,特别是改革带来的利益分享差距也应该缩小甚至取消。但目前而言,差距仍然不小。尽管已经有文件宣布取消城镇户口与农业户口的区别,但实际情况并不如此简单。根据笔者最近获得的数据,中国 2013 年按照常住 6 个月以上人口统计的城市化水平为 53.73%,但真正意义上的城市化估计只有 33%。2013 年底全国农民工总量为 26 894 万人,加上他们所带的家属户口估计达 3 亿人左右。但是,实际上绝大部分没有转为城镇居民户口。根据国家统计局的调查,只有 0.9% 的务工农民在务工地购买了自有产权的住房,大部分务工农民的子女,不能享受城镇的义务教育,相当一部分农民工及其家庭没有进入城镇医疗养老社会保障体系,等等。因此,这是一种没有达到完全意义的人口城市化。我们暂且依然在本书中继续保留城镇居民与农民的区别,也就是实事求是地承认目前城镇居民与农民权利的差别,尽管他们在宪法和法律上都具有公民的法律地位。

第三节 农民权利的法律形式

农民权利以各种不同的形式体现于为数众多、形式各异的法律渊源之中。在这些不同的渊源中,凡是可以作为农民提出要求或请求的依据,并满足农民之个别或普遍需求的,都可以看做是农民权利形式的一种。农民权利的形式,指的是农民权利在法律规范之中的规定形式。它有时候以正面陈述权利内容的方式规定;有时候以陈述义务主体之义务的形式规定;有时候又以禁止某些特定主体实施特定行为的形式规定。本部分即以《中华人民共和国农民专业合作社法》(以下简称《农民专业合作社法》)的有关规定为例来对这三种不同形式作出分析。

一、权利式规定

权利式规定是最直观的规定权利的方式,即在法律条文中直接规定特定的法律关系主体享有某种或某些权利。尽管可能不会详细规定这些权利的具体内容,但根据法律解释的一般方法,即可以明确这些权利的具体内容。

以《农民专业合作社法》第 4 条第 2 款之规定为例,该款规定"农民专业合作社对由成员出资、公积金、国家财政直接补助、他人捐赠以及合法取得的其他资产所形成的财产,享有占有、使用和处分的权利,并以上述财产对债务承担责任"。在该条文中,明确规定农民专业合作社对其财产享有占有、使用和处分的权利。

根据这一规定,农民专业合作社具备特定资格。根据这一资格,它有权以"要求"的方式排除其他任何个人或组织妨碍其占有、使用和处分合作社的财产;当其他个人或组织的妨碍行为已经给合作社财产造成损失时,合作社有权要求侵权人给予赔偿;如果侵权人拒绝赔偿,合作社有权通过法定的救济渠道请求有权机关确认其请求的合法性。通过这样的方式,法律保障合作社占有、使用和处分其所有财产的需求。

类似的规定还有该法的第 14 条第 1 款和第 16 条。在第 14 条第 1 款中,该法规定:"具有民事行为能力的公民,以及从事与农民专业合作社业务直接有关的生产经营活动的企业、事业单位或者社会团体,能够利用农民专业合作社提供的服务,承认并遵守农民专业合作社章程,履行章程规定的入社手续的,可以成为农民专业合作社的成员。但是,具有管理公共事务职能的单位不得加入农民专业合作社。"根据这一规定,凡是符合一定条件的公民(这其中有相当一大部分是属于农民的法定配额),都有权向合作社提出"加入合作社"的请求,在获得合作社同意的条件下,该申请人即可满足加入合作社的需求。

该法第 16 条通过列举的方式规定了农民专业合作社成员(其中有相当一大部分是属于农民的法定配额)所享有的权利:

(一)参加成员大会,并享有表决权、选举权和被选举权,按照章程规定对本社实行民主管理

此处规定的是表决权、选举权、被选举权以及对合作社的参与管理权。表决权、选举权都属于同意权性质;被选举权属于请求权一类;参与管理权则符合要求权的条件。根据表决权,合作社的管理者要做出某个行为时,需要得到合作社成员的同意;根据选举权,合作社管理者候选人要想取得管理合作社的资格,必须得到合作社成员的同意;根据被选举权,合作社管理者候选人有权亦必须向合作社成员提出请求,在获得合作社成员同意之后,才能取得合作社管理者资格;根据参与管理权,合作社成员有权要求合作社管理者就合作社的运行情况向成员作出说明,并根据合作社章程的规定对合作社管理者的管理行为提出意见或建议。

(二)利用本社提供的服务和生产经营设施

此处规定的是合作社成员对合作社提供的服务和生产经营设施的使用权。根据该权利,合作社成员在有需求时,有权向合作社提出使用合作社提供的服务和生产经营设施。在获得合作社同意或者得到司法

程序确认时,合作社成员即可满足其需求。

(三)按照章程规定或者成员大会决议分享盈余

此处规定的是合作社成员分享盈余的权利。根据该项权利,合作社成员有权根据合作社的章程或者成员大会的决议,向合作社提出请求,在获得合作社同意或者得到司法程序确认时,合作社成员即可满足其分享盈余的需求。

(四)查阅本社的章程、成员名册、成员大会或者成员代表大会记录、理事会会议决议、监事会会议决议、财务会计报告和会计账簿

此处规定的是合作社成员获取信息的权利。根据该项权利,合作社成员有权请求合作社向其公开合作社的有关文件,以满足其了解相关信息的需求。

(五)章程规定的其他权利

此处是兜底条款,有关权利的内容要根据特定合作社的章程具体确定。

二、义务式规定

除了在法条中直接规定农民权利,还存在一种通过陈述义务主体的义务,从而反向证实农民权利存在的规定方式。《农民专业合作社法》第9条规定,县级以上各级人民政府应当组织农业行政主管部门和其他有关部门及有关组织,依照本法规定,依据各自职责,对农民专业合作社的建设和发展给予指导、扶持和服务。依据此条规定,县级以上各级人民政府有义务对农民专业合作社的建设和发展给予指导、扶持和服务。如果县级人民政府怠于履行该义务,其辖区范围内的农民专业合作社或其成员即有权请求县级以上人民政府履行该义务。在获得县级人民政府的同意或者其请求被司法程序确认为合法,从而应予支持时,申请人从县级以上人民政府处得到指导、扶持和服务的需求即得到了满足。

该法第13条第2款规定,登记机关应当自受理登记申请之日起20日内办理完毕,向符合登记条件的申请者颁发营业执照。依据该款规定,在申请人申请成立合作社的申请被登记机关受理之日起20日内,登记机关应当向符合条件的申请者颁发营业执照。如果登记机关怠于履行该义务,其行为已经表明它不可能在20日的期限内履行该义务,申请

人即可向登记机关提出请求,督促其推进程序的进行,并保证在20日内履行义务。该督促在获得登记机关的同意或其请求得到司法机关的承认后,即可满足其20日内取得营业执照的需求。

该法第32条规定,国务院财政部门依照国家有关法律、行政法规,制定农民专业合作社财务会计制度。农民专业合作社应当按照国务院财政部门制定的财务会计制度进行会计核算。此规定中,国务院财政部门依照有关法律、行政法规,制定合作社财务会计制度,这既是国务院财政部门的权力,也是它的义务。如果国务院财政部门怠于履行这种义务,合作社或其成员有权提出请求,督促国务院财政部门履行该义务。在该请求被国务院财政部门认可或被有权机关确认的情况下,申请人获取法定财务会计制度的需求即可得到满足。

该法第50条规定,中央和地方财政应当分别安排资金,支持农民专业合作社开展信息、培训、农产品质量标准与认证、农业生产基础设施建设、市场营销和技术推广等服务……据此规定,中央政府和地方政府有义务为合作社的有关活动提供资金支持,如果中央或地方政府怠于履行该义务,有关的合作社或其成员即可以请求中央或地方政府提供资金支持。在该请求被中央或地方政府认可或被有权机关确认的情况下,申请人获得资金支持的需求即可得到满足。

三、禁止式规定

禁止性规定指禁止当事主体采取特定行为的强行性规范。如果特定主体违反法律的禁止性规定,权利人即可要求特定主体不得作出该行为,并以自己的行为拒绝配合特定主体的要求。

《农民专业合作社法》第13条第4款规定,登记机关办理专业合作社登记时,不得收取费用。据此规定,法律禁止登记机关在办理合作社登记时收取费用。如果登记机关违反此规定向申请人收取费用,申请人可以要求登记机关停止违法行为,并拒绝交纳费用。通过这种方式,申请人可以满足其不交费的需求。

四、条件式规定

与前文所述的三种规定相比,条件式规定比较特殊。它在授予权利人以特定权利的同时,还就该权利的行使设定了一定的条件,只有在满足法定条件的情况下,权利人才可以行使被授予的权利。

例如,该法第 15 条第 1 款规定,农民专业合作社的成员中,农民至少应当占成员总数的 80%。据此规定,合作社成员中农民的比例受到法律保障,某个合作社中的农民比例低于这个数值时,请求入社的农民和已经属于成员的农民,有权请求合作社的决策机关将农民成员的比例增加到 80%,这就是一项条件。当这个请求得到决策机关的同意或者被有权国家机关确认时,农民维持合作社农民成员比例的需求即可得到满足。

第四节 农民权利的法律渊源

法律规则以特定主体为规范对象,以规定特定主体的权利义务的方式规范特定主体的行为。如果想了解特定主体究竟拥有何种权利,就必须先明了其所存在的法律规则;如果需要了解某个特定的法律规则,还必须先明了其法律渊源。

一、法律渊源

主流的法学理论认为,法律渊源是一国法律的存在方式,或者说表现方式。我国法律存在于(表现为)特定级别的国家机关依照特定程序制定和颁布的规范性文件。具体地说,我国的法律渊源包括:宪法、法律、法规(包括行政法规和地方性法规及自治法规)、规章(包括国务院部门规章和地方政府规章),法律解释等。[①]

上述法律渊源理论是从两个存在显著区别的路径发展而来的:"在正式法律文本中,法最初被看做最高权力机关制定的法律,此后立法权不断分化,及于法规、规章和法律解释。在法学理论中,法一开始就被定义为各级国家机关制定的各种规范性文件,随后,范围不断收缩,止于法

---

① 参见应松年、何海波:《我国行政法的渊源:反思与重述》,载浙江大学公法与比较法研究所编:《公法研究》(第 2 期),商务印书馆 2004 年版,第 1—2 页。

规、规章和司法解释。两个源流基本殊途同归,汇流成今天流行的法概念。"①主流理论认为,法律必须是经国家机关"制定"的文本,而自然法、习惯、判例、学说等不构成法律渊源的一部分。但这也不意味着主流理论承认所有官方制定文本的法律地位。主流理论认为,"法的制定机关限于特定的高层机关,法的生产是高层级机关垄断的事业。除了制定机关级别的要求外,主流理论对行政法渊源还有一个形式要求:我们承认国务院及其部委、省级政府和较大市政府制定的行政法规和规章是法,但同时把他们以"通知"等形式下发的规范性文件排除在法的家族之外"。② 毫无疑问,主流理论所承认的法律渊源种类受到严格限制,在这个限制之外的其他规则存在形式一般来说不被承认为法律渊源。

这一主流理论存在明显的缺陷:

1. 法律文本的歧义

法律文本的歧义使得单纯的制定法渊源无法解决法律问题。制定法以文字形式表现其内容;文字是对人的意识的反映;意识是对存在的反映。在这其中的各个层面上,都存在着产生歧义的可能性。

在司法实践中,法官在解决司法问题时的主要的活动是运用法律文本中的文字所包含的意思实现对法律关系的有效规范。法律关系是客观存在的,立法者基于对某种特定法律关系的认识,并根据自身所持有的意识形态,提出自己对这种法律关系应然状态的要求。这种要求即表达在制定法的法律文本之中。诚如前文所言,立法者对法律关系的认识与其表达之间存在着一定的误差。如果法官在处理案件时,罔顾这种误差的存在,最终经判决而形成的法律关系就会与立法者本来所预期的目的存在距离。

为避免法律文本的歧义可能造成的混乱,在解释法律文本以处理法律问题时,就必须综合多方面的其他因素实现对法律文本的合理解释。这些其他方面的因素包括立法文件、司法解释及判例、习惯、惯例、社会道德等。如果没有这些因素的参与,法律问题就不可能得到根本

---

① 应松年、何海波:《我国行政法的渊源:反思与重述》,载浙江大学公法与比较法研究所编:《公法研究》(第 2 期),商务印书馆 2004 年 4 月版,第 2 页。

② 同上书,第 4 页。

解决。

2. 法律实践已经扩展了法律渊源的范围

早在1989年通过的《中华人民共和国行政诉讼法》(以下简称《行政诉讼法》)中就对规章的"参照"意义作出规定,表明我国《行政诉讼法》对规章的态度不同于对法律、法规的态度。对于后者,《行政诉讼法》规定的是"依据",而对前者则规定的是"参照"。"参照"和"依据"在法律语言上的分野说明,同为行政法渊源的法律、法规和规章,在对事实的规范效力上是不同的。

从这里我们可以看出,我国的立法实践早已经承认在作为"依据"的正式渊源之外,存在很多非正式的渊源。传统的法律渊源基本上已经捉襟见肘,在此情形下,漠视制定法之外的法律渊源对于行政法的理论研究和实践发展都是十分有害的! 笔者曾在20世纪80年代研究中就指出:"在研究行政法成文形式渊源的时候,我们还不应该完全忽视其不成文形式渊源的研究。"①

二、农民权利渊源的广泛性与农民身份的法定性

农民权利存在于法律规则之中,法律规则应当从法律渊源之中予以识别。法律渊源的范围不应局限于国家有权机关的制定法,而是应当扩展到所有能够为法律规则的存在提供论证的依据。这些依据除了传统的制定法——如宪法、法律、行政法规、规章制度等外,还应包括立法文件、法律解释、司法判例、习惯、惯例、国际条约等非国家制定的法渊源。农民权利的识别亦不应限于制定法渊源之内,而应当广泛地将所有能够证明农民合法权利之存在的依据都当做法律渊源。

然而,如果这样的话,农民身份和农民权利之间似乎就存在了一定的悖论。根据本书的界定,农民身份来源于实然的法律规定,据此,农民身份只可能产生于制定法,而不可能产生于其他的法律渊源,诸如习惯、惯例。另一方面,农民权利基于农民身份而产生。如此一来,农民权利的法律渊源似乎就只能是制定法。因此,此处将农民权利的法律渊源扩展到制定法之外的其他依据,是不是和农民身份的法定性相矛盾呢? 笔

---

① 杨海坤:《中国行政法基本理论》,南京大学出版社1992年版,第114页。

者认为答案是否定的。以集体土地承包经营权的转让为例:集体土地的承包经营权是农民特有的权利,凡是没有农民身份的人,是不可能享有这种权利的。如果单就此种承包经营权的存在而言,毫无疑问它是法定的,它的存在不需要除制定法之外的任何其他渊源作为根据。但是,一项权利仅仅处于静态是没有意义的,它还需要处于动态之中,也即处于权利人的占有、使用、收益和处分之中,处于产生、变更和消灭的过程之中。在这些过程中,土地承包经营权衍生了或者伴随着许多其他的权利,转让即是其中的一种形式。土地承包经营权是可以在集体成员内部转让的,在转让的时候,就是一种合同法律关系,此时,无法排除合同法的规定。根据合同法的规定,在法律没有规定时,可以根据当地的习惯和惯例处理当事人之间的法律关系。此时,伴随着集体土地承包经营权的转让,其中的任何一方当事人都可以根据合同法的规定引用习惯或者惯例证明某项特别权利的存在。这些权利以集体土地承包经营权为根据,因此也属于农民权利的一种。

此时,以农民身份为基础的集体土地承包经营权就衍生出了一些可以依据习惯和惯例主张的权利。在这种情况下,农民身份仍然是法定的,集体土地的承包经营权仍然是法定的。所以,农民权利渊源的广泛性与农民身份的法定性之间并不存在不可克服的矛盾。尤其需要注意的是,法律渊源不仅能够证明农民权利的存在,而且还能证明农民权利的内容及其行使方式。即便农民权利的存在直接源于农民身份的特殊性,农民权利的存在及其内容仍然需要综合其他的法律渊源才能予以确定。在这一点上,农民权利渊源的广泛性愈发体现出它的重要性。

三、农民权利法律渊源的种类

(一) 宪法

宪法中的农民权利主要体现为宪法对农民地位的特殊规定。具体而言包括如下几个方面:

首先,《宪法》规定,中华人民共和国是工人阶级领导的,以工农联盟为基础的社会主义国家。既然宪法是国家的最高法律,由宪法所规定的农民重要地位就必须成为我国全部法律制度的基础和前提之一。任何国家机关皆有义务维持农民地位的特殊性。不论是立法机关,还是行政机关或司法机关,如果他们做出的行为破坏或影响了农民的政治地位,就是违反宪法的行为。据此规定,如果农民个人或群体发现国家机关的行为破坏了农民地位的重要性,就可以向该国家机关提出请求,在获得该国家机关同意的情况下,可以满足其维持农民地位的需求。

其次,现行《宪法》第 17 条规定,集体经济组织在遵守有关法律的前提下,有独立进行经济活动的自主权。集体经济组织实行民主管理,依照法律规定选举和罢免管理人员,决定经营管理的重大问题。据此规定,集体经济组织必须实行民主管理,其管理人员必须通过选举的方式任命,且其成员大会得罢免之。如果未经集体经济组织成员大会的同意,任何人都不得担任集体经济组织的管理人员。这可以理解为农民权利中的同意权。

既然宪法构成农民权利的渊源之一,法院是否可以根据《宪法》的规定确认某项农民权利的存在？这涉及《宪法》在我国司法体系中的适用问题。截至目前,《宪法》在我国司法程序中的适用仍然是一个缺乏一贯性的悬而未决的问题。从目前的司法实践来看,最高人民法院基本态度仍然坚持反对在司法实践中适用宪法作为裁决案件的依据。①

笔者认为,如果从刑法角度来理解,如果允许法院引用宪法作为定罪量刑的依据,很显然违反了罪刑法定原则。但如果在所有类型的案件中一律禁止宪法的适用,则是明显的矫枉过正。宪法作为法的一种,可以付诸实施应当是其根本特征之一;不能实施的法律是不配称为法律的。限于刑法的特殊性,可以限制宪法在定罪量刑中被适用,但对于其他为数众多的部门法而言,宪法的适用无疑更加有利于解决司法过程中出现的很多问题。"其实,要害不在于谁援引了宪法,而在于援引宪法做

---

① 尽管 2001 年,最高人民法院通过了对"齐玉苓诉陈晓琪等以侵犯姓名权的手段侵犯宪法保护的公民受教育的基本权利纠纷案"答复的形式,在最高人民法院《关于以侵犯姓名权的手段侵犯宪法保护的公民受教育的基本权利是否应承担民事责任的批复》(法释〔2001〕25 号)中,允许法院在裁决案件时,可以引用宪法条文证明原告受教育权的存在。然而,在 2008 年发布的最高人民法院《关于废止 2007 年底以前发布的有关司法解释(第七批)的决定》(法释〔2008〕15 号)中,已经将该司法解释停止实施。

什么用。"[①]当然按照我们的意见还包括在何种情形下适用宪法。就农民权利而言,若农民不能援引宪法证明自己权利的存在,《宪法》中关于农民权利的规定就毫无实际价值。

(二) 法律、行政法规、地方性法规

法律、行政法规、地方性法规的文本中有为数众多的农民权利存在,它们也是农民权利存在的主要形式。在适用方面,法律、行政法规和地方性法规亦可在除定罪量刑案件之外的其他案件中无障碍地适用。

(三) 自治条例和单行条例

自治条例和单行条例是针对特定的民族区域自治单位的,其中也蕴含了许多农民权利。在抽象的意义上,自治条例和单行条例可以在刑事案件之外的其他案件中无障碍适用;但如果具体到某一个具体的自治条例或单行条例,则必须考虑其地域性限制,不能将其适用到其管辖区域之外的区域之中。

(四) 部门规章

部门规章一般来说都是对法律、行政法规的具体适用。法律和行政法规中规定的农民权利的内容及其行使方式,可以在部门规章中被广泛发现。在适用方面,1989 年《行政诉讼法》就规定对规章可"参照"适用。[②] 也即,法院在审理行政诉讼案件时,对规章可以有条件适用:发现规章违反上位法的,可以拒绝适用,并按照法定程序进行处理;未发现违反上位法的,即可予以适用。

(五) 地方政府规章

地方政府规章一般来说是对法律、行政法规、地方性法规的具体适用。这些文件中所规定的农民权利的内容及其行使方式,可以通过地方政府规章来发现。地方政府规章在行政诉讼中也处于被"参照"的地位。除此之外,它还具有地域性,只能在其管辖区域内适用。

(六) 其他规范性文件

"'其他规范性文件'是指除了法律、法规、规章以外,地方权力机关

[①] 应松年、何海波:《我国行政法的渊源:反思与重述》,载浙江大学公法与比较法研究所编:《公法研究》(第 2 期),商务印书馆 2004 年版,第 15—16 页。

[②] 修改后的《行政诉讼法》第 63 条仍然规定,"人民法院审理行政案件,参照规章"。

或各级行政机关制定的种类庞杂、数量浩瀚的法律规范性文件。在中国实践中,'其他规范性文件'从制定主体上可分为两类:一是具有行政法规和规章制定权的行政机关制定的行政法规和规章以外的规范性文件;二是没有行政法规和规章制定权的行政机关制定的规范性文件。从内容上,'其他规范性文件'包括两种:一种是仅仅规定行政机关内部分工、程序、责任等内部文件,与相对人没有利害关系的;另一种则为相对人设定权利义务。"①设定权利义务的其他规范性文件无疑可以作为农民权利的渊源之一。内部文件或许在表面上看来和农民没有利害关系,但当这种内部文件所调整的关系间接影响农民权利时,也应可以作为农民主张自己权利、维护自己权利的根据之一。实践中不乏这样的实例。

对于其他规范性文件,最高人民法院曾在 2000 年发布的最高人民法院《关于执行〈中华人民共和国行政诉讼法〉若干问题的解释》(法释〔2000〕8号)中规定,人民法院审理行政案件,可以在裁判文书中引用合法有效的规章及其他规范性文件。根据该规定,其他规范性文件在行政诉讼中处于可以被合理引用的地位。②

(七)立法背景材料

制定法的背景材料对于解释法律具有重要的参考价值。"我国法律解释中经常使用的辅助资料有:关于法律草案的说明,审议结果的报告和审议意见的汇报,人大代表、常委会委员、有关专门委员会的审议意见,起草和审议过程中各方面的意见。"③作为法律渊源的一种,这些材料既可以在证实已经为立法所确定的农民权利的内容及其行使方式,也可以在语焉不详的法律文本中明确农民权利的存在。

---

① 应松年、何海波:《我国行政法的渊源:反思与重述》,载浙江大学公法与比较法研究所编:《公法研究》(第2期),商务印书馆2004年版,第17页。

② 该解释现已失效,但新修改《行政诉讼法》仍承认规范性文件的地位,并在2014年4月20日通过的最高人民法院《关于适用〈中华人民共和国行政诉讼法〉若干问题的解释》中规定,"规范性文件不合法的,人民法院不作为认定行政行为合法的依据,并在判决理由中予以阐明"。反证了规范性文件的地位。

③ 应松年、何海波:《我国行政法的渊源:反思与重述》,载浙江大学公法与比较法研究所编:《公法研究》(第2期),商务印书馆2004年版,第18页。

(八）法律解释

"在我国，法律解释具有特定含义，即特定国家机关以法律解释名义、针对特定法律文本制定的、具有释疑或者补充性质的法律规范性文件。"[①]法律解释包括立法解释、司法解释、行政解释等。法律解释可以明确农民权利的内容和行使方式，也可以在法律未能明确规定农民权利的地方，通过合理的解释方式演绎出某项特定的农民权利。

目前，我国的最高司法机关最高人民法院和最高人民检察院一直在进行大量抽象的司法解释工作。国家最高立法机关，也制定了法律解释，但数量不多。当然，两者的效力是不一样的，从最终的适用结果来看，最高立法机关制定的立法解释和制定法具有同等效力，而司法解释则属于法院、检察院权力行使的结果，要受到其他机关的监督，甚至还有可能被立法机关否定其效力。

（九）国际条约、公约

作为国际社会的成员之一，中国对其签订的条约或公约负有履行义务。这些条约或公约在履行必要的法律手续之后，将全面拘束中国所有国家机关的行为。因此，在确认农民权利的存在、内容及其行使方式时，国际条约和公约就是一个十分重要的依据。以《经济、社会及文化权利国际公约》为例，该《公约》第9条规定："本公约缔约各国承认人人有权享受社会保障，包括社会保险。"根据此条规定，公约缔约国的法律制度中，如果没有社会保障制度，或者社会保障制度中不包括社会保险，都是违背其公约义务要求的。据此，中国农民享有社会保障的权利就不再仅仅是国内法上的权利，它亦是中国政府履行公约义务的结果。如果中国农民没有社会保障制度，或者社会保障制度中没有社会保险，就意味着中国政府违反了公约义务。当国内法上设计农民社会保障的制度规定含糊不清，甚至形同虚设时，该公约的规定即可成为确认其内容及行使方式的依据。

---

① 应松年、何海波：《我国行政法的渊源：反思与重述》，载浙江大学公法与比较法研究所编：《公法研究》（第2期），商务印书馆2004年版，第17页。

（十）法律原则

法律原则指的是一种"内容相对确定的法律要求"。① 这种法律要求直接对法律规则或法律关系主体的行为发生作用。"法律原则可能由宪法和制定法加以确立，形诸法条。这种情况下，它实际上是高度概括性和伸缩性的制定法条款，它的有效性来自立法机关的权威。法律原则也可能没有宪法和制定法依据，只存在于一些著述、判决，乃至社会公众的意识之中，常常由法学家根据社会生活情势和感受到的需要予以阐发，并获得法律共同体相当程度的认可。"②

农民权利以农民的法定身份为基础。因此，基础性的农民权利必然是"实际存在的由人制定的法"确定的。在确定这些权利时，"实际存在的由人制定的法"一般都会确定一些原则作为适用这些权利的依据。这些原则有可能是在确定权利的同一个规范性文件中予以规定，也有可能是通过特定的法律解释方法在其他相关法律中予以发现。即使在"实际存在的由人制定的法"没有规定原则的情况下，也可以直接从社会道德或习惯中获取某些原则。

（十一）先例、惯例和习惯

为明确起见，本书将先例、惯例和习惯分别对应于"司法先例、行政惯例和民间习惯"。③

我国目前尚未建立类似普通法系国家的判例制度，因此，司法先例在目前情况下对法院不具有拘束力。④ 尽管不具有拘束力，但是在法院审理案件的过程中，一般都会参照上级法院的案例，尤其是最高人民法

---

① 应松年、何海波：《我国行政法的渊源：反思与重述》，载浙江大学公法与比较法研究所编：《公法研究》（第 2 期），商务印书馆 2004 年版，第 19 页。

② 同上注。

③ 同上书，第 21 页。

④ 截至 2009 年，对下级法院而言，最高人民法院发布的案例仍然属于参照性质。如最高人民法院《关于印发醉酒驾车犯罪法律适用问题指导意见及相关典型案例的通知》（法发〔2009〕47 号）中就明确规定："2009 年 9 月 8 日，最高人民法院召开新闻发布会，就醉酒驾车犯罪的法律适用等问题提出了指导性意见，并公布了两起醉酒驾车的犯罪典型案例。现将最高人民法院对醉酒驾车犯罪法律适用问题的指导意见及两起典型案例印发给你们，供审理相关案件时参照执行。"

院经法定程序发布的若干案例,已经被认定为指导性案例。显然,这些指导性案例实际上具有"参照"的效力,无疑正在为我国司法先例作为法律渊源探路并奠定基础。由此可知,法院就农民权利所形成的司法先例,可以成为以后处理相关案例的依据,从而为更准确合理地处理涉及农民权利的案件提供帮助。

与司法活动类似,行政活动中也会产生一些习惯性的行为模式,是为行政惯例。"与司法活动相比,行政管理由于情势复杂,政策性考虑较多,无法严格遵守先例,个别先例通常不具有强烈的论辩效果,更不能作为以后处理的依据。……但是,出于行政行为连贯性、可预测性和当事人获得公平对待的普遍价值,先例在行政管理中具有无可争辩的意义。"[1] 农民权利中,有很多都与行政机关的义务相关,此时,行政机关在履行义务过程中是否遵循已经形成的行政惯例,对农民权利的实现具有重要影响。如果行政机关完全不顾已经存在的行政惯例,农民在实现自己权利的过程中就会面临相当程度的不确定性。为维系农民已经形成的对行政惯例的信赖利益,行政机关在履行义务时应充分考虑已经存在的行政惯例,将其作为实现农民权利的主要参照对象之一。

在民间活动中,一些惯例"积年累月,行之久远,化于内心,积淀成为民间习惯,政府就需要尊重和考虑"。[2] 就农民权利而言,民间习惯依然发挥着重要的作用。以集体土地的承包经营权为例,在现行"30 年"不变政策背景下,农村中的"出嫁女"一般都是地随人走,也即女子出嫁之后,其土地承包经营权的义务主体就由娘家所在的村集体转换为夫家所在的村集体。由此可以看出,民间习惯已经成为土地承包经营权变更的依据。

---

[1] 应松年、何海波:《我国行政法的渊源:反思与重述》,载浙江大学公法与比较法研究所编:《公法研究》(第 2 期),商务印书馆 2004 年版,第 21 页。

[2] 同上注。

第五节 农民权利的现状及成因

一、农民权利贫困的现状

自从 1958 年全国人大常委会颁布《中华人民共和国户口登记条例》后,至今中国一直实行城镇户口与农村户口的城乡二元户籍制度。以二元户籍制度为核心,形成了包括二元的粮食供给制度、副食品与燃料供给制度、教育制度、就业制度、医疗制度、养老保险制度、劳动保障制度、人才制度、兵役制度、婚姻制度、生育制度等 14 个方面的社会制度体系。① 被划分为市民与农民的中国公民,差别性地享有权利和承担义务。市民在住房、医疗、就业、教育等方面享受着国家的种种优越待遇,而农民对此只能望洋兴叹,这种二元制度,深入到政治、经济、教育、文化等各个领域,客观上造成了农民权利的贫困。中共中央文件也明确指明:"城乡二元结构是制约城乡发展一体化的主要障碍。"② 具体体现在:

(一) 政治权利的贫乏

在 2010 年《中华人民共和国全国人民代表大会和地方各级人民代表大会选举法》修改之前,农村每一代表所代表的人口数一直远高于城市每一代表所代表的人口数。从全国人大代表的构成看,第一届全国人大有农民代表 63 人,占 5.14%;第二届 67 人,占 5.46%;第三届 209 人,占 6.87%;第四届 662 人,占 22.9%;第五届 720 人,占 20.59%;第六届 348 人,占 11.7%;第七届与工人代表之和占 23%;第八届 280 人,占 9.4%,第九届 240 人,占 8%③,此种城乡居民选举权不平等的状况造成农民长期游离于政治生活之外。尽管此种状况在选举法修改之后得到了纠正,却一时之间难以使农民摆脱长期制度缺陷造成的负面历史惯性的影响。

---

① 参见成兴涛、祁伟、曾玉珊:《城乡二元结构下农民权利现状分析及对策思考》,载《南方论刊》2009 年第 6 期,第 38 页。
② 《中共中央关于全面深化改革若干重大问题的决定》。
③ 转引自陈永梅:《中国农民的权利贫困分析》,载《广东财经职业学院学报》2004 年第 6 期,第 80 页。

受城乡二元户籍制度的影响，农民的迁徙自由权也受到了不合理的限制。新中国设立户籍制度的最初目的是减缓城市的经济压力，以期迅速实现工业化，为此国家将农民利益进行了暂时的搁置，通过采取工农业产品剪刀差的方式，将农业的利润向工业方面转移，以推进工业的高速发展。通过阻止农业剩余劳动力向非农产业和城市转移的方式，实现集中国家的财力助力工业发展的目的。城内的居民可享受国家再次分配的各种福利待遇，而城外的农民不但无法获得这些福利，而且需要为城市提供廉价的粮食、农副产品和资金积累。这一举措客观上给农民的迁徙自由权造成了限制，公民从城市迁往农村容易，而从农村迁往城市则极其困难。客观上造成了农民迁徙自由权利的贫困。

（二）经济权利的贫乏

经济权利系指宪法所保障的包括财产权、劳动权、休息权等有关经济活动或经济利益的权利。其中最重要的当属农民的财产权利。财产权指财产所有人在法律规定的范围内对其财产享有占有、使用、处分的权利。当前，对农民的财产权来说，十分突出的问题有两个方面：

1. 农民的土地财产权以及与此相关的其他权利贫困

虽然实行了联产承包责任制，但农民的土地财产权以及其他相关的权利贫困问题并未因此而解决。目前，农民在土地承包、调整和流转以及国家征用土地，农业的公司化、企业化经营中受到来自各方面的侵害。比如，农村基层组织及其工作人员随意撕毁农民的承包合同，随意拿走农民的财物，随意对农民进行罚款、摊派等。尤其是从20世纪90年代后兴起的圈地运动，农民在土地所有权模糊、多元化的情况下蒙受了巨大的损失。县、乡政府和村级组织可以不征得农民的同意进行征地或强迫农民将承包地以非常低的价格转让给政府，而政府转手卖给开发商的是每亩十几万元或几十万元，有的竞争价高达百万元以上。据国务院发展研究中心陈锡文估算，如果说计划经济时代的工农业"剪刀差"让农民付出了6 000亿元至8 000亿元的损失，改革开放以来通过低价征用农民的土地，最少使农民蒙受了2万亿元的损失。

2. 农民与城市居民对国有资产的权益占有上不平等

农民也是国有财产的所有者，理应从国有财产的收益中得到好处，可事实上，农民对国有财产没有实际占有权和支配权，从国家财产的收益中分到的好处也很有限。国家对农业的投资列项时被称为"国家财政支援农业资金",似乎这部分钱是国家从外部施舍给农民的,农民难以积累资金,而实际情况并非如此,国家在奠定工业化基础的过程中,以价格剪刀差的形式从农民那里掠走了大量资金,农民为国家作出的真实贡献长期被掩盖了,到头来,农民反成了困难户,成了被救济的对象。农民在财产关系上的这种不平等地位,是其社会地位整体低下的重要根源。①

(三) 社会保障权利的贫乏

我国是一个农业大国,大部分居民住在农村,但是农村社会保障却始终处于中国社会保障的边缘,有相当一部分社会保障的内容将整个农村人口排挤在社会保障的体制之外。长期以来,我国社会保障体系并存着两个既相互独立又相互联系的层次:城镇企事业单位的就业人员享受相对较为完善、水平较高的社会保障服务,而广大农民在这方面的情形则恰好相反,我国农村居民主要依靠家庭保障而缺乏社会保障。城乡分离的二元社会结构,使城乡社会保障的差距相当惊人。据统计,城乡社会保障覆盖率的比例为 22∶1,城乡人均社会保障费的比例为 24∶1。从扶贫救助方面来看,1999—2004 年,全国农村抚恤和社会福利救济费仅占全国平均水平的 9.99%;2003 年年底全国试点农村享受最低生活保障仅有 396.8 万人,人均月补助经费仅为 29.2 元,而城市享受最低生活保障的人数为 2 235 万人,人均达 162.8 元,城市已基本实现应保尽保。②与农村相比,城市基础建设如铺路、绿地、供水供电供气系统的建设等公共物品完全由政府提供。占全国总人口近 70% 的农村居民享有的公共卫生资源不足全国总量的 30%;农村每千人平均拥有不到 1 张病床,而城市平均为 3.5 张;农村每千人平均只拥有 1 名卫生技术人员,而城市平均在 5 人以上。农村公共产品总体投入不足,不仅制约了农村社会的

---

① 参见陈永梅:《中国农民的权利贫困分析》,载《广东财经职业学院学报》2004 年第 6 期,第 82 页。

② 参见李永宁:《统筹城乡公共产品供给的财政政策思考》,载《改革研究》2008 年第 11 期。

发展,也变相加重了农民的负担。①

(四)受教育权利的贫困

国家财政拨款的教育经费,绝大部分用于城市,而广大农村只能靠农民集资办学校。由于没有城市户口,许多农民工的子女被拒于公立学校之外,即使进入了公立学校,高昂的赞助费、择校费也令很多农民工家长难以承担。而且入学后,由于语言、行为习惯、穿着等方面也被当地学校教师和同龄学生歧视,致使他们退学、辍学。而部分民工子弟学校因为未达合格标准而遭取缔,致使农民工子女又失去受教育的机会。另外,在教育产业化思路指导下,高等教育普遍实行高额收费,大大超过了农民的承担能力。

一是受教育机会不平等。据第五次全国人口普查资料统计,我国农村人口中,初中及初中以上文化程度的为39.1%,远远低于城市人口中65.4%的水平;而农村人口中小学文化程度和15岁以上的文盲却分别占到42.8%和8.3%,远远高于城市的23.8%和4.0%。农民工的子女进城就读受到户口、暂住证、计划生育证、借读费及赞助费等方面的制约。二是国家教育经费分配不平等。以2006年为例,该年份全国义务教育经费总收入约4 003亿元,其中用于城市的义务教育经费为1 796亿元,占全国义务教育总收入的比例为44.9%,而城市义务教育阶段学生占全国义务教育阶段学生总数的比例仅14.3%。用生均义务教育经费来衡量,城市的生均支出大约是农村生均支出的3.9倍。即使考虑了城乡居民的需求水平以及城乡办学成本差异等因素,城乡间义务教育经费差距仍然相当大,城乡间义务教育经费的不均衡不容忽视。此外还有制度安排上的不平等,城镇义务教育主要由国家财政投入完成,农村义务教育主要由农民自己投入完成。②

二、农民权利贫困的成因

(一)城乡二元结构的存在——农民权利贫困的历史根源

现行的城乡二元户籍制度是导致农民权利缺失的历史根源。诚然,

---

① 参见成兴涛、祁伟、曾玉珊:《城乡二元结构下农民权利现状分析及对策思考》,载《南方论刊》2009年第6期。

② 同上注。

新中国成立初期,国家在资源分配上对城市的倾斜,具有当时特定的历史背景——工农业利益分配长期不均。新中国建立之初就确立了优先发展重工业的基本国策。工业化作为超前战略的政策手段,使国民收入再分配严重倾斜于工业部门,农业仅是工业化资本积累的主要源泉。连续50余年的"以农补工"政策,使农民在义务教育、医疗保险、社会保障等方面不可能享受与城市居民一样的待遇。虽然近年来开始采取"以工补农""以工惠农"的积极政策,但是长达50年对农业、农村和农民的不平等分配制度所造成的巨大差距,不可能在短时间内消除。①"从更全面的角度来看,城乡、工农的资源分配的差别,实质上是资源配置的空间或地域分配化的集中体现,它是特定历史时期的战略选择所促成的结果。在底子薄、资金少的新兴国家,要想迅速建立起庞大的工业体系,并极力偏重重工业的发展,就不可避免地要让一部分人尤其是农民作出一定的牺牲。"②但是,决策者在制定国家发展战略时,未必能够规划到的是,这些制度一旦确立,就会对以后的制度设计产生路径依赖的作用,由于长期的资源倾斜,农村、农民在政策和制度制定上的"失语"现象和城乡二元的思维定式,使行政管理过程无论是在制度的制定上还是制度的实施上都能更"简明""高效"和"便捷"。事实上,现有的大部分亟待改革的管理制度当年的制定,都依赖于城乡二元这一社会结构。因此,笔者认为,中国向城市倾斜的资源配置过程先后经历了两个过程,即首先从国家实行工业化战略的目标和途径出发进行资源的倾斜性配置。其次,当这种配置形成城乡二元社会结构后,由于城市掌握了大部分社会资源和经济资源,使其在政治上能产生对自身有利的影响,同时,行政管理过程中的惯性作用依赖并巩固着城乡二元社会结构,不仅使资源的倾斜性流向难以改变,也使对农村、农业和农民的歧视逐渐变得"顺理成章"了。③

---

① 参见成兴涛、祁伟、曾玉珊:《城乡二元结构下农民权利现状分析及对策思考》,载《南方论刊》2009年第6期,第39页。
② 俞德鹏:《城乡社会:从隔离走向开放——中国户籍制度与户籍法研究》,山东人民出版社2002年版,第230页。
③ 参见王佳慧:《当代中国农民权利保护的法理》,吉林大学2007年博士学位论文,第60—61页。

（二）宪法和法律保障的缺失——农民权利贫困的制度根源

宪法和宪法性法律文件是人民权利的保障书。各国宪法和国际人权公约规定的一些重要的基本权利在我国的宪法公民基本权利中没有给予确认，如迁徙自由、罢工自由等。我国《宪法》规定："国家尊重和保障人权。任何公民享有宪法和法律规定的权利。同时必须履行宪法和法律规定的义务。"从《宪法》上看，《宪法》确认的权利是所有公民应享有的权利，法律应平等地保护所有公民的权利。然而，我国公民的权利状况却呈现出明显的二元化特点。"我国农民既非市民（非'属于城邦的人'，进城打工的农民工就没有一般市民的待遇，没有市民权），也不享有完整的公民资格与权利……"①《宪法》第 44 条关于公民退休权的规定也只限于企事业单位职工和国家工作人员，在最高法律层次上剥夺了农民的退休权。还有一些旨在限制使用农村劳动力、优先满足本地劳动力就业需求的部门规章，如 1994 年 11 月 17 日劳动部颁发的《农村劳动力跨省流动就业管理暂行规定》就是一个很典型的文件，该文件对跨省流动进城农村劳动力就业作出了若干限制，在当时是视为天经地义的。即使后来制定的《中华人民共和国物权法》《中华人民共和国土地管理法》《中华人民共和国土地承包经营法》等法律，尽管都涉及对农村产权关系的规范，但是，这些法律对集体经济组织产权制度和集体自然资源的所有和利用等关系的规定还显得十分模糊，很容易导致集体产权实质上变成私人产权，严重侵犯农民的权益。由于我国现行的立法体制存在的问题，在制定法律时农民往往缺少自己的声音，立法者对于法律规定的农民权利的实现没有投入太多的关注，对实现农民权利的具体方法缺少规定，农民实现法定权利也就没有可以依据的法律规定，从而容易导致农民权利仅仅停留在纸面上，而不能转化为实有权利。

（三）农民自身权利意识薄弱——农民权利贫困的意识根源

囿于农民群体自身的文化素质较低，农民维权意识薄弱，法律观念不强，在社会实践中，许多权利诉求都不能找到合法有效的途径，因而在法定权利有限的情况下，这些权利有多少能够实现也是很现实的问题。

---

① 郭道晖：《子民变公民，自治代官治：农村宪政的两大要务》，载《"农村宪政与行政法治"主题研讨会论文集（2005）》，第 142 页。

皮埃尔·勒鲁在《论平等》中说:"平等这个词概括了人类迄今为止所取得的一切进步,也可以说它概括了人类过去的一切生活。从这个意义上说,它代表着人类已经走过的全部历程的结果、目的和最终的事业。为了平等的实现,所有的启蒙者和启示者前仆后继,在一切领域进行探索,绵延不断的战争使无数人的鲜血洒遍了江河大地,在多少个世纪中,全人类洒下多少汗水。人们个人的苦难,正像他们经受的集体的苦难一样,其神圣的目的正是为了平等,为了平等的感情,平等的观念。"①一方面由于中国几千年来封建社会中等级思想严重削弱了农民的平等权意识。另一方面,由于在中国传统的"义务本位"的法律体系中,农民阶级在大部分情况下都是作为一个负担经济政治义务的义务主体存在的,政治权利意识不强,往往只是决策的服从者和执行者,衍生出强烈的服从意识和集体认同,缺乏自主意识和参与精神。再加上农村经济的落后,使得农民的文化素质低,他们自认为"贱命""天生的下里巴人",因而总体上成为不受重视的弱势群体。②

城乡二元歧视性的户籍制度也影响到观念性歧视的形成,由于长期存在二元结构,不仅政策的制定者和执行者存在着较为严重的观念性歧视,城市市民存在的对农民的观念性歧视更为普遍,不少市民戴着有色眼镜看待农民,存在一种特权思想和身份优越意识,对农民存在认识偏见和心理排斥。"农民"一词除了代表一定地域的生活群体、从事某种职业以及特定的阶级等含义以外,还有一种很强的低下的身份含义。对农民的观念性歧视和制度性歧视互相支持、交互作用,共同形成对农民强大的歧视力量,进而使得宪法和法律赋予农民作为公民的应享有的各项权利严重虚置。③

---

① 〔法〕皮埃尔·勒鲁:《论平等》,商务印书馆1988年版,第22页。
② 参见成兴涛、祁伟、曾玉珊:《城乡二元结构下农民权利现状分析及对策思考》,载《南方论刊》2009年第6期,第39—40页。
③ 同上书,第39页。

第四章 公法与农民权利

农民权利与公法的关系是在依法治国的大背景下探求农民权利法律保障之有效途径所要当然解决的理论前提。公法保障是农民权利法律保障的基础,公法制度的合理设计和有效实施是给予农民权利以实质性平等保护的前提。① 诚然,从农民权利享有和行使的程度也可以反观作为国家政治法律制度基石的公法制度本身存在的价值合理性,由此不难看出农民权利与公法之间关系的重要以及对其进行研究的必要。长期以来,人们对农民权利维护之道的公法关注主要集中于具体的方式方法上,纷纷从具体问题出发寻求解决途径。从实际出发立足于具体问题求方法这是值得称道的,但是也应该看到,没有前提性的理论来统合方法②,则很难使各种独立的应对策略形成有机联系的整体,以解决"农民"这一特殊身份上承载的基于历史和现实所产生的纷繁复杂的矛盾,这样的解决之道未免产生头痛医头脚痛医脚的客观效果,不能从根本上解决问题。基于此,对农民权利与公法的关系进行研究当属必要。

第一节 公法概念的缘起

既然本书定名为《农民权利的公法保护》,因此有必要对公法的定位进行必要的讨论。公法是一个古老的法律概念,起源于古罗马,主要指

---

① 中国共产党第十八次全国代表大会提出了权利公平、平等发展权利的理念。
② 笔者在中国知网,以"农民"并含"公法"为主题词进行搜索,仅检索到 27 篇文章,两个主题词均包含其中的文章仅有 1 篇,且论述的是"城市化进程中农民公法权利的司法保障"(具体内容可见《党政论坛》2008 年第 4 期,第 21—23 页),笔者以同样的关键词在国家图书馆网站以"临近词"的方式分别进行了多字段和组合式的检索,同样未得到相关成果。可见,目前对农民权利与公法之间关系进行论述的成果尚付阙如。在以"农民"为主题的文章中,涉及农民权利与公法的关系问题的,也大多集中于对农民的土地权利、受教育权利、农民工权益保障等具体问题的探讨上。

法律体系中配置和调整公共权力的法律总和。公法在现代语境下,多指规范国家和人民之间关系的法律。

公私法的划分起源于古罗马。在《法学总论——法学阶梯》(以下简称《法学阶梯》)中,乌尔比安写道:"法律包含两部分,即公法与私法。前者涉及罗马帝国的福利,后者则涉及个人利益。"①其中的私法"包括三部分,由自然法、万民法和市民法的基本原则所构成。"②"它反映着国家与个人之间的对立。"③

至于公私法划分的源头则可以追溯到更早。从公元前5世纪开始,最早的《罗马法典》《十二表法》就强有力地将行政法、宪政法规范以及公共宗教仪式法拒之于法典之外。自此之后不久,公私法的区别在罗马就出现了。在罗马早期,"罗马国家对私人家庭的事不加过问,家长对家属和家务有绝对的权力,故没有划分公、私法之④必要。随着经济和社会的发展,国家对家庭和个人的干预越来越多,终于需要在国家权力和私人活动之间确立一条明确的界限,这样法学上关于公法和私法的划分便应运而生"。⑤

罗马人区分了公私法的界限并坚守它。⑥然而罗马人区分公私法的目的并不是要给予二者同等的地位,与此相反,罗马人只是为了将公法放在一个远不如私法那么重要的位置上。《法学阶梯》只论述私法,附加一些刑法和程序法的媒介性主题。⑦尽管,对公法的轻视不代表罗马人完全无视公法的存在,在《优士丁尼民法典》中,十二卷中的最后三卷全

---

① 〔古罗马〕查士丁尼:《法学总论——法学阶梯》,潭爽译,中国社会出版社1999年版,第15页。
② 同上注。
③ 〔意〕彼德罗·彭梵得:《罗马法教科书》,黄风译,中国政法大学出版社2005年版,第7页。
④ 参见〔美〕艾伦·沃森:《民法法系的演变及形成》,李静冰、姚新华译,中国法制出版社2005年版,第200页。
⑤ 周枏:《罗马法原论》,商务印书馆1994年版,第92页。
⑥ 参见〔美〕艾伦·沃森:《民法法系的演变及形成》,李静冰、姚新华译,中国法制出版社2005年版,第200页。
⑦ 同上注。

是公法的内容。但是，由于一贯的对公法的轻视态度，这三卷根本没有对公法作出完整或系统的叙述。①

《查士丁尼民法典》中，"凡是标明'公法'的内容几乎都不能引起罗马法学家们的兴趣，也从来没有获得他们向私法投入的那种强烈的情感，成为他们研究的课题。"②罗马公法的研究因此而一直处于较低的水平上，远逊于博大精深而又充满智慧的私法研究。中国国内目前对于罗马公法予以关注的学者只是凤毛麟角。

尽管古罗马人对公私法的区分源远流长，在近代民族国家兴起的过程中，更是被大陆法系国家普遍重视。然而，令人感到奇怪的是，自古至今的法律中，从来没有将公法或私法的概念明定其中的，更不用说在法律中明确规定区分两者的标准了。更为常见的情形是，立法者似乎在故意规避着将公法或私法的名词作法律概念使用。③ 因此，至今为止，公私法的划分仍然是学说概念，或许其最初就是为了法学研究而产生的。当然，另一个方面的原因也是可能的，公私法的划分确实存在着不可克服的难题，如果将其规定在制定法中，除了徒增混乱，不会对法律制度本身的制定和实施产生积极作用。

尽管制定法中一般不使用公法和私法的概念，但现代国家法律体系的基础却是在区分公私法的前提下制定的。对于制定法而言，如果不能搞清楚其公法抑或私法的属性，就无法明了其所可能产生的效果和内容。④ 因此，在理论上探讨公私法的区别及其划分标准仍然对法律实践具有重要的指导作用。

第二节　如何正确界定公私法

在普通法系，公私法的划分并不重要，公私法的划分既不是理论研

---

① 参见〔美〕艾伦·沃森：《民法法系的演变及形成》，李静冰、姚新华译，中国法制出版社2005年版，第201页。
② 同上注。
③ 参见〔日〕美浓部达吉：《公法与私法》，黄冯明译，周旋堪校，中国政法大学出版社2003年版，第3页。
④ 同上注。

究的分界线,也不构成法院体系设置的标准。与此不同的是,大陆法系对公私法的划分有着十分迫切的需求,即成文法场域内法律研究和制度体系对公私法划分依赖很大。

尽管如此,大陆法系关于公私法的标准问题仍然未能达成一个逻辑自洽的标准。诸多标准之间存在着十分严重的冲突,亦没有任何一个标准可以全面应用于所有法律的划分,从而得出一个可接受的区分结果。如果要使理论上的区分标准符合法律实践的现实,就必须容忍多层次多角度的分类方式;如果要一以贯之地使用一个统一的标准,其所得出的区分结果又与实践大相径庭。很显然,区分公私法的界线是一个十分艰难的工作,尽管如此,众多标准依然在学术研究的历史上纷纷出现,主要包括理论标准、程序标准、公益私益标准、意思自治标准、法律关系主体标准、法律关系性质标准、强制标准等等,在此不再赘述。笔者认为:重新界定公私法的界限是十分必要的。

一、社会关系、公法规范、公法渊源

为明确公私法的划分,必须首先区分清楚公法关系、公法规范和公法等不同的概念。在公法学理论中,社会关系是法律规范的调整对象,经法律调整之后,社会关系就成为法律关系;至于法律渊源,则是证明法律规范存在的依据。由此可知,公法关系是公法调整某种社会关系的结果,而公法渊源是证明公法规范存在的依据。

(一) 社会关系的性质决定法律规范的性质

判断某一法律规范是公法还是私法,端赖于其所调整的社会关系的性质。如果这种社会关系涉及国家、社会权力等公共领域的概念,调整它的法律规范就是公法规范;如果这种社会关系仅仅是私主体间的关系,调整它的法律规范就是私法规范。问题在于对社会关系的"公""私"性质如何识别。

(二) 区分法律规范的性质与其法律渊源的性质

美国法学家格雷(John. C. Grey)认为,应当区别使用"法律"和"法律渊源"这两个概念。格雷认为,制定法和判例是白纸黑字的东西,它们以及道德、政策、法律原则、习惯、法律专家的意见,都不是法律本身,而是法律的渊源。法律适用者结合这些渊源和案件事实得出的适用于具体

案件的规则,才是真正的法律。① 根据格雷的观点,法律渊源指的是制定法、判例法以及道德、政策法律原则等形式存在的东西。这些东西以书面或非书面的形式存在。

在日常口头的意义上,我们都会将这些书面或非书面的东西称为"法律"。比如行政许可法,我们可以说行政许可法是一部法律;也可以说:"行政许可的法律渊源中包括法律,也即法律是行政许可的法律渊源之一。"实际上,在这两种情况下,都是将行政许可法当做行政许可法律规范的法律渊源看待的。只有在后一种说法中的"行政许可"才是真正的法律规范,至于行政许可法这一部法律,则无疑属于法律渊源的范畴。行政许可法调整的是行政许可关系,行政许可关系包括行政许可的设定机关、实施机关以及行政许可申请人、行政许可利害关系人、行政许可监督机关等主体之间的关系。在一般情况下,他们之间的关系都被认为具有"公"的性质,因此调整该关系的法律规范就被称为"公法"。由于行政许可法除了调整行政许可关系,就不再包含其他的法律关系了,所以,行政许可法中的所有法律规范都是公法规范。在这一意义上,行政许可法这一法律渊源可以被称为"公法"。实际上,更为准确的称呼应该是"公法法律渊源"。

然而,在更多的情况下,一个以规范性文件形式所表现的法律渊源,其中的法律规范往往既调整"公"的关系,又调整"私"的关系。以《中华人民共和国物权法》(以下简称《物权法》)为例,其中第96条规定,共有人按照约定管理共有的不动产或者动产;没有约定或者约定不明确的,各共有人都有管理的权利和义务。本条调整的是共有关系,《物权法》在通常情况下被认为是"私"的关系。因此,本条就是私法规范。《物权法》第10条规定,不动产登记,由不动产所在地的登记机构办理。该条调整的是登记机关和物权的权利人之间的关系,这在通常情况下又被视为"公"的关系。从而,调整这一关系的法律规范就成了公法规范。

既然《物权法》中既存在公法规范又存在私法规范,《物权法》究竟是公法还是私法呢?很显然,无论答案是前者还是后者,都是错误的。

---

① John Grey, The Nature and Sources of Law, New York: The Macmillan Company, 1921, p.84.

所谓的"《物权法》是公法,或者《物权法》是私法"的定性本身就是一个伪命题,追问《物权法》这部法典本身的公法或私法性质就是没有意义的。能够被定性的不是物权法这一部法典,而是其中存在的法律规范。所以,公法和私法中的"法"应该指的是法律规范,而不是法典或单行法律文件。某个法典中存在一条或很多条公法规范,并不能证明该法典就是公法。

(三) 法律部门和法条的性质

通常情况下,研究者都会将一个国家的所有法律区分为不同的法律部门,如宪法、行政法、民法、刑法等。在对这些法律部门进行研究的教材中,在概述该部门法的概念和特征时,往往都会运用公私法二元区分的标准将该部门法定性为公法或者私法。

根据前文分析,公法和私法中的"法"应当指的是法律规范,而不是其他。因此当我们称行政法为公法时,其所要表明的是:行政法部门的性质是根据其所包含的法律规范的性质来判定的,行政法部门中的所有法律规范调整的都是"公"的关系。行政法部门之所以是公法部门,不是由规范性文件的性质决定的,而是由其所包含的法律规范的性质决定的。正是在这一意义上,"行政法部门"指的是所有调整行政主体、行政相对人、监督行政主体之间关系的法律规范的总和。

需要说明的是,在最纯粹的意义上,行政法部门所包含的所有法律规范都应当是公法规范。但是,由于公法规范和私法规范之间难以避免的相互联系,在适用或研究一个法律规范的同时,难免会涉及私法性质的规范。为全面呈现这种联系对法律适用结果或研究结论的影响,法律适用机关在处理行政法案件时,都不能回避对私法规范的适用;研究者在研究行政法部门时,也无法漠视私法规范的存在。

由于对公法中"法"的认识不足,法条的性质也经常被错误地区分为公法和私法。正如某一条或某几条法律规范的性质不能决定其所在规范性文件的性质一样,某个法条或法条的联合中存在一个或若干个法律规范的性质,也不能决定该法条或联合法条的性质。在一个法条中或若干法条的联合中,其所包含的法律规范有可能都是公法性质的,此时称它或它们为公法或许可以在比较含混的意义上具有合理性。但是,如果它或它们中包含的法律规范既有公法性质又有私法性质的话,这种称呼就错误了。更需要强调的是,在一个法条或若干个法条中既包含公法规范又包含私法规范的情况下,不能用其中的任一个否定或者证明另一个的性质,因为能够证明法律规范的公私法性质的只能是它的调整对象,其他的任何证明都是错误的。

二、公关系和私关系

(一) 被调整的社会关系

法律规范所调整的社会关系的性质是决定该法律规范公私法性质的前提。这里所谓的调整有着两种不同的含义:

首先构成性的调整。在这种情况下,法律规范构成社会关系产生的前提,没有法律规范就不存在相应的社会关系,即由规范建构事实的法律进路。其中最典型的是国家机关组织规范,如果没有相应的法律规范,国家机关根本就无从产生,也无法产生国家机关与私人之间以及私人与私人之间的关系。此时,社会关系已经不是纯粹的事实性质,而是法律规范的产物。

其次维护性的调整。在这种情况下,社会关系先于法律规范而存在,法律规范之所以存在的目的是为了维护这种已经存在的关系,使得其符合立法者的社会治理目标,即规范承认既有现实的法律进路。比如合同关系,不论一个国家是否存在合同法规范,交易关系总是存在的。合同法规范的目的只是为了维护合同关系的正常运行,进而实现国家规范市场秩序的目标。此时,社会关系是纯粹的事实关系,它的产生不以法律规范的存在为必要。

据此可知,与法律规范有关的社会关系可以分为两种,一种是原生态的社会关系,其存在不以法律规范的存在为前提,法律规范调整这类社会关系对这类关系起了巩固和规范的作用;另一类社会关系是"人造"的社会关系,其存在是以法律规范之调整为前提的,源于人类社会发展中逐步产生的社会契约。通常来说,前者属于私法关系,后者属于公法关系。公法关系很少属于原生态社会关系。

(二) 公私划分的标准

上述理论中,最关键的问题是划分公私的标准,也即确定哪种关系是公的关系,哪种关系是私的关系。本书认为,实际中采用的公共财政标准,不失为一种可以考虑的标准。

所谓公共财政标准,是一种区分公关系和私关系的标准,根据这一标准,凡是在某个关系的产生、变更或消灭过程中存在财政资金的批准、执行和监督之必要的,即为公关系,否则即为私关系。据此标准,我们试对几种不同的关系进行区分:

1. 合同关系

合同关系的存在不以法律规范的存在为前提。在部分情况下,合同关系的产生、变更和消灭涉及公共财政资金的批准、执行和监督,其他的情况则不涉及。前者如政府采购合同,虽然合同的产生、变更和消灭基本上可以用合同法律规范来调整,但是伴随整个过程的还存在一个采购资金的批准、执行和监督的问题。由于这一问题的存在,政府采购合同中就存在着多方面的公关系,如对采购资金的监督。正如前文所言,政府采购合同中公关系的存在不会影响对其中的私关系的认定,所以,除了公共财政资金的批准、执行和监管,政府采购合同中的其他关系仍然可以认定为私关系。在民事合同的情况下,不涉及公共财政资金的使用,所以它仍然是私关系。

2. 行政处罚关系

首先,行政处罚机关的存在本身需要公共财政资金的维持。

其次,公共财政资金来自纳税人缴纳的税款,立法机关代表纳税人对行政处罚机关使用公共财政资金的行为进行监管,监管的方式主要是制定法律。所以,基于其所使用的公共财政资金,行政处罚机关就必须服从法律的规定。

最后,由于行政处罚关系的产生、变更和消灭都伴随着公共财政自己的使用,所以行政处罚关系是公关系。调整行政处罚行为的法律规范都是公法规范。

3. 刑事法关系

刑法是以刑罚的形式惩罚犯罪人的违法行为。这些违法行为可能侵犯的是私益,如人身权、财产权等;也可能侵犯公益,如危害公共安全等。刑事诉讼法则是通过一系列的程序设置来实施刑法中的法律规范。

刑事法在总体上以国家法定机关根据法律的规定追究犯罪人刑事责任为其全部内容。无论犯罪人的违法行为所侵犯的是公益还是私益,国家法定机关在追究其责任时,都需要使用公共财政资金。从这个意义上说,刑法规范和刑事诉讼法规范所调整的关系都是公关系,因此刑事法规范都是公法规范。

4. 民事诉讼关系

民事诉讼由国家司法机关主持,它的存在和运行都需要公共财政资金的支持。在这一资金的支持下,司法机关处理私主体之间的民事纠纷。由于公共财政资金的存在,所以,民事诉讼关系也是一种公关系。民事诉讼法规范也是公法规范。

三、对公私法划分的检讨

(一)公私法是一种功能意义的存在

从乌尔比安对公私法划分阐述之初直至近世学者对公私法界定的讨论,如何厘定公私法之间的界限一直呈百家争鸣之势。究其原因,系学者们力图在规范意义上对二者进行划界,然公私法的划分不仅是要在单纯的规范意义上厘清二者的界限,更重要的是从规范的功能意义上确定二者的分野。公私法划分的现实意义大于理论意义,功能意义大于规范意义。

学术界一个传统的看法是,"私法早在古罗马时代就已经高度发达、蔚为大观,这是不争的事实。至于公法,一般的看法是,至 19 世纪以前,法的这一固有领域实际上常常被政治制度、行政管理方式等狭义上法律之外的概念所代替,更无法与私法相提并论。关于这一点,人们只需回顾一下宪法和行政法(它们被认为是公法中最具典型意义的部分)的近代起源就十分清楚了。解释这一现象的一个现成理由是,在广泛的政治自由和民主得以实现以前,无论是在学说层面还是在制度层面,公法想要获得如私法一样的发展都是不可想象的。所以,在古罗马,公法和私法这种分类的提出,与其说有助于法律的这两个领域的平衡发展,倒不如说更多的是单方面确立了私法的合法性。换言之,在当时的帝国政制之下,私法的繁荣至少在一定程度上是以公法受到抑制为前提的。"[①]该观点认为,公法获得与私法同样的发展是在资产阶级民主革命以后的事

---

① 梁治平:《"公法"与"公法文化"》,载《读书》1994 年第 9 期,第 84 页。

情,或者说要以广泛的政治自由和民主为前提,在此之前其发展远落后于私法的发展,甚至可以说是为私法的发展服务的。虽然公私法划分的理论学说自古罗马开始,中世纪隐匿,近代民主制度确立以后兴旺,但是公私法律规范却是一个一直存在的事实,不曾间断。中世纪并非没有公私法,只是在规范意义上混同,没有在形式上和理论上进行区分界定。这说明公私法存在的现实意义大于理论意义。

在古罗马的法律体系当中,这一点体现得更加明显。公私法概念的提出及其界分,肇始于古罗马法学家乌尔比安,在古罗马法律体系中"它反映着国家与个人之间的对立。公法调整政治关系以及国家应当实现的目的,'有关罗马国家的稳定';私法调整公民个人之间的关系,为个人利益确定条件和限度,'涉及个人福利'"。①"后人区分公法与私法,有主体说、利益说、关系说等,标准虽不尽相同,但是以之为法的固有分类和基本范畴却是共同的。"②关于公私法划分的意义大多学者不予否认,但在具体的划分标准上却很难统一,原因在于学者们将目光聚焦于公私法在规范意义的划分上,然而这并非是一个正确的途径,先不要说近现代以来越发复杂的法律规范不断出现,就是在罗马法的规范体系中,公私法的划分也并非界限分明。两者固然有着非此即彼的大体范围,但是也存在着彼此交融的中间地带。"在罗马法渊源中,大量调整私人关系的规范又被说成是公法"③,究其原因在于:"这种情形恰恰出现在社会利益或一般利益与个人利益重合之时。公法的这种含义有着它特殊的意义,因为它的规范尽管是为个人关系制定的,但其效力不能通过简约而降低,也不能由公民加以变通。"④"历史的原因是,除在涉及公共利益并且是在下达命令和绝对禁令的情况下,罗马国家自古不通过其机构进行

---

① 〔意〕彼德罗·彭梵得:《罗马法教科书》,黄风译,中国政法大学出版社1992年版,第9页。

② 梁治平:《"公法"与"公法文化"》,载《读书》1994年第9期,第84页。

③ 〔意〕彼德罗·彭梵得:《罗马法教科书》,黄风译,中国政法大学出版社1992年版,第9页。

④ 同上书,第9—10页。

立法干预。"①在古罗马法中,公私法各自有各自需要调整的利益关系,在某些利益关系上甚至有重合之处。公私法之界分更在于其所调整的对象——利益的公与私,纯涉及私人利益必由私法予以调整,一旦涉及公共利益则私法不得干预。公法也好,私法也罢,都是一种手段意义的存在,它们各自有各自的功能,统治者根据其各自的功能将其运用到不同的社会领域,对不同的利益关系进行调整。所以公私法划分的功能意义大于其规范意义,非要在规范意义上将其二者界分得泾渭分明实属不当。

(二) 公法是提供保护之法

公私法的功能意义是不容否认的。纵观历史上公私法划分理论的产生及发展,尽管都试图从规范意义上对公私法进行界分,但其划分之目的无非是为了在以法为权利提供保护过程中有所侧重,不论是产生之初还是资产阶级革命后的再次发展,都说明公私法划分之终极目的应该是保护私权,对公权的维护抑或限制都是不同历史时期对私权予以保护时所体现出来的另一种形式,如今所谓社会权的出现也是为私权提供必要保护的方式之一。保护私权是目的,维护和限制公权是手段。"私法功能和作用的充分发挥有赖于公法的健全、完善。私法功能和作用的发挥至少取决于三个条件:一是立法,即要求立法机关能根据现实需要及时制定出高质量的法律;二是行政,即要求行政机关依法行政,依法维护而不违法干预私法秩序;三是司法,即要求法院依法、公正裁决私法争议,保障私法秩序。而立法、行政、司法均是公权力,要保证公权力的正当行使,不缺位,不错位,不越位,就必须加强公法,通过公法对公权力进行规范和控制。"②

按照传统思想,公法的功能在于积极的管控,为特定利益提供保护;

---

① "这种性质关系的特有原则被罗马人用几乎相同的术语,像格言一样多次重复:'公法不得被私人简约所变通(Ius publicum privatorum pactis mutari non potest)',或者'私人协议不变通公法(Privatorum convention iuri publico non derogate)'。"〔意〕彼德罗·彭梵得:《罗马法教科书》,黄风译,中国政法大学出版社1992年版,第10页。

② 姜明安:《公法与政治文明》,载胡建淼主编:《公法研究》(第2辑),商务印书馆2004年版,第264页。

私法的功能在于消极的维护,维护社会自治领域自动自发的社会秩序。公法私法的功能划分即是在管制与自治之间平衡,以实现社会治理之功效。相对于私法保护而言,公法保护是一种积极的保护,一种更具有主动性的保护。私法一般只是消极的维护社会秩序,尊重当事人意思自治,除非当事人诉诸公权力机关请求保护,否则公权力机关不会主动介入私法领域为某一主体主动提供保护。公法则不同,通过授权和直接介入权利行使过程来调控权利的分配和行使,是一种主动的干预。既分配权利,又规范权力,此即公法主旨所在。所以,"各级政府要依法行政,司法机关要公正司法,国家要健全民主制度,丰富民主形式,扩大公民有序的政治参与,保证人民依法实行民主选举、民主决策、民主管理和民主监督,使之享有广泛的权利和自由,要尊重和保障人权。这些都是公法(而非私法)的使命,都是需要加强和健全公法才能实现的目标"。[①] 同时为了保护私人权利的实现,还要加强对公权力的控制。"公法的主要功能和作用在于对公权力的范围和控制,包括界定公权力的范围,确定公权力主体产生及公权力转移、交接和取得的程序,在各公权力主体之间分配公权力和协调它们相互之间的关系,规范公权力行使的条件、基准、方式和程序,确立对公权力的监督、制约机制,为公权力相对人提供全力保障、救济机制。"[②]

通过以上分析,我们可以得出这样的结论:所谓公法、私法,本质上是指公法规范、私法规范,公私法划分的标准是法律规范所调整的社会关系的性质,而不是其他。正确划分公法规范与私法规范,可以更加有效地发挥公法规范制约公权力、保护私权利的作用。

第三节 公法内部关系解构

前面以公私法划分为基础,从公法的外部论述了公法的功能在于给私权提供保护,为相对人提供权利救济,即保护公民的合法权利。但是

---

① 姜明安:《公法与政治文明》,载胡建淼主编:《公法研究》(第 2 辑),商务印书馆 2004 年版,第 268 页。

② 同上注。

公法何以能够应对复杂多变的社会关系以给权利提供及时有效的保护,则需要从公法的内部关系进行解构。

"宪法是行政法的基础与前提,行政法是宪法的具体实施",此类观点并不鲜见,当然也具有一定的道理。如王名扬教授认为:"宪法是静态的法律,行政法是动态的法律,二者互相配合,互相需要。"①陈端洪教授认为:"行政法与宪法的联系最为密切,因为都直接关系公共机构与权力,即具有很强的政治性,因此,被统称为政治法,行政法被称为动态的宪法,是宪法发展到'行政国'与'福利国'阶段的一个不可或缺的组成部分。"②以此说法,宪法是对根本性社会关系的静态规制,行政法是对具体行政关系的动态调整,行政法的动态调整要严格依照静态规制执行,是宪法的具体落实者。从这种意义上来说,行政法落实宪法的具体内容,不可对宪法所涵摄的内容有所僭越,它应该是一个积极、具体的执行者。以此观之,行政法具有一定的从属性。

不可否认,宪法作为国家的根本大法,稳定性是基本特征之一,或者说是其刚性的一种表现。然而,稳定不等于不变,宪法也是法,也要随着其所调整的国家的根本政治经济等社会关系的变化而作出相应的调整,这种调整除由立法主体主动为之以外,总需有某种触动方才进行,即使是立法主体主动为之,亦得有某种触动引发立法主体的动议。这里不妨作这样一个比喻,宪法就好比中枢神经系统,各部门法就是由中枢神经伸展出去的诸多神经元并连接着神经末梢,它直接与外界接触。当神经末梢受到外界刺激后就会反应给作为中枢神经的宪法,宪法再作出相应的反应。在这些神经末梢中,最敏感的莫过于行政法,原因在于行政法调整的是行政主体与相对人之间在行政管理过程中发生的社会关系。行政主体权力来源的一个主要原则就是职权法定,所以,一旦法律赋予行政机关的行政职权不足以应对行政管理事项时,行政主体立刻会有力不从心的感觉。私法领域则不同,私法所规范的领域本身具有一定的自治性,即使私法规范的进步略落后于其所调整的社会关系的发展,短期

---

① 王名扬:《法国行政法》,中国政法大学出版社1988年版,第34页。
② 陈端洪:《对峙——从行政诉讼看中国的宪政出路》,载《中外法学》1995年第4期,第7页。

内也不会出现大的问题,因为这一领域本身就有自我调节功能。从这个意义上讲,行政法是宪法发展的探路者。"就调整社会关系的对象和范围而言,宪法与行政法是相通的。两者都涉及国家权力与公民权利的关系以及国家权力之间的分工与制约问题,均被视为公法的重要组成部分。因此,行政法的发展必然会对宪法产生直接与间接的影响。中外行政法治的实践都有很多极好的例证。就积极方面而言,行政法的发展对宪法的影响主要体现在以下三个方面,宪法与行政法互动关系的得出也正源于此:行政法的发展落实了宪法的基本原则和规范,传播了宪政的基本理念与精神;行政法的发展在一定程度和范围内补充、发展了宪法;行政法的深入发展推动着宪法的更新与改造,是宪法修改的重要源泉。"①

但是,当我们把宪法与行政法的关系从现实运作纳入到具体的法律规范的效力体系中进行考察时,行政法与宪法之间的关系就变得具体、生动和复杂。在特定情况下,因为行政法适用宪法的行为很可能超出宪法规范所能涵盖和容忍的限度,有时会出现行政法的实施可能促进宪法的发展,或者说是对宪法发展的一种"倒逼"。如此一来,作为探路者的行政法与作为叛逆者的行政法之间产生了矛盾,这实则是宪法与行政法在具体社会关系的作用过程中形成的一种公法内部的张力。这种张力不容否定,因为宪法与行政法之间的内在张力是推动公法发展的内在动力,是为公民权利提供与社会发展相适应的法律保护的公法规范自身所孕育的原动力。

第四节 农民权利与宪法

这里所说的宪法的范围较为广义,包括宪法典以及宪法性法律。这里的宪法性法律有的学者称为宪法法,它指的是"国家立法机关制定的,内容涉及某一方面的国家根本问题,但又不具有宪法典的最高法律效力

---

① 章志远:《互动:宪法与行政法关系的另一种思考》,载《河南省政法管理干部学院学报》2001年第2期。

及严格制定修改程序的法律规范的总称"。① 据此定义,我们所说的宪法就不仅仅是指单一的宪法典,还包括其他具有根本性的立法。《中华人民共和国立法法》《中华人民共和国全国人民代表大会和地方各级人民代表大会选举法》《中华人民共和国国务院组织法》《中华人民共和国地方各级人民代表大会和地方各级人民政府组织法》《中华人民共和国人民检察院组织法》《中华人民共和国人民法院组织法》等涉及宪法规范和最高法律效力的法律文件,均属于宪法调整的范畴。

一、宪法对于农民权利保护的重要性

宪法是我国的根本大法,宪法中对公民基本权利如政治权利、人身权利、经济权利和社会权利等的规定也是农民实际享有这些宪法权利的法定依据。可以说在农民享有的各项权利中,宪法性权利占据了绝大多数,宪法性权利的行使状况,直接反映了我国农民权利保护的总体水平。因此,通过对农民宪法性权利实际享有情况的考察,宪法对于农民权利保护的重要性显而易见。

在宪法上,公民的基本权利包括政治权利、人身权利、经济社会权利等,下面就让我们从几个主要的权利入手,看看中国农民实际享有这些权利的情况。

(一)选举权与被选举权

选举权与被选举权是我国公民一项十分重要的政治权利。我国实行代议制参政方式,理论上由公民通过选举自己的代表,代表自己并表达利益诉求。1953年,我国第一部《选举法》对农村与城市每一代表所代表的人口数作了不同规定,即自治州、县为4∶1;省、自治区为5∶1;全国为8∶1。也就是说,全国人大代表中,每8个农民的话语权才比得上一个市民。这种明显的不平等状态一直延续了将近半个世纪后,1995年的《选举法》将上述比例修改为4∶1,每4个农民的话语权相当于一个市民,依然是不平等的。又过了15年,《选举法》在2010年3月15日进行第五次修订,第16条明确规定了"全国人民代表大会代表名额,由全国人民代表大会常务委员会根据各省、自治区、直辖市的人口数,按照每一

---

① 杨海坤、上官丕亮:《论宪法法部门》,载《政治与法律》2004年第4期。

代表所代表的城乡人口数相同的原则,以及保证各地区、各民族、各方面都有适当数量代表的要求进行分配"。这时已经距离1953年长达57年之久!尽管我们可以说现在农民的选举权与被选举权在规范上已经实现了平等对待,但是应当看到,过去的60年是新中国政治制度、经济制度和社会制度从无到有、从萌芽到逐渐走向成熟的过程,期间包含了各个时期不同特点的利益博弈。可惜在很长的时间里,农民的诉求表达实际上被冷落旁置,直接导致我们很多政策、制度甚至法律都忽略了农民的利益。现在情况正在好转,但实现农民与城市居民享有真正平等的选举权利还需要许多具体措施,在这方面还有很长的一段路要走。

(二) 结社权

我国《宪法》第35条中包含了公民的结社权。农民的结社权建立在公民结社自由的基础之上,所以结社权利主要体现在成立社团的自由、加入社团的自由、社团活动的自由、社团成员的活动自由和不加入社团的自由五个方面。相应的,农民的结社权就表现为成立、加入、活动和退出农民社团组织的自由。这里所谓的农民社团组织,是指以农民为主体,以农民自愿参与为前提,以民主管理、自我服务为原则,以争取和维护农民政治、经济、社会等各方面利益福祉为目的,而不是以营利为目的组建的社会组织,包括政治管理类组织、经济互助合作类组织和社会服务与文化公益类组织。农民的结社权对于农民作为一个阶级群体表达政治诉求、参与政治活动具有十分重要的意义。

新中国成立后,我国农民的结社权主要通过各种各样农会的形式来体现。我国的农会大体上可以分为四个发展阶段:第一阶段是作为土地改革执行机关的时期。1950年6月,中央人民政府通过了《中华人民共和国土地改革法》,将农会界定为"改革土地制度的合法执行机关"。到了1953年,全国逐步建立起村级政权组织,农会组织偃旗息鼓。第二阶段是作为阶级斗争工具的贫下中农委员会时期。1960年12月中共中央要求各地组成"贫下中农委员会",其存续时间各地不一,有的地方该组织存在时间长达20多年,该组织产生于农村"社会主义教育运动"(即所谓"四清"),延续于"文革",主要任务就是搞农村"阶级斗争"。第三阶段是作为过渡性质的农会成立与消亡时期。十一届三中全会后,国家农委建议把贫下中农委员会改为农会,并在湖北省搞了试点。① 直到20世纪80年代中期的机构改革中,湖北省委才将全省各级农会机构撤销。第四阶段是作为市场经济内在需要的农会重建萌动时期。改革开放后,我国从政治界到学术界,再到基层部门开始有人呼吁重新建立农会组织,但到目前为止,没有在国家政策层面上获得支持。通过我国农会的发展历程可见,我国农民的社团组织虽然长期断断续续存在并以不同状态出现,但具有明显的被动性、工具性:农民始终是被牵着鼻子走,被动地接受这样或那样的组织,与其说是结社的权利,不如说是结社义务;建立起的各种组织并不能真正代表农民利益,许多情况下是作为政治斗争的工具;或者将农会限定为经济组织,严格控制它们参与政治活动的机会,始终不能完成表达农民诉愿的政治功能。即使是在当下,也还没有表达农民诉求的政治性组织。有学者认为:"自20世纪90年代以来,农民逐渐演变为各种社会成本的主要承担者和利益的最大受损阶层,没有制度化的利益表达组织无疑是其重要原因。"②

(三)担任公职的权利

公民担任公职的权利,是指"担任国家机关工作人员和国家机关领导职务参与管理国家事务的权利"。③ 在我国,享有担任公职权利的途径主要有两种:一种是通过选举制度,即"公民依照法律规定享有被选举为国家代议机关代表和其他由选举产生的国家机关主要公职人员的权利"。④ 一种是非选举制度,如公务员招考、调任、公开选拔、转任、挂职锻

---

① 湖北省贫下中农委员会改组为农会后,注重培养农村各类专业人才,广泛开展了为农村孤寡老人义务送温暖活动,在广大农民中普及法律常识,使农会成为农民之家,切实维护农民的合法权益。如全省各级农会都把接待农民来信来访当做一项重要工作,不少公社还建立了"农会接待日"制度,把问题解决在基层,减轻了上级信访部门的压力,也使党和政府多了一条听取农民意见和呼声的渠道。转引自段海风:《农会与农民的法律权益保障》,广西师范大学2008年硕士学位论文。

② 周作翰、张英洪:《论当代中国农民的政治权利》,载《湖南师范大学社会科学学报》2005年第1期。

③ 周伟:《宪法基本权利——原理·规范·应用》,法律出版社2006年版,第191页。

④ 杨海坤等:《宪法基本理论》,中国民主法制出版社2007年版,第183页。

炼等。作为国家的公民,农民应当享有的担任国家公职的权利范围包括:第一,担任国家行政机关的行使国家行政权力的公职人员,亦即国外狭义的"公务员";第二,担任由国家权力机关选举和决定产生的国家机关领导成员和人民法院、人民检察院的法官、检察官;第三,担任依法履行公职、纳入国家行政编制、由国家财政负担工资福利的社会团体的领导人员和工作人员,包括各级人大常委会机关、政协机关、工会、共青团、妇女联合会、残疾人联合会、科学技术协会等人民团体的公职[①];第四,担任村民自治组织主任抑或委员等职务。但以往的情况是普通公务员的队伍就始终对农民紧闭大门,更何况是领导干部的大门。

(四) 财产权

1978年以来,农村土地制度逐步进行了改革,但是,其中农村和城郊的集体土地不少被规划为建设用地,必须经过集体土地向国有土地转化,再由国家征用;并且建设用地从最早的划拨出让到协议出让,再到政府行政垄断的招拍挂,使住宅用地部分,价格暴涨,相当多的农村土地政府以几万元的价格征收之后,再招拍挂以几百万元的价格倒卖出去,形成了不少地方政府的土地财政。特别是2004年之后,由于收紧地根,严格的招拍挂,往往一家卖地,千家竞争,形成推高地价的强大势头。但农民的收益甚少,尤其是农民实际购买能力很低,导致新的贫困。特别需要关注的是在城镇化过程中,农村实际上处于虚无状态的集体土地制度,加上建设用地强制征用为国有,不少地方的农民除了微薄的农业和打工收入外,失去了祖辈土地的财政性收益,其价值大部分转移为地方政府收入、开发商利润、银行房贷利息、企业用地溢价收入以及城镇居民房产增值。不少地方农民的土地,变成了城镇中的住宅、商楼、工厂、高速公路、高速铁路等,但农民总体上没有从中获得应有的收益,也没有获得应有的创业资本。这是非常值得关注的权利损害状况!

(五) 劳动权

在宪法上,劳动权既是一种权利,也是一种义务。劳动权包括就业权、平等薪酬权、福利权、安全保障权、参加工会组织权、休假权等一系列

[①] 参见周伟:《宪法基本权利——原理·规范·应用》,法律出版社2006年版,第197页。

子权利。在我国仍然是城乡二元结构的户籍制度条件下,让农民自由地选择职业,享受就业权几乎是不可能的。于是大量的农民进城务工,形成了改革开放时期的"农民工浪潮"。这些农民工在城市里也并不能享受到公平、平等的劳动权,被人为地打上"二等公民"的标签。即使是现在很多地方改变了对他们的称谓,如"新市民""外来人员"等,但在实质层面,他们的待遇并没有得到根本改变。一是缺乏平等的就业机会。城市的很多行业是禁止农民工进入的,或者制定了很不平等的条款。即使有工作机会,农民也只能从事一些低端的、危险的、条件恶劣的工作,如建筑工、清洁工、保姆等。二是薪酬福利待遇属于最低标准。农民在城市务工所得的平均报酬要远低于城市人的薪酬水平,基本上在城市的最低工资标准左右。除了基本工资,他们享受不到更多的福利待遇,于是只能租住最简陋的环境,一年忙到头没有休假。虽然法律规定了最低工资标准、福利待遇标准、劳动保障要求等,但利益的驱动和劳动力卖方市场的现状还是使社会上存在着大量的违法用工行为。因此,有人形容农民工的生活状态像"阴暗角落里的老鼠",一点也不为过。三是劳动安全得不到保障。农民工从事的大多是比较低级的工作,要求的技术含量、知识含量并不高,但是危险系数很高,一些单位为了节省成本又往往疏忽于安全建设,导致农民工的工作安全得不到充分保障。近几年国内发生的企业安全生产事故,受伤死亡的多数是农民工。

(六)受教育权

当前我国农村教育的现状总体上落后于城市教育,首先表现为农村教育经费和教育设施的严重匮乏。有些地方农村教育正面临着"学校越来越小,学生越来越少,老师越来越老"的困境,在这些地方农村教育方面又开始推行"撤点并校"。但是这样一来,又产生了辍学率上升、校车事故频发、学生营养状况堪忧等一系列新问题。另外,即使进城务工农民的子女教育情况也不容乐观,很多农民工子女在城市根本得不到平等、合格的教育环境,让他们回家乡上学也不现实。尽管现在很多地方已开始关注农民工子女的教育问题,建立了不少"农民工子女学校""新市民学校""外来人员学校"等,但是在师资配置、硬件建设、教育收费等方面都与城市人有着明显的差距。2012年9月1日,国务院办公厅发出文件,要求各地在2012年12月31日前出台异地高考具体办法,拉开了解决农民工子女教育问题的大幕。但现实中,从大部分省份公布的异地高考政策来看,大都设置了父母工作年限、住房、社保等高门槛,将农民工子女排除在外。

(七)社会保障权

社会保障权是指公民在年老、疾病、伤残、失业、遭遇灾害、面临生活困难的情况下,由政府和社会依法给予物质帮助,以保障其基本生活的权利。农民与其他公民一样享有的社会保障权应当包括社会保险、社会救助、社会优抚、社会福利等。其中,社会保险又包括养老、医疗、失业、工伤和计划生育等。长期以来,我国农村始终未像城市那样,建立起完善的社会保障制度。尤其是改革开放以来,计划经济时代的社保制度土崩瓦解,新的制度建设却没有跟上,导致农村社会保障长期处于真空状态。在农民社会保障权利方面,养老保险权、医疗保险权和生育权上的不平等尤为明显。

1. 养老保险方面

1992年1月,民政部颁布了《县级农村社会养老保险基本方案(试行)》,按照"个人交纳为主,集体补助为辅,国家给予政策扶持"的筹资原则在全国农村推行养老保险方案,但这实际上是让农民自己通过储蓄的方式来自己养老,所谓集体的补助、国家的政策支持在具体执行中多被地方以各种借口层层克扣掉。2009年9月,国务院下发了《关于开展新型农村社会养老保险试点的指导意见》(以下简称新农保),开始探索建立个人缴费、集体补助、政府补贴相结合的新农保制度。中央财政对地方进行补助,补助直接补贴到农民手中,我国农民社保的情况这才有所改观。

2. 医疗保险方面

我国农村医疗社会保险,主要有合作医疗、集资办医和大病住院统筹等形式。合作医疗曾是我国农村的基本医疗制度,在人民公社时代覆盖了90%的农村生产大队和95%的农村人口。20世纪80年代初,这项制度随着农村传统集体经济的瓦解而解体。此后在农村,长期以来一直是依靠家庭的互助互济提供医疗保障,国家的补助很难落实到位。由于农村经济基础薄弱,农民收入很少,但同时城市通货膨胀速度较快,导致农民"因贫致病,因病致贫"的恶性循环现象十分严重。直到2002年,我国开始实行新型农村合作医疗制度,形成由政府组织、引导、支持,农民自愿参加,政府、集体、个人多方筹资,以大病统筹为主的农民医疗互助共济制度,这才在一定程度上缓解了农民治病难的问题。

3. 计划生育方面

从20世纪70年代初开始,我国政府开始大力推行计划生育,到了1978年以后,计划生育成为一项基本国策。在实际操作过程中,事实上的不平等待遇使计划生育制度严重侵犯着农民作为人的尊严。由于中国传统文化的影响,农民比其他任何一个群体都对"养儿防老""子孙满堂"更加热衷,在农村生育能力甚至决定着妇女的地位和尊严。但是有一个时期,在一些农村计划生育方面频繁出现了对农民的暴力执法,明显表现出对农民的不尊重。城市人如果超生了,可以通过罚款了事。农村人如果超生了,就有可能被拉去强制引产,个别地方还出现扒房子、扒粮食等情况。过去若干年在中国农村曾出现过极其奇怪的现象:不少农民夫妇拖家带口,辗转腾挪,风餐露宿,犹如惊弓之鸟。他们成为"超生游击队"在异地他乡生活,同家乡的乡村干部玩着"躲猫猫"的游戏,其物质生活和精神生活均苦不堪言。

综上,我国宪法赋予了农民以公民地位,农民本应享有的各种权利跃然于宪法文本之上。但是在现实中,部分农民却享受不到这些文本上的权利,更多的是处于权利缺失的状态。究其原因,并不是农民不应当享有这些权利,而是受到了各种制度、体制、机制方面的束缚,导致实际享受不到这些权利。因此,只有当我们的社会治理真正满足了农民各项宪法权利的诉求之后,我们才可以说农民的基本权利获得了国家根本大法的关照。

二、宪法的平等保护:由形式平等的保护到实质平等的保护

宪法规定的基本权利是农民权利得到保护的根本前提,宪法强调的最根本原则就是对公民基本权利的平等保护。所以平等性是宪法最基本的原则。

平等分为形式上的平等和实质上的平等,由于形式上的平等主要反映在纸面文本上,因此,实际生活中实质上的平等更加重要、更有意义,它也是社会政治生活追求的目标。平等权作为宪法性的基本权利,要求

每一个主体都具有平等的法律地位,平等地享有权利,并且平等地受到法律的尊重和保护,平等权对于农民来说,既是农民应该获得的天赋权利,同时也是实现农民其他一切权利,包括政治权利、经济权利和社会权利的前提和基础。但是,在提倡人人平等的同时,有一个不容忽视的实际情况是,对于有天然弱势倾向的农民而言,单纯而一视同仁地平等保护还不足以从根本上解决农民问题,不足以改变农民的弱势地位,对农民的实质平等的目标而言,就需要对农民权利保护采取特殊的倾斜保护。具体而言,由于我国长期在制度上实行城乡二元户籍制度,实际造成了行政性的二元格局和城乡差距加大,因此,与城市居民相比,农民作为社会阶层中的弱势群体,其在生活水平、谋生能力、竞争态势、社会实际地位等方面都处于弱势,甚至在政治上、文化上、心理上也处处表现出弱势。以环境权为例,我国改革开放以来,城市化、工业化的速度非常之快,与此同时,城乡的环境问题都非常突出,但是有一个趋向则更为突出,即城市环境污染在许多地方发生了从城市向农村的转移,大批落后的、污染严重的工业项目和工业生产设施向农村转移,垃圾和废弃品也以广阔的农村作为堆放地,这些农村很快成为环境污染的重灾区,而当地农民首当其冲成为环境污染的受害者和牺牲者,他们的环境权利受到了严重的侵害。同时,与城市居民相比,由于历史和现实的原因,广大农民的文化水平和受教育水平总体上比较低,他们的维权意识以及组织化水平也相对比较低,特别是农民作为弱势群体特征出现的社会群体具有数量众多而居住分散的特点等,因此在这种情况下,即使我们在法律和具体政策上为农民设计了与城市居民相同的利益表达渠道和权利保护机制,但农民对这些渠道和机制的利用还是大打折扣的。在这种情况下,如果我们仅仅在纸面上、口号上高唱人人平等,实际上不可能实现实质的真正意义的平等,"从这个意义上说,对农民的平等保护只会成为一个虚幻的目标,农民可能根本无法真正享有相应的权利。"[①]仍以环境权利为例,中国农民实际上的环境权利意识和环境维权能力是最弱的一个群体,如果没有特殊的权利救济机制和其他法律、政策手段的特殊保护,

---

① 赵万一:《中国农民权利的制度重构及其实现途径》,载《中国法学》2012年第3期,第9页。

农村的环境污染问题会更加严重,农民的环境权利会受到更严重的侵害,因此,在实际贯彻宪法,保护公民环境权的过程中,必须向农村、农民有所倾斜,加大力度,要在平等保护的理念下,探讨和实行针对农村、农民、农业的环境保护机制、救济途径。只有这样,农民环境权利才能真正得到切实的保护。环境权是这样,其他各项权利都是如此,都有相似之处。因此,我们必须及早改变理念,要通过对农民的倾斜保护方式来促成平等目标的真正实现,即以形式上倾斜保护的手段,以达到实质上的平等为目标,真正实现宪法赋予包括农民在内的公民法律地位人人平等的神圣原则!

第五节 农民权利与行政法

一、行政法之于农民权利保护的重要性

诚如前文所言,保障农民身份的特殊性是国家所负有的宪法义务。履行此种义务的方式可以包括以下几种:

第一,最高立法机关制定法律,赋予农民以特殊权利,并要求其他国家机关负责其实施。

第二,行政机关根据法律、法规、规章和其他规范性文件的规定,通过行政行为实现对农民权利的保护,从而实现对农民特殊身份的保障。

第三,司法机关根据最高立法机关所制定的法律,保障农民基于其身份而享有的特殊权利。司法机关对农民权利的保障主要体现在两个方面:对私主体侵犯农民权利的行为给予救济;对行政主体所做出的违背农民利益的行为和不能实现农民权利保护的行为予以纠正,并给予农民以合法合理的救济。

对于第一种情况,涉及农民权利与宪法之间的关系,前文已经论及,此不赘述。第二种情况则涉及行政机关在农民权利中所负有的义务及其履行和监督,主要是行政法的内容。第三种情况则既涉及司法机关对民事侵权行为的救济,又涉及司法机关对各种行政违法行为的纠正和救济。

二、行政法与农民权利之间的关系

农民权利与行政法之间的关系存在于以下几个方面：

第一，法律所规定之农民权利，在大多数情况下有赖于行政机关以其行政行为予以具体化，并提供切实有效的实现手段。此处涉及行政行为法。

第二，法律所规定之农民权利，需要建立专门的行政机关予以实施。此类专门行政机关之组织及其编制，则涉及行政组织法。

第三，行政机关侵犯农民权利或未能有效保护农民权利时，行政法需要提供一套有效的救济制度，以保证农民权利之真正实现。救济制度的体系构建、规范表述、具体制度设置及程序运作，则涉及行政救济法。

由是观之，农民权利之实现与行政法之间存在着非常密切的关系。

1. 行政法体系之完善及其有效实施是实现农民权利的必要条件

诚如前文所言，农民权利的存在及其正当性源于宪法所确认的农民地位的特殊性。此种特殊性原非社会经济自然发展中自生自发而形成，乃是由主权者鉴于政治历史现状以宪法的方式构建而成。此种特殊性既然非自生自发的结果，就必然需要在国家制度上予以积极而有力的保障。所谓积极，也即国家必须要求其所属之公权机关，采取积极主动的措施来促进农民地位特殊性的实现。因行政之根本特征之一便是其积极性，因此，此种积极措施之实施，自然应当由行政机关担当其主力。行政机关之行为，自然离不开行政法所提供的授权和约束，因此行政法体系之完善及其有效实施是实现农民权利的必要条件。

2. 行政法对农民权利的保护程度是衡量行政法体系合宪性的标准之一

农民地位的特殊性基于宪法的确认，农民权利基于农民地位而产生。行政法作为我国的法律部门之一，自然不能与宪法规范相抵触。宪法既然明确规定了农民地位的特殊性，行政法在规范上自然就应当维护这种特殊性。因此也可以认为行政法对农民权利的保障程度是判断行政法规合宪性的重要标准。

三、农民权利在行政法上的表现形式

在行政法上,农民权利包含着以下五种不同的情况:

第一,依实定法的规定,农民可向行政机关为一定的请求或要求,行政机关必须予以回应或满足农民之要求。若行政机关不如此,则农民可依实定法之规定,请求司法之救济。在此种情况下,农民所享有的是一套完整的权利,此类权利不仅仅有着实体法上的直接依据,而且受实定法所规定的行政程序及司法程序的保障。在学理上,我们可以将其认作"实定法上的实有权利"。

第二,依实定法的规定,农民可向行政机关为一定的请求或要求,行政机关必须予以回应或满足农民的要求。若行政机关不如此,也可请求救济,但司法救济付诸阙如,只可依实定法从司法之外的途径寻求救济。在此种情况下,虽然农民所享有的权利存在实体法上的直接依据,但仅当此类权利受到侵犯或行政机关未尽保护义务时,农民只能够依行政机关内部的程序获得救济,例如通过行政信访、行政复议等程序获得救济。司法对此则无能为力。在学理上,我们可以将此类权利认作"实定法上的准实体权利"。

第三,依照实定法的规定,农民可向行政机关为一定的请求或要求,行政机关亦必须予以回应或满足农民之要求。但实定法未规定救济之途径。在此种情况下,农民所享有的权利有着实体法上的直接依据,但当该权利受到侵犯或者行政机关未尽保护义务时,法律未规定救济途径。既没有行政内部的救济,亦没有司法上的救济。该类权利能否实现,完全依赖行政机关的自觉考虑和行动。在学理上,我们可以将此类权利认做"实定法上的应有权利"。

第四,依现行实定法的规定,行政机关应为某种义务,此义务是否履行与农民利益之实现密切相关。但实定法未规定农民可就行政机关所应为之义务为请求或要求。在此情况下,农民权利的存在并未见诸于实定法的字面规定,实定法于此时仅仅规定行政机关应负某项义务。当此项义务之履行与农民之利益密切相关时,即可从字面意思推论出农民权利之存在。在学理上可以将其认作"实定法上推定的权利"。

第五,依宪法的原则或精神,或依习惯,农民享有某种针对行政机关

的权利,但实定法并未将此项权利予以直接或间接的规定。在此情况下,农民所享有的权利实乃根据宪法之原则或精神,或依习惯产生,缺乏实定法上的依据,但从宪法原则或精神,或习惯得到遵守的程度而言,行政机关一般都承认农民享有此项权利或承认自己负有不可推卸的义务,且给予切实的保护或坚决履行自己的义务。但由于没有实定法作为依据,因此当这些权利的实现只能寄希望于行政机关的自觉或来自法律之外的压力。当此类权利受到侵犯或行政机关未尽到保护义务时,实定法未提供有效的救济渠道。在学理上,本书认为,也可以将其认作"实定法之上的应有权利"。

第六节　农民权利与政策

在强调依法行政的初期,人们往往把行政法与政策对立起来,以为行政法讲依法行政是绝对排斥政策的地位和作用的。实际上,公法,无论是宪法,还是行政法,都应该研究政策问题。因为政策是实实在在的社会事物和工具,在中国,尤其有它的独特作用;依照笔者的看法,在一定条件下,可以融为行政法补充甚至成为行政法的组成部分。北京大学"政治宪法"学派和"软法"学派都非常关心政策的特别作用,值得借鉴。笔者的观点是:在严格的法治语境下,我们一定要关心政策,为建设法治中国服务;一定要关心农村政策,为农村治理和建设新农村服务。

一、政策的概念

政策是日常生活中使用最广泛的概念之一,不同的学者从不同的角度进行了论述。詹姆斯·安德森(James E. Anderson)认为,"政策是一个有目的的活动过程,而这些活动是由一个或一批行为者,为处理某一问题或有关事务而采取的"。[①] 陈振明先生主编的《政策科学》一书对政策的定义是:"政策是国家机关、政党及其他政治团体在特定时期为实现或服务于一定社会政治、经济、文化目标所采取的政治行为或规定的行为

[①] 转引自陈振明主编:《政策科学——公共政策分析导论》,中国人民大学出版社 2006 年版,第 48 页。

准则,它是一系列谋略、法令、措施、办法、方法、条例等的总称。"尽管学者们对政策的定义不同,但从这些不同的定义中不难发现,政策具有行为规范的功能。"政策是一种行为准则或行为规范,政策总有具体的作用对象或客体,它规定对象应做什么和不应做什么;规定哪些行为受鼓励,哪些行为被禁止。政策规定常带有强制性,它必须为政策对象所遵守。行为规范和准则使政策具有可操作性,从而实现特定的社会目标。"①从威尔逊"法律和法规"的界定到伊斯顿的"价值分配"功能学说,从拉斯韦尔和卡普兰的"大型计划"说到安德森和弗里德里奇的"活动过程"论,政策基本同义于公共政策,而公共政策又以法律形式得以实现。执政党也是运用其宪法权利,将其政策转化为法律形式并得以实现。而在我国,政策(主要是党的政策)与法律具有明显的差异,产生了区分的必要性。根据政策制定主体,可以简单地将政策分为政党政策、国家政策(公共政策)、其他政治团体及社会组织政策,其中最有影响的当属政党政策与国家政策。政党政策又分为执政党政策和非执政党政策,其中执政党政策更具影响力,在一定程度上可以说是国家政策的源头。②

二、政策的基本特征

政策作为社会权力和伦理政治的应用,具有以下基本特征:

(一) 调整社会关系内容的广泛性

政党政治在现代政治生活中的作用,使得基于社会权力的政策(执政党政策)影响力可以渗透到社会生活的各个领域。为方便与法律的比较,我们简单地将社会关系内容分为思想和行为两类。不同的利益要求会产生不同的认识和行为,如果一个社会不在政治取向上获得最低限度的一致,它的良性运作与正常发展便是根本不可能的。③ 政策具有实现

---

① 转引自陈振明主编:《政策科学——公共政策分析导论》,中国人民大学出版社2006年版,第50页。

② 参见吴晓明、王彩霞、范炜烽:《政策与法律的结构分析——从伦理政治到法理政治》,载《学术论坛》2001年第3期,第25页。

③ 参见严强、张凤阳、温晋锋:《宏观政治学》,南京大学出版社1998年版,第98页。

这种最低限度的一致的作用,政策能够对思想进行统一与整合。在行为方面无论是涉己的还是涉他的行为,政策都可以对其进行调整。

（二）对社会权力运用和分配的指导性

首先,它表现为内容的原则性与宏观性,较为概括与凝练;其次,它表现为一种号召性与期盼性,明确提倡什么、反对什么;最后,政策的指导性就其效力而言,不具国家强制力,仅是一种社会影响力,例如政党的政策,它代表的是政党意志而非国家意志,其效力只及于党组织和党员,而且这种效力也只是一种纪律约束力,没有法律约束力。违反纪律,可受党纪处分,但不受法律制裁（违法除外）。其效力不能自然及于其他组织及党外人士,只能通过民众的信赖来自觉实现。[①] 当然,如果某方面的政策经过法定途径上升为国家意志,成为法律,则具有法律效力,这是政策向法律转化的问题。政策能够宏观指导,但相伴而生的则是其微观操作的缺乏监督,或被出于善意或恶意动机的歪曲提供了可能,也为人治的随意性提供了可能。

（三）对不同社会环境的适应性

政策最大的优点就是环境适应能力强,易随环境的变化而作相应的调整。其对环境的适应与相关调整有两种情况:一是已有的政策调整关系不适应时代发展的要求;二是新发现的社会关系还没有相关政策进行调整。在这两种情况下,政策都可能作出较为灵活的反应。与政策的灵活性相伴生的则是其随意性。但政策的特点即在于缺少规范,具有很大的多变性、主观性和随意性。这种特点带来的后果是严重的,1949 年以来的出现的曲折足以证实这一点。[②]

三、法律与政策

新中国建国后发生过两次大的关于"法与政策"关系的讨论。第一次发生在 20 世纪 50 年代,这次讨论形成了所谓的"政策至上论"。第二次发生在党的十一届三中全会后,它批判了"政策至上论",开始正确地

---

① 参见孙国华:《法理学》,中国人民大学出版社 1999 年版,第 156 页。

② 参见吴晓明、王彩霞、范炜烽:《政策与法律的结构分析——从伦理政治到法理政治》,载《学术论坛》2001 年第 3 期。

认识到二者的一致性和区别。① 政策与法律有着不可否认的联系,如法律原则中还有政策性原则,即国家在管理社会事务的过程中为实现一定目标而作出并被确认为法律准则的政治决策。② 两者之间并非"井水不犯河水",在时机成熟时,特定的公共政策经过特定的立法程序还可能上升为国家法律,就其约束力而言,公共政策还具有明显的行为规范特征。③ 笔者认为:在法治环境下,具体政策必须服从法律,不能与法律相抵触。目前已经形成这样的共识:政策与法律虽然在经济基础、阶级本质、指导思想等方面根本一致,但在具体的制定程序、表现形式、实施方式等方面存在着差别。④ 从形式上看,"法"就是"制定法"或"成文法",它表现为法律、法规、规章和"立法法"所明确认可的法定解释。政策则表现为各种决定、决议、命令、通知、章程、惯例和内部操作手册,等等。

(一) 规范性程度不同

与法律相比,政策在产生、适用等各个环节的规范性程度相对较低。首先,按照通常的认识,法律规范包括假定、处理和制裁三要素。但政策规范一般不具有这种逻辑结构,它们主要是对应该达成的目标进行指引,不涉及行为模式和司法性的制裁后果。其次,法律规范的形成、变更和撤销必须依照法定程序,而制定政策规范则是任何一个组织都拥有的权力,无论其是否具有立法权。同时,法律规范的实现由国家专门的司法机构来保障,而政策规范,即使是执政党和国家的政策规范,都不能成为司法审判的根据。最后,通过法律规范的假定或行为模式的确定,行为主体没有自由裁量的权力。但是,政策规范所指向的目标不是一个排他的选择,因而它不能像法律规范那样控制自由裁量权,它需要一定程度的非确定性,以便行为主体在不同的时空条件下能够灵活处理。⑤

---

① 参见孙笑侠等:《法理学导论》,高等教育出版社 2004 年版,第 387 页。
② 参见孙国华、朱景文主编:《法理学》(第 2 版),中国人民大学出版社 2004 年版,第 289 页。
③ 参见张国庆主编:《公共政策分析》,复旦大学出版社 2005 年版,第 2 页。
④ 参见张文显:《法理学》,高等教育出版社 1999 年版,第 382 页。
⑤ 参见王伟奇:《法治理论中政策与法之关系分析——以社会权利的发展为背景》,载《湖南文理学院学报》(社会科学版)2008 年第 2 期,第 32 页。

（二）价值考量的方式不同

法与政策都是博弈的规则，但法更加侧重其所追求价值的普适性和永恒性。考夫曼指出："过去数百年来，我们将'正当的法律'，即正义，视为某种客观的东西，更确切地说，视为一个客体，一个实体上与认识中的意识相对立的标的。"① 而政策则更侧重于阶段性目标的实现。

（三）与主体目标关系远近不同

不可否认，法与政策都具有工具性价值取向，但法一般不与具体行为主体的目标直接牵连，而政策则直接受制于其制定和执行主体的特定目标追求。政策这种以行为主体的目的为导向的性质必然会与法律权利形成一种持续的紧张关系。行为主体是自由的，为了达成目标它可以采取各种策略手段。当行为主体发现法律规则不利于实现自身的目的时，它就会在遵守法律的前提下，在法律没有规定或没有明确规定的空间中去寻找实现目标的创新手段。这时政策规范就成为了它的行为指针。这种政策规范是组织目标、政治责任和权力制衡等，而不是法律权利和义务。②

四、政策对农民权利的影响——以新中国农村土地政策发展为例

新中国命运跌宕起伏的变迁从深层次来说与农村政策休戚相关，尤其是与土地政策的变化息息相关。我们重点以新中国农村土地政策变化发展为例，说明农村政策对于农民权利的巨大影响。从土地改革到农业合作化直到人民公社化，是土地政策"左倾"化的道路。而我国经济体制改革始于农村，农村的经济体制改革则始于土地经营制度的改革。因此新中国经济制度的变革集中体现在国家土地政策的变化上面。土地改革之后的土地政策的变化可以分为以下几个时期：

（一）农业生产合作社时期（1950—1956 年）

在国民经济恢复时期（1950—1952 年），国家就开始引导农民发展互助组和土地入股、统一经营的农业生产合作社。这个时期的农业生产

---

① 〔德〕考夫曼：《法律哲学》，刘幸义等译，法律出版社 2004 年版，第 371 页。
② 参见王伟奇：《法治理论中政策与法之关系分析——以社会权利的发展为背景》，载《湖南文理学院学报》（社会科学版）2008 年第 2 期，第 33 页。

互助合作运动,是在承认和保护农民个体土地所有权和个体生产积极性的前提下进行的。在过渡时期(1953—1956年),国家以大规模群众运动的方式,仅用了3年时间,就经过互助组到初级社,再到高级社,完成了对个体农业的社会主义改造。高级社取消了土地入股和土地分红,实行集体所有、统一经营、统一核算和按劳分配。到1958年,最终建立了"一大二公"的人民公社制度。人民公社制度的建立和演进过程,是国家对农民的财产权利和人身权利进行限制、剥夺的过程,也是农民对这种限制、剥夺进行抵制和抗争,对土地经营制度进行改革并迫使国家对人民公社制度进行调整的过程,是国家与农民之间的社会博弈过程。①

(二) 人民公社化时期(1956—1978年)

人民公社制度使国家对农民的财产权利和人身权利的限制、剥夺达到了登峰造极的地步。在人民公社化高潮中,集体所有、统一经营、统一核算的范围达到了公社一级(相当于乡级),有的地方甚至达到了联社一级(相当于县级)。当时不少官员甚至认为,人民公社制度就是全民所有制,至少是向全民所有制的过渡形式。按劳分配也受到冲击,不少地方实行了不同程度的按需分配。普遍建立了公共食堂,农民"生活资料"所有权和消费自由都受到了限制、剥夺。随着国家对农民的财产权利和人身权利的限制、剥夺达到了顶峰,农民对这种限制、剥夺的抵制和抗争也达到了高潮,表现为大量的瞒产私分和普遍的消极怠工。在1959至1961年,部分由于自然灾害的影响,更主要由于农民的消极怠工(三分天灾,七分人祸),主要农产品产量连续3年大幅度下降,引起了空前规模的全国性大饥荒。国家与农民都在这场胜负和博弈中付出了惨重的代价。在严酷的事实面前,国家与农民都开始对人民公社制度进行反思,并进行了相应的调整和改革。由于农民的抵制和抗争及其严重后果,国家不得不向农民做出让步。1961年3月,中央工作会议制定了《人民公社工作条例》(以下简称"60条")。当时的所谓"60条"对"一大二公"的人民公社制度进行了调整,确立了三级所有,队为基础的体制,取消了按

---

① 参见苗壮:《合同·政策·法律——中国农村土地经营制度改革的经济分析》,载《中国政法大学学报》2008年第3期。

需分配,解散了公共食堂。此外,还恢复了自留地、家庭副业、集市贸易等。①

(三) 改革开放初期(1978—1990 年)

经历了 10 年的"文化大革命","国民经济到了崩溃的边缘"。农村的形势更为严峻:农业生产长期停滞不前,1 亿多农民尚未解决温饱问题,还有相当多的农民处于贫困状态。这不但严重制约着整个国民经济的发展,而且对执政党的执政地位提出了严峻的挑战。在严酷的事实面前,国家与农民都对人民公社制度进行了更为深刻的反思,并进行了更为深刻的调整和改革。诚如当时领导者所认识到的那样:"不坚持社会主义,不改革开放,不发展经济,不改善人民生活,只能是死路一条。"②为了调动农民的积极性,提高农业生产力,国家主动采取了放权让利、休养生息的政策。1978 年 12 月,中共十一届三中全会原则通过了《中共中央关于加快农业发展若干问题的决定(草案)》,在调整国家与农民之间的利益关系方面迈出了重大步伐。根据草案,从 1979 年起,稳定并减少农产品统购指标,大幅度提高农产品统购价格,降低农业生产资料价格。这些政策使农民获得了很大的实惠,对于调动农民的积极性,提高农业生产力发挥了很大的作用。草案还鼓励农民发展多种经营和社队企业。1978 年 9 月,安徽省肥西县黄花大队农民自发实行包产到户;同年 12 月,安徽省凤阳县小岗村农民自发实行包干到户。包产到户首先得到了所属公社与地方官员的支持,例如,当时的安徽省委书记万里不但热情支持农民的改革实践,而且积极领导农民进行改革的试点和推广。在农民和地方官员的共同推动下,中央的政策开始松动。1979 年 9 月,中央十一届四中全会修改并通过了《中共中央关于加快农业发展若干问题的决定》。关于包产到户,《决定》规定:"不许分田单干,除某些副业生产的特殊需要和边远地区交通不便的单家独户外,也不要包产到户。"对于包产到户,由"不许"改为"不要",而且允许某些例外。但在原则上,包

---

① 参见苗壮:《合同·政策·法律——中国农村土地经营制度改革的经济分析》,载《中国政法大学学报》2008 年第 3 期,第 83 页。

② 邓小平:《在武昌、深圳、珠海、上海等地的谈话要点》载《邓小平文选》(第 3 卷),人民出版社 1993 年版,第 370 页。

产到户仍然是不合法的。农民和地方官员的实践又一次突破了中央的政策界限。①

1980年5月,邓小平在深入了解国情和民情基础上,经过深思熟虑,发表了《关于农村政策问题》的重要谈话。邓小平说:"农村政策放宽以后,一些适宜搞包产到户的地方搞了包产到户,效果很好,变化很快。安徽肥西县绝大多数生产队搞了包产到户,增产幅度很大。凤阳花鼓中唱的那个凤阳县,绝大多数生产队搞了大包干,也是一年翻身,改变面貌。"针对"有的同志担心,这样搞会不会影响集体经济",邓小平指出,"这种担心是不必要的"。他强调,"关键是发展生产力""从当地具体条件和群众意愿出发"。他认为,"总的说来,现在农村工作中的主要问题还是思想不够解放"。② 谈话发表后,中央的政策进一步松动。1980年9月,中央召集各省、市、自治区党委第一书记对包产到户问题进行专题座谈。会议通过了《中共中央关于进一步加强和完善农业生产责任制的几个问题的通知》,即中发1980年75号文件。关于包产到户,文件指出"实行包产到户,在落后地区是联系群众、发展生产、解决温饱问题的一种必要措施"。这样,包产到户就由原则上不合法成为局部合法。同以往一样,中央的政策每松动一小步,基层的实践就前进一大步。③

1982年中央通过了《全国农村工作会议纪要》的1号文件。该文件明确指出,包产到户和包干到户"都是社会主义集体经济的生产责任制"。这样,包产到户就由局部合法成为完全合法。1982年底,全国共有80%的生产队实行包产到户。④ 1983年和1984年,中央又连续下发了两个1号文件,进一步从理论上、政策上将包产到户稳定化、合理化、长期化、规范化。其中,该文件强调,要"稳定和完善农业生产责任制",并从

---

① 参见苗壮:《合同·政策·法律——中国农村土地经营制度改革的经济分析》,载《中国政法大学学报》2008年第3期。

② 邓小平:《关于农村政策问题》,载《邓小平文选》(第2卷),人民出版社1994年版,第315、316页。

③ 参见苗壮:《合同·政策·法律——中国农村土地经营制度改革的经济分析》,载《中国政法大学学报》2008年第3期,第85页。

④ 参见邓英淘等:《中国农村的变革与发展》,广东高等教育出版社1992年版,第42页。

理论上论证了包产到户的合理性,称它是"在党的领导下中国农民的伟大创造,是马克思主义合作化理论在我国实践中的新发展。"针对土地承包期过短,土地调整频繁等问题,为了稳定农民的预期,鼓励农民对土地进行长期投入并促进生产要素的合理流动,1984年1号文件规定"土地承包期一般应在15年以上。生长周期长的和开发性的项目承包期应当更长一些"。1984年1号文件还确立了"大稳定、小调整"的原则,并有条件地允许转包。1993年,在最早实行包产到户的地方,第一轮土地承包到期。为了指导第二轮土地承包工作,中共中央、国务院发布了《关于当前农业和农村经济发展的若干政策措施》。措施进一步延长了土地承包期,规定在原定的土地承包期到期后,再延长30年不变;从事开发性生产的,承包期可以更长。措施还提倡"增人不增地,减人不减地",并有条件地允许土地使用权依法有偿转让。土地承包制度更加稳定和完善。①

(四) 改革开放中期(1990—2000年)

进入20世纪90年代后,以法律手段确认和保护农民的土地承包权,调整和规范农村土地承包关系逐渐提到议事日程。例如,1986年通过的《中华人民共和国民法通则》第80条第2款规定:"公民、集体依法对集体所有的或者国家所有由集体使用的土地的承包经营权,受法律保护。承包双方的权利和义务,依照法律由承包合同规定。"1993年通过的《中华人民共和国农业法》除了确认和保护个人或者集体的承包经营权以外,还进一步明确了承包方的权利,包括生产经营决策权、产品处分权和收益权,有条件的转包权和转让权、优先承包权、继承人继续承包权。1998年修订的《中华人民共和国土地管理法》第14条第1款规定:"土地承包经营期限为三十年。"土地管理法还规定了在土地承包经营期限内对承包的土地进行调整的条件和程序以及由本集体经济组织以外的单位或者个人承包经营农民集体所有的土地的条件和程序。1999年通过的《宪法修正案》规定:"农村集体经济组织实行家庭承包经营为基础、统分结合的双层经营体制。"总之,在包产到户普遍推行后,农民的土地

---

① 参见苗壮:《合同·政策·法律——中国农村土地经营制度改革的经济分析》,载《中国政法大学学报》2008年第3期,第85—86页。

承包权和农村土地承包关系逐渐获得了国家的宪法和法律的确认、保护、调整、规范,土地承包制度逐渐成为一项法律制度并不断完善。为了更好地确认和保护农民的土地承包权,调整和规范农村土地承包关系,根据1998年中共十五届三中全会通过的《关于农业和农村工作若干重大问题的决定》,九届全国人大常委会于2002年通过了《中华人民共和国农村土地承包法》(以下简称《承包法》)。《承包法》的核心是赋予农民长期而有保障的土地使用权。这样,农民的土地承包经营权就明确成为国家法律规定的财产权利,即物权。《承包法》第16条规定,承包方"依法享有承包地使用、收益和土地承包经营权流转的权利,有权自主组织生产经营和处置产品;承包地被依法征用、占用的,有权依法获得相应的补偿"。承包法还具体规定了承包的原则和程序,承包期限和承包合同,土地承包经营权的保护和流转、争议的解决和法律责任等。关于承包期限,《承包法》第20条规定:"耕地的承包期为三十年。草地的承包期为三十年至五十年。林地的承包期为三十年至七十年;特殊林木的林地承包期,经国务院林业行政主管部门批准可以延长。"关于土地承包经营权的流转,《承包法》第32条规定:"通过家庭承包取得的土地承包经营权可以依法采取转包、出租、互换、转让或者其他方式流转。"《承包法》的制定,标志着农村土地承包制度法律体系的基本完善。①

(五)改革开放近期(2000年至今)

党的十八届三中全会公布的《中共中央关于全面深化改革若干重大问题的决定》在健全城乡发展一体化大背景下提出了土地政策的崭新思路,被称之为"新土地改革的开始"。其主要内容有:在坚持和完善最严格的耕地保护制度前提下,赋予农民对承包地占有、使用、收益、流转及承包经营权抵押、担保权能,允许农民以承包经营权入股发展农业产业化经营。保障农户宅基地用益物权,改革完善农村宅基地制度,慎重稳妥推进农民住房财产权抵押、担保、转让,探索农民增加财产性收入渠道。保障农民公平分享土地增值收益,推动农村产权流转交易公开、公正、规范运行等。这些政策将很快会指导我国农村土地制度立法的完

---

① 参见苗壮:《合同·政策·法律——中国农村土地经营制度改革的经济分析》,载《中国政法大学学报》2008年第3期,第86页。

善。中共中央政策的生命力非常明显地体现出来。2014年11月,中共中央办公厅、国务院办公厅印发了《关于引导农村土地经营权有序流转发展农业适度规模经营的意见》,该文件坚持农村土地集体所有权、稳定农户承包权、放活土地经营权,首次明确了"三权分离",这样一来,具有土地承包权的农民不但可以安心地离开土地进城务工,还可以享受到土地流转带来的经济利益;既放活了经营权,又保障了承包农户的权利。文件还规定了适度规模经营的"度",规定"现阶段,对土地经营规模相当于当地户均承包面积10至15倍、务农收入相当于当地二三产业务工收入的,应当给予重点扶持"。其目的就是考虑到目前中国基本农情,防止盲目追求超大规模种植"超级巨无霸"的出现。近年来,中国耕地退化面积已超过耕地总面积40%,违规违法行为屡屡吞噬耕地面积,引发人们对于粮食安全危机的担忧,文件开出四大"负面清单":严禁借土地流转之名违规搞非农建设,严禁在流转土地上建设或变相建设旅游度假村、高尔夫球场、别墅、私人会所等,严禁占用基本农田挖塘栽树及其他毁坏种植条件的行为,严禁破坏、污染、圈占闲置耕地和损坏农田基础设施。这些规定具有强烈的现实针对性,其目的正在于缚住当前农村滥用权力的占地之手,防止对于农民土地权利的实际侵犯和剥夺。应该说,这个文件是对我国农村土地集体经营制度的又一次重大突破。

综上所述,党的农村政策对当前中国农村改革具有极大的现实指导意义。问题是在改革和法治上要取得联动,应该以法治思维推进农村改革,以农村深入改革魄力完善农村法治,使行之有效的政策应该上升为法律,使农村改革走上法治化轨道。

第二编
农民权利公法保护各论

第五章 农民政治参与权之保护

根据宪法和有关法律,农民有权参与国家的政治生活。农民基于公民身份,可以行使自己的选举权,如有权选举县级以下人民代表大会的代表。农民选举县级以下人民代表大会代表的行为是在参与国家权力的运作。目前,中国国家权力的政治设计由一个庞大的体系构成:在最顶端的是全国人民代表大会,它的代表由省、自治区、直辖市人民代表大会选举的代表、军队系统的代表以及香港和澳门的代表组成;省、自治区、直辖市的人大代表则由其下级人大选举产生。农民参与这个复杂体系的方式是直接选举县级以下的人民代表大会代表,并通过其直接选举的代表间接参与这个复杂体系的运作。

在这个复杂的权力体系之外,还存在着一个与国家权力体系联系较为松散的权力体系——村民自治组织。村民自治组织是村民自治的基本单位,也是农民参与村民自治组织政治生活的唯一载体。农民可以用基于自己村民身份所获得的村民政治参与权,以直接选举的方式产生村民委员会及其组成人员。村民委员会则根据法律或经全体村民的授权对村民自治组织进行治理。与此同时,村民委员会还在法律上与复杂的国家权力体系之间保持着千丝万缕的联系。因此,本书则从国家层面和自治层面两个方面讨论农民政治参与权问题,而这两个方面本身是不可分割、互联互动的。

第一节 农民政治参与权概述

农民政治参与权,用最简单的话讲就是农民拥有参与管理国家政治事务的权利。从当代民主政治角度来说,农民属于国家和社会的主人,应该充分享有宪法和法律规定的广泛权利。① 相较而言,与公民政治权利、政治权利、权利等概念相比,农民政治参与权属于下位概念。

一、农民政治参与权的民主属性

讨论农民政治参与权必须以民主体制为前提。这种民主体制可以是不完善的,但至少必须具备足够的民主元素,才能为农民政治权利提供足够的空间。

从政治学的角度看,农民当然属于政治共同体的成员之一。农民政治权利是农民作为政治共同体成员之一所拥有的一种据以向政府或统治者提出请求或要求的资格,也可以理解成是一种对政府或统治者的合法性予以确认的资格。英国法学家米尔恩指出,政治权利是"构造政府和受治者之间的关系的权利"。② 权利是法律主体间关系的内容之一,政治权利的目的就在于构造与描述政府与受治者之间的关系。政府和受治者之间的关系是双向的,它体现在两个方面:一是受治者对政府的制约;二是政府对受治者的制约。在中国农村的政治体制下,农民作为受治者对政府的制约主要体现在选举权、被选举权、创制权以及复决权等权利的行使;政府对农民的制约则体现在农民必须服从合法产生的政府所制定的法律。前一种关系是后一种关系产生的前提和基础。没有前一种关系的存在或者前一种关系缺乏合法性时,后一种关系就不会发生或者即使发生了也必然不具有合法性。所以,作为政治权利下属概念的农民政治权利也是以民主体制下的统治与被统治关系得以确立的基础,应该首先确立以民为本的思想。在此,更可以进一步说明农民政治权利含有民主属性。

在非民主体制下,政府或统治者的产生不是基于其成员的意志。作为共同体成员包括农民,只能被迫接受政府或统治者的统治,不能对政府或统治者的行为进行评判、批评和监督。此时,作为共同体成员之一

---

① 参见周作翰、张英洪:《当代中国农民与政治权利》,载《湖南公安高等专科学校学报》2004年第6期。

② 〔英〕A.J.M.米尔恩:《人权与政治》,转引自沈宗灵、黄枬森主编:《西方人权学论》(下),四川人民出版社1994年版,第363页。

的农民与政府或统治者的关系只有前者对后者的服从关系,政府或统治者可以用权力来约束和控制农民的行为,而农民无法对政府或统治者实施任何有效的控制。当然,农民也并非完全不能对政府或统治者实施反制,历史上这些作为被压迫者的农民往往在忍无可忍的情况下揭竿而起推翻政府的统治。所以,在非民主体制这种情况下,由于像农民一样的共同体成员不能以制度化的方式决定政府或统治者的产生及政府或相关政策,共同体成员无法援引法律来主张自己选举政府和监督政府的权利。据此而论,在非民主体制下,并不存在民主体制下的那种能够构成统治与被统治关系基础的政治权利。

二、农民政治参与权的平等属性

有学者主张平等是一种权利,另有学者则认为平等是法律体系中的一项原则,在权利问题上,它只是要求法律应当对共同体全体成员的权利给予平等的保护。本书认为,即使在将平等理解为一种权利的情况下,平等权与其他权利之间也存在着一种交互适用的关系,任何权利的保护都必须在平等权的规范之下才能获得民主制度下的正当性;另一方面,平等权也必须与其他权利相结合才能实现其所要达成的目的,完全脱离其他权利的平等权是空洞的。就此而言,不论是将平等理解为权利还是理解为原则,一般情况下,平等对待和保护表面上似乎是一种人格权,带有民事权利的外观,但政治平等对待和保护权本质上是一项宪法性的基本权利,是宪法原则在政治领域的体现。

对农民政治权利的平等对待和保护在民主制度下具有十分重要的意义。民主制度必须在农民群体在实然意义上具有政治上的平等地位的前提下才能建立。如果农民在政治地位上不平等,就不是一个真正的民主制度。正如有学者所云:"现代人权的核心归根结蒂是政治上的平等权,其他权利只是平等权的衍生物。无论一个国家经济发展程度如何,只要所有公民在政治上能够享有平等的权利,就可以说在这个国家人权是有保障的。只要所有公民能够在政治上享有平等对待和保护的权利,就可以平等地参与国家的政治生活,共同决定国家的各项事务,实现民主,可以平等地接受教育、平等就业,平等地追求自己的物质需要,现代人权的各个方面也就可以实现。"①因此,政治权利的平等对待和保护对于任何一个农民而言都是根本性的,它是农民一切其他权利实现的前提和基础。

三、农民政治参与权与宪法政治的关系

宪法政治理论和实践被认为是西方世界现代化过程中所取得的最大的政治成就。这一成就既不是一个世界也不是一个民族所造就的。这意味着,宪法政治绝不是某一国家、某一民族应付时局的权宜之计,更不是某个天才人物心血来潮的偶然所得。实际上,在酝酿和积蓄了几个世纪的能量和经验之后,特别是经历了整个20世纪,宪法政治已成为时代之潮流,成为现代国家的政治常态。宪法政治被视为人类政治文明的共同成果,它所蕴含的政治价值和理念一直是人类不断的追求。研读中外学界对宪法政治的认识,虽然在定义上有所不同,但其包含的基本内容则是共同的。布朗·戴西认为,"宪法是强调对政府活动进行限制,给予公民以最大限度自由的强制性规范"。② 我国学者郭道晖教授认为,宪法政治"是以实行民主政治和法制为原则,以保障人民的权力和公民的权利为目的,创制宪法(立宪)、实施宪法(行宪)、和维护宪法(护宪)、发展宪法(修宪)的政治行为的运作过程"。③ 可见,对宪法政治不论有多少种认知,认为宪法政治的核心内容是限制政治权力(特别是政府权力),维护和发展人的尊严、权利及自由的核心价值却是一致的。这一点也可以从法国宪法将1789年制定的《人和公民权利的宣言》作为其宪法的核心内容之一,并成为以后世界各国宪法的核心内容之一得以证成。在我们看来,宪法政治至少有以下基本特征:① 宪法正当科学;② 宪法地位至高无上;③ 权力受到制约;④ 民主政治稳定发展;⑤ 人权得以保

---

① 《生存权的现代内容》,载 http://zhidao.baidu.com/question/38435406.html,2012年11月25日访问。
② 何华辉:《比较宪法学》,武汉大学出版社1988年版,第2页。
③ 郭道晖:《宪政简论》,载《法学杂志》1993年第5期。

障。① 因此,本书认为,宪法政治是以良性宪法为前提,以民主为基础,以法制为保障,以保护人权为目的的政治制度安排和运作过程。

毋庸置疑,农民政治权利属于政治权利的范畴,具有防止国家权力侵害、维护自身人权的宪法权利属性,同时也是农民参与、决定国家政治、社会事务的重要途径。因此,农民政治权利与宪法政治之间存在紧密的联系,这也是农民政治权利蕴涵宪法价值的理论基础。

在我国长期的封建历史中,在义务本位的法律体系中,农民群体在根本上处于权利缺失状态。他们饱受欺凌,经济上受到盘剥,而其中最缺失的则是政治权利。中国历史上农民没有任何政治权利的主因就是农民的人权没有得到任何保护,农民作为"人的尊严"完全缺失,其只能自愿或被迫接受政府或统治者的统治抑或压迫,不能对政府或统治者的行为进行任何评判和监督,"子民""小民"如何谈得上任何政治参与?!

人权思想是西方文明的产物。文艺复兴的先驱但丁甚至提出人类的目的就是要建立统一的世界帝国来实现普天下的幸福,而"帝国的基石就是人权"。② 人权存在的正当性根据就是"人的尊严",中世纪的阿奎那就论述了人的尊严问题。③ 人权一词传入中国是 20 世纪 20 年代以后的事。近代宪政派代表之一的罗隆基在其《论人权》中就指出,"人权是做人的那些必须的条件,是衣、食、住的权利,是身体安全的保障;是个人'成我至善之我',享受个人生命上的幸福,因而达到人群完成人群可能完成的至善,达到最大多数人享受最大幸福的目的上的必须条件"。④ 新中国成立后相当长一段时间,人权一度成为人们噤若寒蝉的话题。

---

① 杨海坤等:《宪法基本理论》,中国民主法制出版社 2007 年版,第 401—402 页。

② 〔意〕但丁:《论世界帝国》,商务印书馆 1985 版,第 76 页。

③ 为了顺应时代的发展和历史的潮流,阿奎那在很大程度上摒弃了奥古斯丁主义,采纳"亚里士多德学说,加强对人和自然的研究,特别是引进人对自然认识的理性思维和自我意识的原则"。参见傅乐安:《托马斯·阿奎那基督教哲学》,上海人民出版社 1990 年版,第 215 页。事实上,阿奎那关于人的尊严和价值等论述在一定意义上成为后人乃至当代阐述人权思想的一个重要理论来源。

④ 罗隆基:《论人权》,载刘宁军编:《北大传统与近代中国——自由主义的先声》,中国人事出版社 1998 版,第 145 页。

"人权"被宪法明确地确立为一项重要内容则是 2004 年第十届全国人民代表大会第二次会议通过的《宪法》第 33 条修正案。

从宏观层面上看,农民政治权利问题归根到底是一个公民权利问题,是农民如何享有公民政治权利、如何行使公民政治权利,其公民政治权利如何受到法律切实有效的保护,并把享有权利、行使权利、保护权利法制化的问题。更直截了当地说,农民政治权利问题是一个人权问题,更是一个宪法政治制度建设的问题。

四、农民政治参与权与利益表达机制

农民的利益表达机制不健全,使得农民的抗争力无论是通过正常的法律程序,还是通过极端的非正常途径,它的力量都显得很微弱。农民抗争权利的贫困,使当农民的合法权益受到损害时,不能得到解决,农民的人身财产安全得不到保障。农民抗争权利的贫困主要体现在以下几个方面:一是农民没有掌握对自己生存利益相关的社会事务的话语权,没有合法的、制度化的利益表达渠道,农民的意愿想真正引起有关权威人物重视的希望又是何等渺茫。二是农民抗争权利的贫困,近年来,有些地区农民的抗争突出表现在非法律途径的上访以及容易被认定为"违法"的静坐和示威。随着依法治国理念的普及和相关制度的完善,通过提起法律诉讼等法律途径可能逐渐成为农民解决权利问题的重要渠道。但应该看到,总体来说,目前许多农民诉讼案件不仅过程漫长而且判决结果又对农民不公,判决后执行也有许多困难,导致实际上许多农民走上了更为漫长的上访之路。在行使信访权时,前些年一个普遍存在的问题是,农民反映的问题迟迟得不到解决,有的上访农民还遭到了来自公权力的严重打击报复和迫害。在诉讼与上访都不能解决的情况下,农民的一种具有胁迫性的抗争方式就是越级上访、围攻基层政府、静坐与示威,采取这些具有胁迫性的抗争方式的目的主要是希望将事态扩大,以引起更高一级的党政机关和社会各界特别是新闻媒体的重视。由于静坐和游行示威都涉及明确的法律问题,需要经过特别的批准程序。这种抗争方式实际上既受到阻止,又大多不能产生积极效果。三是各级人大代表不能很好代表农民的利益。即使从农村来的人大代表也无法成为农民利益的代言人,从调查来看,从农村来的人大代表,大部分是党的各级干部,即使有少数所谓的"农民精英",也不是纯粹农民,要么是支部书记,要么是乡村企业的负责人。这就影响生活在最基层广大农民参与社会事务的能力,他们无法对自身的利益进行表达与控制。农民尽管人数众多,但却没有形成一个维护自身权益的正式组织,也没有维护自己利益的"代言人",因而也就无法形成强有力的团体来保护自己的利益,表达自己的意见和心声。①

我国农村政治民主发展呈现不平衡性,其发展程度与各种政治、经济、社会、文化因素有关。农民权利的贫困固然表现为多方面,从世界各国工业化和城市化发展的历史经验来看,处于社会转型期和过渡期的民众,包括农民的贫困可以分为物质贫困、能力贫困和权利贫困等,其中,权利贫困既是其他贫困的发生的重要原因,又是其他贫困的综合表现。当前我国农民政治权利贫困最主要表现为农民缺少对涉及切身利益的决策活动的话语权和参与权,其中最为典型的是农民对作为村民自治组织中最贴近自己身边、最关乎切身利益的法定自治组织形式——村民委员会的参与度普遍不高,自己的正当的利益诉求和愿望得不到正常的通畅渠道的表达,使农民的权利保障成为纸上谈兵、望梅止渴、画饼充饥,许多看起来很好、贴在墙上的完善制度得不到真正的落实。

第二节 农民政治参与不足的现状

1982年《宪法》第1条即规定,中华人民共和国是工人阶级领导的,以工农联盟为基础的人民民主专政的社会主义国家。这一国家性质的界定,明确给予农民在国家政治生活中较为优越的地位,也即,如果以阶级为单位对中国公民进行划分,农民阶级的意志应当被国家权力体系作较为优先的考虑;在较为具体的层面上,它首先应当体现为农民应比其他阶级更大程度地参与到国家权力体系的运行之中,其次应当体现为对农民利益的优先和重点考虑。然而,事实并非如此。

根据国家统计局2011年4月28日发布的《2010年第六次全国人口

---

① 参见黄春:《关于中国农民政治权利的理性思考》,载《安徽电气工程职业技术学院学报》2007年第4期。

普查主要数据公报》(第1号)所公布的数据,在我国31个省、自治区、直辖市和现役军人的人口中,居住在城镇的人口为665 575 306人,占49.68%;居住在乡村的人口为674 149 546人,占50.32%。城乡人口比例已经接近一比一。根据平等原则的要求,选票效力平等,在结果上就应当体现在代议机关的代表构成上。既然城乡人口比例已经接近一比一,代议机关的代表比例就应当接近一比一。即使抛开选票平等的原则,单从我国《宪法》第1条所规定的国体来看,"以工农联盟为基础的人民民主专政的社会主义国家"也要求工农在代议机关中占据优势地位。然而,事实却与此截然相反,农民代表在历届全国人民代表大会代表中的比例从未取得与其他群体相等的数量,更遑论居于优势地位。至第十一届全国人大代表中的农民代表比例仍然很低。根据有关新闻公布的数据,农民代表数量已经比上届全国人大增加了70%。而且根据统计标准,全国人大代表中的县乡干部属于农民。据此可以推论,全国人大代表中真正属于农民身份的不足5%。① 如此低的代表比例,显然既违反了同票同权的一般选举原则,又与《宪法》第1条规定的国体要求不符合。如此低的代表比例,严重阻塞了农民政治参与权的行使,使得中国农民在政治事务上实际成为看客。

除此之外,中国的公务员考试制度长期以来实际上一直否认农民参加公务员考试的资格。当然,这一点并不是赤裸裸直接体现出来。例如对公务员考试资格的种种限制,往往导致农民在公务员考试这个门槛前止步。近年来,这种现象有所改善。比如2011年度中央国家公务员招录考试以及深圳市的公务员招考中,中央国家公务员招考中规定农民工亦可以报考公务员②,深圳市的公务员招考打破了身份界限,规定只要符合职位规定的资格条件,不论报考者是否具有干部身份,也不论报考者是工人、农民还是其他职业人员,都可以报考。③ 这些新规定最终的效果

---

① 参见杨黎源:《农民工权利研究》,浙江人民出版社2009年版,第132—133页。

② 参见《农民工报考公务员何以沦为传说?》,载http://leaders.people.om.cn/GB/13060143.html,2013年6月1日访问。

③ 参见《深圳工人农民也可报考公务员》,载深圳生活网http://www.upday-day.com/2011/05/050H29162011.php#,2011年5月5日访问。

还有待观察,但这毕竟是一个可喜的进步。

即使在法律明确授予自治权的村民自治领域,村民参与的程度和水平仍然很低。主要表现在两个方面:一是参与次数和频率低;二是参与的被动性特征明显,主动参与和经常参与仍局限于少数"村庄精英"圈子,无论是当权的还是没当权的,村庄精英政治参与的主动性和经常性都大大高于普通村民。① 这种低程度和低水平的参与使得村民的自治权利沦为形式,村庄政治仍然掌握在少数人手中。当然,这或许不是最重要的,更为重要的是,这些掌握村庄政治权力的人仍然在按照传统的方式行使其权力,较少受到限制,村官腐败成为一个严重问题,他们往往利用手中权力侵害村民的利益。

农民的政治参与程度直接决定了农民的利益受保护的程度。较低的参与程度意味着农民的利益必然经常性的受到侵犯而且无法通过正常的渠道获得救济。在正式的制度参与之路不畅通的情况下,非制度参与就成为不可避免的结果。"非制度政治参与是突破现存制度规范的行为,也是在社会正常参与渠道之外发生的活动。"根据其发生的制度背景不同,非制度政治参与可以分为三种不同的类型:"第一种类型是在社会有正常参与渠道的背景下,公民不愿、不会、不能利用这些渠道,由此在参与中所表现出来的情绪化行为;第二种类型是在现存政体中制度规范僵化、制度不完备、不充足或缺乏的背景下,公民在参与中所表现出的行为。这种类型既有创造性的成分,又有破坏性的成分,有时则是创造性与破坏性并存;第三种类型是在社会有正常参与的背景下,公民采取的非常态行为。这种行为是理性的,但不一定都是公开的。"②

根据《宪法》和《选举法》,不能说中国农民就没有参加国家权力体系的依据。不仅如此,在宪法规范上,农民还具有明定的政治优越性。但是,《宪法》所规定的农民优越地位并没有在宪法之下的法律体系中得到体现;《选举法》中所规定的农民选举权与被选举权亦没有保证农民能

---

① 参见陈纯柱:《村民权利的宪政审视》,四川大学出版社 2010 年版,第 155 页。

② 方江山:《非制度政治参与——以转型时期中国农民为分析对象》,人民出版社 2000 年版,第 38 页。

够拥有公平的机会参与国家权力体系。目前的《选举法》所保障的农民的选举权和被选举权,大多还是流于形式的。有的观点认为,中国农民之所以不能拥有和其他群体平等参与政治的机会,乃是因为农民的素质太低,还不适应现代民主政治的游戏规则。这种说法有着明显的偏颇。首先,正是因为农民不能立即适应现代民主的游戏规则,才十分有必要让其在民主政治的现实活动中学习这些规则,适应这些规则,如果仅仅以这个理由就否认民主的可行性,民主将永远不可能到来。其次,农民不适应现代民主的游戏规则,不代表他们永远不能实行民主。现代民主的规则来自西方,如果生搬硬套地移植到中国农村的政治实践中,则难免会无法适应。但是,如果能够确立农民权利不可侵犯的原则,允许农民从自身利益出发决定国家的政治事务,并且在各方面为农民创造各种良好的条件(例如文化环境和条件的改善),这时由于农民涉及自身利益的自觉性,他们就会对政治参与表现出更高的积极性和主动性。在利益面前,任何人都是理性人,都会为自己作出精妙的打算,并在相互平衡的规则体系中实现自身利益的最大化,进而实现公共利益的最大化。所以,以素质低来否认民主的可行性是十分可笑的理由。倘若以此为理由,进一步否认农民参与国家政治生活的可行性,必然会使非制度参与成为无法避免的结果。毕竟,任何生活在这个政治制度之下的人,都是有自己的政治诉求的,如果正规的制度渠道能够为其诉求的实现提供可行的通道,这个政治制度之下的人就可以通过这些有效的规则进行有效的治理。倘若制度渠道本身就存在问题,使得部分群体的诉求被压抑,这些被压抑的诉求就必然对现存的制度造成巨大的冲击,甚至可能彻底破坏这个现存的制度。

相对而言,农民参与村民自治组织的法律规范相对比较完善,对村民自治权的保障力度也较大。但在村民自治领域的非制度政治参与仍然较为普遍。究其原因,主要包括:

第一,现有农村的集体经济制度容易混淆经济场域中"公"与"私"的界限,导致农民产权的模糊,使得私有财产得不到切实有效保障的农民对公共事务感到绝望,无心关注。

第二,农民自身的素质不平衡,有些地区的农民素质还不能真正适应由国家制定的具有普遍约束力的村民自治法律,如果村民自治能在国家大法框架下根据本地的实际情况,真正由自己制定自治规则,循序渐进。提高农民自身素质的问题将有望解决得更好。

第三,国家虽然制定了具有约束力的自治规则要求村民遵守,但却并未给出进一步的解释,粗糙的法律规则加上复杂的农村形势,难免产生冲突和纠纷。这种冲突和纠纷又无法通过有效的渠道得以解决。如此一来,村民自治组织中的非制度参与难以避免。

第三节 农民的选举权

由于农民身处两个不同的权力体系,所以农民的选举权自然就存在于这两个不同的体系之中。在国家权力体系中,它用以选举县级以下人民代表大会的代表;在村民自治组织中,它选举产生村民代表大会代表或村民委员会委员。由于村民自治组织的自治权是依据国家权力体系所制定的法律而产生,所以,农民对国家权力体系的参与实际上间接的就是在参与村民自治组织的法律依据的制定。如果农民要保护自己所在的村民自治组织的自治权利,或扩大这一权利,他们就必须经由参与国家权力体系的途径来实现。在本部分中,主要论述农民作为公民而享有的选举权及与之相关的问题。至于农民的村民选举权,将在村民自治部分论述。

一、农民选举权规范分析

回溯农民选举权的法律规定之历史,我们可以很清楚地看到,我国农民选举权发展的艰辛历程。一个突飞猛进的进步表现是,2010年3月14日,第十一届全国人民代表大会第三次会议对我国的《选举法》进行了第五次修正,其中最大的亮点是废除选举法中的"1/4选举权条款",城乡选举首次实现"同票同权"。[①] 这次修正第一次从制度层面明确取

---

① 新修正的《选举法》第14条规定:"地方各级人民代表大会代表名额,由本级人民代表大会常务委员会或者本级选举委员会根据本行政区域所辖的下一级各行政区域或者各选区的人口数,按照每一代表所代表的城乡人口数相同的原则,以及保证各地区、各民族、各方面都有适当数量代表的要求进行分配。"

消城乡差别,使公民的政治权利更加平等,是推动我国民主政治发展道路上的里程碑。但我们依然认为,从实际效果来检验,城乡"同票同权"是否能给农民的政治权利的实现插上"飞翔的翅膀"?答案恐怕并不那么让人乐观。

城乡"同票同权"很容易让人得出结论:农民由"1/4 选举权"变为完全选举权,因而在各级人大代表中农民代表数量将大幅上升,农民的利益将得到张扬。其实,这样的状况并不必然会出现。以全国人大为例,以往的各界人大代表农民只占极少数,真正从事农业生产的农民就更是微乎其微。实现"同票同权"后,农民并不一定就会选或能选农民当代表,农民代表数量并不会急剧上升。况且根据以往经验,真正苦苦为农民争取权益的,大多数并不是农民代表本身。也有学者这样认为:"取消不平等比例规定并不必然造成农民代表的显著增多,不管代表身份如何,只要愿意为农民说话并获得农村选民支持,就完全有能力履行代表职能。"[①]还是以全国人大代表为例,"1/4 选举权条款"的废除将会使全国人大各代表团的人数发生变化:那些农村人口比重较大的省份,代表团人数将有所增加,但代表的城乡构成比例实际上仍然难以发生有利于农村和农民的变化。所以,"1/4 选举权条款"的废除不一定会显著地增加农民比例,当然也不必然会增加农民的话语权。

从实践来看,农民群体中的"农民工"选举权一直缺位,这严重影响了农民政治权利的实现。"中国农民工权利法律保护研究"课题组于2009 年 11 月曾对河南省郑州市的农民工回乡选举问题做过调查,在调查的 526 位在外务工的农民工中,仅有 91 人参加过最近一次家乡的选举,435 人都没有回乡参加选举,参加选举的比例仅为 17.3%,没有回乡参加选举的比例竟高达 82.7%。另据中国法学会 2010 年十大专项课题之一"农民权益保护与农村产业发展法律问题研究"课题组的调查数据,在他们的调查过程中,被访问调查的 862 个农民中,亲自参加过人大代表选举的农民仅占 28.2%,而有 71.8% 的农民由于各种原因根本没有参加过选举,没有亲自行使过自己的选举权。而对于是否亲自参加过村民

---

① 邹平学:《完善人民代表选举产生机制的若干思考》,载《法学评论》2005 年第 1 期。

代表大会这一问题时,在被调查对象中,有44.7%的农民表示从来没有参加过任何形式的选举。由此可见,在落实农民选举权方面,还存在许多实际问题。该调查组的结论是:"可以说全国近70%的农村人口几乎无法真正进入拥有决策层的阶层,成为名副其实的'失语群体'。"①

为什么农民工较少回乡参加选举?原因主要有以下几点:首先,农民工的工作地远离户籍地(我国公民的选举地为户籍地),要想回到户籍地参加选举,第一个要解决的就是交通费用问题,回乡费用对工资较低的农民工来说,是一个不小的数目。另外请假难或者因此丢掉原来的岗位等原因,都对农民工回乡选举造成了障碍。其次,农民工长年在外,与户籍地的利益关联随着外出时间的延长而日益疏远。由于对户籍地事务的关切度的下降,导致没有利益推动他们产生回乡选举的欲求。再次,一些省市对农民工回乡选举设置了门槛,如《甘肃省村民委员会选举办法》第11条第2款规定:"……离开本村超过半年,未承担村民义务,其户口尚未迁出的,不予进行(选民)登记。"某些自治区也有类似的规定。致使部分农民工丧失了选举权与被选举权。②

另外,长期以来,我国公民并没有真正意义上的自由迁徙权。我国现行的人大代表名额是按照所在行政区域城乡户籍人口的数量进行分配的,大量的流动人口并没有计算在代表产生的人口数内。这样,农民工没有城市选举权。但农民工既然生活在城市,城市的制度安排和公共政策势必对他们的利益产生影响,他们也必然会越来越关注自己利益的争取,参与城市的民主选举便是他们利益诉求的现实途径。他们及各方的强烈呼吁,引起了政府的重视。近些年来,在一些城市开始进行农民工参加当地选举的探索性试点,产生了较好的社会影响。即便如此,在城市参加选举的农民工还是星星点点,参与率极低,仅是形式上的点缀。原因主要有两点,一是农民工代表名额极少,选民登记率较低。以浙江省义乌市大陈镇为例,全镇共有人口6万多,外来人口就有3万多。而市人大确定的86名镇人大代表名额中仅有7位外来务工代表名额。在

---

① 赵万一:《中国农民权利的制度重构及其实现途径》,载《中国法学》2012年第3期。

② 参见黄延廷:《农民工选举案问题探讨》,载《长白学刊》2010年第3期。

3万多个外来民工中最终登记了 2 940 名选民,还不到 10%。① 二是根据我国及相关地方法律规定,农民工要在居住地进行选举须取得户籍地的选民资格证明。如《浙江省县乡两级人民代表大会代表选举实施细则》第 26 条第 5 款规定:"在本地劳动、工作或居住而户籍在外地的选民,在户籍所在地选区登记,在现居住地 1 年以上而户籍在外地的选民,在取得户籍所在地选区的选民资格证明后,也可在现居住地选区登记。"但城市吸收农民工参加当地选举更多是囿于形式,并不是真心要他们表达出自己的选举意愿。这样的选举对农民工的直接经济利益关系不大,再加上向户籍地索取选民资格证明也较繁琐且也需费时费力,所以没有多少农民工愿意参加这种选举。

三、农民选举权实际克减的根源透视

通过上文的内容分析,我们可以很清楚地知道,作为农民政治权利核心的选举权实际克减问题非常严重,而导致农民政治权利实际克减的根源就是农民的不平等的公民身份权利。"在现代社会,对全体公民表现出平等的关切,是执政者特殊的、必不可少的美德;而尊重、保障和实现每一个公民的平等权利,是现代政府合法性的基石。"②我国宪法也规定中华人民共和国公民在法律面前一律平等。但是在具体制度中,我国却人为地对城市和农村进行划分,制定了对农民和城市居民区别对待的一系列政策法律制度。农民的平等权没有受到应有的尊重和保障,以至于其政治权利在不平等的形式下被恣意干涉或侵害。某种意义上说,当下农民问题的根源是农民权利问题,农民权利问题的根源就在于平等权问题。③

我国农民不平等的公民身份权利主要体现在两个方面:一是由于长期以来形成的城乡差别、工农差别以及一系列具体社会制度构建起来的

---

① 参见顾协国:《大规模流动民工的政治权利及其实现途径》,载《江西社会科学》2003 年第 7 期。

② 张英洪:《农民权利论》,中国经济出版社 2007 年版,第 37 页。

③ 参见邢亮:《农民权利保护的宪政思考》,载《福建行政学院学报》2008 年第 3 期。

一种城乡隔离的社会结构状态,把中国公民人为地划分为两大等级,即农民与市民,再加上以往户籍制度在农民与市民之间划了一道难以逾越的鸿沟,从而使得农民毫无选择地接受上述制度安排所造成的在经济上的不平等地位。二是虽然现在农民可以流动,但仅仅是地理上的流动,不是平等地位公民身份之间的流动。在社会等级制度烙印的影响下,不同等级人享有不同的待遇。而农民,一般处在社会等级的低层。"在政治上,农民缺少参与的平等机会。总之,身份使人只能获得与之相应的一切。农村处于以城市为中心的边缘地区,各种条件受到限制,是社会发展忽视的地区,又是城市发展的供给线和被掠夺对象,同时主要经济资源控制在国家手中,因此城乡两极分化越拉越大。"①因此,不平等的公民身份权利,使农民享受不了与市民平等的国民待遇。也正是由于身份上的不平等,直接导致农民选举权的实际克减。

对于农民地位不平等的问题,学界虽有认识,但鲜有从农民政治权利的角度看待。国外也有此类问题,米格代尔曾经感叹:"农民为什么参与国家政治这个基本问题,几乎被近年来关于农民暴动和农会等的研究文献所忽略了。"②在今天的中国,我们的研究都集中于双层经营、股份合作、专业合作、公司加农户、农业产业化等农村经济议题,却鲜少从政治角度研究农民的权利表达,也很少关注农民对于国家的政治参与,似乎农民与政治的关系就仅体现在村庄内部自治上。确实,农民不会说那些朗朗上口的政治术语,但是,并不是他们没有自己的政治态度和政治理解,更不是说他们没有自己的政治权利要求。新生代农民的政治表现,将会有什么样的政治后果,其实是我们需要关注和研究的重要问题,或者说是中国当前的重大问题。

四、农民选举权公法保护之措施

通过对农民选举权的现状分析,我们可知,虽然农民选举权有宪法保护这个基石,但宪法的权利保护还有很多地方没有落到实处。保护农

---

① 林光彬:《社会等级制度与"三农"问题》,载《读书》2002年第2期。
② 〔美〕米格代尔:《农民、政治与革命》,李玉琪译,中央编译出版社1996年版,第13页。

民选举权,就必须加强宪法制度建设,将农民政治权益的保护落到实处。

(一) 继续突破城乡二元制,使农民回归"公民化"

过去那种我国城乡二元社会结构体制作为一种"隔离但平等"的表述,而事实上对农民群体的歧视性制度安排,是对农民作为"人的尊严"的漠视,它使得农民在政治上享受不到与城市市民同等的国民待遇,进而最终导致农民政治权利的克减。在城乡分割二元体制的夹缝中,农民,特别是农民工分外痛苦。这些离开了原来经济社会文化网络的群体,他们的权利维护和表达体系相对脆弱,他们很难参加所在城市社区的民主活动,又无法参加原来农村的民主活动,更缺少工会等组织机构,无法有效地表达利益要求。

"公民"是无所谓乡下农民或者城市市民的,公民在制度面前应是平等的,他们应具有平等的发展机会和选择权利。不可否认,我国逐步健全的城乡社会福利体系对农民参与和分享社会发展成果提供了可能。然而,这种带有"赐予"式的社会身份,缺乏政治权利的土壤,存在保护不力的问题。城市政府更在意自己治下市民的教育、住房和养老等问题,而针对农民工子女在流入城市无法获得与城市市民平等的教育、农民工住房条件无法保证、养老保障地区性差异等"顽疾"却迟迟找不到治愈的良方。

解决二元体制不仅仅需要新的社会政策,如城乡统一的社会保障和就业等政策,也需要统一的制度性安排,实现"原市民"与"新市民"政治权利的平等对待。为了解决在一个地方工作生活数十年而无法成为选民的尴尬情况,我们要尽快实现选举权的流动。关于人口迁移中的选举问题,国际经验值得借鉴。中国的情况不论多么复杂特殊,只要认真研究探索,就不难找到解决之道。① 当然,解决城乡二元制,在形式上首先要做的就是大力推进户籍制度的改革,消除对农民的户籍歧视。"改革了户籍制度,消除了农业户口和非农业户口的界限,也就消除了实际上

---

① 参见赵树凯:《当代中国农民身份问题的思考》,载《华中师范大学学报》(人文社会科学版)2011年第6期。

存在的农民非农民的身份制度。"①只有这样,农民的选举权才能真正落到实处。

在保障和提高农民权利的过程中,不能忽视的是原先占有优势地位的城镇居民即"市民"的态度。可以预见的是,提高和保护农民地位必然会遭到市民阶层一部分人的反对。但一来平等原则是当下中国的宪法原则,若侵犯则为违宪;二来对农民权益的长期忽视必然导致整个社会场域的动荡,对市民阶层也有不利的隐忧。因此上层建筑必须认真探索城乡二元体制的解决模式。

(二)改良选民登记办法,保障农民的选举权

当下中国农民所行使的参政权主要集中在选举权上,选举的仅限县级以下人大代表,这实际上对乡镇、县级政府的其他重要公共决策几乎很难发生影响。因此,应通过立法扩大农民参与选举的途径抑或方式、方法,鼓励并支持农民根据法律法规之规定,建立起代表自己合法权益的组织,成为自己的利益代言人,有序、有组织地在体制内参与选举活动,并进行有力的选举维权。

当下,各地基于种种考虑都设有某些限制农民工选举的条款,妨碍农民工选举权的实现。为了充分体现农民工的选举意愿,这些不合理的限制条款必须废除。其次,需要改革选民登记办法,便于农民工在城市行使选举权。农民工选举权不能得到保障,多是选民登记这一环节存在问题,因此做好选民登记工作是保障农民工选举权的关键。建议将选民登记分为两次:第一次应在全国人大常委会的统一组织下,在各省市换届选举之前全国同步进行,采用选民被动登记的方法,在已被登记确认了选民资格的选民中,再对即将进城打工的选民进行确认,到其即将外出务工之时,主动发放全国统一的选举资格证明;第二次选民登记由各省市分别实施,在换届选举之前对持有全国统一的选举资格证明的人进行确认登记。此次登记应在形式上可采用选民被动登记和主动登记相结合的做法,持有全国统一的选举资格证明的选民有权在居住地参加第二次选民登记,在进行第二次选民登记时用全国统一的选举资格证明换

---

① 陆学艺:《农民工问题要从根本上治理》,载《特区理论与实践》2003年第7期。

取选民证。这样,凡是愿意参加城市选举的农民工都可以在当地实现自己的选举权。

(三)完善行政诉讼机制,疏通选举权救济途径

仅从受侵犯的权利看,我国修改前的《中华人民共和国行政诉讼法》(以下简称《行政诉讼法》)规定的受案范围仅限于人身权和财产权,其他权利或自由受侵犯是否可诉要看其他法律、法规有无直接规定。而其他现行的法律、法规中并没有超出这一限制的"特别规定",以致农民选举权在受到行政行为抑或其他行为侵犯时无法得到司法救济。在我国,农民选举权等权利受到的侵犯又大多是"以官方资格行事的人所为",这时仅仅依靠"官方"的、并不真正独立的行政复议机构予以救济,恐怕难以得到"有效的补救"。因此,在此种情形下,《行政诉讼法》修改之后,情况有所变化,但是对于选举权之诉,并无明确的规定,因此,需要进一步完善行政诉讼机制,保障农民选举权的救济途径是对农民政治权利进行保护的切实有效的措施。① 在人权保障意义上,行政诉讼受案范围的大小,意味着对人权进行司法补救范围的大小,是决定能否对权利实施有效补救的前提条件。扩大行政诉讼受案范围,当农民选举权受损害时能够提起行政诉讼,农民选举权利之保障才能成为现实。当然,除了扩大行政诉讼的受案范围外,放宽原告资格、改革和完善行政审判制度都是保护农民选举权所应考虑的对策措施。

总之,对农民选举权保护是一个以宪法制度建设为中心,以基本法律建设为重要内容的宏大法制工程。其中宪法制度建设是核心,是基础工程,基本法律法规的建设与完善则是其得以实现的必要条件。

第四节 农民担任公职的权利

在人民主权的政体下,人民不仅是被管理者,而且也是管理者,管理者是从被管理者中产生的。在这一意义上,民主政体是真正的人民自己

---

① 修改后《行政诉讼法》第12条第1款第(十二)项规定,认为行政机关侵犯其他人身权、财产权等合法权益的行政行为可以提起行政诉讼。第2款则明确规定,除前款规定外,人民法院受理法律、法规规定可以提起诉讼的其他行政案件。

对自己的管理。因此,作为一个民主政体的成员,除了要有平等的选举管理者的权利之外,还必须拥有平等的成为管理者的机会。

一、农民担任公职权利概述

美国政治哲学家罗尔斯认为:"所有公民至少在形式上应有进入公职的平等途径。每个人都有资格参加各种政党,竞选由选举产生的职位,并在权力机构中占据地位。诚然,这方面存在着年龄、居住年限等限制条件。但是这些条件理应与职位的任务具有合理的关系;这些限制的目的大概是为了公共利益,而不是为了不公平地歧视某些人及其团体……"①

如果将选举权视作公民选定管理者的权利,与其对应的就应当是公民包括农民在内成为管理者的权利,这个权利在严格意义上应当称为"担任公职的权利"。它所指涉的对象既包括民主体制下那些需要经过选举而产生的职位,也包括那些不需要经过选举而产生的职位。前者所对应的权利就是我们通常而言的被选举权,是"公民依照法律规定享有被选举为国家代议机关代表和其他由选举产生的国家机关主要公职人员的权利"。② 后者所对应的则应当是担任非选举公职的权利,比如依照合法制定的合理程序参加公务员考试,并根据考试的结果取得公职的权利。

有学者将担任国家公职的权利定义为"公民享有担任国家机关工作人员和国家机关领导职务参与管理国家事务的权利"。③ 这个定义本身无疑是正确的,但如果在研究担任国家公职权利的同时又将被选举权独立于担任国家公职的权利之外,在逻辑上就是说不通的。担任公职的权利实际上包含了被选举权,后者是前者的下位概念,不同位阶的概念不应放在同一层次上予以并列。

---

① 〔美〕罗尔斯:《正义论》,何怀宏、何包钢、廖申白译,中国社会科学出版社 2009 年版,第 175 页。
② 杨海坤等:《宪法基本理论》,中国民主法制出版社 2007 年版,第 183 页。
③ 周伟:《宪法基本权利——原理·规范·应用》,法律出版社 2006 年版,第 191 页。

分属两个权力体系的特点,使得农民担任公职的权利既存在于国家权力体系之中,又存在于村民自治组织体系之中。依据前者,农民有权按照法律所规定的程序和条件担任国家权力体系中的选举职位和非选举职位,可以称为担任国家公职的权利,如参选人大代表、参加公务员考试、参加事业单位考试,等等。依据后者,农民有权根据公正的法律所规定的程序和条件被选举为其所在的村民委员会的委员及以上职务(如果某些村民委员会之下还存在非经选举的办事机构,农民亦应享有公平的机会以获取这些机构中的职位),可以称之为担任村民自治组织职务的权利。

由于国家权力体系对村民自治组织的优势地位,使得两种权利的规制权最终都掌握在国家权力手中。当然,国家权力体系对其体系内部的担任公职权利的规制在强度上要高于对担任村民自治组织公职权利的规制。村民自治组织自身对担任其公职的权利拥有一定的规制权——当然,这种规制必须在不抵触法律的情况才能有效。从学理上说,村民自治组织对农民的选举权没有任何规制权力,因为其上位的法律已经对此作出了规定。村民自治组织的规制权主要体现在担任村民委员会下属办事机构的职位上,在此,村民自治组织拥有较大的裁量空间用以确定这些职位的条件、录用程序等。

二、农民担任公职权利的范围

担任公职的权利既包括担任选举职位的权利,也包括担任非选举职位的权利。民主政体一般都包括选举产生的职位,非选举职位则是为了辅助选举职位的工作而产生的,当然例外的情况也是存在的。民主政体的最高代议机关一般都是由选民或其他代议机关选举产生的;国家元首或政府首脑可能是由选民直接选举产生,亦有可能是由最高代议机关选举产生,或由其他特别机关选举产生;政府的各部门首脑在大多数情况下是由国家元首或政府首脑提名后,由代议机关予以任命,这种形式所产生的公职严格来说并未经过真正的选举程序,所以应当将其称为任命职位。这些任命职位一般来说都是为了辅助国家元首或政府首脑而产生的,但同样是经任命而产生的最高司法机关的情况则比较特别,它的确在很多国家是经任命而产生的,但它不是为了辅助任何职位,而是拥有自己独立的职权。

在我国,县级以下的人民代表大会代表是选民直接选举产生的,县级以上(不含县级)的人民代表大会代表则是由其下级人民代表大会选举产生。国家主席、最高人民法院院长、最高人民检察院检察长、中央军事委员会主席由全国人民代表大会选举产生。国务院总理由国家主席提名,经全国人民代表大会同意后予以任命。国务院副总理、国务委员及各部门首长由国务院总理提名,经全国人民代表大会同意后予以任命。中央军事委员会副主席、委员由中央军事委员会主席提名,经全国人民代表大会同意后予以任命。这其中既包括了选举产生的职位,也包括了任命的职位。

除了选举职位和任命职位之外,我国的公务员采用的是考录制,他们通过考试所取得的职位可以称为考取职位。考取职位是任命职位的前提,只有保障每一个公民都拥有平等的机会参加公务员考试,并按照公平的考试规则予以录取,才能保证公民担任考取职位的权利,进而保证公民担任任命职位的权利。对担任考取职位权利的限制或剥夺意味着对担任任命职位的权利的剥夺。当然,担任任命职位的人不一定非得是担任过考取职位的人,公民还可以通过委任、调任、聘任的方式担任任命的职位。

通常而言,在符合条件的情况下且经过正当程序,农民都有权利担任上述职务。具体而言,农民担任国家公职的权利的范围包括:① 担任国家行政机关的行使国家行政权力的公职人员,亦即国外狭义的"公务员";② 担任由国家权力机关选举和决定任命产生的国家机关领导成员和人民法院、人民检察院的法官、检察官;③ 担任依法履行公职、纳入国家行政编制、由国家财政负担工资福利的社会团体的领导人员和工作人员,包括各级人大常委会机关、政协机关、工会、共青团、妇女联合会、残疾人联合会、科学技术协会等人民团体的公职①;④ 担任村民自治组织主任抑或委员等职务。这里农民担任公职的范围基本上和公务员法所界定的公务员的范围相一致,但又略有区别。

---

① 参见周伟:《宪法基本权利——原理·规范·应用》,法律出版社 2006 年版,第 197 页。

三、农民担任公职权利的制度保障

不无遗憾的是,我国《宪法》第 2 条第 3 款虽然规定了人民拥有"管理国家事务,管理经济和文化事业,管理社会事务"的多项权利,但这里表述更多的是公民的政治权利,对于较为具体的担任公职的权利,却并未得见于《宪法》的明文规定。即使就宪法之下的法律而言,也很少有直接写明公职的。这种对于政治权利的泛化倾向,既不利于人们对宪法权利的正确认识,也不利于宪法权利的保障。[①] 当然,如果存在独立的能动的解释主体,《宪法》第 2 条第 3 款的抽象规定也可以获得十分丰富的内涵:首先,它确认在我国这样一个人民主权的国家,人民行使主权必须有法律的依据;其次,人民在有法律依据的前提下,有权管理国家事务;再次,人民管理国家事务的方式既可以是通过选举的方式选举自己满意的代表,又可以是自己通过法定的程序担任公职;最后,这些权利都包含在人民主权的这一基本原则之下,受到宪法和法律的保护。按照这种方式,至少可以确认农民担任国家公职的权利在宪法上的依据,进而得出结论:我国《宪法》对选举权和被选举权的列举,并不是对担任其他国家公职的权利的限制,担任其他国家公职的权利亦应被视作宪法上的权利,受到和选举权、被选举权同等程度的保护。另一方面,由于《宪法》第 2 条第 3 款规定公民有权参与社会事务的管理,在较为宽泛的解释之下,村民自治组织的事务可以理解为是一种社会事务,由此,农民担任村民自治组织公职的权利也获得了宪法上的依据。

仅有《宪法》的规定并不足以保障农民担任公职的权利,担任公职权的实现需要一系列相关的制度作为其保障,这些制度包括"录用制度、职务稳定性保障制度和救济制度"。[②] 就公务员的录取而言,有的研究者认为公务员的录用"包括两个方面:一方面是国家通过公务员考试,公开招录政府所需的合格人才;另一方面,公民可以通过公务员考试,及国家干部选拔等考试获取公职。此外,我国还有委任、调任等综合录用机制,这

[①] 参见杨海坤等:《宪法基本权利新论》,北京大学出版社 2004 年版,第 183 页。

[②] 杨海坤:《宪法基本权利新论》,北京大学出版社 2004 年版,第 191 页。

种机制为广大公民抑或农民参与国家事务管理,提供了一个合适的平台与渠道。职务稳定性保障制度能够"保障在岗的公务员不因法定事由而被解除,这种安定的保障,能够使他们在岗位上安心工作,提高效率,最终也能够确保国家的各项公共事务能顺利开展进行"[1]。救济制度能保证包括农民在内的所有公民担任公职权"受到侵害的时候,被侵害的主体能够通过一定的渠道,主要是法律途径,获得对自己权利的保护,主要是指行政救济和司法救济,包括行政复议、行政诉讼等"[2]。

---

[1] 郭殊:《和谐农村与农民权利的宪法保障》,中国社会出版社2010年版,第105页。

[2] 同上书,第105页。

第六章 村民自治权之保护

从1982年中共中央转发《全国政法工作会议纪要》肯定村民委员会组织以来,我国的村民自治制度已经历时30余年,长期以来,村民自治研究多以《村民委员会组织法》作为背景,以村民委员会为研究对象,造成我国村民自治权的研究发展缓慢。近年来,由于各地村民委员会选举的乱象,引发学界对于村民自治制度留存的热议。中国共产党的十八大报告指出:"完善基层民主制度。在城乡社区治理、基层公共事务和公益事业中实行群众自我管理、自我服务、自我教育、自我监督,是人民依法直接行使民主权利的重要方式。要健全基层党组织领导的充满活力的基层群众自治机制,以扩大有序参与、推进信息公开、加强议事协商、强化权力监督为重点,拓宽范围和途径,丰富内容和形式,保障人民享有更多更切实的民主权利。"十八大报告进一步肯定了村民自治制度,笔者认为,我国村民自治的研究重心应当回归自治权的研究,而不仅仅停留在一般的组织建设。

第一节 村民自治制度的历史发展

为了更好地研究村民自治权,我们有必要回顾一下我国村民自治的历史形成过程,简单地了解村民自治权的孕育和生长环境。

一、我国历史上的乡村自治

虽然说20世纪80年代是社会主义中国村民自治的起点,但事实上,村民自治在中国历史的漫长岁月中早已存在。最早甚至可以追溯到氏族社会时期,那时就有"天下为公,选贤与能"(《礼记·礼运篇》)的规定,说明氏族成员间有着较为平等的关系,通过"选举"和"罢免"等机制,氏族成员可行使其参与氏族社会管理的权利。① 我国以农立国,国家统治的对象基本上指向面朝地、背朝天的农民,统治者集权于中央,通过层层统治的官僚体制治理社会,作为基层社会组织的农村更是整个国家权力运作金字塔结构的基础。有研究者认为,比较完整意义的中国村民自治应始于元明时期,元代将中国农村中的自然村称为社,作为政权之下的社会区划,集政治、经济、社会职能于一身,是农村中一种自治性质的基层管理组织。② 这种说法虽然过高地评价了元明时期的乡村管理,但不可否认,元代农村有较强的"自治"特点。这点从元朝《立社会文》可以看出,"县邑所属村庄,凡五十家立一社,择高年晓事者一个为之长。增至百家者,另设长一员。不及五十家者,与近村合为一社。地远人稀,不能相合,各自为社者听。其合为社者,仍择数村之中,当社长官司长以教督农民为事"③。

到了清代,地方自治的性质日益明显,近年来社会史有关研究成果表明,清代县以下的基层机构是一种以"地方之人""按地方公共之意""治地方公共之事务"的制度体制。第一,清代保甲制明文规定,保甲组织的执事人员须是本地域内的居民;第二,地方之意通过公举执事人员和乡老议事来体现;第三,保甲制的管理区域具有地域恶性循环,但职责却又具有一定的政务性质,包括维护社会治安和催办钱粮赋税等。④ 由此可见,中国历史上的乡村自治到清代已日趋完善。清末的"百日维新"运动中,梁启超等人提出了建立"地方自治政体"的主张,在光绪帝的支持下,奏呈了《城镇乡地方自治章程》,共九章 112 条,这个章程虽然没有得到真正的实行,但它引进了西方的"自治"概念,为中国输入了新鲜的"自治"血液。而由统治者提出乡镇自治,在中国历史上还是首次。⑤

民国时期,孙中山先生非常重视地方自治,认为"人民自治是政治之

---

① 参见赵秀玲:《村民自治通论》,中国社会科学出版社 2004 年版,第 1—2 页。
② 参见傅伯言、汤乐毅、陈小青:《中国村官》,南方出版社 2001 年版,第 2 页。
③ 转引自赵秀玲:《村民自治通论》,中国社会科学出版社 2004 年版,第 4 页。
④ 参见于建嵘:《岳村政治》,商务印书馆 2001 年版,第 64—70 页。
⑤ 参见白钢、赵寿星:《选举与治理——中国村民自治研究》,中国社会科学出版社 2001 年版,第 21 页。

极则""以地方自治权,归之其地方人民""人民对于本县之政治,享有普通选举之权,创制之权,复权之权,罢免之权"。① 但袁世凯窃取革命成果后,于1914年通令各省停办自治,并颁布《地方自治试行条例》,在他办理京兆"自治模范区"命令精神的指导下,河北省定县翟城村知事孙发绪仿日本模式,在1915年10月促成了翟城村自治公所的建立,翟城村是民国时期的"自治模范村",该村的村自治在民国时期有很重要的地位,被公认为中国近代乡村自治的发源地。翟城村的村自治职员由全村村民公举,村设村公所为村里的自治执行机关,同时,还设有村民议决机构村会,实行议行合一制。另外,翟城村还设有男女学校,普及平民教育,尤其重视对村自治职员的培训,从某种意义上说,翟城村自治职员培训与当代村委会干部培训制度是极为相似的。1917年,阎锡山在山西推行"村制",阎锡山的"村制"模式是:建立村民会议作为村民行使自治权的最高机构,同时成立监察委员会,由村民会议选举产生,作为一个权力制约机构。此外,村政机构还有息讼会,负责调解村民诉讼,保卫团维护治安等。阎锡山参照日本村治模式拟定了《村自治条例》,规定村治的范围,此外,还实行财务"公布"制度,规定村长副要定期(每年春节20天内)将上年村款的账簿送交监察员检查,监察员检查完毕后,会同村长副"开列清单,连名公布"。② 这可看做财务公开制度的萌芽。在阎锡山推行的村制中,村长和村副的任职资格分别是必须拥有价值1 000银元或500银元不动产,在当时的经济条件下,非地主豪绅莫属。之后蒋介石也倡导"乡村自治",不过与阎的"村制"相比,蒋介石加大了"控制"的力度,更重视乡村的"行政功能",美国学者杜赞奇在其《文化、权力与家》一书中指出了此时期自治的实质:"1928年后,国民政府制定法律政策,力图使所有乡村社会与政府之间保持明确的隶属关系,而且,作为孙中山民主思想的'继承人',他们不得不举起'自治'这块招牌,而实际上自治团体并无权力。以后,国民政府采取了山西军阀阎锡山的'村治'模

---

① 转引自赵秀玲:《村民自治通论》,中国社会科学出版社2004年版,第9页。
② 孟令梅、肖立辉:《民国早期山西村治的理论与实践》,载《中国农村研究·2001年卷》,中国社会科学出版社2002年版。

式,这实际上是一种被扭曲的'自治'。"①

国民政府的乡村自治,虽然于20世纪30年代趋向高潮,但随着第二次国内革命战争和抗日战争的全面爆发,整个乡村运动很快走向失败。总体而言,清末和民国时期的乡村自治从西方引进地方自治观念,设立村民会议等,以图变革传统政治中"自上及下"的授权方式,试图通过地方自治制度与广大民众的政治参与,为其政治统治建立广泛的社会基础所作的努力,是值得总结的历史经验,其积极意义应该得到肯定。②

二、我国当代的村民自治

1949年中华人民共和国建立后,地方政权尤其是乡村政权建设受到了高度重视,虽然由于当时特殊的国家形势和状况,国家权力对乡村的控制还相当严格,但乡村自治还隐隐约约存在。1953年全国进行了第一次普选,建立和健全了乡人民代表大会制度,1954年颁布了《宪法》,规定我国农村的基层政权为乡、民族乡、镇,我国农村基层政权架构基本定型。1958年,中共中央把小型的农业生产合作社适当地合并为大社,称为人民公社,中共八届六中全会通过《关于人民公社问题的决议》指出:"人民公社是我国社会主义社会结构的工农商学兵相结合的基层单位,同时又是社会主义政权组织的基层单位。"人民公社实行统一领导、分级管理的制度,公社的管理机构分为公社管理委员会、管理区(或生产大队)、生产队三级,生产队是组织劳动的基本单位,这个时期只有少数地方还残留某些民主管理和民主监督制度,对后来的村民自治发展还存在某些联系和影响。1975年《宪法》进一步确认了人民公社体制,《宪法》第7条规定:"农村人民公社是政社合一的组织。"1978年《宪法》除了对1975年《宪法》的文字稍作调整外,继续保留了人民公社体制,并增加一句:"生产大队在条件成熟的时候,可以向大队为基本核算单位过渡。"1978年,公社、生产大队、生产队三级干部,实际上由上级国家政权层层

---

① 〔美〕杜赞奇:《文化、权力与国家——1900—1942年华北农村》,王福明译,江苏人民出版社1994年版,第56页。

② 参见王禹:《我国村民自治研究》,北京大学出版社2004年版,第34页。

任命和委派,他们是农村集体的实际负责者,这种情况使得国家直接调控了农村社会,已经把行政事务转变为公社的内部事务,在这种情况下,中国古代存在的具有相对独立性和自治色彩的农民社会已经不复存在。

直到1977年,在安徽省出现了家庭联产承包责任制,这种制度直接冲击了人民公社体制。家庭联产承包责任制是以家庭为单位进行农业生产的,人民公社组织统一生产的职能没有了,经济职能也相继被废除,昔日的生产大队和生产队因失去行政权威而陷入瘫痪。一时,农村基层社会的治安、公共事务和公益事业都处于无人管理的状态,由于缺乏有效的组织体制加以管理,农村中出现了一定程度的失序和混乱状况,集体财产也迅速流失,这时候,社会急切地需要一种新型的社会组织来办理农村集体的公共事务和公益事业。村民自治组织的萌芽应运而生。历史的记载是,1980年新年刚过,曾担任生产队长18年之久的韦焕能将邻近的五位队长叫到自己家里,6人为成立一个"管事"的组织,商定了要成立一个村委会,又商定了村委会成员要由村民来选。2月5日,韦焕能通知原6个生产队的社员开会,在村里一棵大樟树下,由每户出1名代表选举村民委员会。① 这是发生在广西壮族自治区宜山县(现为宜州市)屏南乡的果作村(现为合寨村)的,我国成立的第一个以"村民"为核心,以"自治"为目的选举出来的"村民委员会"。合寨村村委员会的建立,开辟了中国农村政治体制变革的新时期,它的自治精神体现在:一是村民开始主导了这一农村政治体制的发动和成立,成为真正意义上的政治活动主体,这一体制的最终目的也是为了更好地管理本村的各项事务,为村民服务;二是它的产生没有官方命令,完全是村民在自愿的基础上自发建立起来的自治组织。合寨村村委会成立后,附近的村寨也纷纷效仿,为管理村里集体的公共事务和公益事业相继成立了一批村委会,有的称村委会,有的称治安领导小组,有的称村管会,管理范围也各不相同,只限于村中某一方面的事务,组织机构、村规民约都不健全。这时候出现的村委会和现在严格意义上的村委会并不相同,但是具有强烈的群

---

① 参见赵秀玲:《村民自治通论》,中国社会科学出版社2004年版,第34—35页。

众自治性质,可以说是我国农村基层群众性自治组织的萌芽。① 农村这种基层自治的萌芽得到国家管理层的高度重视和支持,这期间,国家制定了很多关于基层民主自治和村民委员会的法规、文件,为村委会的建立提供了法律保障和政策支持,1981年6月27日召开的中国共产党第十一届中央委员会第六次全体会议通过的中国共产党中央委员会《关于建国以来党的若干历史问题的决议》指出:"……在政权和基层社会生活中逐步实现人民的直接民主……"决议中虽然并没有明确提出村民自治和村民委员会,但却和村民自治有关。1982年9月1日,《中国共产党第十二次全国代表大会报告》指出:"社会主义民主要扩展到政治生活、经济生活、文化生活和社会生活的各个方面,发展各个企业事业单位的民主管理,发展基层社会生活的群众自治。"1982年12月4日,第五届全国人大第五次会议通过了《中华人民共和国宪法》,其中对村委会的设置、产生和职责作了规定,第111条规定:"城市和农村按居民居住地区设置的居民委员会或者村民委员会是基层群众性自治组织。居民委员会、村民委员会的主任、副主任和委员由居民选举。居民委员会、村民委员会同基层政权的相互关系由法律规定。居民委员会、村民委员会设人民调解、治安保卫、公共卫生等委员会,办理本居住地区的公共事务和公益事业,调解民间纠纷,协助维护社会治安,并且向人民政府反映群众的意见、要求和提出建议。"虽然宪法对村民委员会的规定非常简略,有关村民自治的许多方面都未涉及,可却为村民委员会的建立提供了重要的法律保障。但是,在这之后的很长一段时间里,村民自治一直处于社会实践层面,既缺乏理论支撑,又缺乏法律制度规范,随着村委会在全国范围内普遍建立,这种状况已亟需改变。1988年,《中华人民共和国村民委员会组织法(试行)》(以下简称《村委会组织法(试行)》)颁布,弥补了村民自治初期法律制度建设不足的缺陷。随着村民自治活动的发展与深化,尤其随着新情况和新问题的不断出现,《村委会组织法(试行)》常有力不从心之处,不能适应村民自治发展的需要。为了适应新形势,1998年《中华人民共和国村民委员会组织法》(以下简称《村民委员会组织法》)正式颁布,标志着我国的村民自治进入了一个新的历史时期。

---

① 参见赵秀玲:《村民自治通论》,中国社会科学出版社2004年版,第45页。

应该看到,我国农村村民自治制度在进入21世纪后又有某些进步,2010年修订的新的《村民委员会组织法》是主要的进步标志,进一步完善了我国《宪法》确定的基层群众自治制度。改革开放后中国农村的村民自治制度曾经吸引了学界和国际社会的关注。欧洲、韩国等热心人士提供了大量的资金,甚至派专人到中国为农村选举提供帮助,美国的卡特中心则启动相关研究项目为中国农村选举提供指导,国外政要访华时还参观中国村民选举,表现出浓厚兴趣。针对村民自治实践中出现的一些问题,2010年新修订的《村民委员会组织法》明确了罢免程序、完善了村民民主议事制度、进一步规范民主管理和民主监督。新修订的《村民委员会组织法》显示了它的生命力,在我国经济相对发达的地区以及关注农村民主制度建设的农村,这部法律的贯彻已经显示了巨大的正能量,例如笔者所在的苏州市,2013年全市1 057个村委会全部实行了"无候选人一票直选"。该市由于城镇化工作走在前列,所以实行全市村委会和社区居民委员会同步换届,整个选举工作按照"组织准备、选民登记、选民公布及候选人产生、投票选举、建章立制"五个阶段分步实施。村民反映:这样的选举,符合选民意愿。负责指导选举的民政局的领导也认为:这次选举首次贯彻执行新的《村民委员会组织法》,第一次大面积实行"无候选人一票直选",效果显著。我们唯有把权利真正交给选民,让选民做主,一切问题才能迎刃而解。这是当地一位民政局领导的工作体会。① 当然,目前各地政治经济文化发展不平衡,村民自治包括村民选举中的问题依然存在,笔者将在后面专门讨论。

第二节 村民自治权概述

一、村民自治权的内涵

"自治"一词,中国史书早有记载,《三国志·魏志·毛玠传》中曾有以下表述:"太祖叹曰:用人如此,使天下人自治,吾复何为哉。"② 自治一

---

① 详见苏州《姑苏晚报》2013年11月10日,A08版报道。
② 王圣诵:《中国自治法研究》,中国法制出版社2003年版,第1页。

词,《辞海》里的解释就是"自己管理自己",可以说言简意赅,反映本意。在我国,根据"自治"的不同,有民族区域自治、特别行政区高度自治和基层社会民主自治之分,这些不同的自治,都是由各自特定区域的主体或居民,自己管理自己。而基层社会民主自治又有两种:一是在城区、市镇的社区居民自治;二是在农村的村民自治。高应笃先生在《地方自治学》中认为:"自治系指地方上的公共事务,由人民自行处理,或由人民选出的官员代为处理。"他在该书中引用孙中山先生"权在于官,不在于民,则为官治,权在于民,不在于官,则为民治"的话。高先生认为,自治就是孙中山所说的民治。而英国政治学家布赖斯在《现代民主政体》中认为,"自由制度总能够养成人民自由的精神及为公共目的合作的习惯"。"地方自治第一种贡献是能养成人民对于公共事务的关切心,使人人都知道有监督公共事务之执行的责任。……一个人如果对农村的事务能够有公共心,能够很公平很热诚,这个人于国家的大事会知道尽公民的义务了。""地方自治第二种贡献是使人民不仅能为公众尽力,并能得到有效的协作。人的'常识''理解力''决断力'及'群性'就会发达了。"①当今发达资本主义国家特别是英美法国家,都把地方自治视为包括农村基层在内的各级地方政权建设的理论基础,他们认为,自治权是人权的一部分,是与生俱有的天赋人权,自治相对于国家权力而言,国家权力是后来的,派生的。我国学者通说认为,"自治",就是在特定的期间内、特定的区域中、特定的群体内,自治主体在国家与法律授予的权限内,自我设定权限和自我管理与己有关的社会事务的一种权力。②

学界对于村民自治的界定并不统一,有学者从法治、政治制度、社会治理三个视角对于村民自治的概念进行分析,该学者指出:作为法治的村民自治,它具有秩序、自由及正义的价值内涵;作为政治制度的村民自治,它是国家宪政框架内的制度和农村基层民主制度;作为治理模式的村民自治,它的实际运作过程是由村民建立自治机关,行使自治权的过

---

① 〔英〕布赖斯:《现代民主政体》(第一编),梅祖芬译,商务印书馆1923年版,第176、179、180页。

② 参见王圣诵:《中国自治法研究》,中国法制出版社2003年版,第2页。

程,从而构建起一个以自治权为核心的治理模式。① 本书认为:村民自治就是农村基层社区的村民集体进行自我管理、自我教育、自我服务、自我约束、自我发展即自我决定、处理涉及村民切身利益的公共事务、公益事业的农村基层治理模式。它包括以下内容:① 自治的主体是农村村民,村民享有自主管理本村公共事务的民主权利;② 自治的地域范围是村,即与农村居民生活联系十分紧密的社区,这是农村社会最基本的组织单位;③ 自治的内容为本村的公共事务和公益事业,即村务;④ 自治的目的是使广大农村居民在本村范围内实现自我管理、自我教育、自我服务,有效地处理与村民利益密切相关的本村公共事务,将社会主义民主落实到最基层,保证国家对农村基层社会的有效治理。

有关村民自治权的内涵,我国学界尚未达成一致的论述,出现了众说纷纭的状况。比如王德志认为,村民自治既是我国农村实行的一项直接民主制度,也是我国农村村民享有的一项基本民主权利。村民自治权是农村村民以村为自治单位,对自治范围内的事项进行自主管理、自主决策的权利,任何机关、团体和个人不得干涉。② 黄艳萍主张,村民自治权利是指村民群众、村民自治组织排除政府机构、社团组织等外部力量干预村民自治事项的法律权利。③ 潘嘉玮、周贤日认为,村民自治权是通过一定形式组织起来的区域性群众组织,依据国家立法对一定范围内的公共事务进行管理的权力。④ 王旭宽认为,村民自治权是村民在国家法律范围内,以社会契约的形式共同行使对村民自治事务的议事权、决策权、管理权、监督权,是村民权利的集合。⑤ 张广修、张景峰认为,村民自

---

① 参见程亚萍:《村民自治概念的三个视角》,载《高等函授学报》(哲学社会科学版)2008年第2期,第7页。

② 参见吴家清:《:宪法与社会主义新农村建设》,山东人民出版社2007年版,第384页。

③ 参见黄艳萍:《民族村寨村民自治实现善治的进路——以村规民约的完善为视角》,载《法学杂志》2009年第6期。

④ 参见潘嘉玮、周贤日:《村民自治与行政权的冲突》,中国人民大学出版社2004年版,第190页。

⑤ 参见王旭宽:《村民自治权冲突及其法律救济的不足与完善》,载《云南社会科学》2006年第5期。

治权是法律确认的法定村民享有的以民主方式自我决定和处理村庄公共事务和公益事业的一种基层自治民主权利。①

二、村民自治权的性质

从上述概念的争议来看,根本的矛盾直指村民自治权的性质问题,也就是村民自治权是基于私主体的权利抑或是公共权力？我国宪法和法律对行使村民自治权的主体、条件和内容都较少涉及,并没有从法律上明确村民自治权的性质,也就是说,村民自治权究竟是一种国家权力或公共权力,还是一种法律权利,并不是十分清晰。关于村民自治权的法律性质问题在学术界也存在很大的争议,主要存在三种有代表性的观点。第一种观点是权利说,主张村民自治权是一种自治权利,而不是权力。很多学者持这种观点,如王德志、王禹、张广修与张景峰、郝耀武等人。王禹认为,村民自治权是一种自治权利,而不是自治权力。村民自治权是基层民主自治权利的一种,具有法定性。村民自治的权利有两种,一种是村民个人可以直接参与行使的自治权利,如村民参加村民会议的权利,村民选举村民委员会成员的权利和被选进村民委员会的权利,村民监督村民委员会工作的权利,等等；另一种是村民个人无法直接参与行使,而必须通过村民委员会或村民会议、村民代表会议来行使的自治权利,如对本村经济、治安、文化生活、农作物生产规划等有关村民利益的重大事项,必须通过村民会议、村民代表会议或者是村民委员会决定。② 第二种观点是权力说,主张村民自治权是村庄范围内的公共管理权力。"权力说"较有代表性的是潘嘉伟和周贤日,他们认为,村民自治权是"通过一定形式组织起来的区域性群众组织依据国家立法对一定范围内的公共事务进行管理的权力"。沈岿则认为,村民委员会行使的是一种准政府组织的权力。③ 权力说最新的研究成果由北京大学博士生

---

① 参见张广修、张景峰:《村民自治权与基层政权关系论》,河南人民出版社2006年版,第22页。

② 参见王禹:《我国村民自治研究》,北京大学出版社2004年版,第53—54页。

③ 参见沈岿:《谁还在行使权力？》,清华大学出版社2003年版,第1页。

田飞龙作出。他指出,就分散化的宪法学和行政法学视角而言,村民自治权当属民主自治权利,但就统一公法学而言,村民自治权则属于一种社会公权力,这一认识超越了宪法学和行政法学的分散化视角,以分权而非主权的立场肯定了国家之外的社会自治的权力性质,只有确定了村民自治权的社会公权力性质,我们才能够理解为何"指导关系"的表述是科学合理并应该获得制度保障的。因此他得出一个初步结论:在统一公法学的视野中,村民自治权是一种社会公权力,而不仅仅是民主自治权利;在村民自治权的外部关系上,所谓"指导关系"表述的是国家公权力和社会公权力的权力间关系问题,在村民自治权的内部关系上,村委会和村民之间是一种自治权力关系。① 第三种观点是权利与权力双重属性说,主张村民自治权具有权利和权力的双重属性。这种观点的代表性人物是崔智友博士。他认为,就村民而言,它具有权利的属性;就村民委员会而言,它具有权力的属性。从我国国家权力机关的设置来看,最基层的国家政权机关是乡镇政府,村民自治是乡镇以下的社区自治。因此,村民自治权不属于国家权力的范围,但就村民自治而论,自治权对社区或村内部来说,是自治体机关管理或办理本村公共事务和公益事业的管理权,这种管理权对每个村民都有约束力,对社区或村外部来说,就是排除政府机构干预村民自治事项的法律权利。因此,村民自治权应当具有两重性质。②

从目前学界的争议来看,对于村民自治权的权利属性基本达成了共识,争点主要是村民自治权是否具有权力属性。笔者认为,对于权力的认识应当与时俱进,传统的权力仅仅指国家公权力,即立法权、行政权、司法权等,随着政府职能的转变,大量的社会组织进入了公共行政的领域,所以,公共行政的主体呈现出多元化的趋势,包括国家公行政和社会公行政,权力的范围也对应为国家权力和社会权力。所谓社会权力就是社会主体(公民、特别是社会团体、非政府组织)所拥有的社会资源(物

---

① 参见田飞龙:《从村民自治领域的权利救济看统一公法学知识生产的必要性——从村民自治领域的两个典型案例切入》,载《美中法律评论》2009 年第 10 期。
② 参见崔智友:《中国村民自治的法学思考》,载《中国社会科学》2001 年第 3 期。

质资源和精神资源)对社会和国家的支配力。① 村民自治权的法律性质应当一分为二看待,村民自治权应当具有权利与权力的双重属性。一方面,村民自治权应当包括个体性的村民权利,作为个体的村民享有民主选举、民主决策、民主管理、民主监督的自治权利。这一点已为多数学者所接受,兹不赘述。另一方面,村民自治权又包括团体性的村民自治组织权力。村民自治本质上属于国家与社会的分权,依照新公共管理理论和治理理论,村民自治组织作为村庄公共治理主体,与政府组织、行业协会等非政府组织一起共同构成对社会的治理,共同办理村庄公共事务和公益事业,行使着一定的管理社会事务的公共权力,在新公共管理和治理理论的视域下,法学理论也应当积极实行研究范式的转换,正视这种国家与社会分权过程中出现的新问题。当前,法学界已经基本承认了社会团体等非政府组织与政府分享公共权力的事实,非政府组织享有公共权力已经成为一种通说。笔者认为,对于农村村民自治组织和城市社区自治组织而言,其享有的自治权与社会团体享有的自治权具有某种本质上的相似性,都是国家与社会的分权,都具有一定的公共性与自治性,村委会应当是一种准公共行政组织,村委会行使的是一种准公共行政权力。因此,村民自治组织享有自治权力,村民自治权包括公共权力的属性,当无疑问。

基于对村民自治权性质的这些分析,笔者认为,村民自治权的内涵应当是指一定区域范围内的农村村民和农村基层自治组织依法行使的自治权利和对村庄公共事务和公益事业进行管理的社会权力。

三、村民自治权的主体

村民自治权的主体是村民自治权的一个核心要素。但关于村民自治权的主体究竟应当包括哪些,在理论上和现实中都存在较大争议。对此,当前学术界主要存在四种学说。一是个人主体说。该观点认为,村民自治权的主体是村民个人,强调村民自治主体的微观性、限制性与绝对性,如何泽中认为,村民自治中,自治权的主体是作为社会个体的农

---

① 参见马明华:《村民自治权及其法律救济探析——以法社会学为视角》,载《河南省政法管理干部学院学报》2003年第4期,第115页。

民。潘嘉玮、周贤日也指出,村民自治权是一种个体性权利,它是每个村民都享受的权利,而不是一种集体性、团体性的权利。毋庸置疑,这种观点认为,村民自治权的主体是村民个人,而不是村集体。二是组织主体说。该观点认为,村民自治实质上是为了保障村委会的自治权,村委会才是"村民自治"的主体,《村民委员会组织法》也是以落实村委会的自治权为核心的。村委会应当成为名副其实的法人,它是村民自治的组织,性质上属于村民自治体。① 还有部分学者认为,村民自治的实质是以村为单位的"村自治",在法律上,实行自治的"村",应当是"村民自治"的主体。因为不论从《村民委员会组织法》的规定,还是从村民自治的实践经验看,法律所保护的"村民自治",实质上是保护以村为基础的村民集体行使自治权,而村民个人是无法行使自治权的。② 可见,这部分学者主张村民自治权的主体是村民自治组织。三是集合主体说。该观点认为,村民自治权的主体既不是村民个人,也不是村民委员会,而是集体行使自治权的全体村民,强调村民自治主体的宏观性、概括性与相对性,这种观点见于国务院法制办政法司主编的《村民委员会组织法讲话》一书③,但学术界似乎应者寥寥,只有郝耀武博士认为,村民自治权的主体是全体村民。④ 四是复合主体说。有不少学者认为,村民自治的权利主体不止一个,既包括单独的村民个体,也包括村民自治组织。但究竟包括哪些村民自治组织则又有不同观点。乔耀章认为,村民自治涵盖村民自治和村自治两个方面,是村民自治和村自治的统一。其自治主体分别是村民和村地方,他们的权力依法不受侵犯。必须说明的是,这里的"村自治"指的是基层行政村的自治,而非传统社会学意义上的"村社自治"。张广修、张景峰认为,村民自治权的主体包括村民、村民代表和村民委员

---

① 参见陈箭、刘民安:《简论村民委员会的法律地位》,载《政治与法律》1992年第6期。
② 参见黄辉:《中国村自治法的制度、实践与理念》,法律出版社2009年版,第296页。
③ 参见国务院法制办公室政法司:《村民委员会组织法讲话》,中国法制出版社1999年版,第21页。
④ 参见郝耀武:《中国农村村民自治权研究》,吉林大学2009年博士学位论文,第54页。

会,村民是村民自治权行使的一般主体,村民代表是村民自治权行使的特殊主体,村民委员会是村民自治权行使的代理主体。崔智友则认为,由于"法律对实行村民自治的赋权,不仅包括团体意义上的自治权,还包括自治权行使方式上,每个村民享有的个体权利,因此村民自治的权利主体既包括村民个体,也包括村民自治体机关"。①

此外,还涉及一些特殊的主体是否可以成为村民自治权的主体问题:一类是户口不在本村,但长期居住在本村的外来人员能否成为自治权主体;另一类是户口在本村,但长期不在本村居住的村民能否成为自治权主体。关于这些问题,理论和实践方面都曾长期存在争议,直到2010年《村民委员会组织法》修改后,争议才渐趋平息。《村民委员会组织法》第13条规定:"年满十八周岁的村民,不分民族、种族、性别、职业、家庭出身、宗教信仰、教育程度、财产状况、居住期限,都有选举权和被选举权;但是,依照法律被剥夺政治权利的人除外。村民委员会选举前,应当对下列人员进行登记,列入参加选举的村民名单:户籍在本村并且在本村居住的村民;户籍在本村,不在本村居住,本人表示参加选举的村民;户籍不在本村,在本村居住一年以上,本人申请参加选举,并且经村民会议或者村民代表会议同意参加选举的公民。已在户籍所在村或者居住村登记参加选举的村民,不得再参加其他地方村民委员会的选举。"

笔者认为,根据前述对村民自治权概念的界定与性质的分析,不难发现,村民自治权的主体应当既包括作为个体的村民,也包括村民自治组织。

村民自治作为一种基层群众治理形式,是农村特定区域内的全体村民,依照宪法和法律的规定,根据民主的原则建立自治组织,确立自治规范,自我管理本区域内的公共事务和公益事业的基层群众治理模式。《村民委员会组织法》的立法目的指出:"为了保障农村村民实行自治,由村民依法办理自己的事情,发展农村基层民主,维护村民的合法权益,促

---

① 上述观点分别参见乔耀章:《村民自治再定位》,载《江苏社会科学》1999年第3期;张广修、张景峰:《村民自治权与基层政权关系论》,河南人民出版社2006年版,第35—36页;崔智友:《中国村民自治的法学思考》,载《中国社会科学》2001年第3期。

进社会主义新农村建设,根据宪法,制定本法。"因此,从目前的有关规定来看,村民自治不仅仅是国家治理乡村的一种方式,也是国家赋予农民的一项不可剥夺、不可转让的基本权利。①

在明确村民是自治权主体的前提下,应当客观地认识到村民行使权利的方式有直接和间接两种形式,比如村民选举权的行使是直接的,但在决策、管理、监督等权利的行使中往往要通过各种村民组织来实现,所以,应当承认这些村民组织是在村民让渡权利的基础上行使社会权力,如果否认村民组织的村民自治权主体地位,则无法解释村民会议、村民代表会议、村民选举委员会、村民委员会和村民小组等村民组织在村民自治活动中的地位及其权力,容易导致地方政府对村民自治活动的非法干预、将村民自治组织变成自己的"一条腿"。村民自治作为国家与社会分权的产物,其各种权利主体分别享有相应的自治权利和自治权力,对内实行民主自治、民主管理村庄公共事务和公益事业,对外开展一定活动,接受政府指导和监督并抵御各种侵害自治权的不当或违法行为。

四、村民自治权的内容

就实质而言,村民自治权是多种权利的集合体。根据《村民委员会组织法》第2条的规定:"村民委员会是村民自我管理、自我教育、自我服务的基层群众性自治组织,实行民主选举、民主决策、民主管理、民主监督。"据此,很多学者都将村民自治权的内容概括为4种权利,即民主选举权、民主决策权、民主管理权、民主监督权。这种概括显然还不能全面而深入地揭示村民自治权的真实面貌。为了克服这种权利内容分类方法简单化的缺陷,有些研究者对此问题进行了多维度的探索。如焦艳娜认为,村民自治权包括个体单独行使的权利和集体共同行使的权利。前者包括村民享有受益权、公平获得土地使用权和经营权的权利、评议权、知情权以及监督权和获得救济的权利,后者主要包括选举权与被选举

---

① 参见徐勇:《村民自治的深化:权利保障与社区重建》,载《学习与探索》2005年第4期,第62—63页。

权、民主决策权、民主管理权和民主监督权四项内容。① 笔者认为:选举权与被选举权应该属于个体单独行使的权利。郝耀武则认为,就村民自治权来看,应该从如下三个方面来认知和研究其内容,来划分其谱系:第一是与村民的整体利益尤其是村民的经济利益有紧密关系的权利或权利群,可以称其为直接的村民自治权,主要包括选举权、决策权、管理权、参与权和知情权,这是村民自己针对自己的权利群。第二是保障直接的自治权的权利或权利群,可以称其为保障性的村民自治权,主要包括监督权和罢免权,这是村民自己针对村委会的权利群。第三是在当今时代新的形势下出现的村民自治权的新内容。② 笔者以为,既然将村民自治权的主体区分为村民和村民组织,所以,村民自治权的内容也应当从这两个层面来分析。

(一) 村民的自治权

中共十八届三中全会决定明确提出,"开展形式多样的基层民主协商,推进基层协商制度化,建立健全居民、村民监督机制,促进群众在城乡社区治理、基层公共事务和公益事业中依法自我管理、自我服务、自我教育、自我监督"。为我国村民的自治权指明了方向。村民的具体权利主要有:

1. 选举权与被选举权

《村民委员会组织法》第 13 条第 1 款规定:"年满十八周岁的村民,不分民族、种族、性别、职业、家庭出身、宗教信仰、教育程度、财产状况、居住期限,都有选举权和被选举权;但是,依照法律被剥夺政治权利的人除外。"笔者认为:选举权与被选举权作为重要的政治权利,是村民自治权的核心和基础。

2. 知情权

《村民委员会组织法》第 30 条规定:"村民委员会实行村务公开制度。村民委员会应当及时公布下列事项,接受村民的监督:(一) 本法第

---

① 参见焦艳娜:《论村民自治权》,吉林大学 2007 年硕士学位论文,第 22—29 页。

② 参见郝耀武:《中国农村村民自治权研究》,吉林大学 2009 年博士学位论文,第 73 页。

二十三条、第二十四条规定的由村民会议、村民代表会议讨论决定的事项及其实施情况;(二)国家计划生育政策的落实方案;(三)政府拨付和接受社会捐赠的救灾救助、补贴补助等资金、物资的管理使用情况;(四)村民委员会协助人民政府开展工作的情况;(五)涉及本村村民利益,村民普遍关心的其他事项。前款规定事项中,一般事项至少每季度公布一次;集体财务往来较多的,财务收支情况应当每月公布一次;涉及村民利益的重大事项应当随时公布。村民委员会应当保证所公布事项的真实性,并接受村民的查询。"《村民委员会组织法》第34条规定:"村民委员会和村务监督机构应当建立村务档案。村务档案包括:选举文件和选票,会议记录,土地发包方案和承包合同,经济合同,集体财务账目,集体资产登记文件,公益设施基本资料,基本建设资料,宅基地使用方案,征地补偿费使用及分配方案等。村务档案应当真实、准确、完整、规范。"根据这一规定,村民还应当享有查阅村务档案的权利。根据《村民委员会组织法》第35条的规定,村民享有了解村民委员会成员的任期和离任经济责任审计结果的权利。笔者认为:知情权是村民行使自治权利的必要手段和基本依据。

3. 监督权

村民的监督权主要表现为以下几种形式:一是对登记参加选举的村民名单有提出异议的权利。《村民委员会组织法》第14条规定:"登记参加选举的村民名单应当在选举日的二十日前由村民选举委员会公布。对登记参加选举的村民名单有异议的,应当自名单公布之日起五日内向村民选举委员会申诉,村民选举委员会应当自收到申诉之日起三日内作出处理决定,并公布处理结果。"二是罢免村民委员会成员的权利。《村民委员会组织法》第16条规定:"本村五分之一以上有选举权的村民或者三分之一以上的村民代表联名,可以提出罢免村民委员会成员的要求,并说明要求罢免的理由。被提出罢免的村民委员会成员有权提出申辩意见。罢免村民委员会成员,须有登记参加选举的村民过半数投票,并须经投票的村民过半数通过。"三是举报权。《村民委员会组织法》第17条规定:"以暴力、威胁、欺骗、贿赂、伪造选票、虚报选举票数等不正当手段当选村民委员会成员的,当选无效。对以暴力、威胁、欺骗、贿赂、伪造选票、虚报选举票数等不正当手段,妨害村民行使选举权、被选举权、破坏村民委员会选举的行为，村民有权向乡、民族乡、镇的人民代表大会和人民政府或者县级人民代表大会常务委员会和人民政府及其有关主管部门举报，由乡级或者县级人民政府负责调查并依法处理。"四是申请法院撤销决定权。《村民委员会组织法》第36条第1款规定："村民委员会或者村民委员会成员作出的决定侵害村民合法权益的，受侵害的村民可以申请人民法院予以撤销，责任人依法承担法律责任。"笔者以为，监督权是村民规制自治权利，保障自己充分拥有并利用自治权利的武器。

（二）村民组织的自治权

这里所指的村民组织包括村民委员会、村民会议、村民代表会议、村民小组、村民选举委员会。所以下文关于村民组织的自治权也是从不同主体的角度展开分析，特别需要指出的是，村民组织的自治权既有权利的部分，也有公共权力的部分，这种权力也是一种职责。

1. 村民委员会的职权与职责

根据《村民委员会组织法》的规定，村民委员会的职权与职责主要可以概括为以下几项：办理本村的公共事务和公益事业；调解民间纠纷；向人民政府反映意见、要求和提出建议；向村民会议、村民代表会议负责并报告工作；协助乡、民族乡、镇的人民政府开展工作；管理本村属于村农民集体所有的土地和其他财产，引导村民合理利用自然资源，保护和改善生态环境。中国共产党的十八大报告指出："建设生态文明，是关系人民福祉、关乎民族未来的长远大计。面对资源约束趋紧、环境污染严重、生态系统退化的严峻形势，必须树立尊重自然、顺应自然、保护自然的生态文明理念，把生态文明建设放在突出地位，融入经济建设、政治建设、文化建设、社会建设各方面和全过程，努力建设美丽中国，实现中华民族永续发展。"接受监督的职责。根据《村民委员会组织法》第10条的规定："村民委员会及其成员应当遵守宪法、法律、法规和国家的政策，遵守并组织实施村民自治章程、村规民约，执行村民会议、村民代表会议的决定、决议，办事公道，廉洁奉公，热心为村民服务，接受村民监督。"

2. 村民会议或村民代表会议的自治权

根据《村民委员会组织法》的规定，村民会议由本村18周岁以上的村民组成。村民会议由村民委员会召集。有1/10以上的村民或者1/3以上的村民代表提议，应当召集村民会议。召集村民会议，应当提前10

天通知村民。人数较多或者居住分散的村,可以设立村民代表会议,讨论决定村民会议授权的事项。村民会议行使的权利主要有以下几项:监督村民委员会。《村民委员会组织法》第 23 条第 1 款规定:"村民会议审议村民委员会的年度工作报告,评议村民委员会成员的工作;有权撤销或者变更村民委员会不适当的决定;有权撤销或者变更村民代表会议不适当的决定。"讨论决定涉及村民利益的有关事项。《村民委员会组织法》第 24 条第 1 款规定:"涉及村民利益的下列事项,经村民会议讨论决定方可办理:本村享受误工补贴的人员及补贴标准;从村集体经济所得收益的使用;本村公益事业的兴办和筹资筹劳方案及建设承包方案;土地承包经营方案;村集体经济项目的立项、承包方案;宅基地的使用方案;征地补偿费的使用、分配方案;以借贷、租赁或者其他方式处分村集体财产;村民会议认为应当由村民会议讨论决定的涉及村民利益的其他事项。"制定和修改村民自治章程、村规民约。

3. 村民小组会议的自治权

属于村民小组的集体所有的土地、企业和其他财产的经营管理以及公益事项的办理,由村民小组会议依照有关法律的规定讨论决定,所作决定及实施情况应当及时向本村民小组的村民公布。

4. 村民选举委员会的自治权

村民选举委员会由主任和委员组成,由村民会议、村民代表会议或者各村民小组会议推选产生。根据《村民委员会组织法》第 12 条的规定,村民委员会的选举,由村民选举委员会主持。

五、村民自治权的特点

从 20 世纪 70 年代开始,西方国家伴随着社会实践的发展,治理概念随之产生,最早提出治理概念的是世界银行,它在 1989 年首次使用了"治理危机"的说法。由此开始,"治理"便频繁出现在政治学、管理学和行政学研究领域里。全球治理委员会 1995 年发表的《我们的全球伙伴》研究报告中对治理作出界定:治理是各种公共的或私人的个人和机构管理其共同事务诸多方式的总和,它是使相互冲突的或不同的利益得以调和并且采取联合行动的持续的过程。这既包括通过权力迫使人们服从的正式制度和规则,也包括各种人们同意或认为符合其利益的非正式的制度安排。① 治理概念在本世纪中国逐渐流行,并赋予中国特色。党的十八届四中全会提出要坚持系统治理、依法治理、综合治理、源头治理,提高社会治理法治化水平,尤其强调推进基层治理法治化,认为"基础在基层,工作重点在基层"。村民自治作为一种农村基层治理模式,实际就是由村民建立自治机关,行使自治权,实现基层善治目标的过程。应当看到,我国的村民自治既不同于以自治市为特点的英国地方自治,也不同于以地方团体为机构的欧洲地方自治,当代中国村民自治具有群众性、自治性和直接民主性、功能的多重性等四个特点。

1. 群众性——村民自治主体广泛

村民自治一词在宪法中虽然并不能找到,但在相关法律中却有所体现。《村民委员会组织法》第1条规定:"为了保障农村村民实行自治,由村民群众依法办理自己的事情,发展农村基层民主,促进社会主义新农村建设,根据宪法,制定本法。"《村民委员会组织法》还规定,凡是涉及群众利益和全村的大事,都应该由村民会议讨论决定。村民会议由本村年满18周岁的村民组成。召开村民会议应当有本村年满18周岁村民的过半数参加,或者有村2/3以上的户的代表参加,所作的决定应当经到会人员的过半数通过。应该说,村民自治的群众性,就是由干部"替民做主"转变为"由民做主",直接还权于民,对关系到全体村民利益和村务的大事,必须由全体村民共同讨论决定,由村民自己当家,自己做主。

2. 自治性——村民制度最根本的性质

在我国的村民自治过程中,毫无疑问地贯穿着自治的内容——广大村民自己组织起来,直接表达自己的意愿和要求,行使当家做主的权利,自己管理自己的公共事务和公益事业,使农民当家做主的权利真正落到实处。由"四个民主"的程序体现村民的自治性。首先,通过民主选举,推选出"村民"的自治主体。《村民委员会组织法》第13条第1款规定:"年满十八周岁的村民,不分民族、种族、性别、职业、家庭出身、宗教信仰、教育程度、财产状况、居住期限,都有选举权和被选举权;但是,依照法律被剥夺政治权利的人除外。"根据这一规定,每个成年的未被剥夺政治权利的村民都有参选或当选为村委会主任、副主任和委员的平等权

---

① 参见俞可平:《治理与善治》,社会科学文献出版社2000年版,第2页。

利,从而突出了村民自治的主体地位。其次,通过民主决策和民主管理,反映"村民"的自治内容和方式。在农村设立村民委员会会议或村民代表会议,由村民自己讨论决定村里的大事。村民会议所作决定应当经到会人员的过半数通过。这些规定肯定了村民自己民主决策的权利和民主管理的权利。《村民委员会组织法》第 30 条规定:"村民委员会实行村务公开制度。村民委员会应当及时公布下列事项,其中涉及财务的事项至少每六个月公布一次,接受村民的监督……"通过民主监督,广大村民能够对自己选出的村委会成员管理村务的行为进行监督,保障村民有效自治。

3. 直接民主性——村民自治民主性的特点

彭真同志曾指出:"有了村民委员会,农民群众按照民主集中制的原则,实行直接民主,要办什么,不办什么,先办什么,后办什么,都由群众自己依法决定,这是最广泛的民主实践。他们把一个村的事情管好了,逐渐就会管一个乡的事情;把一个乡的事情管好了,逐渐就会管一个县的事情,逐渐锻炼、提高议政能力……"[①]从实质而言,在我国,村民自治与民主机制是合二为一的,村民自治是实现基层直接民主的途径之一。当代中国村民自治直接民主的性质首先体现在选举方面,村民委员会的主任、副主任和委员,由本村村民直接选举产生,而不是间接选举产生,也不是过去由乡镇政府任命村民委员会成员的那种非民主形式。这种由村民直接选举村民委员会成员的方式,是直接民主的典型形式。在村务管理过程中,《村民委员会组织法》第 24 条规定了九个方面涉及村民利益的事项,村民委员必须提请村民会议讨论决定,方可办理。这些重要村务并没有赋予村委会自己处理,体现的就是村民自治的直接民主。

4. 功能多重性——村民自治作用极其广泛

20 世纪 70 年代末,随着农村经济体制的改革,原政社合一的经济管理体制基本解体后,农村地区曾一度出现了公益事业和公共事务无人管理的混乱状态,由人民公社转化过来的乡镇政权作为最基层的政权组织,面对此种情形显得力不从心,实务中出现了零星的、自发性的村民委

---

① 彭真:《通过群众自治实行基层直接民主》,载《彭真文选》(1941—1990 年),人民出版社 1991 年版,第 608 页。

员会组织协助进行管理,由于它适合于农村管理的需要,逐渐推广开来,中央对此十分重视,及时总结经验,将它确定为管理农村公共事务的自治性组织,并进一步得到立法的认可。村民委员会的产生背景,决定了中国的村民自治具有政治、经济、文化等多重性功能。

尤其值得关注的是,我国村民自治正开始转型,正在从最初关注选举逐步走向关注治理。有研究者指出:"治理是达到善治和良政的关键,它也是目前我国农村村民自治和民主政治发展的转折点。所有关注我国农村发展建设的官员、学者、基层干部和农村积极分子,都要充分认识这一点。"①但对部分地区的农村调查又发现,目前我国一些地方3年举行一次的村民委员会选举呈现形式化、虚置化趋向,村民对于村民委员会的直选表现出冷漠化倾向,人们原来寄予厚望的民主选举的村民可以参与决策、管理、监督的功能往往得不到充分的发挥。现实中,村民委员会和村党支部在选举后,实际担任着决策者与执行者的双重功能,我国村民委员会事实上是一个议行合一的体制,本身缺乏分权的机制,因此村民对于村干部的监督处于非常虚化的状态;特别是在广大中西部地区农村,经济不发达,农民参与意识相对薄弱,大量中青年劳动力外出打工,本地农村难以产生社区活动积极分子和社区政治家,在行政村集体资源匮乏的情况下,农户的原子化现象十分普遍,这种社会发育程度低下的直接结果,是农民的视野非常狭窄,他们仅仅关心自己眼皮底下的利益,只关心家庭的经济收入,而很少关心村级公共事务。研究发现,如果在农村治理状况很差的情况下,在村级公共事务决策、管理、监督尚处于低级状况下,单枪匹马靠直接选举制度完成农村社会转型是十分困难的。在城乡一体化、新型城镇化过程中,可以看到,一场改革正在悄然进行,农民自我管理水平和参与意识正在提高和加强,关注农村公共事务的治理成为广大农民关注的焦点。"春江水暖鸭先知",在农村工作第一线的基层干部最先敏锐地感觉到我国农村直接选举之后的农村治理问题,是当前村民自治所要突出关心的最大问题。因此,在选举和治理的问题上要提倡辩证思维,不能漠视以往在村级直接选举问题上已经取得

---

① 高新军:《村民自治转型:从选举走向治理》,载《南风窗》2013年第22期,第25—27页。

的初步成果,但可以以此为良好的基础,作为农村基层民主政治建设的出发点和突破口,并把提高当前农村的公共事务的良好治理作为工作重点来抓,使农村治理所体现出来的决策、管理、监督水平达到与选举制度实际水平相适应的程度,使选举式自治具有真实的内容,具有与农民切切实实利益相关的实质,村级直接选举制度才有实际意义,才能焕发出其夺目的光彩,并且有可能用良好的治理水平倒逼农村改革,自然而然地可以使我国农村全面改革继续前行。

第三节 村民自治权的法律救济

关于村民自治权的法律救济,学界的观点很不统一,主要集中在村民委员会能否作为行政诉讼的被告。私法学者否定村民委员会作为行政诉讼被告,他们认为,村委会作为平等主体身份侵害村民人身权和财产权的时候,村民当然可以提起民事诉讼,例如,村委会侵犯村民承包经营权。村委会作为管理者身份侵害村民自治权时,可以借鉴《物权法》关于业主撤销之诉的规定允许村民提起诉讼,该法第 78 条第 2 款规定:"业主大会或者业主委员会作出的决定侵害业主合法权益的,受侵害的业主可以请求人民法院予以撤销。"相应的在《村民委员会组织法》中可以规定为:"村民委员会在公共事务管理中作出的决定侵害村民合法权益的,受侵害的村民可以请求人民法院予以撤销,法律另有规定的除外。"这里的"法律另有规定",主要是指村委会受行政机关委托作出决定的情形。① 笔者以为,对于村民自治权的法律救济应当以公法保护为主,确立村民委员会的行政主体地位,有效发挥行政调解、行政复议的功能,畅通行政诉讼的救济路径,正确定位信访的补救功效,建立完善的公法保护体系和制度。

一、确立村民委员会的行政主体地位

从传统行政法的角度来说,我国学者们一般把村民委员会作为行政

---

① 参见龙禹、颜勇:《关于村民自治权司法救济途径的创新研究》,载《广东农业科学》2009 年第 12 期。

相对人来看。只有在法律、法规授权的情况下,才视其为行政主体。在我国法律界,行政主体并非是法律术语而是行政法理论界的一个概念,学者通常认为,行政主体是指享有国家行政职权,能以自己的名义进行行政管理活动,并能独立承担自己行为所产生的法律责任的组织。我国传统的行政主体理论把行政主体分为两类:一是国家行政机关;二是法律、法规、规章授权的组织。[①] 依据此定义,学者们通常把村民委员会简单地列入法律、法规、规章授权的这类组织中,例如胡建淼在其所著的《行政法学》一书中,将授权性行政主体分为五类,把村民委员会列入授权性行政组织的第五类——其他组织,并认为作为群众性自治组织的村民委员会,可从事一定的行政职能活动,而成为行政主体。[②]

应该看到,随着社会的进步与发展,政府要处理的公共事务开始增多,而政府往往因无法获得充足的资源而疲于应付,导致出现大量的社会问题。于是政府把一些管不了也管不好的事交由非政府、非营利的社会公共组织去管理,这样就出现一种不同于传统国家行政的新兴行政模式——社会行政。既然行政法是研究公共行政的法,行政法的研究范围就不应该仅仅局限于国家行政,其疆域应该从国家行政扩展到包含社会行政在内。正如姜明安教授在《行政法与行政诉讼法》一书中明确指出的:"国家行政属于公行政,但公行政不等于国家行政,公行政除了国家行政以外,还包括其他非国家的公共组织的行政。"[③]从事社会行政的主体应与从事国家行政的主体一样,应明确其行政主体地位。村民委员会虽然不属于国家行政的主体,但其属于社会行政的主体,在实际生活中,它完全有可能发生"异化",甚至侵害村民的权益。在一定条件下,村民委员会可以具有行政主体地位,顺应了我国公共行政的发展趋势,体现了行政主体多元化的现代行政法特点,也有利于加强对村民委员会的监督,保障村民自治制度的健康发展。

---

① 根据最高人民法院《关于执行〈行政诉讼法〉若干问题的解释》第20、21条的规定,肯定了规章也可以授权。
② 参见胡建淼主编:《行政法学》,法律出版社2000年版,第73页。
③ 姜明安:《行政法与行政诉讼法》,法律出版社2003年版,第26页。

二、协调好人民调解、行政调解、司法调解在解决基层纠纷中的作用

行政调解、人民调解、司法调解并称为我国的三大调解,在构建大调解机制的要求下,2010年《中华人民共和国人民调解法》(以下简称《人民调解法》)颁布实施,《人民调解法》第8条规定:"村民委员会、居民委员会设立人民调解委员会。"2004年8月18日通过了最高人民法院《关于人民法院民事调解工作若干问题的规定》,2007年3月7日公布了最高人民法院《关于进一步发挥诉讼调解在构建社会主义和谐社会中积极作用的若干意见》。与人民调解、司法调解相比,行政调解的规定姗姗来迟。2010年11月9日发布的国务院《关于加强法治政府建设的意见》(以下简称《意见》)中指出:"要把行政调解作为地方各级人民政府和有关部门的重要职责,建立由地方各级人民政府负总责、政府法制机构牵头、各职能部门为主体的行政调解工作体制,充分发挥行政机关在化解行政争议和民事纠纷中的作用。完善行政调解制度,科学界定调解范围,规范调解程序。对资源开发、环境污染、公共安全事故等方面的民事纠纷,以及涉及人数较多、影响较大、可能影响社会稳定的纠纷,要主动进行调解。"笔者认为,充分发挥调解在解决基层纠纷中的作用,关键在于协调好三种调解的关系。

1. 资源、信息的共享

我国《民事诉讼法》(2007年修正)第16条规定:"人民调解委员会是在基层人民政府和基层人民法院的指导下,调解民间纠纷的群众性组织,人民调解委员会调解民间纠纷,如有违背法律的,人民法院应当予以纠正。"以此为依据,可以考虑在人民法院内部和行政机关以及法律、法规、规章授权的组织内部设立人民调解组织,对于有关纠纷,可以考虑先进行人民调解,如果属于专业性较强的问题,应交由行政调解组织进行,或者由行政主体派出相关的专家辅助人民调解工作。人民法院和行政主体可以为人民调解员的培训提供支持和帮助,委派有经验的法官或行政执法人员以及各领域的专家开展培训工作。人民调解组织对于调解中发现的有利于纠纷解决的信息可以与行政主体、人民法院共享,为彻底、高效地解决纠纷提供帮助,实现信息共享,节省解纷资源,维护社会

和谐稳定的共同目标。

2. 程序衔接

根据我国纠纷解决的步骤来看,诉前调解也是多数当事人的选择,人民调解组织可以利用自身的优势结合地方惯例、行业习惯和标准解决纠纷,争取双方以非诉的方式解决纠纷。对于专业性较强的问题,人民调解组织应做好纠纷的转交工作,对于前期调解中取得的有价值的信息提供给行政调解组织。行政调解组织应做好与人民调解员的交流和沟通,必要时可邀请人民调解员参与调解工作。对于经人民调解组织调解达成的协议,可作为人民法院或行政机关认定事实的重要证据。在行政主体或人民法院作出生效决定后,人民调解组织也应当辅助做好相关的执行工作,真正实现案结事了、官民和谐。

3. 效力衔接

2010年8月28日通过的《人民调解法》第31、33条的规定,明确了人民调解协议的法律效力,这一规定必将推动人民调解工作的发展。但行政调解协议的效力问题一直都没有得到很好的解决,这也成为制约行政调解制度发展的最大障碍。2009年最高人民法院发布的《关于建立健全诉讼与非诉讼相衔接的矛盾纠纷解决机制的若干意见》第8、20、25条,就民事纠纷行政调解协议的效力认定作出了规定,但关于行政纠纷行政调解的效力缺乏规定,对此可借鉴《人民调解法》的规定,经司法确认的行政调解协议赋予其强制执行的效力。对于达不成行政调解协议的,应保障当事人获得司法救济的权利。

三、扩大行政诉讼的范围,畅通村民自治的司法救济

在确立了村民委员会的行政主体地位后,行政诉讼的受案范围依然是限制村民司法救济的一大障碍。修改前的《行政诉讼法》第11条第1款将受案范围主要规定为人身权、财产权受到侵犯的情形,第2款的规定指法律、法规规定的案件。以此为据,在人身权、财产权以外的政治权利受到侵犯,是否属于受案范围,取决于其他法律、法规有无规定。从我国《村民委员会组织法》的规定来看,没有提到村民提起行政诉讼的权利,所以这就造成村民提起行政诉讼的障碍,从近年来各地法院对于此类案件的处理态度也能发现这种不足的弊端。为了更好地保障村民的

自治权利,《行政诉讼法》修改后已经注意到第11条的不足并进行了完善,在新法第12条中作出了人民法院受理公民、法人或者其他组织"认为行政机关侵犯其他人身权、财产权等合法权益的"而提出的行政诉讼,应该理解为选举权保障的行政诉讼渠道已经畅通。另外,我国《行政复议法》第6条的规定公民、法人或者其他组织"认为行政机关的其他行政行为侵犯其合法权益的"可以申请行政复议。没有人身权、财产权的严格限制,这就意味着村民因自治权受到侵犯,有权申请行政复议。

四、理性认识信访的法律地位,依法处理涉农群体性事件

随着我国改革开放的不断深入,政治体制改革和经济体制改革的不断推进,我国社会正处于前所未有的转型时期。一方面人民群众的生活水平不断提高,权利意识随之觉醒;另一方面,社会矛盾也在不断升级。市场经济主体之间的利益相争,政府与人民群众之间的关系也在发生着急剧变化。自2005年《信访条例》修订实施以来,信访潮不断掀起,地方各级人民政府维稳的压力有增无减,维稳工作的常态化加剧了维稳成本的支出,也使得我国的纠纷解决逐渐偏离正轨,"闹"成为一部分民众维权的惯用手段。近年来,农村因土地征用、房屋拆迁、村干部滥用职权等问题引发的群体性事件较多,越级上访、进京上访影响着基层社会的稳定,也严重影响党和政府的形象。对此,学界对于信访制度有废除论、还原论、强化论、改造论等观点。[①] 笔者以为,信访应当还原其本来的功能——下情上达。加强对基层村民自治制度和我国土地征收、补偿制度的完善,规范执法中的证据收集和财产保全、登记行为,从刑法等方面加强对村干部的监督,减少和预防矛盾和纠纷的发生,充分发挥现有的行政复议、行政诉讼在解决纠纷中的作用,而不应当是机械奉行"稳定压倒一切",更不应当用金钱买稳定或者靠暴力维持稳定,还原信访的真实面目。令人欣喜的是,党的《关于全面推进依法治国若干重大问题的决定》提出,要"构建对维护群众具有重要作用的制度体系,建立健全社会矛盾预警机制、利益表达机制、协商沟通机制、救济救助机制,畅通群众利益

---

① 参见章志远:《信访潮与中国多元化行政纠纷解决机制的重构》,载《法治研究》2012年第9期。

协调、权益保障机制。把信访纳入法治化轨道,保障合理合法诉求依照法律规定和程序就能得到合理合法的结果。"这就为维护村民自治权设定了法治化信访的正确渠道。

第四节 村民自治的好典型
——江苏连云港"三权分治"的探索

村级基层组织是党在农村基层实行领导和执政的重要基础。如何扩大和发展农村基层民主,使农民真正当家作主充分行使自己的民主权利,是我国社会主义民主政治建设的重大课题。经过多年的探索和实践,党领导亿万农民找到了一条适合中国国情推进农村基层民主政治建设的途径,这就是实行村民自治。近年来,以村民自治制度为基础的基层民主政治建设整体推进并取得了明显成效,但不可否认,仍存在一些亟待解决的问题,如有的村级组织凝聚力不强,村党支部与村委会内耗严重;少数农村基层干部贪占截留公款私用、索拿卡要、挥霍浪费、拉票贿选、非法占有集体资产等,这些问题在群众中造成恶劣的影响。针对以上的突出问题,迫切需要我们把推进农村基层民主政治建设作为加强农村党风廉政建设的重要举措,强化对权力的监督和制约。随着改革的深入和工业化、城镇化的推进,农村的社会结构、生产方式、组织形式和利益关系正在发生深刻变化,农村基层民主政治建设和党风廉政建设面临着许多新情况、新问题,我们必须立足长远,从体制、机制、制度入手,推进农村基层民主政治建设,建立健全党风廉政建设的长效机制,完善和落实民主选举、民主决策、民主管理、民主监督的各项制度。目前一些地方结合当地实际,在加快农业和农村发展的同时,推进制度创新,按照《农村基层党组织工作条例》和《村民委员会组织法》,积极探索村民自治和农村基层党风廉政建设的有效措施,如全面实行村务公开、推进党务公开、建立村干部勤廉双述、开展村干部经济责任审计等,在一定程度上完善了以村民会议、村民代表大会为组织形式的民主议事和民主决策制度,保障了农民群众的知情权、参与权、管理权和监督权。这些制度的制定和落实都取得了一定的成效,进一步促进了农村基层民主政治建设和党风廉政建设。

在看到这些制度取得成效的同时,我们也要清醒地看到,目前一些制度本身还存在着许多不完善、不配套的地方。如从时间上,有的制度与变化的新形势不相适应,缺乏时效性;从内容上,有的制度照搬上级文件,不能结合地方实际,缺乏针对性;从形式上,制度体系不健全、不规范、流程程序模糊,缺乏可操作性;从运行上,着力点放在"纠偏于既遂"的事后监督环节上,忽略了"防患于未然"的事前和事中监督;从体系上,偏重外部监督,缺乏内部的分权与制衡,缺乏权力分权运作架构和平台。制约与监督都是对权力的约束形式,但约束更多是从权力结构的内部着眼,监督则侧重于对权力的外部约束。如果权力的内部结构不合理,缺乏严密的内部制约,再有力的外部监督也难以奏效。简而言之,我们许多制度,实体上缺乏权力的相互制衡,程序上缺乏流程的细化操作。过去的经验和教训已经证明,仅仅有制度是远远不够的。也正是这个原因,过去我们也有不少制度,但村干部不执行,其他人也就没办法,制度最终是定在纸上,挂在墙上,落实不到行动上。因此,一方面要充分认识到农村基层民主政治建设和党风廉政建设的长期性、艰巨性和复杂性,以及制度建设的根本性、长期性、全局性和稳定性;另一方面,也要看到制度不在多,而在精,必须管用,必须好操作。在这方面,有些地方已经进行了一些有益的探索。现就笔者所参加调研的一个实例——江苏连云港"三权分治"模式作一些介绍,其经验值得推广。

一、"村权三分、三会自治"村治模式的构想

英国思想史家阿克顿曾说过:"权力导致腐败,绝对的权力导致绝对的腐败。"① 如何防止"民选"的村官蜕化变质成为"初任时是好人,放松监督时是狂人,发展下去变罪人"的现象发生?笔者认为,关键是完善权力的配置,许多腐败问题的发生都与权力配置不科学、结构不合理有关。突出表现是权力过于集中,有的甚至集中于少数人手中。要通过合理配置权力,当一种权力超过其合理限度时就引起其他相等权力的制止和纠正,形成制约机制。具体讲就是健全和完善村权运行机制,在实体和程序层面,按照公开透明、规范有序、制度有效的权力运行原则,对村权授

---

① 〔英〕约翰,阿克顿:《自由与权力》,商务印书馆 2001 年版。

予机制、村权运转机制、村权制约监督机制不断进行创新。从法律层面上讲,村民自治所要解决的核心就是在村级资产所有权和管理权分离的条件下,通过建立一套既能分权,又能相互制衡的制度,防止村社管理层(村民委员会)对村社所有者(村民)权益的背离,从而达到保护村民权益的目的,即搭建一个权力受制衡、民主受保障的平台。

某种意义说,我们不缺乏制度,而是缺乏制度中的制衡。笔者认为,在新形势下,加强农村基层民主政治建设和党风廉政建设,必须从村权(村民自治权)制衡(权力制约、程序制约、权利制约)这个关键环节入手,按照决策、执行、监督"行政三分"的理论,将村权进行三分。借鉴现代企业制度中企业治理结构模式(股东大会、董事会、监事会、经理管理层),设立村民议事会、村民委员会、村民监事会,"三会"村务治理机构,分别行使村权(村民自治权)中的决策权、管理权、监督权,构建"村权三分、三会自治"村治模式。

"村权三分、三会自治"村治模式,是将民主制度、操作程序、群众监督结合起来,建立起的一个比较系统、全面、科学、规范的民主村治模式。"村权三分、三会自治"的本质是民主自治,核心是权力制衡,特点是程序规范,即通过完善民主制度,规范权力运行,严密工作流程,强化监督保障,逐步形成一个自我管理、自我监督、自我服务、自我发展的运转机制。

二、"村权三分、三会自治"村治模式的架构

(一) 民主通过制度实现

中国的基层民主不应当只是空谈,更需要有一套运行着的配套制度以达致基层民主的有序运行。这样一套制度必须包含三大要素,即全面性、系统性与合理性。

1. 强调制度的全面性

制定民主选举、村务决策、财务管理、项目管理、村务公开、民主监督、干部考评和责任追究等系列制度,涵盖村民自治"四大民主"的所有内容,有效保障村民"四项权利"的行使。

2. 突出制度的系统性

在相互关系上,制度彼此关联,环环相扣,形成一个递进式的制度体系。在制度内容上,规范事权、财权、人权,使村级集体资产、资金、资源

得到系统管理。

3. 注重制度的合理性

每项制度的制定,既符合法律制度的要求,又尊重农民群众的意愿,真正体现合情、合理、合法。

(二) 制度依靠程序保障

实现村干部依靠程序执行、老百姓依靠程序监督、党委政府依靠程序检查考核,使村务各项工作管理程序化。

1. 突出程序的配套性

全面制定民主选举程序、村务决策程序、村务公开程序、财务管理程序、专项听证程序、村务监督程序、勤廉双述程序、干部责任追究程序等系列工作程序。程序与民主制度一一对应,相互配套。

2. 强调程序的严密性

每个工作程序中的每个环节,如同一条链条,一环扣一环,缺一不可。如村务决策程序,对如何提出议案、如何组织听证、如何会议表决、如何公示公开、如何组织实施等各个环节都作出详细的规定,充分体现程序的严密性,避免村干部的主观随意性。在严格遵循制度实质内容的前提下,做到关键环节一个不少,不必要的环节尽量精简,最大限度降低运行成本,使操作程序既直观简洁,又有效保障权力的规范运作。

(三) 程序依托监督运行

缺乏监督的程序容易从内部腐败生锈,因此要有一套合理的监督体系能与程序配套,达致程序正义的追求。在这里,监督的内容包括三部分,即管理公开化、监督专门化、听证群众化。

1. 管理公开化

细化公开内容,村里大事小事,特别是与群众利益密切相关的事情,都全面、真实、及时地向群众公开,增强工作透明度,确保农民群众的知情权。

2. 监督专门化

专门设立监事会(村纪检监察信访室),健全民主管理监督机制。规定监事会的组成人员必须是非"两会"成员,体现监督的公正性。必须是村支部委员及村民代表,监事长、监事经乡镇组织纪检部门考核后,分别任命为纪检员、监察员,体现监督的权威性。行使监督权时,监督结果必须向村民公示,体现监督的公开性。

3. 听证群众化

建立村干部勤廉双述制度,就是村干部每半年进行述职述廉,村议事会成员(村民)集体听取村委会、村议事会主席述职述廉,在此基础上,对村干部进行民主评议,评议结果直接与干部报酬挂钩,强化群众的监督权。

(四)监督促进民主管理

"村权三分、三会自治"的村治模式是依靠制度保障、依靠程序实施、依靠监督运行的梯度式民主管理体系。它可以搭建农民群众参与民主管理的平台,畅通农民群众参与民主管理的渠道。

1. 实现村治方式从"为民做主"向"民主自治"转变

村务决策主体不再是以往的村两委会或个别村干部,而是村民议事会。村民在村务管理中不再是一名被动接受者,而是一名主动参与者。

2. 实现村治职能从"行政管理"向"公共服务"转变

"村权三分、三会自治"村治模式明确村民委员会在村务管理中只是执行机构而非决策机构,村民委员会的成员不再是行政管理者而是服务村民、服务农村经济发展的公仆。村民委员会成员在村务管理中,首先要考虑群众同意不同意、满意不满意、拥护不拥护。

3. 实现村治理念从"人治"向"法治"转变

改变过去"能人"治村弊端,村干部对村务事项由"说了算"到"定了干"。构筑起"以程序制约权力,以权利制约权力"的权力制约体系,规范村干部的用权行为,从根本上自然而然提高村民民主意识、法制意识。

三、"村权三分、三会自治"村治模式的特点

1. 充分体现"行政三分"的理论原则

孟德斯鸠在《论法的精神》中说过:"一切有权力的人都容易滥用权力,这是万古不易的一条经验。……从事物的性质来说,要防止滥用权力,就必须以权力制约权力。"党的十七大报告提出要建立健全决策权、执行权、监督权既相互制约又相互协调的权力结构和运行机制。2007年2月27日新华社一篇论述"三权制约协调"的文章同时发表在《人民日报》《光明日报》《中国青年报》上,该文章要求"严格划分不同权力的使

用边界,加强对权力使用的规范和限制"。"村权三分、三会自治"村治模式充分体现了上述精神及理论原则。

2. 充分保障村民知情权、参与权、决策权、监督权,不断提高农村基层民主规范化、科学化、法制化水平

村民"四权"通过制衡制度得到体现,通过操作流程得到实施,通过公开监督得到保障。这就极大地激发广大村民参政议政的热情,培养村民强烈的民主意识和法制意识,使村民自治从党的主张、法律要求,逐步转化成为亿万广大群众的自觉行动,从而迅速提高农村基础民主规范化、科学化、法制化水平,极大推进中国的民主化进程。

3. 与现行的一些相关制度(如村务公开,村财乡管)相匹配,从而形成环环相扣的"制度链"

村务公开、村财乡管等一些现行制度是构成"村权三分、三会自治"村治模式的有机组成部分,相关制度的不断创新和探索,从而深化了"村权三分、三会自治"村治模式的内涵。

4. 从体制、机制上强化农村基层党风廉政建设,改善干群关系,促进农村稳定

"村权三分、三会自治"村治模式从理论与实践的结合上,从体制、机制上,把握监督主体与客体的关系,事前、事中和事后监督的关系以及自上而下、自下而上和平行监督的关系,形成结构合理、配置科学、程序严密、制约有效的权利运行机制,体现标本兼治、注重治本、加大预防腐败工作力度的精神,从制度上强化农村基层党风廉政建设。干部用权公开透明,可以减少村民对村干部的误解,增进信任,从源头上改善干群关系,促进农村稳定。

5. 能够进一步强化村党支部领导核心作用

农村党的基层组织是农村各项工作和各种组织的领导核心,是农村经济建设、精神文明建设的组织者和领导者。农村基层党组织的地位和作用不能削弱只能加强。目前一些地方"两委"权力冲突严重,加强村党支部的建设绝不能搞以党代政或党政不分,而是充分发挥村委会的作用,支持、帮助、监督村委会工作,从抓微观执行转变为抓宏观决策和监督,从"运动员"转变为"裁判员"。"村权三分、三会自治"村治模式,通过划定领导权和自治权的边界和范围,明确党支部管方向性"大事",村

委会管具体事务,从而使村党支部书记及支委成员实现角色的转换。村党支部可以把工作重心放在议事会、监事会上,通过议事会、监事会规范自治权力运行,支持和保障村民开展自治活动,直接行使民主权利,把党委、政府的精神、意图转化为对全体村民有约束力的村规民约,使党的路线方针政策贯彻具有巩固的群众基础。

6. 能够进一步强化乡镇基层组织对村级组织的监督和指导

现实中,一些村干部依仗自己是民选产生,常常和上级对着干。有些村干部仗着工作能力较强,连任数届后,自认为在群众中威信较高,就有恃无恐、独断专行。"村权三分、三会自治"村治模式从规范权力运行机制入手,从源头上削弱了少数村干部与上级讨价还价的"资本"。乡镇基层组织通过加强村党支部建设,一方面,可以间接对村务进行宏观管理;另一方面,可以从大量的群众性事务、纠纷中解脱出来,摆脱与群众面对面的矛盾,更好地发挥指导和监督作用。

四、"村权三分、三会自治"村治模式目前存在的问题

1. 村庄非制度化因素对"村权三分、三会自治"村治模式构建产生负面影响

当下的中国广大农村虽然受到经济市场化等现代因素的影响,变化极大,尤其是人际关系的变化尤为明显,但就大部分农村而言,本质上还没有改变"抬头不见低头见"的熟人社会的现状。这虽然具有有利于村民获得相对充分信息进行理性判断的一面,但农村特有的宗族宗派、关系链、人际圈和派系等无法回避的人情渗透以及受封建专制和计划经济的影响,因此,不能忽视农村中重人治、轻法治的固有文化的影响,也要注意克服这种顽固的文化影响,防止其对"村权三分、三会自治"村治模式正常运作的消极影响。

2. 现有的权利分配和利益格局的调整,使村干部缺乏推行该制度的动力

村干部作为一个理性主体,在推行这项制度时,其积极性来源于对自身成本——效益的判断。"村权三分、三会自治"村治模式在一定程度上可以构建农村矛盾内部化解的机制,促进农村社会的稳定,成为村干部看得见的政治收益。但是随着这项制度的构建到一定阶段,特别是当

对村务的监督以及村干部的约束,割断了村干部非制度性的利益脐带时,有些村干部过去是既得利益者,往往成为该制度的反对者或消极支持者。因此,容易使这些村干部出现怠政、懒政现象,如何预防和遏制村干部不作为问题,需要进一步规范。

3. 如何保证"三会"各主体有序协调运转仍需进行探索

为什么要建立"三会"制度?制度怎么运行?党支部、村委会、议事会、监事会之间的关系如何处理?这些在制度设置上基本明确,但在实践中经常会因各种因素导致偏离。制度的设置必须能够做到不因领导人的改变而改变,不因领导人看法和注意力的改变而改变。因此,在抓好制度和监督的同时,还需要强化教育,使设置的制度和监督内化为党员干部群众的文化因素。但这需要"文化土壤",需要基层民主政治环境的不断优化和村民参与政治热情的不断提升,而这必将是一个漫长的、艰巨的、复杂的过程。

五、"村权三分、三会自治"村治模式的实施

综上所述,笔者认为,"村权三分、三会自治"村治模式虽然在理论上成熟,操作层面可行,但鉴于农村基层民主政治建设和党风廉政建设的长期性、艰巨性和复杂性,我们建议并乐意看到能在一些地方先行试点,再逐步推广,最终上升到制度性层面。具体实施过程中,笔者认为,其一,要取得地方党政领导的全力支持,离开地方领导的参与与支持,再好的方案也是一张白纸。其二,要对模式方案进行更大范围、更深层次的咨询修订,以期更加完善。其三,对乡、镇、村干部及村民组织全面培训,把模式方案的目的、意义、作用不断进行灌输,优化村治模式实施的软环境,提升村民参与民主政治的热情。其四,以点代面、点面结合逐步扩大试点范围。现行《村民委员会组织法》规定了村委会是民主选举、民主决策、民主管理、民主监督基层群众性自治组织。但实际上,许多地方村民自治"四个民主"中除"民主选举"外,后"三个民主"由于权力制衡制度性缺陷,并没有真正落实到位。村民称之为:"选时有民主,选后无民主。"究其根源是未能为农民提供一套参与决策、监督村务的机制和体制。村民自治机制是农村基层民主政治建设一项重要内容,也是建设社会主义新农村一项重要保障,积极探索村民自治健康发展的有效途径,

制定和推广一系列操作性较强的制度规定,推进民主选举、民主决策、民主管理、民主监督迈出新的步伐,是当前和今后一段时期农村基层民主政治建设和党风廉政建设的重大课题,相信"村权三分、三会自治"村治模式将有助于全面促进这两项建设。

第五节　为出台"村民自治法"鼓与呼

经过多年的实践和努力,我国的村民自治取得了实质性的效果,广大农村逐步实现自我教育、自我管理、自我服务,基层民主法制建设得到进一步加强。2010年10月修订后的《村民委员会组织法》是规范村民委员会建设的基本法律,在一定程度上契合了村民自治权向纵深发展的时代趋势,但其在制度设计上仍未突破以村委会组织体为中心的体制框框,农民政治参与权的主体性地位没有凸显,调动农民政治参与热情的有效性存疑,学界对尽快出台"村民自治法"的呼声高涨。

一、现行村民自治法律规范的不足之处

由于历史和自然条件的原因,当前村民自治还存在许多突出问题,特别是近几年来依据《村民委员会组织法》实行村民自治的实践证明,该法的有些规定已经与新时期农村民主化进程的客观要求不相适应,有些条款在具体实践中渐露弊端和缺陷,难以适应实践的需要。

(一)对当下村委会决策缺乏规制

无救济的权利便如海市蜃楼,远观很美,但却无法有效付诸实施。为此,修订后的《村民委员会组织法》规定了对村委会侵犯农民权益的决策行为的救济途径,赋予受决策影响的农民向法院提起诉讼的司法救济资格,但实践中司法救济的可操作性却由于"民主决策"主体在法律规定和实际执行中的不一致而大大降低。具体来说,《村民委员会组织法》规定,与农民利益关系重大的村务事项决策权由村民大会或村民代表大会行使,故理论上民主决策的责任主体应为村民大会或村民代表大会,目前许多农村中村民大会和村民代表大会呈现出"非常设性"的松散特征,而法律上规定为"决策执行机构"的村委会在实际决策工作中往往把持着指引决策走向的主动权,甚至许多决策就是村委会单方意志的体现,

侵犯了农民的切身利益。所以,《村民委员会组织法》中关于农民针对违法决策的司法救济规定形同虚设,导致村委会作为实际决策的作出者而逃避决策责任,使其转嫁决策风险的可能性大大提高,村民自治权法律救济的规定成为一纸空文。

(二)其他村民自治组织的角色孱弱

"不同的村民自治组织承载着村民自治权不同维度的价值,它们各自的职权分工及之间的多重关系才是村民自治制度的主线,才是村民自治权的全貌。"①然而,《村民委员会组织法》所贯彻的多元制衡机制,却依然局限于以村委会为中心的原有藩篱,缺少对其他村民自治组织功能定位和职权行使的关注。如作为村内"最高权力机关"的村民大会,不仅拥有村内重大事务的决策权,还享有制定村民自治章程和村规民约的"村民自治型立法权",而《村民委员会组织法》对此的交代十分原则和笼统,将该项权利简单概括为"报乡镇政府备案",一笔带过。众所周知,村民自治章程和村规民约内生于乡土文明之中,是对农民长期以来生活习惯和组织规则的集中概括,也是对农民民主诉求和自治意识的深刻表达,村民自治章程和村规民约的形成过程也是农民自我管理能力和水平不断提升的过程。因此,法律对村民大会职能的忽视在某种程度上也是对农民自治权的漠视,不利于村民自治权的保护。

(三)两委和其他村民自治组织的关系界定不清

《中国共产党农村基层组织工作条例》指出,坚持党的政治领导,村党支部成为村民自治的领导核心,《村民委员会组织法》规定,村委会是村民自我管理的自治组织,导致村支书和村主任对村民自治事务都有一定的话语权,遗憾的是,相关法律并没有对两者的职权行使和工作协调作出明确的划分和界定,更遑论两委与其他村民自治组织的衔接了。实践中,两委互相扯皮、相互推诿的现象时有发生,更有针锋相对、互相排挤的现象发生,严重影响了村民自治的管理秩序和工作效率。

---

① 秦小建:《村民自治立法的定位:现实检讨及未来走向——以 2010 年新〈村民委员会组织法〉为对象》,载《四川师范大学学报》2011 年第 4 期,第 106 页。

二、新法框架的初步拟定

通过上文论述不难得出结论,为更好地保护农民的自治权,在条件成熟的时候,应考虑制定一部"村民自治法",既可以落实《宪法》第111条的规定,也是对我国村民自治成功实践经验的总结,有助于构建具有中国特色的村民自治制度。制定"村民自治法",从位阶上来说它是一部用以规范我国村民自治的基本法,通过基本法确立村民自治是我国的基本社会制度,保证村民自治有法可依。

"村民自治法"的基本框架至少应当包括:第一章:总则;第二章:民主选举篇;第三章:民主决策篇;第四章:民主管理篇;第五章:民主监督篇;第六章:民主保障篇;第七章:附则。

(一)总则

1. 制订依据:现行宪法条款

2. 基本原则

(1)权力法定原则。村民自治权力法定原则是指根据村民自治权力的性质和特征,一切自治权力都应当是有限的,它来源于宪法和法律,受宪法和法律的限制,越权无效。它包含三层基本意思:第一,权力来源法定,村民自治的一切权力形式上来源于宪法和法律的授权,村民不得通过村民自治章程、村规民约为自己设定宪法和法律没有授予的权力;第二,依法自治,村民必须在法律授权的范围内按照法定的程序行使权力,不得在法律没有规定的情况下使村民负担义务或者侵害其权利;第三,越权无效,村民超越法律授权行使的权力无效,因越权行为造成相对人权利损害的,该行为无效,且村集体要承担相应的赔偿责任。

(2)直接民主原则。1987年3月,彭真在六届人大常委会第二十次会议上指出:"旧中国留给我们的,没有什么民主传统。我国民主生活的习惯是不够的。这个问题怎么解决,还是要抓两头:上面,全国人大和地方各级人大认真履行宪法赋予的职责,发展社会主义民主,健全社会主义法制;下面,基层实行直接民主,凡是关系群众利益的事,由群众自己当家,自己作主,自己决定。上下结合,就会加快社会主义民主的进程。把村民委员会搞好等于办好八亿农民的民主训练班,使人人养成民主生活的习惯,这是发展社会主义民主的一项很重要的基础工作。"直接民主是相对于间接民主而言的一种民主形态,一般可将它理解为:统治者与被统治者的身份的重合,公民作为国家的主人直接参与管理公共事务,而不通过中间环节(如代议制或政党组织)。其突出特点是"人民不间断地直接参与行使权力"。① 因此,笔者认为,应把直接民主原则作为村民自治的原则之一。

(3) 村民自治原则。自治是一种在一定的社会团体中,由其成员独立自主地制定章程,并由章程支配其成员行为的能力。现代意义上的治权建立在人民主权基础上,是国家与社会分离,以法定的分权方式治理社会的产物。人民通过自治组织直接参与一定区域的公共事务管理,行使民主权利。② 村民自治的核心是独立自主,也就是指在不违反国家宪法和法律的前提下,村民行使自治权不受外力的干涉和影响,否则就失去了自治的意义。

(二) 民主选举篇

村委会选举工作是在中国广大农村实行民主宪政的伟大实践,也是广大村民政治生活中的一件大事。它涉及9亿多人口和90%以上的国土面积,其影响是全面的、深远的。但是,至今仍然没有一部关于村民委员会选举的专门规定。为了规范村民的选举活动,更重要的是可以将农村基层自治组织选举工作纳入法治轨道。笔者认为,法律应该对村民委员会选举机构的设置、人员构成、候选人的产生以及选举的程序作出明确的规定,同时对破坏村民委员会换届选举的行为以及应当承担的法律责任也作出相应的具体规定。

(三) 民主决策篇

此篇应包括村民自治事项、村民代表大会及村民小组会议等内容。对村民自治事项的规定应用列举的方式来明确,这种方式既明确了村民自治管理的范围,也可以防止公权力的侵入。村民代表大会是村民自治的最高权力机关,"村民自治法"中要规定村民代表大会和村民小组会议

---

① 〔美〕萨托利:《民主新论》,冯克利、阎克文译,东方出版社1998年版,第315页。

② 参见徐勇:《"绿色崛起"与"都市突破":中国城市社区自治与农村村民自治比较》,载《强国论坛》。

的组成、代表及小组成员的资格、职权范围、行使权力的程序、会议表决的方式等内容。明确在村民委员会不履行或不认真履行相关职责时,村民有权按法定程序召集村民会议。同时规定,在受到阻挠无法召开村民会议的情况下,村民个人有权向有关部门寻求救济途径。

(四)民主管理篇

此篇应包括村民自治章程及村规民约的规定、村民的权利义务、村委会的权利和义务。村民自治章程可以说是村民实行自治的"小宪法",应在"村民自治法"中以必备条款和自定义的方式予以明确;对村规民约性质、调整范围等作出概括性规定,明确违反法律法规、侵犯村民合法权益的条款自始无效,且村民个人可以向村民会议或相关部门反映,请求废除相关内容,也可以直接向人民法院提起诉讼,请求人民法院予以审查并宣布相关内容无效。同时用列举地方式明确村民和村民委员会在管理自治事务中有哪些权利和义务,并赋予相应的保障措施。

(五)民主监督篇

包括村民自治监督委员会的法律地位、设立、职能、工作程序、议事规则等,保证民主选举、民主决策、民主管理的正常运行,并对村务公开、财务公开以及村民委员会成员罢免等问题进行民主监督。

(六)民主保障篇

此篇应包括村民合法权益的保障、村民合法权益受到侵犯后的具体救助途径等。

以上建议都属于初步考虑。党的十八大以来,尤其是党的十八届三中全会、四中全会的两个重要决定对我国农村基层民主和基层社会治理都作出了基本方向、基本原则的规定,加上我们本世纪以来许多地方村民自治经验的积累,学者的理论研究也有相当深度和广度,已经有许多成熟的做法和想法,因此制定一部统一、完整、全面的"村民自治法"已经具备条件,我们应为这部法的成功出台做出努力。

第七章 农民结社自由之保护

中国有句俗语,叫做"人以群分",还有"抱团取暖"之说。因为人是社会关系的总和,人必须在社会关系中生存和发展,农民也不例外。在平常状态下,孤单性似乎成为历史上农民的一个特点,但实际并不尽然,农民联合起来的力量曾使历史上的专制统治者产生恐惧。唐太宗说过:"水可载舟亦可覆舟",就是看到了农民的力量。毛泽东有一句名言:"组织起来",他在革命初期的亮点就是组织湖南农民运动,新中国建立后强调农村生产关系的剧烈变革,在"农村社会主义教育运动"中又号召农村组织贫下中农协会,等等,显然,这种"组织起来"是自上而下号召发动的,而且主要服从于阶级斗争的需要,这与本章所讨论的作为和平时期农民权利的结社自由有着根本区别。

第一节 结社自由简述

结社自由是指"公民为了一定的宗旨并按照一定的原则,自主、自愿、自由地组织各种社会团体进行活动的权利。结社在广义上可分为以营利为目的的结社和不以营利为目的的结社。对于前者,只有少数国家的宪法对此作过专门规定,如日本;对于后者,几乎所有国家的宪法关于结社自由的规定均是就此而言的"[①]。

一、结社自由的历史流变

近代以来,结社权逐渐发展流变而成公民之基本政治权利。对此,托克维尔曾评价道:"结社权是基本人权,破坏结社权就会损害社会本身;结社自由是反对专制政治的重要保障;结社可能会带来暂时的政治

---

① 郭殊:《论农会问题与农民的结社自由》,载《法商研究》2006年第3期。

不稳定,但从长远看有利于社会稳定。"① 在此,托克维尔赋予结社权三重重要含义:一是衡量社会是否受到损害之标准;二是反对专制之重要保障;三是为社会稳定奠定基础。马丁·谢宁教授认为:"集会和结社自由,与发表意见自由一起,构成政治权利范畴的核心。它们是一个能够形成合理的集体意志的活跃市民社会和公共事务的公开性以及任何分享制或代议制的民主过程的法律基础。"② 世界各民主先进国家几无例外地通过宪法形式确认结社权乃一项极为重要的公民权利。

具有政治色彩的现代性社团最早产生于英国。英国是世界上最早产生民主宪政意义上社团的国家。③ 第二次世界大战之后,结社权开始出现在各民主先进国家的宪法之中。如《意大利共和国宪法》第18条规定:"所有公民均有不经许可而自由结合之权利";《西班牙宪法》第16条规定:"西班牙人民依合法宗旨并根据法律规定,自由地集会结社";《德意志联邦共和国基本法》第9条规定:"所有德国人都有结成社团和团体的权利。"

英国的普通法传统使得成文宪法成为不可能,因此以宪法的形式明文规定结社权无法在英国出现。但基于英国的法治传统,"法不禁止即自由"的原则已成为英国人根深蒂固的观念。在此观念的影响下,宪法及法律明文规定的阙如,亦被英国人认为是对臣民固有的结社权之承认与保护。据此理解,英国宪法上的结社权之存在是毋庸置疑的。美国宪法中亦无明文规定结社权。其结社权之存在是由最高法院通过对《宪法第十一条修正案》和《宪法第十四条修正案》的解释而得以确认的。1958年美国联邦最高法院宣布:"为了信仰和思想的提高而从事于结社自由,是宪法第十四条修正案所保障的'自由'的一种不可分割的方面。"④ 但最终确认结社权受到《美国宪法》的保护,是1958年美国最高法院对"全

---

① 〔法〕托克维尔:《论美国的民主》(上卷),商务印书馆1991年版,第216—218页。

② 〔瑞典〕格德门德尔·阿尔弗雷德松、〔挪威〕阿斯布佐恩·艾德:《〈世界人权宣言〉:努力实现的共同标准》,中国人权研究会译,四川人民出版社1999年版,第424页。

③ 参见李龙、夏立安:《论结社自由权》,载《法学》1997年第12期。

④ 沃森、菲茨杰拉德:《美国民主的诺言与履行》,1978年英文版,第111页。

国有色人种协进会诉亚拉巴马州"(*N. A. A. C. P. v. Alabama*, 1958)一案的裁决。

"二战"之后的人权发展之显著特点在于国际人权法的蓬勃发展。在国际人权宪章和欧洲人权公约中,都有专门条款对结社权作出规定。1948年的《结社自由及保护组织权公约》则是专门对结社自由作出的规定。作为普世人权的一部分,结社自由已然成为全人类的共识。

二、结社自由的性质

(一)结社自由权是一项基本的宪法权利

近代特别是21世纪以来,结社权逐渐演化为公民的一项宪法基本权利。结社权是民主政治的体现,同时也是民主政治的保障。因此,世界各国多把结社权这一基本权利纳入宪法之中,以此显示其宪法的民主精神,并证明其政权的合法性。

(二)结社自由是受国际法保护的重要人权

1945年之后,结社权成为国际人权文件的核心权利之一。《世界人权宣言》的第20、23条,《公民权利和政治权利国际公约》第22条,《经济、社会、文化权利国际公约》的第8条等,都明确承认人们有结社或组织工会的自由。国际社会还于1948年专门制定了承认和保护结社自由的公约——《结社自由及保护组织权公约》,其中第一部分为关于结社自由的规定。在地区性人权条约当中,承认和保护结社自由的规定主要见之于《欧洲人权条约》的第11条、《非洲人权和民族权宪章》的第10条和《美洲人权公约》的第16条。

《公民权利和政治权利国际公约》和《经济、社会和文化权利公约》两大国际法是世界各国各地区制定国内人权法或区域性人权公约的基本标准和指南。这两个公约是两种不同性质人权的制度化表达,前者保障第一代人权或称为"蓝色"权利,主要是针对国家侵犯个人的保护;后者保障第二代人权或称为"红色"权利,主要是保障人们的平等权利和确保最低的生活水平。[①] 两个国际人权文件对结社权进行确认使其兼有第

---

① 参见〔美〕科斯塔斯·杜兹纳:《人权的终结》,郭春发译,江苏人民出版社2002年版,第125页。

一代人权和第二代人权的双重属性,作为政治权利,其承载着民主政治的运行和维护功能;作为经济权利,其意味着成员利益的组织化主张与谋求。①

(三) 结社自由的二元属性

1. 消极自由和积极自由

结社权被分为性质不同的两类权利:要求国家消极地不干涉结社的消极自由和要求国家帮助实现结社的积极自由。结社权的消极自由性质在人权早期理论中得到承认,现在它越来越多地被作为一项积极自由。但结社权在本质上是一种目的在于抵抗外来压迫和保护个体或群体权利的消极自由。

2. 伦理权利和法律权利

结社权同时具有伦理权利和法律权利的双重人权属性。人权应然形式和法定形式的两分法决定结社权具有道德权利和法律权利的双重属性,作为道德权利和法律权利的结社权在不同权利形态上有着不同的权利来源和证明标准。作为道德权利,结社权体现着人类社会普遍的道德要求;作为法律权利,结社权表现为依靠国家强制力保障实施的宪法规范和法定化的实证权利。

3. 个体性权利和团体性权利

结社自由固然是以个人作为其当然的主体,但不能因此就仅仅将结社自由的主体限定于个人。与其他个体自由权相比,结社权除了作为保障单独的个体结社自由外,还表现为一种自主治理内部事务的成员共同享有的团体性权利。结社权作为个体性权利,意味着个人有权依其自愿选择与他人结社;作为团体性权利,意味着所缔结社团有权为其成员的共同利益进行活动。结社权中团体性权利并不是绝对的,它与个人自由权存在既统一又对立的关系。而在这二者的关系中,个体自由是基本的。因为如果在结社权中没有个人自由,集体自由也就无所依托;而如果过于强调团体自由权,又可能会伤害个人自由权,会出现假借集体自由权之名否定个人权利的结果。因此,对团体自由权作出合理限制是必

---

① 参见姚建宗编:《法理学:一般法律科学》,中国政法大学出版社 2006 年版,第 164 页。

要的,追求个人自由的目标与为了更大限度地扩大个人自由而对社团内部事务的国家干预在本质上是不矛盾的。

三、结社自由的功能

(一)体现个体尊严与情感需要

自由结成群体的权利对于维护个体尊严、确认自我身份、实现个体发展、反映体现善与价值多元性的生活观念和自由社会的美德实践以及正向情感的促进具有价值。对于承认一个人是道德上的人和承诺他应当过有尊严的生活,自由结社是必备权利之一;在把一个人作为人来尊重的意义上应当使每个人享有自由结成群体的权利。

(二)体现民主与法治

在现代社会,各种各样的社团还可以在国家和民众中间起到缓解二者之间张力的作用。通过集体表达政治和其他诉求的方式,社团一方面成为个体愿望展现和达成的平台,另一方面,社团还可以借助远大于个体的力量,对公权力的运用形成有效的制衡与监督。社团也可以成为抵制国家权力损害个体基本权利,特别是毁灭性地伤害个体权利的一道阀门。托克维尔就认为,在民主国家,结社自由是防止一党专制或大人物专权的有效办法。借助于结社自由,人们能够走到一起,结成"防止暴政的堤坝",避免一个伟大民族受到一小撮无赖或一个独夫的残酷压迫。[①] 在现代社会,社团以其对自主自律精神的主张及对权力的制约与分享为民主与法治提供了动力和保障。

(三)体现分权与自治

结社权的分权功能意味着社会权力对政治权力的监督与制约,意味着权力中心的多元化。这是因为,通过结社自由形成的社会力量能够形成制约政治权力的独特社会力量,从而使社会自发秩序得到维护并与国家保持权力平衡。

结社权的自治功能体现在现代社会对自发自生秩序的维系主要是经由自治社会中自由结社而形成的社会团体来完成的。公民通过自愿

[①] 参见〔法〕托克维尔:《论美国的民主》(上卷),董果良译,商务印书馆1996年版,第217页。

结成的各种团体形成了一个自治的私域,在这个私域中公民自主进行管理从而排除了公共权力的介入,公民自律而形成的自由支配的空间为公民提供了维护权利和自由的堡垒。

四、结社自由的限制

自由与秩序之间的紧张关系伴随着人类社会的整个过程。即使在现代自由主义的理论体系中,秩序也具有极其重要的价值。自由主义理论的难题之一即是平衡自由与秩序之间的紧张关系。时至今日,这一紧张关系仍然是困扰自由主义的重要难题之一。自由对秩序的冲击,及至其可能产生无政府状态,成为自由主义反对者们的重要论据之一。对此,托克维尔有着十分深刻的认识,他警告人们:"即使说结社自由没有使人民陷入无政府状态,也可以说它每时每刻都在使人民接近这种状态。"奠基于自由主义的现代宪法,对此也没有采取无视的态度,考诸当代主要民主先进国家的宪法,可以发现对结社权的限制是一种十分普遍的现象。归纳起来,对结社权的限制主要包括实体性限制、程序性限制和责任性限制等方面。由于篇幅有限,不再赘述。

第二节 农民结社自由

一、农民结社自由之宪法依据

农民首先是公民,因此而享有一切宪法所规定的公民权利。《中华人民共和国宪法》第35条规定:"中华人民共和国公民有言论、出版、集会、结社、游行、示威的自由。"结社自由既然是宪法所规定的公民权利之一,也当然是农民的宪法权利之一。盖因农民身份从属于公民身份,所以"农民的结社自由必然建立在公民结社自由的基础上。宪法对结社自由的确认与保障,显示了宪法的民主理念,是宪法权力的合法性基础"。[①]

宪法上保护的结社自由,包括公民有依法组成各种性质的社团的自

[①] 郭殊:《论农会问题与农民的结社自由》,载《法商研究》2006年第3期。

由,包括营利性结社和非营利性结社。① 在整个基本权利体系中,结社自由只是一项单一的权利。但即使是这样的单个权利,"它也是一个包含诸多层面内容的权利体系。从团体的成立、个人或者组织的参加、团体和成员的活动到团体的解散,无一不包含着一定的自由和权利。而要全方位保障结社自由,使结社自由制度化、法律化,就必须研究结社自由的体系。遗漏任何一个方面,都不是完整的结社自由,甚至就不能称之为结社自由"。② 具体而言,结社自由的体系包括以下几个方面③:① 成立社团的自由;② 加入社团的自由;③ 社团活动的自由;④ 社团成员的活动自由;⑤ 不加入社团的自由。

农民结社自由保障的是农民自由加入农民社团组织的自由。所谓农民社团组织就是以农民为主体,以农民自愿参与为前提,以民主管理、自我服务为原则,以争取和维护农民政治、经济、社会等各方面利益福祉为目的,而不是以营利为目的组建的社会组织。农民社团组织包括政治管理类组织、经济互助合作类组织和社会服务与文化公益类组织。政治管理类组织主要包括村民委员会、共青团组织、妇代会、调解会、计划生育协会等;经济互助合作类组织主要指各种专业性的农民合作经济组织,如农村专业经济协会、经济合作社等;社会服务与文化公益类组织,如老年协会、扶贫协会及专门关注农村留守儿童、妇女等公益组织。

二、农民结社自由的重要性

(一) 有助于解决农民权利贫困,拓展农民维权渠道

当代中国农村的根本问题是农民权利缺失的问题,而农民权利贫困的根源之一在于社会组织建构的缺陷。农民在与各利益相关方如村干部、市民、政府、市场主体等的利益博弈中始终处于严重的弱势地位。基层政府与村干部借助土地家庭承包机制和强势话语权,对于农民承包的土地仍享有没有明确授权的剩余权力,可以任意地将农民的土地征用,而农民却无讨价还价的能力。再比如,农民不能与市民同等地享有国家

---

① 参见周叶中、韩大元主编:《宪法》,法律出版社2006年版,第205页。
② 郭殊:《论农会问题与农民的结社自由》,载《法商研究》2006年第3期。
③ 同上注。

托底的社保权,这使农民在年老体病之时的处境更为艰难。此外,由于农村的土地和房屋目前都不能自由流转,农民由农村到城市的流动是没有财产的流动,这严重损害了农民的财产权和自由迁徙权。而当农民的这些权利受损后,农民个体通过上访等途径维权的效益甚微,此时如果没有能代表他们权益的团体更有力量地表达农民的利益诉求,就会造成农民权利贫困的组织困境。因此,解决农民权利贫困问题的关键,在于保障农民的自由结社权。只有保障农民结社的自由,才能保障农民自身组织建设的建构或重构,推动农民的政治化程度和公民意识的提高,使这些农民的自发组织有能力成为农民表达诉求和维权的重要渠道。

(二)有助于发展农业生产力,促进农业经济市场化和组织化

实行家庭联产承包制和大包干,曾经极大地调动了农民生产的积极性和主动性,促进了农业经济的发展。但与此同时,这一体制也带来了一些问题,比如单个农户承包的土地有限、经营规模不大、经营方式落后等,与现代市场经济所要求的规模化经营不相符,致使农民收入增长缓慢。要消减家庭联产承包制的分散经营的副作用,就需要发展壮大农村民间组织来引导农民进入市场,提高规模效应和市场竞争力,并且使广大农民从加入合作组织中获得实惠和利益。农村社团组织一方面可以把分散的农户组织成一个整体,介绍生产经验,传授农业技术,提供市场信息和各种服务;另一方面可以广泛联络各种渠道,准确把握市场供求关系,把作为供方的农户和求方的市场真正联系到一起,成为农产品进入市场、打开市场、赢得市场的一条重要通道。实践证明,保障农民的自由结社权,发展农村民间组织,提高中国农民的组织化程度,可以加快农产品的产业化规模经营,提高农民应对市场变化和风险的能力,增加农民收入。因此,保障农民的自由结社权已经成为市场经济条件下中国农业和农村经济发展的一个有效选择。反之,市场经济的竞争特性也成了农村社团组织发展壮大的催化剂。

(三)有助于加强农村公共管理,推动乡村自治

不可否认,村民自治制度已经成为我国农民参与农村公共事务管理和社会治理的最基本制度,并且这一制度已经深深扎根于农村这片广阔的土壤。但是村民自治制度更多地涉及农村政治民主和经济发展领域,无法全方位覆盖基层农村多方面的社会管理与公共服务。再者,乡村熟

人社会的农民个体对作为村民自治组织中最高级、最权威的组织形式——村民委员会的参与度与认同度普遍不高,同时部分村民自治组织滥用权力的现象严重,有相当数量的村委会职能异化,忽略自治职能的履行。还有相当一部分村委会干部出于自身利益的考量,往往在政府力量面前唯唯诺诺,不敢也不善于与政府对话,成为掌握"话语权"的上级政府的"传声筒"或"受气包"。于是,随着越来越多的政府职能延伸到基层,村委会的自治功能式微。唯有保障农民结社自由,加强农村自治组织的建设,才能有效满足当前我国农村日益增长的公共服务与管理需求,推进公共服务社会化和市场化,并大大减轻政府社会管理的压力和成本,增强社会自治功能,扩大基层群众自治范围,真正实现基层组织自治与政府行政管理的有效互动和衔接。

(四)有助于提高农民的组织化水平,促进农民公民意识的提高

结社自由直接联系和影响到农民的组织化水平。随着我国农村公共问题的凸显与农村社会矛盾的突出,在政府为主体的管理系统外,目前在农村正在出现一些自发的、松散的民间组织,这些组织的出现,表明了农民的组织化需求和渴望。这是一个很好的势头。但是,如果这些非组织化的民间组织长期游离于农村治理系统之外,缺少政府的扶持和引导,它们就不能发挥更大的积极作用,在有些情况下,还可能成为潜在的农村社会不安定因素,甚至会发生极大的负面作用。因此,我们应该因势利导,鼓励和保障农民的结社自由,采取欢迎而不是压制、阻挠的态度;同时,要引导农民在村民自治之外的公共事务治理中积极参与,使零碎的、自发的民间组织走向组织化道路,提高组织化程度。真正以鼓励和保障农民结社自由为杠杆,极大提高农民的公民精神,使广大农民真正实现农民的自我教育、自我管理、自我服务和自我监督的各项权利。因此,结社自由有利于推动农民的政治化程度和公民意识的提高,只有通过大力发展农村社会组织、培育农村公民社会,才可以最终实现农村治理的民主化和法治化。

三、农村组建农会的必要性

结社自由在新中国发展过程中经历了许多曲折,改革开放以来,这方面已有长足进步。在我国实践中,尤其是国家民政部门立法中关于社

团登记方面立法逐步改进,不断放宽公民建立社团组织的门槛,特别是在城市,各种社团组织发展很快,例如工会、妇联、商会、学会、协会等活动非常活跃,并逐步走上规范化、制度化道路。但全国多年来唯独没有代表最大群体——广大农民——利益的全国性和区域性团体组织,其原因复杂,但无论如何,这是中国农民政治权利贫困的重要表现。农民最缺乏组织化,最缺少维护利益的制度体系,这对农民利益的保障是最不利的。为此,我们需要反思,应该考虑农会制度重建的必要性、可能性。

(一) 现有村民委员会功能的不足

笔者在实际调查中发现,许多地方的村委会组织存在着以下功能缺陷:

1. 其封闭性表现

村民委员会(以下简称村委会)的成立建立在行政区域划分的基础之上。一个行政村只有一个村委会,不同行政区的村委会其自治权大致相同。在村委会选举选民资格认定上,《村民委员会组织法》第 13 条第 2 款规定:"村民委员会选举前,应当对下列人员进行登记,列入参加选举的村民名单:……(三)户籍不在本村,在本村居住一年以上,本人申请参加选举,并且经村民会议或者村民代表会议同意参加选举的公民……"这条规定使得外来人口有机会享受本村的政治、经济资源。但是,外来人口在本村享有选举权这项法定权利向现实权利转化还存在较大的困难。《村民委员会组织法》第 26 条第 1 款规定:"村民代表会议由村民委员会召集……"村民自治往往仅是拥有村集体产权的"村民"的自治,代表村庄公共权力的村委会基于保证本村村民利益的考虑,也不太愿意在召集村民代表会议时考虑外来人口。事实上,中国传统的村社政治就是熟人政治和血缘政治,作为"陌生人"和"外人"的外来人口甚至在涉及自己切身利益的时候也难以参与利益分配和议事,因此在实践中,村民会议往往难以召开和很少召开,使得外来人口要获得本村选民资格的机会渺茫。这就使村委会人员构成上比较封闭,他们不能整合地区经济,不能把不同行政村的不同产业或同一产业的农民集合起来去发展有效益的规模经济,不能形成合力去维护这些产业农民的利益。

2. 明显的准行政化倾向

村民委员会是依《村民委员会组织法》成立的,带有成立的强制性,行政村内的村民无论愿意与否都得接受该村村民委员会的管理。《村民委员会组织法》第5条规定村委会负有协助乡镇政府完成行政性事务的职能。作为最基层政权的乡镇政府,出于完成指标和追求政绩的动机,往往把指标分解、下派到各村,用行政命令的方式指派村委会完成任务。税费改革后,村委会没有了"要钱、要粮"的任务,但是依然承担着乡镇政府的行政压力,如农村卫生达标、防疫达标、电气化达标、公路达标、招商引资、计划生育、地方治安维护等。在完成这些行政任务的过程中,村委会仍难摆脱行政化的"宿命"。①

在经费筹集方面,《村民委员会组织法》第37条第2款规定:"村民委员会办理本村公益事业所需的经费,由村民会议通过筹资筹劳解决;经费确有困难的,由地方人民政府给予适当支持。"由于我国绝大多数村集体因经济原因无力负担村委会日常运行及办理村庄公益事业所需经费,要乡镇政府予以财力支持,这就加大了村委会与乡镇政府经济联系,村委会对乡镇政府的财政依赖将进一步增强,乡镇政府对村委会的控制也将随之强化。

虽然村委会还拥有成员自治、公共管理、社会服务与保障和集体财产的管理与经营等多种职能。但作为准行政化的组织,事实上扮演着管理者的角色。作为准行政化的乡村最基层组织,执行上级指令是其当然职责,维护村内秩序的稳定乃是其最重要的功能,一般不会由自己或者会同其他行政区域的村委会,去为当地农民争取有利的政策而努力。

3. 凝聚力逐渐被弱化

在中国大多数村庄,没有单独存在的村集体经济组织,村委会与村集体经济组织合二为一。村委会向村民提供村庄道路、桥梁、农田水利等公共物品和计划生育、社会保障、文化卫生等公共服务。由于村委会的各项公益建设经费主要源于村民集资,在村委会掌握着村集体土地资源配置权的前提下,村委会能够比较便利地向村民筹集村庄建设资金。但是随着土地规模化流转(通过转包、出租、转让、互换、股份合作等方式流转土地承包经营权),许多本村村民通过反租、倒包、转包、出租等方式

---

① 参见尤琳:《城乡一体化背景下村委会发展的制度瓶颈及完善路径——兼评新〈村民委员会组织法〉》,载《求实》2011年第2期。

将土地承包权转让给他人使用,事实上他们和土地实际使用已无太大关联,很多村委会逐渐失去了对村集体土地资源的实质性控制权,村民与村委会、村集体土地关联逐渐降低,村委会日益丧失筹集村庄公益建设经费的凝聚力。①

近年来,在中央一系列惠农支农政策的导向安排下,农村经济、农民生活、农村社会面貌有了很大改观,农民的需求也显现出多样性和复杂性的特点。尽管国家加大对农村基础设施和公共服务体系建设的投入,但由于我国农业农村发展底子薄、投入欠账多,目前公共财政覆盖农村的范围和深度还不够,特别是农村税费改革后,乡镇政府几乎丧失了财政汲取能力,"入不敷出""拆东墙补西墙"已成为中西部地区乡镇财政的普遍现象,在这种财政能力的限制下,乡镇政府除去支付工资、办公费用等刚性支出,已难以承担为乡村社会发展提供公共服务的责任,乡镇政府无力完全满足农民所有的需求。这就决定了农民在生产和生活方面的更多需求要由农村自我提供。但是当前由于受"合村并组"、农业税免除等政策的影响,一些地方村委会的村组干部减少了、管理范围扩大了、财政能力削弱了,村务管理"力不从心",提供公共产品和公共服务的能力严重不足。再加上实践中村委会违法卖地、侵害农民权益的事件频频发生,导致农民对村委会已渐渐丧失信任感。村委会在村庄建设中的凝聚力逐渐被弱化。而为农民提供服务,保障其受教育权、劳动权、社会保障权等权利需要一定的资金支撑,需要各方面条件的配合,对此,村委会渐渐无法应对。

(二) 人民代表大会制度在乡村社会中的功能局限

人民代表大会制度是一种代议制,作为根本的政治制度有着许多优点。但作为一种代议制形式出现的间接民主,也有其自身的局限性。由于各种体制性原因,目前农民对于这种制度参与的可能性和积极性面临多重因素的制约,或者不客气地说,在代议制运作过程中存在着精英政治的影子,农民对包括立法在内的政治参与不仅是间接的,而且是极其有限的。在政治学说史中,曾有人认为代议制就是精英主义和民主主义

---

① 参见尤琳:《城乡一体化背景下村委会发展的制度瓶颈及完善路径——兼评新〈村民委员会组织法〉》,载《求实》2011年第2期。

妥协的产物,例如著名思想家卢梭就持激进观点,激烈反对代议制,只供我们参考。问题实实在在表现为人们投票选出的仅仅是代表,而代表常常会发生变化,渐渐异化,代议制机构逐渐变成政治精英们角逐的战场,他们获得的选票与投出这些选票的公民们的真实利益诉求之间在很大程度上失去了内在的关联。①

在我国,虽然2010年修改的《选举法》赋予农民平等的选举权,但是日渐"原子化"的农民在选举出代表后,他们对于代表们的决策活动实际上是缺少控制的;而且在我国广泛存在着视人大代表资格为"荣誉"的现象,被选举出来的农民代表受自身素质和"荣誉"情结的影响,往往不能真正透彻了解农村和农民需求,不能真正有力地表达农民的需求。此外,我国目前表达机制和整合机制中出现精英倾向,八个参政党和各级政协可以说主要是城市精英的活动场所,工会、妇联、工商联、共青团等组织化的形式也在培养着这些群体的精英,农民由于组织化程度低,他们的利益整合功能和利益表达功能就显得特别差。

(三) 现有的农民组织存在的问题

对于当前中国的组织化问题,我们应该抱有实事求是的态度,一般而言,我国农民的组织化首先是以经济领域作为其起点,逐步向社会领域发展。我国目前的农会组织主要有经济上的专业合作型协会、社会生活上的社区及社会保障型协会、文化上的文化艺术型协会、政治上的纯粹维权型协会和综合型协会组织。专业合作经济型协会主要有农民专业合作社、专业协会,基本上是经过登记的法人或社团组织,如浙江省兰溪市孟塘果蔬专业合作社、广西省兴安县漓江果蔬协会、灵川县狮象村农民用水户协会等;社区生活及社会保障型协会是农村向广大村民提供各种社会保障服务以及生活交流互助平台的组织,比如福建省漳浦县长桥镇东升村老年协会、妇代会、调解会、人口学校等;文化艺术型协会是满足精神生活需求、提高农民文化素质的文化型社团组织,如中国农民书法协会、中华全国农民报协会,各地自办的书友会、秧歌队、乡村戏班、农民大学,等等。值得注意的是,近些年来,在某些地区开始出现的纯粹

---

① 参见郭剑平:《社团组织与法律秩序研究》,法律出版社2010年版,第111页。

维权型协会是专门以维护农民合法权益、倡导乡村民主政治为宗旨的民间组织。如安徽省阜阳市三合镇杨云标组织的"农民维权协会"(它提出了"理性维权、文化启蒙、科学致富"三大活动内容)、江苏省沭阳县官墩乡高战组织的"农村发展协会"、河北省唐山市玉田县张凤等组织的"移民协会"等,这些组织大都属于未得到官方承认的非正式组织。综合型协会组织是代表农民各方面利益的组织,如2004年注册成立的山西省永济市农民协会,主要开展学习培训、文体活动、环境建设、发展集体经济等活动,对于参与乡村政治、保护弱者权益方面基本未涉足。

这些农民组织存在的问题主要有[①]:第一,普及范围不广。农民组织涵盖的农户数量太少,占全国农户总数的比例微乎其微。第二,农民协会的成立门槛过高。根据《社会团体登记管理条例》,同业生产经营者组建农民社团时,必须先通过一个业务主管部门的审批,之后才能向登记管理机关提出申请。这种高门槛使得很多的农民协会因不愿或难以找到一个业务主管部门而无法取得合法身份。第三,"官办"色彩较为浓厚。现阶段我国多数农民协会尤其是专业协会是由基层政府或相关机关"领办"的,依托于这些部门,领办部门往往在事实上充当了农民协会的领导人,或者指派领导人。第四,地域跨度小,以乡村范围为主。据中国科协统计,全国农民专业技术协会中,县级以上的仅占10%多一点,其余都是以村为基础,在乡(镇)的范围内组建和运行。此外,还存在农民精英的缺失、组织名称和法律身份不统一等问题。由上述这些问题可以看出,我国农民的组织化程度非常低,而且农民对自我存在方式的选择权被限制,这些都严重削弱了农民组织的力量,使得农民希望达到的社会协商和利益整合的目的无法实现。从这个意义上说,"今天的农民提出建立农民协会,并不是为了建立一种社会对抗组织,而是在寻找一种社会协商和整合组织"。[②]

---

① 参见段海风:《农民协会与农民的法律权益保障》,广西师范大学2008年硕士学位论文。

② 郭殊:《论农会问题与农民的结社自由》,载《法商研究》2006年第3期。

四、农民结社自由的公法保障

农民结社自由的公法保障可以从以下几方面着手。

(一)贯彻落实《农民专业合作社法》,实现农民营利性结社

前已论及,我国农村现代化建设,包括了农民组织化的正当化、合法化;而农民组织化在我国,首先是一个在经济领域中的农民参与过程。虽然,目前我国农村经济合作组织已经初现端倪,但还处在初级阶段,在发展和成长过程中还有许多问题和障碍。像阜阳市"农民维权协会筹委会"这类型的政治维权与经济发展兼顾型组织曾被各级政府视为农民抗争组织而被拒绝核准登记;由于我国"相关业务领域如保险、信用业务的专业化、高效率、有雄厚经营资本支持的诸多市场主体的竞争,面临诸多行业既得利益者的挑战"[①]因而我国大陆农会组织目前实际上受到挤压而难以生存,不能成立像我国台湾地区和日本那样的综合性农会。根据这些情况,目前实现农民结社自由最便利最有效的选择是在既有法律框架下大力发展农民专业合作社。根据2007年实施的《农民专业合作社法》规定,其性质是在农村家庭承包经营基础上,同类农产品的生产经营者或者同类农业生产经营服务的提供者、利用者,自愿联合、民主管理的互助性经济组织,是企业法人。实践证明,农民专业合作社提升了农业产业化经营水平,促进了农业现代化,增加了农民的收入,而且还可以提高农民自身的综合素质,培养农民的组织能力和协商能力,培育出一批农民精英。当农民专业合作社的运行经验(包括负面经验)积累到一定程度时,政府可引导建立区域性农民专业合作社联盟和全国性农业专业合作社联盟,涵盖全国绝大多数农民,实现农村产业规模化经营,实现农民自治管理。

(二)依据宪法规定,修改《社团登记管理条例》,逐步实现农民非营利性结社

我国《宪法》第35条虽然规定了公民享有结社自由,但由于当前我国《宪法》的实际可操作性存在缺陷,人民法院实际上不被允许直接适用

---

① 黄祖辉等:《台湾农会的发展经验与启示——兼议我国农民合作组织的发展方向》,载《台湾研究》2010年第5期。

《宪法》的某一个条款来审理案件,宪法基本权利的实现主要依靠具体法律来保障,而我国没有专门针对结社权的法律规范,农民社团的成立主要依据国务院制定的《社团登记管理条例》和《民办非企业单位登记管理暂行条例》两部行政法规。首先,这在立法权限和程序上有违宪之嫌,至少违反了《中华人民共和国立法法》(以下简称《立法法》),因为《立法法》规定公民的基本权利必须由全国人大的法律来制定,法规、规章只能依据法律来制定,没有法律以前是不能制定的。其次,法律本是应以保障农民自由为主,而现在的法规、规章的精神实际上以控制和限制自由为主。在实践过程中,除极个别地区允许试点外,我国广大农民的结社自由受到了很多的限制,成立民间社团受制于诸多苛刻要求以及严格的事前与事后审查。对于农民来讲,上述法规关于会员人数及活动资金最低限额的规定,无疑为他们的结社自由划出了一道难以逾越的鸿沟,为农民结社合法化设置了过高的门槛。此外,这两部法规赋予行政执法部门广泛的权力,却没有对行政执法部门本身的行为作出限制性规定,从而导致行政执法存在很大的随意性,极容易侵犯农民社团本身的活动自由及其独立性。

为实现公民的非营利性结社,建议国家制定"人民结社自由法",至少目前可以修改《社团登记管理条例》,保障结社自由。首要的是突出赋予公民充分的结社自由权以及社团高度的自治权力,降低社团成立的门槛和标准。其次才是对社团的规制:对其成立、变更及解散等作出程序性规定。对公民结社申请的审批应从内容审查转变为程序性审查,并建立社团备案登记制度,以便对社团进行法治化管理。政府对社团管理权的行使,应当定位于规范社团的行为,目的在于促进社团发展得更好,而不应当给社团活动设置过多障碍。最后,对政府侵犯公民结社自由的行为明确法律责任。有了这样的法律依据,农民社团才能实现独立性、自治性及公益性。2011年,广州市颁布的新规定放宽了结社限制,取得了良好的社会效果。这种有益的地方试验,应该在农村大力推广,并向全国逐步推广。

(三)待条件成熟时,制定"农会法",真正实现农民结社自由

农民组织化是个循序渐进、与时俱进的过程,这是农民摆脱"原子化""碎片化"的生存状态走向现代"团体格局"的法治化、民主化过程。

在农村经济获得发展、农民生活质量显著提高的前提下,农村公共生活领域中的问题逐步演变成为农民利益关注的焦点,成为解决农村中社会矛盾的焦点。因此,停留在只满足农民经济利益上的需求已远远不够。应该看到,《农民专业合作社法》等法律、法规主要是为满足农民的经济需求而制定的,《社团登记管理条例》主要满足农民非营利目的,如科技、文化、社会福利、维护合法权益等需求,当农民同时有这两种需求时,就得分别依据法律成立两个组织,带来人力物力的浪费,而这两种需求经常缠绕在一起,难分彼此,这就会带来实际操作和法律适用上的困难。因此,经过《农民专业合作社法》和《社团登记管理条例》的实施,农民的组织能力、自我管理能力、市场运营能力、民主协商能力、法律意识等得到大幅度提升后,遵循农会的成立从政府选择模式转变到社会选择模式的立法思路,可以考虑适时制定"农会法",专门保护作为弱势群体的农民的结社自由(包括营利自由和非营利自由)。

在制定"农会法"的过程中,要避免上文提到的我国现有农民组织由于系政府选择模式带来的官办色彩浓厚和行政化的弊病,需要遵循从政府选择模式转变到社会选择模式的立法思路,为农会成立和发展留出一定的空间,把它们从政府体系中剥离出来,从人事和财政上割断与政府的联系,明确其与政府之间的界限和范围,实现农会的非政府性,最终由农民针对自身的切实需求决定是否成立农会组织以及成立何种性质的农会组织。此外,"农会法"还应从有利于农会自身能力建设出发,规定农会的许可和登记、宗旨、成员要求、内部机构、活动范围、内部事务与财务管理、合并与解散等内容,使得农会真正成为保护农民合法利益、满足农民各种健康需求、维护农村社会安定的组织。

第三节 我国农民自由结社的实践探索

一、农村的非政府组织(RNGO)

NGO,即非政府组织(Non-governmental Organizations),是指以公共利益为目的、具有民间性质、独立运作的正式组织机构。它们享有税法上的某些优惠,在政府法律所规范的权利下运作,运用大众和企业捐款、自我生产所得以及政府部门的补助款,以实施组织宗旨规定的服务,使社会上大多数人得到帮助。在我国,官方一般将非政府组织称为民间组织或社会团体。

农村 NGO,亦称 RNGO(Rural Non-governmental Organizations),主要是指农村中有别于政府与营利组织的、以维护社会公益为目的、非营利的正式组织,从最宽泛的意义上来讲,可以包括政府和企业外的所有机构,具有组织性、民间性、非营利性、自治性、志愿性和公益性的特征。[①] RNGO 主要有农会组织、农民合作组织、农村专业技术合作组织、农民协会、老年人协会、扶贫救助的民间慈善组织,等等。

(一) RNGO 的作用

1. 政治上

RNGO 有利于搭建农民与政府沟通合作的桥梁,推进农村民主政治建设。

RNGO 作为现代行政学上社会权力的体现,发挥了"第三部门"的作用,在村民和政府之间构筑起强有力的桥梁,是政府实施农村和农业政策的重要渠道。这主要体现在:第一,RNGO 确保农民的利益要求得以集中提出与实现。RNGO 可以将农民的意见、要求集中起来向政府反映,对政府制定公共政策提供帮助,使之更为贴近农民的需求。原子化、碎片化的个人利益诉求对于政策的制定者来说是微不足道的,常被忽略。但是作为群体组织或具有共性的、普遍的利益诉求,却是任何政策制定者都无法忽视的。[②] 第二,RNGO 协助政府实现社会发展目标,特别是在消除农村贫困,创造农民充分就业及促进农村社会融合方面可以成为政府值得信赖的合作助手。RNGO 可以将政府制定相关政策时的具体意图和战略考虑转达给农民,从而改善政府与农民的沟通与联系,加强农民对政府政策的理解与认同,避免农民由于信息不对称和申诉无门,而对政府的决策和行为产生抵触情绪。第三,村民通过 RNGO 这一桥梁,参与了村务的讨论决策和组织实施,加强了对村干部、村务财政开

---

① 参见杜琼:《非政府组织之于农民》,载《云南行政学院学报》2003 年第 4 期。

② 参见赵瑞涛:《黑龙江省农村 NGO 的功能作用和发展现状——以农民专业合作组织为例》,载《安徽农业科学》2009 年第 34 期。

支的监督,增强了公民参政意识,扩大了基层民主,拓展了乡村自主治理的空间,提高了农民政治参与的组织化和制度化。在这个意义上,RNGO对促进村民自主治理,发展农村民主政治十分重要。

2. 经济上

RNGO 的发展有利于转变农业经营模式,促进农村市场经济的发展。

推进新农村建设,必须把经济发展放在首位。提高农村生产力水平,繁荣农村经济,是新农村建设的首要内容,也是新农村建设的重要基础。① RNGO 的发展在以下四个方面有利于农村经济的发展:第一,可以推动农村产业结构调整。RNGO 的建立,将分散经营的农民组织起来,实行专业化生产、一体化经营,实现小生产与大市场的对接,促进当地主导产业向商品化、专业化、区域化的更高层次发展,从而有利于农村产业结构的调整和优化。第二,将促进农业科技进步。RNGO 采用联合经营,依靠集体的力量引进和推广先进技术,使农业科学技术进步有组织载体,加快农业新技术、新品种的推广应用步伐,从而增强农产品在市场上的竞争力。第三,加快农业产业化进程。RNGO 可以将分散的农民组织起来,把生产、加工、运输、销售等环节连接起来,实现生产经营的组织化和一体化,为农业产业化提供有效的连接载体。第四,壮大农村集体经济实力。通过发展 RNGO,增强统一经营层次的功能,开辟增加集体经济收入新的渠道。②

3. 社会上

RNGO 的发展有利于农村公共产品的供给,满足农民的多元需求。

当前,我国面临着全社会日益增长的公共需求如基础设施、医疗、就业、教育、社保、公共安全等快速增长和政府所能提供的公共产品及服务的严重短缺之间的矛盾,在城乡二元经济结构客观存在的事实情况下,这种矛盾在农村表现得更为明显。面对农村公共产品和服务短缺的客

---

① 参见祝建兵、陈娟娟:《论社会主义新农村建设进程中农村 NGO 的发展》,载《云南行政学院学报》2007 年第 3 期。

② 参见曹剑光:《浅析农村社会中介组织存在的问题及其发展》,载《农村经济》2005 年第 4 期。

观事实,乡镇政府必须"权力下放",将一部分社会公益性的社会公共产品和服务职能,委托给 RNGO,并可支付一定的对价。这样既能减轻政府的行政管理成本,提高行政效率,又能充分发挥 RNGO 的作用,有利于逐步建立起多主体、多渠道和多方式共存的多元化、市场化的供给模式。具体表现在,第一,在供给主体上,通过 RNGO 可以动员农村的各种社会力量共同参与公共物品和公共服务性质的活动,以形成政府、市场和 RNGO 三位一体的供给体系;第二,在资金来源上,可以建立起政府财政渠道、市场渠道和 RNGO 等多条筹资渠道,改变多年来单纯依赖国家财政投入而形成的资金匮乏局面;第三,在供给方式上,RNGO 的参与可以促进供给主体由单一化向多元化转变,不断拓宽公共物品供给的新渠道,逐步改变农村公共物品仅由政府提供而产生的供给严重不足的状况。①

4. 文化上

RNGO 的发展有利于满足农民的精神寄托,树立农村文明的新风尚。

RNGO 的发展倡导社会文明,有利于农村精神文明的道德建设,这主要体现在以下几个方面:第一,RNGO 具有公益性、互助性、非营利性等特征,其所倡导的关心人类发展、互助互爱的旨趣与其坚守的人道主义精神,具有民间调解的功能,可化解农村中的一般矛盾,消除黄、赌、毒等丑恶现象,净化农村社会空气,传播真诚友爱、尊老爱幼的善良德行。第二,一些 RNGO 中的志愿团体,通过各种非营利性、公益性的活动,帮助人们学习与实践公共道德,关心公共利益,积极参与乡村公共生活,倡导社会成员相互尊重、相互信赖的人际关系,形成互帮互助的农村自治社会。第三,农民还可以直接参与各类 RNGO 的文化和体育活动来满足其多样化的文化需求与精神诉求,丰富农村文化生活,使农村社会更加和谐。第四,RNGO 深入农村敬老院看望老人、打扫卫生,给妇女送去卫生保健知识,为农村儿童提供图书和小文具等,充分发挥了 RNGO 维护农村留守的老人、妇女和儿童等更为弱势的群体利益的功能。第五,RN-

---

① 参见郭霞、唐桂莲:《我国农村 NGO 生成的体制起因探究》,载《山东师范大学学报(人文社会科学版)》2010 年第 3 期。

GO 对原本就十分脆弱和不成熟的农村社会保障体系是一个有效的补充。因此,在 RNGO 中发展最多最成熟的就是各地的老年协会。①

(二) RNGO 目前面临的发展困境

1. RNGO 的合法性身份缺乏制度保障

国务院于 1998 年发布的《社会团体登记管理条例》设定了社会组织的双重管理体制,即社团的成立既要获得主管部门审批通过,还要得到民政部门登记管理机关的核准登记。由于许多机关对无利可图的民间组织抱有"多一事不如少一事"的想法,RNGO 要找到一个挂靠单位有相当大的困难。而且,条例中也对 RNGO 的办公场所、工作人员、注册资金等作出了规定,不达到一定标准就无法登记,这给 RNGO 的发展造成了一定的阻碍。目前,RNGO 虽然已经得到国务院有关部门的重视,地方政府也纷纷出台政策降低了这类组织成立的限制条件,但即便如此,具有合法身份的 RNGO 也只是一小部分,无法取得合法身份极大束缚了 RNGO 的发展。②即便是取得了合法身份的 RNGO 在农村社会的组织定位也模糊不清。RNGO 既不像村委会组织受到广大农民的普遍认可,也未拥有农村基层政府的广泛支持,更缺少相应的法律、法规及制度的保障。因此导致大多数村民都持观望的态度,并没有意愿加入到组织中去。同时,缺乏制度保障,导致 RNGO 在中国农村的发展受制于政府及其他国家权力的政策限制,难以获得长期稳定的保证。

2. RNGO 缺乏组织的独立性

在我国,政府对 RNGO 的干预过多,使 RNGO 的政治色彩浓厚③,缺少独立性。具体表现在:"政府管理了本该由农村民间组织管理的事务,出现了越位;政府本该承担的职能和责任却被弃之不顾,出现了缺位;同

---

① 参见陈俏巧:《社会主义新农村建设中的农村民间组织》,载《浙江树人大学学报》2008 年第 3 期。

② 参见郭彩云:《农村民间组织与乡村治理研究》,中央民族大学 2012 年博士学位论文,第 59 页。

③ 参见敖毅、许鸣:《当前我国农村新型社会中介组织的发展及其再转型》,载《中国农村经济》2004 年第 7 期。

时政府让民间组织去承担本该由政府负责的职能,出现了主体上的错位。"①这使民间组织不可避免地带有官方色彩,在运行上有强烈的行政化倾向,其结果就是使 RNGO 的职能依附于政府,在社会中影响力微弱。政府既可以通过法律手段取缔那些被视为非法的 RNGO,也可以促使民众或自动放弃或自觉改造活动方式,以符合政府意愿。同时,政府对一些 RNGO 支持力度不够,政府对于自己认为不重要、或者是不容易体现官方政绩的 RNGO,往往弱化经费支持,对一些"挂靠"行政组织的 RNGO 又缺乏对应的引导和监督。②

3. RNGO 组织内部管理混乱

大多数 RNGO 内部治理混乱,分配不合理,产权不明晰,管理无序。例如,有的组织在准入和推出机制、财务和股金制度、分配制度、议事制度等方面存在很大缺陷;有的组织没有建立民主决策制度、重大事项报告制度;有的组织虽然制定了组织章程和制度文本,但在实际运行中并不发挥作用,制度流于形式;有的组织偏离成立宗旨、破坏组织公信力、损害成员利益。这些管理制度缺陷使 RNGO 的群众基础不断流失,不利于 RNGO 发挥应有的作用。因此,虽然政府出台了一些社会组织管理的法规条例,但是农村 RNGO 的制度化建设依然落后,导致 RNGO 的发展各自为政、无章可循、无法可依,影响了 RNGO 的可持续发展。

4. RNGO 的发展还面临资源瓶颈

首先是资金来源的不足。相对于城市的 NGO 来说,RNGO 资金的缺口更大。一些贫困的农村地区连农民的温饱问题都难以解决,根本挤不出钱来去组织公益,再加上各种针对 RNGO 的信贷体系尚未建成,致使 RNGO 的运作资金无法得到保证。而如若没有外界持续的资金资助,RNGO 则会时刻面临"断粮"的困境,难以维系自身的生存和发展。这就造成了一种恶性循环,资金匮乏,RNGO 的活动就无法顺利开展;反之,由于活动无法顺利开展,RNGO 的工作能力又将受到怀疑,影响其未来

---

① 郭彩云:《农村民间组织与乡村治理研究》,中央民族大学 2012 年博士学位论文,第 69 页。

② 参见粟雄飞、尹文嘉、甘日栋:《新农村建设中的 NGO:作用、困境与发展途径》,载《中共山西省委党校学报》2010 年第 5 期。

资金的获取。其次是信息资源的滞后性。在信息爆炸的时代，信息蕴藏着巨大的发展机会，具有极大的价值，但是由于 RNGO 在地理位置、通讯设施方面的缺陷，会造成其信息获取时间的滞后、信息获取手段的落后，这对于 RNGO 的发展极为不利。再次是人力资源方面的困境。RNGO 的一个重要缺陷就是成员素质不高，缺乏专业人士和高素质的管理者，也缺乏有效的培训和激励人才的机制。

5. RNGO 在各地发展不平衡，差异很大

由于不同地区的农村在政治、经济、文化传统、风俗习惯等方面存在很大不同，不同 RNGO 在经费、人才等社会资源方面有很大差异，加之不同区域的农民对 RNGO 的认识水平不同，因此，我国各地 RNGO 的发展差异很大，社会资源分配很不均衡。有些地方根本不重视农村民间组织的发展，没有认识到其作用和重要性，也没有把培育发展 RNGO 作为政府的关注点。从地域分布上而言，东部沿海地区由于经济较发达，城镇化水平较高，RNGO 组织比较活跃，发展势头迅猛，中西部地区则发展比较缓慢，基本上处于初步发展时期；同时，经济类、娱乐类的 RNGO 发展迅速，教育类、环保类、慈善类的 RNGO 发展则较为滞后和不足。

（三）中国 RNGO 的发展道路探索

1. 加强 RNGO 的立法和制度建设

提供法律保障、加强制度建设是加快我国 RNGO 发展的必由之路。我国 2007 年 7 月 1 日起施行的《农民专业合作社法》是新中国成立以来第一部关于农村合作组织的法律，它标志着农村合作组织开始被纳入法治化管理的轨道，也开启了这种组织类型在中国发展的新纪元。除此之外，应推动农村民间组织的各种制度建设，建立健全组织内部的各项规章制度，制定和完善组织章程，规范参与各方的权利和义务；还要完善组织内部的运行机制，建立健全利益分配制度、民主决策制度和民主监督制度等。党的十八届四中全会决定强调推进基层治理法治化，强调"基础在基层，工作重点在基层"，"支持各类社会主体自我约束、自我管理。发挥市民公约、乡规民约、行业规章、团体章程等社会规范在社会治理中的积极作用"。根据这一精神，农民自我组织程度应该有一个顺理成章的大提高。

2. 突出政府对 RNGO 的引导、支持和监督

RNGO 的发展不仅要有良好的立法和制度保障,更为关键的是要保障执行规章制度的力度。政府应通过各种措施来对 RNGO 加以引导、支持和监督,扶持其有序、健康的发展。从我国现阶段的实际情况出发,借鉴国外经验,各级政府应在推动农村民间组织发展方面发挥必要作用。首先,要根据 RNGO 发展的需要制定出配套的扶持政策,在财政、税收等领域给予支持和优惠。其次,要通过宣传、教育、典型示范等各种方式对农民进行引导,政府应出面协调不同 RNGO 之间的关系。再次,政府要强化自身的监管责任,指导并督促 RNGO 健康合法发展。

3. 通过多种途径给予 RNGO 以资金扶持

资金问题是 RNGO 发展的一大难题。除了政府部门要给予一定的财政支持和税收优惠外,RNGO 作为独立经营的主体,其解决资金问题的主要方法和根本路径还是要依靠自身的力量。具体而言,可从以下几方面解决资金问题:第一,健全 RNGO 的资金积累机制。可借鉴相关国际惯例,处理好分配和积累的关系,对积累公积金、红利和公益金作出合理的分配。第二,开展多种经营活动,拓宽资金来源。交易手续费、保险投资收益、管理费、新办实体经济获取的收入等都是 RNGO 获取收入的途径。第三,鼓励和支持农村合作金融组织的发展。具体措施包括建立农村合作金融组织的市场准入机制和加强对农村金融组织的立法和监管。

4. 完善 RNGO 的内部治理结构

RNGO 首先要强化自身的社会责任,即用自己的行动增进和维护农民的社会利益,主要体现为增强组织公信力、提高农民素质、增进农村整合、提供社会公共服务、满足农民精神需求以及扶助农村弱势群体等,尤其要防止自治组织性质的蜕变和异化。其次,完善组织的各项管理制度和程序规范。包括健全理事会、监事会等组织的管理机构,进一步明确其权责范围;健全农村民间组织的民主决策制度,破除家长制作风,以民主协商、公开公正的方式处理内部事务;建立健全对 RNGO 的外部监督和内部监督相结合的监督机制。其中,外部监督主体主要是政府有关职能部门,内部监督主体主要是监事会和组织成员。

二、农民合作经济组织

农村 NGO 中,农民专业合作经济组织(也称农村专业合作组织或农村合作经济组织)最具有典型性和代表性,数量最多,发展水平也最高。因此,可以通过对农民专业合作组织的研究透视农村 NGO 的功能和发展现状。

(一)农村合作经济组织的产生及发展

我国农村合作社的发展历史可以分为三个阶段:第一阶段是 20 世纪 80 年代初到 90 年代初。当时的农村经济主题在于家庭联产承包责任制的全面推行。国家总体上的经济形势也是由计划经济向市场经济转变。1949 年之后在农村建立的大集体体制之显著特点在于农村的任何生产行为都出自于一级一级传达下来的行政命令。在转向联产承包责任制之后,政府大幅度退出农村社会,不再对农民的生产经营行为发布具体的行政命令。另外,习惯于命令体制的农民缺乏对市场的应对能力。一时间,"农村的科技推广体系和金融服务体系都出现了与分散的农户家庭承包经营脱节的现象"。① 为应付这种情况,具有改革意识的部分地区的农民开始建立诸如"专业技术协会""研究会",以及"农村合作基金会"等具有合作性质的组织。前两者的活动内容"以技术合作和交流为主,基金会则主要是盘活社队集体资金,开展农村资金融通活动"。② 这是农民专业合作社的萌芽阶段。第二个阶段是 20 世纪 90 年代。在此阶段,市场经济的改革逐步深化,农民的市场活动显著增多。但由于农民对市场的应对能力仍无显著提高,面对瞬息万变的市场,农产品的销售问题仍十分突出。此时,农民十分需要由较为专业、经验较为丰富的人进行专门的农产品销售工作。由此便导致以从事农产品销售为主的合作经济组织全面兴起,"很多专业协会也把经营重点转向共同销售

---

① 曹文娟:《我国农民合作社法律制度研究》,中央民族大学 2011 年博士学位论文,第 72 页。

② 同上注。

农产品方面"。① 农村的各类经济组织也纷纷参与成立合作经济组织,且合作经济组织的组织形式日趋完善,活动范围也不断扩大。第三阶段是21世纪初至今。中国加入世界贸易组织给中国的农村经济带来了显著的冲击。农业对外贸易的蓬勃发展就是这种冲击的典型体现之一。相比于国内市场,国际市场更加复杂多变。国际贸易中的不同经济体针对农产品所设置的诸多贸易规则——尤其是贸易壁垒——对农村经济合作组织的产品质量、管理者能力及其组织形式提出了全新的要求。2003年以来,新政府所秉持的宏观调控理念也使得政策逐步倾向于对农民专业合作社提供支持。同时,为了响应民间日益高涨的立法呼声,2006年10月31日,《农民专业合作社法》正式通过,并于翌年7月1日正式实施。自此之后,农民专业合作社开始走上制度化的发展轨道。"农民合作社的总体发展呈现加速态势,覆盖乡村、农户的范围不断扩大。在农村经济社会发展中,农民合作社日益成为引导农民发展生产和增加收入,教育农民,繁荣乡村文化,连接政府与农民的有效载体。"②

(二)农民专业合作社的法治进程

我国农民专业合作社的法治进程可以分为三个阶段。

1. 第一阶段

第一阶段指中央层面对农村专业合作社立法规制体系的缓慢启动。在农民专业合作社发展之初,有关规范性文件十分匮乏,农民专业合作社的有关规定几乎处于空白状态。直到1990年2月12日,农业部颁布的《农民股份合作企业暂行规定》,才在较为初级的程度上填补了这一空白。其后,商务部于1991年8月2日印发的《专业合作社示范章程(试行)》,进一步对农村合作经济组织范围进行更广泛的规制。自此之后十余年,农民专业合作社的法制进程未有大的突破。这种情况一直延续到2003年。在这一年,全国供销合作社总社制定了《农村专业合作社示范章程(试行)》和《农村专业合作社指导办法(试行)》两个文件,才算是再次启动了农民专业合作社的法治化进程。不过,令人遗憾的是,这两个

---

① 曹文娟:《我国农民合作社法律制度研究》,中央民族大学2011年博士学位论文,第72页。

② 同上书,第73页。

文件只是全国供销合作社总社制定的指导性文件，并非有权机关制定的具有拘束力的规范性文件。抛开两者在经济学上的优劣区别不论，从中亦可以看出国家对农民专业合作社仍未给予充分的重视。于上述两个指导性文件颁布的同年，修订后的《中华人民共和国农业法》（以下简称《农业法》）正式确立了农业农民专业合作社的法律地位及其规制的基本原则。该法第11条第1款规定："国家鼓励农民在家庭承包经营的基础上自愿组成各类专业合作组织。"第14条规定："农民和农业生产经营组织可以按照法律、行政法规成立各种农产品行业协会，为成员提供生产、营销、信息、技术、培训等服务，发挥协调和自律作用，提出农产品贸易救济措施的申请，维护成员和行业的利益。"第44条第1款规定："国家鼓励供销合作社、农村集体经济组织、农民专业合作经济组织、其他组织和个人发展多种形式的农业生产产前、产中、产后的社会化服务事业。县级以上人民政府及其各有关部门应当采取措施对农业社会化服务事业给予支持。"除此之外，与《农业法》同时实施的《中华人民共和国农村土地承包法》，也对农业农民专业合作社有所提及。该法第42条规定："承包方之间发展农业经济，可以自愿联合将土地承包经营权入股，从事农业合作生产。"

2. 第二阶段

第二阶段指地方层面上的规范性文件实现了对农民专业合作社的专门规定。2004年11月，浙江省制定的《浙江省农民专业合作社条例》（以下简称《条例》），是我国第一部关于农民合作社的专门法规和地方性法规。根据曹文娟的总结，该条例具有如下特点：①《条例》在既定法律框架下，间接地确定了合作社的企业法人地位。②《条例》在坚持以农业生产者为主体的同时，一方面，对合作社股份化现状给予一定程度的认可，为非农业生产者的加入或投资留下了较大的空间，另一方面，又对"一股独大"的可能作出了明确的限制，以尽可能保证合作社的人合性。③《条例》在规制合作社的内部制度方面，选择了规制其表决方式，而不规制其分配方式。④《条例》相对强调自我规制的理念。在入社、退社、表决方式的选择、盈余分配方式的选择、社务公开方式的选择等关键问题上，都强调了"按照章程规定"。但值得特别指出的是，《条例》在强调自我规制的同时，通过详细规定成员（代表）大会职权、生产者社员股份比例、股金比例上限、表决权比例上限等,也不放松对合作社性质的维护。⑤《条例》鼓励合作社扩大规模和进行初加工。⑥《条例》在允许社员联合认购股金、允许土地承包经营权作价出资等几点上有所创新和突破。《条例》明确了农民合作社的法人地位,引导了农民合作社的发展方向,奠定了农民合作社的法律基础。① 浙江省的这个专业合作社条例是《中华人民共和国农民专业合作社法》(以下简称《农民专业合作社法》)制定之前,唯一一部具有总纲性质的专业合作社方面的规范性文件。所以有学者认为,或许这部地方性法规就是推动《农民专业合作社法》制定的主要原因之一。②

3. 第三阶段

第三个阶段指在《农民专业合作社法》推动下,中国农村对农民专业合作社的规制体系全面建立。在2007年7月1日《农民专业合作社法》施行之后,各地方纷纷给予积极响应,并广泛制定了适用于本地方的规制体系。第一个响应的仍然是浙江省,在该法通过之后,浙江省于2007年9月28日颁布了修订后的《浙江省农民专业合作社条例》,并于2009年11月27日颁布了修订后的《浙江省农民专业合作社条例》。唐山市也于2010年10月8日废止了《唐山市村经济合作社条例》。紧随其后又有与此相关的十余部各省市制定的有关专业合作社的规范性文件。现在,应该对这些条例这几年来的实施情况作一个评估,总结其得失,检查其实际实施效果,把农民满意不满意作为检验这些条例效果的根本标准。

(三) 农民专业合作社的新发展

在新的规制体系的促进下,全国的农民专业合作社蓬勃发展起来,甚至还出现了全国范围内的农民专业合作社联合起来的组织形式。当然,这种区分或许在很大程度上只是名称的不同,但可以肯定的是,伴随着名称的不同,它们相互之间必然存在着一定的差异。具体而言,农民专业合作社联合组织有三种形式:一是农民专业合作社联合会。它是我

---

① 参见曹文娟:《我国农民合作社法律制度研究》,中央民族大学2011年博士学位论文,第74—75页。

② 同上书,第75页。

国出现最早、影响力亦较大的一种农民专业合作社联合形式,尽管采用这种联合形式的合作社联合组织在发起设立、会员构成、制度设计等方面存在诸多差异,但冠以联合会名义的农民专业合作社联合组织几乎遍及浙江、安徽、河北、湖北、山东、辽宁、上海等省市。在这些地区,一些地方已经按照各级行政区划设立了乡镇、县、市级农民专业合作社联合会,浙江、河北、湖北等省还成立了省级农民专业合作社联合会。① 2011 年 3 月 23 日,由中国三农事业发展中心主办的"全国百家农民专业合作社联合会高峰发展论坛"在北京召开。会议的中心议题是"切实推进农业和农村经济又好又快发展,进一步发展组建农民专业合作联盟体系,交流当前农民专业合作社发展经验,建立高新科技示范基地,推动国家高新科技农业项目规模化、产业化、系统化的发展"。会议还发表了宣示与会者意志的《北京宣言》。该宣言的亮点在于,"由过去政府要'我'干什么转变成'我'要干什么,表明了新时期的中国农民专业合作社的社员们觉悟在提高,素质在提升"。② 二是农民专业合作社联合社。农民专业合作社联合社多分布在北京、江苏、河南、湖南、甘肃、吉林、福建等省市及山东、黑龙江的部分地区。③ 三是农民专业合作社协会。农民专业合作社采用这种联合形式的地方主要集中在黑龙江、山西、重庆等省市的部分地区,其中黑龙江省于 2010 年 1 月 29 日成立了省级农民专业合作社协会。黑龙江省农民专业合作社协会的业务主管单位是黑龙江省农业委员会,该协会成立后,在开展生产规模化、经营品牌化、管理规范化、社员知识化、产品标准化建设工程,促进农民专业合作社健康发展发挥了桥梁和纽带作用。④

---

① 参见李玉文:《农民专业合作社联合组织形式的比较与选择》,载《社会科学家》2011 年第 9 期。

② 刘家琴:《百家农民专业合作社联合会发展论坛举办》,载中国农民合作社研究网 http://www.ccfc.zju.edu.cn/a/huiyizixun/2010/0326/862.html,2015 年 3 月 20 日访问。

③ 参见李玉文:《农民专业合作社联合组织形式的比较与选择》,载《社会科学家》2011 年第 9 期。

④ 参见《黑龙江省农民专业合作社协会成立》,载中国社会组织网 http://www.chinanpo.gov.cn/web/showBulltetin.do? type = pre&id = 42476,2015 年 3 月 15 日访问。

三、农民工的维权组织——工会

（一）农民工维权的困境

2013年底全国农民工总量为26 894万人,其中,外出进城进镇农民工16 610万人,本地进城进镇农民工10 284万人。据另一则权威统计,2014年全国农民工数量为2.73亿人,比2013年又增加501万人。农民工是我国在特殊的历史时期出现的一个特殊的社会群体。农民工到底是属于农民阶层,还是工人阶层呢？如果要有自己的维权组织,农民工是应该参加工会还是农会呢？应该说在户籍制度尚未完全真正废除的情况下,"农民终究还是一种特殊身份"。[①] 由于城乡户籍制度的存在,农民只要户口还在农村,无论其从事什么行业,在中国还是摆脱不了其"农民身份"。然而农民工又显然不同于一般农民,他们长年累月地在城市打工赚钱,很少在农村生活,这使他们也难以依靠农会来为他们维权,可是在城市,由于大部分农民工工作职业流动性强,再加上农民工组织性不强等原因,也阻碍了农民工加入城市的工会组织,绝大部分农民工无法通过组织化的方式维护自身的权益,这就使农民工普遍没有归属感,维权处于一种两头够不着的困境。农民工的维权困境可从以下这个对农民工与他人或政府机关发生矛盾和冲突时的解决办法的调查表格中有所反映：

表1　农民工与他人或政府机关发生矛盾和冲突的解决办法(%)[②]

解决办法	与他人的纠纷		与政府机关/村组织的纠纷	
	过去4年发生的	如果发生	过去4年发生的	如果发生
法律途径(如起诉)	12.7	32.2	0.8	45.1
找对方单位解决	3.2	11.6	13.3	13.4
找上级领导解决	—	—	33.3	24.1

---

① 周永坤:《中国现代化进程中的农民问题》,载《河北学刊》2012年1月,第102页。

② 表格引自丁云等编著:《当代中国农民政治参与》,知识产权出版社2011年版,第247页。

(续表)

解决办法	与他人的纠纷		与政府机关/村组织的纠纷	
	过去4年发生的	如果发生	过去4年发生的	如果发生
找熟人调解	30.2	18.3	—	—
找政府/村组织调解	23.8	23.2	—	—
集体上访	—	—	6.67	1.7
找媒体投诉	1.6	0.6	13.3	3.0
忍了	38.1	11.6	26.7	11.3
其他	7.9	2.6	20	1.4

从表中我们可以明显地看到农民工发生纠纷时,"过去4年发生的"与"如果发生"之间,也就是"理想"与"现实"之间的巨大反差,它反映了农民工对国家政治权力机关抱有的巨大期望和在现实生活中国家政治权力机关对农民工权益维护之间的巨大差异。

由此可见,在眼下,农民工的利益表达渠道有的是通过个体的努力,有的是把希望寄托在"老乡会""同乡会"等乡村"熟人社会"衍生的非正式组织,但更多的则是选择了沉默和容忍的方式"不了了之"。而现代民主社会公民利益表达的主渠道应该是通过社团化的组织力量,即社会组织的利益表达渠道。透过现象分析,农民工屡屡维权无门的一个很重要的原因,就是农民工缺乏代表自身利益的维权组织。

(二)建立农民工维权组织的积极意义

1. 有利于增加农民工在劳资博弈中的话语权

经济学理论认为,制度和组织具有节约交易费用的主要目的和效果。但我国的农民工市场普遍存在供大于求的现象,人员分散、流动性强以及信息不对称等原因,使得单个农民工基本不具备谈判实力。通过农民工维权组织与资方集体签约,可节约交易费用成本,从而使农民工通过法律手段来维护自身权益成为可能。如自2003年以来,河南省信阳市的28万余名农民工依靠信阳市总工会督促企业主依法与他们补签了规范的劳动合同,如果不是工会这一组织,仅靠个人力量是很难办到的。① 劳资矛盾只有通过组织化的博弈才会达成相对公正的协议,进而维护效率与公平的平衡。

2. 有利于改变农民工在政治上的弱势地位

从我国二元经济体制产生的渊源来看,农民工脱胎于农民,其经济和政治的弱势地位源于户籍制等一揽子城乡分割的制度安排和长期的强力控制,其政治地位明显低于城市制造业部门的工人。而农民工维权组织的缺乏,使农民工群体没有反映自己声音的发言机制,没有参政议政、发表意见的渠道,因此,要维护农民工的合法权益,除了要在上层建筑中改革国家政治体制(如人民代表大会制度、基层群众民主自治制度)之外,建立并加强农民工的维权组织非常重要,只有通过强有力的组织来上下沟通反馈,才能使农民工更好地行使自己的政治参与权利,提高自己的政治地位。农民工是转型时期特殊情况下存在的,既区别于农村中农民,又区别于城市工人,因此其维权组织和形式也应该有其过渡性,但方向应该是向城市工人维权组织和形式靠拢。

3. 有利于促进经济发展和社会稳定

近年来,在我国经济增长的同时,劳资矛盾非常突出,已成为经济增长和社会稳定的潜在危害,主要问题有:劳动合同签订率低且质量不高,合同普遍存在不平等条款和违法条款;工资水平和支付水平都较低,拖欠、克扣农民工工资的现象普遍存在;农民工劳动时间长、劳动强度大,社会保障缺失等。这些矛盾的激化,严重影响了经济环境和社会稳定,不利于国家的长治久安。通过农民工维权组织的工作,则能在一定程度上化解矛盾,调整劳资关系,有利于经济发展和社会稳定。②

---

① 参见中国改革发展研究院编:《中国农民组织建设》,中国经济出版社2005年版,第398页。

② 目前,新一届党中央领导集体已高度关注这一问题,在2015年3月21日中共中央、国务院印发的《关于构建和谐劳动关系的意见》中特别指出:"我国正处于经济社会转型时期,劳动关系的主体及其利益诉求越来越多元化,劳动关系矛盾已进入凸显期和多发期,劳动争议案件居高不下,有的地方拖欠农民工工资等损害职工利益的现象仍较突出,集体停工和群体性事件时有发生,构建和谐劳动关系的任务艰巨繁重。"

（三）农民工维权组织现状

农民工的维权困境又如何突破呢？提高农民工的组织化程度，是保障农民工权利的"突破口"，农民工的组织建设势在必行。目前农民工的组织有农民工的自组织、专门的民间职业介绍组织、政府劳动部门办的就业和技能培训组织等。农民工的自组织以地缘、血缘为纽带，主要承担经济、生活服务功能，称不上规范的自治组织，后几种均以职业介绍为主。

现行的工会组织为什么又难以承担农民工维权的职能呢？现行中国的工会组织实际上是政治性结社自由和经济性结社自由的重合。首先，工会的政治色彩浓厚，工会与党委紧密挂钩，所谓"只有一个党委，只有一个工会"。在一些党建不够发达的地方，工会甚至成为党的基层建设机构。随之出现的，是工会系统的正式化、体系化、行政化。全国总工会及其所领导的各级工会，作为行政班子的内设机构之一存在。工会领导由上级委任，工人并没有实质上的、以任免为手段的制约权力。其次，在经济领域内，工会定位与角色的模糊则主要体现为对于维权的无能与漠不关心。① 很长时间以来，工会的维权缺乏正式的法律手段，当工人个体受到侵害时，无法代表工人进行诉讼。不仅如此，法律所规定的工会享有的维权职能，也常常因为工会对行政的依赖而作罢。由此可见，中国现有的工会组织扮演的主要是协调角色。在碰到具体问题的时候，工会只能通过提请政府或者相关的机构处理，而这就需要行政部门和司法部门的协助才能实现。因此，工会维权不仅成本高，而且周期长，缺乏明确的预见性，即便是对原本城市工人的维权，现行的工会组织模式都很难真正发挥作用，对农民工这样"亦工亦农""候鸟式"的打工特点，工会更是难以适从。所以，探索改革现在的工会组织模式突破农民工的"维权困境"，是非常必要且紧迫的。

（四）工会——农民工突破"维权困境"的组织载体

农民工经历了个体寻求利益保护屡遭失败后，有些地方就开始尝试建立农民工工会，开始了自己集体维权之路。然而要新建一个专门的农

---

① 参见林海：《农民工工会和结社自由》，载《法治研究》2009 年第 4 期，第 13 页。

民工工会组织,不仅在组织建设中困难重重,而且另起炉灶的成本支出过于高昂,并且新成立的农民工工会很可能"由于缺乏有效的配套措施",最终会成为"面捏"的组织。① 可喜的是早在十余年前的中华全国总工会 2003 年 8 月 21 日就明确表示,所有离开家乡进城务工的中国农民均可以加入其在各地的分支机构,成为工会会员。这就改变了历史上中国工会只以城市工人为吸纳对象的局面。笔者认为,利用现有的工会组织资源,发挥其组织网络优势,比重新建立农民工工会组织的成本要小得多,效果也会更好。如何改良创新现有的工会运作方式和工作方法来为农民工更好地维权和取得农民工的信任呢?可以从以下几个方面着手:

1. 加强农民工素质教育及能力建设

从根本上讲,组织农民工入会,关键在于提高农民工自身素质,而提高素质的关键在于教育。这种教育包括技术教育、法制教育和公民意识教育。农民工作为我国产业大军中的一支重要力量,其素质关乎我国产业发展的整体质量,关乎我国现代化建设的进程。事实表明,提高农民工的科学文化素质,能够启发农民工的智慧,提高他们的民主权利意识,加强对工会的认同。法律意识是农民工守法的基础,也是农民工维护自己合法权利的重要前提。目前农民工处于弱势地位,不愿意参与工会活动与农民工的法制观念和权利意识淡薄密切相关。我们要进一步增强农民工的法律维权意识,完善法律援助制度,设立法律援助热线,通过在农民工集中地进行法制巡回教育和演讲等方式传授相关的法律法规知识。公民意识的培养对农民工的组织建设至关重要,只有培养农民工主动参政议政、发表意见、用法律的武器维护权利等公民意识,才能促进农民工组织的良性发展。农民工自身能力的提高才是农民工维权的根本和生存的基础,为此,需积极开展为农民工培训的"绿色工程"和"农民的市民化教育"。

2. 改进工会工作,促进农民工入会

首先,工会组织要转变观念,培养工作的主动性积极性。工会要积

---

① 参见曹林:《纸糊的劳动合同和面捏的农民工工会》,载《中国青年报》2003 年 7 月 21 日。

极在农民工中和农民工输出地建立工会组织,最大限度地吸收农民工到工会中,最大限度地将农民工权益保障纳入工会维权体系。为此,要充分发挥工会的服务职能,深入农民工群体之中,主动为他们服务,比如开办农民工夜校,定期到农民工工作单位进行指导;为农民工解决具体困难,协助他们签订劳动合同;积极与劳动管理部门和司法部门联系,监督和规范用人单位行为;为农民工讨薪提供具体援助等。工会还要创新工作思路,注意农民工入会后工会的运转模式。工会自身要从主动维权、依法维权和科学维权这三个方面入手来提高工会的维权能力,增强工会的吸引力。

3. 完善相关法律制度,加强对劳动关系的监管

农民工的维权是一个系统工程,要促进立法救济、司法救济、行政救济和社会救济的配套制度建设。从制度建设着手,形成解决农民工问题的长效机制。要促进政府相关部门制定相关的法律和规章制度,在制度的框架下营造一个有利于企业、雇主和农民工会协调解决问题的氛围。我国目前已有大量关于劳动关系的法律法规,如《中华人民共和国劳动法》《中华人民共和国劳动合同法》,以及相关的司法解释和实施细则、行政法规及部门规章,但仍然是不完善的,必须加强相关法律的修订和制定。加强对农民工权益保护的立法。当前尤其要加强"劳动安全法""劳动监督监察法""劳动争议处理法""反歧视法"的制定,尽快建立起一个强大、科学、有效的劳动关系法律体系。当然,有好的立法还是不够的,加强执法和法律的监督执行更为重要。尤其是对于一些农民工集中的部门和行业,政府劳动管理部门和司法机构要进行定期的检查和监督,及时有力地查处侵害劳动权利的现象和行为。

2015年3月21日中共中央、国务院《关于构建和谐劳动关系的意见》是一个很重要的涉及农民工合法权益的文件。该文件强调加强组织领导和统筹协调,做好指导服务、检查监督和监察执法等工作,"把构建和谐劳动关系作为一项紧迫任务,摆在更加突出的位置,采取有力措施抓实抓好"。

第八章 农民迁徙自由之保护
——以户籍制度改革为视角

讨论中国农民的权利,不能不涉及一个农民迁徙权利的问题。改革开放之前,由于计划经济模式等原因,特别是受城乡二元户籍制度的限制,我国的农民实际上丧失了迁徙自由的权利,被牢牢地束缚在农村的土地上。改革开放以来,特别是市场经济的运行,使户籍制度的改革成为必要,迁徙自由必将真正为全国人民特别是广大农民所享有,这是不可阻挡的时代趋势。尤其是我国正在推进新型城镇化,其着力点就是有序推进农村转移人口市民化。正如2013年12月举行的中央城镇化工作会议所指出的:"解决好人的问题是推进新型城镇化的关键。从目前我国城镇化发展要求来看,主要任务是解决已经转移到城镇的农业转移人口落户问题。"可见,户籍制度的改革涉及新型城镇化建设的稳步推进,是农民融入城镇化潮流的关键问题。然而,户籍制度的改革,不仅涉及制度设计问题,涉及法律问题,而且涉及全社会的变革,涉及经济发展、社会和谐、政治民主、观念变革等问题。因此,讨论农民迁徙自由不仅要溯及历史,而且要借鉴外国的有益经验;不仅要吸取历史经验教训,而且要面对现实,解决一系列具体的实际问题。农民迁徙自由的真正实现涉及户籍制度改革的方方面面,不能指望简单地废除二元户籍制度就能带来立竿见影的效果,相反,这是一项循序渐进的、长期的、复杂的、系统性工程,需要在统筹城乡发展中稳步推进。

第一节 迁徙自由概述

一、迁徙自由的概念

"迁徙自由是一项不可剥夺的基本人权,它同人的生存权利、人身自由权利有着极为密切的联系。"①"一般而言,迁徙自由有广义和狭义之分。广义上的迁徙自由是指公民在符合规定的范围内自由离开原居住地,到外地包括国内和国外旅行或定居的权利……狭义上的迁徙自由仅指公民在国籍所在国领土内的自由旅行和居住的权利。"②更为简约的观念认为,迁徙自由指的是"公民选择居住地点的自由。作为法律概念,它是指在法律允许的范围内,公民所享有的选择、变更居住地的权利"。③作为一种宪法权利,迁徙自由的义务主体是国家,它要求作为国家公权力行使主体的政府不得侵犯公民的迁徙自由,并有义务保障公民迁徙自由权的行使。由此可以看出,在迁徙自由的定义之中,必须明确体现作为义务主体的国家所负有的责任。如果狭隘地将迁徙自由理解为法律之下的权利,则必然克减迁徙自由本应保障的权利范围。上述概念的共同特点在于强调迁徙自由是法律之下的权利,这无疑不符合迁徙自由本应具有的性质。本书认为,迁徙自由的定义应作如下表述:所谓迁徙自由,指的是国家不得侵犯的、应当予以保障的公民选择变更居住地的权利。

二、迁徙自由的性质

迁徙是人的自然本性,属于动物本能的范畴。"人的迁徙同样具有生物性的特点。"④迁徙是人的自由本性的体现,若失去了迁徙的自由,即相当于扼杀人的本性,使人不能称其为人。

就公民个人而言,迁徙自由是公民的一项基本权利,属于公民人权的范畴,是公民追求幸福生活、实现人身价值的前置条件;就整个国家而言,迁徙自由直接反映了一国公民人权和基本权利的广度和深度,体现了一国关于公民权利与政治权力的基本观念,是否确认公民的迁徙自

---

① 王家福、刘海年、李林:《人权与21世纪》,中国法制出版社2001年版,第276页。

② 王怀章、童丽君:《论迁徙自由在我国的实现》,载《法律科学》(西北政法学院学报)2003年第4期。

③ 薛江武:《对公民迁徙自由的立法思考》,载《中南政法学院学报》1994年第1期,第88页。

④ 肖辉:《迁徙自由的法理学分析》,载《河北法学》2004年第8期。

由,是判断国家是实行政府权力至上还是公民权利至上的重要标准。①

对迁徙自由的性质,国内法律上向来有两种不同的学说:主张对迁徙自由进行规制的学说认为,权利是由法律授予的,法律是由国家制定的,凡是未经法律同意(也即未经国家同意)的权利都不可能存在,人的自由必须以国家法律的规定为限;主张捍卫迁徙自由的学说认为,人天生就拥有不可剥夺的权利,经权利人自己的同意,授权国家制定限制自己权利的法律。在法律没有限制的情况下,人可以作出任何法律不禁止的行为。随着法治理念的普及,前一种学说已不占据主流地位,后一种学说则被普遍接受,并使"法不禁止即自由"的简约表达广为传播。按照这一理念,合法制定的宪法或法律中列举的权利,只能表明人民授权国家制定宪法和法律来对其权利进行表达和限制,在这个表达之外,人民仍然拥有很多不为宪法和法律所表达的权利。尤其重要的是,宪法或法律对"某些权利的列举不得被解释为否定或轻视人民保有的其他权利"②,也即宪法或法律对权利的表达并不意味着宪法和法律可以成为人的所有权利的来源,无论宪法或法律有无规定,总有一些权利来源于宪法或法律之外的其他渊源。这些渊源是国家形成的前提,是宪法和法律制定的前提,亦是宪法和法律有效的基础。

迁徙自由即是这样一种权利:即使在宪法明确规定迁徙自由的情况下,它仍然不应被"看做是对公民权利的创设,而应当是对该项权利的还原或恢复"。③ 诚然,人的迁徙"从根本上要受制于社会因素的影响,因此除了在一定程度上也要受自然法则的规制之外,更多的还是社会性的要求,包括政治、经济、文化、伦理、习俗等诸多方面,较之于单纯自然界中的迁徙要复杂得多,体现了更多人文因素的影响。但是,我们也不能因之否认迁徙自由的自然属性,为人之自然权利构成,由此再作进一步分析,如果上升到权利层面,就可以推导出迁徙自由实为公民所应享有

---

① 参见王怀章、童丽君:《论迁徙自由在我国的实现》,载《法律科学》(西北政法学院学报)2003年第4期。
② 美国宪法第九修正案。
③ 肖辉:《迁徙自由的法学分析》,载《河北法学》2004年第8期。

的初始权利"。①

三、迁徙自由的宪法形式

英国 1215 年《大宪章》第 12 条中即出现了关于迁徙自由的规定,该宪章第 42 条规定:"……自此以后,任何对余等效忠之人民,除在战时为国家与公共幸福得暂加以限制外,皆可由水道或旱道安全出国或入国。"在大宪章之后的数百年间,西方并未出现明文规定于宪法性文件的迁徙自由。即使是赫赫有名的英国《人身保护法》《权利法案》以及美国的《独立宣言》、法国的《人权宣言》均未明文规定迁徙自由。当然,这并不意味着迁徙自由就不存在,在事实上,很多国家的人民在迁徙方面都享有较少限制的自由。

在《大宪章》之后,首先规定迁徙自由的是 1791 年《法国宪法》。该《宪法》第一编规定:"宪法也同样保障下列的自然权利和公民权利:各人都有行、止和迁徙的自由,除非按照宪法所规定的手续,不得遭受逮捕和拘留。"在此之后的 19 世纪,绝大多数国家的宪法都对迁徙自由作出了明确的规定。并且根据罗厚如的统计,现代各国宪法中对迁徙自由的规定通常有一般性规定、限制性规定和保护性规定三种形式。②

四、迁徙自由的国际法渊源

以联合国的名义公布的各类人权文件中,几乎都有对迁徙自由的规定。1948 年《世界人权宣言》第 13 条规定:"人人在各国境内有权自由移徙和居住;人人有权离开任何国家,包括其本国在内,并有权返回他的国家。"1966 年《公民权利和政治权利国际公约》第 12 条规定:"合法处在一国领土内的每一个人在该领土内有权享受迁徙自由和选择住所的自由。人人有自由离开任何国家,包括其本国在内。任何人进入其本国的权利,不得任意加以剥夺。"可以认为,"1966 年《公民权利和政治权利国际公约》第 12 条规定的内容,是对《世界人权宣言》第 13 条内容的具

---

① 肖辉:《迁徙自由的法理学分析》,载《河北法学》2004 年第 8 期。
② 参见罗厚如:《迁徙自由的比较研究》,载《河北法学》1995 年第 4 期。

体化"。① 在区域性条约方面,1961 年《欧洲社会宪章》和 1963 年《欧洲人权公约第四号议定书》等文件都有相应规定。

第二节 我国户籍制度的历史考察

中国历史悠久,既有过如"文景之治""贞观之治"等繁荣开放时期,也有过"苛政猛于虎"的暴虐痛苦时期,公权力束缚人民的力度大不相同。但出于统治和管理的需要,历朝历代,中国都有松紧不一的户籍管理制度,这一制度在农村还与土地制度、税收制度、人口政策等紧密联系。要深入了解我国目前户籍管理制度的现状,探索农民迁徙自由的法治化进路,就有必要回溯我国的农民迁徙自由权利发展的曲折历程,考察我国历史上不同阶段的户籍制度。

一、早期传说中的户籍制度

户籍制度在形式上之共同点在于对某一权力体系控制之下的人口数之统计。此类统计或以人为单位,或以户为单位,或以里、乡等为单位,不一而足。根据有关文献的记载,最早关于人口统计的记录见于黄帝时期。记录显示,黄帝统御天下之前提,在于将天下人口秩序化。秩序化的方式首先是将 8 家编为一井,之后则按一定的数量逐级编为朋、里、邑、都、师、州。如此一来,计天下之州数,即可知天下之家数。虽未统计到每家的人口,但对于天下人口之总数,亦可有个大概的估计。

黄帝之后关于人口统计的记载见于大禹之时。当时的记录不仅表明该时代存在人口统计的制度,而且还将当时天下的人口数精确到了个位数。或许正是因其过于准确,后世历史学家普遍怀疑该数字的真实性。② 这点很容易证明,毕竟,即使在科技如此发达的当代,任何国家都无法将其人口数精确到个位数。关于主管人口统计的官员,史籍记载:

---

① 李雪平:《国际人权法上的迁徙自由和移徙工人的权利保护——以中国农民工为例》,载《法律科学》(西北政法学院学报)2004 年第 3 期。

② 参见王威海:《中国户籍制度:历史与政治的分析》,上海文化出版社 2006 年版,第 4 页。

夏朝的六卿分别是后稷、司徒、秩宗、司马、士及共功。其中司马掌管人民之数、军队之数,士则掌管犯人之数,对人口进行分类管理。①

历史证明,对于中国历代王朝来说,人口统计及在此基础上建立的户籍制度是统治权的象征,其意义已不仅限于各项事务的管理。各代君主,大都将掌握天下人民之数作为其统治权的象征,这无疑使得人们在观念上将户籍制度与最高层的政治权力和国家治理联系起来。

二、信史时代的户籍制度

中国户籍制度之信史起于西周。据《周礼》所载"小司寇之职……及大比,登民数,自生齿以上登于天府。司民掌登万民之数,自生齿以上皆书于版,辨其国中,与其都鄙,及其郊野。异其男女,岁登其生死。及三年大比,以万民之数诏司寇。司寇及孟冬祠司民之日,献其数于王。王拜而受之,登于天府。内史、司会、冢宰贰之。以赞王治"。② 春秋以降,繁重的赋役和战乱,使得民众在各国之间往来迁徙十分普遍。对于处在生死竞争中的各诸侯国而言,民数之多寡是其国力是否强盛之标志,故各国改革重点之一便在于革新制度以留民于本国。管仲治齐,郊内五家为轨,以十进为里、乡、连、师,郊外三十家为邑,以十进为卒,乡县署各置官长,司之其法,且严奔亡迁徙之禁。商鞅变法,坏井田而开阡陌,并制定政策,吸引三晋之人来到秦国,任其耕种秦国广袤的土地。以此增加秦国的人口,为秦国一统之功奠定了基础。

西汉初期,要求诸侯及各郡每年统计其治下的人口数,并呈送中央保存。及至东汉末期,由于长期战乱,中央政府软弱,各地之民众脱于户籍者多矣。汉之落寞自此不可挽回。三国时,"孙权搜取山岛之众,以为民。诸葛拔陇上家,以还汉中"。③ 尽管如此,"蜀亡时,为户仅二十四

---

① 参见王威海:《中国户籍制度:历史与政治的分析》,上海文化出版社 2006 年版,第 4 页。

② 《周礼注疏》卷三十五《秋官司寇》(十三经注疏),中华书局 1980 年影印版,下同。

③ 殷梦霞、田奇选编:《民国人口户籍史料汇编》(第 12 册),国家图书馆出版社 2009 年版,第 559 页。

万。吴亡时为户仅五十余万。魏亦不满百万户。数皆不足与汉之数郡比。而其聚散盈虚之数,史不能详。盖丧乱相仍,天下残破,籍制已大衰矣"。①

隋朝时,颁布新的户籍之法度。该制度将不同年龄段之人分别定以不同的名称:"男女三岁以下为黄,十岁以下为小,十七岁以下为中,十八岁以下为丁,六十岁为老。"②如果统计的户口不真实则处罚其主管官员。为防止一家之人口数过多,不易统计,该制度还规定"大功以下析籍各为户头,以防容隐"。③ 在这一制度下,隋朝的丁口数显著增长,处于汉朝之后最为兴盛的阶段。

唐朝将民户分为三等,后改为九等。仿照隋朝之制度,唐朝亦按照民之年龄区分不同的籍别。按唐朝之制度"民生二十一为丁,十六为中,六十为老,凡丁之附籍分"。④ 再结合以定期的统计,唐朝的在籍人口数亦显著增长。"自贞观至永徽中,号称全胜,而有司奏户口几及三百八十万,去隋初远甚。开元之际,户口未尝升降。"⑤同其前朝一样,至唐朝末期,户籍制度废弛,在籍人口亦显凋敝。

宋朝建立后,仍沿袭隋唐旧制。经过一段时间的休养生息后,在籍人口数逐渐增长。"景德户口,七百三十万,皇佑户口,一千九十万,治平户口,一千二百万。"⑥后期亦难逃前代之弊病。

元朝户籍制度,将每五十家立为一社。由社长负责"教农劝俗",除此之外,社长还要查点丁户,向官府申报。其后明朝,仿照前朝,以户籍制度来统计人口。洪武三年,诏户部进行人口统计。明朝户籍之制的特色在于其户贴制度。户贴是每户的人口证明,其上记载有"乡贯,丁口,名,岁",户贴与登记于官府的户籍相对照,如有不实的,则追究法律责任。

---

① 殷梦霞、田奇选编:《民国人口户籍史料汇编》(第 12 册),国家图书馆出版社 2009 年版,第 559—560 页。
② 同上书,第 560 页。
③ 同上注。
④ 同上书,第 561 页。
⑤ 同上注。
⑥ 同上书,第 562 页。

清朝在借鉴吸收明朝户籍制度的基础上,建立了自己的户籍制度。顺治五年,定下三年一次编审天下户口的制度。由州县印官,编制黄册。"析里置长,以户为属甲,以口属户,悉如往例。"①

民国之前的户籍制度之根本宗旨在于为国家收取赋税奠定基础。在君主时代,人口数直接决定国家的强盛程度。但凡人口昌盛的,则国必强;反之,则必弱。可以说,中国古代的王朝更替之历史,其起伏之曲线与在籍人口数之增减曲线大体相同。其原因,皆是因为国家之运行有赖于赋税,赋税之收取有赖于人口数;人口减则赋税减,赋税减则国家弱。

三、民国时期及台湾地区的户籍制度

《中华民国户籍法》最初制定于1931年12月12日,由南京国民政府公布。之后经历了数次修改。除户籍法外,中华民国以及1949年之后的台湾地区还制定并修改了"户籍法施行细则"。该细则最初由中华民国内政部于1934年6月25日发布,同年7月1日施行。中华民国时期以及1949年之后的台湾地区所实施的户籍制度,皆以上述法律和细则作为依据。民国时期和台湾地区之户籍,分为广义和狭义两种不同的定义。在狭义上,户籍之意义在于确定人在户上的归属,即人之属籍,它所描述的是人与户之间的关系。在广义上,户籍除用以描述人与户之间的关系外,还用以描述人基于这种户籍而成为权利义务主体的根据。

户籍法在效用上可以分为直接效用和间接效用。直接效用在于公证人之身份、证明家之关系、确定人之属簿等②,间接效用在于详明人口户枢、确证人之年龄等。③ 在户籍分类上,"以行政区划上之县市为单位"④,因此,民国时期及台湾地区之户籍制度上并未区分农业与非农业户籍。

---

① 殷梦霞、田奇选编:《民国人口户籍史料汇编》(第12册),国家图书馆出版社2009年版,第563页。
② 同上书,第565—567页。
③ 同上书,第567—568页。
④ 同上书,第568页。

四、新中国的户籍制度

作为新中国临时宪法文件的《共同纲领》规定了迁徙自由。在 1954 年宪法起草的过程中,最初对于迁徙自由的问题并没有加以规定,但最后还是在宪法中写进了"中华人民共和国公民有居住和迁徙的自由"的内容。① 如同其他的宪法条款一样,20 世纪 50 年代,迁徙自由被虚化,并未真正成为中华人民共和国公民的一项实有权利。尤其是 1958 年《户口登记条例》实施之后,中国公民被区分为农业户口和非农业户口两个部分,他们之间的迁徙流通成为不可能;即使是在同类户口内部,人们也被固定于其所属的基层政权组织或单位,迁徙自由根本就不存在。有一种观点认为,迁徙自由之所以在那个时代成为一种"沉睡的权利",一方面"受到苏联法制度的影响和高度集权的计划经济体制所决定";另一方面则是因为"当时社会经济、文化发展落后,城乡差别太大,城市人口高度密集,实现迁徙自由的条件不成熟而被迫取消"。② 笔者认为,除了这两点外,当时决策者思想中的传统因素也是其重要原因之一。在中国传统文化中,自由和权利一直都是付诸阙如的,以君主为首领的政府拥有对社会进行全面控制的权力。尽管在农业社会,政府的控制力有限,最基层的乡村社区多处于自治状态,但中国传统文化的"家国一体",让乡村中国的结构与王朝具有高度的匹配性,因此政府一直没有丧失对乡村的统治能力,直至 1949 年中华人民共和国政权的建立。虽然新政权以革命的名义彻底改写了中国的社会结构,但无论是掌握统治权力的人还是普通民众,都在传统文化的熏陶下,往往漠视自由和权利的保障。至于对法治的尊重和践行,则更是闻所未闻。在此基础上,宪法中的迁徙自由条款就在人们的观念中被消解于无形。无论是领导人还是普通民众,大多未能意识到对自由和权利的保障是建立现代社会的基础。如此一来,宪法迁徙自由成为"沉睡的权利"就是当然之结果。其实,相较于其他宪法条款而言,迁徙自由并未受到更为不公的待遇,宪法上的任何

---

① 参见谓君:《质疑户籍制》,载《视点》2000 年第 11 期。
② 参见薛江武:《对公民迁徙自由的立法思考》,载《中南政法学院学报》1994 年第 1 期。

权利,其实都没有得到认真的遵守。迁徙自由条款被"沉睡",不过是中国宪法命运的一个写照而已。如果宪法能真正成为约束国家机关行为的"高级法",1958年的《户口登记条例》就根本不会产生。这个条例之所以能够产生,其根本原因就在于,在制定者的意识中,宪法根本就是不存在的。或许,在另一方面,我们可以认为,这些制定者或许只看到了宪法中那些授予他们权力的条款,而根本没有在意过保护公民权利的条款,甚至没有记起宪法曾有公民迁徙自由的规定。

《中华人民共和国户口登记条例》是我国人口管理的主要法规。根据该条例的规定,公民只能选择一个地方作为其户口登记地。向其他地方迁移户口的,必须到公安机关办理户籍迁移手续。这种迁移手续不仅仅是通过备案的方式记录公民户口迁移的过程,更多的是为公民的户口迁移设置一些必须达到的条件。根据我国的户籍制度,公民除就业、升学、工作调动等可以迁居外,一般没有选择居住地的自由。从社会管理的角度说,当时的管理者确实面临着农村人口大量涌进城市的困局。由于城市管理水平有限,资源亦有限,计划经济体制又限制了社会的自给自足能力,大量的农村人口涌进城市确实会带来一些十分严峻的问题。所以,当时的户籍制度之重点,或许并不在于限制城市居民在不同城市区域的流动,而更多的是对农村迁往城市、中小城市前往大城市的人口流动进行严格的限制。当时秉持计划经济体制的政府虽然声称拥有全面的管理社会的权力,并严厉限制社会力量参与社会管理,但由于其自身能力限制,就不得不对公民的自由和权利进行限制。这或许不仅仅是"历史遗留问题"这样简单的表述可以概括的。当初设立户籍制度的核心作用就在于"通过将农民束缚在农村发展农业,为工业化提供资金。据统计,从1952年到1990年的38年间,中国工业化建设从农业中调动了约1万亿元的资金,平均每年高达250亿元。除了行政指令和生产计划,国家始终没有对农民实行超出赈灾和救济范围内的福利和保障,始终没有对农民实行分配上的义务"①。毫无疑问,数亿农民成为计划经济体制下利益受到损害的人,户籍制度在其中发挥了巨大的作用。过于自信的国家权力在此得到了极其鲜明的体现。不幸的迁徙自由从出生的

---

① 谓君:《质疑户籍制》,载《视点》2000年第11期。

那一刻起就成为一项沉睡的权利。或许正是基于其自始沉睡的状态，1975年修改《宪法》的时候，干脆从宪法文本中正式取消了有关迁徙自由的规定，至1978年《宪法》乃至1982年《宪法》修改时也都没有予以恢复。有学者认为，之所以如此，"道理其实很简单：严格的城乡界限，是计划经济的社会基础；只要计划经济体制不改变，迁徙自由就不可能实现。"①

自20世纪70年代末起，因经济体制改革的需要，劳动力在不同地区间的流动日益频繁。尽管早期的政策上仍然没有明确规定，但人口流动的势头却日渐高涨。"据1990年人口普查，全国3%的人户口与常住地不一致，本地常住户口在外地的有1983万人，本地有户口外出一年以上的有1718万人。1992年北京市共有暂住人口100万，流动人口50万。"②大规模的人口流动给传统的户籍管理制度造成了强烈的冲击。为适应局势的新发展，规范流动人口的管理，国务院于1984年发布了《关于农民进入集镇落户问题的通知》，其中明确规定：在集镇有固定住所、有经营能力或在乡镇企业长期务工的农民及其家属，应准予办理常住户口落户手续。除需落户人员外，尚有大量人口不符合前述国务院通知中规定的落户条件，为实现对这部分人的有效管理，公安部于1985年发布了《关于城镇暂住人口管理的暂行规定》，有中国特色的暂住证制度宣告诞生。虽然暂住制度在今日已经受到广泛批评，但在当时的情况下，这两个规范性文件仍可以视为"对乡镇之间、城乡之间公民迁徙自由的初步开放"③，相对于改革前体制下绝对不允许流动的僵硬体制，这种初步的开放应该视为一种显著的进步。

改革开放以来的人口流动，主要以农村向城市的人口流动为主。大规模的人口流动给城市管理带来的巨大的压力，也在一定程度上引起了社会秩序的混乱。1994年10月中央社会治安综合治理委员会在上海召

---

① 殷啸虎、林彦：《我国法律关于迁徙自由规定的变化及其思考》，载《法学》2001年第6期。

② 薛江武：《对公民迁徙自由的立法思考》，载《中南政法学院学报》1994年第1期，第88页。

③ 同上书，第89页。

开流动人口管理工作座谈会认为,"由于疏导、管理、服务和教育等各项配套工作一时跟不上,目前这种转移和流动在很大程度上尚处于盲目的无序状态,这对社会治安、交通运输、城镇就业等各方面的管理工作带来了严重冲击,产生了某些副效应"。① 为解决此一问题,1998年7月22日,国务院批转了公安部《关于解决当前户口管理工作中几个突出问题的意见》,其主要目的在于"严格控制大城市规模、合理发展中等城市和小城市",在此前提之下,着重解决以下几个突出问题:① 实行婴儿落户随父随母自愿的政策;② 放宽解决夫妻分居问题的户口政策;③ 解决老年人投靠和归属的政策;④ 解决在城市投资、兴办实业,购买商品房的公民及随其共同居住的直系亲属在城市落户的政策。考虑到我国传统的体制特征,绝大部分城市的软硬件建设确实无法在短时期内适应人口的爆炸式增长。因此,有计划控制城市人口的增长速度,特别是特大城市的人口控制,是符合当时的情况需要的。尽管仍有许多人不赞同对城市人口的增长速度进行限制,尤其是在这种限制与公民的迁徙自由相冲突时,反对的声音更为强烈,但是,若从现实需要的角度出发,则不得不承认对城市人口增长的"计划"手段,确实是必不可少的。公安部的这个规定,虽然未能实现对公民迁徙自由的全面保护,但无疑是符合当时实际需要的。

改革的成果有目共睹,但现实的问题仍然亟待解决。缓慢的放宽农村居民进城定居的条件,并逐步完善配套措施,固然是一个有效的前进路径。然而,刚性的规范要求却时不时地对这种渐进改革方式提出质疑和挑战。尤其是当我国已经签署了《公民权利和政治权利国际公约》的情况下,这种质疑和挑战越加明显。该《公约》第12条第1款规定:"在一国领土内合法居留之人,在该国领土内有迁徙往来之自由及择居之自由。"尽管我国最高国家权力机关仍未正式批准这一条约,但可以相信的是,其被批准只是时间问题,而且只会在不远的将来。为实施这一公约,我国的宪法和法律必须为此作出一些具体的改变。法学家、全国人民代表大会代表端木正教授早在1988年《宪法修正案》通过后接受记者采访时,就认为应该恢复《五四宪法》"迁徙自由"这一条,因为随着商品经济

---

① 《中国法律年鉴》(1995年),中国法律年鉴社1995版,第90页。

的发展和改革的深化,经济活动日趋活跃,劳动力及各类人才必然要大量流动,实际上现在已流动起来了。现行的户籍制度束缚经济发展的副作用已经开始显露出来。① 再考虑到国际公约对各签约国的强制性效力,迁徙自由入宪愈发成为现实的需要,因此必须作出彻底的改变,才能真正顺应时代发展的潮流。我们主张在今后的制度改革和法律演进中,逐步增加实质意义上对"迁徙自由"的保护力度,并在《宪法》修改时加以规定,以充分保障中国公民、尤其是农民群体的迁徙权利。

第三节 我国户籍制度的发展现状

一、现行户籍制度的不足

公民权利领域的"法不禁止即自由",是法治社会中牢不可破的根本原则之一。若根据这一原则,只要宪法规范没有对公民迁徙自由作出禁止性规定,它就应当属于公民的权利之一。宪法和法律的规定不是公民迁徙自由成立的必要条件,但宪法和法律的明文规定必然有助于迁徙自由的保护。从相反的角度看,宪法和法律的不合理规定则又会对迁徙自由的保护形成阻碍甚至造成伤害。在我国目前的法律体系中,户籍制度是与迁徙自由有着密切关系的一项制度。很遗憾的是,户籍制度从它诞生的那一天起,就成为迁徙自由的障碍,为了管理方便以及社会稳定,迁徙自由自始就成为户籍制度的牺牲品。直至今日,尽管户籍制度中的部分内容已经修改或不再具有实效,但习惯上和实际中的户籍管制仍然在很大程度上制约着迁徙自由的理念付诸实践。

有的研究者认为,现行户籍制度在诸多方面对社会发展产生了明显的阻碍作用。具体而言包括:一是限制了人的基本自由,阻碍了人的自治品格的形成。迁徙自由是人的自由权的重要组成部分。人们追求美好生活的愿望,在许多时候要靠迁徙自由才能实现。二是形成、确认并保护了公民身份的不平等。平等和自由都是重要的人权,人们所追求的

---

① 参见殷啸虎:《新中国宪政之路》,上海交通大学出版社2000年版,第199页。

平等既是一种理想,又是一种现实。三是严重影响人力资源合理配置。四是分割城乡,阻碍了社会经济的一体化发展。①

当代中国的户籍制度在近三十年来一直在或缓慢或快速地发生着变化。在最初建立时,户籍制度的确对中国公民的迁徙自由作出了极其严格的限制,在这种限制之下,除非得到特定国家机关的批准并符合某些实体条件,否则绝不允许在不同地域之间进行流动。自20世纪70年代末以来,随着政治控制的放松以及经济体制的变革,户籍制度对迁徙自由的限制程度也就不再如以往那么严格了。时至今日,除非依据法律被限制人身自由,人们在不同地域之间的流动几乎不受任何限制。

当然,这种不受限制的自由是仅就"迁徙"这一"行为"而言的,至于迁徙之结果,则存在着十分严重的不平等:首先,在就业方面,农村居民流动到城市之后,在就业方面受到诸多限制,有些城市就规定特定的行业不能雇用农村居民。其次,在教育方面,农村居民无法和城市居民一样享有平等的受教育权利。优质教育资源不能在进城农民和城市市民之间进行平等的分配。更为不合理的是,僵化的教育管理体制还不时地干扰、限制乃至消灭农民工自办的"子弟学校"。再次,在社会保障方面,进城农民不能和城市市民享受同样的社会保障,某些福利项目只能由城市市民享有。除了这三个方面之外,在其他的诸多方面,进城农民都无法与城市市民享受平等的待遇。

二、城乡二元户籍制度之深入检讨

人们很容易淡忘历史,而忘记历史就会给我们带来新的教训。为了更好地理解迁徙自由的价值,特别是对于农民解放的伟大意义,笔者觉得很有必要对新中国较长时期内形成和存在的二元户籍制度进行历史性回顾,并得出应吸取的教训。新中国成立之初,户籍制度开始建设,其基本理念是所谓"保护好人,限制坏人",特别是与当时巩固新政权、维护社会治安、打击反革命势力有关,也可以说,与阶级斗争形势有关,具体来说,新中国最初的户籍建设任务是在镇压反革命运动中起步的,各地

---

① 参见王鹰:《迁徙自由与户政管理的非治安化》,载《河北法学》2001年第6期。

将户口登记作为发现反革命分子的重要手段,从而防止有"漏网之鱼",建立起对危害新政权统治的敌对分子进行政治控制的强有力的管制系统;新中国建立之初,农村人口向城市迁徙一度还比较自由,当时实行的是迁徙证制度,1954年《宪法》第90条还规定:"中华人民共和国公民有居住和迁徙的自由。"但就在宪法颁布之后不久,这项迁徙自由就开始受到限制甚至被取消,一方面这同照搬当时"老大哥"苏联的高度集中控制的政治模式、高度垄断的计划经济模式以及以阶级斗争为纲的意识形态有关;另一方面也同新中国"一五"计划时期就开始出现的城乡关系紧张和冲突有关。在盲目照搬苏联经验的过程中,新中国开始实行苏联优先发展重工业的战略,全面移植苏联体制,因此重工业所需要的大量资金需要强迫农业为工业提供原始积累,并企图强行通过农业集体化来支持国家工业化,"一五"时期就成为中国当代二元户籍制度的形成期。"一五"计划起始,中央就决定对农产品实行"统购统销"政策,使农村人口不得外流,保证向城市提供粮食和农产品。到1955年,中央政府在农村实行"定产、定购、定销",在城市,实行居民口粮分等级的定量供应,从此,粮食的计划供应指标与城镇户口紧密联系在一起,与此同时,国家明确由公安机关控制城市人口,并严格限制农民进城。其结果,城市经济萎缩,失去活力;农村集体化运动速度太快,农民被集体化之后,劳作更加艰辛,收入明显减少,农产品数量并没有提高。中国学习苏联的结果,其负面影响甚至超过苏联,超过了"老大哥"——苏联在户籍制度上实行居民证制度,而中国则实行了更为严厉的城乡二元户籍制度。① 1958年1月,国家颁布《中华人民共和国户口登记条例》标志着中国城乡二元户籍制度的正式建立,标志着在统购统销、农业集体化中发展起来的我国城乡二元社会利益格局终于以法律手段固定下来。在这个制度基础上,还长期附着粮油供应制度、劳动就业制度、医疗保健制度、社会保险制度、教育制度等,成为计划经济模式中最重要的一项制度,在我国形成了一整套城乡隔离体系。占全国大多数人口的农民失去了迁徙自由,实际上被强行束缚在家乡的土地上,为国家工业化提供积累,而自身则沦为"二等公民"的身份地位。在这样的社会环境和劳动条件下,农民的积极性和创造性根本谈不上,因此,我国农业长期处于低效率的状态下,而在农

---

① 参见王海光:《城乡二元户籍制度的形成》,载《炎黄春秋》2011年第12期。

村,实际造就了数量巨大的隐性劳动力人群。有识之士认为:"城乡二元户籍制度的这项制度安排,在马克思主义自由和人性的意义上,不仅退回了革命时的出发点,甚至还倒退得更远。"①这样的检讨和批判是深刻而中肯的。1949 年之后 30 年附着在计划经济模式上的城乡二元户籍制度带来的恶果是城乡被严重隔离,广大农民权利被无由剥夺,以及城乡经济的普遍萧条。实际上农村庞大的劳动力的消耗,带来的是低效率农业和经济凋敝的农村,再加上当时领导者出于各种政治、经济原因考虑发动了接踵而至的上山下乡运动,在十年"文革"中被发挥到了极致。可见,检讨这段历史,很有必要。

第四节　我国户籍制度的改革方向

"冰冻三尺非一日之寒",我国城乡二元户籍制度的建立和形成有一个过程,它有着深刻的政治、经济、社会和文化原因,同时,它又是一个法律制度和法律文化的问题。不能仅仅指望简单废除户籍制度就能解决问题;也不能指望一蹴而就,认为宣布取消城镇户口和农村户口区别就能彻底解决问题。改革开放使中国走向中兴之路、中国现代化进程重新启动之后,我国户籍制度已经进行了改革,在各地也进行了有益的试点和探索,迁徙自由实际上已经大大破除了障碍,农民工大批进城并落户,这是十分可喜的现象。社会实践已经初步证明户籍制度的改革、迁徙自由的落实,大大激发了人民群众,特别是广大农民的积极性、创造性,为城乡经济繁荣创造了基本条件和持久动力。但也要看到,要真正抹平历史长期造成的巨大城乡差距,真正实现我国公民,特别是广大农民的迁徙自由和居住自由,还有很长的路要走,还需要经济自由化、城市化和城镇化以及政治民主化的长足进步,还需要政治体制改革和经济体制改革的持续深入进行。

一、户籍制度改革的全国性规范化进路

在农民进城这个问题上,当代户籍制度亟需解决的问题存在于两个

---

① 王海光:《城乡二元户籍制度的形成》,载《炎黄春秋》2011 年第 12 期。

方面:首先,在微观方面,要实现进城农民和城市市民之间在法律上的平等,在平等原则的规范下取消对进城农民的歧视性政策;其次,在宏观方面,要实现人力资源的自由流动,促进在人力资源方面的统一市场的形成,进而为全国统一市场经济的建设奠定基础。

(一) 确认迁徙自由的宪法地位

从法理上而言,公民迁徙自由是人之为人的基本权利。因此这样一种自由的存在,并不以宪法是否规定为前提,但这并不意味着迁徙自由入宪没有意义。宪法在我国法律体系中处于龙头地位,不可忽视。尤其是其对于公民基本权利的保护是任何具体法律所不能比拟的。迁徙自由入宪的目的并不仅仅是为了确认公民拥有迁徙自由,而且更主要的是,宪法可以限制法律及其下位规范性文件对迁徙自由的克减。为达成此目的,进入《宪法》的迁徙自由条款并不需要详细规定迁徙自由的内容,而是应当将重点放在对立法机关的限制之上。应当考虑在宪法层面明确规定法律可以限制迁徙自由的条件、限制的程度、不当限制的法律后果等。

(二) 实现对户籍制度的重新整理

户籍的意义仅仅是登记一个人的居住信息,它仅仅具有公示效果。在特定情况下,也可以成为享受某些权利的依据,但它绝不应成为将公民固定在某个地区并禁止其迁徙的根据。由此,就必须实现户籍制度立法目的从管制到服务的转向。学者王鹰早就预言,要实现迁徙自由的非治安化。①

(三) 注重消除已存在的不合理现象

此项举措的重点在于实现对进城农民和城市居民之间的平等对待。当然,这种平等是建立在合理分类基础上的,并不是要实现二者之间完

---

① 王鹰认为,所谓非治安化就是不把迁徙自由和户政管理狭隘地作为影响社会稳定的治安问题实施国家警察行政管理。在指导思想上须特别强调,迁徙自由涉及国家民主制度和公民权利,公民的迁徙自由是实行市场经济合理配置社会资源的不可缺少的条件,确立并实现迁徙自由是中国完成一体化进而与世界融为一体的重要的制度性安排。确立以迁徙自由权为核心的户政管理改革是迫切的,而传统的变革和社会的转型又是渐进的。参见王鹰:《迁徙自由与户政管理的非治安化》,载《河北法学》2001年第6期。

全的均等。对于某些由本市居民负担支出的公共福利项目,进城农民不能享有也是正常的。这个问题不是某个特定城市可以解决的,它需要中央政府的统筹协调。如果中央政府能够做到全国范围内福利项目的自由转移支付,进城农民就可以在转移支付的基础上在任何城市享受基本的福利项目。即使如此,仍然可能存在一些特殊的福利项目,外地人是不能享有的,这些项目产生于该城市的特殊性,其他的城市或农村没有这种特殊性,也就没有这种福利项目。以江苏省苏州市为例,苏州园林全国闻名,门票价格向来不菲。但苏州市民以及持有暂住证的外地居民可以凭证件办理优惠卡,以极低的价格多次游览苏州园林。这种福利项目就是基于苏州市的特殊情况而产生的,因此也无法向外地居民推行。

(四)放宽入籍限制

未来我国户籍制度改革的最终目标,是应当允许任何中华人民共和国公民自由选择加入任何城市的户籍,这种自由选择的权利不仅限于城市居民,亦应包括农民。如果能够实现农民向城市居民的自由转换,所谓的城乡差别也就不存在了。人力资源也可以在农村和城市之间自由流动,城乡之间的经济壁垒也自然可以打破了。城市企业在招聘时,就不会仅仅因为户籍的限制而放弃自己中意的应聘者。如此一来,统一的人力市场就可以建立起来了。①

(五)户籍制度改革的渐进路线

从规范学理上讨论中国户籍制度的改革方向,即应当全面放开户籍制度,以保障农民群体的平等权及其他宪法权利。但有人担心,如果户籍制度的改革是立即全面取消户籍的城乡差别,完全放开入籍限制,中

---

① 早在 2001 年,全国人大代表吴明辉就向全国人大提出议案,建议尽快研究、制定"户籍法",并建议"户籍法"应该包括以下内容:公民拥有依法迁徙入籍的自由;取得入籍居住资格的基本条件是,在拟入籍地有稳定的住所,或有稳定的工作,或有直系亲属,监护人承担赡养、抚养、监护的义务;取得某地户籍后,公民平等地享有租(购)住宅、求职、工作、受教育、婚姻生育、参与公共政治社会生活、休息等权利。全国各类地区不再设立类似红印、蓝印之类的差别性户籍。认为这样有利于促进农村剩余劳动力的转移,提高农村劳动生产率,促进农业发展;有利于加快城市化进程,促进各类城市特别是中、小城市和城镇的发展。参见《江淮晨报》2001 年 3 月 9 日。

国社会,尤其是中国城市将经历很长一段时间的动荡,过多农村劳动力的涌入,将使中国城市发展速度和效率受到影响,城市人口拥挤不堪,公共服务质量大幅度下降。也有人对此观点反驳,如果认为户籍制度在中国一改就乱,因此就不能改变中国城乡户籍的二元体制,任由此制度继续制约和阻碍城市化进程,必然侵害农民的宪法权利。综合上面对立的意见,笔者认为,中国户籍制度改革的历程应当走一条渐进的路线,即通过对当下制度的渐进改良,达致取消二元户籍划分,实现公民迁徙自由的目标。这条渐进路线分以下几步走:

1. 实质上取消户籍制度的粘附性

户籍制度之所以被有识之士所诟病,其主要原因其实并不是形式上的城乡二元分别,而更多是附着在城镇或农村户口上的利益,即不同的资源和利益被以户口不同的名义分配给了城镇居民和农民。导致的结果就是户口价值化,前文提到的户口等级化本质即是因为户口所蕴含的价值不同。因此,未来户籍制度改革的第一步乃是取消利益与户口挂钩的附着性,将户口的意义回归到原本的人口管理功能。公民就业、教育卫生、社会保障、住房购买等其他职能附着在户口上形成的"户口超载"①的现象,应当被完全废除。这样户口承载的社会利益和价值会大大缩减,很大程度上能够缩小城乡户口的差距。

2. 形式上淡化"城镇"与"农村"的差别

由于长期以来中国农村地区在政治影响力、经济实力、文化资源上和城市有着相当大的差距,农村一词也逐步沦为落后、贫穷的代名词,因此在民众印象中城镇与农村户口之间有着天然的差别。因此缩小户口的等级差异的改革,不仅仅应当如前文所述淡化户口价值意识,也应当在形式上破除户口中"城镇"与"农村"的生硬区别,仅仅标注户口的落户地点的现象。值得注意的是,形式上的变化并不仅仅是表面文章,而会通过形式导致实质上的观念转变。形式上对户口等级化的取消,也能够在实质上推动中国城市化和农民市民化的有序推进。

---

① 参见张静:《城市地区户籍制度改革及其路径思考》,载《中国行政管理》2009年第8期。

3. 政策上倾向中小城镇和农村

当下中国之所以在户籍制度如此壁垒森严的前提下还不能制止农村劳动力大量流向城市,其原因在于市场经济的运行规律。城市,尤其是一二线大城市,拥有中小城镇和农村无法比拟的资源。即使除去附着在户口上的利益,从工资待遇等经济资源到教育医疗等社会资源,超大城市完全对其他地区依然拥有压倒性的优势。由于完全放开大中城市户口,从根本上保障公民迁徙自由在当下中国显然不现实,因此户籍制度改革的一项重要进路在于利用市场经济运行规律,在政策上倾向中小城镇和农村,通过保障就业、完善基础设施建设等措施让高学历、高技术人才脱离大城市而落户中小城镇和农村。通过这样的方式逐步建设中小城镇和农村,以农村的城镇化来破除城乡户口间的巨大差距,用促进农民在本地市民化的方式解决中国户籍问题。

二、户籍制度改革的地方性实证化探索

在城乡一体化过程中,各地对于户籍制度改革进行了探索。以重庆市为例,2010年7月25日,重庆市人民政府发布《重庆市人民政府关于统筹城乡户籍制度改革的意见》(渝府发〔2010〕78号)(以下简称《意见》),标志着轰动全国的重庆户籍制度改革正式拉开序幕。它是自我国户籍制度建立之后,第一次在地方政府主导下对户籍制度进行比较彻底的改革尝试。笔者认为,这绝不是个别领导人的作为,应该看做在重庆市人民包括当地农民的推动下,地方政府集体的决策和努力,其得失仍然可以看做我国地方政府所作努力的一个样本,值得研究。

在改革目的方面,《意见》认为,重庆市的户籍改革之意义在于五个方面:一是有利于维护农民工合法权益,惠及民生;二是有利于促进城市人口集聚,加快城镇化进程;三是有利于扩大内需,转变经济增长方式;四是有利于促进城乡要素流动,盘活城乡资源;五是有利于促进农村生产力提升,繁荣农村经济。

根据该《意见》的表述,重庆市户籍制度改革之目的主要存在于五个方面。就积极方面而言,这五个方面兼顾了民生保护和经济发展两个目的;就消极方面而言,这五个方面没有任何一个方面涉宪法意义上的迁徙自由,也未能从公民权利不可侵犯的角度阐明这项改革的意义。积极

方面延续了30年前形成的改革开放的总体思路,继续在经济发展上做文章,具有特色的就是发展经济的重点从单纯的"一部分人先富起来"转向"共富"。但是光有理念还不够,如果具体到政策的执行过程中,不把公民权利不可侵犯的观念作为前提,这种促进民生和发展经济的政策取向性思路往往会走偏,甚至难免侵犯公民权利。如此一来,迁徙自由不再是天赋人权,而是来自政府的恩赐,是政府实现其政策目的的工具,迁徙自由也将失去其固有价值。有些地方农民被强迁或被上楼就是这种强迫理念导致的恶果。

习近平总书记在2015年4月30日主持中共中央政治局第22次集体学习时特别强调:"推进城乡发展一体化,是工业化、城镇化、农业现代化发展到一定阶段的必然要求,是国家现代化的重要标志。"必须站在这样的历史高度来看待户籍制度改革和农民的迁徙自由权。

第九章　农民土地权利之保护

千百年来,农村问题集中在土地问题上。农村土地是生产资源要素,也是生活资料要素,是农民安身立命的最重要财富;农村土地的利用和管理,不仅涉及保护农民财产权利问题,而且关系到社会稳定和发展的公共利益问题。因此,对于农村土地问题的处理不仅涉及农民的经济利益问题,而且本质上还属于政治和社会问题。在新民主主义革命时期,中国共产党专注于农民土地问题的解决,因而赢得了民心,成为取得革命胜利的重要因素;在社会主义建设初期,中国共产党在农村土地问题上经历了艰苦的探索,有成功的经验,也有沉痛的教训。改革开放以来,中国一直在探索这个问题,应该说,土地问题迄今依然是涉及当代中国社会长期稳定和发展的重要问题。

《中共中央关于全面深化改革若干重大问题的决定》(以下简称《决定》)把赋予农民更多财产权利作为农村改革的最重要内容。《决定》鲜明地提出要赋予农民对集体资产股份占有、收益、有偿退出及抵押、担保、继承权;保障农民宅基地用益物权,改革完善农村宅基地制度;建立农村产权流转交易市场,推动农村产权流转交易公开、公正、规范运行;健全自然资源资产产权制度和用途管制制度,建立国土空间开发保护制度,建立资源有偿使用制度和生态补偿制度等,都无不涉及土地制度问题。显然,"中国梦"包括农民的土地梦,农民权利的公法保护,必然涉及农民土地权利的宪法保护和行政法保护。

第一节　中国农民土地权利概况

法国的《人权和公民权宣言》将财产权视为公民的四大基本天赋权利之一,且不可被剥夺。由于土地是农业人口最重要的生产资料,土地权利也是农民群体最重要的财产权,它既是农民生存权的基础,也是农民发展权的前提。在新农村建设过程中,如何充分利用好农村的土地资产和资源,切实保障农民的土地权利,以实现农村的生产发展、农民生活富裕、乡风文明、村容整洁,直接关系到我国新农村建设的成败问题。

有的学者认为,农民土地权利是"农民对农村土地享有的权利"[①]。这一定义本身大体上能够概括出农民土地权利所包含的内涵,但在语言表述上仍不够准确,尤其以"农村土地"一词为甚。尽管在一般的语言理解中,农村土地与集体所有的土地具有基本相同的内涵和外延,甚至说二者含义完全相同也不为过,然而这并不意味着这两个词语可以不分场合的任意替换。毕竟,"农村"一词不是法律用语,而"集体所有"则是一个标准的法律概念。若从法学角度研究农民土地权利,必须使用法律语言定义其概念。本书认为,农民土地权利更具专业性的表述,应当是"农民对集体所有的土地享有的权利"。根据这一定义,农民的土地权利可作如下理解:

第一,农民土地权利的主体是农民,非农民对农村集体所有的土地所享有的权利不包括在农民土地权利的外延之中。如城镇居民租赁集体所有土地上的房屋,则享有对该房屋的使用权。尽管这一权利是附着于集体土地之上,但并不能将其包含在农民土地权利的外延之中。

第二,农民土地权利的对象是集体所有的土地,农民对国有土地所享有的权利不包括在农民土地权利的外延之中。如农民在城市购房的,则享有对所购房屋的所有权。由于这一权利是附着在固有土地之上,所以该权利不包括在农民土地权利的外延之中。

第三,农民土地权利不是一项内容单一的权利。在这一权利之下,包含若干个单项的权利。这些单项权利所组成的权利群,可以在总体上称为农民土地权利。所以,农民土地权利研究其实就是对附着于集体土地之上的,以农民为权利主体的权利群的研究。

一、中国农村集体土地所有权

(一)农村集体土地所有权的理论基础

所有权概念起源于罗马法,学者王利明等都对所有权概念的起源和发展作过深入和系统的探究。一般认为,早在罗马共和国末期,出现了

[①] 郭明瑞:《关于农村土地权利的几个问题》,载《法学论坛》2010年第1期。

"dominium"一词,就是一种由家父权转化而来的对物的完全控制权,这是所有权最原始的概念。在公元前2—3世纪之前,"dominium"主要是指"奴隶的所有人、主人",而奴隶在当时是作为"物"(财产)而存在的。至公元前1世纪前后,"dominium"逐渐为"proprietas"所替代,proprietas已具有明确的所有权内容,即对物的占有、使用和滥用权,因而成为后世所有权概念的起源。① 通说主张,所有权的权能主要表现为占有、使用、收益和处分四种形式,但并非仅限于这四种。直接支配权利是所有权的核心。占有权能指"特定的所有人对于标的为管领的事实,换言之,占有为所有权事实的权能";使用权能是指"依所有物的性能或用途,在不损害所有物本体或变更其性质的情形下对物加以利用,从而满足生产生活需求的权能";收益权能是指"收取由原物产生出来的新增经济价值的权能";处分权能则是指"依法对物进行处置,从而决定物的命运的权能"。②

从历史的角度来看,土地所有权的产生可以追溯至罗马时期。繁荣的商品经济孕育罗马法发达的私法。因而,罗马法上的土地所有权也是绝对的、排他性的权利,所有权人对土地所有权的行使,只要不侵犯他人,都是合法的。而普通法的土地所有权继受了日耳曼法上的土地所有权制度。认为同一土地上并存着"上级土地所有权"和"下级土地所有权"。所谓上级所有权又称"管领所有权",是指领主或地主对其土地直接享有管领、处分的权利。而所谓下级所有权又称"利用所有权",是指佃农向领主交纳一定的地租,而对土地享有使用和收益的权利,这种权利又被称为"利用所有权"。由于这种土地权利是以领主为首的村落共同体为基础,因而具有强烈的团地主义色彩。在这一制度安排下,土地的利用价值得以重视。因而普通法上关于土地利用,特别是土地共同利用的法律制度较为发达。③

如上所述,土地所有权在大陆法和普通法的法律制度中发展过程是

---

① 参见王利民:《物权法论》,中国政法大学出版社1998年版,第208—211页。
② 陈华彬:《物权法原理》,国家行政学院出版社1998年版,第213—217页。
③ 参见陈华彬:《土地所有权理论发展之动向》,载梁慧星主编:《民商法论丛》(第3卷),法律出版社1995年版。

不同的,进而对其后的物权理论构建也有较大的影响。在大陆法系,土地所有权是土地物权中最完整、最显要的权利,具有绝对的支配效力。而在英美财产法上,土地财产权利制度基本由两个层次构成:第一个层次是土地所有权,它属于国家或政府;第二个层次是土地权益或称不动产权益,是指对土地直接占有、使用、收益等一系列权利。在这一制度体系中,直接附着于土地的不是土地所有权,而是各种各样的土地权益,而土地所有权在很大程度上仅仅代表着国家或政府的统治权。①

从法律制度的角度来看,土地所有权是一种跨越公法和私法领域的权利,我国集体土地所有权的性质属于公权还是私权?在中国当下的法律制度结构中,并不是一个十分容易回答的问题。

从集体土地所有权的发展来看,从合作社之前的农民所有,到合作社乃至人民公社体制下的三级所有,及至后来的集体所有。国家权力在这个过程中经历了从扩张到收缩的两个完全相反的过程。毫无疑问,三级所有体制是国家权力全面侵入农村基层社会的过程。在这个过程中,国家从解放战争时期保障农民对土地的所有权转变为全面剥夺农民的土地所有权,使得土地所有权具备了完全的公权力属性。此时,土地上的所有权利都收归国家所有,农民只不过是从属于土地的劳动力。如果用公法与私法相区分的理念对此时的土地所有权进行解释,毫无疑问,此时的土地权利应属于公权利,何况当时中国仅有的一点法学理论主要是照搬苏维埃法学理论,只承认社会主义国家有公法的存在,而不承认任何私法的存在余地。改革开放之后,国家权力改变了以往全面统治农村基层社会的模式,开始了淡出农村的过程。原来归属于国家公权利的土地权利此时也逐步让渡给村集体经济组织。与此相应,农村的土地制度发生了两个极为显著的变化:一是自发性制度创新代替了原来国家强制性制度安排;二是农地制度差异性不断加深。其所带来的结果是:其一,传统集体所有制理论体系成为市场经济条件下农村集体经济体制改革的理论障碍;其二,改革开放以来,尽管极少数较发达农村还基本坚持传统的集体所有制统一管理的体制,但绝大多数农村都实行了家庭联产

---

① 参见江平等:《中国土地立法研究》,中国政法大学出版社1999年版,第99页。

承包责任制即所谓统分结合的双层经济管理体制。①国家权力的退出,使得农村集体土地所有权中的私权属性得以彰显。但是,国家并未放弃对农村社会的控制,国家公权力仍然在我国农村土地制度中发挥着十分重要的作用,集体土地所有权的行使实际上依然受到国家公权力的调控,其中实际包含的公权属性依然十分明显。

然而,如果真实地考察我国集体土地所有权的运作方式,则不难发现其中的私权性质要远重于公权性质。在目前的制度实践中,集体土地的经济功能实现主要是通过将集体土地所有权转化为农民个体的承包经营权来实现的。土地承包经营权产生于农民或农户与集体经济组织签订的承包协议。在平等自愿基础上所形成的土地承包协议,无疑增强了集体土地所有权中的私权权重。更为重要的是,自世纪之交以逐步建立的土地承包经营权证制度进一步确立了土地承包经营权的不可侵犯性,使得土地承包经营权的稳定性进一步增加,与民法上的财产所有权几乎具有相同的地位。有学者认为:"土地承包权越稳定,土地公有制越接近名义化,土地私权性质表征越强。"②

因此,作为一项兼具公私双重属性的权利,简单将其定性为公共权利或私权利都不能全面体现其复杂属性。若专注于国家权力干预的因素,则无疑很容易就将其定性为公共权利;若专注于土地承包经营权的稳定性及其中的意思自治因素,则很容易将其定性为私权利。笔者认为,任何只取其一端而忽视另一端的定性都是不准确的。从发展的角度来看,随着土地制度的改革,公私两重属性在土地权利中的权重也必将发生此消彼长的变化。从尽可能提升土地利用效率的角度而言,将土地权利设定为完全的私权利具有更明显的合理性;从尽可能保证土地占有的平等性角度而言,国家权力的干涉不可避免,甚至将土地权利设定为完全的公权利也能找到政治上正当性的理由。笔者认为,究竟应当如何设定,关键在于如何在土地利用效率与土地资源占有的公平性之间实现平衡,未来必将根据形势发展而定。

---

① 参见刘道远、谭奕和:《土地征收中集体土地权利研究——基于物权法视角之思考》,载《法学杂志》2007年第3期。

② 同上注。

(二) 农村集体土地所有权的范围

集体土地所有权的主体是农民集体,也即集合意义上的农民。任何个体意义上的农民都不能成为集体土地所有权的主体。所谓的农民集体则包含不同的层次,依据这些不同的层次,集体土地所有权也可以作出相应的区分。集体土地所有权的主体只能是农民集体,但集体的范围有大小,其所包括的人数亦有多寡之分。更为复杂的是,合作社体制向村体制的转变使得村这个最常见的集体往往并不能在土地的集体所有权主体之间实现一一对应。根据集体土地所有权主体的不同,可以将集体土地所有权区分为三种不同的情况:

1. 行政村农民集体土地所有权

行政村农民集体土地所有权的权利的主体是行政村。这里所谓的行政村,指的是根据村民委员会组织法,可以成为独立的村民自治单位的村。与之容易混淆的是传统上的自然村概念。数千年的农业社会经自然演化之后,在1949年之前即形成了数量庞大的自然村。在合作社建立过程中,每个合作社也基本上是以自然村为基础设置。合作社制度废除后,在新的村级权力体系构建过程中,合并或撤销了相当数量的传统自然村。当地村民基于传统习惯,仍然将传统上的自然村称为村,并且对这种传统的自然村有着较为强烈的心理归属感。我们这里所说的村集体土地所有权,指的是村民委员会组织法中规定的可以选举产生一个村民委员会的集体单位,不是传统意义上的自然村。当行政村建制于传统的自然村之上时,自然村和行政村在覆盖范围上完全统一。村农民集体土地所有权属于全体村民所有,村集体经济组织的法人机关或者法定代表人,代表村民行使村集体土地所有权。

2. 乡(镇)农民土地集体所有权

村作为一个基层单位,可以作为集体土地所有权的主体,乡(镇)亦可作为集体土地所有权的主体。乡(镇)农民集体土地的所有权属于全乡(镇)的农民集体所有。在实践中,此类所有权一般由乡(镇)办企业、事业单位使用,也可以由乡(镇)农民集体或个人使用。至于其所有权主体,虽然名义上是该乡(镇)中的全体农民,但考虑到所有权行使的便宜性和有效性,一般都由乡(镇)人民政府代表全乡(镇)的农民行使。在具体的操作上,便是任何人如果要取得乡(镇)农民集体土地的使用权,都需要和乡(镇)人民政府进行协商并达成协议。

3. 自然村的农民集体土地所有权

自然村是农村中农民日常生活和交往的基础场域,往往是一个或多个家族聚居的居民点。自然村是数千年自然演化的结果,其间或许有国家权力的干预调整,但在总体上,仍然是自然演化居于主导地位。自然村不是一个独立的村民自治单位,它只能通过参与行政村的村民自治程序才能使其村民的自治权利得以实现。相比较于行政村,村民们对自然村的心理归属感强,或许正是因为考虑到这一点,以及更为重要的经济效益上的考量,在行政村体制建立的过程中,很多自然村的集体土地所有权主体地位并未遭到否定。由此便产生了自然村的农民集体土地所有权。此种类型的自然村虽然不是一个独立的村民自治单位,但却是一个独立的集体经济组织。

(三)农村集体土地所有权存在的内在矛盾

土地集体所有是特定历史时期的产物,集体所有权是为计划经济而特殊设计的一种"所有权"。社会主义国家集体所有制直接起源于斯大林在苏联普遍建立的集体农庄,它用国家权力强制将农业生产资料划归一个特定群体共同所有,其目的主要是为了适应高度集中的计划经济的需要,淡化甚至消除了在集体内部个人的直接占有、使用的权利和个人的直接利益。其与国有制的区别,不过是"部分劳动群众共同所有"和"全民共同所有"的范围不同而已。新中国建立后,集体所有制的形成,其初期主要是通过合作化的形式发展而成,因而在理论解释上,承认了集体所有制形式的多样性。但其在基本理论上仍然承袭了斯大林模式的有关理论论述。我们对集体所有制理论上的定性,一直是指"在社会主义条件下生产资料归一部分劳动者所有的公有制","是部分劳动群众结合在一起共同占有生产资料的一种公有制形式"。①

在任何农民个人都既是土地所有者又不是土地所有者,不能单独行使公有权的情况下,经济中便没有任何个别人代表并行使大家共同拥有的土地集体所有权。人们必须通过某种集体行动(集体协商、民主投票

---

① 王树春:《中国农村集体经济制度变迁的历史及其趋势》,载《天津商学院学报》2003年第1期。

等)实现土地公有权,但民主是有成本的,事无巨细,都要经过集体行动是不经济的,为了减少交易成本,便产生了代表机构行使土地集体所有权。这种代表是统一而唯一的;是从集体所有的农民中产生出来的,但又是独立于任何个体农民的;它来源于每一个体农民的集体所有权,但又超越于每个个体农民的特殊利益。

所有权是所有制在法律层面上的表现。集体所有权是集体所有制在法律上的表现。《中华法学大词典》认为,"集体组织所有权又称劳动群众集体组织的财产所有权,是劳动群众集体组织占有、使用、收益和处分其财产的权利,是劳动群众集体所有制在法律上的表现。集体所有权没有全国性的统一主体,……集体所有权的主体是集体组织,而不是组成这个集体的成员"。[①]这就是说,劳动群众集体所有权的主体是由劳动群众组成的集体组织,这种组织具有独立的法律人格,它代表全体成员享有和行使对集体财产的所有权;该组织成员不以个人身份享有和行使对集体财产的所有权,并且不在集体财产中享受任何特定份额。分配权是所有权的实现,在经济上没有体现的所有权是没有意义的所有权。按照上述集体所有权的规定,在集体土地所有制中,农民共同占有集体的土地这一简单的事实,却决定了处在这种关系中的任何一个农民都具有的二重性:一方面,他是土地所有者,共同占有土地的权利,是每一个农民所拥有的那一部分土地所有权和其他农民所同时拥有的土地所有权共同构成的;另一方面,他又不是土地所有者,因为作为农民个人所有的土地所有权,只有同其他本集体成员的土地所有权结合、共同构成集体土地所有权的时候才能发挥作用;作为农民个人,他既没有特殊土地所有权决定土地的使用,也不能根据特殊的土地所有权索取总收入中的任何一个特殊份额,没有属于他个人的土地所有权与他人相交换。在集体土地所有制关系中,任何一个农民,都既是土地的所有者,因为他是集体的一员;又是非土地所有者,由于他仅是集体的一员,离开集体他不能带走土地。农民个人既是土地所有者又是非土地所有者的这种对立统一,就构成集体土地所有制经济关系中的一个基本矛盾,我们称其为"集体

[①] 佟柔:《中华法学大辞典·民法学卷》,中国检察出版社 1994 年版,第 334 页。

土地所有权的基本矛盾"。这个基本矛盾体现在土地集体所有制每个行为主体的经济地位、经济行为当中;体现在土地集体所有制经济的每一种利益矛盾中;体现在经济运行的全过程中。

从上述分析中我们可知,农村集体土地应归某一农村集体经济组织的农民集体所有。我国《宪法》《民法通则》《土地管理法》和《农村土地承包法》对农村土地集体所有权都有明确的规定。《宪法》第10条第2款规定:"农村和城市郊区的土地,除由法律规定属于国家所有的以外,属于集体所有;宅基地和自留地、自留山,也属于集体所有。"《民法通则》第74条第2款规定:"集体所有的土地依照法律属于村农民集体所有,由村农业生产合作社等农业集体经济组织或者村民委员会经营、管理。已经属于乡(镇)农民集体经济组织所有的,可以属于乡(镇)农民集体所有。"《土地管理法》第10条规定:"农民集体所有的土地依法属于村农民集体所有的,由村集体经济组织或者村民委员会经营、管理;已经分别属于村内两个以上农村集体经济组织的农民集体所有的,由村内各该农村集体经济组织或者村民小组经营、管理;已经属于乡(镇)农民集体所有的,由乡(镇)农村集体经济组织经营、管理。"《农村土地承包法》第12条第1款规定:"农民集体所有的土地依法属于村农民集体所有的,由村集体经济组织或者村民委员会发包;已经分别属于村内两个以上农村集体经济组织的农民集体所有的,由村内各该农村集体经济组织或者村民小组发包……"

依据以上规定,可以看出,现行法律对所有权主体的界定实际上是模糊不清的。这种模糊性体现在以下两个方面:其一,法律所规定的农地所有权的主体具体包括三个层级的农民群体,即村民小组农民集体、村民委员会农民集体和乡(镇)农民集体,这三个集体究竟以哪个为主,权利主体的多级性自然会出现一物多主的冲突。其二,法律虽然确立了"农民集体"的农村集体土地所有权主体地位,但"农民集体"却没有以民事法律主体的形式出现,还不是一种法律承认的民事法律主体形态,不是一个能够独立享有民事权利和承担民事义务的主体。因为,我国相关法律在规定了农民集体是农村集体土地所有权的主体后,法律并没有就"农民集体"行使和实现所有权的组织形式和程序作出明确的规定或指示。而与这三个级别相对应的村民小组、村民委员会和乡(镇)政府则不是所有权主体,因为它们依法享有的只是经营、管理的权利,而不是所有权,因而其与农民集体之间的关系只能理解为是一种法定的代理关系。真正的权利主体被"代理人"的意志和行为代替而缺位,即主体"虚化",所带来的自然就是"代理人"即村民小组、村民委员会和乡(镇)政府的意志和行为,很可能不受"被代理人"意志的约束。同时,由于"代理人"和"被代理人"的利益点存在差异,加之我国社会行政主导的强大惯性,"代理人"替代"被代理人",成为事实上的权利主体就是自然而然的事情了。实行家庭承包经营以来,我国多数地区的农民集体经济组织有名无实,因而"替代"农民集体主体地位的主要是乡(镇)政府或村民委员会等行政组织,在有些地方,农民集体所有甚至实际上演变成了乡、村干部的小团体所有或者个别乡、村干部的个人所有,损害农民土地利益的现象也就不足为怪了。①

(四)农村集体土地所有权的行使

《物权法》第59条第2款规定在权利行使上应当经本集体成员依照法定程序决定。这体现了农民集体土地所有权行使上的特点。其中有三个问题仍需进一步探讨。

1. 农村土地如何经营?

《物权法》第124条第2款规定:"农民集体所有和国家所有由农民集体使用的耕地、林地、草地以及其他用于农业的土地,依法实行土地承包经营制度。"这一规定是强制性的还是任意性的?有的认为是强制性的,按照这一规定,凡农业用地,都须实行承包经营。有的认为不是强制性的,而仅是强调依法实行承包经营,不是私有化。笔者赞同后一种观点。《物权法》第124条更重要的是强调实行承包经营不会改变农村土地集体所有的性质,而不是明确规定农村土地都要实行承包经营。农村土地实行承包责任制,是国家在农村的重要政策。但只是一项指导性的政策,不能也不应是强制性的。法律规定实行承包经营时承包人的权利是为了保护承包人的利益,维护土地承包经营制度,但不是要求农村土地的所有权人对土地都必须实行土地承包经营制度。因为对于农业用

---

① 参见束景陵:《试论农村集体土地所有权主体不明确之克服》,载《中共中央党校学报》2006年第3期。

地实行承包经营,是在集体所有的土地上设立土地承包经营权这种用益物权,属于所有权行使的一种方式。如何经营土地,这是土地所有权人的权利,应由所有权人根据自己的利益和需要自行决定。在其所有的土地上是否设立土地承包经营权,还是以其他方式行使所有权,都应由所有权人即集体成员决定,而不应由法律加以强制规定。

2. 农村土地所有权可否转让?

通说认为,农村土地所有权不能流通,不可转让。但这并无法律上的合理根据。农民集体土地所有权的性质为集体所有,而集体所有权的主体又不具有唯一性,因此,农村土地所有权应当具有可转让性。从法理上说,凡是禁止流通的财产,须由法律明确规定,凡法律未明确禁止流通的财产就具有流通性。

从现行法的规定看,法律并没有明文规定农民集体土地所有权不可转让。现行《土地管理法》第 12 条规定:"依法改变土地权属和用途的,应当办理土地变更登记手续。"这里的"依法改变土地权属"并没有仅限定为集体所有改变为国有,应包括某一集体所有的土地改变为归另一集体所有。如果不承认农村土地的流通性,农村土地资源的财产性就得不到体现,无法通过市场机制得到优化配置,而现实中也存在农村土地流通现象。因此,应当承认农村土地所有权的可让与性。当然,为维护土地集体所有制,对于农民集体土地所有权转让,应限定为受让人只能是农民集体经济组织成员,其他人不能取得农民集体土地所有权。

3. 在农村土地上可否设立建设用地使用权?

这里所说的主要是指用于住宅等建设的建设用地使用权,而不包括乡镇企业用地的建设用地使用权,因为关于乡镇企业建设用地使用权,法律已有规定。对此,通行的观点是持否定说,认为建设用地使用权只能在国家土地上设立,而不能在集体土地上设立。但这种观点在《物权法》施行后,需要重新审视。《物权法》第 42 条第 1 款规定:"为了公共利益的需要,依照法律规定的权限和程序可以征收集体所有的土地和单位、个人的房屋及其他不动产。"这一规定既是对所有权的限制,也意味着今后非"为了公共利益的需要",国家不能再将农村集体所有的土地征收,而后将土地使用权出让给需要土地的使用人。然而,非为公共利益的需要用地(例如,住宅建设和其他商业性用地),不会因《物权法》第 42

条的实施而终止。随着城市化的发展,建设用地的需求在不断增加,而不是减少。今后是否会发生非因公共利益的需要而使用集体所有的土地呢?

这里首先涉及一个界定城市范围的问题。有一种观点认为,我国法律规定,城市的土地归国家所有,只要成为城市规划区域内的土地就当然归国家所有,因此,在城市建设中无论是商业性用地还是其他用地,都只能在国有土地上设立而不能在集体土地上设立建设用地的使用权。这种观点值得商榷。《物权法》第 47 条规定:"城市的土地,属于国家所有。法律规定属于国家所有的农村和城市郊区的土地,属于国家所有。"《土地管理法实施条例》第 2 条规定:"下列土地属于全民所有即国家所有:(一)城市市区的土地;(二)农村和城市郊区中已经依法被没收、征收、征购为国有的土地;(三)国家依法征用的土地;(四)依法不属于集体所有的林地、草地、荒地、滩涂及其他土地;(五)农村集体经济组织全部成员转为城镇居民的,原属于其成员集体所有的土地;(六)因国家组织移民、自然灾害等原因,农民成建制地集体迁移后不再使用的原属于迁移农民集体所有的土地。"依照上述规定,只要划为城市市区,土地就归国家所有,在城市建设中不会发生需要利用集体土地的情形。但该条例的规定未必妥当,特别是第(5)项显然仍是建立在维持城乡社会结构现状的基础上。户籍制度改革之后的中国,不再区分农村户口与城镇户口,而仅仅因为城市的扩张,就将原属于集体所有的土地当然地转为国有土地,这种对集体所有权的剥夺并没有充分必要的理由。因此,笔者以为,某一土地是否归农民集体所有至少应依《物权法》实施之日的确权为准。如果说在《物权法》生效前形成的"城中村"的集体土地已经为国家所有;在此以后形成的"城中村"集体所有的土地不能当然地就转为国有,否则农民成员集体所有权人的权益保护也会成为空话。

农民集体所有的土地不因城市规模的扩张而成为国有土地,在城市建设中如非因公共利益而需用农村集体所有的土地进行建设时,用地人如何取得土地使用权呢?《物权法》第 151 条规定:"集体所有的土地作为建设用地的,应当依照土地管理法等法律规定办理。"因此,在《物权法》实施后,《土地管理法》等相关法律应予以修改。解决城市建设用地的出路就是允许农村土地所有权人在其土地上设立建设用地使用权,而不是将建设用地使用权仅限于在"国家所有的土地"上设定的用益物权。在农民集体的土地上设立建设用地使用权,可以按照国有土地建设使用权的设立方式,将建设用地使用权出让给用地人,但由农民成员集体即土地所有权人取得出让使用权所得的收益。例如,有的地方采取将规划为建设用地的土地以"招、拍、挂"的方式出让建设用地使用权,但出让费由农民成员集体取得,而不是由国家取得。

在农民集体所有的土地需要用于开发建设时,也可以由农民成员集体即所有权人自己进行开发建设。由此而产生的土地利益应由农民成员集体取得,做到真正还权给农民、还利给农民。有人担心,许可在农民集体所有的土地上设立建设用地使用权,会使农业用地改为建设用地,会导致突破国家规定的18亿亩耕地的红线,会影响我国粮食生产的安全。这种担心是没有必要的。承认农村土地所有权人可以在自己的土地上设立建设用地使用权,或者自己开发经营其土地,在其土地上建造建筑物、构筑物及其他设施,并不等于说土地所有权人可以任意将农业用地转变为建设用地。《物权法》第43条规定:"国家对耕地实行特殊保护,严格限制农用地转为建设用地,控制建设用地总量。不得违反法律规定的权限和程序征收集体所有的土地。"严格限制农用地转为建设用地,这一任务主要由规划部门和土地管理部门承担,而不是通过不许在农村集体所有土地上设立建设用地使用权完成的。规划非常重要,具有法律意义。只要根据规划,农村集体所有的土地需要转为建设用地并经过批准手续,又不属于公共利益的范畴,就应当也只能由土地所有权人在该土地上设立建设用地使用权来经营该土地。

这里涉及一个近年来十分热闹的热门话题,即"小产权"房问题。何为"小产权"房?对此有不同的理解,也有不同的情形。之所以称为"小产权"房,根本原因在于其用地属于农民集体所有的土地而不是建设用地使用权的国有土地,是农民集体自己或委托他人开发的,而不是由房地产商从国家取得建设用地使用权后开发的。对于"小产权"房,各地态度不同,绝大多数采取不同程度的禁止性政策,有的甚至规定买卖"小产权"房的所得属于违法所得,要予以没收。然而,另一个现象是"小产权"房的建设和交易禁而不止。笔者认为,解决这一问题的关键应是区分"小产权"房的建设是否经过有关部门许可,是否办理了农业用地转为建设用地的手续,依不同情形作不同的处理。"小产权"房大体有两种情形:一种情形是没有经过有关部门许可,未办理农业用地转为建设用地的手续,擅自在以出租或者承包经营等形式取得使用权的农业用地上建设的房屋。这种房屋属于违法、违章建筑,根本就不能有产权,应不属于"小产权"房。对于这类房屋,如果不符合规划和土地用途,应当坚决予以查处,责令其拆除,恢复土地原状。另一种情形是经过有关部门的许可,办理了农业用地转为建设用地手续,其建设符合规划要求,但其建设用地属于农民集体所有的土地,而不是国有土地。这种"小产权"房是有产权的,之所以称为"小产权"是因为该房屋的建设没有取得国有土地的建设用地使用权。对于这种"小产权"房,不应当限制其交易。如果认为只有在取得国有土地的建设用地使用权的土地上建造的房屋才有"大产权",才可以交易,这显然是延续了国家垄断全部土地的一级市场的传统做法和思维方式。因此,解决"小产权"房问题的思路是,应当赋予农村集体土地所有权人可以依法定程序将其土地自行进入一级市场,在其土地上设立建设用地使用权的权利。当然,农村土地所有权人行使这一权利应当遵行土地利用总体规划,应当办理农业用地转为建设用地的手续。如果长期一概不承认"小产权"房,一定要将其占用的土地征收后设立建设用地使用权,则会违反《物权法》关于征收的规定,因为这种用地很难说是"为了公共利益的需要"。以上仅是一得之见,可供参考。

二、中国农村集体土地使用权

(一)农村集体土地使用权的基础理论

在我国,土地所有权主体和使用权主体可能会出现分离情形,土地所有权人可能并不直接对土地进行占有、使用和收益,而是通过设定用益物权,将土地交由其他主体使用,实现土地的利用价值。《物权法》第117条规定:"用益物权人对他人所有的不动产或者动产,依法享有占有、使用和收益的权利。"一般认为,"土地使用"是土地所有权部分权能的名词表征,在实践中不易区分的是作为所用权能的"使用权",还是作为用益物权的"使用权"。[①]《物权法》颁布之前,我国立法中土地使用权划分

---

① 史浩明:《用益物权制度研究》,载《江苏社会科学》1996年第6期。

的标准并不统一,主要根据土地所有者身份、土地使用者身份、土地使用权的取得方式等来划分,导致出现了十余种权能不同的土地使用权。进而使得土地使用权主体的权利未能受到平等的保护(如载有土地使用权的集体土地原则上不能用于建设用地,而只有被征收后才可以出让,政府分取了本应属于农民的合理补偿)。而在《民法通则》和《土地管理法》中的土地使用权概念则实际上泛指对土地的使用权利。我国《物权法》确认的土地使用,应该是指土地用益物权。对土地使用权通过物权的形式加以确立,使其内容明确,从而保障物权的实现,具有重要的意义。

对土地使用权的法律保护主要有两种形式,一种是基于《物权法》的私法保护,另一种则是土地使用权的公法保护。前文谈到土地使用权作为一种用益物权,在权利上属于财产权利的范畴。1982年宪法对我国土地的所有权确立了国家所有和集体所有的二元所有制形式,也确立了我国土地物权中所有权和使用权分离的二元土地权利结构体系。《宪法》第13条第1、2款规定:"公民的合法的私有财产不受侵犯。国家依照法律规定保护公民的私有财产权和继承权。"这就意味着农民的土地使用权受到宪法的保护,对农民土地使用权侵害的行为违反宪法上公民财产不受侵犯的条款。

但是仅有这些宪法上宽泛的、原则的规范性规定是远远不够的,各主体依然可能通过各种巧妙的渠道和方式损害农民的土地使用权,事实上随着当下中国经济建设和城市化的不断推进,"征地"已成为农村经济政治中的热点问题。所谓征地,即对农民土地使用权的征收性收回。虽然土地权力结构中土地的所有权归于国家和集体,但不能忘记土地使用权属于农民的私有财产权范畴。因此,行政实体法和程序法上对农民土地使用权行为的公法保护显得尤为重要。当下中国行政法对土地使用权的保护主要如下:

1. 规定征地的补偿义务

由于征地明显侵犯了农民对土地的用益物权,因此对土地的征收行政法采取了"无补偿则禁收回"的原则。《土地管理法》第58条规定,收回国有土地使用权的,对土地使用权人应当给予适当补偿。这里规定了行政主体对征地的补偿义务。

2. 比例原则的适用

《土地管理法》中对土地征收虽有要求补偿的规定,补偿的数额和形式却并没有一个明确的说法,因此对土地使用权的公法保护,应当引入行政法中的比例原则。所谓比例原则,指行政行为应当符合适当性、相当性、最小损害性三原则。政府部门在征地这一侵害农民土地使用权的行政行为过程中,应当做到以下几个方面:① 土地征收应当基于公共利益需要(如道路等公共设施建设),不应因房地产开发等经济利益需要对农民土地进行强制征收。② 土地征收补偿应当具有适当性和相应性,即与农民群体在土地使用权剥夺中失去的利益相当。值得注意的是,对土地征收中补偿的费用不应当仅仅是土地失去的费用,对附着在土地上的建筑物、构筑物及附属设施应当分开补偿,即房随地走,价值分离。这样才能让赔偿内容最大限度地符合农民群体的损失内容。③ 土地征收限度应最小化,这里的最小化有两个内容:一是土地征收原因的最少化,只有基于公共利益,不可不征的土地才可以征;二是土地征收数量的最小化,可征可不征的土地一律不征,最大限度地保障农民土地的使用权。

(二)农村集体土地使用权的范围

我国在土地使用权立法上或学理上,按照不同的标准划分为不同的类别。崔建远认为,我国的土地之上的权利可以分为以下 11 个类型:① 土地所有权;② 国有土地使用权;③ 宅基地使用权;④ 土地承包经营权;⑤ "四荒"土地使用权;⑥ 矿产资源所有权;⑦ 矿业权;⑧ 矿地使用权;⑨ 抵押权;⑩ 租赁权;⑪ 房屋所有权等相关物权。[①] 这是作者对土地使用权按照主体或者客体的不同进行的分类。张广荣认为,从我国的土地立法可以看出,农民的集体土地使用权应该有土地承包经营权和建设用地使用权两种,其中土地承包经营权包括对农业用地和"四荒"土地的承包经营权,建设用地包括农民住宅地使用权、乡(镇)村企业建设用

[①] 参见崔建远:《土地上的权利群论纲》,载《中国法学》1998 年第 2 期。

地使用权、乡(镇)村公共设施和公益事业建设用地使用权。① 揭明等作者认为,我国集体土地使用权包括宅基地使用权、土地承包经营权和"四荒"土地使用权,其中,土地承包经营权主要是耕地、林地、草地等农业用地的使用权;"四荒"土地是指荒山、荒坡、荒沟和荒滩。② 宋才发等认为,为了保障整个农地权体系的运作,保障土地的利用的效率、安全与秩序,国家应该优化农地使用权体系以及其他土地权利,有效的办法就是构建以地上权、地役权、永佃权为主要内容的农地使用权体系。③

由于我国的各类土地使用制度是在特定的社会和历史背景下长期形成的,所以,立法上作出统一的规范也存在一些现实的困难,《物权法》第三编中规定的土地承包经营权、建设用地使用权、宅基地使用权和地役权,并列为用益物权的四种基本类型。同时,《物权法》第三编第122—125条所提及的海域使用权、探矿权、采矿权和使用水域、滩涂从事养殖、捕捞的权利等,并未指出其属于用益物权,被学界认为是具有"准物权属性"。土地承包经营权、建设用地使用权和宅基地使用权在立法上被作为基本的用益物权形态,而且一直以来在理论和实践中具有重要的意义,所以我们将在本章第三节着重讨论这几种土地使用权的权利形态和实践状况。

第二节 中国农村土地产权制度历史演变

谈及土地,这是中国近现代史上一个特别尖锐且经久不衰的大问题、老问题。据史家分析,国民党在大陆地区的失败,一个重要的教训就是土地政策的惨败;而其在台湾地区之所以能够站稳脚跟,以致后来台湾地区经济能够列入"四小龙",很大程度上就得益于后来台湾地区土地

---

① 参见张广荣:《我国农村集体土地民事立法研究论纲》,中国法制出版社2007年版,第63、64页。

② 参见揭明、鲁勇睿:《土地承包经营权指权利束与权利结构研究》,法律出版社2011年版,第113页。

③ 参见宋才发等:《西部民族地区城市化过程中农民土地权益的法律保障研究》,人民出版社2009年版,第75页。

政策的成功。同样,中国共产党在国共对峙中取胜,很大程度上由于中共土地政策的成功,得到广大农民的拥护。当年拉开改革大幕的安徽凤阳县小岗村,之所以成为全国农村改革的领头羊,就是其家庭联产承包责任制中土地承包制度先声夺人,因此,成功的土地制度和政策,可以说是中国治国安邦、稳定农村的要诀。

农村土地产权制度并不是一成不变的,随着时代的发展和社会的变迁,我国土地产权制度在不同社会时期发生着巨大的变化,考察不同时期的土地产权制度,可以更好地梳理我国农民土地权利的历史沿革,并"取其精华,去其糟粕",在市场经济新时期有针对性地做好农民土地权利的保护工作。

一、古代社会时期

(一)早期社会

原始社会,土地等生产资料都是共有,还没有产生私有制,所以,还没有严格意义的土地产权制度。奴隶社会,奴隶主拥有一切土地所有权,当时也存在土地买卖,在奴隶主之间进行,土地所有权和使用权都归奴隶主所拥有,土地收益完全归奴隶主所有,奴隶只是生产工具,不能拥有土地,所以,当时的土地制度是奴隶主私有制。

(二)封建社会

目前通说认为,中国封建土地制度始于周朝,形成于战国和秦汉时期。商周时期,各诸侯国建立了井田制,此时的土地制度是国家统治者所有,也即"王"所有,王将他所有的土地、人民等又分给各诸侯,各封建领主拥有的土地分为两种,一种是领主分给农奴的土地,称为"私田",一种是领主留给自己的土地,称为"公田"。秦始皇统一中国后,推行了统一的土地制度,即"授田制",土地私有和土地买卖,也是允许的。从东汉起到清朝,一直实行租佃制,也就是大地主所有制,此后历朝历代,土地一直允许私有和买卖。租佃制的形成和巩固,以及社会上大多数自由农民变为依附农和农奴,是封建土地制度建立的标志,但在具体制度安排上,封建土地制度实际上包括大地主土地私有制、封建土地国有制和自耕农私有制三种形式。封建社会中后期,封建国有土地向封建私有土地转化速度加快,大地主私有制成为主体,而其中官僚地主比例下降,农村庶民地主逐渐增多，佃耕制更加巩固，土地买卖更加盛行，土地兼并竞争加剧。从历史上看，在土地私有制的框架下，以土地地主占有、佃农经营，辅之以自耕农经营的土地制度形态，自明清以来，直到20世纪40年代，其制度特征并无实质性的变化。

二、近代资产阶级革命时期

在中国社会的历史进程中，农民为实现拥有土地的理想，进行过多次反对封建土地制度的农民起义和农民战争。近代改革派和革命派都将"耕者有其田"作为农村经济变革的纲领，孙中山先生明确提出"平均地权"的主张，其平均地权的具体办法是："核定天下地价，仍属原主所有，其革命后社会改良指增价，则归国家，为国民所共享。"1924年国民党第一次全国代表大会通过的《中国国民党第一次全国代表大会宣言》对三民主义作出了顺应潮流的新解释：所谓平均地权，就是私人所有的土地，由地主估价承包政府，国家就价征税，并于必要时依报价收买之；农民指缺田者地，沦为佃户者，国家当给以土地，资其耕种。这就是孙中山的"耕者有其田"思想。但由于后来形势的变化，这种主张未能实现。①

三、新民主主义革命时期

我国农民的土地私有产权是通过共产党领导的土地改革而确立的，土地改革打破了封建社会长期存在的"地主所有，租佃经营"的农地产权模式。实行土地改革，废除封建土地制度，是中国民主革命和新民主主义革命的主要任务之一，改造我国封建土地制度的历史任务，是在中国共产党领导的土地改革运动中完成的。土地改革历经了早期减租减息的农民运动，大革命时期根据地的土地革命、抗战时期的减租减息、解放战争时期的土地改革和新中国建立初期的土地改革等历史过程，采取了划分阶级、没收地主富农土地和财产、向农民分配土地和财产、对新的土地财产关系进行立法等步骤，改变了以"地主所有、租佃经营"为主体的封建土地制度，农民无偿获得了小块土地，实现了农民土地私有制，最终确立了"农民所有，农户经营"的土地产权结构。

---

① 参见张维迎：《法律和社会规范》，载《比较》2004年第11期。

(一) 中国共产党国内革命战争时期的土地制度和政策

1921年,中国共产党在国际共产主义的帮助下成立,中国共产党对土地改革的认识和政策的制定,是在革命实践中不断发展和完善的。中国共产党"一大"的党纲明确指出,党的纲领是无产阶级革命军队推翻资产阶级,由劳动阶级重建国家,直至消灭阶级差别;采用无产阶级专政,以达到阶级斗争的目的——消灭阶级;"消灭资本家所有制,没收机器、土地、厂房和半成品等生产资料,归社会公有。"可见,在党的纲领中,已经确立了土地公有的思想。① 1922年6月,中共中央的正式文件首次提出"没收军阀和官僚的财产,将他们的田地分给贫苦农民"。② 中国共产党分析了中国农民与民主革命的关系:"中国三万万的农民,乃是革命运动中的最大要素。……如果贫苦农民要除去穷困和痛苦的环境,那就非起来革命不可。而且那大量的贫苦农民能和工人握手革命,那时可以保证中国革命的成功。"③所以,要想发动革命,就要让大多数农民有参与革命的热情,而要让大多数农民参与革命,就要实行土地改革。

1923年"二七"惨案发生后,全国工人运动暂时转入低潮。在共产国际的指导下,中国共产党开始了建立革命统一战线的工作。在国共合作的大背景下,中国共产党于1925年11月发表了《中国共产党告农民书》,确立了耕地农有和减租减息的政策。

1927年7月第一次国共合作宣告失败,1927年11月在临时中央政治局扩大会议上,通过了《中国共产党土地问题党纲草案》。这是中国共产党历史上第一个关于土地问题的党纲草案,它作出了没收一切土地和土地国有的决定,使用权归农民。同时,废除租田制度。1928年3月,中共中央发出第37号通告《关于没收土地和建立苏维埃》,同年6月,中国共产党六大在莫斯科召开,会后,中共调整了土地政策:第一,明确规定"没收地主阶级的一切土地,耕地归农";第二,无产阶级在乡村中的基本力量是贫农,中农是巩固的同盟者,联合中农是保证土地革命胜利的重

---

① 参见中央档案馆:《中共中央文件选集(1921—1925)》,中共中央党校出版社1982年版,第5页。
② 同上书,第26页。
③ 同上书,第76页。

要条件,因此应该建立从雇农起到中农的农民群众的统一战线;第三,特别提出了对待富农的问题,党在目前阶段中的任务,乃在使这种富农中立;第四,大会虽然赞同了"平分土地"的口号,但同时指出,在中农和小农私有制占农民人口多数的地方,平分土地必将触犯广大的中农的利益,尤其不能强硬施行。但是,所有这一切,仍然前提明确:土地国有,没收的土地归农民代表会议(苏维埃)处理,农民只有使用权。① 革命完全胜利之后,在全国或在重要省份中已经建立了坚固的苏维埃政权之后,中国共产党将进而帮助革命的农民去消灭土地私有权,把一切土地变为社会的公有财产。因为共产党认为土地国有,乃消灭国内最后的封建遗迹的最彻底的方法。"

1931年2月,王明领导下的中国共产党中央政治局和共产国际东方局共同商量,为以后召开的第一次全国苏维埃代表大会起草了一个《土地法草案》,将王明的土地主张写进了这个文件中。1931年11月,全国苏维埃第一次代表大会通过了《中华苏维埃共和国土地法》。当时的土地政策是:"地主阶级必须彻底消灭,绝对不能分田和租田给他及他的家属。凡是富农的土地都须没收,只有在他们自己耕种的条件下才分坏田给他们,富农多余的农具、耕牛,也须没收。""贫农、雇农必须分得好田","不能因巩固与中农的联盟,便要牺牲贫农、雇农的利益来迁就中农"。②从1932上半年开始的查田运动,王明的土地政策得以全面实行,直到1934年第五次反围剿失败。

(二) 抗日战争时期的土地政策

1935年,进入了抗日战争时期,中国共产党及时调整了土地政策。同年12月6日的《中共中央关于改变对富农策略的决定》认为,"现在是革命的时期,特别是民族革命战争紧迫的时期",所以,"对于富农,我们只取消其封建剥削的部分,即没收其出租的土地,并取消其高利贷。富农所经营的(包括雇工经营的)土地、商业以及其他财产则不能没收,苏

---

① 参见《中共第六次全国代表大会关于土地问题决议案》,载《第一、二次国内革命战争时期土地斗争史料选编》,人民出版社1981年版,第24页。

② 王明:《中央为土地问题致中央苏区中央局信》,载中国社会科学院经济研究所、中国现代经济史组:《第一、二次国内革命战争时期土地斗争史料选编四》。

维埃政府并应保障富农扩大生产(如租佃土地,开辟荒地,雇用工人等)与发展工商等的自由。如某一乡村大多数农民要求平分一切土地时,富农应当照普通农民一样,平均分得土地"。① 1936年7月,中共中央发布了《关于土地政策的指示》,对地主的政策作了改变:"对地主阶级的土地、粮食、房屋、财产,一律没收,没收之后,仍分给以耕种份地及必需的生产工具和生活资料;地主耕种份地之数量与质量,由当地农民群众多数的意见决定之。"②随后,中国共产党完成了对地主阶级土地政策的根本转变,废除了苏维埃时期的土地政策及法令,将土地革命时期实行的没收地主土地分配给农民的政策,变为减租减息的政策。1937年8月,中国共产党中央委员会在洛川公布了"中国共产党抗日救国十大纲领"(为发动一切力量争取抗战胜利而斗争),其中在"改良人民生活"这一纲领中提出了"减租减息",正式将减租减息政策以纲领的形式确定为共产党在抗战时期解决农村租佃关系的基本政策。③

(三) 解放战争时期的土地制度和政策

1946年5月,中共中央发布了《关于土地问题的指示》("五四"指示);晋冀鲁豫在1946年9月土改大检查中,对地主采取"打死落水狗政策",一直追查,使地主无喘息躲闪的机会。正如薄一波关于土改报告中所讲"对地主追究运动极猛烈,土地、房屋等公开财产全部重新分配,地下所埋藏的现金、衣物、器具等亦全部追出(发生了打与杀的流弊)"。④

1947年7月17日至9月13日,中国共产党在西柏坡召开全国土地会议。会议通过了《中国土地法大纲》(1947年10月正式颁布)。《大纲》规定:乡村中一切地主的土地及公地,由乡村农会接受,连同乡村中其他一切土地,按乡村全部人口,不分男女老幼统一平均分配,在土地数

---

① 彭明、洪京陵:《中国现代史资料选辑》(第四册),中国人民大学出版社1989年版,第423—426页。

② 俞祖华:《中国通史教程教学参考》(现代卷),山东大学出版社2000年版,第216—217页。

③ 参见西北五省区编纂领导小组、中央档案馆:《陕甘宁边区抗日民主根据地文献卷上》,中共党史资料出版社1990年版,第211页。

④ 中央档案馆编:《解放战争时期土地改革文件选编》,中共中央党校出版社1981年版,第51页。

量上抽多补少,质量上抽肥补瘦,使全乡农民均获得同等的土地,并归个人所有。但是,由于阶级划分标准等因素混乱,导致土改中出现了诸多问题,这些问题也引起了当时中共中央和毛泽东的重视。1948年4月1日,毛泽东在晋绥干部会议上的讲话中,系统地论述了土地改革的问题,并提出了土地改革的总路线:土地制度的改革,是中国新民主主义革命的主要内容。土地改革的总路线,是依靠贫农,团结中农,有步骤地、有分别地消灭封建剥削制度,发展农业生产。土改总路线的形成,标志着新民主主义革命时期中国共产党土地政策的完整形成。

四、新中国成立初期

1950年6月,中央人民政府通过了《中华人民共和国土地改革法》。这部法律是在总结各根据地土地改革经验的基础上,广泛征求意见和反复修改后形成的,同《中国土地法大纲》相比,有一些调整和变化:① 在没收封建土地和财产方面,缩小了范围。对地主,除没收其土地、耕畜、农具、多余的粮食和在农村多余的房屋外,其他财产不受侵犯;中农和富农的土地财产不受侵犯,包括富农兼营的一些工商业不能侵犯。② 以农民协会为土地改革的唯一合法执行机关,不再成立贫农团大会。③ 对一些特殊的土地问题作出了规定,如土地改革完成后,由人民政府颁发土地所有权证,承认一切土地所有者自由经营、买卖和出租其土地的权利,土地改革前的土地契约一律作废。① 资料表明,到1952年9月为止,占全国90%以上的地区完成了土地改革,有3亿多农民分别获得了大约7亿亩土地。在土地改革运动中,农民中大部分人获得利益,少部分人的财产被剥夺。土地改革运动的实质是国家行使权力对社会财富的再分配,带有"劫富济贫"的色彩,暂时缓解了贫富悬殊,一度提高了农民生产积极性,但其最终效果并不乐观。加上当时领导者急于转入大规模社会主义改造,土地改革的长久效应并没有充分显示出来。

---

① 参见武力、郑有贵主编:《解决"三农问题之路"——中国共产党"三农"思想政策史》,中国经济出版社2004年版,第263页。

五、农业合作社时期

(一) 单一的土地公有制

作为当时社会主义阵营的领袖,苏联的单一土地公有制纷纷被许多社会主义国家效仿。中国也不例外。苏联法学理论认为:社会主义的经济基础应是生产资料的公有制,经济发展的目标是实现共产主义式的全社会"按需分配"。由于社会主义国家追求的生产资料单一公有制,不可能存在生产资料的不同所有者,这就决定了社会主义国家的"按需分配"不可能通过市场经济,即价值的交易来满足,而只能靠实物的分配来实现。即在一个社会内部,由国家统一制定全社会的生产计划,统一调拨全社会的物质资源,统一支配全社会的产品。这就是计划经济。① 可见,计划经济最显著的特征是通过行政指令(计划)支配实物在特定经济组织之间的转移。为了解决多个经济组织之间实物资源分配的特定复杂关系,采取了政府内部各层级安排和组织资源的形式。其内部组织表现为上级与下级、民众与政府的命令和服从关系的一种权力结构,而非权利结构。这就使得本应由每个经济主体平等所有的权利组成的权利结构,表现为一个经济主体对另一个经济主体具有支配力的权力结构所取代。在这种体制下,权利被权力所掩盖,权力代替了权利的表现形式。② 在这种体制安排下,土地权利被土地权力所替代。因此,在计划经济体制下,土地一直是行政法上的客体,而不是民法上的客体,土地的归属和利用基本上不属于民法的调整范围。

按照苏联的模式和理论将所有权划分为三种不同的类型:国家所有权、集体所有权、个人所有权。其中国家所有权体现了生产资料的最高阶段,集体所有权反映着生产资料的一般社会化阶段,而个人的所有权仅仅反映着旧时期私人占有生产资料的阶段。按照这一模式和理论:公有制,尤其是国家所有权代表着历史的发展趋势,应得到优先保护,集体所有权应得到一般保护,而个人所有权则应当被严格限制。新中国成立

---

① 参见布哈林:《过渡经济学》,法律出版社 1955 年版,第 23 页。
② 参见盛洪主编:《中国过渡经济学》,上海三联书店、上海人民出版社 1996 年版,第 21 页。

后沿袭苏联模式的中国社会主义制度亦将此等分类奉为圭臬。1954年《宪法》第6条第1款明确规定:"国营经济是全民所有制的社会主义经济,是国民经济中的领导力量和国家实现社会主义改造的物质基础。国家保证优先发展国营经济。"在宪法有如此规定的基础上,国家所有权优先的原则遂成为中国社会主义法制原则的核心内容。它对其他主体的所有权作了相当大的限制,甚至作出歧视性规定。[①] 为体现国家所有权至高无上的地位,中国政府还通过对城市土地实行征收和对农村土地采取合作化的方式,逐步将新中国成立以前的多元主体的所有制改造成单一的公有制。仿效苏联,中国国家土地所有权得到严格保护,神圣不可侵犯。而集体所有权则得到一般的保护,其权利的存在应服务于国家的需要。这就为实践中对不同主体的土地权利进行差别对待提供了理论依据。

(二) 合作化时期土地权利制度的特征

1. 不同主体土地权利的差别对待

在国家所有权优先原则的指引下,必然将土地所有权按所有制性质划分为不同的级别,给予不平等的地位。其中,国家的土地所有权受到优先的保护,而农村集体土地所有权得不到应有的保护。[②]

2. 土地所有权权能的不可分割

由于计划经济体制下,土地所有权的客体仅仅是土地的实物形态,土地利益被等同于土地的实物形态,从而把实现土地利益的方式简单地理解为对土地所有权客体—实物的占有和支配功能的确认。这就意味着对土地实物形态的任何的分割,都是对土地所有权的侵犯。

3. 土地权力对土地权利话语权上的侵占

计划经济是通过行政权力运作的经济,它要求物权权利屈服于政府的行政权力,作为私权利的物权成为行政权力的附属品。对于土地权利而言最显著的表现为土地资源的行政权力配置代替土地资源的权利配置。

[①] 参见梁慧星:《中国物权法草案建议稿》,社会科学文献出版社2001年版,第97页。

[②] 同上注。

(三) 合作化时期土地所有权制度的利益分配倾向

1. 生产效益低下

由于土地所有权权能的不可分离,土地所有权的所有权能只能由抽象的国家或集体代表全体人民来行使。在实践中,往往由政府机构作为国家或集体的代理人行使。由于在计划经济体制下,土地利益仅仅理解为土地的实物形态的占有和保持,土地的价值形态根本不被重视。这就形成了政府机构在行使土地所有权时,更多是从政治利益而非经济利益来考虑问题。因此,计划经济体制下的土地所有权具有较强的非经济性。

2. 土地利益分配偏向于国家

这体现在两个方面,一是为保护代表着社会主义所有制最高阶段的国家土地所有权,当时的中国确立了国家土地所有权优先的原则;二是在计划经济体制下,国家土地权利被国家土地权力所代替,使国家土地权利在运作方式上,具有一般权利无法比拟的强制性权力优势,遏制了土地资源及其利益在不同权利主体间的优化配置,造成了对其他土地所有权主体利益的掠夺。

3. 农民土地利益保障缺失

一方面是集体权利容易被国家权力任意剥夺,体现在农村集体土地所有权得不到国家应有的尊重和保护,常常被国家出于经济发展的需要而无偿剥夺。另一方面,单一的农村土地所有制不仅剥夺了农民的生产自主权,而且剥夺了农民的生产和生活资料,使农民成为完全依附于集体的无产者。这些做法,最终导致广大农民失去了劳动的积极性,生产效率低下,生产水平不断下降,生活状况不断恶化,人地矛盾非常尖锐。

六、人民公社化时期

为巩固农业合作化的成果,从1958年开始,全国掀起了"人民公社化"运动。人民公社化先后经历了小社并大社、从乡内扩展到乡外、从县内扩展到县外的过程,期间主要是按照行政命令的无偿合并与调动,并出现了"共产风"浪潮。迅速的公社化运动,导致土地经济关系的严重破坏,农业生产严重滑坡,粮食大幅减产,供求关系恶化,农业经济面临严峻形势。1960年与1957年相比,全国粮食减产26.4%,棉花减产

35.2%,油料减产53.8%。① 在此情形下,1961年3月的《农村人民公社工作条例》和6月份的条例修正草案,对人民公社的所有关系进行了调整,明确"农村人民公社一般地分为公社、生产大队和生产队三级。以生产队所有制为基础的三级所有制,是现阶段人民公社的根本制度"。严酷的形势迫使中央政策做出调整,1962年6月27日,中共八届十中全会又通过了《农村人民公社工作条例修正草案》,该条例对农村土地权属问题作了明确规定:"生产队范围内的土地,归生产队所有,生产队的土地,包括社员的自留山、自留地。宅基地……一律不准出租或者出卖。生产队所有的土地,不经过县以上人民委员会的审查和批准,任何单位和个人不得占用;集体所有的山林、水面和草原,凡是归生产队比较有利都归生产对所有……"同时,该条例将三级所有的基础和核算单位调整为生产队,规定"生产队是人民公社的基本核算单位。它实行独立核算,自负盈亏,直接组织生产,组织收益的分配。这种制度定下来后,至少三十年不变"。至此,"三级所有,队为基础"的人民公社体制被确立下来,并一直延续至公社体制的废止。

超越我国当时生产力发展水平的人民公社化运动,给经济和社会带来了深重的灾难。从历史的眼光来看,人民公社化不仅没有提高农民的生产积极性,而且由于"一大二公"的体制性缺陷,产权界定不清,私有财产保护机制缺乏,导致土地生产效益低下,人民生活水平下降,社会发展几乎停滞。其中尤为深刻的经验教训是:要想实现土地的有效利用,就应该明晰产权,实现资源的合理配置,保障集体财产和私有财产都不受侵犯,才能调动生产积极性,实现社会经济持续快速的发展。

七、包产到户时期

(一)所有权的单一性与物权的多元性

新中国经过近30年的计划经济,体制上的一些弊端越来越明显地暴露出来。效率低下、吃"大锅饭"的平均主义思想普遍存在,经济发展非常缓慢。加之近十年的"文化大革命"的浩劫,中国急需恢复和发展经

---

① 参见周太和:《当代中国的经济体制改革》,中国社会科学出版社1984年版,第261页。

济。1978年,中国共产党十一届三中全会确立了全党工作的着重点应该转移到社会主义现代化建设上来。20世纪80年代开始了经济体制改革,在1986年出台的《民法通则》第五章第一节中将土地权利规定为"所有权和由所有权派生出来的权利"。在这一立法思想的指导下,中国的法学家将他物权界定为"由所有权派生出来的权利",为实物形态所有权限制价值形态的他物权的独立性提供了理论依据。这就是我们通常所说的"所有权权能的分离"。中国的土地权利也开始了这种指导思想下的变革。

为缓和农村尖锐的土地矛盾,中国从1978年开始实行家庭联产承包责任制,其主要内容是由原来人民公社体制下土地的集体所有、集体使用,改为土地集体所有与农户使用分离。它是由农村集体组织作为土地所有人与农户签订家庭联产承包合同,依合同形式实现土地所有权与土地使用权的分离。至此,在追求土地价值的最大化的原则下,中国的土地制度进行了一定程度上的变革。打破了过去单一的土地公有制权利体制,在保持土地所有权公有制的基础上,建立起了以土地用益物权为主的土地他物权多元主体的体制,中国土地制度的改革由此翻开了新的篇章。

(二) 联产承包初期农民土地权利的特征

1. 保护土地用益权

主要表现为土地使用权和农村土地承包经营权。从权能内容上看,该两项权利都表现为对土地的占有、使用和收益,属于典型的用益物权。它们强调的是对土地权利的动态利用,体现的是对土地价值形态的追求和实现,目的是为了实现土地价值的最大化。

2. 国家土地权利的优越性

由于计划经济体制下建立的国家所有权优先原则仍发挥着作用,导致过渡时期国家土地权利凌驾于其他主体土地权利之上。这主要体现在国家和集体土地所有权权利行使的不平等。根据我国《土地管理法》第63条的规定,"农民集体所有的土地只有在被国家征收转变为国有土地的前提下,才可用以非农业建设",剥夺了农村集体土地所有权人出让土地使用权的权利。

3. 公权力与公共权利的混淆

在计划经济体制下,国家土地权力掩盖了国家的土地权利,国家的土地权力成了国家土地权利的表现形式。在过渡时期,虽然土地权力对土地市场的过度干预得到一定的弱化,但由于国家土地权利仍由土地行政管理机构行使,又造成了因土地权力和权利的混同带来土地权利的权力化,干扰了土地市场和土地管理的正常运行。

(三) 联产承包初期土地利益的分配倾向

1. 总体土地效益得以提高

在计划经济向市场经济过渡中,土地利益不仅仅被理解为土地实物形态的占有和支配,还理解为土地价值形态的利用和追求。土地的价值形态受到了重视。为了有效地实现土地的价值形态,进行了土地所有权权能的分离,土地的用益物权的创设。它通过不同主体土地用益物权的交易,使土地资源在一定范畴内按照成本最低、收益最大化的原则配置,从而实现了在不同土地用益物权主体之间的优化配置。

2. 国家土地利益仍具有优越性

该阶段的中国虽然创设了不同主体的土地他物权,但由于该他物权被界定为"由所有权派生出来的权利",从创设之日起,就被打上了从属土地所有权的烙印,不可避免地造成土地所有权凌驾于土地他物权之上,这就使中国的土地所有权仍维持着单一公有制的形式,国家所有权优先的原则仍发挥着作用,其结果不可避免地造成国家土地所有权所代表的国家利益凌驾于其他土地权利所代表的非国家利益之上。

3. 国家侵占农村土地所有权

由于《土地管理法》第 63 条剥夺了农村集体出让土地使用权的权利,使得土地使用权的出让完全被国家垄断。而国家在出让农村土地使用权时,是在征用农村集体土地后再出让。这就造成农村集体经济组织得到的是非市场决定的补偿费和安置费,国家得到的是市场决定的土地使用权出让金。由于土地使用权出让金通常大大高于土地补偿费和安置费,这种征用农村集体土地再予以出让的做法,实际上是对农村集体土地所有权利益的剥夺。[①]

---

① 参见梁慧星:《中国物权法草案建议稿》,社会科学文献出版社 2001 年版,第 465 页。

4. 土地他物权权利人的利益保护不力。由于我国的农村土地承包经营权、城市土地使用权都是仅依承包合同或出让合同产生的权利。在性质上常常被理解为债权,而非物权。这就使本应是物权的权利,异化为债权的权利。由于债权在法律效力上低于物权,不具有排他性和自由转让性,不能抗拒来自土地所有人的不合理侵犯和限制,造成我国农村经常发生的发包人和乡村行政组织擅自改变承包合同,加重农民的负担、损害农民的利益的情况。另一方面由于土地用益物权被界定为从属土地所有权,导致土地所有权尤其是国家土地所有权对其他主体土地用益物权转让的各种不合理限制,使用益物权得不到充分利用。

八、市场经济新时期

(一)寻求帕累托改进

"帕累托原理"认为,"较为顺利的改革"一定是这样的一种情况:提议中的新体制能为人们提供一种新的机会、新的可能,使人们能够获得更大的利益,而没有人在此过程受到损失。① 在"帕累托原理"的基础上,我们可以引申出改革的两种"理想状态"。一种理想状态是"帕累托最优",即在既有利益分配格局中促进利益最大化。另一种理想状态是"帕累托改进",即在暂时保持原有利益分配格局下,创设新的机会,使人们获得更大、更多的利益。"帕累托改进"为"帕累托最优"构筑利益分配格局,"帕累托最优"为"帕累托改进"制定创设利益分配格局的规则。②两者在互动中,达到权利效益的螺旋型上升。中国已取得一定成就的土地权利制度改革,印证了"帕累托原理"第一种理想状态"帕累托改进"的思路和途径的有效性。作为中国改革开放思想旗帜的邓小平关于社会主义初级阶段的理论,强调了中国必须坚持社会主义。因此,中国社会主义市场经济体制的建立,遵循了以社会主义公有制为主的原则。但对社会主义公有制的理解仍停留在苏联"国家所有权就代表着社会主义的公有制"的理论层面上。这就要求中国权利制度的改革只有在维持

---

① K. J. Arrow, *Social Choice and Individual Values*, New York, 1951.

② 参见盛洪主编:《中国过渡经济学》,上海三联书店、上海人民出版社 1996 年版,第 96 页。

原有的社会主义公有制前提下进行。在上述理论的指导下,土地作为农业大国的中国最重要的生产资料,其权利的改革也只能在维护原有土地所有权单一公有制的前提下,通过创设新的土地权利实现土地利用的高效率。这一时期,最能实现土地利用效率的土地他物权中的用益物权和担保物权得到较快发展。例如,在中国最早开始的、进行较为顺利的农村土地制度的改革,就是在保持土地集体所有的前提下,为解决计划经济体制下农村由于土地利用效率低下,导致农民生活的窘迫而形成的尖锐人、地矛盾,创设了属于农民个人所有的土地联产承包经营权。这种土地权利改革在实践中极大程度地提高了农村土地生产效率,使农村中的各个利益主体在这场变革中都得到好处,又使原有国家土地利益者城市人的利益未受到危害。① 不难看出,中国农村土地权利的改革正是具有了"帕累托改进"的性质,才得以顺利实施和推动。中国土地用益物权的另一个重要的权利形式土地使用权和建立在土地使用权上的土地担保物权,也因为具有了同样的性质而得以迅速发展。

但中国已完成或正在进行中的"帕累托改进"式的土地权利制度的改革,还远远没有建立起一个能充分发挥土地效益的利益分配格局。我们应在认知和把握"帕累托改进"和"帕累托最优"两者的互动中,寻求中国土地权利制度改革的下一步方向。

(二) 农民土地权利的形态不断增加

我国土地所有权的单一公有制还要维持较长的时期。在这一时期,我国土地使用权发挥的作用就类似于其他市场经济国家的土地所有权。因此,完全可以将这一时期其他土地他物权设定在土地使用权上。

传统民法中的用益物权,有地上权、水佃权、地役权、人役权、典权、建筑权、使用权、用益权等独立权利类型,是人类历史数千年的经验结晶。它们的存在,既满足了人们从不同角度对土地进行利用的需要,又满足了人们以土地从事法律交易的需要;既能够与现行法律规定的土地

---

① 参见盛洪主编:《中国过渡经济学》,上海三联书店、上海人民出版社1996年版,第17页。

使用权制度相协调,又能满足市场经济需要的新型土地他物权。①

"帕累托改进"只是创设了一个新的利益分配格局,但这种利益分配格局能否促进利益最大化,还需进行"帕累托最优"的改革。如中国已出现的属于土地用益物权的土地使用权和农村土地承包经营权由于在法律上被界定为"由所有权派生出来的权利",始终不能摆脱所有权的影响,不能成为一项独立的权利,致使本可以发挥土地效益的权利难以充分发挥作用。为解决这一问题,应将土地他物权从土地所有权中完全脱离出来,确立为一项独立的权利。在其存续期间所有人暂时丧失占有、使用、收益、处分等权能的一部分,他物权人可以排除他人,包括所有人的干涉。这样,所有人不但无法行使分离出去的权能,也不得妨碍他物权人依法行使这些权能。②

由于中国现阶段土地他物权体系建立在土地使用权基础上,土地使用权的创设,决定了土地他物权体系的性质。在中国土地使用权是由国家土地所有人和土地使用人通过签订《国有土地出让合同》进行创设的。但由于行使国家土地权利和国家土地权力的机构是同一个机构,即土地行政管理机关,这种一体结合的方式,极易导致国家土地行政管理机关在出让土地使用权的过程中,过多运用行政权力干预而不是运用土地权利人参与土地权利的交易,从而影响了土地使用权的正常创设,也影响了建立在土地使用权基础上的土地他物权体系的健康发展。因此,土地行政权力与土地国家所有权的分离是市场经济的客观要求。这种权能分离应采取主体分离的方式,通过塑造新的国家土地所有权主体代表国家行使国家土地所有权,从而实现土地行政权力与国家土地所有权由原来的一体结构过渡到由两个权能不同的主体分别实现土地行政权力与国家土地所有权的新格局。分离不能停留于政府内部权能的分解,也不能停留于在政府内部建立两个职能不同的行政机关分别实现两种权能,而必须是从权能结构到组织形式、法律资格的完全分离。也就是使土地行政权力与土地国家使用权的运行系统完全分离开来。新塑造的国家

---

① 参见孙宪忠:《确定我国物权种类以及内容的难点》,载《法学研究》2001年第1期。

② 参见王申义:《论权利的社会化》,载《法学研究》1999年第1期。

土地所有权主体必须符合两个条件：① 必须是一个具有明确经济目的；② 能独立进行经济活动的经济实体。既不应是政府内部的新增机构，也不应是行政权力与所有权妥协的行政性公司。它必须是统一的、明确地具有经营权能、收益权能和处分权能的完整所有权主体。

中国长久以来就是一个义务本位的国家，从来没有产生过不受干涉、不受限制、完全自由的个人权利。因此，中国土地权利制度的改革方向不是片面弱化个人土地权利，片面强化个人土地义务，而是取得权利义务的平衡，并逐步过渡到现代的"权利本位"阶段。

第三节　农民土地权利行使实践与评价

一、土地承包经营权的实践与评价

（一）土地承包经营权的流通性

《物权法》在用益物权编中以专章规定了土地承包经营权。这就明确了土地承包经营权属于用益物权，是农业生产经营者享有的一项重要的物权。如果说在此以前，对于土地承包经营权是物权还是债权理论上还有不同的观点，《物权法》中的这一规定，已从法律上对此争论作出了结论。用益物权制度是有效利用财产尤其是自然资源的法律形式，用益物权是权利人的一项重要的财产权。《物权法》第120条规定："用益物权人行使权利，应当遵守法律有关保护和合理开发利用资源的规定。所有权人不得干涉用益物权人行使权利。"这是对用益物权行使原则的规定。用益物权作为一项财产权，只要法律没有禁止，就应具有流通性。因此，作为用益物权的土地承包经营权，也应当具有流通性。关于土地承包经营权的流通性，《物权法》第128条和第133条分别作了规定，即："土地承包经营权人依照农村土地承包法的规定，有权将土地承包经营权采取转包、互换、转让等方式流转。流转的期限不得超过承包期的剩余期限。未经依法批准，不得将承包地用于非农建设。""通过招标、拍卖、公开协商等方式承包荒地等农村土地，依照农村土地承包法等法律和国务院的有关规定，其土地承包经营权可以转让、入股、抵押或者以其他方式流转。"

因此，对于通过家庭承包方式设立的土地承包经营权是否可以以入股、抵押等形式流通，理论上就有肯定说与否定说两种不同的观点。中共十七届二中全会通过的《中共中央关于推进农村改革发展若干重大问题的决定》指出：要"建立健全土地承包经营权流转市场，按照依法自愿有偿原则，允许农民以转包、出租、互换、转让、股份合作等形式流转土地承包经营权，发展多种形式的适度规模经营"。该决定作为中央政策，对土地承包经营权的流转是持肯定态度的，并没有区分以何种方式取得的土地承包经营权才完全可以流通。自十七届二中全会后，许多地方进行了建立健全土地承包经营权流转市场的探索。建立健全土地承包经营权市场的前提，是从法律上确认土地承包经营权具有流通性。不论以何种方式取得的土地承包经营权，应当都可以流通，不仅可以出租包转让，也可以入股、抵押，还可以继承。只有如此，才能使土地承包经营权真正成为农民的重要财产权，才能实现土地的价值。

对于土地承包经营权的流通性，还有以下几点理由值得重视。

1. 流通性是土地成为财产的重要体现

应当看到，就农民承包经营土地的收益而言，仅依靠承包的土地经营，农民是不可能走上富裕道路的，可以说仅依靠承包经营土地只能解决农民的基本温饱问题。现在农民的主要收入来源已经不是依靠土地收益，而是其他收入。允许土地承包经营权流通，一方面使农民可以取得承包地的一定收益，如租金、转让费、股金等，另一方面又可以使其从其他职业中得到收入。如在山东滕州，农村的许多青壮年选择外出打工，留在家的只有老人、妇女等，种地十分困难，通过土地承包经营权流转，这些农户将土地承包经营权转让出去，转让的收益一年为每亩700～800元，再加上外出打工所得，就可以取得双份收入，远比自己种地合算。

2. 流通性是土地成为农业规模化经营载体的前提

现代农业的发展，必须实行规模化经营。而实行规模化经营，需要以土地承包经营权的流通为前提。没有流通，也就不能将土地集中起来实行规模化经营。而只有在承认土地承包经营权流通的条件下，才能实现规模化经营，维护农民的利益。如滕州西岗镇建立了农村土地流转交易市场，引导农民规范有序地合理流转土地，形成了"大棚蔬菜，肉牛养殖，莲藕种植"等多处种养殖基地，快速推进了土地规模化、产业化经营。

农业要实现规模化产业化,重要的途径是成立和发展农民专业合作社。而加入农民专业合作社的条件是入社农民要将土地承包经营权入股,将其承包经营的土地交由合作社统一经营。如果不承认以家庭承包方式取得的土地承包经营权可以入股,又怎么能发展农民专业合作社呢?

3. 流通性是承认农村土地承包经营权的保障

关于承包经营权可否继承,现行的《中华人民共和国继承法》不承认土地承包经营权可为遗产,《农村土地承包法》仅规定承包人应得的承包收益依照继承法的规定继承;林地承包人死亡的,其继承人可以在承包期内继续承包。这一规定也未明确土地承包经营权的可继承性,这与不认可土地承包经营权的流通性有直接关系。土地承包经营权作为公民的一项重要财产权,应当可以继承。承认农村土地承包经营权可以以转包、出租、互换、转让入股抵押或者其他方式流转,也应当可以继承。欠缺继承性的财产权就某种意义上说属于不完整的财产权,也是难以顺利流转的。因此,应当承认土地承包经营权也可以继承。

4. 流通性为农民通过抵押进行融资活动提供担保

农民贷款难,这是不争的现实,很重要的原因之一是缺乏有效的抵押担保。有的地方为解决这一难题,积极探索以农村土地流转解决抵押担保难的办法,允许农民以其土地承包经营权、住房等抵押。如山东省寿光市政府于 2009 年 3 月出台了《寿光市农村土地承包经营权抵押借款暂行办法》《寿光市农村住房抵押借款暂行办法》《寿光市大棚抵押借款暂行办法》,为寿光农村土地流转贷款制定了具体的操作指引。当地的金融机构制定了实际的贷款操作规程,开展了试点,取得了良好的效果。

对于农村土地承包经营权的流通,应当解决以下两个误区:

一是承认土地承包经营权的流通,会不会出现新的地主?有人认为,如果承认土地承包经营权可以流通,就会使有钱的人将土地集中,从而成为新的地主。这种担心是不必要的。

(1) 土地承包经营权是有期限的用益物权。通过土地承包经营权的流通将土地集中经营,经营者也仅是取得土地承包经营权,而不能取得所有权。这种流通的结果只能实现土地的规模化经营,出现一些以农业生产为主业或专业的种地大户,而不能出现新地主,经营人不能通过其占用的土地剥削其他农民。

（2）承认土地承包经营权的流转，并不是一定要将土地集中到个人手里经营。例如，将土地承包经营权入股，成立农民专业合作社。合作社是集体组织，在理论上是不应该成为新地主的。

二是承认土地承包经营权的流通，会不会影响社会稳定？有人认为，如果土地承包经营权可以流通，会导致大量无地农民的出现，影响社会稳定。这种担心也是一种误解。

（1）土地承包经营权的流通实行自愿有偿原则。是否流通，以何种方式流通，农民会根据自己的利益需求作出最佳选择。如果农民认为自己经营是合算的，就不会将土地承包经营权流转；如果他认为将土地承包经营权流转是合算的，就会决定流转。相反，不承认土地承包经营权的流转性，恰恰会使农民失去通过土地承包经营权流转所能得到的利益。

（2）承认土地承包经营权的流转，决不是剥夺农民的土地收益。因此，即使将土地承包经营权流转给他人，不再直接经营土地的农民也并不会失去生活保障，而是在取得部分土地收益的同时可以从事其他职业取得收入。

（二）土地承包经营权基本实践形式

农村土地承包责任制提高了农民的生产积极性，但是由于农民在生产水平、能力等方面存在着差异，导致劳动生产率不尽相同。随着经济的发展，加之税费改革之前承包责任制下的农民负担较重，收益不高，导致发达地区的大量农民开始向工业和服务业转移，而另一些愿意从事农业生产的农民个体和集体经济组织，想要通过规模化生产进一步提高生产效率和收益，所以，这就为农村土地承包经营权流转的市场提供了空间。20世纪80年代末，国务院就对广东等沿海经济较为发达省份的财产制度创新与土地制度完善的改革实验进行了批复，使得土地承包经营权的流转有了最初的尝试。2013年7月22日，习近平总书记到武汉农村综合产权交易所了解涉农产权交易，尤其是土地流转交易情况，他表示这是有益探索，如何在坚持农村土地集体所有性质的前提下完善联产承包责任制，既保障基本农田和粮食安全，又通过合乎规范的流转增加了农民的收入,一系列问题在下一步改革中要好好研究。① 以家庭承包经营为基础、统分结合的双层经营体制是党的农村政策的基石,不仅现有土地承包关系要保持稳定并长久不变,还要赋予农民更加充分而有保障的土地承包经营权。同时,要根据农民的意愿,允许农民以多种形式流转土地承包经营权,发展适度规模经营。在此期间,利用试点的方式,政府不断探索适合中国发展的土地承包经营权的流转模式,并通过了《中华人民共和国农村土地承包法》《农村土地承包经营权流转管理办法》等一系列法律法规和规范性文件,保障土地承包经营权合法有序的流转。

(三) 土地承包经营权法律问题

1. 土地承包经营权性质依旧错位

《物权法》的颁布,终结了我国学理上长久以来对农村土地承包经营权的债权、用益物权、债权物权化性质,以及有学者提出的共有私用的纷争,明确宣示了农村土地承包经营权用益物权属性。表面看来,似乎已经解决了土地承包经营权性质问题,但这一规定并未解决土地承包经营权面临的现实困境。

一方面,《物权法》的确赋予了土地承包经营权用益物权特性。如《物权法》第125条以法律形式设定了"土地承包经营权人依法对其承包经营的耕地、林地、草地等享有占有、使用和收益的权利,有权从事种植业、林业、畜牧业等农业生产"。第126条以法律的形式规定了土地承包经营的期限。第127条规定了土地承包经营权证登记制度。第128条规定土地承包经营权人的土地流转权。第130条规定了承包期内发包人不得调整承包地,否则应承担相应责任。第132条规定了对承包地被征收有权获得相应补偿。这些都符合物权的法定性、排他性的特征。

但另一方面,由于土地承包经营权还承载着土地承包经营权人的社会保障功能,因此法律的一些规定又为土地承包经营权披上了债权的外衣。种种情况表明:由于经《物权法》的法律确认并未能使土地承包经营权真正完整获得用益物权的属性,未能够真正获取相较于普通债权关系的承包经营权更多的法律保障。

---

① 载新华网 http://cpc.people.com.cn/n/2013/0722/c64094-22280034.html,2013年7月23日访问。

2. 农村土地集体所有权人依旧虚位

(1) 法律对农村土地所有权人的规定。《物权法》第58条规定,集体所有的不动产包括集体所有的土地;第59条规定:"农民集体所有的不动产和动产,属于本集体成员集体所有";第60条基本遵循了《土地管理法》第10条的原旨,规定了不同情形下代表集体行使所有权的主体,即对于集体所有的土地和森林、山岭、草原、荒地、滩涂等,依照下列规定行使所有权:① 属于村农民集体所有的,由村集体经济组织或者村民委员会代表集体行使所有权;② 分别属于村内两个以上农民集体所有的,由村内各该集体经济组织或者村民小组代表集体行使所有权;③ 属于乡镇农民集体所有的,由乡镇集体经济组织代表集体行使所有权。与《土地管理法》第10条所不同的是,《物权法》将农民集体所有的不动产和动产的所有权主体界定为本集体成员集体所有,代表集体行使所有权的主体包括村集体组织、村委会、村民小组、乡镇集体经营组织,以试图对集体土地所有权人问题给出答案。但依旧没有破解一直困扰集体土地所有权的主体虚位问题。

(2) 集体土地所有权主体不明。"本集体"概念如何界定,《物权法》第59、60条本集体成员共同所有的规定之所以表述模糊,与其说源于我国土地辽阔,地形地貌地况不同,农村经济体制改革和发展的状况不同,集体组织的表现样态也各有特色,无法以一个确定的概念表述,毋宁说由于"本集体"自身不具有法律地位。根据《物权法》的规定,我国以所有权主体为标准,将所有权区分为国家所有权、集体所有权、私人所有权三大类型。国家作为法律上的拟制主体,可以直接以国库的财产为基础,以特殊的民事主体身份,参与法律活动,独立承担法律责任,具有法人地位。国家和私人均系特定的主体,可谓法律上的拟制人格,具有独立的法律人格。① 有学者指出,集体所有中的集体是指由若干居住在一定区域内农民的集合,是一个抽象的、没有法律价值意义的集合群体,实际是一个与个体相对的、不具有特定含义的、具有意识形态属性并存在多种歧义和多种理解的政治概念。集体的概念在民法上有特定的含义:一方面,集体既可能是指组织,也可能是指集体成员。另一方面,集体所

---

① 参见王利民:《物权法总论》,中国政法大学出版社2008年版,第136页。

有权也不同于社会团体所有权。① 在我国并没有一个全国统一的集体组织,而只是存在着各种具体的组织,因此集体所有中的集体并非统一明确的主体。回归到土地集体所有,本集体成员集体所有的宣示,只是结束了"集体"是组织还是集体成员的定性,并未明确真正的所有权主体。法律规定的主体多元和政治术语的不确定,造成了集体土地所有权主体模糊。

(3)谁能代表本集体成员行使所有权。既然土地集体所有为本集体成员集体所有,直观的理解就应该是由全体成员共同行使其所有权,而非由实际凌驾于权利主体之上的集体经济组织代表。农村土地承包经营权的获取主要基于其成员因素,即成为具有农民身份或成为某一农民集体的成员才能成为土地承包经营权人。《物权法》第60条规定的由村集体经济组织或者村民委员会、由村内各该集体经济组织或者村民小组、由乡镇集体经济组织分别代表集体行使所有权不具有正当性。有学者认为,《物权法》这样的规定尊重我国土地政策的历史沿革,并且考虑到了农村集体经济组织的变化。② 但这些规定,却存在着与实践状况冲突的局面。由于原有的体制已经废除,"乡农民集体"经济组织事实上已不存在,现实中乡集体经济组织常由乡镇人民政府代为行使。而乡镇人民政府是一级国家行政机关,在法律上不可能代表集体行使所有权。村民小组不具有法律上的人的资格,无法独立享有权利和承担义务。实践中代表集体行使所有权的主要是村民委员会,而村民委员会仅仅是基层群众性自治组织,频繁发生的村民起诉村民委员会、村干部截留、克扣、争夺征地补偿款引发的纠纷,足以凸显村民委员、村干部代表集体成员行使所有权与集体成员的意志之间存在偏差,因此常常不具有代表的正当性。

3. 国家行政权对土地承包经营权的侵蚀

国家通过其机构可以改变农村集体土地所有者的归属,可以将这个"农民集体"所有的土地变更为国家的或另一个"农民集体"的。而且,国家对农民集体土地的处分权具有强制性。1988年《土地管理法》第23条第2款规定:"国家建设征用土地,被征地单位应服从国家需要,不得

---

① 参见王利民:《物权法总论》,中国政法大学出版社2008年版,第136页。
② 同上书,第148页。

阻挠。"这种表述清楚地表明了土地所有权在土地征用过程中只能是单方纵向流转，即由集体所有有偿地转变为国家所有，买方主体与卖方主体不能易位。农民集体只能根据国家的需求，把自己所有的土地交售给国家，而不能把自己所有的土地卖给其他组织或者个人。在使用权能方面，集体所有者无权变动土地用途。2004年《土地管理法》第43条第1款规定："任何单位和个人进行建设，需要使用土地的，必须依法申请使用国有土地；但是，兴办乡镇企业和村民建设住宅经依法批准使用本集体经济组织农民集体所有的土地的，或者乡（镇）村公共设施和公益事业建设经依法批准使用农民集体所有的土地的除外。"由此可见，农村集体所有的土地一般只能用于农业生产或农民宅基地和兴办乡镇企业等与集体密切相关的建设，而不得用于能够产生巨大经济效益的房地产开发等项目，从而使集体土地所有权的使用权能呈现出不完全性。在收益权能方面，国家通过行政权力，在农村集体土地流转收益的分配中明显占据话语权。根据现行法律，集体所有的土地，只有经国家征用转为国家土地后，才能出让、转让。国家垄断土地一级市场，政府对农村土地"先征后让"，征用土地的主体是国家而不是用地单位。征用后的土地所有权属于国家，用地单位只享有使用权。国家征用土地，虽然也给土地所有者一定的价款补偿，但补偿价款的数额远远低于土地的市场交易价格，不是所有人意志的体现，也不能真实地体现土地价值，是一种强制性的非市场价格、非地租的不等价补偿。使"集体公有权既不是一种共有的、合作的私人产权，也不是一种纯粹的国家所有权，它是由国家控制但由集体承受其控制结果的一种中国农村特有的制度安排"。①

（四）土地承包经营权保护的完善措施

解决土地承包经营权问题的关键，除了应根据《物权法》的规定对《土地管理法》《土地管理法实施条例》冲突条款进行修订外，还必须着力解决导致违法征收的深层制度成因，攻破理论难题，破解承包地征收所面临的上游问题，一句话，必须完善土地承包经营权的法律保护机制。

1. 我国土地承包经营权完整的用益物权属性确认

由于土地承包经营权是土地公有制法律体系下所形成的不完整的

---

① 周其仁：《产权与制度变迁》，社会科学文献出版社2002年版，第6页。

物权,因此,只有弥补其不完全缺陷,除却土地承包经营权的债权因素,才能恢复其完整的、纯粹的物权属性。

首先,遵循物权法定原则,以法律的形式确定农村土地承包经营权的权利、义务、内容以及权利的取得、消灭规则,而非由法律之外的其他规范性文件确定,或当事人通过合同任意设定。这样做,可以提高土地承包经营权的透明度,缩减完全依靠当事人意志所导致的随意性,保障交易安全和便捷。

其次,恢复登记生效主义而非登记对抗主义的物权设立制度。虽然立法原意上土地承包经营权自土地承包经营权合同生效时设立的模式,是基于保护农民土地承包权的角度出发,一旦土地承包经营合同生效,即使未真正占有土地,依然享有土地承包经营权。但正因为物权属于对世权,所以物权的设立、移转必须经过公示,权利人之外的任何第三人知晓物权的存在从而加以尊重,防止物权不致无端遭受他人侵犯,实现对物权的保护。也正是因为物权是权利支配特定物的权利,实际占有并经登记程序,权利人才能对物享有实际的权利。因此完善土地产权登记制度,强化土地产权登记的法律效力尤为关键。可以借鉴德国《土地登记条例》《地上权条例》以及《住宅所有权法》的规定[①],不论是土地房屋还是其他不动产,也不论是何种不动产物权,均实行由统一的登记机关登记的做法,建立统一的土地登记机关,规范农村土地产权登记的内容,不论土地所有权、土地承包经营权以及其他因土地承包经营权流转而导致的权属变动,均应由登记机关予以登记,并通过土地登记制度,构筑土地经承包经营权流转进入市场的土地权利体系。

再次,逐步取消土地承包经营权流转的限制,强化土地承包经营权人的自主性。逐步取消发包人对承包土地流转的限制,从封闭性流转向开放性流转变迁,从村民向村民的单向流转转向村民向他人的双向流转,加强农村土地资源的市场化配置和有效利用。

最后,以法律的形式规定土地承包经营权人的权利受侵犯所享有的物权请求权。物权请求权是指当物权的圆满状态受到侵害或有被侵害之危险时,物权人得请求妨害人为一定行为或不为一定行为,以恢复物

---

① 参见潘善斌:《农地征收法律制度研究》,民族出版社 2008 年版,第 48 页。

权圆满状态的权利。① 通过对物权请求权的确立,以对抗土地承包发包人与承包人之间的不平等,对抗第三人不正当的干预,明确土地承包权的用益物权属性。

2. 我国农村土地集体所有权主体的归位

集体土地所有权主体的虚位引发我国土地征收程序的不合理以及农村集体土地征收的恣意。在农地征收过程中,地方政府公开化、大规模地征收农地,农村从集体性的无奈到集体性的反抗,某些既得利益集体(开发商等)集体性"失语"②,都充分表明了农村土地集体所有权主体设定的虚伪性。因此我国农村土地集体所有权主体必须归位。农村集体土地由本集体成员集体所有的概念存在不确定性,因此有学者提出重新界定农村土地集体所有权边界的主张,认为应以"发包权"为基石构建农村土地集体所有权的法定内容,以"占有"为基石构建农村土地承包经营权的法定内容③,通过土地承包经营权架空农村土地集体所有权。这一设想有其合理性,但与我国土地所有权公有制的初衷相违背,因此考虑将农村集体土地所有权主体界定为以村为单位的村民共同所有,重大决策比如征收方案和安置补偿方案由村民大会集体讨论,以少数服从多数为决定原则,其他普通、日常事务则由村民委员会代表集体决定,如果村民委员会决定与大多数村民意见不一致的,可以通过召开村民大会以多数意见予以撤销。

这一界定明确了村民集体为农村土地集体所有权人,除征收方案和安置补偿方案等对村民财产权益和政治权益产生重大影响的事务由村民大会决定外,统一由村民委员会代表集体行使所有权,以避免代表机构不具有独立法律人格问题。将村民集体作为农村土地集体所有权人,可以有效解决农村集体不确定的弊端,将虚置的集体所有转化为实质的村民共有,发挥所有权人在土地征收程序中的主体对抗功能,改变土地

---

① 参见尹田:《物权法理论评析与思考》(第 2 版),中国人民大学出版社 2008 年版,第 157 页。

② 参见潘善斌:《农地征收法律制度研究》,民族出版社 2008 年版,第 49 页。

③ 参见亓宗宝:《农村土地承包经营权法律研究》,法律出版社 2009 年版,第 254 页。

征收从决定的作出,到补偿费的标准和征收争议的解决等,都完全由行政机关决定的局面,加大所有权人在土地征收程序中的参与力度。

二、农村建设用地使用权流转的实践与评价

1996年,江苏省苏州市率先开展了农村建设用地流转的试点和探索。此后,浙江湖州、河南安阳、福建古田等地也都开始了试点。2000年,国土资源部正式批准安徽省芜湖市作为农民集体建设用地使用权流转的试点单位。2001年,国土资源部进一步将上海、深圳、杭州、苏州、安阳等城市正式作为流转试点单位。2004年10月,国务院下发《关于深化改革严格土地管理的决定》,从政策上进一步允许集体建设用地进入市场流转,规定"在符合规划的前提下,村庄、集镇、建制镇中的农民集体所有建设用地的使用权可以依法流转"。2006年3月,国土资源部出台《关于坚持依法依规管理节约集约用地支持社会主义新农村建设的通知》,要求各地国土资源部门:要适应新农村建设的要求,稳步推进城镇建设用地增加和农村建设用地减少相挂钩试点、集体非农建设用地使用权流转试点,不断总结试点经验,及时加以规范完善;坚持建新拆旧,积极推进废弃地和宅基地复垦整理;村庄复垦整理节省出来的土地,按照因地制宜的原则,宜耕则耕、宜建则建,优先用于农村经济社会发展。

2009年3月,国土资源部出台《关于促进农业稳定发展农民持续增收推动城乡统筹发展的若干意见》,明确提出:对需要流转的集体建设用地,要重点开展集体所有权和使用权确权登记,特别要开展集体经营性用地的认定和确权,为集体建设用地流转提供条件;要规范集体建设用地流转,完善土地资源配置机制,逐步建立城乡统一的建设用地市场;要按照"初次分配基于产权,二次分配政府参与"的原则,总结集体建设用地流转试点经验,出台和试行集体建设用地有偿使用收益的分配办法。总之,各地在中央政策指导下进行了有益的探索,也创造了不少经验。

例如,四川省成都市在2007被国家确立为全国统筹城乡综合配套改革实验区。在土地政策方面,成都市的改革起步于现存征地模式,在把占补平衡政策用好用足的情况下,将土地整治发展为城乡统筹的工作平台,进而通过土地财政筹措更多城市化资本,并反哺于农村的土地整治,形成良性循环。依据《成都市集体建设用地使用权流转管理暂行办

法》中规定,成都农民集体所有的土地依法属于组农民集体所有的,由组集体经济组织或者村民小组代表集体行使所有权;属于村农民集体所有的,由村集体经济组织或者村民委员会代表集体行使所有权;属于乡镇农民集体所有的,由乡镇集体经济组织代表集体行使所有权。集体建设用地使用者,为合法取得集体建设用地使用权的自然人、法人或其他组织。集体建设用地由区(市)县人民政府登记造册、颁发集体土地所有证和集体土地使用证。也就是说,成都市建设用地使用权流转是在保持所有权不变的前提下进行的。不得与《物权法》《土地管理法》等基本法律相抵触,集体建设用地可以用于建设农民住房、农村集体经济组织租赁性经营房屋,但不得用于商品住宅开发。土地使用者应当按照规划确定的用途使用土地,不得擅自改变土地用途;确需改变土地用途的,应当经原批准机关批准。

又如,江苏省苏州市在集体建设用地使用权流转方面在探索创新中也取得了一些经验。自20世纪90年代中期乡镇企业开始改制后,苏州市的乡镇企业就非常发达。为了配合乡镇企业改制,1996年,苏州市政府出台了一系列规范性文件,对改制中可能出现的问题加以规范。这些文件包括:《关于印发〈苏州市集体存量建设用地使用权流转管理暂行办法〉的通知》《关于执行〈苏州市农村集体建设存量建设用地使用权流转管理暂行办法〉的补充意见》《关于严格保护耕地实现耕地总量动态平衡的意见》。进而对苏州市政府对集体建设用地使用权流转的含义、范围、程序、审批权限、收益分配、管理等方面作出了明确的要求和规定,尽量将现实中的集体建设用地使用权流转纳入法制的轨道进行。近年来,江苏省苏州市为推进城乡一体化进程,有条件地确定了23个城乡一体化发展综合配套改革先导区(涉及27个乡镇),进行了包括宅基地换房在内的某些现行改革试验,由于宅基地换房可以说是一把双刃剑,虽有利于保护农民利益,但不受控制的逐利,又可能导致市场失灵。政府必须在规划用地、土地用途管制等方面规范流转行为,使宅基地在一定速度下合理、有序地入市流转,以保证农民、政府和社会福利最大化。在推进宅基地换房工作中,苏州市政府成立了专门机构,乡镇政府则在宅基地换房中充当组织者和推动者的角色,做好了土地、资金的预测与平衡工作,制定了宅基地换房的具体操作办法。在依法取得建设用地周转指标后,由乡镇政府委托建设投资实体,负责征地、融资、集中居住点建设等宅基地换房的具体工作,过程由政府监督把关。另外,苏州市政府还加强了对进城农民原宅基地及房屋的产权管理,这对于加快城乡统筹一体化建设进程,切实维护进城农民的合法权益,具有重要的意义。

最后,介绍一下上海市宅基地置换制度背景及实践经验。在城镇化进程中,上海市针对城乡二元体制所产生的人口分散、产业布局不合理、农村土地资源利用率低下等弊端和问题,早在20世纪80年代就提出了"统筹城乡一体化"的规划,之后又将这一实践结合上海郊区城市化和城市郊区化的客观需求,提出了"农业向规模经营集中、工业向园区集中、农民居住向城镇集中"(简称"三个集中")发展战略,并率先在全国提出要实现"城乡一体化、农村城镇化、农业现代化、农民市民化"的郊区发展目标。[①] 而在推进城乡一体化过程中,将这一发展战略结合小城镇建设的试点、中心村建设、新农村建设、农村土地制度改革、农村社会保障制度的改革和完善等实践,实现郊区城市化和城市郊区化跨越式发展,最终在全国率先完成城乡一体化。上海市的经验是,地方政府为了获得城市发展所需的土地,就必须改革和突破既有的土地制度,并将土地制度改革与农村社会的转型结合起来。

总之,进入21世纪以来,全国各地在城乡一体化背景下农村土地制度改革方面都进行了一些探索,总结各地的成功经验,汲取其中的教训,是一项很有意义的工作。笔者罗列的材料是很狭窄的,形势发展可能已经使上述描述显得黯淡失色。

第四节 土地征收与农民权利保护

2004年宪法修正案将我国《宪法》第10条第3款"国家为了公共利益的需要,可以依照法律规定对土地实行征用"修改为:"国家为了公共利益的需要,可以依照法律规定对土地实行征收或者征用并给予补偿。"

[①] 参见杨国诚等:《十五期间上海如何形成新一轮的土地极差效益研究》,载上海市人民政府发展研究中心编:《上海市重大决策咨询研究重点课题成果汇编1999年度(一)》,第105页以下。

这体现了我国征地制度在两个方面的变化：一是在国家因公共利益的需要取得农民集体土地所有权的方式方面，把原来的"征用"改为"征收或征用"；二是增加了因征收、征用土地给农民集体进行补偿的规定。这些修改，对于理顺因征收、征用而发生的不同的财产关系，正确处理农民集体和农民的财产保护与公共利益需要的关系具有重要意义。尤其是这次修宪将过去的"征用"一词改为了"征收或者征用"，使宪法的用词更加全面、准确、规范，更加符合社会实际的需要。

正如当时全国人大常委会领导人在十届全国人大二次会议上所言："这样修改主要考虑的是，征收与征用既有共同之处，又有不同之处。"严格讲，所谓的土地征用是指，国家因公共事业的需要，以给予补偿为条件，对他人土地所有权以外的土地他项权利先利用，待特定公共事业目的完成时，仍将土地归还原土地所有人。[①] 通说认为，土地征收和土地征用的共同之处在于都是以公共利益为条件，运用国家强制力，经过法定的程序，并依法给予补偿，但它们在法律性质上是有区别的。从法律效果而言，征收主要是所有权的改变，征用则是使用权的改变，不发生土地所有权的转移问题，即其所有权仍属于集体。《宪法》作这样的规定，表明征收、征用发生的财产关系是不同的。也就是说，征用的财产关系是单一的；征收的财产关系和权利制度具有多样性。由此而论，征收、征用的补偿是不同的。在征用的情况下，因为所有权没有转移，如果标的物没有损毁灭失，就应返还原物；而征收不存在返还的问题。由于征收是所有权的移转，对被征收人造成的损失更大，对其补偿理应更高一些。在厘清了土地征收和土地征用的区别后，本文着重以土地征收为论述的对象，而在引用修宪前的一些立法和理论研究中，具有实际"土地征收"意义的"征用"时也都以"征收"代替。

一、土地征收的基本理论

（一）土地征收的界定

在相当长的时间里，土地征收并不是一个独立、明确的法律概念，而是作为"公用征收""公益征收""公用收用"等概念的子概念出现的。在

[①] 参见张曼隆：《土地法》，元照出版社1996年版，第494页。

法国，类似的概念指行政主体为了公共利益目的，按照法定的形式和事先公平补偿的原则，以强制方式取得私人不动产的所有权和其他物权的程序叫做公用征收。① 公用征收的标的限于不动产，主要为土地。日本也采用了公用征收概念，但范围比较狭隘，专指基于公共利益之需要，由国家以强制手段取得人民之财产权，并给予财产权人相当之补偿，在性质上乃属于一种权利剥夺过程。在台湾地区的法律中，关于"公用征收"之规定较为详尽者，要属"土地法"中有关"土地征收"之规定。② 值得一提的是，行政法学者杨建顺在研究日本行政法的时候，曾提出了"土地收用"这个新名词，但亦未对其作出明确科学的概念界定。③

随着研究的进一步深化，我国学者取得了可喜的突破，先后对土地征收的概念作出界定。如有人认为，土地征收为国家根据公共利益需要而行使公权力，以补偿为条件，强制取得他人的土地所有权，他人的土地所有权因国家的征收而消灭。④ 还有人认为，土地征收是指国家或政府为了公共利益的需要而强制取得私有土地并给予相应补偿的一项法律制度。⑤

尽管各个学者对土地征收界定时的表述不同，但实质是一致的，即均以公共利益和补偿为土地征收的要件；土地征收的客体为土地所有权；以强制力为保障等。对此，本书基本赞同，但根据我国的国情，土地征收的客体并非仅限于集体土地所有权，还应该包括土地用益物权等其他物权（对此观点，下文将详细论述）。因此我国的土地征收应定义为：国家为了公共利益的需要，依法强制取得集体土地所有权及其他物权并给予合理补偿的行为。

---

① 参见王名扬：《法国行政法》，中国政法大学出版社1988年版，第365页。
② 参见翁岳生：《行政法》，中国法制出版社2002年版，第1698页。
③ 参见杨建顺：《日本行政法通论》，中国法制出版社1998年版，第470页。
④ 参见梁慧星主编：《中国物权法研究》（上），法律出版社1998年版，第330页。
⑤ 参见王太高：《土地征收制度比较研究》，载《比较法研究》2004年第6期，第16页。

（二）土地征收的特征

一般以为，土地征收具有以下几项基本特征[①]：土地征收以公共利益为目的；土地征收以合理补偿为前提；土地征收以强制力为保障；土地征收以合法性为要件。本书以下部分将对这些特征逐一展开论述，以期对我国的土地征收制度的研究、完善起到抛砖引玉的作用。

1. 土地征收以公共利益为目的

公共利益目的是世界主要国家土地征收制度的基本特征要件之一。由于市场指向的利益最大化并不是公共利益的最大化，因此公共利益需要依靠国家和公共权力进行确认、维护和保障。为实现公共利益的目的，政府可动用土地征收权，公共利益是土地征收权的依据和界限。也就是说，只有在出于公共利益的情况下，国家（政府）才有可能动用土地征收权，否则将严重侵害土地所有者及使用者的私人利益。为了限制土地征收权的滥用，各国都对土地征收作了限制，表现为几乎所有有关土地征收的法律都把国家土地征收的权力限制在服务公共利益上。可以说，土地征收的公共利益的目的性，不仅使土地征收的正当性得以成立，也是防止土地征收权滥用的重要措施。

（1）公共利益目的界定的可能性。对于"公共目的"，各国的解释不尽相同。美国解释为"公共的使用"或"公共利益的使用"，日本解释为"解决公共事业建设"，韩国解释为"公益事业需要"[②]，中国台湾地区解释为"公共事业之需要"和"政府因实施国家经济政策"。值得注意的是，对"公共目的"的不同解释不仅仅是表述不同的问题，而是因为其受益对象的公众性，的确难以给其界定一个理想的范围。因此在一定程度上，公共利益被当成了一种价值取向、一个抽象的不确定概念。然而从公共利益的以下两个基本属性上看，公共利益具有进行解释界定的可能性。首先，公共利益具有相对的客观性。公共利益不是个人利益的叠加，也不能简单理解为个人基于利益关系而产生的共同利益。不管人们

[①] 除了这些特征，有的学者认为土地征收的特征，还应该包括土地征收权力的专有性、土地征收法律关系主体的特定性等。但是笔者认为，这两项特征已经反映在土地征收的强制性、公共目的性等基本特征之中了，没有必要再单独列出。

[②] 杨玲：《土地征用的法律内涵》，载《法律科学》1999年第9期，第26页。

之间的利益关系如何，它都具有相对客观性，尤其是那些外生于共同体的利益。因为这些利益客观地影响着共同体整体的生存和发展。其次，公共利益的社会共享性。既然公共利益是共同利益，既然它影响着共同体所有成员或绝大多数成员，它就应该具有社会共享性。

以上两种特性都是从抽象的意义上讲的，但是公共利益并不是完全抽象的概念。公共物品和公共服务是公共利益主要的现实的物质表现形式。正是由于公共物品和公共服务的多层次性、多样化特点才决定了公共利益解释的可能性。

从纵向上看，我们可以根据公共利益的层次来界定公共物品的层次性：全球性或国际性公共物品；全国性公共物品，比如基础设施建设、跨地区的公共设施（如道路）等；地方性公共产品如地方性基础设施等；另外社区里的绿化、环境、基础设施，等等，也属于公共物品。

从横向上看，同一层次的公共物品不是单一的，而是多样化的：基础性公共物品主要指基础设施一类的物品；管制性物品指宪法、法律制度的安排以及国家安全和地方安全；保障性公共物品比如社会保障；服务性公共物品比如公共交通、医疗卫生等公共项目。

由此可见，公共物品的层次性和多样性实际上代表了公共利益的层次性和多样性。从这一意义上讲，公共利益就不是一个纯粹抽象的概念，是可以界定、解释的。① 另外有学者认为，尽管公共利益具有抽象性、动态性以及非特定性，而使得对其内涵言人人殊，但仍然可以归纳出其基本要素：公共性、利益重要性、现实性和程序正当性。② 因此对公共利益的界定也因此具备了可能性。

（2）对公共利益进行界定的途径。根据公共利益的抽象性和相对客观性，大多数国家在对公共利益进行界定的时候采取了宪法规定和部门法分列式界定相结合的模式。

从宪法对此的立法方式上看，又可以分为概括式和区别式的立法体

---

① 参见张庆东：《公共利益：现代行政管理的本质问题》，载《云南行政学院学报》2001年第4期，第22页。

② 参见黄学贤：《公共利益界定的基本要素及应用》，载《法学》2004年第10期，第11页。

例。前者如《日本宪法》第 13 条:所有国民,均作为个人而受尊重。对于生命、自由及追求幸福之国民权利,于不违反公共福祉之限度下,在立法及其他国政上必须予以最大之尊重。《世界人权宣言》第 29 条也有类似的规定。区别式立法在德国基本法有关人权条款中体现较为明显,可分为单纯式保留、加重式保留、概括限制、毫无限制保留等几种,如《德国基本法》第 2 条规定了:"人身自由得依法限制之"即属于单纯保留,法国、美国的相关条款也是如此。立宪者除了规定公益保留外,还加上更多的条件,同时符合后才可以剥夺财产所有权。由此可见,使用这种立法方式的宪法公益条款,一般主要是土地征收对剥夺土地所有权这一重大权益是宪法进一步保障财产权的体现。对于土地征收公益性的体现,笔者比较赞同这一立法界定方式,一方面,它是土地征收在宪法上的依据,另一方面,它能够使立法者在制定法律,剥夺所有权时有所约束,不至于使立法者的权力过大而任意以公共利益为由剥夺土地所有权,从源头上遏止土地征收的异化,从而在一定程度上协调好公益和私益的关系,促进两者的良性发展。

由于公共利益的抽象性所造成的不易把握已有目共睹。因此,仅仅在宪法中对公民基本权利进行限制的条款予以原则性规范已远远不能适应现实的需要。所以,在具体的土地征收活动的事前、事中、事后,如何把握重大公共利益,使其内容具体化,就显得尤为重要了。根据各国的立法实践,都是在相应的部门法中作出具体列举。比如《韩国土地征收法》第 2 条、《日本土地征收法》第 3 条,等等。

尽管各国规定的具体项目不同,但公共利益目的的范畴还是有许多共同之处,例如道路、军事设施、国家机关用地、学校、医院等设施的建设。但不同的国家由于社会制度不同,历史和文化背景不同,对公共利益形成了不同的认识。公共利益的多种定义体现了每个社会的私有土地拥有者的权利与公共土地需求两者之间的平衡关系。总的来看,在大多数国家,土地征收公共利益目的的范畴通常包括以下 6 个方面:

① 交通建设,包括道路、运河、公路、铁路、人行道、桥梁、码头、防洪堤和机场等;

② 公共建筑,包括学校、图书馆、医院、工厂、教堂和公共住房等;

③ 军用目的,如军事设施、军事基地、兵工厂等;

④ 土地改革,如耕地改造、土地重新分配、土地规划等;

⑤ 公共辅助设施,例如用水设施、污水处理系统、电力设施、煤气管线、水利和灌溉工程、水库等;

⑥ 公园、花园、体育设施和墓地的建设。

2. 土地征收以合理补偿为前提

土地征收补偿是因国家土地征收权的行使,公民、法人及其他社会组织的合法权益遭受经济上的损失,而由国家对受损失的组织或个人负金钱给付的义务。"没有正当的补偿,任何人的私有财产不得征收为公共使用。"(美国宪法第五修正案)"当政府获得财产所有权或占有权时,无论是永久性的还是仅仅在限定的时间内,很显然均应对被征收的财产予以补偿。"[①] 土地征收权是一种强制性的权力,其实施无须取得被征收人的同意。在土地征收法律关系中,处于被管理地位的被征收人无法与强大的政府对抗,因而合理补偿被征收人的损失显得尤为关键。征收土地的过程实质上也是土地权利的转移过程。从经济理论上讲,土地权利的转移,必然要从经济上得到逆向转移,即对转移出去的土地权利必须给予补偿。

(1) 土地征收补偿的理论依据。土地征收补偿的理论依据,各国学者众说纷纭,归纳起来大致有以下几种学说:

① 既得权说。此说认为,人民的既得权是合法取得的,应当得到绝对的保障,即便是由公共利益的需要,使其遭受经济上的特别损失,也应当基于公平的原则给予补偿。此说是以自然法思想为基础的,理论较为陈旧,而且对于既得权以外的权利所受的侵害,也未能说明补偿的理论依据。

② 恩惠说。此说强调国家统治权与团体利益的优越性,主张绝对的国家权利,以及法律万能和公益至上。因此,此说认为,个人没有与国家对抗的理由,甚至完全否认国家对私人有提供损失补偿的必要。国家侵害个人财产给予补偿,那完全是出于国家的恩惠,此说具有专制色彩,难以对现代的土地征收补偿制度作出说明。

[①] 〔美〕迈克尔·D. 贝勒斯:《法律的原则》,中国大百科全书出版社1996年版,第138页。

③ 公用征收说。此说认为,国家法律固然有保障个人财产的一面,但也有授予国家征收私人财产的另一面,对于因公共利益的需要而作的合法征收,国家可以不承担法律责任,但是仍然应给予个人相当的补偿,以求公平合理。

④ 社会职务说。此说摒弃了权利天赋观念,认为国家为了使个人尽其社会一分子的责任,首先应承认个人的权利,这是实现社会职务的手段,因为权利的本质具有义务性,人民的财产被征收后,国家酌量给予补偿,才能使其社会职务得以继续履行。

⑤ 特别牺牲说。此说基于法的公平正义的观念,认为国家合法的征地行为,对人民权益造成的损失,与国家课以人民一般的负担不同,它是无义务的特定人对国家所作的特别牺牲,这种牺牲应当由全体人民共同分担,给予其补偿,才符合公平正义的精神。

笔者认为,以上各学说中,比较起来,以"特别牺牲说"最具有法律说明力,并且在实际当中也最容易接受,而且已经成为土地征收补偿理由的通说。从这一学说可以看出,土地征收补偿作为一种调节的技术方式,将公民、法人和其他组织所遭受的特别牺牲分由全体人民承担。具体地说,就是将某特定人,在公共利益需要的原则下,即无可归责于其本身的情况下而遭受特别异常的牺牲时,基于公平正义的精神,应当由全体人民共同负担其牺牲,以调节个人所受的损失。这样做的目的在于谋求国家公益和个人私益之间的协调,以达到社会生活的安定和和谐。

(2) 土地征收补偿的原则。按照传统观点,土地征收补偿的原则分为:完全补偿原则、不完全补偿原则、相当补偿原则等。但结合世界各国土地征收补偿原则的发展看,这条轨迹具有一定的规律性,各国土地征收补偿原则大致呈现出由完全补偿到不完全补偿再到完全补偿的发展轨迹。① 其中,以市价为基础的全额补偿观点实质上是民事损害赔偿中"回复原状"思想的反映,即对人民受到公权力侵害的实质损失予以实质填补,回复到未受侵害前的财产状态。它充分体现了近代以来那种所有权绝对的思想,是自由资本主义时期较为通行的征收补偿原则。然而被

---

① 参见王太高:《土地征收制度比较研究》,载《比较法研究》2004 年第 6 期,第 19 页。

征收人的损失可能还包括其主观价值,并且这种主观价值会因被征收财产的不可替代性而盲目膨胀,因而使得政府与被征收人之间难以达成合意,这样一来,不仅加剧了个人利益与公共利益之间的冲突,增加了征收成本和国家实施征收行为的难度,并且随着社会化大生产的发展,甚至导致个人滥用其所有权而损害他人利益和公共利益的状况。

因此,进入20世纪以来,随着社会经济政治的发展变化,特别是团体主义的盛行,法律思想和法律价值观也由个人主义的权利本位观向团体主义的社会本位观转变。这种社会化的法律一方面要求消除绝对个人主义的自由权利的弊端,另一方面要求国家担负起增进社会公益、维护社会公众福利的责任。这样,以市价为基础的完全补偿原则在各国立法和实践中逐渐被放弃,合理补偿、公平补偿、正当补偿等内涵颇具弹性的补偿原则频频出现在各国补偿制度和实践中。由于这些原则的内涵十分抽象,在技术上也难以界定其具体范围,因此在实践中往往表现为要求综合考虑征收的目的、被征收财产及被征收人的具体状况,并参照社会的一般公正观念,给予公平合理的补偿,但不必是完全补偿。到了现代社会国家,福国利民成为公权力行使的最高宗旨,基于公共负担平等原则的要求,"公平补偿""正当补偿""合理补偿"等原则被解释为同样包括完全补偿的观念,以重置价格为基础的完全补偿说不仅为多数学者所主张,而且在补偿实践中,甚至在不少国家的宪法中已经确认。① 当然,即使是同为完全补偿原则,其内涵和要求在各国也不完全相同,有的国家将完全补偿等同于相同财产的市场交易价格,有的国家则认为,完全补偿除了市场交易价格外,还应当包括因征收而产生的相关损失,如迁移费、营业损失等。

但是我们必须看到,完全补偿作为补偿原则的回归在现实中虽然已经有了实践效果,但毕竟还不是普遍现象。决定一国采用何种补偿原则,与该国的国力、经济制度及相应的观念等因素有关。就目前情况看,大多数国家和地区依然采用"合理补偿"或"适当补偿"的原则,笔者认

---

① 正如我国台湾地区学者谢哲胜所说:公平补偿此一要件在 200 年前和现在并无太大区别,仅是公平补偿的计算有所争执罢了。转引自谢哲胜:《准征收之研究:以美国法之研究为中心》,载《中兴法学》第 40 期。

为:我国在土地补偿方面也应该顺应世界潮流,目前应采取"充分合理补偿"原则,把完全补偿看作行政补偿发展的趋势和努力目标,创造条件,逐步过渡到完全补偿。

3. 土地征收以强制力为保障

通常而言,土地所有权是土地所有者在法律规定的范围内自由使用和处理土地的绝对权利。但在各个国家的征地过程中,土地征收权实际上是一种"最高权力"或"统治权",是最高统治者在没有征得所有者同意的情况下,将其土地财产征收用于公共目的的权力。在这种情况下,私有土地所有权是无法抗衡政府的土地征收权的。因此,政府行使土地征收权最显著的特征之一就是以强制力为保障,具有不可抵抗的强制性,此时的决定权不在土地所有者手中。从严格的物权角度来看,这是"最绝对"的物权受到"最强制性"的干涉。① 因此可以说是对土地所有权最严厉的制约,无疑是来自政府的强制征收。它和市场上发生的一般买卖关系的根本区别就在于其强制性。

土地征收是一种具有强制性的法律行为。政府凭借宪法和法律授予的土地征收权,无论土地所有者是否愿意,也不管其对土地的主观估价如何,政府均可按照宪法和法律规定的条件,强行占有集体或私人的土地。具体表现为:

首先,在一般情况下,作为行政机关的土地管理部门总是土地征收的一方,因为土地行政法对土地行政职权的确认是土地行政法关系存在的前提。例如新加坡,由土地局代表政府私下协议或强行征收私人土地。韩国建设部专门设立了中央土地征收委员会,进行关于土地征收、征收和使用的裁决。在特殊情况下,虽然没有土地管理部门参加,但双方当事人中一方代表国家行使土地行政职权确实是不可少的。例如日本、英国等国,有时将土地征收权授予事业实施主体,由他们代表国家与私人土地所有人协商征地事宜,但他们必须首先向政府部门提出申请,

---

① 参见朱道林、沈飞:《土地征用的公共利益原则与制度需求的矛盾》,载《国土资源》2002年第11期。

经批准后方可被授予征地权,并且其征地行为要受到政府的管理和监督。①

其次,在土地征收法律关系中,主体双方的法律地位不对等,土地管理部门以国家名义参与法律关系,并以国家强制力保证其职权的行使,被征地一方不能否认和抵制土地行政部门的行为。土地行政部门具有特殊的法律地位,所以在土地征收法律关系中,土地管理部门仅凭其单方面的意思表示,通常就可以引起征收法律关系的产生。

最后,土地征收法律关系中的当事人的权利义务是由法律事先规定的,一般不能和民事法律中当事人一样可以依法在一定范围内自行约定权利和义务。例如各国和地区土地征收、征收法规一般都明确规定了土地征收的补偿项目、补偿标准等,征地双方必须都按此执行,一般不得自行协商。即使允许自行协商,也必须以法律法规规定为基础,并不能超出法律法规规定的最高补偿标准。

4. 土地征收以合法性为要件

土地是农民的命根子,是农民的基本生产资料,是经济建设和社会发展的重要物质基础。所以土地征收权一旦被滥用,势必引起种种严重的社会问题,土地征收的合法性也因此显得尤为关键。一般而言,土地征收的合法性表现为两方面:

(1) 土地征收要有充分、明确的法律依据。近代的公用征收(包括土地征收),乃是基于国家对公民有"最高统治权",只要有"公共用途"这个"合法的理由"国家即可侵犯人民的财产。直到法国大革命后,公用征收(土地征收)才陆续在各国获得了宪法上的依据。而宪法本身的抽象性、原则性的特点决定了它不可能对具体事项的土地征收进行规定,需要下位阶的法律予以具体化。于是,各国在宪法中肯定了土地征收的同时,由法律对具体征收的条件、程序等进行了规定。按照宪法上的法律保留原则,对人民基本权利的侵犯,必须依法律才可为之。现行《中华人民共和国立法法》第8条规定对非国有财产的征收、征用只能制定法律。土地征收过程中,主要剥夺的是集体的土地所有权这一宪法基本权

---

① 参见欧海若、吴次芳:《韩国的土地征收制度及其借鉴》,载《国土经济》1999年第4期,第45页。

利,因而必须要有明确的法律依据才可行使,也就是说,征收权只能由法律(狭义)设定。

如果说宪法中的公益性条款是承认为了公共利益,国家可以剥夺宪法基本权利的话,土地征收的法律保留则是"涉及执行这个目的的许可性方面的执行工具之制度——即必须以法律来限制"。① 于是,土地征收权的设定以及条件、程序等都应体现在土地征收法律中。一方面,这是在剥夺财产所有权的同时,从宪法技术层面上更好地保障财产的所有权;另一方面,也是给政府合法行使土地征收权提供必要的前提。征收主体只能在宪法和法律规定的范围内行使征收权,而其本身不能创设权力,否则就会出现权力滥用和无限扩张的危险。

土地征收不仅只能以法律规定,使其具有明确的法律依据,而且对设定土地征收的法律在技术上也有相应的要求。尤其需要注意的是,立法者在制定土地征收法律时,要指明规定因土地征收而受到限制的财产权利的宪法条款(比如我国《宪法》第 10 条)。这样,立法者在法律中将剥夺土地财产权的意图予以明确化,可以尽量避免行政机关和司法机关曲解甚至扩大被限制的财产权。

土地征收法律的内容如土地征收的权限、公共利益的解释、土地征收的条件、土地征收的程序、补偿纠纷解决的途径等方面都尽量具体化,使行政机关有明确具体的法律依据,不致滥用土地征收权。在形式上,各国通用的做法是用统一的法典或单行法律并列或相结合的方式。比如日本制定了《土地征收法》《关于取得公共用地的特别措施法》《都市计划法》等。

(2)土地征收的程序必须合法。近代以来,各国都十分重视将正当的程序作为公民财产权的法律保障。正当程序最早可追溯于 1215 年的英国大宪章,紧跟其后的 1789 的法国《人权宣言》第 7 条、1791 年《美国宪法第五修正案》对正当程序作了进一步的确认和发展。最初,正当法律程序仅涉及司法权的运用,现已发展至包括规范和制约立法权、行政权、司法权在内的公权力的行使均受其规范和制约。"当政府行使权力

---

① 陈新民:《德国公法学基础理论》(下册),山东人民出版社 2001 年版,第 255 页。

的行为可能对个人的权利与自由构成剥夺、限制、侵害或减损时,就应当由代表民意的机关根据宪法的原则与要求,经过充分辩论,制定必要的法律规则;再由行政机关依照法定的权限与程序,并在法律规则约束下行使权力;在行使权力的政府行为作出后,认为自己的权利被非法剥夺、受到限制、侵害或减损的个人,有权诉请司法机关撤销行政机关采取的措施,司法机关依照法定程序审查争议双方的事实和理由后作出最终裁决。"①

立法、行政、司法三个阶段都遵循正当法律程序,否则就会导致权力被滥用,公民的合法权益受到侵犯。起初,正当法律程序只注重对人身自由的保障,以后逐步发展为对公民财产权的保护。正如美国学者伯纳德·施瓦茨所说:"正当程序本身就是对财产权的重要的实质性的保护。""它包括了所有政府干预财产权的行为所作的来自宪法的明示的或默示的限制。"②土地征收是剥夺财产所有权较严重的公法行为,且其中包含了行政机关较大的自由裁量权,因而更需要公正的程序来保障土地征收权的合理合法行使,最终保障财产所有权。所以土地征收的程序是对被征收人财产的法律保障,是土地征收的重要组成部分。在法律对土地征收程序作了比较完善的规定后,行政机关必须要严格遵守法定程序,确保土地征收行为的合法性。

二、土地征收行为的性质定位

(一) 法律行为性质的判断标准

通说认为,法律行为即是指与人的意志有关的,能够引起法律关系产生、变更和消灭的作为和不作为。③ 法律行为的性质在本质上是指该行为的法律部门属性,即其属于哪个部门法的范畴。因此与法律部门的划分标准有一定联系,但并不完全一致。行政法学界叶必丰教授曾提出以不同的利益关系划分部门法、确认法律行为性质的理论。他认为,利

---

① 赵世义:《财产征用及其宪法约束》,载《法商研究》1999 年第 4 期。

② 〔美〕伯纳德·施瓦茨:《美国法律史》,中国政法大学出版社 1989 年版,第 109 页。

③ 参见张文显主编:《法理学》,法律出版社 1997 年版,第 169 页。

益关系是法的基础,物质利益关系是法的终极基础。法是利益关系的上层建筑。按照利益主体为标准,可以将利益分为个人利益和整体利益。其中个人利益即私人利益,是由单个社会成员所控制的利益。整体利益是由一定的社会组织所控制的,该社会全体成员或绝大多数人的集合利益。而公共利益是整体利益的一种表现形式。① 因此,法律关系可以分为三类:整体利益相互间的关系;个人利益相互间的关系以及整体利益和个人利益之间的关系。可以持这样一种理解:这三种不同的利益之间的博弈、冲突分别构成了宪法、民法和行政法,相应也就具有了宪法行为、民事行为和行政行为的客观表现形式。

(二) 土地征收行为的性质定位

1. 关于土地征收行为性质的不同学说

(1) 行政行为说

如前所述,在相当长的时间里,即使在土地制度发达的国家和地区(如法国、日本、德国),土地征收也不是一个独立、明确的法律概念,而是作为"公用征收""公益征收""公用收用"等概念的子概念出现的。而这些国家的所谓"公用征收""公益征收""公用收用"无一例外都规定在行政法律规范中,由是推之,土地征收行为在这些国家被定性为是典型的行政行为。

现实中有部分学者主张土地征收行为是行政行为,且土地征收争端应以行政诉讼程序解决。如在台湾地区,土地所有人如对政府征收其土地而引起补偿数额争端时,应以行政争诉程序解决,而非审理私权的普通法院所审理。② 这样的规定在中国大陆的相关法律规范中也有所体现。例如,根据《行政复议法》第30条第2款的规定,土地所有人或使用人对国务院、省、自治区、直辖市人民政府作出的征收土地的决定可以提起行政复议,但行政复议决定为最终裁决。修改后的《行政诉讼法》明确规定:公民、法人或者其他组织对征收、征用及其补偿决定不服的行为,

---

① 参见叶必丰:《行政法的人文精神》,湖北人民出版社1999年版,第38、39、42、56页。

② 参见龙翼飞、杨一介:《土地征收初论》,载张曼隆:《土地法》,元照出版社1996年版。

人民法院应予受理。从上述规定不难看出,大陆在立法上也将土地征收行为定性为行政行为。

(2) 民事行为说

此学说由民法学者龙翼飞教授等人提出。他们认为,从土地征收行为目的的公益性、土地征收法律关系主体的特定性、土地征收权利的专有性、土地征收行为的合法性及土地征收措施的强制性、土地征收的补偿性和土地征收后果的物权性的意义上说,土地征收是民事行为。[①]

该学者在论述中这样推理:"土地征收的公益性是强制性的基础,但强制性与行政行为之间并不具有必要的因果关系。"因此"土地征收的强制性并不能导致土地征收行为是行政行为,……所以土地征收行为是一种民事行为"。然而按照这种逻辑,现实中含有民法法律行为因素的行为,却也未必都是民事法律行为。比如体现契约精神的行政合同,就是一种为了适应现代行政管理发展需要的新型行政行为。[②] 所以仅仅以土地征收的补偿性和后果的物权性中含有民法因素为判断标准是不科学的。

笔者认为,冷静地观察和分析土地征收活动中征收权的专有属性具有明显的强制性,容易导致土地征收法律关系主体地位的明显不平等,政府作为行政主体在此时显示出绝对优势的地位。因为在这种情况下,国家在作出土地征收行为时,并不以相对人的同意为条件,并明确告知被征收对象国家将以其强制力保证征收的实施。上述这些土地征收的特性,与民事行为的平等性、意思自治性有着本质上的区别。因此笔者认为,由于土地征收行为主体的特定性、权利的专有性以及措施的强制性,表明土地征收行为首先可以确定为是一种行政行为,它具有明确的行政行为性质。

---

① 参见龙翼飞、杨一介:《土地征收初论》,载张曼隆:《土地法》,元照出版社1996年版。

② 参见杨海坤主编:《中国行政法基础理论》,中国人事出版社2000年版,第258页。

2. 我国土地征收行为性质的新定位——宪法行为与行政行为双重性质论

通常在土地私有制国家,国家以公共利益的需要为前提就可以行使土地征收权,征收私人的土地。这样形成的土地征收法律关系中,主体是国家、土地所有人和关系人;征收的客体是以私人土地为载体的所有权及其他物权,法律关系的内容即是由于土地征收权和私人财产权的对抗而产生的权利义务关系。在利益关系上就是公共利益(整体利益)与个体利益的关系,所以土地私有制国家的土地征收行为显然属于行政行为的范畴。

我国的土地征收制度是建立在土地公有制基础上的。通常在单一的公有制条件下,由于全部土地只有一个所有权的主体——国家,因而不存在土地征收。但是,我国的土地公有制存在着两种形式,即国家所有和群众集体所有,这样当国家建设需要使用集体所有的土地时,就需要将集体土地所有权征为国家所有。首先遇到的问题就是土地征收中国家土地征收权和集体土地所有权是什么样的关系?此时的"集体所有"与民法上的所有权是否一致?在土地征收中除了土地所有权的转移,土地他物权是否也一起转移?这个转移又是什么样的法律性质?上述"行政行为说"和"民事行为说"都不能对这些问题给予合理的解释。笔者认为,由于我国土地公有制度的特殊性,使得土地征收行为成为宪法行为[①]和行政行为的复合体,具备双重性质。

(1) 作为宪法行为的国家征收集体土地所有权行为

土地征收法律关系就是在调整土地征收行为过程中形成的权利义务关系。在征收集体土地所有权的法律关系中,法律关系的主体是国家和集体,法律关系的客体是集体土地所有权,法律关系的内容是因国家

[①] 所谓宪法行为,即公民和国家等主体依法行使宪法规范所赋予的权利和权力的行为,包括公民的宪法权利行为和国家的宪法权力行为。其中宪法权力行为是国家及其机关依法行使宪法授予的权力的行为。由于权力本身的主动性和扩张性,国家的权力行为在宪法关系中表现为一种作为。国家正是通过对宪法授予的权力的行使,维护和促进社会公共利益,使公共利益要求在社会政治关系中得到满足。本文中所指的"宪法行为"专指国家的宪法权力行为。参见周叶中主编:《宪法》,高等教育出版社、北京大学出版社 2000 年版,第 149、150 页。

权力与集体土地所有权的对抗所产生的国家与集体的权利义务关系。

确切地说,国家征收权不是私法意义上的权力,而是宪法授予的具有公法意义的权力。国家征收财产的权力,不是依据国家所有权,而是依据国家主权。主权包括对内(统治权)和对外(独立权)两个方面。我国宪法设立国家土地所有权、集体土地所有权和国家对集体土地的征收权,都是对内主权的体现。[①] 一般而言,国家的主权行为由国际法调整,但并非所有的国家主权行为都包括在国际法调整范围之中,只有国家因对外行使主权所作出的主权行为才涉及国际法的调整。当国家对内行使统治权这一主权的时候,实际上表现出来的是宪法行为,比如被《行政诉讼法》的受案范围排除在外的国家行为:宣布进入紧急状态、实施戒严和总动员等。所以,当国家行使土地征收的时候,并不是以国家土地的最终处分权的拥有者的身份作出决定的。国家可以决定国有土地的命运,也可以决定集体土地的命运,这一点集中体现在国家对土地用途的管制上。可以认为,国家的这种决定土地最终命运的权力已经超出了土地所有权这一民事财产权利可以包容的范畴,而具有公法上的国家主权和行政权色彩。[②] 此外,土地征收中的另一方主体——"集体"作为我国基本经济制度——作为土地公有制的一个主体,更具有宪政意义,此时它不同于一般意义上的行政相对人,也不同于民法意义上的法人或其他组织。

与国家对内、对外行使主权表现出不同的法律性质一样,"集体"对其土地行使所有权时,也并不总是民事行为(尽管这种情形占绝大多数)。在土地征收中,"集体"的作用并非民事主体,因为它代表的特殊共有关系具有一定程度的含有宪法意蕴的行政属性。实际上,我国土地公有制决定了土地"国家"所有与"集体"所有并无"质"的差异,二者只是"量"的不同。国家与集体都代表着整体利益或公共利益,两种整体利益之间的差异所形成的利益关系,恰恰是宪法行为的表现形式。换句话

[①] 参见王卫国:《中国土地权利研究》,中国政法大学出版社1997年版,第119页。

[②] 参见王卫国、王广华:《中国土地权利的法制建设》,中国政法大学出版社2002年版,第39页。

说,正是这两种同"质"不同"量"的整体利益之间的差异,确立了征收土地所有权的行为是一种宪法行为的基础。

另外,作为土地征收中首要的法律关系,在征收农村集体土地所有权时,公共利益和集体利益势必发生冲突。由谁来代表农村土地所有权?这个代表主体在征地中的作用是什么?它如何代表农民的利益?……这些问题亟待解决,然而现实却是同为整体利益代表的国家与农村集体之间的差异与区别几乎完全被忽视了,其解决的途径也被异化了。

法律规定,农村土地由村委会、农村经济组、村民小组直至乡镇政府经营管理。实践中,后两者已是特例①,农村经济组织也日渐衰微,真正能起到经营管理作用的只有村民委员会。比如,《土地管理法》第 8 条第 2 款规定:"农村和城市郊区的土地,除由法律规定属于国家所有的以外,属于农民集体所有……"第 10 条规定:"农民集体所有的土地依法属于村农民集体所有的,由村集体经济组织或者村民委员会经营、管理;已经分别属于村内两个以上农村集体经济组织的农民集体所有的,由村内各该农村集体经济组织或者村民小组经营、管理;已经属于乡(镇)农民集体所有的,由乡(镇)农村集体经济组织经营、管理。"由此可见,无论是村民委员会、村民小组,还是村或乡镇农村集体经济组织,依法享有的只是对农民集体所有土地的经营、管理权,并不具有所有权,农村集体土地依法只能由农民集体享有所有权。《村民委员会组织法》第 5 条第 2 款规定:"村民委员会依照法律规定,管理本村属于村农民集体所有的土地和其他财产,引导村民合理利用自然资源,保护和改善生态环境。"这里所规定的,仍是村委会对农民集体所有土地的管理权,而土地所有权和经营管理权是两种不同性质的权能。

因此,如果把征收土地所有权的行为定性为行政行为,其直接的后果就是在法律救济中行政诉讼原告或行政复议申请人的缺位,因为按照现行法律规定,没有一个组织机构能够代表集体在违法土地征收——这一"行政法律关系中"充当"行政相对人"的角色。这显然不利于农村集

---

① 参见王卫国、王广华:《中国土地权利的法制建设》,中国政法大学出版社 2002 年版,第 45—47 页。

体合法利益的保护。① 于是在实践中,往往出现两种极端:一部分村干部打着"村集体"的名号与进行违法征地的政府机关同流合污,擅自处分集体所有土地并从中中饱私囊,贪污腐败,从而引发纠纷,激化农村社会矛盾的现象越来越严重;还有一部分村集体想方设法维护自己的权利,却遇到了法律上的空白,维权成为纸上谈兵。笔者认为,造成如此现状的症结就是将征收土地所有权的行为仅仅定性为行政行为,而忽视它的宪法意义,从而导致解决途径的阻断或异化。无论如何这都不是一种正常的现象,需要对我国土地征收的相关制度进行理论和实践的重构。

(2) 国家征收土地他物权的行为——典型的行政行为

我国的土地制度是国家与集体共有。这种土地二元所有制,使得国家征收集体土地所有权的行为表现为宪法性。但毋庸置疑,国家征收土地上其他物权的行为则是典型的行政行为。因为,此时法律关系的主体是国家与土地使用权人(主要是具有土地承包经营权的农户)、土地附着物(主要是农民的房屋等建筑物和农作物等)所有人以及其他关系人(比如地役权人)。在我国以往的所谓"土地征用"的实践中,与土地其他物权(以农民的土地承包权、房屋的所有权最突出)被漠视的地位相反,这些权利恰恰是最涉及农民真正切身利益的,也是出现问题最多的领域。这种巨大的反差与我国过分强调"公益"而轻"私益"的传统有着密切的关系。笔者认为,这部分权利应作为宪法上规定的私人财产权予以高度重视和保护。我国宪法修改已将《宪法》第13条修改为:"公民的合法的私人财产不受侵犯。国家依照法律规定保护公民的私有财产权和继承权。国家为了公共利益的需要,可以依照法律规定对公民的私有财产实

---

① 对此,势必有人将此归咎于经济制度设置的不合理。事实上,前述观点仍然是在回避问题。笔者认为,国家违法征收农村集体土地所有权的行为应定性为一种违宪行为,相应的,这种违法行为也应该通过宪法机制予以解决。至于采取何种具体的宪法解决机制,目前学术界仍无定论。但《中共中央关于全面推进依法治国若干重大问题的决定》,在将宪法监督机制具体实施摆上议事日程的情况下,真正履行违宪审查的专门机关将更加明确,我们相信,当国家征收权和集体土地所有权发生冲突的时候,违宪审查机构必将"挺身而出"。目前这类积压案件很多,恰恰说明我们必须将过去长期处于"冻僵"状态的违宪审查机制加快"激活",使宪法上早有规定的那些很好的制度充分发挥其作用,而不仅仅使之成为一种"花瓶"式的摆设。

行征收或者征用并给予补偿。"这进一步明确了私有财产权的法律地位，扩大了受保护的私有财产的范围，并为完善对私有财产的征收、征用提供了宪法依据。笔者以为，在土地征收中，农民在土地上的土地承包权等合法权利应当属于本条所规定的"私有财产权"，必须予以保护。

综上所述，我国的土地征收行为表现为宪法行为与行政行为双重属性。尽管这种观点受到了多人的质疑，但笔者仍然坚持，并认为唯有揭开此层面纱，才能找到我国土地征收中一系列问题的症结所在，才能从根本上对土地征收理论与实践中的混乱现状予以厘清。

三、我国土地征收的现状及分析

（一）对公共利益缺乏统一、明确的界定

土地征收的目的是公共利益，而公共利益是一个抽象性概念，是一个价值判断概念，但它绝对不是任意的。为了不使判断公共利益的任意性过大，各国在立法中采用了概括式、列举式等方式对公共利益进行界定、解释，其中尤以列举式最为普遍。

而我国仅在《宪法》和《土地管理法》中对公共利益作出了原则性规定，并未进行列举。这样的规定不但模糊了国家征收土地的范围，而且还可以因此对我国现行的土地使用制度得出以下逻辑推理，即任何单位和个人进行建设，必须依法申请使用国有土地，且集体土地不能直接出让、转让，各种建设若必须使用集体土地，则必须先征为国有。因此，当集体土地用于建设时，不管是否属于公共利益需要，尤其涉及经营性用地需要出让土地使用权时，必须先征为国家所有，然后再以一定的方式提供给相应的单位和个人使用。

我国的土地征收制度实际是为了满足公共利益要求和制度需求的双重目标，其中大多数情况下主要是为了满足制度需求。这种所谓的"制度需求"，具体到我国的土地征收制度中，就是为了实行"任何单位和个人进行建设，必须依法申请使用国有土地，且集体土地不能直接进行出让、转让，各种建设若必须使用集体土地，则必须先征为国有"这一制度，因此，当任何非本集体的单位或个人需要使用集体所有的土地时必须先征收，使集体土地转变为国有土地。

在实践中，土地征收大量表现为成片被征收的土地被用于了房地产开发等商业目的。由于政府可以通过低价征地,再以高价出让给开发商,从中获取高额的土地差价,因此政府往往与开发商结成统一战线,甚至利用这样的方式来"经营城市"、牟取暴利,强行剥夺农民的土地。农民则完全丧失了对自己土地的处置权,不能收取"地价",只能接受"补偿",成为商业利益的牺牲品。实际上,这就是在市场经济的强力拉动下,一些地方政府"充分"利用了这种"制度的需求",大搞权力的部门化、资本化。公然打着"公共利益"的幌子,因为"在他们看来,为了'公共利益',理所当然地要剥夺百姓的合法权益,有的人则从这里找到了'权力寻租'的手段"。① 从而必然产生农民、农村集体、政府和用地单位之间的重重矛盾,既影响了各方利益,又从另一个侧面阻碍了土地征收制度的顺利实施。

在我国的土地征收中,之所以会出现这种"制度化"而非"法治化"的需求纵然原因很多,但"公共利益"缺少严格、统一、明确的法律规定是造成这些反常甚至违法现象的一个直接原因。这种法律上的缺位为地方政府超越职权、无限使用对土地的"征收"权、乱征滥征,或多征少补,以致为损害农民的合法利益大开了方便之门。

(二)指导思想过于保守,相关规定过于原则

纵观发达国家和地区的土地征收立法可看出,其立法角度都是从保障私有财产权出发,其制度设计主要是通过"控权论",即通过规范和制约行政机关的土地征收权以达到保障私有财产的最终目的。而我国长期的"官本位"和公民权利绝对服从国家权力的思想作祟,土地征收立法中带有浓厚的权力色彩,偏重于土地征收权及公共利益的实现,而对被征收人的权利规定较少。这种立法思想带来的一个直接后果就是对土地征收相关条款规定得过于原则、概括。

我们知道,土地征收行为是由一系列的行为组成,从制定土地征收法律到征收申请、调查、批准、补偿到最终转移占有,都需要有明确的法律规定。从法国、德国等国家的立法实践看,对土地征收的每一步都作出具体、严格的规范,可以十分有效地降低行政机关的自由裁量度。而

---

① 宋振远等:《"公共利益"岂能成为商业拆迁的障眼法——中国城市拆迁问题调查》,载《半月谈》(内部版)2003年第10期,第15页。

我国,有关土地征收的规定较原则,步骤模糊,操作性很差,为现实中不规范,甚至滥用权力现象的产生提供了机会和空间。如对土地征收权的设定、对公共利益的认定标准,征收程序等内容规定较少甚至不提。如在土地管理法中,对农用地转为建筑用地的审批程序的规定,仅规定审批权限,而具体的程序该如何提交材料、提交哪些材料、审批机关如何作出审批与否的决定、审批过程是否受到监督、如何监督等都没有规定,在立法上几乎是空白。所以,我国土地征收中不按程序审批、擅自占用土地,非法转让土地及越权审批、先征后批、少征多批、以合法征地掩盖非法占地的现象屡有发生。在严重损害了被征收人的财产权利的同时,也造成了国家土地资源的严重流失。

(三) 缺乏详尽、公正的程序

我国《土地管理法》及相关条例中对土地征收程序规定为:征收申请及批准、补偿方案的拟订及批准、拨付发证。与国外的土地征收程序相比,我国土地征收的程序分别对应于土地征收范围的决定、损失补偿额的决定和征收之完成,国外征收补偿中的第一个程序即事实认定没有得到足够重视,而是被吸收在征收申请及批准这一程序中了。这种"简化"是不应该的,因为该程序恰恰是征收权得以行使的前提,是判断某一项具体征收行为正当性的基础。换句话说,若事实被认定为符合公共利益目的,土地征收权便可以正常行使;若事实被认定为不符合该目的,则不得行使征收权。可见,该程序不仅关系着多方面的利益,而且直接决定着征收权行使的合法与否。[①]

另外,在程序的设计上,我国土地征收程序缺乏公开性和公正性。主要表现在以下几个方面:第一,《土地管理法》仅规定了在土地征收方案批准后和征地补偿安置方案确定后有两次公告,其他过程是否要公开并不明确,缺乏透明度。第二,我国的公告仅具有形式意义,起不到对征收的监督作用,如第一次的公告的目的只是让权利人进行登记,没有其他相关权利。第三,我国土地审批中的批准机关是"人民政府",没有明确到具体人,而且法律也没有规定作出批准决定的时间,以及批准决定

---

① 参见王太高:《土地征收制度比较研究》,载《比较法研究》2004 年第 6 期,第 29 页。

后的有效时期。这样的土地征收程序过于原则,批准机关的自主裁量权力过大。第四,我国《土地管理法实施条例》第 25 条规定:"……征地补偿、安置争议不影响征收土地方案的实施。"由此可见,我国土地征收的批准决定直接具有被征收财产转移的法律效果,补偿程序仅仅是补充程序,言外之意(实践中也是这样做的)就是对被征收人补偿与否并不影响土地权利的转移。这就为土地征收补偿中的少补偿、晚补偿等不合理甚至违法的现象开了口子。

(四)立法体系不完整、位阶低

如前所述,土地征收因为涉及集体(农民)的基本权利,应该由法律统一作出规定。必要的时候也只能由国务院的行政法规对土地征收法律中的原则性问题加以具体化。然而我国至今没有一部统一的土地征收法典,相关的制度都散见于单行法律法规中。尽管《土地管理法》是目前我国最完整的规定土地征收制度的法典,但是也存在着许多不足。鉴于《土地管理法》的原则性、落后性,各地纷纷根据自己具体的情况制定了相关的规范性文件。这些文件存在的一个普遍问题就是位阶过低的问题。

(五)征地补偿范围过窄,标准过低

我国土地管理法确定的农用地征收补偿范围仅限于土地补偿费、林木补偿费、青苗及地上附着物补偿费、安置补助费、搬迁安置费等与被征收客体有直接关联的经济上的损失。不仅对那些难以量化的非经济上的附随损失未列入补偿的范围,而且那些可以量化的财产上的损失,比如残余地分割的损害、经营损失、租金损失等通常所受的损失,也未列入补偿的范围。

与土地征收补偿范围过窄同时存在的问题是补偿的标准过低。

土地征收补偿的范围、标准都形成于新中国建立初期的计划经济时代,在当时国家底子薄,又必须集中力量搞经济建设的背景下,相对较低的补偿标准是可以理解的。当时的土地征收补偿的理论依据更倾向于恩惠说,而补偿的原则具有不完全补偿的印记。可以说我国原有的土地征收制度在一定程度上具有政府利用征地权进行财富原始积累的特征。目前我国已经进入了全面工业化阶段,经济实力大增,财富原始积累阶段已经结束。因此继续维持较低的补偿标准和不合理的补偿项目设置,成了当前征地工作中政府与农民冲突的主要根源。

（六）农民房屋被拆迁涉及的补偿问题严重

我国土地征收中农民房屋被拆迁所涉及的补偿问题,也具有其他土地征收补偿中普遍存在的问题,之所以把它单独列出,还在于这个问题长期以来受到漠视的程度远胜于其他,而且也是近年来出现问题最多,矛盾最突出、最尖锐的领域。

长期以来,所见的行政法规、规章的适用范围都为国有土地上的城市房屋拆迁补偿,而对集体土地上房屋的拆迁补偿至今难以出台,长期以来一直参照城市房屋拆迁补偿办理。国有土地和集体土地在所有权主体、管理、使用方法等方面存在诸多差异,致使农村集体土地房屋拆迁遇到一些难以解决的问题。① 因此,为加快农村各项建设的发展,规范征收补偿行为,保护当事人合法权益,在"土地征收法"中专门规定关于征收集体所有土地房屋拆迁补偿安置办法十分必要。

四、完善我国土地征收制度的建议

土地被征收,农民失去的不仅是生产资料,更重要的是失去安身立命的生存基础,如果得不到妥善补偿和安置,为了生存他们就会铤而走险,危及社会。而且现实中,土地征收的混乱现象在最近几年呈现出越来越疯狂的趋势。这些在土地征收中滥用职权的行为,在滋生腐败的同时,又践踏了被征收人的合法权益,甚至威胁到了社会的发展稳定,改革土地征收制度已经到了刻不容缓的地步。

（一）统一立法

对土地征收进行统一立法,已成为众多学者的共识,大多数学者认为,土地征收立法可有两种模式:第一,修改现有的《土地管理法》,对其

---

① 比如《城市房屋拆迁管理条例》中规定,城市房屋的拆迁由城市拆迁管理部门直接管理;房屋的补偿按照市场价格评估;拆迁人和被拆迁人可以对补偿金额、补偿方式等进行协商等。而对集体土地上的房屋进行拆迁时,由于所有权代表主体的不明确造成了管理工作上的混乱;集体土地存在评估上的困难;集体土地在使用上也有着严格的限制等,这些问题使得集体土地上的拆迁与城市房屋拆迁存在很大不同,程序上直接的套用势必会造成更多的隐患。

不符合现实需要的条款加以修订、增补。第二,制定统一的"土地征收法",对土地征收的相关问题作出明确、具体的规定。

我们必须看到,现行《土地管理法》的立法思想存在偏颇,它强调的是被征收者的服从义务,漠视权利人的权益保护,显然这种立法思想已经落后,而部分的修补并不能从根本上改变一部法律的立法思想。所以,制定一部统一的"土地征收法",从实体和程序上加强对权利人的保护,才更符合现实以及长远的需要。笔者认为,在"土地征收法"中应包括以下内容:

(1) 总则,包括土地征收的概念、原则,对土地征收的公共目的作出分类列举等。

(2) 土地征收法律关系主体及其各自的权利、义务和权力、职责。

(3) 土地征收的程序,包括征收的事前调查认定,征收范围的确定,损失金额的决定以及征收的完成程序。

(4) 土地征收的补偿,包括土地征收的合理补偿原则,土地征收补偿的范围、标准、方式、程序、救济和时效。

(5) 土地征收行为的监督检查。

(6) 土地征收行为的法律责任。

(二) 界定具体、严格的公共利益的范围

土地征收制度是现代各国宪法和财产法的主要内容之一。土地征收权属于国家主权,主权者都可以行使土地征收权。其核心就在于可以不经过所有人的同意强制取得这项所有权以及其他权利。因此土地征收权的行使和土地所有权及其他物权的宪法保护就产生激烈的冲突。但正是由于土地征收权的所谓"公共利益"之目的,不仅使得土地征收权的合宪性得以成立,也使之成为评判一项具体的土地征收权是否合法行使的依据。同时为了保护私有财产和自由的权利,也必须对公共利益进行正确的理解和解释,这已经成为各国土地征收制度的核心问题。

为了规范土地征收权的行使,各国对公共利益都进行了解释,其立法体例包括两种:概括式规定,如《法国民法典》(第545条);其二是列举兼概括式,例如《韩国土地征收法》《日本土地征收法》等。

我国《宪法》与《土地管理法》并没有对征收哪些土地属于公益目的作出详细的规定,而实践中我国对公共利益的解释实际上已经是行政机关自由裁量的权力,并成为一个重大的制度缺口。这样的制度设计,其弊端已经尽人皆知。前已尽言,不再赘述。要想打开这个缺口,使公共利益得以顺利实现又合理保护私人利益,就必须修改或制定相应的法律,对"公共利益"进行解释。我国对公共利益进行解释的方向和模式该如何选择?

笔者认为,在解释的角度上,我国应借鉴德国经验,将公共利益定义为公共使用且具体可以实现的利益实体;对例外情况由但书条款规定,并规定严格的审批程序。在解释体例宜采取列举加概括的模式在"土地征收法"中进行严格、具体的解释。按当前我国的实际情况,以下部门的用地可以体现公共利益原则:国防军事用地、国家机关及公益性事业研究单位用地、能源交通用地、公共设施用地、公益及福利事业用地、国家重点工程用地、水利及环境保护用地以及其他公认或法律规定的公共利益用地。通过界定严格、狭窄的公共利益范围,限制政府滥用土地征收权的可能性。而对于非公益性建设项目用地,按照规划用途和市场规则,通过土地交易获得土地使用权。只有这样,才能从源头上遏制住对公共利益的滥用所带来的腐败问题,从而使农民的合法权益得到保护。

(三) 扩大补偿范围、提高补偿标准

我国土地征收补偿的体系应按市场规律进行重构,并应遵循各国的通行做法,逐步扩大补偿范围,将残余地分割损害、经营损失以及其他各种因征地所致的必要费用等可确定、可量化的财产损失列入补偿范围。对于征地引起的间接损失虽不必给予补偿,但是在斟酌补偿费的具体数额时,可以而且应当把农民的择业成本和从事新职业需要抵御的风险等因素考虑进去,以缓和农民对政府征地行为的不满情绪,确保被征收人的合法权益。

具体地说,应将土地征收补偿费用修改为包括土地所有权补偿费、土地承包经营权补偿费、青苗及附着物补偿费、房屋补偿费、残余地补偿费和对相关损害的补偿费等六项,即对集体土地所有权要给予土地补偿费;对农户的土地承包经营权、青苗及土地附着物、房屋的所有权要单独给予补偿;对因征地而剩下的残存土地要给予补偿;对因征地带来的地力下降、环境污染、噪音污染等也要给予相关的损害补偿费。

由于我国实行土地公有制,土地使用权可以有偿转让,所有权却不能买卖,因而我国土地征收制度中不可能像其他国家那样以土地市场价格作为补偿的标准,但现行补偿标准之低也绝非土地使用权价格。尤其是近年来房地产开发的迅速发展,土地价格呈几何级数增长,每平方米土地使用权的转让费已相当之高,这与耕地区区几千元的年产值形成强烈的反差。因此,公民受宪法保护的合法财产不受侵害的基本权利,如何在我国土地征收补偿领域实现,进而体现出公正性,是完善我国土地征收补偿时不能不严肃思考的一个问题。笔者认为,应该参酌国外的土地征收补偿标准,逐步实现以市场地价作为征收补偿的标准,以维持农民的现有生活水平,避免土地征收与地产经营中出现较大差距以及由此引发的征收权滥用现象。

此外,为科学确定土地补偿的标准,有必要建立专业的土地评估制度,建立一套健全的完备的土地评估方法,以便在土地征收时委托具有丰富土地专业知识和经验的土地评估师,运用科学的立法进行勘查评估,以确定被征收土地的客观正常交易价格,使被征收人和征收受益人(即土地需要人)双方均能信服接受。①

(四)采取多元补偿方式

土地的补偿方式既可以是金钱补偿,也可以是实物补偿。在以货币补偿为主的同时,考虑到土地补偿评估技术的不完善以及大多数农民在失去土地后参与劳动力市场竞争的弱质性,可以采取实物补偿和债券或股权补偿的方式加以补充。实物补偿包括留地补偿和替代地补偿两种方式。留地补偿是指在征地时,为了保障被征地后农民的生产、生活,支持被征地的农村集体经济组织和村民从事生产经营活动所安排的建设用地。替代地补偿是指考虑到失去土地的农民有可能在领取土地补偿费后找不到合适的就业岗位而坐吃山空,在确定补偿的方式时,以国有宜农土地作为替代地补偿,以解决农民的就业问题。对于重点能源、交通、水利等基础设施建设综合效益周期长、收益稳定的特点,可发放一定数量的土地债券作为征地补偿费,或者以土地补偿费入股参与经营,以

---

① 参见王太高:《土地征收制度比较研究》,载《比较法研究》2004年第6期,第24—25页。

保障和维护被征地农民的切身利益。① 在实物补偿方面,有条件的,还可以对失地农民提供条件相当的住房。总之,笔者认为应坚持金钱补偿为主,多种补偿方式并行,尊重被补偿者意愿的补偿思路。

被征地后农民的安置问题一直是个难点。事实上,农民安置这个概念本身含有太多的计划经济的色彩。在目前市场经济得到初步建立而又远非完善的环境下,原有的农民安置方式已经完全不能适应。解决的办法是必须尽快建立被征地农民再就业的新机制。与城镇居民相比,农民是弱势群体,农民在知识、能力、意识等方面都不适应当前城镇就业的激烈竞争,当地政府有责任给予指导和培训等帮助。可以考虑由当地政府和农民集体按一定比例对农民给予再就业培训补贴,这点应列入政府的征地工作安排之中。同时,政府、农民集体和集体中未失地农民都应当拿出部分来自土地的收益,为失去土地的农民建立社会失业和养老保险。当然,最根本的解决办法,或者更为重要的是,被征地的农民失去土地后进入城镇,当地政府应将他们与城镇居民同等对待,在就业、子女入学等方面提供同等待遇。如果他们的实际收入低于当地政府规定的最低收入水平,政府应当为他们提供与城镇居民相同的最低生活保障。

(五)正确处理土地补偿费的分配问题

1. 根据我国土地制度的现实特点,要正确处理土地补偿费的安置的首要问题就是确定集体土地所有权的主体

根据《土地管理法》的规定,农村集体土地所有权的主体有:乡(镇)农民集体、村农民集体、村内集体经济组织或村委会、村内村民小组。然而在现实中,乡镇所有和村集体经济组织形同虚设,除了一些发达地区建立有独立于村民委员会的村一级集体经济组织外,大部分地区则是由村民委员会代表村民行使所有权。

由此可见,虽然《村民委员会组织法》试图划清村民自治体制下村民自治组织与农村集体经济组织的关系,但是由于农村联产承包经营责任制的实施,土地使用权转移到农户手中,事实上导致了农村原有集体经济那种"集体所有、集体经营"组织模式的解体。生产大队变为村,生产

---

① 参见陈江龙、曲福田:《土地征用的理论分析及我国征地制度改革》,载《江苏社会科学》2002 年第 2 期。

队变为村民小组。但是农村土地集体所有的性质并未改变,因此现行村民自治的两级组织同时也是农村土地集体所有权的主体,因而也就成为土地承包经营合同中的发包方。只要农村土地集体所有的性质不变,村民自治组织事实上还是集体经济组织。①

因此,可以说村民自治与农村集体经济组织具有同构合一性质,村民自治组织同时可以作为农村土地集体所有的主体,代表村民集体行使土地所有权,对土地征收补偿金进行管理,这也是符合《村民委员会组织法》规定的。当然,现实中也存在村民委员会的干部挪用侵吞土地补偿金的现象,但对村民委员会进行更加严格的规范、监督,比漠视甚至有意掩盖更符合法治的需要。与之相适应的就是要尽快修改《村民委员会组织法》,对村民委员会进行重新定位,更加明确地赋予其农村土地所有权的执行者的法律地位。

2. 在对土地征收作出补偿以后,正确处理补偿费的关键问题就是要着重理顺集体和农户之间的关系

(1) 土地所有权补偿费、残余地补偿费是对土地所有权的补偿,应归集体经济组织所有(村民委员会),具体用于改善村民的生活条件和福利,作为集体土地所有权成员生活和福利的保障。

(2) 农民在集体土地上的房屋的补偿费要从附着物补偿费中单独列出,给其所有人。尽管二者的最终归属可能是同一个主体,但鉴于房屋对于农民的重要性,单独补偿具有现实性和必要性。

(3) 土地承包经营权补偿费是对承包人失去耕作权的补偿,青苗和附着物的补偿费要归到承包人,这是对承包人失去耕作权的补偿,也可作为农户就业和收益的保障。土地承包经营权补偿费是国家征地时合法剥夺了农户的土地承包经营权而支付的费用,是国家与农户之间直接的法律关系,因此土地承包经营权补偿费应由国家直接支付给农户。集体经济组织(村民委员会)对承包方的土地承包经营权补偿费不能干涉,相反,如果承包方是集体经济组织的成员,则承包方在享有承包经营权补偿费后并不妨碍其作为所有权的主体中的一员,对土地补偿费、残余

---

① 参见崔智友:《中国村民自治与农村土地问题》,载《中国农村观察》2002年第3期,第3、4页。

地补偿费和相关损害补偿费再享有其应得的权利。

另外,有必要由土管、监察、统计等有关政府部门共同组成的联合督查组,加强征地前后的监督检查工作力度,扩大土地执法的宣传,加强对征收土地工作各环节尤其是有关土地征收补偿费管理的监督,彻底查清土地征收补偿中的有关问题。

（六）提高征地程序中农地所有人和土地承包人的参与程度

确定了村民委员会集体土地所有权的执行者地位,并不意味着在征地中涉及全体村民切身利益的重大事项上,村民委员会都可以一手包揽。在村民委员会代表村民管理土地补偿费、以集体的代表身份参与解决土地征收纠纷的法律程序的同时,作为土地承包人的村民也应该参与到土地征收程序中。与土地征收发达国家相比,我国被征收人在土地征收过程中的参与度总体上不高,其中土地承包人的参与程度尤为薄弱。

在我国整个征地过程中,被征收人都处于比较被动的地位。《土地管理法》第48条规定,征地补偿安置方案确定后,有关地方人民政府应当公告,并听取被征地的农村集体经济组织和农民的意见；第50条规定,地方各级人民政府应当支持被征地的农村集体经济组织和农民从事开发经营,兴办企业。这些规定表明,国家已经重视在程序上保障农地所有人和土地承包经营权人的利益,让农村集体和农民有表达意见的机会。

但从实践结果看,这些规定还是显得不够充分,农地所有人和土地承包经营权人参与的程度还不够。因为征地既是对集体土地所有权的剥夺,也是对农民土地承包经营权的剥夺,农地所有人和土地承包经营权人无任何过错,只是为了公共利益而牺牲集体和个人利益,因此,征地行为和一般行政行为有很大的不同,应更加注重农地所有人和土地承包经营权人在征地行为过程中的参与,让他们在土地征收的目的性、征收的范围、征收补偿安置和征收补偿安置费用的使用、管理等方面都有充分发表意见的机会,并能采取足够的措施保障他们的合法权益。特别是农民个人,其赖以生存的就是土地承包经营权,而土地征收恰好使其基本的经营基础丧失,法律更应关注农民的权益保障。但现行土地征收对农民个体的关注更少,农民个体基本上无法对征地行为施加影响。一方面这跟1998年《土地管理法》制定时农村土地承包经营权的性质有很大关系。当时我国农村土地承包经营权基本上还是债权性质,农民个人的权益还不太稳定,无法以独立权利主体的地位参与到土地征收中来,从而保障其合法权益。2002年《农村土地承包法》的颁布实施,使这种状况发生了根本性变化,以家庭承包方式取得的土地承包经营权转变为物权,土地承包经营权人具备了独立于土地所有人的主体地位。因此,在征地过程中,从程序上将土地承包经营权人作为一个独立主体对待,让其与土地所有人一起共同参与征地的全过程,这是保障土地承包经营权人合法权益的基础。①

在计划经济时代,行政主体在征地过程中更多从保障征地顺利进行的角度考虑问题,主要是为国家建设创造更有利的条件。但在市场经济条件下,各项建设都要考虑合理性和效益,行政主体应在建设效益和农民、农村集体的利益之间进行平衡。在大多数情况下,土地所有人和土地承包经营权人处于弱势地位,而建设单位处于强势地位,因而行政主体应更多地考虑怎样保护土地所有人和土地承包经营权人的合法权益,维护社会公正。② 因此,可以认为被征地人参与土地征收程序中的程度跟行政主体的观念有很大关系。从这个角度讲,行政机关转变观念,创造更多的机会让土地所有人和土地承包经营权人参与到整个征地程序中以保障其合法权益,也就不仅显得应当,而且显得非常迫切了。

一则案例引起的思考:2012年8月17日网上出现了一位律师发布的题为《与丈母娘假结婚,何以至此?》的新闻和评论。新闻内容是说,2010年6月到12月间,因居住地被划入经济开发区而面临征地拆迁的四川宜宾市翠屏区赵场镇长江村黄金塆组农民尹某某,先与自己户籍在外地娘家的媳妇离婚,后与丈母娘结婚,再与丈母娘离婚后与前妻复婚。尹某某事先得知,一般补偿均按照人头计算,给予支付拆迁费和缴纳养老保险费的补偿。他之所以如此"折腾",是为让自己户籍在外地的丈母娘"老有所养",每月领到固定的养老金。至案发,该农民一家3人总计获得十几万元的基本养老保险、征地拆迁费。2014年5月,由于黄金塆

---

① 参见陈利根:《土地法学》,中国农业出版社2004年版,第53页。
② 参见陈利根、刘方启:《修宪与土地征收制度的完善》,载《南京农业大学学报》(社会科学版)2004年第4期,第15页。

征地拆迁过程中村民户籍作假问题严重,有关方面开展了联合清查。迫于巨大压力,尹某某向公安机关"投案自首",于 7 月 23 日被宜宾市翠屏区检察院以诈骗罪提起公诉。该律师认为:综合考虑政府方面征地补偿政策的规则漏洞、尹某某行为的后果、诈骗罪的构成要件,应当将尹某某的行为与那些用恶劣手段不劳而获,骗取他人劳动成果或者国家财产,且为常人、社会良知所不容的行为区别开来。尹某某一事本质上无非是当地的征地补偿规则被尹某某"无德"地钻了漏洞。和丈母娘结婚,是为世人所笑。此案大背景实际就是城市化进程中农民无地后失去了基本生活保障,征地补偿款,多拿一点是一点,同时与我国养老保障制度很不完善也有关系。此案告诉我们的是,要更加关注对农民利益的补偿,看到补偿问题涉及农民切身利益。而制度层面上的补偿制度,包括发放过程中存在较大的缺失和漏洞,都需要行政执法部门在执行过程中特别注意。

第五节 城乡一体化背景下农民土地权利的法律设计

当前,我国经济社会发展的主要特征是城市化与工业化,或者称城乡一体化。城市化与工业化是一对孪生兄弟,世界各国城市化、工业化过程都与土地问题紧密联系在一起,都伴随着农业用地的集约经营、城市用地向农村用地的扩张。我国也不例外。改革开放以来,我国经济社会发展态势明显发生了变化,其特点就是城市化、工业化不断加速推进,同时伴随着农民主体意识、权利意识不断觉醒和农村各项制度建设迅速推进。现在我国面临的问题是:随着经济发展和生产关系的变化,经济法律制度包括土地方面的法律制度需要不断重构,农民的权益关系(包括土地利益)需要不断调整。随着社会分工的深刻变化,一部分农民已经离开了土地进城务工,或就地转移就业,使得传统的农民与土地的关系发生了变化。农民对土地的功能追求也发生了变化。过去农业经济社会农民对土地的要求是能够产粮产棉,求得温饱,土地是农民赖以生存的资料;工业化初期农民对土地的要求,是土地既能自给自足又能为城市提供工业发展所需的农副产品、原材料;而在城市化、工业化的进程中,土地不仅是第一产业发展的载体,而且成为第二产业、第三产业的载体,农民对土地的诉求已经不只是打多少粮、产出多少农副产品和原材料,而考虑更多的是如何利用土地创造更多的财富,如何因土地而获得社会保障,如何使自己的土地处分权和收益分配权获得更充分的法律保障,如何使土地作为财产可以流转、交易,在市场上实现其价值。总之,农民对土地的权利诉求正随着经济社会的发展和法治的完善而逐步提升。

一、农民土地权利问题的着力点

在当前城乡一体化背景下,我国农村土地问题呈现非常复杂的情形,但主要应该着力解决以下四个方面的问题:

(一)确认和保障农村土地成为完整、平等的财产权

我国现行立法对于土地财产权性质的确认已经取得很大的进步,但是离开从法律上确认和保障农村土地完整、平等的财产权还有不小距离。继颁布《中华人民共和国物权法》之后,党的十七届三中全会通过的《中共中央关于推进农村改革发展若干重大问题的决定》,进一步提出了要"改革征地制度,严格界定公益性和经营性建设用地,逐步缩小征地范围,完善征地补偿机制。依法征收农村集体土地,按照同地同价原则及时足额给农村集体组织和农民合理补偿,解决好被征地农民就业、住房、社会保障"。可见,文件已经对"公益性"和"经营性"建设用地的征地进行了严格的区分,还提出了及时足额合理的征地补偿原则,以及做好失地农民的"就业、住房、社会保障"工作的要求。可是,实际上我国农村集体土地所有权还不是完整的所有权,因而其财产权仍属于不完整的财产权。例如,我国现行《土地管理法》第43条第1款规定:"任何单位和个人进行建设,需要使用土地的,必须依法申请使用国有土地……"第63条规定:"农民集体所有的土地的使用权不得出让、转让或者出租用于非农业建设……"也就是说,农地只能农用,农村集体土地不能直接转用于非农建设,农村土地性质转换的唯一方式就是国家对农村集体土地的征收。这样的制度设计使得国家或地方政府完全垄断了农用地转为非农建设用地的土地一级市场,其他法人和自然人营业需要农村集体土地时,只能由国家将农村集体土地先征为国有土地后,方可再转让给其他

法人和自然人。农村集体土地与城市国有土地的地位在实际上是不平等的,农村集体土地的使用权被排除在需求量大、增值潜力大的城市建设用地市场之外,这是农民土地权能实际上的严重缺失。农地所有权应包括对农地的占有权、使用权、收益权、处分权等排他性专有权利,农村集体经济组织(村民委员会)享有的是"所有者"权力,但实际上并不完全享有财产权的四项权能,基本上没有对土地的处分权,在这种制度架构下,一方面造成在征地过程中真正所有权的主体不能参与土地征用的谈判,另一方面也导致农民集体所有的土地使用权缺乏与城市国有土地使用权平等的权益,并丧失了在交换中实现其价值的机会。

(二)明晰集体土地所有权主体

在我国,以土地为标的的征收就是指农村集体土地的征收,国家所有的土地不能成为征收的标的。这种制度必然造成这种情况:农民集体所有制土地的所有权只能单向转让,随着经济发展和城市范围的扩大,以及基础设施建设等发展,对农民集体所有土地的征收将越来越多,农民集体所有制的土地面积将越来越少。前已论及,在我国,农村土地集体所有制呈现着十分复杂的情况,一方面,我国集体土地的"所有权人"数量极其庞大;另一方面,我国集体土地的所有权主体在类型上特别复杂。这两方面的情况决定了我国集体土地的确权本身是一项浩大、复杂的工程。而集体土地所有权的主体的确认直接决定着农民家庭和个人的土地利益的分配和落实。目前,在土地征收问题上引起的纠纷和群体性事件,往往都与农民个体权益的分配不公有关。即使将来随着改革的深入,可以允许农村集体建设用地进入市场,实现农村集体建设用地与国有土地同地同市同价同权的话,但如果农村集体土地的所有权主体不能在法律上明晰化,农民家庭和个人利益将仍然不能得到落实,可以说,农村集体土地的所有权主体明晰化依然是土地进入市场的前提,也是实现农民土地权益的前提。因此,我们反复强调,必须认清我国农村集体土地现状的复杂性,必须使农村集体土地所有权主体明晰化,并运用法律制度和市场机制来保障农民土地权益,我国农村土地立法的攻坚战恐怕就在于此。

(三)逐步推进土地股份合作制

一条适合目前国情的可选择的出路是逐步推进土地股份合作制度,

并使这一制度获得法律保障。在现行人口均分农地制度下,即使在社会大变动和大流通情况下,出于生活保障和稳定家庭收入的考虑,大多数农民依然希望保有自己的一份土地。即使是那些有着稳定的非农职业、收入较高、生活无忧的农民,甚至是已经进城就业安家的人员,也不大愿意立即放弃自己在家乡的承包地。因此,如何在坚持家庭承包经营制度基础上,创新农村土地产权实现形式和农业生产组织方式,既促进农业生产经营的规模化、现代化发展,又保证农民土地权益的发展提升,笔者同意有些专家和实际部门领导提出的发展土地股份合作经营模式的意见。所谓土地股份合作,是指将农民土地承包经营权转为股份,在不放弃农民土地承包经营权的前提下,将土地的经营权委托给合作社,由合作社实行土地的统一规划和统一开发利用,农户参与合作社的管理,并按股从合作社获得分红收益。概括起来说,就是实行稳健的循序渐进的改革,"保留土地集体所有权,维护农民的土地承包权,又搞活土地经营权"。首先,保留现行的土地集体所有权,不仅维护了宪法的权威,也有利于土地资源的规划利用,有利于巩固社会主义经济基础;其次,切实维护农民的土地承包权,有利于坚持农村基本经营制度,保证农民获得长期稳定的土地收益,并推动农业剩余劳动力继续向非农产业和城市转移;最后,搞活土地经营权是方向,它适应了现代产权制度建设的需要,有利于农村土地市场的发育、优化土地资源配置,有利于农民合作组织真正成为自主经营、自负盈亏、自我约束、自我发展的法人实体和市场竞争主体,有利于城乡一体市场经济的发展。应该把目前崭露头角的农村土地股份合作模式看做是对农村土地家庭承包经营制度的一种完善和创新,有关部门应该加快相关立法进程,制定相应政策,加强工作指导,促进土地股份合作制度健康稳步发展。

(四) 特别关注农村土地使用规划

城乡一体化已经使我们对土地资源,尤其是对农村土地资源的需求达到了空前未有的程度,城乡一体化过程实际上就是农村土地改变其所有权性质及其用途的过程。它既有积极意义,也带来了负面影响。如果我们缺乏理性的规划和法律的规制,城乡一体化可能会导致意想不到的恶劣后果,至少会出现大片可耕土地资源的破坏和浪费,以及大批失地农民陷入困境两大严重问题。因此,中国的城乡一体化道路,必须在科学发展观指导下进行,一定要走出一条经济效益与社会公平相协调、人口分布与资源环境相协调、社会公共利益和农民家庭、个人利益相协调的城乡一体化道路。为此目的,需要加强城乡土地规划,尤其是未雨绸缪,加强对农村土地的规划工作。联合国粮农组织的《土地利用规划指南》曾经提出:"土地利用规划是指对自然、社会和经济因素的系统评价,以此鼓励和帮助土地利用者选择提高其生产力、持续利用和满足社会需要的最佳途径。"当下中国,土地规划的意义和作用尤其明显。必须切实保护耕地资源,控制城市规模盲目扩大,遏制城市迅猛"摊大饼"方式的扩张,把精力重点放在提高土地利用效率、实现土地资源可持续利用方面。我们面临的任务非常艰巨,要达此目标,运用法律手段是其首选,一方面要完善相关立法,另一方面则是使已有的法律得到切实实施!

二、新形势下农民土地权利保护的展望

目前来说,农民土地权利已经成功地迈出了第一步,以《物权法》为标志的我国公民财产权保护已经为农民土地权利的保护树立了里程碑意义的标志,但是,还有许多问题需要落实。随着农民权利意识的不断觉醒,农民对于包括土地权利在内的财产权不仅要求保障财产的占有权利,更要求财产的流通性,并视为生存权之基础,更视作发展权之前提。目前的现实情况是,提供给农民的土地权利运作空间与农民对土地权利客观需求之间还有不小的距离。一方面,在一些农村,因强行征地等,农民的土地财产权利正不断遭受严重侵害;另一方面,因补偿法律、法规政策等缺位或缺乏可操作性,人治色彩仍很严重,致使农民的经济补偿权利得不到落实。生存权、居住权等在有些地方还得不到落实,更遑论发展权。为此,应该努力从法律角度确保农民享有完整的土地财产权利和经济补偿权利,允许农民有更大的自主权,尤其是提升和强化农民在土地资源配置、使用、处分中的自由权,并实现农民土地财产权利效用的最大化。

2013年秋举行的中共中央第十八届三中全会是一次总结我国改革经验,包括农村改革经验的重要会议,会议所通过的《关于全面深化改革若干重大问题的决定》(以下简称《决定》),就对当前我国农村土地制度改革提出了适合当前情况的纲领性的主张和意见。《决定》指出:要"坚持农村土地集体所有权,依法维护农民土地承包经营权,发展壮大集体经济。稳定农村土地承包关系并保持长期不变,在坚持和完善最严格的耕地保护制度前提下,赋予农民对承包地占有、使用、收益、流转及承包经营权抵押、担保权能,允许农民以承包经营权入股发展农业产业化经营"。《决定》还特别强调:要"赋予农民更多财产权利。保障农民集体经济组织成员权利,积极发展农民股份合作,赋予农民对集体资产股份占有、收益、有偿退出及抵押、担保、继承权。保障农户宅基地用益物权,改革完善农村宅基地制度,选择若干试点,慎重稳妥推进农民住房财产权抵押、担保、转让,探索农民增加财产性收入渠道。建立农村产权流转交易市场,推动农村产权流转交易公开、公正、规范运行"。《决定》还专门提出:要"维护农民生产要素权益,保障农民工同工同酬,保障农民公平分享土地增值收益"。应该说,这个文件对于当前我国农民土地财产权利保护的政策支持是非常有力的,稳妥的,也是充满改革精神的。在随后举行的中央农村工作会议上,中央明确提出:"坚持党的农村政策,首要的就是坚持农村基本经营制度。坚持农村土地农民集体所有,这是坚持农村基本经营制度的'魂'。"在这一总精神指引下,就必须坚持家庭经营基础性地位,农村集体土地应该由作为集体经济组织成员的农民家庭承包,其他任何主体都不能取代农民家庭的土地承包经营地位,不论承包经营权如何流转,集体土地承包权都属于农民家庭。当然,应该看到,土地承包经营权主体同经营权主体发生分离,这是我国农业生产关系变化的新趋势,对完善农村基本经营制度提出了新的要求,为此必须要不断探索农村土地集体所有制的有效实现形式,落实集体所有权、稳定农户擦边球、放活土地经营权,我们要做的工作很多。尤其在新型城镇化过程中,土地经营权流转、集中、规模经营,一定要与城镇化进程和农村劳动力转移规模相适应,对此已经引起中央和地方各级政府的高度重视。

  回顾总结我国改革开放以来的农村工作经验,必须抓住土地制度改革这个重点。从党的十八届三中全会决定根本精神来看,可以清晰地看到我国农村集体土地的性质目前不会变,承包关系将会更加稳固、稳定,其趋势是长期不变,土地流转和规模化经营会更加普遍,发展也会更加深入,生产要素会更加得到优化配置;此外集体土地入股也会带来突破,土地市场竞争估计将会更加激烈,政府公权力的垄断局面会被打破,农民的交易自由度大大提高,随之农民的收益将会获得空前的提高。但是,也要看到中央政策得到实质性落实,不可缺少的是奉行法治,首先需要得到立法上的保证。例如,建立城乡统一的建设用地市场,允许集体土地入市必须在"符合规划和用途管制的前提下",也许会被有权者、利益相关者随意作为阻碍土地入市的借口,所以需要制度上、细节上保证规划的民主化、法治化;再如,"缩小征地范围,规范征地程序,完善对被征地农民合理、规范、多元保障机制"以及"建立兼顾国家、集体、个人的土地增值收益分配机制,合理提高个人收益"等政策规定非常得人心,但是当前土地制度改革过程中存在的问题仍然很多。为此在2014年12月初,中央全面深化改革领导小组又适时召开了第七次会议,审议了《关于农村土地征收、集体经营性建设用地入市、宅基地制度改革试点工作的意见》,会议指出,土地制度是国家的基础性制度,土地制度改革涉及农村集体经济组织制度、村民自治制度等一系列重要制度,关乎城镇化、农业现代化进程。要坚持把维护好、实现好、发展好农民权益作为出发点和落脚点,坚持土地公有制性质不改变、耕地红线不突破、农民利益不受损三条底线,在试点基础上有序进行。新一轮土地制度改革已经拉开了大幕,将在"放活土地经营权"上大做文章,这是一个长期的继续探索的过程。从目前实际情况看,让农民利益不受损是农村土地制度改革最为紧迫、绝对不能突破的一条底线,也是农村土地制度改革能否向纵深推进的一大关键。必须防止以改革为名,行违法之实,特别是防止土地流转沦为"新圈地运动",因此如何加强公法规范,尤其在公法法律制度上遏制各种土地违法现象的发生,依然是一个严峻的法治课题。在本书稿付梓之际,全国不动产登记和农村土地确权登记将如火如荼展开,有人预言:预计2015年土地改革作为"牵牛鼻子"的改革,将成为农村改革以及涉及我国多领域改革的一条红线。通过土地改革,可以完善土地租赁、转让、抵押程序,建立城乡统一的建设用地市场;可以让土地通过抵押等形式进入资本市场,从而拉动以农村土地为基础资产的金融改革创新,为我国金融发展注入新的活力;可以使得城乡产权更加清晰,为深化财税体制改革奠定基础;可以释放城镇化红利,形成全国人民共享的改革成果;可以大大加快我国农业集约化进程,提高资源利用效率,促进我国生态文明建设,形成人与自然和谐发展的现代化新格局!

第十章 农村社会保障权利之保护

我国改革是从农村起步的,农村改革发展的伟大实践,为实现人民生活从温饱不足到总体小康的历史性跨越、推进社会主义现代化作出了重大贡献,为我国社会大局稳定奠定了坚实基础。"农村稳则国家稳",这是历代政治人物的普遍认识,当今中国领导人更加深刻、清醒地把握了这一点。中共十八届三中全会的决定,进一步明确了建立更加公平可持续的社会保障制度,要"整合城乡居民基本养老保险制度、基本医疗保险制度,推进城乡最低生活保障制度统筹发展"。"稳步推进城镇基本公共服务常住人口全覆盖,把进城落户农民完全纳入城镇住房和社会保障体系,在农村参加的养老保险和医疗保险规范接入城镇社保体系。"紧接着,2013年12月召开的中央农村工作会议指出:要以保障和改善农村民生为优先方向,树立系统治理、依法治理、综合治理、源头治理理念,确保广大农民安居乐业、农村社会安定有序。农村是我国传统文明的发源地,乡土文化的根不能断,农村不能成为荒芜的农村、留守的农村、记忆中的农村。要真正做到这一点,农民社会保障制度的建立和健全是重中之重。

第一节 社会保障制度概述

首先有必要介绍社会保障制度的基本概念和内容,也介绍一下国外这一制度的发展情况,以便我们从中借鉴,建立并完善中国特色的农村社会保障制度。

一、社会保障概述

社会保障源于英文"Social Security"一词,亦可译作"社会安全"。该词首次被官方使用,是在1935年美国颁布的《社会保障法》(Social Security Act)中。此后,社会保障一词逐渐被多数国家及国际组织所接受,成为以政府和社会为责任主体的福利保障制度的统称。目前世界上对社会保障内涵存在分歧,最集中表现在社会保障与社会福利何为总概念、何为分概念,以及谁涵盖谁的问题。

国际劳工组织在1942年出版的文献中给社会保障下的定义为:"通过一定的组织对这个组织的成员面临的某种风险提供保障,为公民提供保险金、预防或治疗疾病、失业时资助并帮助他们重新找到工作。"①这个定义虽然很具有权威性,但实际上将社会保障等同于社会保险,难免过窄。美国《社会福利辞典》的界定是:"社会保障是对国民可能遭遇到的各种危险如疾病、老年、失业等加以保护的社会安全网。"这个定义主要从社会保障的功能角度对社会保障进行了解释,只反映社会保障的一个方面,难以概其全貌。英国《简明不列颠百科全书》将社会保障界定为:"一种公共的福利计划,旨在保护个人及其家庭免除因失业、年老、疾病或死亡而在收入上所受到的损失,并通过公益服务以提高其福利水平。"这个定义是从社会保障兴起的目的角度对社会保障进行的界定,同以上定义一样,只能反映社会保障的一个侧面。日本社会保障制度审议会对社会保障内涵的界定为:"社会保障是指对于疾病、负伤、分娩、残疾、死亡、失业、多子女及其他原因造成的贫困,从保险方法和直接的国家负担上寻求经济保障的途径。对陷入生活困境者,通过国家援助,保障其最低限度的生活。同时,谋求公共卫生和社会福利的提高,以便使所有国民都能过上真正有文化的社会成员的生活。"这一定义把公民所遭遇到的一切经济风险都纳入到社会保障范围,可以说是一种广义的社会保障概念。

我国对社会保障的研究始于20世纪中期,在《国民经济和社会发展第七个五年计划》中首次提出"我国将逐步地建立起具有中国特色的社会主义的社会保障制度雏形"后,"社会保障"一词被广泛使用并予以深入研究。虽然起步较晚,但对社会保障内涵的界定已基本达成一致的认识。一些国内学者根据自己的理解,对社会保障给予了不同的定义。陈良瑾教授在《社会保障教程》中将社会保障定义为"国家和社会通过国民收入的分配与再分配,依法对社会成员的基本生活权利予以保障的社会

---

① 孟醒:《统筹城乡社会保障》,经济科学出版社2005年版,第6页。

安全制度"。① 葛寿昌教授在《社会保障经济学》中认为:"社会保障是社会(国家)通过立法,采取强制手段,对国民收入进行分配和再分配形成社会消费基金,对基本生活发生困难的社会成员给予物质上的帮助,以保证社会安定的一种有组织的措施、制度和事业的总称。"② 郑秉文在《社会保障分析导论》中认为:"社会保障是与社会主义市场经济的体制基础相适应,国家和社会依法对社会成员基本生活予以保障的社会安全制度。"③ 郑功成教授认为:"社会保障是国家依法强制建立的、具有经济福利性的国民生活保障和社会稳定系统;在中国,社会保障应该是各种社会保险、社会救助、社会福利、军人保障、医疗保健、福利服务以及各种政府或企业补助、社会互助保障等社会措施的总称。"④

从国家层面来说,对于社会保障的定义经历了从计划经济时代到市场经济时代的转变。在计划经济体制时期,我国的社会保障是一个狭义的概念,主要是指:"国家和社会依法通过对国民收入进行分配,形成社会消费基金,对社会成员在生、老、病、死、伤、残、丧失劳动力或因自然灾害面临生活困难时给予物质帮助,以此来保障每个公民的基本生活需要和维持劳动力再生产而建立的一种制度。"⑤ 建立社会主义市场经济之后,社会保障制度的内涵也发生了变化。根据《国民经济和社会发展"九五"计划和 2010 年远景规划目标纲要》中提出的社会保障制度目标看,社会保障制度指"国家、社会或个人对社会成员提供一系列基本生活保障,使公民在年老、疾病、失业、灾害及丧失劳动能力等情况下,能获得物质帮助的制度。"这是一个广义的社会保障概念,它不仅包括狭义的社会保障制度(国家为公民提供各种基本生活保障的制度),而且包括企业、团体、家庭和个人提供的各类保障。⑥

纵观国内国外对社会保障给予的定义,笔者认为,对社会保障给予

---

① 陈良谨:《社会保障教程》,知识出版社 1990 年版,第 5 页。
② 葛寿昌:《社会保障经济学》,复旦大学出版社 1990 年版,第 2 页。
③ 郑秉文、和春雷:《社会保障分析导论》,法律出版社 2001 年版,第 3 页。
④ 郑功成:《社会保障学》,商务印书馆 2000 年版,第 11 页。
⑤ 郑杭生:《中国社会保障改革与制度建设》,载《新华文摘》2003 年第 5 期。
⑥ 参见杨翠迎:《中国农村社会保障制度研究》,中国农业出版社 2003 年版,第 25 页。

定义必须具备四个要素：① 依法建立。现代社会保障制度遵循的是立法先行的原则，是通过社会保障立法来确立社会保障制度，法制规范是社会保障制度赖以建立的客观基础与依据。② 突出以人为本。它以保障和改善国民生活、增进国民福利为宗旨，包括经济保障与服务保障。③ 具有经济福利性。从直接的经济利益关系来看，因有政府、雇主与社会各界的参与和分担责任，受益者的所得要大于所费。④ 属于社会化行为。由官方机构或社会团体来承担社会保障的实施任务，而非供给者与受益方的直接对应行为。

综上，社会保障应是国家或社会通过立法建立起来的、以国民收入再分配为手段，对社会成员尤其是那些丧失劳动能力以及生活发生困难的个人或家庭予以物质帮助，以保证其基本经济生活的安全项目的总称，是具有经济福利性的国民生活保障和社会稳定系统。

二、社会保障制度的产生与发展

（一）古代国家的政府救济制度

据有关资料记载，早在公元前19世纪巴比伦国王就曾经命令僧侣、官员及部落负责人征收税资作为救济火灾的基金。虽然这不同于现代所说的政府救济制度，但它至少体现了政府为社会提供服务的一种仪式。随着对外贸易的不断发展，大约在公元前1792年的汉谟拉比时代，从巴比伦运输农牧产品去依兰或亚述再将金属和木材运回的商队，就曾经获得某种原始形式的马匹死亡补偿金的保障。在古代埃及的石匠中也曾经存在一种互助性组织。该组织对参加者收取互助会费，在该参加者死亡后用此会费支付相应的丧葬费用。另外，古罗马时代的士兵组织中，也曾有过用收取会费作为死亡士兵亲属抚恤费用的制度。

中国古代的社会保障制度拥有形式完备、规模宏大等特征。中国古代已有某些可资今人借鉴的经验，例如古代政府救济事先预防与事后救济措施并用，实物赈灾与货币帮助手段兼有，设立具有福利性质的居养安置机构等。为了预防水旱之灾，从夏朝开始，中国的古代政府就非常重视粮食的积蓄，当时的社会生产力非常低下，人类抵御自然灾害的能力还很差，对于无法预料的天灾，只能采取事先储备粮食的办法，否则将无法抗拒可能发生的自然灾害。

古代中国赈谷救荒通常有两种形式：第一，由地方建立粮食储备，并设置专职管理人员，遇到灾情，就开仓对饥民进行赈济。第二，有朝廷建立并直接掌握的粮食储备，在受灾年份直接调拨，实施保障。

随着生产力水平的提高和商品经济的发展，以实物赈济灾民的保障方法因为不便于商品流通，而且难以适应灾后的不同需要，难以操作，于是出现了以现金进行保障的方法。而中国古代的保障制度中，还存在以安置就业为手段的保障措施，尤其是以工代赈的方式。如以整治堤防、修筑道路等方式，将灾民组织起来施工，并以结算民工工钱的形式发放赈款，救济灾民。而中国古代，有一种颇具特色的救济方式叫做"施粥"，这是面临灾荒最急切的救治办法，一般大多数是由政府拨出粮食，以专人在固定地点发放煮好的粥，救济灾民。

类似于今天的养老院一样的保障制度也存在于中国古代，居养是其中非常有特色的一种形式。它属于临时性收容抚恤的办法，产生于汉代以后，称为"居养院""安济坊""福田院"等，主要是对那些因受到灾荒而无处居住的流浪乞讨人员，给予暂时安置的制度。到宋代以后产生了固定的收容机关，居养机构已经遍及全国，居养对象更加广泛。

（二）近代社会保障制度的产生

在现代社会保障制度的发展历程中，英国和德国作出了突出的贡献。英国的《济贫法》和德国的《疾病保险法》《意外事故保险法》《伤残及老年保险法》，具有划时代的启蒙意义。

1. 英国的《济贫法》

在世界各个国家中，英国是最早建立完备的现代意义上的社会保障制度的国家。早在16世纪30年代以后，英国的教会和医院等慈善机构就接受政府的委托，开始向贫民发放救济。16世纪中叶以后，伦敦及其他城市先后建立了"感化院"，并用这种感化院来收留游民，包括身强力壮的乞丐，并让他们依靠自己的劳动养活自己。

1601年，伊丽莎白一世女王在位时，把已有的救济贫民的习惯做法规范和固定下来，颁布了著名的《济贫法》（Poor Law）。该法作为世界上第一部专门规定现代意义的社会保障制度的立法，在社会保障制度的发展史上具有极为重要的意义。首先，它表明，政府第一次承认在解决贫困问题上应尽一定的责任，从此以后，英国初步建立起政府救济制度。

其次,意味着在经济上,处于困境的社会成员有权利向国家和比它更富有的邻居请求帮助。在这个意义上,该法已经展示了未来社会保障的朦胧思路。再次,标志着英国政府在寻求处理贫困问题的一种新的社会政策的诞生。当时英国社会上层存在一种采取某种户外救济的措施和惩治懒惰的混合思想的愿望。大部分17世纪的思想家认为,政府应该是用自己的权力迫使每个有能力的人尽量去工作,而保障只不过是这一措施失去效果后采取的最后措施而已。在此后的发展过程中,英国政府和议会曾经数次根据社会形势发展的需要,对济贫法作出过一定的修改,或采取补充立法的方式对国家的济贫工作加以调整。以《济贫法》为主体的英国的保障制度一直存在到1929年,至此,实行了300多年的英国《济贫法》终于走向终点,被现代福利国家制度所取代。

2. 德国的社会保险三法

1881年德国皇帝颁布黄金诏书宣布实施社会保险制度,并于1883、1884、1889年分别颁布了《疾病保险法》《意外事故保险法》《伤残及老年保险法》,在这3部法律中规定,国家在老年、疾病、意外伤害、伤残人员的经济保障问题上直接负有责任。而这种责任不同于英国济贫法的国家一方筹资,单向供给制的帮助形式,而是一种建立在雇员、雇主、国家共同出资,政府承担组织者的角色的基础之上,是一种权利和义务都以法律确定的方式。政府的责任从第一线撤退,而定位于组织者和必要的资助者的地位。德国社会保障制度有以下几个特点:第一,保险原则是由投保人缴纳保险费并取得保险待遇的资格;第二,养老保险和失业保险实行待遇公平原则,医疗保险实行必要的共济原则;第三,国家总体立法和社会保险自治相结合原则,国家确定总体的法定条件,在此范围内投保人与雇主以代表大会及理事会的形式自行管理社会保险;第四,保险种类及社会保险承办机构多样化原则。①

(三) 20世纪以来社会保障法制化的形成与发展

进入20世纪以后,由国家提供保障的制度得到了更为全面的发展。其原因主要在于:

---

① 参见林嘉:《劳动法和社会保障法》,中国人民大学出版社2009年版,第304页。

（1）经济上资本主义进入了垄断阶段。生产进一步社会化，市场自发调节经济的能力进一步弱化，贫富差距进一步拉大，社会财富进一步集中。如果国家不出面对贫困者提供保障，他们就有饿死的危险，而这样大规模的饥饿的贫困的人群在社会上流动，始终是一件非常危险的事情。所以，为了维持社会的稳定，同时减少人们对资本主义的道德非难，20世纪以后的各资本主义国家的政府，一般都辟出专门的财政经费来对贫困者提供社会保障。

（2）国际工人运动的蓬勃发展给资本主义国家带来很大的压力，如果政府不对不公平的分配制度进行适当的改革，社会主义就会越来越具有吸引力，最终很有可能导致社会主义在所有国家的胜利。为了应对工人运动的威胁，资本主义国家不得不通过对现有的资本主义制度进行改良的方式来吸纳一些社会主义理论的主张。其中最突出的措施就是国家放弃在经济领域严守中立的立场，对社会财富的分配进行干预，从而将贫富的收入差距维持在一个可以接受的范围之内。对需要帮助的人给予国家全部或部分支付的社会保障，显然是能够满足这样的需要的。

（3）资本主义国家内部的政治力量对比的转变也促成了社会保障制度的全面推行。20世纪，在主要的资本主义国家，代表经济、政治上中低阶层群体的具有左翼色彩的某些政党不断得到壮大和发展，对国家政策的影响力也日益增进，有的甚至成为执政党，从而可以决定国家的政策。在这些政党中，最突出的有美国的民主党和英国的工党。20世纪30年代，由于全球经济危机的促进，美国民主党就开始公开主张国家应当对经济进行全面地干预，罗斯福总统在其著名的炉边谈话中强调人民有免于饥饿的自由，其实体现的就是一种非常明显的社会保障的思想，在这种思想的指导下，美国联邦政府开始对经济进行全面地干预，从而导致社会保障制度在美国的发展不断加速。至60年代肯尼迪和约翰逊政府时期，又提出了建设伟大国家的主张，美国的社会保障制度可说是具有很强的社会主义色彩。英国的工党在进入20世纪以后，其影响力不断增大，最终取得了执政的地位。从其名称中就可以看出，工党是与工人阶级有着密切的关系的，因此其主张也就包含着一些社会主义成分，所以工党上台之后，社会保障政策在英国大行其道，也是情理之中的事。

20世纪后期,在人们已经习惯了社会保障制度给其带来的优裕生活的时候,社会保障制度的缺点也暴露得越来越明显。这主要体现在收入分配不公日趋严重、政府财政不堪重负、社会保障的负面作用妨碍效率机制的发挥、管理漏洞使福利基金损失严重等几个方面。这些现象不仅仅存在于某一个国家,而是在几乎所有国家都存在的普遍现象。各国无法对有可能摧毁一个国家乃至所有国家的经济体系的问题继续放任下去,改革势在必行。其改革的特点就是社会化、市场化和法治化。

第二节 我国农村社会保障制度及立法发展

一、新中国建立以来农村社会保障制度的历史变迁

(一)第一阶段:家庭保障为主、国家适当扶助的社会保障阶段(1949年至1956年)

这一阶段我国社会主义制度还没有建立起来,国民经济在经历常年战乱后基本处于崩溃状态。尽快恢复国民经济是当时政府工作的主要内容,在农村的主要任务是彻底地完成土地革命。到1952年,土地革命基本完成,中国农民在法律上开始拥有土地所有权,广大农民从赤贫状态中解放出来,分得了土地和其他生产资料,最基本家庭保障得以实施。这种以小块土地私有为特征的小农经济,逐渐成为土地改革后农村的基本格局,并适应了当时很低水平的社会生产力。

但是,这种个体小农经济自身存在差异性,不同农户对天灾人祸的抵抗力不尽相同,因此土改后农村又出现了"两极分化"的苗头,甚至还出现了"土地买卖"现象,这引起了中央的高度重视,迅速在农村掀起了轰轰烈烈的合作化运动。在农业合作社时期,出现了类似社区性质的组织对农民生活保障提供适当的协助,其核心都是农民以出让土地为代价获得很低水平的社会保障。在宪法上得到反映的是,1954年我国第一部《宪法》中有"劳动者在年老、疾病或者丧失劳动能力的时候,有从国家和社会获得物质帮助的权利"这样的规定。

(二)第二阶段:集体保障为主,国家适当扶助的社会保障阶段(1957年至1985年)

1957年第一个五年计划的完成,标志着我国社会主义工业化体系的

初步建立。与此同时,农村合作社形式的集体经济也有了较大程度的发展。在 1956 年一届人大三次会议通过《高级农业生产合作社示范章程》的基础上,形成了以"五保"户供养①、救灾救济、优抚等为主要内容的社会保障,以集体为主的保障逐渐削弱并取代了家庭保障,进入以集体保障为主、国家适当扶助的农村社会保障阶段。三年困难时期与"文化大革命"时期都是中国社会的特殊时期,人民生活,尤其是广大农民生活出现了许多困难。但在普遍贫穷状态下,一些地方仍然努力实施一些低水平的社会保障措施。例如,1959 年 11 月,卫生部在山西省稷山县召开全国农村卫生工作会议,对当地农村合作医疗形式给予了肯定。从此,合作医疗形式在不少农村兴起和发展,并对解决当时农民的医疗保险起到了一定作用。1960 年 2 月,中央肯定了合作医疗这一办医形式,并转发了卫生部《关于农村医疗卫生工作现场会议报告》,将这种制度称为集体医疗保健制度,成为当时农村解决"病有所医"的重要形式。在"文革"期间,即 1968 年 12 月,毛泽东曾对湖北省长阳县乐园公社办好合作医疗的经验作了批示,因此,不少地方建立起"赤脚医生"制度,不少农村培养起自己的"赤脚医生"。至 1976 年,90% 的生产大队都办起了合作医疗,力图解决农民缺医少药的困难,一度作为"奇葩"引起世界各国的关注,但囿于当时的农村普遍贫穷的状况,合作医疗水平总体上是很低的,农村缺医少药的情况没有根本上的变化。自 1980 年以后推行的以家庭联产承包责任制为主要内容的经济体制改革,促进了农村生产力水平的提高和商品经济的发展,在增加农民的收入、提高了农民的生活水平的同时,集体经济实力有所下降,这使得农村合作医疗制度的集资来源日渐枯竭。另外,改革开放以来,农村劳动力流动加剧,大量农民进城务工使得合作医疗在满足这些流动劳动力的需求方面力有未逮,因此,原本就属于低水平的合作医疗逐渐流于形式或自行解体。根据 1985 年的调查,全国施行合作医疗的行政村由过去的 90% 降至 5%,1989 年全国实

---

① 我国的农村五保户供养制度产生于 1956 年的《高级农业生产合作社示范章程》,完善于 1960 年的《全国农业发展纲要》,它是适应集体经济形式的集体保障制度。它规定,集体经济必须保障农村居民中无法定赡养扶养义务人,无劳动能力,无生活来源者的吃、穿、住、医、葬(孤儿保教),使他们生养死葬都有指靠。

行合作医疗的行政村仅占全国的4.8%①,大多数农民失去了医疗保障,退回到依靠家庭保障为主的解决途径。

纵观这一时期农村经济的发展,我们会发现,在人民公社解体后,土地又一次承载起作为生产资料和社会保障的双重功能。这一时期农村人地关系一度高度紧张、城市化进程滞后加之农产品价格政策和农业投入政策发生变化等原因,农业发展一度处于停滞、徘徊状态,同时也强化了土地对农民的社会保障功能,但这种保障功能是低水平的。十一届三中全会后,这一状况有所改善,但是这一时期的社会保障主要还是依靠并不富裕的集体经济力量。

(三) 第三阶段:农村社会保障制度的变革与探索阶段(1986年至1991年)

农村社会保障制度的变革主要是改革开放后农业生产方式的转变的结果和要求,农村以家庭联产承包责任制为主的经济形式迅速取代了原有的人民公社制度,农村经济体制发生了巨大变革,建立在人民公社集体经济基础之上的农村社会保障面临着许多问题和挑战。并且,随着80年代中期改革由农村转向城市,乡镇企业涌现和大量农民工进城务工,又增加了农村社会保障的复杂性。1984年以后,农村的经济体制、经济结构和组织结构发生了重大变化,原有的以生产队为基础的保障制度趋于瓦解,农民传统的家庭保障也呈现弱化的趋势。

从1986年开始,在由民政部主要负责进行的农村社会保障制度改革探索中,重点是建立现代意义的社会保险制度,即农村社会养老保险制度。民政部在部分富裕农村地区开展了农村社会保险的试点工作。自1987年开始,在农村的社会保障制度已经由点到面逐步展开,基本形成了不同模式的农村基层社会保障制度。在经济欠发达地区,90年代初开展了以社区为单位的养老保险。在经济发展水平中等地区,则在扶贫的基础上发展福利生产,开展了群众性的互助储蓄活动。

(四) 第四阶段:农村全面建立现代社会保障制度阶段(1992年至今)

进入20世纪90年代后,随着社会主义市场经济体制改革的不断深

---

① 参见朱玲:《政府与农村基本医疗保障制度选择》,载《中国社会科学》2000年第4期。

化,农村土地制度的缺陷逐渐暴露出来,土地的最后保障功能已无法适应市场经济的要求,而农村社会保障制度供给缺乏又成为农村、农业、农民进一步发展的瓶颈。首先,土地经营规模不断减小,承包地变动频繁使得土地日益细碎化,集约化程度不高导致农民对土地的长期收益预期不乐观,因而对土地投入减少、耕作粗放化。其次,90年代以来,农民的实际收入增长长期处于徘徊、停滞状态,来自农业的收入更是呈递减态势。农民看不起病、因病致贫、因病返贫的现象较为严重。再次,农村卫生状况恶化,公共卫生体系不健全。人口老龄化问题越来越突出。大量剩余劳动力无法自由转移而滞留在农村。"农村、农业、农民"三农问题凸显,成为进一步解放农业生产力、全面建设农村小康社会的现实障碍。建立现代社会保障制度成为完善社会主义市场经济体制的重要课题,形势迫切要求农村社会保障必须进入制度化阶段。

1992年民政部颁布了《县级农村社会保障基本方案》,并决定在全国有条件的地区逐步开展,这标志着我国农村养老史翻开了新的一页。1995年10月召开的全国农村社会养老保险工作会议,明确了在有条件的地区积极稳妥地发展农村社会养老保险,并分类指导,规范管理。但是,在20世纪90年代的实践中,农村社会养老保险仍然面临着三大难题:管理水平低下、可持续性差和保障水平低;与农村养老保险制度发生制度性变化相对的是,随着农村土地承包责任制的实行,农村的集体经济削弱,加上国家的社会保障和福利政策偏向城市,对农村的投入较少,导致农村合作医疗制度发展在90年代基本处于停滞。

1997年《中共中央国务院关于卫生改革与发展的决定》,提出了"卫生事业财政投入的增长速度不低于政府财政支出的增长速度"的目标。1997年,卫生部等部门向国务院提交了《关于发展和完善农村合作医疗若干意见》并得到了批复,重建农村合作医疗制度的努力至此达到一个高潮。2002年,北京等地开始探索新型农村合作医疗制度,改变以前主要由农民出资为政府拿大头,并放宽了报销的范围和额度。2003年9月,卫生部、财政部、农业部等部委就贯彻农村卫生医疗制度召开了相关负责人参加的部际协调会。国务院总理温家宝此前明确提出"要把医疗工作的重点放在农村",并表示从该年起,每年新增加卫生经费的大部分用在农村,同时推进农村合作医疗(以下简称"新农合")改革试点。2002

年全国只有7 000多万农民参加了"新农合",到2011年年底,全国参加"新农合"的人口已经达到8.32亿,参合率达到了97%。2002年人均筹资30元,2012年人均筹资300元,其中政府承担240元。"新农合"制度在农村实施了10年,在保障农民获得基本卫生服务、缓解农民因病致贫方面发挥了重要作用。

在农村最低生活保障制度方面,1995年全国民政厅局长会议提出建立农村最低生活保障制度。之后,各地以省政府名义颁发了农村社会保障体系建设的文件或法规,对开展这项工作作出明确规定。从1996年开始,农村实行了最低生活保障试点制度,占全国总数的67%,有306万农村人口得到了最低生活补助,1999年用于农村最低生活保障资金达3.66亿,其中各级财政投入61%,村级投入39%。在此基础上,2007年7月国务院正式发布国务院《关于在全国建立农村生活保障制度的通知》,覆盖全部农村居民的最低生活保障制度开始全面启动。

回顾改革开放以来农村社会保障的发展历程,可以看出,国家和政府对农村社会保障制度建设下了工夫,也取得了显著成绩,但存在的问题仍然不少。主要表现为以下两个方面:

(1) 定位不稳,对农村社会保障制度的建设存在一定的随意性、盲目性,缺乏明确、合理的目标和稳步、渐进的推进措施。

(2) 始终局限于农村范围内讨论农民的生存保障问题,未能与城市发展状况结合起来,缺乏通盘考虑;没有从更高的社会公正理念出发,动态地考虑农村社会保障的建设及其与城市衔接的问题,以致造成农村社会保障与城市的差距日益扩大。

如果回顾新中国建立后更长时期的历史,值得总结的经验教训更多。可以说在相当一段时间里,由于接踵而来的运动,致使民生问题得不到重视,因为当时国家和政府的精力处于乱折腾之中,必然导致对农村社会保障制度建设得不到应有的重视,甚至可以说,在相当长的一段时间里,可以说是国家放弃了对于农村社会保障制度建设的责任,这是1949年以来我国农村社会保障制度建设走曲折之路的严重教训,也是最重要的失误。

二、我国农村社会保障制度的基本内容

从本质上讲,社会保障基于社会正义、平等的理念,不应有农村与城市之分。但长期以来我国社会城乡二元结构的格局,导致了城乡之间在生产方式、经济生活、思想观念等诸多方面的巨大差别,造成农村社会保障与城市社会保障之间区别很明显的一个概念。

实际上,农村社会保障制度是我国社会保障制度的重要组成部分,它是指国家或政府为了保持经济发展和社会稳定,对农民在年老、疾病、伤残、失业、遭遇灾害、面临生活困难的情况下,由政府和社会依法给予物质帮助,以保障农民的基本生活的一种社会制度。其保障对象在我国现阶段主要是暂时或永久丧失劳动能力或因意外事故而在生活上发生困难的农民,在我国经济发展到一定阶段时,农村社会保障的对象应是全体农民;其保障的责任主体主要是国家,应由国家主要负担起农村社会保障的责任和义务,由国家组织和实施来保障农民的基本权利,同时,社会、集体、农民自己也要承担起一定的责任和义务;其保障实体是指专门从事社会保障工作的敬老院、光荣院等事业单位以及福利企业和扶贫经济实体等;其保障的目的是保障农民的基本生活,维护农村社会的稳定,促进农村经济社会协调发展,是中国农村当前及今后相当长时期的经济发展水平所决定的;其保障的资金来源应是国家(通过税收筹集)、集体和个人三个主要渠道,其中以农民自筹为主,国家、集体、企业、社会作为补充。

我国农村社会保障制度仍在改革和发展之中,在总体上还处于政策选择阶段,因此在我国,农村社会保障制度有着其特殊的内涵。首先,作为社会保障制度的一部分,农村社会保障制度具有保障的功能,当农村社会成员遇有与劳动及收入相关的风险时,保障其最基本的生活需求,使他们不致被整个社会发展的进程所抛弃。其次,农村社会保障制度采取的形式是国家财政扶助与互济相结合的形式,从而使个别农村社会成员遭遇或者可能遭遇的重大风险被国家与全体社会成员分担,以降低风险程度。最后,农村社会保障制度能够调节收入分配关系的平衡。作为一种社会再分配的形式,其效果是为了达到全社会的公平和稳定。

我国的农村社会保障制度主要包括农村社会保险制度、农村社会救

助制度、农村社会福利制度和农村社会优抚制度四个方面的内容。

（一）农村社会保险

社会保险制度是一种以劳动者的社会保险权为核心的制度，这种社会保险权是一种由宪法所确认的，以特定社会成员可以要求国家提供经济帮助为主要内容的，属于生存范畴的基本人权。农村社会保险制度是农村社会保障制度的核心，是较高层次的社会保障制度，农村社会保险制度包括养老、医疗、失业、工伤和计划生育等许多方面。从当前我国农村地区现实情况来看，农民最迫切需要的社会保险主要是养老保险和医疗保险。这是因为，我国农民主要是以家庭联产承包责任制的形式进行生产经营，主要从事种养业劳动，因此，他们对失业保险和工伤保险的要求并不十分迫切。另一方面，鉴于我国农村人口老龄化增长速度较快、计划生育国策和在西部农村外出务工人员过多，对农村家庭养老制度的削弱和农村中因病致贫、因病返贫现象比较严重，而且，随着社会经济的发展和人民生活水平的普遍提高，养老费用和医疗费用也必然会不断上升。因此，当前农村社会保险制度的重点就是要抓好养老保险和医疗保险（即新型农村合作医疗）。

1. 农村社会养老保险

农村社会养老保险是为了解除农民养老之忧而建立的保障全体农民老年基本生活的制度，是推进我国农村经济和社会发展的一项重要的基本社会政策，是政府的重要职能行为。农村社会养老保险是农村社会保障体系的关键内容之一。农村社会养老保险各项工作的进行和开展，必须以建立农村养老保险基金为依托，除此之外，农村养老还必须办好农村福利院、敬老院等福利性服务设施。

20世纪90年代农村养老保险工作开始在各地推广开来，当时主要做法是采取个人账户、基金预筹的方式，投保人根据个人账户总额领取养老金。保险金的筹集以个人缴纳为主，集体补助为辅，国家予以政策扶持，基金以县为单位平衡预算，运营管理。

2002年11月，党的十六大提出要在有条件的地方探索建立农村养老保险制度，使这一工作又逐步得到发展。2005年，全国参加农保的人数为5 442万人，积累资金310亿元，302万农民领取了21亿元养老金。直到十六届五中全会提出"建设社会主义新农村"，中央才又有了"探索建立与农村经济发展水平相适应、与其他保障措施相配套的农村社会养老保险制度"的新说法。① 2009年9月,国务院下发了《关于开展新型农村社会养老保险试点的指导意见》(以下简称"新农保"),开始探索建立个人缴费、集体补助、政府补贴相结合的"新农保"制度。该制度实行社会统筹与个人账户相结合,与家庭养老、土地保障、社会救助等其他社会保障政策措施相配套,保障农村居民老年基本生活。2009年试点覆盖面为全国10%的县(市、区、旗),以后逐步扩大试点,在全国普遍实施,2020年之前基本实现对农村适龄居民的全覆盖。

"新农保"与"老农保"的最大区别有二:首先,筹资结构不同。"老农保"拥有缴费来源单一性的特点,主要都是农民自己缴费,实际上是自我储蓄的模式。而"新农保"一个最大的特点就是缴费渠道多元化,即个人缴费、集体补助和政府补贴相结合。特别是中央财政对地方进行补助,补助直接补贴到农民手中。第二,"老农保"主要是建立农民的账户,"新农保"在支付结构上的设计是两部分:一部分是基础养老金,一部分是个人账户的养老金。而基础养老金由国家财政全部保证支付,也即中国农民60岁以后都将享受到国家普惠式的养老金。

2. 农村医疗保险(新农村合作医疗)

农村医疗保险是当农民生病或受到伤害后,由国家或社会给予的一种物质帮助,即提供医疗服务或经济补偿的一种社会保障制度。自改革开放以来,农民的生活水平有了很大的提高,但是由于农村本来经济基础薄弱,加上近年来农民收入增长缓慢,物价上涨和各种医疗费用的提高,农村有很大一部分农民因治病而致穷,有少数先富起来的农民,往往因为自己或家人的一场大病使其生活又陷入贫困。在农村,长期以来一直是依靠家庭的互助互济来提供医疗保障,随着家庭小型化以及农民所面对的医疗风险日益增多,家庭的保障能力显得力不从心,所以迫切需要建立农村医疗保障制度,然而建立社会医疗保险的条件尚不成熟,在现阶段只能建立与农村经济社会发展水平相适应的合作医疗制度,来解决农民就医看病难的问题。

---

① 参见唐钧:《农保如何走出困境》,载 http://news.sina.com.cn/o/2006-08-16/08229762879s.shtml,2012年12月3日访问。

我国农村医疗社会保险,主要有合作医疗、集资办医和大病住院统筹等形式。其中,合作医疗是当前农村医疗保险中最普遍的形式。因此,农村医疗保险的重点则是要发展和完善农村合作医疗制度。所谓合作医疗制度是政府支持,农村居民群体与农村经济组织共同筹资,在医疗上实行互济的一种具有医疗保险性质的农村社区健康保障制度。[①] 合作医疗曾是我国农村的基本医疗制度,在人民公社时代由于集体经济的支持,在其发展的高峰期覆盖了90%的农村生产大队和95%的农村人口。20世纪80年代初,这项制度随着农村传统集体经济的瓦解而解体。为解决农民"因病致贫,因病返贫"的问题,保障农民的基本医疗需求,2002年我国开始实行新型农村合作医疗制度,是由政府组织、引导、支持,农民自愿参加,政府、集体、个人多方筹资,以大病统筹为主的农民医疗互助共济制度。在一定程度上缓解了农民治病难的问题。合作医疗制度是我国特有的制度,起步很早,但在合作医疗的权利主体、义务主体及相关责任等方面仍存在不少问题。

(二) 农村社会救助

农村社会救助制度是国家及各种社会群体运用掌握的资金、实物、服务等手段,通过一定机构和专业人员,按照科学的工作方法,向农村中无生活来源、丧失工作能力者,以及向生活在"贫困线"或最低生活标准以下的个人和家庭,向农村中一时遭受严重自然灾害和不幸事故的遇难者,实施的一种社会保障制度,以使受救助者能继续生存下去。显然,它是社会保障制度中的最后一道安全网,极力使每一个公民不至于在生活困难时处于无助的困境。农村社会救助制度包括农村社会互助和农村社会救济两个相互关联的部分,农村社会救济是农村社会救助体系中的重点。

1. 农村社会互助

农村社会互助,指的是新时期以来在农村社会中农户之间进行的正当的、有意识的互相帮助、互相援助的行为。现阶段,我国农村社会互助的形式主要包括有:(1) 家庭供养。这仍然是我国农村供养孤老、孤残、

---

① 参见左学金,王粗忠:《建立和完善农村医疗保障制度的几点思考》,载《社会保障制度》2004年第3期。

孤儿的主要形式,一是投亲靠友,由亲友承担护理照料陪伴义务;二是个人独住,近亲及邻居照料。(2)集中供养,以民办公助或单一的政府主办安排护理人员陪伴照料,实现供养者衣、食、住、医、娱的保障。(3)社会义工互助。主要由亲戚、邻居等在闲暇时间帮助照料。(4)社会志愿者上门服务,多以共青团组织的青年志愿者上门做好事、学校组织学生3月5日"学雷锋日"给老人送温暖做好事,或附近驻军连队班组组织的包户活动。(5)社会捐助。

农村社会互助必须有利有力地解决两大问题:一是义工的投入和对义工的补助;二是资金不足部分的补偿。否则,保障受助对象过上与当地一般群众相同的生活水平,既不可能、也不现实。我国《宪法》第45条规定履行社会救助的义务人为国家与社会。社会包括机关企事业单位、社会团体、基层组织和人民群众,虽是第二义务人,但并非可有可无而是应当承担一定的责任。因此,应通过一定的社会规范和制度将其加以确认,使社会救助经常化、持久化,建立用社会互助补偿社会救助的可持续长效机制。

2. 农村社会救济

农村社会救济是农村社会保障体系的重要组成部分,也是最早产生的农村社会保障形式。在我国,农村社会救济是指由国家和社会通过立法,对因各种原因而生活在贫困线下或最低生活标准以下的农村社会成员个人及其家庭给予物质援助,以维持其最低生存需要,维护其基本生存权利的社会保障制度。主要包括以下两方面的内容:一是对遭受自然灾害后的农民进行生活救济。二是对生活在"贫困线"或最低生活标准以下的个人和家庭给予最低生活保障。它主要包括农村五保供养制度和农村最低生活保障制度两个方面。

(1)是农村五保供养制度。该制度是指依照国家过去制定的《农村五保供养工作条例》的规定,在吃、穿、住、医、葬方面给予村民的生活照顾和物质帮助。根据国务院于2006年1月公布的最新《农村五保供养工作条例》规定,老年、残疾或者未满16周岁的村民,无劳动能力、无生活来源、又无法定赡养、抚养、扶养义务人,或者其法定赡养、抚养、扶养义务人无赡养、抚养、扶养能力的,享受农村五保供养待遇。五保供养主要有在当地农村五保供养服务机构集中供养和在家分散供养两种形式,供养对象可以自行选择供养形式。五保供养所需资金,在地方人民政府财政预算中安排,中央财政对财政困难地区的农村五保供养在资金上给予适当补助。

(2)是农村最低生活保障制度。该制度是对家庭人均收入低于最低生活保障标准的农村贫困人口,按最低生活保障标准进行差额补助的制度。1996年民政部办公厅下发的《关于加快农村社会保障体系建设的意见》中明确指出:"农村最低生活保障制度是对家庭人均收入低于最低生活保障标准的农村贫困人口按最低生活保障标准进行差额补助的制度。"同时,在这个文件中,也确立了"保障资金由当地各级财政和村集体分担"的筹资原则。此时,上海、北京、广东、辽宁等省市纷纷提出了"整体推进城乡最低生活保障制度建设"的政策设想。国务院2007年7月下发了《关于在全国建立农村最低生活保障的通知》,通知指出,农村最低生活保障制度,实行地方人民政府负责制,按属地进行管理。农村最低生活保障对象是家庭年人均纯收入低于当地最低生活保障标准的农村居民,主要是因病残、年老体弱、丧失劳动能力以及生存条件恶劣等原因造成生活常年困难的农村居民。农村最低生活保障标准由县级以上地方人民政府按照能够维持当地农村居民全年基本生活所必需的吃饭、穿衣、用水、用电等费用确定,并报上一级地方人民政府备案后公布执行。农村最低生活保障标准要随着当地生活必需品价格变化和人民生活水平提高适时进行调整。2012年3月,时任总理温家宝在十一届人大五次会议上所作的政府工作报告中指出,我国已有2343个县(市、区)开展新型农村社会养老保险试点,3.58亿人参保,9 880万人领取养老金,覆盖面扩大到了60%以上。① 除上述主要生活保障和医疗保障途径外,国家还采取了自然灾害专项救助、特困救助等措施,对农村重点贫困对象予以适当的生活救济。该制度已经成为农村社会保障的一个重要方面。

现在全国大部分地区在农村采取建立最低生活保障线的社会救济制度。农村最低生活保障制度是国家和社会为保障收入难以维持最基

---

① 数据来源于中华人民共和国文化部网站 http://www.ccnt.gov.cn/xxfb-new2011/xwzx/lmsj/201203/t20120316_233571.html,2012年12月4日访问。

本生活的农村贫困人口而建立的社会救济制度。传统的救济方式一般不规范、不统一,实施中具有很大的随意性,救济方式以临时救济为主,定期救济以集体救济为主。农村最低生活保障制度则是以较为科学的方法确定保障线标准,使得生活水平低于保障线的农民都能够理所当然地获得最基本的物质需要。它避免了过去有钱多救助、无钱少救助的人为随意性,扩大了保障对象的覆盖面,提高了保障标准。这种由国家和社会保障作为常规的"第一线"的危机预防系统,是对人的基本生存权的尊重和保护。从试点的情况看,建立农村最低生活保障制度,是农村社会救济工作的一个突破,其特点是救济面广(面对全体农民)、救济工作规范(有严格的审批程序)、救济方式灵活(动态式管理)和救济工作及时(主要由村一级来操作)。

(三)农村社会福利

社会福利是社会保障中一项不可缺少的内容。农村社会福利制度是农村社会保障制度体系的重要组成部分。在我国,它是指国家和社会通过各种福利方式,为农村社会成员提供基本生活保障并使其生活状况不断得到改善的社会政策的总称,主要包括老人福利、妇女福利和儿童福利等方面。由于社会福利作为较高层次的社会保障,需要有较高的经济条件做基础,而我国农村经济基础较为薄弱的现状,决定了社会福利近期暂不可能成为农村社会保障的发展重点。

(四)农村社会优抚安置

优抚安置是一项具有物质补偿和政治褒扬相结合的特殊社会保障制度,其保障对象是为中国革命和社会主义建设事业作出特殊贡献的现役军人、退伍军人及其家属,统称为优抚对象。具体包括对革命烈士家属、革命伤残人员、在乡退伍红军老战士、红军失散人员等抚恤补助的形式。保障的内容主要有国家抚恤、群众优待、就业安置、扶持生产和生活照顾等方面。

我国的农村社会保障体系(图10-1):

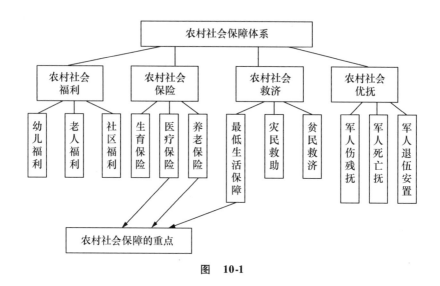

图 10-1

三、我国农村社会保障制度的功能

我国农民传统生存保障制度以家庭保障、土地保障和农村集体保障为主要形式,由于农村家庭本身自给自足的生产方式,加之过去对计划经济条件下市场的变化反应比较迟缓,使得其能够对自身的积累和消费决策保持一定的弹性,从而能适应以不确定性和风险著称的农业生产的家庭保障形式,在我国建立社会主义市场经济以后,由于家庭规模受自然的限制,其经济积累有限,加上人口多、耕地少,市场风险因素对农民的影响日益巨大,传统的农村生存保障方式不仅不能保证农民的生存保障,相反还阻碍了农业劳动力向其他产业的流动,同时影响了农地产权的自由流转并最终制约我国农地经营集约化、规模化的进程。

农村社会保障制度的功能就是指这种保障制度对于农民个体的生存保障、农村经济的发展促进、农村社会的安全和稳定、农村社会公平的落实所具有的倡导意义和制度作用。我们将农村社会保障制度的功能概括为四个方面:

(一)有利于保障农民的生存权

首先,农村社会保障制度为维护农民的生存权而设立,它可以使农村社会的穷人与低收入阶层免于生存危机,满足他们的基本生存需要。其次,可以使一般农村社会成员能够抵御失业、疾病、年老等社会风险。

再次,该制度是国家主导的社会财富的二次分配,它能够调节收入分配,缩小贫富差距,消弭贫富阶层的差异,最后,有助于维持农村社会成员的人格尊严,使农村社会成员不至于因为各种社会风险沦落为社会的弃儿。

(二) 有利于促进农村经济的发展

社会保障制度的国内外实践经验证明,社会保障并不单单是社会财富的分配,它对于社会财富的创造也具有积极意义。国家通过建立普遍的农村社会保障制度,解除农民的生存之忧。过去家庭、土地和集体保障的三重模式具有不稳定性,始终无法消除农民的顾虑,特别是现阶段我国农村经济全面落后于城市的国情,决定了农民的日常生产和生活首先要考虑生存和安全的需要,特别是农村生活中农民的疾病和养老问题极大地限制了农民将资金积累用于消费和投资,制约了农村经济的长足发展。

早在 2004 年中共中央、国务院发布的《关于促进农民增加收入若干政策意见》中指出:"对尚未解决温饱的贫困人口,进一步采取更有针对性的扶贫措施,切实做到扶贫到村到户。对丧失劳动能力的特困人口,要实行社会救济,适当提高救济标准。对缺乏基本生存条件地区的贫困人口,要积极稳妥地进行生态移民和易地扶贫。对低收入贫困人口,要着力帮助改善生产生活条件,发展特色产业,开辟增收渠道,减少和防止返贫。"由此可见,国家政策层面已注意到如果能够建立安全可靠的农村社会保障体系,对于促进农村的消费、农村经济的繁荣都有重要意义。

(三) 有利于保障农村社会的安全和稳定

农村社会保障制度是整个社会的"安全网"。没有社会的安全和稳定,就没有经济的发展和社会的进步,而农村社会保障则是农村社会乃至全社会安全和稳定的重要防线。现阶段,我国处于重要的社会转型阶段,一方面,农民在市场化的过程中面临诸多风险,特别是进入城镇务工的农民,由于劳动、社保等法律制度的不健全,更是遭遇了比在农村更多的各种生活风险,如工伤事故风险、疾病风险、失业风险、其他意外生活风险以及生活贫困等;而另一方面,由于工业化和城市化运动的开展,农民涌向城市导致的农村家庭结构变化、国家征地导致的农民失地问题使得过去农村传统的家庭保障和土地保障不断地弱化。在这种情形下,如果他们在遭受意外和风险时得不到必要的社会保障,他们的个人生活安全将受到严重的威胁。这两方面的问题决定了现阶段农民的问题已不仅仅局限于农村,它需要国家建立一个长远、持久的制度来解决这些问题。由于中国到目前为止还没有真正脱离农业国家的框架,农村的稳定是国家稳定的前提,农村社会保障法律制度作为农村经济社会发展的稳定器和调节器,对于农村乃至全社会的安全和稳定将起到至关重要的作用。

(四)有利于维护社会的公平正义

社会公平对于处于社会转型之中的我国的重要性集中体现在经济利益方面,特别是城乡二元之间没有过分悬殊的贫富差别。在市场经济条件下,收入分配机制与竞争机制相联系,必然会形成社会成员之间在收入分配方面的不均等,甚至可能会收入相差悬殊。但是"不患寡而患不均",为了解决这一社会问题,就需要运用社会保障法律制度对社会经济生活进行干预,通过提供社会保障措施,通过对社会成员的收入进行必要的再分配调节方式,将社会财富由富裕阶层向贫困者适当进行转移,特别是对于生活困难的农村的转移,从而在一定程度缩小城乡之间的贫富差距,弥补市场经济的缺陷,缓和社会矛盾,促进社会公平目标的实现。

四、我国农村社会保障法律制度述评

现代社会保障制度是由国家为主体强制实施于每一个共同体成员的,从各国社会保障的实践来看,良好的法律制度是社会保障制度顺利实施的基石。各国都是通过立法将社会保障的各项政策和措施法制化,才使它在全国范围内自上而下地实施。因此,法治化是社会保障制度实施的必由之路。在社会保障发展进程中,每一步都离不开法律制度的支持。

(一)我国农村社会保障法律制度的主要内容

目前我国尚无关于农村社会保障的统一立法,零散颁布的现行各种"条例""意见""决定""办法"等之间没有形成一个比较完整的法律体系。已有的农村社会保障立法主要集中于社会保险与社会救助领域。其具体内容如下:

1. 农村社会保险法律制度

我国农村养老保险的相关立法较少,主要的法律规范有:1992年1月民政部制定的《县级农村社会养老保险基本方案(试行)》(已暂停实施)、1994年国务院颁布并于2006年修改的《农村五保供养工作条例》、2001年劳动和社会保障部、财政部、中国人民银行联合颁布的《关于农村信用社参加基本养老保险社会统筹有关问题的通知》、2002年劳动和社会保障部办公厅颁布的《关于对农村社会养老保险基金调剂金使用问题的复函》等。2003年劳动和社会保障部发布了《关于认真做好当前农村养老保险工作的通知》。

2. 农村合作医疗法律制度

2002年10月19日中共中央、国务院《关于进一步加强农村卫生工作的决定》的颁布,标志着中国农村医疗保障立法工作开始迈入新的阶段。随后在该文件精神的指导下,先后颁布了多部行政法规、部门规章以及地方性法规、规章。其中部门规章有:2003年11月民政部、卫生部、财政部《关于实施农村医疗救助的意见》、2004年1月《农村医疗救助基金管理试行办法》、2004年1月国务院办公厅《转发卫生部等部门关于进一步做好新型农村合作医疗试点工作指导意见的通知》、2004年6月财政部、卫生部《关于完善中央财政新型农村合作医疗救助资金拨付办法有关问题的通知》、2004年8月国务院办公厅《关于做好2004年我国农村社会保障法律制度的历史回顾与现状分析下半年新型农村合作医疗工作的通知》等;此外,地方法规、规章约60余部。

3. 农村社会救助法律制度

1995年以前,在我国农村只对"五保户"和困难人口提供的这种覆盖面窄、保障水平低的社会救助制度,已无法起到作为社会保障制度"兜底"项目应起的作用。1996年民政部办公厅下发的《关于加快农村社会保障体系建设的意见》中明确指出,农村最低生活保障制度是对家庭人均收入低于最低生活保障标准的农村贫困人口按最低生活保障标准进行差额补助的制度。1996年民政部还发布了《农村社会保障体系建设指导方案》,提出在农村建立最低生活保障制度,并就保障的标准、资金来源等问题进行规定。2006年1月21日,国务院公布了自同年3月1日起施行的新《农村五保供养工作条例》,主要就五保供养对象内容与标准、供养基金来源、供养形式、监督管理、法律责任等进行了规定。与旧条例相比，最大的修改之处在于五保供养资金的来源，即由原来的"五保供养所需经费和实物，应当从村提留或者乡统筹费中列支"，改为农村五保供养资金，在地方人民政府财政预算中安排。这意味着五保供养体制由过去村民间的互助自养变更为政府负担五保供养财政。费用负担主体的变更标志着政府最低生活保障之法理念发生了根本的转变。然而，在政府应承担的供养资金比例分配上，仍过于强调地方责任，而中央财政只是"对财政困难地区的农村五保供养，在资金上给予适当补助"。而事实上，中国基层财政状况并不好，"财政困难地区""给予适当补助"等用语仍很模糊，不利于实践中的把握和运用。目前，北京、上海、广东、福建、浙江、江苏、辽宁等地均已先后建立了农村最低生活保障法律制度，积累了一定的经验，为今后全国统一的"最低生活保障法"的出台提供了一定的借鉴。国务院于 2007 年 7 月下发了《关于在全国建立农村最低生活保障的通知》，通知指出，农村最低生活保障制度实行地方人民政府负责制，按属地进行管理。

另外，2010 年通过并于 2011 年 7 月 1 日实施的《社会保险法》中，涉及农民社会保障的有 5 个条文。第 20 条规定："国家建立和完善新型农村社会养老保险制度。新型农村社会养老保险实行个人缴费、集体补助和政府补贴相结合。"第 21 条规定："新型农村社会养老保险待遇由基础养老金和个人账户养老金组成。参加新型农村社会养老保险的农村居民，符合国家规定条件的，按月领取新型农村社会养老保险待遇。"第 24 条规定："国家建立和完善新型农村合作医疗制度。新型农村合作医疗的管理办法，由国务院规定。"第 95 条规定："进城务工的农村居民依照本法规定参加社会保险。"第 96 条规定："征收农村集体所有的土地，应当足额安排被征地农民的社会保险费，按照国务院规定将被征地农民纳入相应的社会保险制度。"

（二）我国农村社会保障法律制度的不足之处

1. 立法进度上的滞后

社会保障必须以立法为手段，才能使其运作法治化、规范化。目前我国虽然已出台《社会保险法》，但该法条文只有 98 条，涉及"农民"字眼的仅 5 条，且均为原则性的规定，如我国实行农村社会养老保险制度、我国实行农村新型合作医疗制度等。社会保障的专门性法规的建设也相当薄弱。社会保障国家立法的滞后,势必造成社会保障制度在实施过程中缺乏足够的法律依据,只能靠政策规定和行政手段来推行,不能适应社会主义市场经济发展的需要。

2. 立法层次上的低下

从立法地位上讲,社会保障法是中国社会主义市场经济法律体系中一个非常重要的、独立的法律部门,应该像其他部门法那样,由全国人大或其常委会制定并通过。但在现实中,自1979年以来,全国人民代表大会及其常务委员会通过了300多部法律和有关法律问题的决定,却没有一部专门调整社会保障关系的基本法律和农村社会保障关系的基本法律;在国务院制定的条例中,也极少有属于专门规范农村社会保障制度的法规;有关农村社会保障的规定,主要由相关部委制定。这种现状显然与社会保障法的地位不相符合,也导致了社会保障立法的权威性、统一性和稳定性的严重缺乏。

3. 立法体系上的残缺不全

目前,农村社会保障制度主要的法律依据为行政规章,但这些行政规章之间缺少必要的协调,不能形成配套的法律体系,导致实践中有许多问题无法可依。同时,由于我国长期以来以"分散立法"的模式展开农村社会保障立法工作,使得统一的农村社会保障制度实际上处于分散状态。总之,农村社会保障法律制度应当是一个完备的法律体系,但是由于我国现行各部门法中缺少相应的规定与之衔接,导致农村社会保障法律制度远未健全完善。

4. 法律监督和实施机制上存在薄弱环节

建立健全农村社会保障的法律监督和实施机制是农村社会保障法制建设的必然要求。我国现行农村社会保障制度中法律监督机制薄弱,主要体现在缺乏对农村社会保障基金筹集和运营的监督,导致保障基金的管理混乱,违规投资和违规使用基金现象在一些地区大量存在。农村社会保障的实施机制包括行政执法、司法、争议解决的仲裁等。现阶段农村社保实施机制薄弱的主要原因,在于我国现行农村社会保障制度中缺乏有关的法律责任和制裁措施的规定,导致现实中大量的挤占、挪用、截留农村社保基金的违法行为得不到有效惩治。

（三）国外社会保障立法对我国的启示

和发达国家相比，我国目前的农村社会保障还相当落后，表现为保障的层次较低、范围较小、覆盖面窄，农村的养老保险和医疗保险工作仅在小范围内推行。尤其是通过对其他国家社会保障对象的比较我们就不难发现，我国的社会保障对象还远远没有惠及全体公民，农民占据着我国人口的绝大多数，但却仅享有社会保障的极小部分，建立全体社会成员共同享有的社会保障制度，应该是今后我国社会保障制度立法的重点。

发达国家建立社会保障制度的历史存在一个共同点，即都是以法律的形式推进其发展。这些社会保障法的制定不但确定了各国社会保障的收入、营运及监管的方式，同时也对以立法的形式颁布农村社会保障制度提供了借鉴，明确了政府以及社会保障对象的权利和义务。这同样也是现代社会保障制度表现出来的一般规律，即是先有社会保障方面的立法，其后才会有社会保障项目的具体实践。立法先行正是现代社会保障制度作为一种社会政策和一种国家制度安排的特征的具体体现。从西方各国的实践考察，社会保障活动发展的历史，就是在社会保障各个领域不断立法和修订法规的历史。西方市场经济国家在实施任何一项社会保障措施时，无不以立法开头。如最早实行社会保险的德国，1881到1891年间，连续颁布世界上第一批社会保险法律，而后才有了各种社会保险活动的展开。20世纪30年代的美国，也是在国家颁布了《社会保障法》后，各州才有了现代社会保险制度、福利制度、救助制度等。而我国的社会保障一直都是依靠各级政府的政策、文件等进行引导，强调农民在自愿的基础上参加，但是，由于政策毕竟是政策，不具有法律的约束力，容易受到国家政治、经济等变化的影响，使农村社会保障工作无法可依。要建立现代化的农村社会保障制度，就必须依靠法律，通过立法规定我国农村社会保障的相关规定，通过法律的强制力保证其实施。

从世界各国的社会保障立法进程来看，绝大多数国家的社会保障立法都是从某一项社会保险制度开始的，其立法的内容也是逐渐扩展；即使是已经确立了的制度，在首次立法后也往往需要通过多次修订甚至是重新制定新法来完善。因此，各国的社会保障法制建设进程都是不平衡的，大都经历过从单一的、少数的社会保险项目立法到综合的、全面的社会保障立法,从保障特定职业者扩展到保障全体国民的过程。现代的社会保障法律已从最初的社会保险立法扩展到了社会救助、社会福利、社会优抚等各种社会保障事务立法。尽管有的国家社会保障法律制度已很完善,有的国家正在或亟待发展,但继续发展与完善社会保障法制,不断追求社会保障法制的完备化,是各国共同努力的方向。

农村社会保障法所调整的社会保障关系实质上是市场经济中的利益冲突关系。它表现为经营者追求利润最大化的目的必然促使其从各方面降低人工成本,更不会主动为农村社会保障基金增加投入来维持社会公平;而作为社会弱者群体的农村社会成员为了分享社会发展成果,又要求通过二次分配实现社会公平。在这种冲突下,只有国家才能够主动地利用法律这一强制性手段来实现对社会分配的干预,调整农村社会保障法律关系中的利益冲突,推动建立符合社会公共利益的农村社会保障法律制度。所以在现代社会里,农村社会保障只能是由政府管理的一项社会事务,或者说农村社会保障就是国家通过对国民收入的再分配,为农民提供基本的生活保障以缓解社会分配不公。

从另外一个角度来看,农村社会保障制度就是以确保广大农民的基本生活条件为目标和宗旨,它具有非营利性、普遍性的特点,这一性质决定了承担农村社会保障的职责的主角是政府。社会保障从"家庭自我保障"和"慈善救济"发展到现代意义上的社会保障正是各国政府运用法律手段强制推行的结果。在我国农村,社会保障制度的长期发展过程中,政府责任一直处于一种隐形或缺位的状态。实践表明,在我国农村社会保障法律制度的发展建设中,政府责任的确立与积极履行显得极为重要。

第三节 我国农村社会保障制度的完善

"三农"问题历来为我国政府高度重视,党的十八大报告指出:"解决好农业农村农民问题是全党工作重中之重,城乡发展一体化是解决'三农'问题的根本途径。要加大统筹城乡发展力度,促进城乡共同繁荣。加大强农惠农富农政策力度,让广大农民平等参与现代化进程、共同分享现代化成果。"对于社会保障问题,报告提出将来的社会保障基本方针和体系特征是"要坚持全覆盖、保基本、多层次、可持续方针""以增强公平性、适应流动性、保证可持续性为重点,全面建成覆盖城乡居民的社会保障体系。"明确提出了要"整合城乡居民基本养老保险和基本医疗保险制度。"这体现了我国在农村社会保障问题上的决心与态度。虽然当前我国农村社会保障已有长足进步,但仍面对诸多困境,存在不少问题,有待进一步完善。

一、制约我国农村社会保障制度的客观因素

(一)城乡二元经济结构的影响

我国当前的经济发展状况是典型的二元经济,发达的城市经济与欠发达的农村经济并存,现代工业与传统农业并存,二者之间虽通过市场有一定的利益交换和融合,但实质上还保持着各自独立的状态。这种二元经济结构给农村发展带来了两方面的影响:

1. 城市的扩张不断侵占原本紧张的耕地,农村土地保障功能弱化

由于耕地越来越少,再加上还要面临自然灾害的风险,使得农业经营的绝对收益越来越低,农民收入极不稳定。此外,由于土地流转价格过低导致的收益不公平的问题也十分明显。随着城镇化的发展,农业用地转为非农用地的规模将会迅速扩张,土地资产将会迅速增值。而作为土地所有者的集体和拥有土地承包权的农民却所得甚少。我国《土地管理法》规定,农地征用按被征地的原用途补偿,土地出售的增值收入30%上缴中央财政,70%留给有关地方政府。而有关地方政府为招商引资,低价优惠出让土地给用地单位,使用地单位也成为土地增值收益的分享者,但作为土地所有者的农民集体却无权参与增值的分配,或只能得到较少的作为失地补偿的补助金,被排挤在土地增值收益分配之外。根据有关资料表明,目前在城市建设征用农用地的过程中,征地收入的分配比例大致为农民5%~10%、集体25%~30%、政府及其机构60%~70%。[①] 这个数字统计使人吃惊,但却是事实。由此可见,从土地"农转非"的过程中,农民得到的有限利益甚至远远不能替代"转非"前的土

---

① 参见袁苗:《征用土地增值收益分配:一种基于产权经济学的分析框架》,载《农村经济与科技》2006年第12期。

地收益,反而增加了生活和就业风险。

2. 家庭保障功能弱化

养儿防老的观念在我国农村根深蒂固,家庭赡养一直是最重要的养老方式。但是随着以社会分工为特征的工业社会的到来,这一自然稳定的关系被打破,"子承父业"不复存在。父母不可能像传统经济条件下那样控制子女的劳动和收入,子女也不可能像小农经济条件下那样听命于父母。家庭结构也发生了重大变化,代与代之间的独立性增强,在推行计划生育政策比较有实效的农村,与城市一样出现许多"4-2-1"结构的家庭,其年青一代子女的负担很重。这一切使赡养老人只有传统道德这一个约束力,而且这个约束力正在日益递减。随着农村经济改革的深入,农民的养老观念发生了重大的转变,"养儿防老"不论是从观念上还是现实中,其保障作用都在逐渐减弱。

我国现在的二元经济结构决定了我国社会保障也呈现典型的二元结构,即城市职工的高水平社会保障与农村人口的低水平,甚至是缺失的社会保障并存。

(二) 户籍制度的制约

前已论及,我国 20 世纪 50 年代建立起来的户籍制度是计划经济的典型产物,是为适应当时供给不足的社会状态、维护社会稳定而建立和发展起来的,现在这一制度正处在被改变的过程中。以往这一制度的核心内容就是把全国的人口划分为城镇户口和农村户口两大户口类型,并实行有差别的社会福利待遇政策;把户口划分为"农业"和"非农业"两大户口性质,并对"农转非"实行严格控制。这在客观上把城乡人口分为两个经济利益上下不平等的阶层,形成了事实上的人身等级关系;限制了人口随着经济发展水平的变化的合理流动,强化了人口对所在地区的人身依附关系;制约了人口城市化和工业化的进程,严重制约农村消费拉动经济的动力。正如学者所言:"户籍愈加游离了其本身的人口信息功能,而成为界定人们身份,分配权利、利益以及义务的重要依据,而且在一定意义上已成为人们默认和接受的等级意识。"[1]

---

[1] 〔英〕安德鲁·海伍德:《政治学核心概念》,吴勇译,天津人民出版社 2008 年版。

在过去长期实行的城乡二元户籍制度条件下,在社会保障方面与户籍挂钩的福利和权利包括有公共卫生服务、基本医疗保险、基本养老保险、失业保险、最低生活保障、保障性住房等捆绑在一起的情况下,农民即使不在农村从事农业生产或已经在城市工作,由于户籍制度的制约,也很难摆脱农民的身份,更谈不上享受相关的城镇居民的社会保障福利。这不仅是城乡是否公平的问题,更重要的是影响了农村剩余劳动力有序向城镇转移,进而阻碍了农民阶层的分流与分化。所以这一制度必须改变且正在改变。

(三) 人口老龄化带来较大压力

随着城市化步伐的加快和农村劳动力的输出,越来越多的农村青壮年人口进入城市,年龄结构出现"两头大,中间小"的局面。根据我国第六次人口普查,截至 2010 年 11 月 1 日,我国 60 岁及以上人口占 13.26%,比 2000 年人口普查上升 2.93 个百分点,其中 65 岁及以上人口占 8.87%,比 2000 年人口普查上升 1.91 个百分点。[①] 而预计到 2020 年,中国的老年人口将达到 2.48 亿人,老龄化水平将达到 17.17%。到 2050 年,中国的老年人口总量将超过 4 亿人,老龄化水平将超过 30% 以上。[②] 我国大部分是农业人口,农村人口老龄化面临的问题较之城市更为严峻。在农村,大多数老年农民的现状是既无积蓄(有的只是少量积蓄),也无保障(绝大多数人不享有退休金和医疗保险,个别地方的社会保障也只是处于萌芽阶段)。农村社会养老保险作用有限,以 2009 年 9 月之前的"老农保"为例,按民政部《农村社会养老保险交费领取计算表》计算,投保 2 元/月的农民,交费 10 年后,每月可领取养老金 4.7 元,15 年后,每月可领取养老金 9.9 元。若再考虑管理费增加,银行利率和通货膨胀等因素,农民得到的养老金会更少。因此,老年农民的经济来源和生活照顾主要还是依靠子女。而随着计划生育的实施,随着农村大量青壮年农民流入城市,劳动人口与老龄人口赡养比的下降,这种依靠家庭养老保障的机制必将受到严峻的挑战。

---

① 数据来源于国家统计局网站 http://www.stats.gov.cn/zgrkpc/dlc/yw/t20110428_402722384.htm,2012 年 11 月 15 日访问。

② 数据来源于新华社,本文转引自《浙江日报》2008 年 7 月 11 日,第 7 版。

（四）农村居民筹资能力有限

农村居民筹资能力有限对农村社会保障制度的制约实际上是城乡二元经济结构发展带来的必然结果。社会保障制度的本质是国家将劳动者在有劳动能力时的一部分收入合理地筹集起来，以防范劳动者未来的风险需要。建立完善的农村社会保障制度不能仅仅依靠国家、政府的财政，也要有农民自身的参与。因此，必需考察农民在劳动期间的收入水平如何，是否有剩余。

改革开放以来，广大农民从各项政策中获得了较大的实惠，特别是农村经济结构战略性调整、国家扶贫战略、西部大开发战略，促进农民收入有了一定的增长。但是总体来看，和城市相比，农民的收入增长还是相对较慢的，收入的绝对水平低，可支配收入和消费水平更低。在我国的财富分配中，农民处于不利地位。中国在2003年的基尼系数是0.53左右，中国城乡居民之间的实际收入差距高达6倍，居世界第一，从趋势上看，我国基尼系数还在进一步上升，国际上估值达到0.64。[①] 农民收入一方面同城镇居民的收入相比比较低下，另一方面，农民的消费价格却不断上涨，高于城市居民的消费价格上涨水平。无论相对贫困还是绝对贫困，中国绝大多数贫困人口居住在农村。虽然中国农村贫困人口从1978年的2.5亿减少到2010年的2 688万，贫困发生率从30.7%下降到2.8%，但由于中国农村贫困人口规模大，存在巨大的返贫压力。数据表明，2008年的全国贫困人口中有66.2%在2009年脱贫，而2009年3 597万贫困人口中，则有62.3%是返贫人口。[②] 返贫原因主要有自然灾害、重大疾病和环境因素等。这反映了贫困人口的脆弱性和致贫因素的复杂性，也加大了减缓农村贫困的难度。大量的农村贫困人口以及返贫压力，都急需一定的社会渠道解决贫困问题。我国农村社会养老保险和合作医疗都采取由农民个人和集体缴费的方式，虽然农民是受益人，缴费并无不妥。但是，农民的收入增长缓慢，而消费支出却增长很快，因此农

[①] 参见张敬一、赵新亚：《农村养老保障政策研究》，上海交通大学出版社2007年版，第21页。

[②] 数据来源于中国网 http://news.china.com.cn/txt/2011-09/08/content_23382381.htm，2012年11月15日访问。

民能够用于储蓄的部分很少,许多农民正常的生产和生活开支都难以维持,更不用说为将来的养老积累资金。由于绝大多数的农村集体都已经趋于瓦解,所以根本没有能力为农民参加社会养老保险和合作医疗提供补助。另外,分税制财税改革以来,我国县乡两级的财政最为困难,中西部地区的很多地方不能正常发放工资,这些困难使得农村社会保障的资金缺乏稳定性。

二、我国农村社会保障体系的制度缺失

除了上述客观因素致使我国农村社会保障制度面临种种困境之外,该制度本身在设置方面所存在的缺失以及在制度运行过程中国家责任的缺位,是造成我国现行的农村社会保障制度尚未能够发挥应有作用的重要原因。

(一)农村社会保障项目覆盖面窄、社会化水平低

近年来,虽然在政府主导下我国农村已经建立起了农村特困户救济、农村"五保户"养老保障、灾害救济、最低生活保障等社会保障,但农村社会保障无论是在范围还是在程度标准上,都远远低于城市。从早期的数据来看,我国城乡间社会保障资源分配严重失衡,农村社会保障几近空白。从全国社会保障费用支出的情况来看,占全国人口80%的农民,只享有社会保障支出10%左右,而占总人口的20%的城市居民,却占到社会保障费用的90%左右。从人均社会保障费用来看,城市居民是农民的20倍以上。①虽然近年来该现象已经有所转变,但整体而言,农村社会保障体系仍远未完善,尚未建成包括由最低生活保障制度、医疗保险制度、养老保险制度、社会救助制度、医疗救助制度、社会福利制度、被征地农民社会保障制度及农民工社会保障制度等一系列制度的集合,而现有制度也还存在诸多问题。

例如,2003年开始的新型农村合作医疗制度目前虽已初步全面建立,但在西部地区依然落实缓慢,且其主要是作为大病统筹的手段,并不包括因日常疾病及意外伤害等医疗费用,同时其采用的先支付后报销的方式,报销比例、支付金额上限限制等,也弱化了该制度的运行和执行效

---

① 参见孙光德等:《社会保障概论》,中国人民大学出版社2002年版,第82页。

果;2007 年始试点的农村最低生活保障制度,月人均财政补助标准仅几十元,难免有杯水车薪之感,且目前全国绝大部分地区都尚未建立;农村养老保险制度建设多年但至今仍远未健全;2009 年虽开始了新型农村社会养老保险试点,但前路依然漫漫,全国 70%以上的老龄人口分布在农村地区,如何及时有效应对人口老龄化浪潮,亦颇费思量。此外,伴随着我国社会的转型,失地农民和农民工保障问题日益突出:"圈地运动"的推进使目前我国失地农民已达 4 000 万人,2030 年将达 5 000 万人以上,对失地农民群体的社会保障处理不当,极易引发社会安定问题。① 农民工保障问题亦十分严峻,按照 2008 年的数据,全国参加工伤保险的农民工人数为 4 891 万人,仅占农民工总数的 21.3%,参加医疗保险的为 4 142 万人,仅占总数的 18%,参加养老保险的人数更少,仅 2 330 万,仅占总数的 10.1%。②

农民养老保险参与率低,积极推行的新型农村合作医疗制度虽然解决了部分群众的就医问题,但是没有从根本上解决农村人口与集体在医疗保健方面的依附关系,从根本上说它并非社会化的保障形式,而是一种社区(集体)式的社会保障。

由于现阶段我国国家财政支持的力度较小,国民收入分配与再分配的特征不明显,我国农村的社会保障制度尚难以实现在全国范围内的统一实施。而割裂的各地区农民对管理及设备费用的分摊,阻碍了社会化筹资渠道的形成,难以筹集大规模的保障基金,从而大大削弱了社保制度对社会弱势群体的保障功能,难以为广大的农民提供防范各种社会风险的有力保障。

(二) 农村社会保障资金来源不足,管理水平低下

我国农村社会保障制度存在的根本问题是保障资金不足。我国农村社会保障资金筹集目前坚持"农民个人缴纳为主,集体补助为辅,国家予以政策扶持"原则,而国家财政投入力度的不尽如人意和农村居民缴

---

① 参见张蕾、刘艳涛:《社会保障一定要城乡普惠——代表委员建言农村社会保障体系建设》,载《农民日报》2009 年 3 月 11 日。

② 参见柴瑞娟:《我国农村社会保障构建困境与求解之道——基于国家责任的视角》,载《社会科学家》2011 年第 5 期。

纳能力的有限,直接导致农村社会保障资金匮乏。在2011年度国家统计局的《人力资源和社会保障事业发展统计公报》显示,全年五项社会保险支出总额为18 055亿元①,而根据国家审计署2012年发布的审计公报中可知,占农民社会保障支出大头的新型农村合作医疗基金支出为1 607.16亿元。② 可见这种严重失衡的比例虽在近几年所有改善,但并未有根本性的调整和变化。

我国没有建立一个专门对农村社会保障资金进行高效管理的机构。城乡分割、条块分割、多头管理的情况非常严重,而条块之间既无统一的管理机构,也无统一的管理办法,形成"多龙治水"的管理格局。从管理机构上看,部分地区在国有企业工作的农村职工的社会保障统一归劳动部门管理,医疗保障归卫生部门和劳动者所在的单位或乡村集体共同管理,农村养老和优抚救济归民政部门管理,一些地方的乡村或乡镇企业也制定了社会保障办法和规定。但由于这些部门所处的地位和利益关系不同,在社会保障的管理和决策上经常发生矛盾,加上政事不分,缺乏监督,加剧了管理体制的混乱。

(三) 相关立法严重滞后

前文已述,我国当前的农村社会保障法律制度有比较严重的缺失。目前我国虽然已出台《社会保险法》,但该法与完整的社会保障法相去甚远,而社会保障的专门性法规的建设也相当薄弱。目前规范我国农村社会保障制度的主要是些政策法规。我国自1949年以来,中国共产党和中国政府的政策(通过自上而下发布大量的指示、要求、计划、目标、方案、办法、措施等文件)对于国家的建设和发展有着决定性的作用,而某些法律规范则是经由这种政策上升而来。特别是在一些关系国计民生的大政方针方面更是如此。正是在这个意义上,有人称这种"政策"为"软法",其约束行为的效果很差。这种立法层级不高,主要依靠政策文

---

① 数据来源于中华人民共和国人力资源和社会保障部网站,http://www.mohrss.gov.cn/page.do?pa=8a81f3f1314779a101314a86e7450406,2012年9月20日访问。

② 数据来源于中华人民共和国审计署网站 http://www.gov.cn/zwgk/2012-08/02/content_2196871.htm,2012年9月20日访问。

件来推行社会保障制度的最大弊端在于,政策规定原则笼统,缺乏长效保障机制。由于缺乏连贯性、稳定性及协调性,又不具备立法的权威性,易使农村社会保障制度经常处于变动之中,随意性极大。另外,监督制约方式空泛以及责任追究机制不明,使政策性文件往往不能实现其制定初衷。成文法的典型特征,通常会抽象地设定一套明确的行为模式,表现为"行为模式+法律后果"的形式,当行为主体作出了违反法律规定的行为即要承担相应的法律责任。而某种程度上具备"软法"性质的政策文件,并不具备这一特点。"软法"本身不预设任何具体、确定的事实状态,也不制定任何具体、确定的法律效果,带来的直接后果是其法律后果不明,没有任何责任追究机制的设定。

(四)农民工和失地农民的社会保障问题突出

随着我国市场经济的发展和农村剩余劳动力的转移,非农产业群体的人数迅速增长。现有的农村社会保障的规定仍然局限于城乡分割的旧体制框架中,使大部分非农产业人员,特别是进城务工人员,陷入了社会保障的"真空地带"。他们一方面由于户籍壁垒的存在不能取得城市居民的资格,另一方面,其自身已不能适应农村的生产方式,这种具有排他性和区域封闭性的社会保障制度脱离了实际,固化了非农产业群体在社会地位、就业、经济收益和福利待遇等方面与城市居民的较大差距,引发了较多的问题。

1. 失地农民的社会保障存在的问题

目前,我国还没有针对失地农民的社会保障问题进行系统研究,只有在经济发展良好的东部沿海的部分地区建立了比较好的社会保障,而全国大部分其他地区的失地农民只能获得低数额的、且分配机制极不合理的一次性货币安置。由于国家征用农村土地的征用费用远远低于土地二级市场的出让价,且随着国家对"三农"问题的逐渐重视及惠农政策的改革,如在延长承包期限、税费改革、直接补贴等都使农民对土地的预期收益提高。现有的土地补偿与预期收益相比相差悬殊。

由于我国的土地分为国有土地和集体所有土地,农民的土地属于集体所有,土地补偿费应该属于被征地农民的集体经济组织所有。安置补助费、青苗补偿费及地上附着物补偿费归被征地的农民所有,但目前各地对土地补偿费的分配、管理和使用缺乏规范。首先,乡镇参与征地补偿分配不合法。乡镇是政府基层组织,并非农村土地所有者,却将一定比例的征地补偿归为己有;其次,村集体留存比例过大,对留在村集体的征地款使用和管理缺乏规范和有效的监督。地方政府低价从农民手中征得土地后,然后以高价卖给开发商,赚取其中的差价。由于政府在其中存在巨大利益,致使失地农民的补偿标准低,农民的利益遭到了极大的破坏。这种低标准的补偿,远远不能取代以往土地所具有的最后保障的社会功能,很难维持失地农民长远的生计,而利益分配的巨大失衡,引发了失地农民与政府之间的巨大矛盾。

2. 农民工的社会保障存在的问题

最早使用"农民工"一词的法律文件是1991年《全民所有制企业招用农民合同制工人的规定》。该《规定》第2条规定:"企业招用的农民合同制工人是指从农民中招用的使用期限在一年以上,实行劳动合同制的工人,包括从农民中招用的定期轮换工(以下统称农民工)。"此后,"农民工"一词开始在各种法律文件中大量使用。"农民工"是我国特殊制度变迁与社会转型期间所出现的特殊群体。"农民"是这一群体的身份标志,表明他们虽然工作在城市,但户口仍在农村,仍然是农村居民。"工"则是这一群体的职业标志,表明他们从事的不是农业生产,而是非农业生产,是工人(职工)。农民工的出现是我国从二元结构转向现代多元经济,计划经济转向市场经济的转型转轨过程中推行渐进式改革的结果。与城镇职工相比,农民工背井离乡,既无"自然资源"优势,也无自身素质优势,不得不处于事实上的弱势地位。

农民工在城镇就业、生活,跟城镇其他劳动者一样面临着城镇工业化所带来的养老、医疗、工伤、失业等各方面的社会风险,同时也就有进入防范工业化、城市化劳动风险的城镇社会保障网络的需要。然而,现有的城镇社会保障体系几乎将这个群体排除在外,尤其是低保、失业救助、医疗、工伤和养老等方面,该群体根本谈不上有什么社会保障机制。因此,整体而言,他们的社会保障权严重缺失。

三、构建农村社会保障体系是现代国家的当然之责

社会保障的国家责任是公民社会对现代国家发展的合理预期。人在自然界中的弱小与无助是人类结成社会共同体的必然选择;人类要享

有人人平等与自由是社会缔结宪政国家的美好诉求。社会的进步,国家能力的提升使社会保障国家责任成为现代新型国家的又一"契约性义务",它既是政治契约,又具有法律属性。"为了人民的自由、平等、幸福"几近成为现代民主国家的立国之本。1966年《经济、社会及文化权利国际公约》的诞生,社会保障国家责任已被纳入到国际法律秩序调整保护的范围之内。① 在我国,随着经济发展国力增强,曾经为国家做出巨大牺牲与贡献的农民,理应享有社会保障这一基本的权利。

（一）我国农村社会保障中国家责任的缺位

中国农村社会保障制度发展缓慢的原因是多方面的,如长期存在的二元经济结构的制约、中国农村经济发展落后使农村社会保障制度的发展缺乏经济基础、农村社会保障法律的欠缺使农村社会保障制度缺乏约束力、农民"养儿防老"情结浓厚,社会保障意识差使农村社会保障制度发展缺乏内在动力等。但通过分析笔者认为,农村社会保障薄弱的最重要原因乃是决策者对农村社会保障的遗忘和忽略。换言之,国家对农村社会保障责任承担的缺位及在城乡社会保障责任承担上的二元分配机制(即对城市社会保障责任的偏向性分配)是农村社会保障现状的主要成因。

我国社会保障国家责任承担有一个变化发展的过程。1949年,为了巩固新生的共和国政权,我们选择了优先发展重工业、实行向工人阶级倾斜的社会保障政策。随着1958年《中华人民共和国户口登记条例》的颁布,中国城市—农村的"二元经济"结构依靠国家政权的力量固化下来,国家责任在城市表现为对城镇职工和行政机关、事业单位人员的社会福利采取全部包下来的办法解决了就业、升学、医疗和退休待遇问题；农村则依靠集体经济在很低的福利层面实现了温饱、基本医疗和"五保户"的救助,在收入水平很低的情况下,实行了相对平均主义的工资制度,在当时有利于保持社会的稳定。1978年年末,党的十一届三中全会召开后,中国在改革开放方针指导下的经济建设艰难起步。在资本主义

---

① 截至2004年11月24日,已有151个国家批准加入了《经济、社会及文化权利国际公约》,自愿承诺执行其准则和规定。参见杨宇冠：《联合国人权公约机构与经典要义》,中国人民公安大学出版社2005年版,第5页。

经济占世界经济主导地位的格局下,围绕着如何进行社会主义现代化建设进行了激烈的争论和反复辩驳,最终以"效率优先、兼顾公平"取代了平均主义的"一大二公",把政府承诺包揽的"社会一切成员"福利和薪金发放前的"劳动所得六项扣除"全面放弃,希望直接用市场力量取代国家责任。而理性的国家和政府应当鼓励社会公平和正义,如果忽视公共利益服务,不满情绪酝酿、恶化会演变成危险的社会冲突,社会资源将遭受极大的破坏。①

"福利国家之父"贝弗里奇早在1942年就提出了社会保障的全而普遍原则和区别对待原则,前者指社会保障的覆盖对象为全体国民,后者则指根据不同的社会成员制订不同的社会保障标准。②而在建立我国农村社会保障制度的思路上,我国似乎更多强调了区别对待,创建并沿袭了城乡迥异的二元社会保障制度,在城乡各自展开制度安排,在城市努力达到全面覆盖的同时在农村则是逐步推开,并寄希望于农村经济的自发结构升级完成城乡的制度衔接。国家社会保障责任的这种偏向性分配,使工农两大阶级的社会保障被城乡属性所分割,最终造成了城市人口对社会保障的依赖和农村人口大而积贫积困或因灾、因病、因各种变故而返贫的严重局面。

自经济体制改革以来,国家逐渐将过去单纯由国家承担的保障责任予以重新调整配置,在城镇,国家将社会保障责任予以分散、分摊,在农村,政府虽已开始建立农村社会保障体系,但改革的力度、深度及收效都跟不上实际需求。农村贫困人口的脱贫、农村富裕劳动力的就业、农村老年人口的养老及农村人口的卫生保健等基本社会保障的享有程度与城镇人口仍存有相当大的差距。虽然这种差距的存在有其不可避免性,是城乡经济发展水平及各方面承受能力差异的必然反映,但国家在其社会保障责任市场化分配的社会政策制定方面,确有明显的不公平存在,最直观的是财政支持力度的差异,城镇居民的人均保障费用远高于农村居民。例如,2011年我国城镇居民的社会保险基金收入总额(包括职工

---

① 参见王玮、程蕾:《社会保障中的国家责任》,载《中国青年政治学院学报》2012年第3期。

② 参见覃有土、樊启荣:《社会保障法》,法律出版社1997年版,第58页。

基本养老保险、基本医疗保险、失业保险、工伤保险、生育保险)24 043.2亿元,支出总额为 18 054.6 亿元。农村居民的保险主要是养老及医疗,2011 年全国新型社会养老保险(不包含老农保和地方自行开展新农保试点地区数据)1 069.7 亿元,支出 587.7 亿元[1],新农合基金收入为 1 974.97亿元,支出 1 607.16 亿元[2]。农民在人数上绝对多于城镇居民,但社会保障基金远低于城镇居民,人均数额则更低。在社会保障制度的设计上,在国家立法和资金支持下,现阶段城镇已建立了比较完善的保障体系,而农村制度安排才刚刚起步;就社保组织建设而言,国家相当一段时间也几乎把精力全部投注于城市。

(二)国家责任缺位原因的解读

通过上面的分析我们可以发现,政府在农村社保问题上的缺席源于多方面的因素,有国家(政府)责任缺位的主观原因,亦有农民群体的客观因素,笔者将仔细分析这两大因素对农村社保问题的原因和影响。

1. 认识偏差:国家责任缺位的主观动因

(1)决策者对社会保障本质的误读。随着时代的前行和社会的进步,越来越多的人也已经意识到社会保障是正常社会不可或缺的重要组成部分,是作为现代社会各国公民所具有的"天赋权利",但将社会保障视为恩赐或施舍、视为一种道德义务的观念仍大有市场。恩赐施舍明显具有不平等色彩,这种俯视姿态,极大地衍生了社会保障制度建设中的随意性。

(2)决策者对土地保障和家庭保障作用的高估。我国为农业大国,农村土地实行家庭联产承包责任制后,使得政府认为农民处境再困难也有地可种,从而形成了"以包代建"的思维定势,对建立农村社会保障体系缺乏足够认识。另外中国传统的儒家文明,形成了依靠家庭成员的力量来实现基本保障的观念,养儿防老成为数千年来家庭保障的主要方式,这种观念不仅在农民而且在政府心目中都非常牢固。这些都使政府

---

[1] 数据来源于中华人民共和国国家统计局网站 http://www.stats.gov.cn/tjsj/ndsj/,2012 年 10 月 2 日访问。

[2] 数据来源于中华人民共和国审计署 2012 年第 34 号公报,载 http://www.gov.cn/zwgk/2012-08/02/content_2196871.htm,2012 年 10 月 2 日访问。

片面认为农民所拥有的土地和农村世代相传的家庭养老的传统,足以使他们无需享受社会保障。往往没有看到,土地保障和家庭保障眼下均遭遇了前所未有的挑战,但却未引起政府的足够重视。

(3)决策者效率优先战略发展观被过于强调。计划经济体制所倡导的过度平等,使整个社会经济陷入困境,以此为鉴的市场经济体制改革选择了以发展和效率优先为核心,在此进程中,政府倾向于以单纯的经济增长作为压倒一切的中心目标,公共福利(包括农村社会保障)自然就显得等而次之甚至无足轻重。

(4)国家财力有限论被片面夸大。国力有限论认为,现阶段我国财力根本没有达到在全社会实现社会保障的程度,现在提供农村社会保障是超越中国当前发展阶段的空想。而且政府承担城镇居民社会保障的负担已经异常繁重,对农村社会保障实在无力承受。该观点在学术界和决策层都不乏支持者。对国家财力有限的片面夸大和对建立农村社会保障成本的高估,直接导致了政府在构建农村社会保障制度上畏难不前。这种观点违背了一个基本常识:中国政府是全体国民的政府,而非城市居民的政府,城镇社会保障负担繁重,并不构成不建立农村社会保障制度的正当理由。

2. 农民利益表达缺失:国家责任缺位的客观原因

从人民主权视角来看,政府是公众创造出来保护公共利益、协调社会矛盾的一种制度安排,中立性是现代政府存在的必要性和合法性依据。但众所周知的是,政府是不能被假定为完全中立的仲裁者或公众福利的无私提供者的[①],其往往成为代表特定社会群体利益或者有着自身利益需求的一种特殊社会组织,其公共政策的制定和实施也往往是社会不同群体及其所代表的政治或经济力量综合博弈的结果。它扎根于各利益集团之间的权力关系的基础之上,其中社会强势群体在公共利益的表达和形成过程中无疑占据优势地位,他们通过自己的影响力,使得公共政策的制定有利于自己的利益诉求,而弱势群体由于远离社会权力中心,从而难以真正有效地影响公共政策的制定。

---

① 参见〔英〕戴维·赫德:《民主的模式》,燕继荣译,中央编译出版社1998年版,第316页。

(三) 国家承担责任是现代社会保障制度本质的体现

追溯社会保障的发展史可知,各国均是主动或被迫地负起了构建社会保障之责。发展到现代,各国的社会保障经验表明,现代社会保障并非是传统的恩赐式官办慈善事业,而是建立在社会发展进步和社会公平的基础之上,基于人们对平等、幸福、和谐生活的追求和保证全体国民共享经济社会发展成果的正义举措。① 而社会保障制度的确立,也是确保每位国民均能够免除生存危机的必须举措,根据国家财力和社会发展水平来推进包括农村社会保障在内的社会保障制度建设,就成为政府义不容辞的责任和义务,获得国家提供的社会保障也就成了全体国民的基本权利。

具体我国而言,强制性制度变迁的特殊国情进一步决定了政府在农村社会保障建构中的主体地位。因为制度变迁必然会导致利益的调整和再分配,没有强有力的政府进行组织,纯粹依靠市场交易,特别是小规则小均衡的市场交易制度进行,其结果要么是原有的利益因调整和再分配无法实现,新的制度创新被搁浅;要么是形成保留既得利益集团权力的基础上的不公平的新制度,背离原来制度变迁的目标。② 而农村社会保障制度建立的过程,实际上就是利益重新调整的过程,没有政府强有力的参与,是难以达至预期目的的。

传统国家职能是以防卫、治安和财政等秩序行政为核心的,执行手段相应为强制命令等权力手段。但进入20世纪后,随着社会国家、福利国家和服务国家观念的确立,秩序行政比重日渐下降,以积极提供公共设施、社会保障资金等为目的的给付行政日益发展。③ 政府职能的社会化已成为当代政府职能发展的一个显著趋势,这种从权力行政向公共服务行政的转变,决定了提供基本的公共产品和有效的公共服务是当今政府的职责所在,而稳定健全的社会秩序和配套合理的制度框架无疑是最

---

① 参见郑功成:《农村社会保障的误区与政策取向》,载《理论与实践》2003年第9期。

② 参见陈喜强:《重新认识政府在社会保障制度变迁中的作用》,载《改革与战略》2001年第2期。

③ 参见和春雷:《社会保障制度的国际比较》,法律出版社2001年版,第66页。

为核心的公共物品。社会保障制度作为一种典型的公共物品,政府也就必须参与其建构和管理,承担起保障国民基本生活的职责。国家在社会保障中承担主导责任,也成为了现代社会国家社会化职能发展的必然要求。

(四)农村社会保障是国家责任的重要内容

1. 当今农村社会保障现况亟需国家出面支撑

工业化和现代化对传统社会结构产生了严重冲撞,农村亦不例外。近年来我国农村也正在经历着悄然却深刻的变革,这种变革不仅涉及农村经济结构和生产模式的调整,同时也涉及农民消费模式、生活模式及行为模式等的改变。市场经济体制的建立,农村工业化、城镇化的发展,农村劳动力的流动与转移,农村人口老龄化与家庭小型化的趋势等,决定了农村传统的保障方式已受到严峻挑战,土地保障功能的弱化、家庭保障遭遇挑战及集体保障的乏力,迫切要求国家出面支撑填补农村社会保障的巨大制度真空。

一方面,经济市场化让土地保障功能日渐弱化。土地向来是农民基本生活保障的主要载体,在农村社会保障严重缺位的条件下,在工业化进程加快以及农村剩余劳动力艰难转移的过程中,农村之所以没有出现大的动荡,土地功不可没,其在保障农民基本生活,维护农村乃至全社会稳定、减缓工业化过程中的社会阵痛方面发挥了不可替代、无可估量的作用。① 但就当下情况的总体而言,土地保障正日渐步入困境:农业本为弱质产业,土地受益稳定性本就欠佳,因市场经济深化所带来的市场风险的冲击、加入 WTO 对农业的负面影响、人地关系的日益紧张、征地退耕还林政策的实行等,农民来自土地的绝对收益持续走低。而且在我国现行土地制度下,由于农民对土地并不享有所有权,这也限制了农民通过经营以外的途径从土地得到财产性收入的现实可能性。另外尤要注意的是,发挥土地保障的功能与提高土地利用效率之间日益突出的矛盾:倚重土地的保障功能,势必导致土地的不断细分,延缓限制土地规模经营的发展,妨碍土地利用效率的提高;而利用效率的降低又会直接影

---

① 参见李郁芳:《试析土地保障在农村社会保障制度建设中的作用》,载《暨南学报》(哲学社会科学版)2001 年第 6 期。

响土地收益。因此,土地提供生活保障的可靠性在不断下降,对土地寄于过高期望是不切实际的。

另一方面,历史文化传统受到与现代文化的冲击使古典中国的家庭保障机制面临挑战。在我国,以"孝"为核心的儒家思想文化长期以来影响着人们的价值取向和行为方式。古人普遍将"仰足以事父母,俯足以畜妻子"①作为一种义务,在农村这种观念尤甚。在这种传统文化影响下,家庭天经地义地为其成员提供经济上的帮助、生活上的关心和精神上的慰藉,家庭保障在我国农村社会保障中也一直居于核心地位。然而在当今经济社会大转型背景下,传统的家庭保障机制也遭遇了挑战:三十多年来计划生育政策的实施,使核心小家庭数量迅速增加,家庭规模逐渐缩小,单个家庭抵御风险的能力和提供保障的能力均随之下降。而且家庭保障作用的发挥是以深层的文化观念和价值体系为支撑的,而社会转型背景下,可以看到部分农村,商业消费文化开始盛行,传统文化观念在农村年青一代身上并未得到很好的传承,尊老爱幼、孝敬赡养父母等观念在部分年青一代身上已明显淡化,这也使家庭保障前途堪忧。

此外,随着农村经济体制改革的深入,集体保障也因失去其昔日所赖以生存的经济和组织基础,而农村市场化、工业化、城镇化的发展打破了农民传统的风险结构,使其面临与城镇职工日益接近的风险,农村社会保障的这些现状亟需国家出面干预,完善其不足。

2. 国家应当为其历史债务承担责任

新中国成立之初,中国农民为国家工业化建设和社会经济发展作出了巨大的牺牲和贡献。据有关可靠资料,自新中国成立至改革开放的前30年里,农民交的农业税及出的义务工不计算在内,仅工农产品价格剪刀差②一项,我国工业就无偿地从农民、农业那里获得了6 000亿元的援助。改革开放后的30多年来,城市工业每年继续从农民那里无偿获得大量资金,平心而论,我国农业、农民为国家作出的无偿奉献是毋庸置疑的。而在农民为工业化支付高额成本的同时,工业化的收益却几乎都为

---

① 《孟子·梁惠王上》。

② 剪刀差是指工农业产品交换时,工业品价格高于价值,农产品价格低于价值所出现的差额。

城市居民所垄断。重城轻乡、挖工补农的非均衡发展战略和国家资源分配的不平等,使农业在为国家提供巨额积累而承受重负的同时失去了自身的发展条件,窒息了自身发展后劲,这对农民来讲是极为不公的。既然政府曾经通过宏观调控手段为工业和城市的进步,在一定程度上付出了农业和农村落后的代价,则在工业化已初步实现的今天,同样有责任建立针对广大农村居民的社会保障制度给予补偿。为所欠下的历史债务买单,国家责无旁贷。西方一些发达国家,在其工业发展的第二个阶段即中期阶段,就开始了第二、第三产业对于第一产业的反哺。现在,我国已进入了工业发展的中期阶段,亦应该开始对农民进行反哺。在我国农村社会保障体制建设正处在起步并十分艰难的当前的情况下,这一反哺,应当主要通过支持农村社会保障体制的建立和健全的途径和办法进行和实现。

习近平总书记在2015年4月30日中央政治局第22次集体学习时指出:"当前,我国经济实力和综合国力显著增强,具备了支撑城乡发展一体化物质技术条件,到了工业反哺农业、城市支持农村的发展阶段。"

四、我国农村社会保障制度构建的设想

《中共中央关于全面深化改革若干重大问题的决定》中已经明确了通过健全城乡发展一体化体制机制的总方向来解决健全我国农村社会保障制度问题,《决定》指出:"城乡二元结构是制约城乡发展一体化的主要障碍。必须健全体制机制,形成以工促农、以城带乡、工农互惠、城乡一体的新型工农城乡关系,让广大农民平等参与现代化进程、共同分享现代化成果。"在我国农村社会保障体系构建中,国家应当承担应尽的责任。除宏观层面的改变传统发展战略加大财政支农力度、加快农村经济发展增强农村社会保障实力、完善现行土地制度、改革户籍管理制度等外,还应注重以下几方面的制度设定,其中特别是要重视发挥法律制度的作用。

(一)完善农村社会保障制度设计,提供全面的制度供给

社会保障制度公共产品的属性决定了其提供主体只能是政府,鉴于我国农村社会保障制度残缺不全的现状,设计一套高效的农村社会保障制度已迫在眉睫。从制度学理论来分析,社会保障制度作为一种制度安

排,一元化是其内在要求,故建立健全农村社会保障制度,在其目标取向上最终与城市接轨,形成"城乡体、标准统、一元化的社会保障"是我国市场化、工业化和城市化的内在要求。

然而一元化的制度安排只是农村社会保障制度发展的远景目标,就现阶段而言,应综合考虑现实国情和农村居民生有所靠、病有所医、老有所养的基本需求,着重以下三项基本制度的设计:

1. 切实构建最低生活保障制度

最低生活保障制度是为保障收入难以维持最基本生活的贫困人口而建立的社会救济制度,其处于社会保障制度的最底层。由于其面对的是濒临生存边缘、陷入生存危机的社会最弱势的群体,故难以讲求受益与贡献及权利与义务的对等性,政府在其中应承担相当部分财政供款及监管实施责任。其保障对象大体为因缺少劳力、低收入造成的生活困难的家庭,因病、因灾、因残疾致贫的家庭,无劳动能力、无生活来源及无法定赡养人的老人等。针对目前我国农村最低生活保障制度覆盖面窄,"应保尽保"目标远未落实,补助标准低,对解决困难群众的帮助力度非常有限,低保资金难以落实到位等难题①,极有必要进一步完善相关制度建设,确定科学规范的救助标准,努力提高农村低保水平;改变拓宽筹资渠道,加大中央和省级政府财政投入力度,逐步提高保障标准;完善农村低保的管理办法和体制,强化相应组织机构建设等。②

2. 完善农村医疗保障制度

农村医疗保障可以分为农村公共卫生③、农村合作医疗及农村补充

---

① 参见赵复元:《建立农村最低生活保障制度综述》,载 http://www.mofgov.cn/zhuantihuigu/knqzshap/llyj/200805/t 20080519_22561_html_,2012 年 11 月 5 日访问。

② 参见民建四川省委调研处:《民建四川省委 2008 年度调研报告:我国农村最低生活保障制度的问题与对策建议》,载 http://www.mjscsw.gov..cn/Suggest/Detail.aspx? NewsID = 1170,2013 年 6 月 8 日访问。

③ 很多学者将这个层次称之为"农村基本医疗保障制度",但这种说法容易引人误解为与城镇基本医疗制度的概念相对应,而事实上,这个层次是以疾病预防、保健、基础卫生防疫等内容为主的公共卫生制度,严格来说,并非医疗制度,它是农村医疗保障制度的基础。因此,本文在此用的是"农村公共卫生制度"这一概念。参见汪敏:《农村社会保障中的政府责任》,湖南大学 2007 年博士学位论文,第 77 页。

医疗三个层次进行模式设计。农村公共卫生制度是指覆盖农村的以卫生防疫和生活保健为主要内容的医疗保障制度,是整个农村医疗保障制度的基础。这个层次应由政府承担主要责任,在贫困地区,由中央政府承担全部财政责任,在经济基础较好的地区,由地方政府承担财政责任,在经济基础一般的地区则由中央政府和地方政府按比例承担财政责任。各地以县为单位设立专门的管理机构,由各级管理机构的上一级机构负责监督。

农村合作医疗则作为农村医疗保障的主体,这个层次可以综合借鉴福利国家型模式和社会保险模式,由政府和农村集体组织以及农民个人分担筹资责任。在经济发达地区,由集体组织和个人承担大部分筹资份额,地方政府给予一定的补助;在经济不发达地区,由中央政府、地方政府和农村集体组织按一定比例承担筹资责任,其中政府筹资额大,农民个人缴纳金额小,如可采用5:3:2这一比例。在经济基础一般的地区则由中央政府、地方政府、农村集体组织和农民个人各承担1/3的筹资责任。由卫生行政部门统一管理合作医疗的运行,社会保障等其他行政部门负责监督。当前我国的"新农合"制度发展很快,农民的参合率极高,但也应进一步深化完善。

农村补充医疗保障制度适用于经济基础较好的农民群体,在某种程度上具有商业保险的属性,因此这个层次可借鉴社会保险型模式,由政府、农村集体组织和农民个人共担责任,以农村集体组织和农民个人的缴费为主,政府给予适当的财政支持。

3. 创新农村社会养老保险制度

2009年9月4日,国务院《关于开展新型农村社会养老保险试点的指导意见》以"国发(2009)32号"文件形式正式发布。国务院决定,从2009年起开展新型农村社会养老保险(以下简称"新农保")试点。新农保是由中央财政全额支付最低标准的基础养老金,每人每月55元。对中西部地区全部由中央财政支付;东部地区中央财政补助一半,另外一半由地方财政支付。农民的缴费标准分为100元~500元五个档次,地方财政对于农民缴费要给予补助,补助标准最低不低于每人每年30元。对重度残疾人等其他困难群体缴不起费的,地方政府代缴部分或全部养老保险费。

新农保在实施的这几年,实践中出现了诸如宣传力度不够,保障覆盖面狭窄,保障水平过低,保险基金管理不够规范和完善及制度政策性强稳定性差等问题,应有针对性地加以解决。各级政府极有必要加大宣传力度,增进广大农民对该制度的了解,进而增进广大农民投保的积极性;加大政府财政支持力度,改变目前保障标准过低的现状;根据各地经济发展情况和投保人自身意愿,确定合理的基金筹集方式和档次,扩大覆盖面,提高保障能力;开拓有效途径,在保证基金安全性和流动性前提下,实现其保值增值;健全其管理、监督和给付机制,如财务核算制度、审计监督制度等,保证基金的安全运作。

(二) 加强中央财政支持力度,完善资金筹措机制

国家财政的强力支撑是社会保障得以立足和发展的基础,否则社会保障即会直接面临运行困境。一直以来,资金的严重缺乏都是我国农村社会保障制度构建的直接掣肘,这也是我国农村社会保障制度长期徘徊不前的最为直接的原因。鉴于我国对农村社会保障历史欠账太多的国情及当下对农村社会保障体系构建资金投入依然不足的现状,政府财政理应进一步增加对农村社会保障的投入。国外的实践经验表明,社会保障资金的主要来源是政府的财政拨款。发达国家的社会保障支出在财政总支出中占据了相当的比重,英国社会福利计划各项开支占到公共支出总额的 50%,法国为 30.6%,德国为 30.5%,瑞典为 32.5%,丹麦为 30%,欧盟 15 国的平均水平也达到了 27.5%。[①] 另外,鉴于高福利的负向激励,发达国家又进行了财政给付方式的调整,将财政给付的重点集中在基本的社会保障需求满足方面,其他需求则交由社会保险和个人账户等方式加以解决,如芬兰为解决失业金支付过高问题,采用了政府财政支付和工会等组织发放相结合的原则;其他北欧国家则在养老金、失业金等福利项目之外更多领域的财政给付中采取了提供服务而非现金转付的方式,由此不仅节约了财政开支,还在医疗和教育等公共部门开辟出新的工作机会。

在我国,社会保障支出在财政总支出的比例无论是同发达国家相

[①] 参见汪敏:《农村社会保障中的政府责任》,湖南大学 2007 年博士学位论文,第 79 页。

比,还是同其他经济发展水平相似的国家比,都处于较低水平,而农村社会保障支出的比例更低。近年来我国财政收入稳定增长,调整中央和各级财政支出结构,提高农村社会保障资金在财政支出中的比例,就成了农村社会保障资金来源的首要保障。从中央与地方财政关系看,由于我国财政的集中度与集权度偏高,导致地方政府对如农村养老保险等需投入资金的社会保障制度缺乏支持的重要因素。社会保障本质上属于国家责任,应当由中央政府承担主导职责。然而,中国是一个地区发展相当不平衡的国家,在中央与地方实行分税制的条件下,地方政府也应承担起相应的社会保障责任。因此,解决这一问题的根本途径在于理顺中央与地方的财政关系,改变财力纵向配置结构。具体地说,要在合理划分政府支出责任的基础上,健全财力与事权相匹配的财税制度,完善税收分享和转移支付的制度安排。全国性公共产品和服务由中央政府承担,地方性公共产品和服务的责任由地方政府负担。同时,加强中央财政对地方财政尤其是欠发达地区的社会保障财政转移支付力度,建立科学的转移支付规模确定机制和财政激励约束机制,调动中央与地方两者的积极性,改变地方政府由于财力的不均衡而导致的国民社会保障权益的差别。① 另外,亦可广开融资渠道,如发行国债、农村社保福利彩票、开征社会保障税、接受企业和社会捐助等,通过多种手段完善资金筹措机制。

(三) 完善立法,高度重视农村社会保障的法律支撑

任何制度只有通过法律调整才能摆脱偶然性和任意性的羁绊牵连,社会保障制度尤其如此——其不仅事关亿万农民的切身利益,且也牵涉到政府、企业、集体、个人之间的责任分担和不同社会群体利益集团的利益重新分配和调整,若无立法的规范和约束,便不可能得到有效推进。所以,立法的意义不仅在于对社会保障制度的权威规范,更在于实现社会保障责任与权益的合理配置。迄今为止,我国农村社会保障立法仍可谓极其匮乏,一直依赖政策或指示来推行,这不仅无法使新的社会保障制度真正走向定型化发展,也会因政策的多变或过度灵活而损害新制度

---

① 参见黄庆杰:《城乡统筹的农村社会养老保障:制度选择与政府责任》,中国社会科学院 2009 年博士学位论文,第 88 页。

应有的稳定性。因此,今后我们工作的重点首先应放在农村社会保障立法完善方面:

1. 农村社会保障的立法原则

(1)保障人权原则。社会保障不应当仅仅局限于保障农民群体经济利益,更应当深入到个人权利保障层面。广大农民应当享有人权,享有生存权与发展权,因此应有完善的农村社会保障体系保证农民的基本人权。我国《宪法》第45条明文规定:"中华人民共和国公民在年老、疾病或者丧失劳动能力的情况下,有从国家和社会获得物质帮助的权利。国家发展为公民享受这些权利所需要的社会保险、社会救济和医疗卫生事业。国家和社会保障残废军人的生活,抚恤烈士家属,优待军人家属。国家和社会帮助安排盲、聋、哑和其他有残疾的公民的劳动、生活和教育。"农民作为中华人民共和国的公民,作为社会的一员,理应享受社会保障。发展覆盖农村的社会保障制度是我国《宪法》的要求,是现代政府的一项基本职责,是保障人权的基本手段。

(2)自愿为主、强制为辅的原则。设立农村社会保障项目的目的是为了保障农民基本的生活,解决农民养老的后顾之忧,分散农民的医疗风险、农业风险,促进农村经济的发展和农民生活水平的提高。鉴于目前农村经济发展的实际情况,各地农民的生活状况及经济收入存在差距,因此,无论是在社会保障项目的选择、社会保障资金的筹集、社会保障基金的缴纳等问题上,都应遵循自愿为主、强制为辅的原则。

(3)普遍性与区别性并存的原则。普遍性,即指立法应在适用主体及适用内容上不留空当,要包括所有农村居民以及所有的农村社会保障项目。区别性,是指在立法过程中,应具体情况具体分析。由于我国农村经济发展水平差异较大,这种经济水平的差别性决定了农民对农村社会保障的需求不同,如西部地区农民要求的是解决温饱问题,重点放在农村最低生活保障制度建设上,而东部发达地区农民优先考虑的是老龄保障问题,重点在农村养老保险制度上。因此在全国性立法过程中,对于一些与经济发展水平有着密切关系的事项,法律、法规不宜进行具体的规范,宜设置一些原则性的规定,进行宏观的指导,可操作性的法规由地方根据当地的经济发展状况制定。

(4)受益人权利与义务相统一的原则。社会保障制度的建立,充分地体现了国家对其基本义务的承担,然而这并不是说国家必须承担全部责任和义务。根据目前我国的综合国力和财政状况,由国家大包大揽承担全部社会保障资金既不可行、也不现实。在农村社会保障法律规范中,不仅要对农民在社会保障中享有的权利及其标准、方式、程序等作出规定,还应对农民在社会保障中所承担的义务和责任,如基金的缴纳办法、比率等作出明确的规定。任何符合条件的公民只有依法缴纳其应付的养老保险、医疗保险基金费用,才能在法定事由出现之时得到相应的保障。

2. 农村社会保障立法的主要内容

(1)应当出台一部社会保障基本法。按照立法学基本原理,应当先制定母法然后再制定子法。作为母法应起草一部统一的社会保障法,可将其基本原则、方向以及目标规范规定下来,从而可以在此前提下,逐步实现对各类社会保障制度给予普遍的法律保护。

(2)制定"农村社会保障法"。由于长期受城乡之间、地区之间的经济社会条件制约,城乡、地区之间社会保障差别很大,尤其农村,几乎没有社会保障,主要依靠家庭保障。要改变这种状况不是一朝一夕的事,需要长期的经济和文化的增长。所以在完善统一的社会保障立法的前提下,有必要制定一部适用农村情况的特别保障立法。

(3)根据"农村社会保障法"的要求制定相关条例。国务院应根据"农村社会保障法"的要求,制定"农村养老保险条例""农村合作医疗条例""农村社会救济工作条例""农村优待抚恤工作条例"等条例,同时完善《农村五保供养工作条例》的内容,使涉及农村社会保障主要内容的法律规定具体化,以增加其可操作性。

(4)根据各地农村实际情况,抓紧地方立法。由于中国农村地域广阔,地区之间经济发展和社会结构等方面存在不平衡性,因此各地在农村社会保障基本法未出台前,用地方性立法来规范农村社会保障工作极为重要。即使基本法出台后,各地区也可根据基本法的精神,结合本地实际,制定出适合当地情况的地方性法规和规章制度。

目前,我国推进城乡发展一体化已经进入了一个历史新阶段,但应该看到,由于欠账过多,基础薄弱,目前城乡发展不平衡不协调的矛盾依然十分突出,在城乡社会保障制度建设方面不平衡、不协调的矛盾依然十分突出,我们一定要为逐步实现城乡居民基本权益的平等化努力奋斗!

第十一章　农民受教育权之保护

《中共中央关于全面深化改革若干重大问题的决定》专设一节讨论推进我国社会事业改革创新问题,其指导思想是:"实现发展成果更多更公平惠及全体人民,必须加快社会事业改革,解决好人民最关心最直接最现实的问题,努力为社会提供多样化服务,更好满足人民需求。"作为国家富强和民族振兴的源动力,教育无疑是我国社会事业中关键一环,而广大农民受教育权的享有问题,则是我国教育事业发展中的重中之重,也是广大农民群众最为关心的最直接、最现实的问题。

2012年11月下旬,尽管只是初冬,也不是中国西南部最寒冷的季节,却发生了贵州毕节5名流浪儿童冻死在垃圾箱里的悲剧。5个孩子流浪3周后,竟然在饥寒交迫中告别了这个世界,此消息一出,引起了社会各界的强烈反响,8个教育和民政部门的官员被共同问责。这背后虽然有民政、公安和社会等有关部门救济不力的因素[①],更深层次值得我们关注和反思的是中国贫困地区农村教育整体失落的严峻问题。2012年党的十八大报告把"保障和改善民生,促进社会公平正义"放在显要位置,而"教育公平"无疑是目前社会矛盾最为突出的问题之一,其中农村儿童的受教育权如何得到平等保护尤为重要。2013年1月16日由教育部人文社会科学重点研究基地东北师范大学农村教育研究所完成的《中国农村教育发展报告2012》指出:2012年我国农村教育整体发展走势良好,但城乡教育发展仍有巨大差距,当前农村教育依然薄弱,留守儿童问题、代课教师问题、教育点问题集中出现。该报告显示,随着国家继续推

---

① 这个事件之后,中国多个城市纷纷出台救助机制,加大了对流浪儿童的救助力度,如吉林省长春市民政局日前决定,联合公安、行政执法等部门,启动冬季百日救助行动;辽宁省沈阳市针对流浪儿童开展冬季"应急性救助";河南郑州的"类家庭"式救助等,这些措施是否能够持续进行,而不是停留在搞运动式的活动,尚待观察。

进城镇化建设,"十二五"期间有 500 万农民从农村转移到城镇,农民受教育权的落实是一个非常需要重视的课题,不仅要关注农村义务教育,还要关注面向农村的职业教育,包括农民教育和农业教育问题。当前尤其要关心农村教师职业吸引力、城乡教师流动、幼儿园校车和留守儿童等具体问题的解决。

第一节 农民受教育权之基本概念

一、受教育权之内涵界定

受教育权是指"公民依法享有的要求国家积极提供均等的受教育条件和机会,通过学习来发展其个性、才智和身心能力,以获得平等的生存和发展机会的基本权利"[①]。受教育权是一个相当宽泛的概念,有着丰富的权利内容和表现形式。概括来说,其基本内涵包括:第一,受教育权是一项国际公认的基本人权。受教育权真正作为一项人权是在"二战"后于 1948 年联合国大会通过的《世界人权宣言》确立的。1996 年联合国大会通过的《经济、社会和文化权利国际公约》的第 13 条对《世界人权宣言》规定的受教育权进行了细化,使其成为各缔约国的一项义务。可以说,《公约》基本上概括了"受教育权"的权利内容,是迄今为止关于"受教育权"内涵所做出的最完整的释义。第二,受教育权是受宪法和法律保护的基本权利。鉴于受教育权作为基本权利的重要性,世界各国一般都以宪法规范的形式对其予以确认和表述,并加以保障和实施。[②] 我国

---

① 龚向和:《受教育权论》,中国人民公安大学出版社 2004 年版,第 29 页。
② 有学者曾对 142 部国家和民族的成文宪法所作的一项比较研究中得出结论:51.4% 的宪法规定了受教育权利和实施义务教育;22.5% 的宪法规定了参加文化生活、享受文化成果的权利;23.9% 的宪法规定了教育自由和学术自由的权利。参见〔荷〕亨利·范·马尔赛文、格尔·范·德·堂:《成文宪法的比较研究》,陈云生译,华夏出版社 1987 年版。

现行《宪法》第46条规定了"公民有受教育的权利和义务"。①《中华人民共和国教育法》(以下简称《教育法》)、《中华人民共和国义务教育法》(以下简称《义务教育法》)《中华人民共和国高等教育法》等多部法律的内容,都把重点放在保障公民接受教育的权利。第三,受教育权兼具社会权和自由权的双重特征,但主要是第二代人权之社会权。② 依据不同权利的价值属性及与国家权力之间的关系,传统宪法学和国际人权领域将基本权利划分为自由权与社会权。自由权主要指公民权利或政治权利;社会权主要指经济、社会、文化权利。其中自由权是自由价值的宪法体现,社会权是平等价值的宪法体现。受教育权就其不受侵犯性来说是一种自由权;在决定受教育内容和方法以及机会方面,显然也属于自由权范畴。然而,作为受教育权核心要素的权利条件和制度保障却属于国家义务的提供范畴,在此种意义上受教育权确是一种重要的社会性权利。

受教育权的内容体系十分庞杂。如果按照公民受教育的阶段,受教育权可分为义务教育受教育权和非义务教育受教育权,后者包括中等职业教育受教育权、高等职业教育受教育权和成人职业教育受教育权。如果按照受教育权产生、发展的时间顺序,可以将受教育权划分为三个阶段的"子权利",即开始阶段的"学习机会权"、过程阶段的"学习条件权"和结束阶段的"学习成功权"等。③ 受教育权按其权利主体不同的身份、职业等也可以划分为儿童受教育权、大学生受教育权和成人受教育权等。受教育权按照其权利内容和价值定位来看,可以将受教育权分为受教育平等权、受教育选择权和受教育保障权等。受教育权的实质是平等权。它属于人权中"平等权"的具体表现形式。为此,我国《教育法》第9

---

① 我国《宪法》第46条这种权利义务复合性规范,意味着受教育既是权利又是义务,一方面权利可以放弃,另一方面义务必须履行,从逻辑上,难以自圆其说。如果把学生作为受教育权的权利主体的话,应该是一种公民应该享有而由国家、社会、学校和家长予以保障的基本权利,而绝不是同时应承担的义务。义务教育阶段的义务应该是国家、家长和社会有关部门的义务,而不应该是未成年子女的义务。

② See Douglas Hodgson, *The Human Right to Education*, Dartmouth Publishing Company Limited, 1998, p.19.

③ 参见龚向和:《受教育权论》,中国人民公安大学出版社2004年版,第37页。

条第 2 款明确规定:"公民不分民族、种族、性别、职业、财产状况、宗教信仰等,依法享有平等的受教育机会。"

二、农民受教育权之平等属性

受教育权在本质上是公民享有国家、社会教育资源和国家、社会提供的受教育机会的权利。由于"农民"是"公民"的下位概念,所以农民受教育权的内涵与公民受教育权并没有实质的不同。而今天这么多法学界、教育界的学者之所以专门研究农民受教育权,实际上是出于对中国农民与城市居民受教育状况巨大差距的考虑,是对受教育权中最重要的价值定位——"平等"的追求。

何谓"平等"?卢梭认为"平等这个名词绝不是指权力与财富的程度应当绝对相等;而是说,就权力而言,则它应该不能为任何暴力并且只有凭职位与法律才能加以行使;就财富而言,则没有一个公民可以富得足以购买另一个人,也没有一个公民穷得不得不出卖自身"。[①] 平等分为形式上的平等和实质上的平等。形式上的平等与自由紧密联系,是对自由的真正保障。而实质上的平等在社会权领域可以通过差别性待遇来实现。

受教育权的基本价值取向是平等。教育平等的思想可以追溯到古希腊雅典的公民教育思想。18 世纪资产阶级革命的胜利,终于否定了教育特权,在立法上实现了人人享有受教育权的平等思想,但那时的教育平等意味着为劳动人民的子女提供进入不平等社会的形式上平等的机会,其实质是形式上的平等掩盖了事实上的不平等。19 世纪末 20 世纪初,西方工业化国家相继实施了义务教育制度,教育平等进一步从形式意义走向实质意义。第二次世界大战后,教育平等概念被广泛使用,国际社会通过一系列人权法案,如《经济、社会、文化权利国际公约》《儿童权利国际公约》《取缔教育歧视公约》[②]等对教育平等的概念作出具体的释义,教育平等也逐步被各国宪法确认为一种平等的基本权利。我国现

---

① 转引自卓泽渊:《法的价值论》,法律出版社 1999 年版,第 59 页。
② 如 1960 年联合国教科文组织通过的《取缔教育歧视公约》规定,教育平等包括消除教育歧视和消除不平等两个方面。

行《宪法》第 46 条明确规定了公民的受教育权利,但没有直接提出教育平等的概念,必须要把《宪法》第 46 条与第 33 条的平等原则联系起来才能全面理解我国公民受教育权的内涵。值得肯定的是,在我国的《教育法》与《义务教育法》[①]中都明确提出了教育平等的概念。

"教育平等"的价值诉求包括:第一,平等首先是指个体的起点,即每个人都有不受任何歧视开始其学习生涯的机会;第二,平等同时指在中间性阶段,即教育过程中受到平等的对待,以平等为基础对待不同人种、民族和社会出身的人;第三,平等还指最后目标,促进学生取得学业成就的机会平等。胡森把这三种意义的"平等"与三种主要的社会价值即效率、公平和自我实现相对应,提出了著名的教育平等理论:效率优先的起点平等论、公平优先的过程平等论和突出个性发展的实质平等论。[②] 而按照受教育的权利主体来划分,教育平等包括男女平等、民族和种族平等、地区和城乡平等、宗教平等、残疾人和正常人的平等。

罗尔斯在其《正义论》中为重建社会制度的正义提出了教育平等理论。他认为,关于制度的一般正义观念应当是:"所有的社会基本善——自由和机会、收入和财富及自尊的基础——都应被平等分配,除非对一些或所有社会基本善的一种不平等分配有利于最不利者。"[③]他又提出教育平等是以实质平等为目标,以补偿原则为手段,他说:"由于出身和天赋的不平等是不应得的,这些不平等多少应给予某种补偿。这样,补偿原则就认为,为了平等地对待所有人,提供真正的同等机会,社会必须更多地注意那些天赋较低或出生较不利的社会地位的人们。这个观点就是按照平等的方向补偿由偶然因素所造成的倾斜。"[④]按照罗尔斯的正义论原则,国家要对弱势群体予以更多制度上的倾斜政策保护,才能真正

---

① 《中华人民共和国义务教育法》第 4 条:"凡具有中华人民共和国国籍的适龄儿童、少年,不分性别、民族、种族、家庭财产状况、宗教信仰等,依法享有平等接受义务教育的权利,并履行接受义务教育的义务。"

② 参见杨东平:《教育公平的理论和在我国的实践》,载中国人民大学复印报刊资料《教育学》2001 年第 3 期。

③ 〔美〕约翰·罗尔斯:《正义论》,何怀宏等译,中国社会科学出版社 1998 年版,第 292 页。

④ 同上书,第 96 页。

地实现受教育的平等权。当今中国农民受教育权的实现,迫切需要国家差别性的、倾斜性的保障。

我们如果要给农民教育权下个定义的话,首先要认识到在当代中国,农民还带有身份的特征,正如有的学者所言:"农民问题的本质是身份制,核心是权利问题,是制度性的权利缺失或者贬损。"[①]农民权利中最重要的是平等权,平等权的实现可以使农民彻底摆脱身份制的,还农民"职业"的本质。农民实现教育平等的途径是"共享的完全平等",并在同等条件下优先照顾处境不利的农民群体。因此,笔者认为,农民受教育权是指农民依法享有的要求国家积极提供平等的受教育条件和机会,并予以倾斜性的制度保障,以获得平等的生存和发展机会的基本权利。此处的农民应该取身份意义上的解释,既包括农村以农业为职业的农民及其子女,也包括在城市里打工的"农民工"及其子女。

本书探讨的农民受教育权主要限于农民及其子女的受教育权,虽然它和城市居民受教育权具有同质的权利体系和内容,但却不得不依附于农村二分化的现实趋向,具有其自身的特殊性。一方面大量的农民去城里打工谋生,许多农村出现老人与儿童"相依为命"的景象,留守儿童在农村接受与城市教育水平相差甚远的义务教育;另一方面也有一些农民工带着自己的子女在城里共同生活,接受城里"同城不同质"的城市边缘化教育。因此本书所讨论的农民受教育权的主要内容除了成年农民自身的受教育权之外,还包括农村留守儿童和农民工子女的受教育权。农村留守儿童的受教育权主要集中于九年义务制教育和学前教育,农民教育平等权保障的关键也集中于此。而农民工子女受教育权的关键问题则是"农民工"的界定。农民工是指在本地乡镇企业或者进入城镇务工的农业户口人员,它是我国在特殊的历史时期出现的一个特殊的社会群体。农民工有广义和狭义之分:广义的农民工包括两部分人:一部分是在本地乡镇企业就业的离土不离乡的农村劳动力;一部分是外出进入城镇从事二、三产业的离土又离乡的农村劳动力;狭义的农民工主要是指后一部分人。本文主要取农民工的狭义含义。

---

① 周永坤:《中国现代化进程中的农民问题》,载《河北学刊》2012年第1期。

三、农民受教育权之重要性

教育影响甚至决定农民的命运。农民教育关乎农民素质和文明程度的提高,关乎农业现代化步伐的加快。2013年末中央农村工作会议提出:"让农业成为有奔头的产业,让农民成为体面的职业。"我国《宪法》规定:"中华人民共和国公民有受教育的权利和义务。"从国家的角度讲,应该有义务为公民,包括农民接受教育提供相应的条件和机会。我国农民目前平均受教育的年限是7.8年,初中、小学文化程度占70%以上,高中文化程度的占16.8%,真正从事农业劳动的成年农民无法,也没有主动接受系统的高等教育的意识,现有的职业教育对农民教育的针对性很弱,也缺乏系统性。因此,我们必须充分认识农民教育的重要性,把农民教育问题提升到新的高度,加强对农民包括成年农民受教育权的保护,具有极其深远的意义。在一定意义上讲,提高农民教育水平和素质是"消灭"传统农民的根本途径,因为到了农民普遍接受高等教育的时候,中国就没有传统农民了,从事农业的将会是集约化的具有现代素质的农业工人。那时所谓保障农民受教育权也就成为历史的往事。就现实而言,对农民受教育权的保障绝不可放松。

(1) 受教育权在整个农民权利体系中具有重要地位,是农民享有和实现其他权利的关键环节。接受教育,既是公民个人人格形成和发展不可或缺的阶段,也是公民为独立营构自己的生活而实现或更有利地实现拥有各种经济权利以及劳动权的重要手段,甚至还是培育作为民主政治具体承担者的健全公民的重要途径。在受教育权得不到良好保障时,人和社会的可持续发展就难以获得保障。对农民而言,接受教育不仅可以唤醒其人权意识,而且是农民与其他社会阶层平等竞争、求得生存发展的基本条件。农民受教育质量的提升,会从根本上改变农民的生活状况,并引起就业等方面的良性反应,农民受教育权的实现直接决定其他基本权利的实现状况和享有质量。通过充分重视和加强保障农民受教育权的实现,引导农民走出权利的贫困代际相传、恶性循环的怪圈。

(2) 充分保障农民受教育权,不断提高农民的科学文化素质,是进行社会主义新农村建设和实现农业现代化的先决条件。党的十六届五中全会提出了社会主义新农村建设并作出了总体规划。新农村建设之

"新",体现在它的以人为本上,体现在充分尊重和保障农民作为新农村建设主体地位的基础上。社会主义新农村建设提出的"生产发展、生活富裕、乡风文明、村容整洁、管理民主"的建设目标的实现,离不开农民积极性的充分发挥。增加农民的人力资本积累,培养和造就适应现代农业和农村发展要求的现代农民,是新农村建设取得成功的重要保证。社会主义新农村建设要求提高农民的整体素质,培养造就有文化、懂技术、会经营的新型农民,这与农民的受教育权实现水平密切相关。笔者认为,农民脱贫致富的根本问题和长远问题不仅仅是投入资金解决他们的生活水平提高问题,而更主要的是利用教育资源使他们接受应有的教育,提高素质和生产技能。要想彻底解决我国农业问题,实现农业现代化,必须使我国沉重的农村人口负担转化为巨大的人力资源优势,重点解决农业劳动力的转移问题,这一问题最终必须通过充分实现农民受教育权来解决。

(3)农民受教育权的充分实现,为社会阶层合理、有序流动创造了前提条件,是保障社会和谐稳定、长治久安、与时俱进的必然要求。社会学认为,上升流动是社会稳定的"安全阀"。在我国,基于城乡二元机制导致市民与农民在经济、社会地位等方面存在不平等的情况下,教育能够为农民提供公平竞争、向上流动的机会,帮助他们摆脱"身份符号"的局限,显著改善农民的生存状态。我们目前构建的和谐社会,是建立在社会公平与正义理念上的和谐,是建立在民主法治基础上保护全体人民,特别是实现对社会弱势群体权利保护前提下的和谐。所以,农民只有通过享有平等的受教育机会和良好的受教育条件,才能通过个人的后天努力,有效地实现社会合理流动,更好地实现社会公平正义。

第二节 我国农民受教育权保障之现状

《中共中央关于全面深化改革若干重大问题的决定》明确提出,必须"缩小区域、城乡、校际差距。统筹城乡义务教育资源均衡配置"。其宗旨就是真正落实农民受教育权问题。从一些现代化国家农民受教育权实现的成功经验来看,最根本的是落实宪法规定,采取立法、制度建设、政策引导、奖惩机制设计等一系列国家治理措施。

一、我国农民受教育权保障已取得的成效

(一)政策之保障

改革开放以来,国家一直贯彻"教育优先发展"的方针政策。"教育优先"具体表现在:规划优先,即教育规划要在城市规划之前;资源优先,即土地、网络、师资要优先考虑教育;经费保障优先,即教育投入要在所有投入之前。党的十六大就提出:"教育是民族振兴和社会进步的基石。"党的十七大更是把"优先发展教育"同"建设人力资源强国"新的更高要求紧密地联系在一起,充分反映了党中央以科学发展观统领全面建设小康社会和现代化建设全局,形成 2010 年新世纪第一次全国教育工作会议和《国家中长期教育改革和发展规划纲要(2010—2020 年)》的一项重要政策亮点。2012 年,明确提出国家财政性教育经费支出占国内生产总值比例达到 4%。2012 年党的十八大报告中又特别强调了今后中国教育改革和发展的重点问题,即"要努力办好人民满意的教育",并提出要大力促进教育公平,让每个孩子都能成为有用之才。在成年农民受教育方面,2005 年底,农业部在《关于实施农村实用人才培养"百万中专生计划"的意见》中,首次提出了培养职业农民的任务。2007 年 1 月,中共中央国务院《关于积极发展现代农业扎实推进社会主义新农村建设的若干意见》首次正式提出培养"有文化、懂技术、会经营"的新型农民。2007 年,新型农民的培养写进了党的十七大报告。党的十八届三中全会更加响亮地提出:"让广大农民平等参与现代化进程,共同分享现代化成果",这就把农民受教育权课题提高到了一个新的历史性高度。

党和国家尤其注重农村教育的发展,有关农村教育的重大方针政策的制定包括以下几个方面:

(1)促进教育均衡发展措施的推行。国家曾设立 100 亿元专项资金,重点支持西部地区新建、扩建一批农村寄宿制学校。国家曾启动"农村中小学现代化远程教育工程",推进农村现代远程教育。2005 年,教育部制定了《关于进一步推进义务教育均衡发展的若干意见》,从办学条件、师资队伍建设、提高教育教学质量等方面提出了促进义务教育均衡发展的措施和要求。2011 年,教育部与 27 个省、自治区、直辖市和新疆生产建设兵团签署义务教育均衡发展备忘录。

(2)"两基"目标的全面实现。20世纪末,我国总体实现了"基本普及九年义务教育,基本扫除了青壮年文盲"的"两基"奋斗目标。2003年,新中国成立以来,首次全国农村教育工作会议召开,明确把农村教育作为教育工作的重中之重,决定实施西部地区"两基"攻坚计划。2007年,西部地区"两基"人口覆盖率达98%。2011年底,经过25年坚持不懈的努力,中央有关部门最后完成了对西藏自治区、青海、甘肃、四川、云南等省区特别困难的42个县"两基"国检验收,以此为标志全面实现了"两基"目标。①

(3)"两免一补"的全面覆盖。免除义务教育阶段学杂费,对贫困家庭学生免费提供教科书并补助寄宿生生活费,这项深得民心的"两免一补"政策,2005年首先在592个国家重点贫困县实施。2006年开始,国务院决定全部免除西部地区农村义务教育阶段学生的学杂费,2007年春季开学时在全国农村全面实施,实现了对全国40万所农村中小学近1.5亿名学生的全面覆盖。随着国家教育投入的不断增加,从2008年秋季学期开始,国务院决定在全面实施农村义务教育经费保障机制改革基础上,全面免除城市义务教育阶段学生的学杂费。至此,全国真正实现了"免费义务教育"。

(4)"控辍保学"成果显著。控辍保学是义务教育均衡发展的首要考核指标。10多年来,我国小学辍学率一直稳定控制在1%以内。国家教育规划纲要和教育事业"十二五"规划中对义务教育巩固率提出了明确指标,国家教育督导委员会也把入学率和巩固率作为教育督导的重要指标,对各地进行严格监测和督导评估,实行一票否决。国家对"控辍保学"问题十分重视,除了上述"两免一补"全面覆盖农村之外,还实施了农村寄宿制学校建设工程、农村中小学现代远程教育工程、农村中小学危房改造工程、中小学校舍安全工程、农村义务教育薄弱学校改造计划等一系列重大工程项目,不断改善中西部地区农村学校的办学条件。此外,还普遍建立了学生资助体系,为家庭经济困难学生提供生活补助并不断提高补助标准。自2011年秋季学期起,国家启动了农村义务教育

---

① 数据引自《十八大教育篇》,载http://blog.sina.com.cn/s/blog_7df07e9d0101auzt.html,2013年11月10日访问。

学生营养改善计划,在集中连片特殊困难地区开展试点,按照每生每天3元的标准为约2 600万在校生提供营养膳食补助。这些政策的落实,使我国小学入学率从2001年99.1%提高到2011年的99.8%,一直保持着稳定增长的状态。①

(5)注重农村中小学教师队伍建设。2010年以来,为吸引和留住优秀人才在农村长期任教,稳定农村教师队伍,促进城乡教师交流,推动义务教育均衡发展,国家发展改革委已累计安排中央投资66亿元,在边远艰苦地区为农村特岗、支教教师建设周转宿舍。上述中央投资涉及中西部地区20多个省份的6 069所农村学校,建设规模达到443万平方米,将为15.7万名农村教师解决住宿问题。在周转宿舍项目投向上,坚持从最边远、最艰苦、最困难、最急需的地方做起。在服务对象上,重点解决特岗教师、支教和交流教师、寄宿制学校管理教师等住宿问题。"十二五"期间,国家将继续加大对边远艰苦地区教师周转宿舍建设的支持力度。农村艰苦边远地区教师住宿紧张的问题将得到妥善解决。这项惠民工程已吸引更多优秀教师把青春和智慧奉献给农村教育。②

(二)立法之保障

我国自20世纪80年代以来逐步形成了以《宪法》为依据,以《教育法》为核心,以教育单行法和行政法规为骨干,以部门规章、地方性法规和地方政府规章为支撑的相对完整的教育法体系,为受教育权的实现提供了立法保障。纵观我国教育法律体系,并未专门区分农民与市民受教育权保障制度,而是以统一立法的形式对公民受教育权加以保障,并体现了对农民受教育权的差别保护原则。以《中华人民共和国教育法》为例,其中第9条第2款规定:"公民不分民族、种族、性别、职业、财产状况、宗教信仰等,依法享有平等的受教育机会"。第36条第1款规定:"受教育者在入学、升学、就业等方面依法享有平等权利。"其中当然肯定包含农民享有平等受教育权的内容。该法第10条第2款规定:"国家扶

---

① 参见《教育部:中国小学辍学率一直控制在1%以内》,载中国新闻网 http://edu.ifeng.com/news/detail_2012_11/24/19499749_0.shtml,2012年11月24日访问。
② 参见《我国三年投入66亿元建边远艰苦地区教师周转宿舍》,载新华网 http://news.xinhuanet.com/edu/2012-10/28/c_113519465.htm,2012年10月28日访问。

持边远贫困地区发展教育事业",其中突出体现了我国在教育立法中基于经济发展的差距性对边远贫困地区(主要包括农村地区)的倾斜性保护的政策。可以看出,我国教育法为农民受教育权的实现提供了较为具体的规范依据。针对农村经济和教育发展的实际情况,其所确立的平等受教育权原则还包含了对农民受教育权在立法上的倾斜保护,力争将平等受教育权由形式平等向实质平等推动。

农民受教育权的保障首先体现在义务教育阶段,可以说,义务教育作为基础教育,在农民受教育权实现中居于主要地位。2006年新修订的《义务教育法》正式实施,标志着我国义务教育政策的稳定、成熟和定型化,使原有的18个条文扩展到63个,这不仅是条文数量的增加,而且在有效保障公民受教育权、强化政府对义务教育的责任制度方面取得了重大突破,其中针对农民接受义务教育权利保障的法律制度主要有:

(1) 首次确立义务教育免费原则。《义务教育法》第2条第3、4款明确规定:"实施义务教育,不收学费、杂费。国家建立义务教育经费保障机制,保证义务教育制度实施。"

(2) 实行新的义务教育管理机制。《义务教育法》第7条第1款规定:"义务教育实行国务院领导,省、自治区、直辖市人民政府统筹规划实施,县级人民政府为主管理的体制。"

(3) 首次明确国家将义务教育全面纳入财政保障范围。《义务教育法》第42条第1、2款规定:"国家将义务教育全面纳入财政保障范围,义务教育经费由国务院和地方各级人民政府依照本法规定予以保障。国务院和地方各级人民政府将义务教育经费纳入财政预算,按照教职工编制标准、工资标准和学校建设标准、学生人均公用经费标准等,及时足额拨付义务教育经费,确保学校的正常运转和校舍安全,确保教职工工资按照规定发放。"《义务教育法》还将近几年实行的取消农村教育费附加和农村教育集资、加大对农村义务教育转移支付等有关政策上升为法律规范。由此,困扰我国义务教育发展,尤其是农村义务教育的投入严重不足问题,有望得到根本解决。

(4) 新的义务教育经费保障机制确保农民接受义务教育的权利获得了更充分的资金支持。《义务教育法》第44条第1、2款规定:"义务教育经费投入实行国务院和地方各级人民政府根据职责共同负担,省、自治区、直辖市人民政府负责统筹落实的体制。农村义务教育所需经费，由各级人民政府根据国务院的规定分项目、按比例分担。各级人民政府对家庭经济困难的适龄儿童、少年免费提供教科书并补助寄宿生生活费。"第45条规定："地方各级人民政府在财政预算中将义务教育经费单列。县级人民政府编制预算，除向农村地区学校和薄弱学校倾斜外，应当均衡安排义务教育经费。"第47条规定："国务院和县级以上地方人民政府根据实际需要，设立专项资金，扶持农村地区、民族地区实施义务教育。"这是对过去"地方负责、分级管理""以县为主"等义务教育投入管理体制的重大调整，明确了各级政府的职责，保证了"人民教育人民办"向"义务教育政府办"的根本转变。此外，义务教育经费严格按照预算规定用于义务教育，从法律上杜绝了过去那种"转移支付被转移""上进下退"等漏洞，使义务教育经费有了切切实实的保障，并从法律上确保了对农村学校的经费倾斜的扶持政策。

（三）行政之保障

农民受教育权的保障既需要法律的具体确认，也需要行政机关的行政管理实现教育法律建立的具体制度和规范的贯彻实施。我国教育立法确立了"分级管理、分工负责"的教育行政体制，各级政府及其所属教育行政部门在教育事业计划管理、教育经费保障和管理以及教学工作管理等方面发挥着重要职能。如《教育法》第14条第1款规定："国务院和地方各级人民政府根据分级管理、分工负责的原则，领导和管理教育工作。"第16条规定："国务院和县级以上地方各级人民政府应当向本级人民代表大会或者其常务委员会报告教育工作和教育经费预算、决算情况，接受监督。"这里的行政保障还将行政职能从狭义的行政机关扩张到被授权组织、被委托组织如何依照法律法规的规定行使行政权能，以保障农民受教育权的实现。在我国现行行政体制下，行政职能的保障无疑是对农村教育发展强有力的支持，具体体现在国家、地方各级教育政策执行、教育行政执法以及教育经费保障等方面。

1. 教育政策执行

教育政策执行是指政策的执行者依据政策的指示和要求，为实现政策目标，取得预期效果，不断采取积极措施的动态行动过程。我国的教育政策主要是由各级政府、教育主管部门、其他有关部门、各类各级学校及其工作人员负责执行,具体步骤包括落实教育政策目标,明确权、责、利关系,目标调整和目标验收。同时随着行政体制的改革、行政职能的转变,以及市场机制的建立和完善,委托管理模式在教育政策的执行中逐渐被普遍运用。从中央、各部委到省级教育部门、地市级教育政策执行部门、县级教育政策执行部门,乡镇一级教育行政部门(学区)和各级各类学校教育政策执行机构及人员,形成一个自上而下层层传递的教育政策执行管理链。

2. 教育行政执法

教育行政执法,也称教育法律法规的执行,是指国家教育行政机关依照职权和法定程序,对特定的管理事项和特定的教育行政管理相对人适用教育法律规范并产生法律效力的活动。教育行政执法与教育政策执行既相联系又有区别,教育行政执法比教育行政政策更具有强制性、规范性和程序性。教育行政执法会直接影响公民、社会组织或其他社会力量有关教育的权利与义务,是行政机关的一项重要的行政职能,对推进教育法治的建立意义重大。

3. 教育经费保障机制

近年来,随着政府财政收入的增长,行政运行成本和三公经费的压缩,以及市场在资源配置中基础性作用逐渐增强,政府承担起了更多的公共服务责任,在和民生密切相关的领域诸如"三农"、教育等方面要进一步加大财政投入。

2002年,我国实行了"在国务院领导下,由地方政府负责,分级管理,以县为主"的农村教育管理体制,将义务教育的投入责任提到了财力较强的县级财政,缓解了农村教育投入严重不足的境况。从2006年开始,我国确立了农村义务教育经费保障机制,不仅有效减轻了农民家庭子女接受义务教育的经济负担,而且打破了多年来制约普及农村义务教育的经费瓶颈,成为继免除农业税之后又一个德政工程和民心工程,对全面提高农村义务教育事业发展水平具有十分重要的意义,是在发展中国家办大教育的背景下提升公共财政资金效率和良好社会效益的重要战略举措。具体包括以下几个措施:

(1)把农村义务教育全面纳入公共财政保障范围。针对教育经费总量不足的现实,我国确立了农村义务教育在公共财政中的优先地位,切实发挥了公共财政资金在配置农村义务教育资源中的绝对主体作用。将农村义务教育全面纳入公共财政的覆盖范围和保障系统,通过合理划分财权与事权,从体制设计上保证财政资金的投入,并提高资金使用效率。纳入公共财政保障范围具体项目包括:第一,全部免除农村义务教育阶段学生学杂费,对贫困家庭学生免费提供教科书并补助寄宿生生活费;第二,提高农村义务教育阶段中小学公用经费保障水平;第三,建立农村义务教育阶段中小学校舍维修改造长效机制;第四,巩固和完善农村中小学教师工资保障机制。

(2)建立了中央和地方分项目、按比例分担的机制。在数年前我国经济基础还十分薄弱的情况下,我国农村义务教育实行了"以县为主"的管理体制。这种管理体制在投入方面不对称的财权和事权,导致了教育经费分担与投入保障机制的不合理,长期以来成为农村义务教育经费短缺、整体发展迟缓的体制性根源。为此,改革要求明确各级政府责任入手,建立中央与地方分项目、按比例分担的经费保障机制。在资金的总体安排上,体现"中央拿大头"的原则。

(3)实行省级政府统筹落实、管理以县为主的制度。近年来,在农村义务教育经费投入体制改革中,我国财政管理体制走出了一个重心逐步上移的发展轨迹,公共财政转移支付的功能逐渐得到加强。传统上,乡镇政府和农民承担了农村义务教育的主要责任。农村税费改革后,国家对农村义务教育体制进行了重大调整,教育管理主体由乡镇政府上移到县级政府,经费来源从以农民为主转向以财政为主,主要由地方财政在中央核定的财力范围内自主安排经费。2005年全面废除农业税后,县级财政收支及义务教育收支结构发生了很大变化,义务教育支出占县级财政支出的大头,挤占了对科技、文化、卫生、社会保障、工业经济、支农等方面的投资,严重影响了县域经济的健康稳定发展。特别是"农业五税"被取消之后,农村义务教育筹资渠道狭窄单一,主要依赖于县级财政预算内资金投入,"以县为主"的农村义务教育财政管理体制日益暴露其弊端。2006年国务院确定实施新机制以后,对农村义务教育实行"经费省级统筹、管理以县为主"的体制,由省级政府负责统筹落实省以下各级政府应承担的经费,制定地方各级政府的具体分担办法,完善财政转移、支付制度,以保证中央和地方各级农村义务教育经费保障机制改革资金落实到位。同时,推行农村中小学"校财局管",建立农村中小学预算编制、资金支付管理等制度,加强对农村中小学的财务管理,强化监督检查,切实提高了资金的使用效益。

4. 司法之保障

尽管我们以往并不能从《行政诉讼法》《教育法》等法律规定中找到关于受教育权之法律救济的直接依据,但近年来的司法判例中不乏受教育权纠纷的案子,如齐玉苓案、田永案、青岛三考生诉教育部案、刘燕文案、何春环案,等等。到目前为止,这些案子早已尘埃落定,司法界也通过了一些成功的判例开始在受教育权纠纷领域进行大胆的司法理念的突破和创新。但总的来看,目前涉及农村教育的案例极少。这不等于说农村教育中不存在问题,而是说明农村中广大农民的法律意识还不强,尤其是运用司法机制来保障农民受教育权的意识还处于萌芽状态,还不成气候。

二、我国农村教育的整体失落

在以往中国城乡二元化的体制下,城乡空间结构关系与户籍身份、受教育程度和文化程度的空间梯级结构关系达到高度的统一,农村教育也因此具有了城市导向的性质。农村教育往往是对城市教育"水土不服"式的粗劣复制。在这种制度下,农村义务教育往往只承载了城乡社会流动重要门径的功能,"学而优则仕"对农民变成了"学而优则非农"的实践意义。问题的关键是农村教育不仅没有为农村的社会发展提供知识和技术支持,相反是"学而优"的农民被源源不断地通过制度化的精英教育"掠夺"进城里来,成为城市发展所需要的人才资源,而最需要发展的农村却是最缺乏发展所需要人才的地方。

某种程度上,政府评价农村的一些量化指标的隐喻意义是"农村教育成功的标准是以多少农村人才被挖掘出农村来衡量的"。[①] 农村学校教育纳入国家教育框架工业化的逻辑与乡土社会的隔离,使与城市基础教育高度同质化的农村教育沦为国家整体教育发展的制度性工具,为城

---

① 翁乃群主编:《村落视野下的农村教育——以西南四村为例》,社会科学文献出版社 2009 年版,第 3 页。

市发展输送人才成为农村教育的主要目的,"农村基础教育因此成为掠夺农村人才资源的第一道筛选工序"。① 而这样长期畸形的农村教育理念导致的结果,只能是城乡教育水平的差距越拉越大,甚至出现了"农村学校越来越小,学生越来越少,老师越来越老"的现象,乡村教育被现代化滚滚向前的车轮甩出了发展的轨道。当一些国外教育界的同行为中国大都市重点实验小学的现代化教学设备叹为观止时,他们绝对想不到在中国偏远山区还有许多孩子每天在难以想象的艰难条件下求学。城乡教育不均衡的矛盾已经成为当前中国社会矛盾最为集中的场域之一。

农民受教育权保障的缺失和不平等主要体现在:

(一)农村留守儿童的受教育权

我国目前约有留守儿童5 800万人,而依照教育部公布的数据,2011年全国义务教育阶段在校生中的农村留守儿童共2 200.32万人,2010年全国义务教育阶段在校生中农村留守儿童共2 271.51万人,2009年则为2 224.24万人。② 有人统计,目前农村留守儿童的辍学率在应入学儿童人数的1%以下,我们暂不去讨论该统计方法的科学性与背后是否有地方基层政府弄虚作假,即便是真能在1%以下,由于基数的庞大,这一农村儿童的辍学人数依然是触目惊心的。农村教育"保学辍控"的任务依然很艰巨。2012年11月,在主题为"一切为了农村学生"的21世纪农村教育高峰论坛上,有官员透露,近四年来,全国小学辍学率大幅度回升,从2008年辍学生63.3万人,辍学率5.99‰,到2011年辍学生已经达到88.3万人,辍学率8.8‰,这与10年前的辍学水平大体相当。③

为什么近几年农村儿童的辍学率有上升的趋势呢? 一方面是社会原因,农村新的"读书无用论"又在抬头。全国严峻的就业形势,农民狭窄的社会关系,再加上农村教育水平与城市的巨大差距,使农民认为自

---

① 翁乃群主编:《村落视野下的农村教育——以西南四村为例》,社会科学文献出版社2009年版,第27页。

② 《教育部将促京沪粤落实异地高考方案》,载《新京报》2012年11月26日。

③ 对此教育部的解释是由于流动人口规模增大,过去的统计方法不再适用,所以用过去计算方法得出的结果不能客观反映学生流失的情况,辍学率有所波动,但是小学在校生年辍学率一直控制在1%以下。详见《教育部否认辍学率大反弹 称小学在校生年辍学率控制在1%以下》,载《京华时报》2012年11月24日。

己的孩子一开始就输在起跑线上,不具备和城市孩子竞争的实力。另一方面则是制度原因,"撤点并校"政策引发诸多并发症。"撤点并校"政策始于2001年,针对农村学龄人口大幅下降,农村学校小型化和空巢化的现实,其政策方向是符合教育规律的,在当时也起到了一定的积极作用。然而,十余年的"撤点并校"政策的执行,导致农村学校数目的骤减。让我们先来看一组触目惊心的数据,根据教育部统计数据,1997年,全国农村小学数量为512 993所,2009年为234 157所,总量减少了一半多,平均每天减少学校数为64所。① 2012年11月,有学者在《农村教育布局调整十年评价报告》显示,2000年到2010年,在我国农村,平均每一天就要消失63所小学、30个教学点、3所初中,几乎每过一小时,就要消失4所农村学校。②

"撤点并校"这种由政府自上而下推动的新政策引发了一系列的负面影响,"上学难、上学远、上学贵"成了农村教育的新问题。笔者在农村调查以及阅读相关资料时,就发现这一政策给农村儿童教育带来了许多新问题,其中包括:第一,农村校车事故频发。孩子们上学路途远了,交通如何解决?捉襟见肘的当地教育部门尚无充足的财力保障校车和司机的规范管理,"超载车""黑校车"应运而生,再加上农村的道路状况差等诸多因素,造成多起震惊全国的校车事故。③ 第二,农村儿童营养状况堪忧。农村儿童营养普遍缺乏,虽然这与健康知识的缺乏和饮食习惯有关,但撤点并校政策加剧了这种状况。撤点并校后,学生集中到城镇后形成大量"超级学校",而国家对农村寄宿制学校的资金投入主要集中在学校教学设施的建设上,对学生的生活保障投入普遍不足。许多农村地区寄宿制学校食宿条件差。而如果不寄宿,很多学生从家到校,路上要往返几个小时,因此很多孩子要么不吃早餐就上学,要么午餐自家带

---

① 参见《全国农村小学数量十二年减一半》,载《大众日报》2011年12月25日。
② 参见《官员称小学辍学率退至十年前 辍学主体为低年级》,载长城网http://news.163.com/12/1119/01/8GKUOKUK0001124J.html,2012年11月19日访问。
③ 如2011年甘肃省正宁县"11·16"校车事故,所谓的"校车"里核载9人,实载64人,21人死亡;之后不到1个月,2011年12月12日,江苏丰县校车事故致15名孩子死亡。

点干粮,草草了事。第三,农村留守住宿儿童缺少精神关怀。农村儿童的很多父母长年在外地打工,很少回家,由于学校距离遥远,使一些儿童不得不选择在学校住宿,这使他们连祖父母及其他亲人的关爱也很难享受到。这些寄宿学校对学生的管理处于低级的纪律管理层次,生活老师缺乏专业培训,缺乏对生理、心理处于快速发育时期的寄宿学生进行有针对性的管理和教育的基本知识。村落学校长期与社会、家庭的隔阂,对留守儿童的心理造成隐性的影响,不利于他们心理承受能力和心理调节能力的提高,增加了心理疾病发生的概率。

(二) 城市农民工子女的受教育权

西南财经大学中国家庭金融调查与研究中心2012年12月9日发布《中国城镇失业报告》称,中国外来农村人口占城镇总劳动人口40.9%,以此推算,城镇外来农村人口总量约1.4亿人。目前,16—25岁年龄段的农村户籍劳动力近一半已经入城,26—35岁的农村劳动力42.3%进城务工。① 尽管近年来多方因素造成目前农村后续劳动力存在供给不足②,尤其是东部地区劳动力市场农民工供给持续走低,但城市农民工的基数依然庞大,2008年11月20日,国务院新闻办发布官方数据表明,中国农民工数量为2.3亿。③ 而根据2012年最新的有关统计,目前进城务工者中,有约1.6亿农民工是80后。④ 这些农民工中有不少是带着子女进城务工,孩子在城市受教育问题是他们最迫切关心的问题之一。对子女受教育问题的担忧,也是大量农民工回流的重要原因之一。因此,农民工子女受教育权的保护问题,如果长期得不到有效解决,将会加剧东

---

① 参见《中国农村劳动力供给不足将加剧民工荒》,载财新网 http://news.hr369.com/zixun/20121210/159898.html,2012年12月10日访问。

② 有预计,2010—2017年这个期间,将是农民工人口红利的消失期——每年回到农村结婚的人员数量众多,每年新增农民工的储备数量却比此前下降了超过600万,农民工将由此供不应求。载 http://www.pep.com.cn/gzdl/xszx/rwdl/201205/t20120504_1121524.htm,2012年5月4日访问。

③ 资料来源于民工网 http://www.mingong123.com/news/13/200811/e0662ce6a21a2a9f.html,2008年11月21日访问。

④ 资料来源于民工网 http://www.mingong123.com/news/13/201212/7253e55daaa376e4.html,2012年12月11日访问。

部一些城市的"民工荒",农民工劳动力市场供求失衡的状况在未来几年里会"持续发酵",这将直接影响这些城市的经济发展前景。

改善农民工子女受教育的状况为什么如此艰难？究其制度上的原因,我国实行二元化的户籍制度以及我国城市实行的与户籍挂钩"就近入学"的义务教育体制,成为在城市打工的农民工子女在当地入学的障碍。在"地方负责、分级管理"的义务教育体制之下,农民工子女离开农村时,没有相应的教育经费随之流转,其就业所在地也没有相应的教育经费预算,这样,农民工子女接受教育就没有了财政保障。而那些农民工流入地的政府也没有把农民工子女的义务教育当做必须承担的义务,一般的公立学校都对农民工子女的入学条件加以种种限制,高昂的"借读费""赞助费"成了农民工子女在城市接受教育的门槛;而条件优越的民办私立学校的高额学费,更让农民工望尘莫及。大多数经济状况不富裕的农民工只能选择把孩子送入设施简陋、师资力量薄弱的农民工子弟学校就读,或者干脆放任子女辍学。即便是经济条件尚可,在打工城市读完高中的农民工子女,不满足异地高考的条件,还得回原籍参加高考,即便能够想方设法留在城市参加高考,也往往无法和城市优质教育资源培养出来的考生竞争。这些现实境况,使农民工子女受教育权的保障始终处于不平等和不稳定的状态。

(三) 成年农民的受教育权

俗话说得好,"活到老,学到老",我们不仅要关注农村留守儿童和城市农民工子女的受教育权,还要对成年农民的受教育权给予足够的重视,毕竟青壮年和中老年占据着农村人口的绝大多数,他们承担着发展农业生产和维持家庭生活的重担,能否改善成年农民的教育观念和学习意识,直接关系到农村教育事业整体水平的提高。我国广大农民从事农业劳动的技术性和实践性特别强,依靠祖辈、父辈代代相传的传统教育方式沿袭至今,许多农民特别是偏远贫困地区农民缺乏接受农业新技术的主动意识和要求,造成这些地区普遍出现农业技术落后、资源利用率不高等现象。我国成年农民多数仍然处于文化水平和科技素质较低的状况,不能对自身职业作出合理定位,缺乏职业素养,对土地如何更好地使用和保护缺乏理性分析和思考,缺乏对人地关系、土地权属、土地流转的方式和途径以及维护自身土地合法权益的正确认识。因此,他们在农村改革和建设社会主义新农村进程中非常被动,长此下去,不但不利于自身社会地位的提高,而且阻碍农业生产现代化和新农村建设的步伐。此外,农民工的教育问题也应引起我们的关注。作为大部分为青壮年的农民工而言,他们往往过早挥别校园生活,为了生计走出田间地坊,来到陌生的城市打拼。没有过硬的文化知识和一技之长,他们很难胜任技术和管理岗位的工作,也无法在利润丰厚的高端服务业中立足,对于他们而言,更多的是靠自己的廉价劳动力和吃苦耐劳的精神参与到劳动密集型产业的生产环节中,出卖自己的劳动力来换取微薄的报酬。专业技能和科学文化知识的欠缺成为他们竞争高层次工作岗位的短板,长期的高强度体力劳动,让他们很少有机会接受职业教育和业余技能培训,反过来又影响他们受教育权的行使,如此循环往复,成为恶性循环。成年农民工受教育程度的缺失不仅是客观环境的制约,也源于成年人自身对受教育权的重视不够,内心隐约中被"知识无用论"的偏见所困扰,不愿付出精力和时间接受教育培训,而更愿意去"多加班多挣钱"。综上所述,我们必须把成年农民的教育问题摆到更高的位置,不仅要通过一系列的保障制度疏通成年农民接受职业教育和文化教育的渠道,还要大力宣传文化知识和科学技术的重要性,提高他们的认识能力。尤其在新型城镇化发展过程中,如果不打通城乡的分离状态,不研究面向农村的职业教育,就会使成年农民的素质提高成为一句空话。

第三节 我国农民受教育权保障制度的完善

基于上述分析,我国农民受教育权保护的当务之急是建立一整套系统完善的制度体系,从受教育权的预防和受教育权的救济两个不同维度,通过教育政策的倾斜、教育立法的完善和行政与司法救济的落实来逐步消弭城乡教育不平等的鸿沟,切实保障农民的受教育权,使农民群体在接受教育中加强知识修养,提升自身素质,在自我不断发展的过程中实现人生价值。

一、教育政策之完善

全国人大及其常委会制定的法律搭起了教育行政的基本框架,然而立法者无法预见所有事情及其变化,行政机关必须面对立法的漏洞或滞后性,由此立法给予行政机关宽泛的自由裁量空间。基于国家立法机关的固有局限,"公共行政本身作为一种推动行政法进步的力量,不应忽视或轻视。自改革开放以来,这股力量一直存在"。[1]比如《国家中长期教育改革和发展规划纲要》(以下简称《纲要》)的制定过程本身就是一次自上而下、全民动员的教育改革。在《纲要》中,以加强薄弱环节和关键领域为重点,启动实施 10 项重大改革试点,涉及推进素质教育、义务教育均衡发展、职业教育办学模式、终身教育体制机制建设、拔尖创新人才培养、考试招生制度、现代大学制度、深化办学体制、地方教育投入保障机制、省级政府教育统筹综合改革等。《纲要》还为与会代表描绘了一幅美好图景:到 2020 年"基本实现教育现代化,基本形成学习型社会,进入人力资源强国行列"。从基本普及九年义务教育到职业教育发展的重大突破再到完成高等教育大众化,在实现世界上最大规模的教育体系过程中,中国实现了从人口大国到人力资源大国的转变,在未来的日子里,将"升级"进入人力资源强国行列。这里的词语表述的变化,隐含着教育品质的提升,意味着公民,包括农民受教育权利的提升。但是教育政策的制定既要考虑国家利益和公共利益的需要,又要保障公民的合法权利,要遵循正当程序原则,保障公民的参与权和知情权,完善重大行政决策的合法性审查和责任追究制度。政策不是追求政绩的空洞的口号,要有可操作性和可预期性,做到政策的持续性,不朝令夕改,充分保护行政相对人的信赖利益。法治行政正是建立在依法行政与信赖保护这两个原则不断平衡的基础之上,只有如此才能实现真正的公平与正义。

下面具体阐释一下对农民受教育权的保障至关重要的"撤点并校"与"异地高考"的政策的制定与完善过程。从"撤点并校"政策的反复与"异地高考"政策的难产,不难看出国家政策对农民受教育权的重要性。

(一)"撤点并校"政策的限制到暂停

"撤点并校"政策的最初目的是促进城乡教育均衡发展、提高农村学校教育质量和办学效益。此政策推行十余年来,全国农村小学减少了一

---

[1] 沈岿:《行政自我规制与行政法治:一个初步考察》,载《行政法学研究》2011 年第 3 期,第 14 页。

半。学校总量下降、学校向城镇集中,成为这一政策执行的基本特征。然而2011年连发几起重大校车事故后,引发了各界对撤点并校政策的重新审视。

2012年5月,21世纪教育研究院等单位联合举办"农村学校布局调整政策研讨暨'新教育、新农村'项目启动会"。诸多学者在会上呼吁,中国应对撤点并校政策进行深刻反思并作出相应调整。学校撤并并不是简单地节约了经济成本,而是把部分政府的经济成本转嫁为农民的经济成本、学生的时间成本和安全风险;撤点并校造成大规模的教育资源浪费,不少由希望工程或公益基金会投资的项目学校被闲置;撤点并校导致寄宿的低龄化,寄宿制过早隔断孩子与家庭、社区的联系,不利于学生的成长。

虽然中国城市化进程不可逆转,但要注意促进城乡教育的均衡发展,是在不放弃农村教育的前提下实现统筹;中国的农村学校布局调整政策面临重大转型。应当从大规模撤点并校到基本保持学校数量稳定转变,从集中化办学到关注农村小规模学校发展转变。一方面要增加教育投入,在城镇地区新建学校以满足城镇化及流动儿童就学需求;另一方面,在农村地区,特别是偏远区域,应当适当保留小规模学校以保证儿童就近入学的需求。①

总之,教育政策的实质是国家以保护学生义务教育权的落实与全面发展为原则,采取多种措施提高村小学和教学点的办学条件。农村教育资源配备的关注点应该是农村留守儿童这个被边缘化的弱势群体,做到真正不让一个孩子失学,办好每一所学校。在这方面,保留和建设村小学和教学点,适度发展乡镇寄宿制学校,发展"小规模化"与"小幼一体化"的教育模式,应该成为今后我国乡村教育努力的方向。

(二)"异地高考"政策的出台与落实

改革开放以来,随着经济与社会的发展、城市化的推进,流动人口的数量越来越多、规模越来越大、范围越来越广,流动人员随迁子女的教育和升学问题日益凸显,异地高考是其中最引人关注、难度最大的问题。

---

① 参见《学者呼吁调整中国农村撤点并校政策》,载财新网 http://finance.qq.com/a/20120519/001241.htm,2012年5月19日访问。

20多年过去了,高考领域的许多改革都有不同程度的进展和突破,唯独异地高考问题依然是"一块难啃的硬骨头",困扰着考生、家长和各级教育部门。这是因为,异地高考不仅仅是一个在哪里参加考试的教育问题,而是一个与政治稳定、经济发展、教育资源、文化基础、就业流向、地方投入等多方面密切相关的社会问题。允许随迁子女在流入地参加高考,固然是出于尊重流动人口教育现状的一种人性化考量,但异地高考之所以被高度关注,是因为其背后有更深层的原因,即异地高考将可能成为调整不同省市高等教育入学机会乃至社会发展水平高度失衡状态的突破口。于是,异地高考政策被社会各界寄予厚望。

2012年,"两会"代表纷纷建议要求破除高考户籍限制,落实进城务工人员在当地参加升学考试工作的方案,异地高考的改革呼之欲出。

然而,2012年9月1日国务院四部委出台的《关于做好进城务工人员随迁子女接受义务教育后在当地参加升学考试工作的意见》中,允许各地因地制宜制定随迁子女升学考试具体政策,并将进城务工人员在当地的合法稳定职业、合法稳定住所(含租赁)和按照国家规定参加社会保险年限等情况纳入确定随迁子女在当地参加升学考试的具体条件。随后教育部部长袁贵仁就首次提及异地高考的3条准入条件:一是家长条件,如稳定工作、稳定住处、稳定收入、各种保险等;二是学生条件,各地根据实际情况制定;三是城市条件,看城市发展需不需要这个行业、这个群体,这个城市能发展到多大规模,要根据城市的发展需要和承载能力。① 如此严苛的官方准入标准一经公布,就在社会上引起一片质疑,这三条门槛几乎再一次将城市外来人群中人数最多的农民工子女排除在政策惠及的范围之外。由于大部分的农民工在城市没有稳定的职业和住所,而反之,如果达到这样条件的农民工,其实质已不再属于需要国家公权力予以特别保护的"农民工"弱势群体。因此,如果出台这样的政策,对保护农民工子女的受教育权作用甚微,而只能使异地高考又变成了助推"合法拼爹"的游戏,最终农民工子弟的受教育权依然无法得到平等保护。看来,任何重大行政决策的推行,皆是一个稳步推行的制度改

---

① 参见赵静:《异地高考引拼爹担忧:表面是条件实质是门槛》,载《济南时报》2012年12月9日。

革。公共政策的制定旨在对公共利益进行权威性的分配,以实现社会的公平与正义。而公共利益的界定本身就是一个利益博弈的过程,由此我们就不难理解任何政策实际上都是一把"双刃剑",如果社会利益总量的蛋糕在某个时期是恒定的,而如何切分这个"蛋糕",并尽可能地实现公平,是政策制定者现实而艰难的考量。在教育资源公平分配问题上,外来务工人员的诉求更多是希望自己的孩子与城市户籍孩子拥有平等的受教育的权利和机会,而这又在一定程度上触碰到了城市本地人口的切身利益,成为重要的利益博弈点。因此,可以说异地高考政策的出台是不同利益群体博弈的结果。

平等保护每个公民的受教育权,尤其是对农民工子女这样弱势的群体予以差别保护,是实现教育公平的应有之义。就异地高考政策而言,直接与它相关的两个制度:一是现有的户籍制度;二是现在施行的高校计划招生制度。更深层地追问下去,地区之间、城乡之间经济、文化、教育发展的不均衡是问题的真正症结所在。要减少异地高考发生的概率或者降低异地高考操作的难度,必须在均衡各地社会发展上做文章。然而,我国东、中、西部地区之间发展极不平衡。尤其是教育基础与资源的巨大差距,要在短时期消弭谈何容易! 教育发展的差距必须需要一个相当长的时期来逐步缩小,因此也注定异地高考是一个渐进的过程。

异地高考改革其实不止是一种单纯的教育改革,更涉及户籍管理、就业、住房、社保、公共服务等社会管理的方方面面。作为一项高度敏感、非常复杂的社会系统工程,异地高考政策既要统筹考虑随迁子女升学考试的迫切诉求,又必须充分考量人口流入地教育资源和城市发展的承载能力。不进行综合、系统的制度性变革,仅仅依靠各省市制定接收随迁子女就读地高考的方案是无法从根本上解决教育公平问题的。倘若把握不当导致政策无法落实,或产生问题后再对政策朝令夕改,更会极大地伤害人民对政府的信赖度,从而影响行政法治的建设,甚至激化社会矛盾。

需要强调的是,高考毕竟只是高校选拔新生的一种手段,其功能是有限的,不能指望以高考解决教育乃至社会存在的所有不公平问题。并且,异地高考这一根源于社会发展不均衡、关涉各方面改革与利益重新分配的重大问题,不能奢望马上会达到绝对的公平。但是,笔者坚信,打破地域界限、破除地方保护主义是一种必然趋势,更是代表一种人心所向。

党的十八大报告中提出了"权利公平、机会公平、规则公平""三个公平"的制度设计,证明党和国家把民生建设、公民权利保障和社会公平摆在了非常重要的位置。在这样的时代背景下,异地高考政策的破冰无疑是一个积极的信号。当然,制定这样重大的行政决策,一定要在广泛收集民意、听取意见、遵循正当程序的条件下,在法律框架内作出科学、民主的决策。笔者认为,改革应该是在依法行政背景下因地制宜、循序渐进的推进过程。

二、立法救济之完善

法律具有指引、教育、评价、预测和强制的规范作用,在当下中国城乡发展水平日渐趋于一体化的现状下,除了及时、灵活的政策扶助之外,更要特别重视法律法规的作用。尤其是在建设法治国家的大背景下,制定并完善保证农民受教育权的法律法规,规范农民接受教育的条件、机构、资金等显得尤为重要,否则农民受教育权就会流于形式,甚至束之高阁。与国家立法相比,政策制定与撤销程序的随意性与政策自身的不稳定性,可能会使一些"校车工程""农村营养早餐工程"等成为地方政府的"面子工程"或"政绩工程"。因此,将一些对农民受教育权保障有重要意义的政策制度上升到国家立法的高度,以法律的形式固定下来就显得非常必要了。

如上所述,我国现行教育立法在保障农民受教育权、确定各级政府责任方面规定了较为全面的制度,但制度的全面性并不代表实效性,教育法律规范中仍较多存在原则性、概括性条款,缺乏具体明确的程序性保障机制,过于弹性的规定使教育法律规范仍然主要停留在政策宣言的层面,具体可操作性不强。

以《教育法》第19条为例,该条规定:"国家实行职业教育制度和成人教育制度,各级人民政府、有关行政部门以及企业事业组织应当采取措施,发展并保障公民接受职业学校教育或者各种形式的职业培训;国家鼓励发展多种形式的成人教育,使公民接受适当形式的政治、经济、文化、科学、技术、业务教育和终身教育。"该条款看起来很漂亮,但由于具体内容规定上的过于笼统并缺乏有效的责任制度,因此在实践中根本无法有效监督国家行政机关"发展农民职业教育、成人教育"职责的实现情况。再如《义务教育法》第 12 条第 2 款规定:"国家对于义务教育财政拨款的增长比例,应当高于财政经常性收入的增长比例,并使按在校学生人数平均的教育费用逐步增长。"这一应当性条款对于义务教育经费的增长,尤其是保障对农村义务教育优先投入有重要作用,但是财政拨款比例和生均教育费用增长比例立法并无具体规定,弹性太大,为行政自由裁量权的滥用预留了空间;更由于缺乏明确的法律后果,根本无法追究政府资金投入不足的法律责任。

《中华人民共和国教育法》(以下简称《教育法》)《中华人民共和国教师法》(以下简称《教师法》)《中华人民共和国职业教育法》(以下简称《职业教育法》)等教育领域的重要法律已出台将近 20 年,一些条款与社会发展和教育现状不相适应的矛盾日益突出,部分条款需要补充或修正,以适应中国"教育优先发展"的战略要求。此外,出台或落实一些新的条例、法规,进一步保障农民受教育权,完善我们的教育法律体系也是势在必行。

(一) 建议制定和推行农民职业资格准入制度

现代化首先是人的现代化,农业现代化首先是农民的现代化,农民现代化的首要条件是农民素质的提高,因此要改变农民不需要资格的传统陋习。在目前,中国土地资源有限,而社会对于农产品数量、质量需求越来越迫切的情况下,应该让"会种地的人、能种地的人"来经营农业、来耕种宝贵的土地。应该在农民接受国家基础教育和职业教育的基础上,依法建立农民职业资格准入制度,从而保证土地资源利用率,改变农村劳动力老龄化、兼职化状况,改变农民贫穷、农村贫困、农业落后的现状,使农民真正过上富足、有尊严的生活。

当然,上述制度可能过于理想,如果在当下的中国强制推行,无疑不切实际,一定程度上也会导致更多的无业人口。笔者的建议是作退一步考虑,从对农民群体进行"职业义务教育",开始发展农民职业准入制度,即从经济发达的地方开始,对农民群体进行义务的农业义务职业教育,让他们免费掌握一定的现代农业知识,以更好地进行农业生产,最后走向农民职业资格准入制度。这样的做法或许更加实际、更加可行。

(二) 建议增加义务教育年限并设立农民大学

目前我国普遍实行小学到初中的九年制义务教育,义务教育阶段完成的学生年龄是14—15岁左右,很多农村青少年在义务教育完成后就不再上学,接受新知识、新技能的大好年华被浪费,十分可惜。设立农民大学作为义务教育阶段后的继续和延伸,把基础教育与职业教育衔接起来,通过系统教育和专门职业训练,使农民的文化水平、科技水平、政治意识和社会责任感都大大提高,从而使农民教育成为农民体面职业的强力支撑。只有国家和农民共同努力,把农民职业教育办好,才能使农民真正成为具备专业知识并善于学习的职业群体,实现城乡发展一体化的战略目标①。

(三)《校车安全管理条例》的出台与落实

由于2011年接连发生了几起严重的校车事故,暴露出我国校车市场的制度缺陷。校车事故,不仅在城市发生,而且也在农村发生。农村还因为特殊地理环境等,还频发沉船等类学生受伤害事件。国内外的实践表明,完善的专业校车市场构成了校车交通安全的最可靠保障。从校车市场发展的教训来看,为了实现校车市场的良好发展和规范运营,国家必要的干预必不可少,主要表现在校车基本制度的建立和运行方面。现实中实施校车系统不仅要有质检总局制定的校车标准,更需要教育、交通、公安等诸多部门的相互配合,仅仅依靠某一部门或是机构是无法实现的。② 因此,校车系统的实施,必须从法律的层面来管理,为实施校车系统提供保障。只有通过明确的立法为校车系统提供政策指导和法律保障,从而达到明确责任主体,将校车系统建设作为教育服务的内容;调节府际关系,为实施校车系统提供内在的协调机制;将政府和市场相结合,保障校车系统实行的效果。

2012年国务院加紧了校车立法的脚步。经过4个多月的紧急部署、起草、论证,2012年4月5日,国务院正式出台了《校车安全管理条例》

---

① 参见陈瑞英:《让农民接受更多的教育》,载《光明日报》2014年1月28日,第15版。

② 参见袁潜韬:《论校车交通安全的立法干预》,载《重庆市交通大学学报》(社会科学版)2009年第9期。

(以下简称《条例》)。《条例》制定的思路一是要针对保障校车安全的主要环节,作出符合我国国情、特别是符合农村地区实际情况的校车安全管理规定,切实做到安全有保障,实际可执行。二是条例应主要规定保障校车安全的制度规范,同时要处理好与符合我国国情的校车总体制度和政策的衔接。三是应考虑地区之间、城乡之间的不同情况,在确立全国普遍适用的校车安全管理基本制度的同时,给地方制定符合本地实际情况的具体办法留出较大空间。

《条例》除了对校车安全管理问题作出规定外,还在总则中对保障就近入学、发展城乡公交,以及政府对校车服务的政策支持等问题作了原则规定。学校的布局、城乡公共交通的发展、国家对校车的政策支持等问题,虽不直接属于校车安全管理问题,但与校车安全问题密切相关。对这些问题,有关部门正在抓紧统筹研究,建立相应的制度。为此,《条例》对这些与校车安全密切相关的问题作出了衔接性的规定,主要包括以下几个方面:

(1)为从源头上减少学生上下学的交通风险,应当切实贯彻《义务教育法》关于保障学生就近入学,以及设置寄宿制学校保障居住分散学生入学的规定,尽量使中小学学生上学不乘车或少乘车。《条例》为此规定:县级以上地方政府应当根据本行政区域的学生数量和分布状况等因素,依法制定、调整学校设置规划,保障学生就近入学或者在寄宿制学校入学,减少学生上下学的交通风险。

(2)学生集体乘坐校车,交通风险过于集中,一旦发生交通事故,会造成大量未成年人伤亡,损失太大。应当优先发展公共交通,包括发展农村客运班线,使学生尽可能乘坐公交车上下学。为此,《条例》规定:县级以上地方政府应当采取措施,发展城市和农村的公共交通,合理规划设置公共交通线路和站点,为需要乘车上下学的学生提供方便。

(3)明确政府保障的职责范围,规定:对确实难以保障就近入学,并且公共交通不能满足学生上下学需要的农村地区,县级以上地方政府应当采取措施,保障接受义务教育的学生获得校车服务。

(4)对校车服务的政策支持作出原则规定,明确:国家建立多渠道筹措校车经费的机制,并通过财政资助、税收优惠、鼓励社会捐赠等方式,按规定支持校车服务。支持校车服务所需的财政资金由中央财政和地方财政分担,具体办法由国务院财政部门制定;支持校车服务的税收优惠办法,依照法律、行政法规规定的税收管理权限制定。

当然,我们并不能寄望于一部应运应时而生的《校车安全管理条例》能迅速有效地解决农村学生乘坐校车的安全问题,该规定实施后,甚至依然还发生了诸如江西贵溪校车坠水塘这样的重大校车事故。① 校车安全问题的出现有各个方面的原因,教育政策、财政保障、交通建设等层面还都需要出台相关配套法规政策。这是个循序渐进的过程,但《校车安全管理条例》毕竟是政府履行国家义务,保护公民权利的一个积极信号,对广大农村地区"上学难,上学贵,上学远"的孩子们尤其是一个福音。

(四)呼吁"农村学生营养保障法"尽快出台

在当前贫困的中国农村地区,农村儿童营养不良的状况还是相当严重的。"来自权威专家的分析表明,营养不良导致的智力发展障碍、劳动能力丧失、免疫力下降以及各种疾病,直接经济损失可占发展中国家国民生产总值的3%到5%。"② 这是一个"触目惊心"的数字。我国"免费午餐计划"最初是由网络公益组织联合中国社会福利教育基金会发起公募计划实施的。自2011年4月2日正式启动以来,得到海内外爱心媒体的支持。2011年10月26日,国务院启动实施农村义务教育学生营养改善计划,每年拨款160多亿元,按照每生每天3元的标准为农村义务教育阶段学生提供营养膳食补助。"免费午餐"项目由政府"接棒",不仅得到了雄厚的资金支持,也为大范围实施该政策准备了条件。但在农村学生营养保障立法方面,我国法律仍显空白。2012年"两会"期间,数名全国人大代表提议,建议出台"农村学生营养保障法"。他们认为,立法是保证营养计划全面普惠、落实到位的要求,也将弥补我国在学校、特别

---

① 2012年12月24日,江西贵溪市滨江镇洪塘村一载有15名幼儿园学生的7座长安面包车侧翻,坠入水塘致11名幼童遇难。遇难儿童主要是农村留守儿童。事故原因是超载、车速过快、驾驶员操作不当造成。涉事幼儿园未经审批,且多次被责令整改。事后,江西贵溪滨江镇政府一次性赔偿每位遇难儿童家属48万元,包括贵溪市副市长在内的12人因校车事故停职。详见中新网 http://edu.qq.com/a/20121225/000276.htm。

② 《代表:立法保障农村学生营养 上升为基本国策》,载《京华时报》2012年3月12日。

是农村学校供餐保障体系和义务教育阶段学生营养保障方面的法律空缺。①

三、行政救济之完善

（一）教育申诉制度之完善

教育行政申诉制度是我国教育法律确立的一项重要权利救济制度。申诉权是我国《宪法》第41条确认的公民的基本政治权利，申诉制度，即当公民或其他组织成员在其依宪法、法律或组织章程应当享有的权利受到侵害时，按照一定程序，向有关组织或机关申诉理由，请求处理或重新处理的制度。而教育申诉制度是公民维护受教育基本权利的重要途径。《教育法》和《教师法》也针对教师和学生的申诉权作了规定，从而构成了我国的教师申诉制度和学生申诉制度。因此，农村教育申诉制度可以从农村学校教师与学生两个方面来理解。

1. 保障农村学生的受教育权的申诉制度主要是指学生教育申诉制度。学生教育申诉制度具有以下几个特点：

（1）法定性。学生申诉制度是一项法定权利救济制度，《教育法》第42条第4款第（四）项规定，学生享有"对学校给予的处分不服向有关部门提出申诉，对学校、教师侵犯其人身权、财产权等合法权益，提出申诉或者依法提起诉讼"的权利。

（2）行政性。学生申诉制度也是一项非诉讼的，具有行政性的申诉制度。尽管学生申诉分校内申诉和教育行政申诉两种，但这并不影响学生申诉制度的行政性特点。学校作为公务法人，其处理决定具有准行政法的效力。

（3）准独立性。学生申诉制度虽然是通过学校行政举措制定的，但其应该有一个相对独立的申诉机构，这一机构应不依附于学校任何一个行政部门，并且是能体现其相对的权威性和最大的公信力的机构；另外，学校申诉制度的独立性还体现在申诉机构组成人员的配备上。

---

① 参见王真栋：《为"免费午餐"立法，保障农村学生营养》，载人民网 http://opinion.people.com.cn/GB/159301/17370230.html，2012年3月13日访问。

2. 目前我国教育申诉制度的相关法律规定原则性强,缺乏完善的具有可操作性的申诉制度规范,主要存在的具体问题:

(1) 受理教育申诉的机构不明确。《关于开展加强教育执法及监督试点工作的意见》规定:"行政申诉制度是政府、教育行政部门依法处理教师、学生诉讼请求的制度。各级教育主管部门可以依托信访机构,在有关业务职能机构的配合下,采取一定的组织形式,办理行政申诉案件。各级政府也应根据实际情况加强相应机构的建设或人员配备。"由此可以看出,有关法律、法规并没有对教育申诉受理机关受理顺序和受理选择的描述。

(2) 处理教育申诉的程序规范缺失,缺乏可操作性。相关法律对教师、学生申诉的时限都只作了笼统的规定,处理申诉一般进行书面审理,但没有质证、辩论等程序;对于受理机关超过时限没有作出处理应如何解决没有详细规定;对申诉处理结果如何执行、如果不执行该如何处理等,都没有作出规定,缺乏程序性的操作规定。由于教育申诉程序的不完善,造成目前的教育申诉制度在实际运用中操作性不强。

(3) 申诉机关作出决定的效力不明确,处理教育申诉的救济渠道不畅,救济范围狭窄。《教育法》规定学生可以就有关人身权、财产权的案件提起行政复议或诉讼,但对现实生活中广泛存在的受教育权被侵犯是否可以提起复议或诉讼未明确规定。这使得教育申诉制度在一定程度上失落了其应当彰显的功能,呈现出"权利救济虚置"和"权力监督困境"的问题。

这种限制使得教师的人身权、财产权以外的合法权益被排除在司法救济之外,导致了学生受教育权利救济的不足。

3. 教育申诉制度的完善可以通过以下几条途径:

(1) 健全教育行政纠纷的民间调解机制。可以在学校内部首先设立一个独立的教育纠纷调解委员会,该调解机构应当由教师代表、学校管理部门代表以及学生代表组成,由其制订自身的相关活动准则,在法律范围内活动。首先,教育纠纷的调解应在教育行政主管部门主持下,由调解委员会独立作出决定。调解不成,可申诉、复议或诉讼。校内调解既容易被接受,又有利于教育纠纷高效公正的解决。

(2) 设立校内申诉委员会,并在各级教育行政部门内设立专门的教育申诉机构。学生对于学校给予的处理决定以及其他损害其受教育权的行为不服的,可以先向学校内部的申诉委员会提出申诉,也可以直接向主管该学校的教育行政机关的专门申诉机构提起申诉。

(3)完善教育申诉制度的程序规范,主要从教育申诉的立案程序、审理程序、处理程序三个方面入手进行规范。

(二)教育行政复议制度之完善

教育领域的行政复议,是指公民、法人或其他组织认为教育行政主体的具体教育行政行为侵犯其合法权益,依法向其上级机关或其他机关提出重新处理的申请,复议机关依法对该行政行为的合法性和合理性进行审查并作出决定的行政法律制度。①

我国现行的行政复议制度由《行政复议法》和《行政复议法实施条例》规范。现有的教育行复议制度比教育申诉制度要相对完善,而且行政复议的成本低、专业性强、灵活便捷,是一种行之有效的法律救济渠道,对于解决教育纠纷应该具有独到的优势。但是现有的制度规范还可以进一步明确:

(1)虽然我国《行政复议法》第6条第1项规定,行政相对人不服行政处罚决定的,可以申请行政复议。然而对学生开除学籍等直接影响学生受教育权的处分是不是一种行政处罚,理论上还有争议。我们认为:按照《行政复议法》第6条第9项行政相对人申请行政机关履行保护人身权利、财产权利、受教育权利的法定职责,行政机关没有依法履行的,可以申请行政复议,以及该条第11项的"兜底条款",相对人"认为行政机关的其他具体行政行为侵犯其合法权益的",可以申请行政复议。

(2)应该明确在学位授予以及学籍管理上,可以认定学校具有行政主体的资格,属于法律、法规授权的组织。按照《行政复议法》第15条中的"对法律、法规授权的组织的具体行政行为不服的,分别向直接管理该组织的地方人民政府、地方人民政府工作部门或者国务院部门申请行政复议"的规定,可以申请行政复议。

(3)行政复议作为具有准司法性的行政行为,是行政机关内部监督

---

① 参见陈韶峰:《受教育权纠纷及其法律救济》,教育科学出版社2010年版,第73页。

和纠错机制的重要环节,是国家行政救济的重要制度。教育行政复议制度作为教育申诉后的救济渠道,较校内申诉明显更具权威性和公信力。与行政诉讼相比,教育行政复议是由教育行政部门负责,更具有专业优势,能够以更加符合教育规律的方式处理教育纠纷。同时,行政复议在行政诉讼与校内申诉之间设计了一个缓冲,能够有效缓解司法应对教育行政纠纷的压力。因此,应当全面拓宽行政复议在我国教育领域的适用范围,并在相关教育法律、法规中予以明确规定,如明确行政复议前置制度。建议在《教育法》修订时,对教育行政诉讼适用行政复议前置制度作出规定。教育行政部门法制工作部门负责受理行政复议申请,应当在教育行政部门设立由教育行政部门、教师代表、学生代表、法律专家组成的复议委员会,尽可能保证中立性及程序的正当性,严格按照行政复议程序进行审查。

(三)教育仲裁制度之完善

教育仲裁是指发生教育纠纷的当事人共同将争议事项提交第三者居中作出裁决的一种方法,是由中立的第三者出面解决争议的一种方式。它具有自身的优点:

(1)快捷性。教育仲裁有利于及时、快捷地解决教育纠纷,化解学校与教师、学生之间的矛盾。教育纠纷发生后,双方当事人在协商不成的情况下,可以提起教育仲裁,教育仲裁委员会按照规定审理的期限,实行一裁终局制,这就省去了诉讼中上诉审和再审等繁杂程序。

(2)经济性。能够节省处理教育纠纷的费用。将教育仲裁作为教育诉讼的前置程序,使得一部分教育纠纷案件在仲裁阶段就得以解决,减轻了当事人的诉累,节约了诉讼成本。

(3)意思自治性。在仲裁机制中,双方当事人有权选择仲裁机构,有权选择仲裁员,有权协议约定仲裁程序等,因此,仲裁更能得到当事人的信任。

(4)公正性。仲裁具有准司法性以及高度的专业性,使其具有很高的公正性。

教育仲裁规则应基本上同民间仲裁规则相近,以此来保证仲裁的中立性和独立性。教育仲裁的范围,主要为平等教育法律关系主体之间的合同争议和权利纠纷。仲裁裁决书自作出之日起发生法律效力,并可通过法院的强制执行体现仲裁裁决的权威性。教育仲裁实行"裁审自择"制度。教育纠纷的当事人享有充分的意思自治权，可以根据仲裁条款或者书面仲裁协议，向有管辖权的教育纠纷仲裁机构申请仲裁；也可以直接选择向法院起诉。但选择仲裁程序的不能再诉讼。总之，引入规范化和制度化的仲裁机制，将是解决教育纠纷行之有效的重要举措，也是受教育权法律救济的有效途径。

四、司法救济之完善

当公民的受教育权受到损害时，受损害人必须被赋予获得法律上救济的权利，这种救济权包括申诉权、复议权、诉讼权等，当然其中最重要、最核心的就是诉讼权。诉讼权就是公民要求法院为受教育权的平等实现提供司法救济的权利。司法救济是保障公民基本权利得以实现的重要手段和最终途径。

在所有的国家权力中，司法权被认为是权力最小的部分，尤其是它与行政权相比，显然并不"张扬"，但司法权恰恰是保障社会正义的最后一道防线，也是国家治理体系中不可或缺的组成部分。司法对受教育权保护的决定性作用，体现在司法的被动性、独立性和终局性上。

（一）教育行政诉讼制度之完善

随着市场经济的发展和教育管理体制的不断创新，教育行政领域里的法律关系日趋复杂，有关教育行政的纠纷越来越多，大多数纠纷是由于相关行政主体在行使教育行政管理职权时发生的行政争议。因此，如何为这些教育行政纠纷的化解提供司法的救济，让司法成为保障公平正义的最后一道防线，一直是行政法学界和司法实务界研究的热点。在农村教育中，问题同样存在，应该加以关注。

行政诉讼简言之称为"民告官"的诉讼，是由国家审判机关审查具体行政行为，它将行政机关恒定为被告，并规定由被告承担举证责任，是行政管理相对人的重要法律救济途径。教育行政诉讼，是指行政相对人认为教育行政主体的具体行政行为侵犯其合法权益，依法向法院提起诉讼，由法院对教育行政主体的具体行政行为的合法性进行审查，并作出司法裁定或判决的专门活动。教育行政诉讼是司法介入受教育权救济的具体手段，是解决教育行政纠纷中最重要、最权威的一个环节。

在目前的司法实践中,教育行政领域出现的新情况、新问题由于缺乏行政诉讼法律的明确规定,教育权利救济常常处于的尴尬状态。修改前的《行政诉讼法》没有把受教育权明确纳入行政诉讼的范围。尽管有其第11条第1款中的第8项"认为行政机关侵犯其他人身权、财产权的"可提起行政诉讼的"兜底条款",但是实践中的受教育权诉讼依然需要在其他单行法律、法规中寻找起诉依据。由此,很多受教育权利受侵害的案件,或转化为财产权、人格权受侵犯的民事诉讼,或以不在诉讼受案范围为由被驳回。

修改后的《行政诉讼法》已经传达了积极的信号,规定了"公民、法人或者其他组织对具有国家行政职权的机关和组织及其工作人员的行政行为不服,依法提起诉讼的,属于人民法院行政诉讼的受案范围"。这里的"行政行为"自然包括具有教育行政管理职权的组织或者个人所实施的,对公民的受教育权发生实际影响的行为。在此之前的2004年,最高人民法院的《关于规范行政案件案由的通知》已经规定行政管理范围分成41种,"教育行政管理"为其中的一种。2008年,最高人民法院在《关于充分发挥行政审判职能作用为保障和改善民生提供有力司法保障的通知》中指出,各级审判机关要"审理好涉及受教育权的行政案件,维护教育公平,实现学有所教"。这些都标志着我国行政诉讼制度在受教育权保护方面的切实进步。

目前在司法实践中,受教育权的行政纠纷主要集中在学校招生、开除处分及毕业证、学位证发放等方面。相关的不少案例已经确认了学校在行使这些学籍管理和非学术原因拒绝授予学位时可以作为行政诉讼适格的被告。农村教育领域纠纷会带有自己的特点,我们将关注这些带有新特点的行政诉讼案件。

(二)建立教育公益诉讼制度

受教育权兼具自由权和社会权的属性。为了实现社会权的可诉性,一些国家法院开拓了一些新的诉讼途径,即通过公益诉讼,拓展传统诉讼主体资格的范围,以实现对包括受教育权在内的社会权的司法救济。教育公益诉讼,是指有关机关、组织和公民个人等对教育领域内违反教育法律法规、侵犯公民受教育权等合法权益的行为,即使与自己无法律上的利害关系,也可依法提起诉讼,进而达到维护教育公共利益之目的的制度。它是一般意义上的公益诉讼制度在教育诉讼案件中的适用。因此,教育公益诉讼应当包括教育行政公益诉讼、教育民事公益诉讼。[1] 提起教育公益诉讼应当具备三个条件:案件属于教育公益诉讼的范围;诉讼请求中具有明确的保护国家、社会公共利益的内容;存在一个能够代表公共利益的诉讼主体。[2]

教育公益诉讼制度的建立对教育公平的实现以及农民受教育权的保护尤为重要,我国诉讼法和教育法应当对教育公益诉讼制度作出积极的回应。可喜的是,2012年8月修正的《民事诉讼法》修正案增加了规定:"对污染环境、侵害众多消费者合法权益等损害社会公共利益的行为,法律规定的机关和有关组织可以向人民法院提起诉讼。"这一条款的确立,是中国公益诉讼制度迈出的跨越性一步,填补了我国法律关于公益诉讼的空白。但这个公益诉讼的条款只是原则性的,很多具体的问题诸如公益诉讼原告资格和受案范围的具体界定,还需要配套法律法规或司法解释予以补充和完善。

我国目前并没有建立起教育公益诉讼的制度规范。在我国的司法实践中,教育公益诉讼的案例虽已有出现,但命运各不相同。如下述乡政府诉辍学学生家长侵犯子女受教育权案。2007年6月,新疆阿克苏地区的玉尔其乡、阿恰勒乡人民政府,将29名辍学学生家长告上法庭,要求法院责令家长把孩子送回学校读书。法院受理了此案,并作出了对家长进行罚款并责令其将孩子送回学校读书的判决。此案应属于教育民事公益诉讼,而不是教育行政公益诉讼,因为:第一,被告失学儿童家长不是行政主体;第二,根据《民法通则》第18条第3款、《义务教育法》第5条和《未成年人保护法》第13条的规定,父母或其他监护人应当负有让儿童继续入学接受义务教育的义务;第三,乡政府状告学生家长,不是因为自己的权益受到侵害,而是"为了孩子的明天"的公共利益,远远超

---

[1] 参见范履冰:《我国教育公益诉讼制度的建构探析》,载《现代法学》2008年第5期。

[2] 参见汤尧:《论教育公益诉讼提起的条件》,载《教育科学》2006年第6期。

出了乡政府的私益。①

而青岛三考生起诉教育部案虽然没有被最高人民法院受理,却在社会各界中引起了极大的反响。2001 年,青岛 3 名高考学生起诉教育部,认为其所作出的关于 2001 年全国普通高校高等教育招生计划的行政行为侵犯了他们的平等受教育权。教育部根据不同地域范围对招生人数作不同限定,这种限定使得不同地域考生被划分成高低不同的等级,并在不同等级中参加高考。等级之间分数标准线差异巨大,从而直接侵犯了包括 3 名原告在内的广大考生的平等受教育权。因为起诉的是政府的抽象行政行为,并且是代表广大高考考生(包括农村考生)的公共利益,倘若最高人民法院当时能够受理,以此案可以突破行政诉讼不能审查抽象行政行为的限制,并可开教育行政公益诉讼之先河,进而迎来宪法真正司法化的契机。尽管如此,我们认为这样的契机将来随时都会遇到,关键是司法机关能否知难而上,顺应民意,敢为天下先,创制这样的判例!

由于教育公益诉讼目前还是一个新鲜事物,且与保护农民及其子女受教育权关系密切,我们不吝篇幅,多叙述一些。笔者认为,教育公益诉讼的诉讼构造和诉讼程序的建构至少应该包括以下几个方面:

1. 扩大公益诉讼原告资格的范围,使公益诉讼的原告资格多元化和拟制化

目前新修订的《民事诉讼法》中关于公益诉讼的原告资格,仅限于法律规定的机关和组织,把公民个体排除在外,应当赋予公民公益诉讼的原告资格。公益诉讼的构造倚仗诉的利益理论的支撑,正挑战着传统的当事人适格理论。法律应当规定受到违法行为侵害的社会组织和个人可以向法院提起诉讼,没有受到违法行为侵害的特定组织和个人也可以依据诉讼信托和国家干预等理论提起诉讼。另外,并非所有受到侵害的当事人都要参加到公益诉讼中,这些受害者被法律拟制为某个集团或者群体,由特定的组织和个人代表该集团或者群体进行诉讼,判决的效力可以扩散到该集团的所有成员,这就是公益诉讼原告资格拟制化的意义

---

① 参见尹力:《教育公益诉讼:受教育权利司法保障新进展》,载《教育理论与实践》2008 年第 10 期。

所在。

2. 在相关立法或司法解释中，对何谓教育公共利益作出了具体界定

鉴于我国深受大陆法系演绎推理理论的影响，公益诉讼的受案范围应当尽量明晰化。由于公共利益具有抽象性和不确定性，公益诉讼的受案范围可采取列举式和概括性相结合的方式。在救济方式上，公益纠纷不能只限于既已发生损害后果的纠纷，还应当涵摄到潜在的可能发生损害后果的纠纷，即应当包括大量的确认侵权之诉求和针对被告不作为的诉求。

教育行政公益诉讼的受案范围可包括只要是违反《教育法》《义务教育法》和《未成年人保护法》等规定，导致公民受教育权直接或间接受到侵害，进而使教育公共利益遭受损害的国家、政府及其教育行政部门的行政行为(包括具体行政行为和抽象行政行为)。具体可包括国家财政性教育经费支出和各级人民政府教育财政拨款没有达到《教育法》规定的教育投入；县级以上地方人民政府未定期对学校校舍安全进行检查，并及时维修、改造的；县级以上地方人民政府未按照国家有关规定制定、调整学校设置规划；学校建设不符合国家规定的办学标准、选址要求和建设标准；县级以上人民政府及其教育行政部门未采取措施促进学校均衡发展；家庭经济困难的农村学生未享受到"两免一补"而导致部分适龄儿童辍学；进城务工人员流入地政府部门未对流动儿童提供平等受教育条件、对异地高考政策设置额外门槛的行为；县级以上人民政府及其教育行政部门没有严格执行教师准入制度，致使缺乏基本职业道德的不合格教师虐待儿童事件发生的行为，等等。

与行政公益诉讼不同，在教育领域中的民事公益诉讼可以是对公益造成影响的行政行为以外的其他带有民事法律关系特征的行为，侵权主体通常是学校、公民、法人或其他社会组织(不包括国家机关)，救济方法是民事诉讼的途径。主要有下列一些行为：学校校车安全管理不到位的行为；学生住宿、饮食条件达不到相应标准的行为；学校违反国家规定收取赞助费的行为；学校未对学生尽安全教育或提醒义务的行为；父母或者其他监护人没有正当理由未送适龄儿童入学，或者使受义务教育的儿童辍学的行为；承担社会公共利益的公益性组织没有依法对儿童的受教育提供必要条件的行为；广播电台、电视台播放的节目或广告不利于未

成年人身心发展的行为等。

在实践中,鉴于相关案件可能会出现公益与私益同时受到侵犯,或者侵权主体既有行政机关,又有学校、公民或其他组织的情况,因此笔者主张教育公益诉讼可以不对教育行政公益诉讼和民事公益诉讼作严格界分,只要是诉讼标的超越了私人纠纷领域,而带有明显的公共性的客观诉讼就可以直接选择公益诉讼的救济途径,当然也可以选择行政诉讼或民事诉讼的维权方式,运用行民交叉案件的解决机制予以处理。公益诉讼制度的构建的宗旨应该是为公民多提供一个司法救济的渠道,即通过公益诉讼为具有不确定性又有整体性的原告群体提供利用公益诉讼维护自身以及公共利益的制度支持。

倘若有了完善的教育公益诉讼制度,类似于这些在最近发生的与保障儿童,尤其是农村儿童受教育权有关的事件,都可以因为这些案例涉及一定群体的受教育权保护的公益性质,从而纳入教育公益诉讼的范围。而不致屡屡发生类似本章前面所提到的毕节儿童被冻死在垃圾箱的事件及江西贵溪校车坠水塘事件,以及河南光县小学生被砍事件①等事件,发生这些事件也不致无司法过问的情况发生,因为上述案件中有些最后都以问责几名官员匆忙收场。如果能有更加成熟、规范、公正的公益诉讼制度,也许能够促使我们更深入地反思教育立法和执法的疏漏,从而预防或减少类似案件的发生,更有利于保障广大农村儿童的受教育权利的实现。

3. 设置公益诉讼的行政诉前程序

教育公益诉讼的启动毕竟比一般诉讼程序要复杂,因此有必要设立一套行政诉前程序对公益诉讼进行过滤,即尽可能先用诉讼外方式解决教育纠纷。行政诉前申请程序存在的目的,一是给行政机关一个自我纠错的机会,以尽量避免司法程序不必要或不正当地干预行政程序;二是为了防止可能出现的公民滥诉;三是促使教育纠纷更迅速更有效地予以

---

① 2012年12月14日,河南光县发生小学生被砍惨案,受伤人数达23人。而光县所属的信阳地区的《信阳日报》于12月17日一版刊发了题为《光山:努力办好人民满意的教育》的报道,引发各界的强烈质疑。参见京华网 http://epaper.jinghua.cn/html/2012-12/18/content_1956499.htm,2012年12月18日访问。

解决。诉前程序要求对于损害公共利益的法律行为,属于行政机关管理范围之内的,应当先由行政机关负责处置。检察机关、公益团体或公民个人都可以对行政机关不作为或者没有正确作为,违反国家教育法律、法规的行政行为提出改正意见。如果主管机关在一定期限内未予答复,或对答复不服,再直接向法院起诉。但是行政诉前申请程序必须要不同于诉前复议程序。行政诉前申请程序的设置目的在于给行政机关一个诉前警示,督促其尽快履行义务;而诉前复议程序则通过复议这种准司法程序作出决定,是"穷尽行政救济原则"的体现。

4. 诉讼费用的分担配置

公益诉讼成本如何分担配置,直接影响公民利用司法救济实现权利的机会。因为"无论审判能够怎样完美地实现正义,如果付出的代价过于昂贵,则人们往往只能放弃通过审判来实现正义的希望"。[①] 通常情况下,"败诉者负担"是诉讼成本配置的一般原则。但当事人启动公益诉讼的程序是为了公共利益,"败诉者负担"的原则就有可能将关心公益诉讼的原告阻挡于法院的大门之外。建议配置三种途径解决诉讼费用问题。一是诉讼费用由国家公共财政负担,而其他诉讼费用,如律师费、鉴定费等,仍应由败诉人承担。二是将公益诉讼纳入政府法律援助的范围,并鼓励个人或民间公益法组织为公益诉讼案件提供代理和咨询服务。三是律师费、鉴定费等其他诉讼费用可以通过公益性组织或特定的国家机关设立的公益诉讼基金会提供资金支持。教育公益诉讼的原告即可通过专门的教育公益诉讼基金会减轻诉讼费用的压力。与教育相关的基金运作在中国已经有了比较好的制度基础和经验积累,如"希望工程"就是由团中央及中国青少年发展基金会以救助贫困地区失学少年儿童为目的,于1989年发起的一项公益事业。该基金的宗旨是资助贫困地区失学儿童重返校园,建设希望小学,改善农村办学条件。其实施的两大主要公益项目是援建希望小学与资助贫困学生。"希望工程"基金成立已有20余年,在帮助实现众多儿童求学梦的同时,更成为了最能够代表中国特色的全球性公益品牌。如果今后能将教育公益诉讼的费用纳入"希望工程"或诸如此类的教育公益基金中,不失为一种可行的路径。我

---

① 王名扬:《法国行政法》,中国政法大学出版社1988年版,第700—701页。

们相信,在保障农民受教育权的大背景下,农村教育公益诉讼可在实践中先行探索。

(三) 宪法救济尝试——强调宪法在农村教育领域的适用

1. 宪法救济的法理基础

(1) 权利及其救济理论是受教育权宪法救济的逻辑起点。权利从"应有权利"到"法定权利"再到"现实权利"的推移,是一种从规范向现实的演进。权利主体的奋斗进程,离不开权利的救济制度。救济制度是防止权利受到侵犯的最后一道防线。权利救济是指通过法律方式及其"类法律方式"①对权利冲突的解决。救济在本质上也是一种权利,即当实体权利受到侵害时从法律上获得自行解决或请求司法机关及其他机关给予解决的权利。救济方法大致可分为私力救济、公助救济(主要包括仲裁与调解两种形式)及公力救济(主要形式是诉讼)。在整个权利救济体系中,诉讼救济是最有效也是最主要的救济方法。宪法救济,也称宪法司法救济,是诉讼救济的一种,它是把宪法作为法律加以实践的,其具体制度就是通过违宪审查制度和宪法诉讼制度,使宪法在教育领域,特别是农村教育领域得以落实。

(2) 宪法权利的法律属性是受教育权宪法救济的内在规定性。《宪法》作为国家的根本大法,无疑具有一定的政治属性,但是《宪法》首先是作为一部法律存在的,它是全部法律制度的母法,是产生其他法律制度的基础。不能因为宪法的政治性而漠视其法律性,从观念上阻止宪法进入司法程序。法律应当、必须在司法中适用,不能在司法中适用的法律,不能称之为法。② 只有通过宪法的司法适用,宪法的效力才能实现,宪法的法律性才能得到体现。一方面,宪法在我国的法律体系中,居于效力等级金字塔的顶端,是各种法律法规的上位法;另一方面它的很大部分内容却在我国的司法实践中被长期虚置,没有产生实际的法律效力,甚至使法律实际于宪法之上的事件和现象屡屡发生、见怪不怪。从宪法的

---

① 参见〔美〕马丁·P.戈尔丁:《法律哲学》,齐海滨译,生活·读书·新知三联书店1987年版,第151页。

② 参见夏勇:《中国宪法改革的几个基本理论问题》,载《中国社会科学》2003年版第2期。

名与实相统一的矛盾运动看,宪法实施中的这种名与实之间的张力,必然要求宪法在司法中得到具体的适用。①

(3)教育部门法对受教育权实现的限度是受教育权宪法救济的直接动因。由于宪法规范具有高度的抽象性、纲领性及具体惩罚条款的阙如,法院在具体审判实践中一般不直接适用宪法条款。但是在宪法权利没有被部门法律具体细化时,就不应该排斥将宪法直接引入诉讼程序。而事实上,由于立法的相对稳定性和滞后性,部门法律法规对宪法权利的保障和实现是有限度的。就教育部门法来说,从最早的《学位条例》到《教师法》《教育法》《义务教育法》以及其他有关的法律法规,虽然已初步构成了教育部门法的体系,但是相关立法在调整教育领域飞速发展、日益复杂多变的法律关系上往往显得捉襟见肘。政府、学校与学生权利之间时有冲突与碰撞,甚至对簿公堂,教育立法实际上已经严重落后于司法实践的需要。囿于部门法对宪法规范具体化及其效力实现的限度,公民宪法上所享有的基本权利在无法得到普通法律的救济时,特定情况下有必要寻求宪法的救济。从这一点来说,本案对我国的宪政发展和司法改革无疑是有积极意义的。

2. 受教育权宪法救济的可行性

受教育权宪法救济的可行性是指受教育权作为一种宪法上的基本权利之可诉性及其程度如何。如上所述,受教育权具有自由权和社会权的双重性质,因而此论题可以分化为以下两个方面进行探讨。

(1)自由权性质受教育权的可诉性。受教育权作为第一代人权,首先具有自由权的特点。受教育自由权就是要求国家不得侵害并尊重公民受教育权的享有。这种自由权性质的受教育权是一种防止国家干预的防御权,是一种消极权利。受教育权中的选择权、学生人格自由发展权等明显属于自由权利的范畴。这些自由权性质的受教育权,与其他的宪法自由权利一样,即使还没有转化为法律权利,也应具有直接的法律效力而具有可诉性。同时,这种自由权性质的受教育权必须有与之相依存的形式上的平等予以保障。宪法中规定的平等权,除指公民之间的无差别对待之外,还应蕴涵各项基本权利受到平等保护的精神,平等地为

---

① 参见季金华:《司法权威论》,山东人民出版社2004年版,第220—221页。

基本权利设置相应的救济途径。① 这种平等权应与受教育自由权一样具有可诉性。因此,受教育权作为宪法基本权利,在自由权层面及形式平等方面都具有直接的法律效力,可以作为规范进入诉讼程序,进行司法救济。

另外,受教育权又具有社会权性质,从而引出受教育权的可诉性。"受教育权兼具社会权和自由权的双重特征,但主要是第二代人权即社会权。"②而社会权是否具有直接的法律效力从而具有可诉性,在法学界和司法实务界争议颇大。德国等西欧学者提出了"方针条款""宪法委托""制度保障"和"公法权利"四种理论。"方针条款",是指将宪法社会基本权利的规定视为立法者单纯的道德义务,而非法治国中具有规范意义的法律义务,而道德义务是不具有可诉性的。"宪法委托",是指宪法在其条文内,仅为原则性规定,而委托其他国家机关(尤以立法机关为主)并以特定的、细节性的行为来贯彻之。③ 将社会基本权利视为"宪法委托"条款,是指立法者由宪法获得一个立法的委托。宪法委托具有法规范力,如立法者的立法违背社会基本权利之条款,会产生违宪之后果。"制度保障",是指将社会基本权利视同宪法的一个制度保障,不仅要在宪法上保障公民的权利,而且要规定一定的客观制度,由制度来保障公民个人权利的实现;侵犯公民个人权利是轻而易举的,但是要废除制度却是不可能的。④ "公法权利"说认为,社会基本权利是宪法赋予人民可以主张的公法权利,受到侵害时公民可请求法院予以救济,如同自由基本权利一样,具有直接的、强行的效力,可以个案直接请求法院予以救济得以保障。但这种激进的权利保障方式由于与"宪法权利是自然权利"的西方自然法传统相违背,因此受到了西方学界的普遍质疑。

西方发达国家所承认的宪法权利主要是自由权利,甚至还有些国家

---

① 参见温辉:《受教育权可诉性研究》,载《行政法学研究》2000年第3期。

② Douglas Hodgson, The Human Right to Education, Dartmouth Publishing Company Limited,1998:72.

③ 参见陈新民:《宪法基本权利之基本理论》(上),台北三民书局1992年版,第52—53页。

④ 参见胡锦光、韩大元:《当代人权保障制度》,中国政法大学出版社1993年版,第22页。

不承认社会基本权利的法律权利性质,如美国原则上仍不承认公民的社会经济权利受宪法保护,这些权利和自由在美国没有获得宪法地位,美国至今也没有签署《经济、社会、文化权利国际公约》。因此,受教育权作为社会基本权利的可诉性,只在很小的范围和程度之内存在,这就是"最低限度的受教育权",即义务教育受教育权。而非义务教育阶段的受教育权,很难有司法救济的可能性。我国总体上来说,受教育权的"方针条款"色彩极其浓厚,加上违宪审查制度的阙如,实际上,社会权性质的受教育权只是国家政策的裁量目标,不具有可诉性。

但是西方国家社会权保障的历史进程已揭示了社会权司法救济保障的明显趋势。仍然以美国为例,虽然美国宪法并没有要求政府给个人提供特权或福利,一般情况下,法院也就不必考虑可否要求立法机关颁布法律或划拨经费为个人提供福利,但在司法实践中,美国法院还是通过判决确立了一些肯定性的救济手段,形成了对某些社会权利事实上的宪法保护,如法院判决命令相关州取消实行种族隔离的学校体制,要求这些州颁布法律并划拨专款,用兼收黑白学生的学校取代之。① 且美国大多数州宪法规定了享受公共教育权。而且,不断增加的修正案和最高法院的解释,陆续将一些宪法没有列举的、为人民所保留的权利逐渐纳入了宪法保护机制之中,特别是借助解释宪法第十四修正案扩大了保护范围,受教育社会权的部分内容也逐渐纳入了宪法救济的视野。

因此,随着市民社会与国家的逐步分野、对峙,以及私领域自治与国家干预的自身矛盾发展,我们应在立法和司法实践上尽快为受教育权的司法救济建构合理的制度。

3. 完善我国受教育权宪法救济的制度

我国司法实践对受教育权直接以宪法基本权利的法律效力进行救济的努力,始于被称为中国"宪法司法化第一案"的齐玉苓案。此案案情前文已述。从此案的发生经过看,对于齐玉苓而言,关键之处在于法院是否支持其关于受教育权被侵犯的诉求,因为这决定了齐玉苓可以得到的赔偿数额。然而,由于《民法通则》没有规定受教育权,而此案又是一

---

① 参见〔美〕路易斯·亨金:《宪政与权利》,郑戈等译,生活·读书·新知三联书店1996年版,第14页。

个民事诉讼案件,山东省高级人民法院故而认为法律的适用是疑难问题,向最高人民法院请求解释。最高人民法院于是作出了上述那个著名的而后又被撤销的《批复》,当时认定陈晓琪等侵犯了齐玉苓依据宪法享有的受教育权。此批复乃直接针对齐玉苓案,并且在当事的侵权一方是否应承担民事责任这一问题上,法院未以其他具体法律为依据而直接、单一地适用了《宪法》。

然而这"宪法司法化第一案"的提法,在当时也引发了诸多争议。比如,有学者认为,最高人民法院的这个"批复",是将违法等同于违宪的结果,并将违宪概念作了扩大解释。如果该案是一个宪法诉讼,则当事人应该承担的是违宪责任而不是民事责任,这是"批复"自相矛盾的地方。此外,"批复"也没有在实质意义上对宪法作出解释,因为该解释没有构成判断公权力是否合宪的标准,仅仅是援引了一个《宪法》条款而已,而援用《宪法》条款并不当然是宪法诉讼。[①] 又有学者担忧,最高人民法院"宪法司法化第一案"的判决,可能会导致"宪法私法化"的前景。[②] 笔者认为,该案比起原来由于单行法律被违反而引起的诉讼,在本质上没有太大的差别,只能说是提升了一步。该案实际上仍是两个民事主体之间的纠纷,是在民事案件中又存在违反宪法基本权利的内容,因而此案属于以宪法为依据来解决民事纠纷的审判实践,即本质上是一个民事案件,被称为"宪法司法化第一案"并不妥当。[③]

笔者以为,齐玉苓案终究对中国宪法发展还是有一定的积极意义,当时最高人民法院的这一批复,旗帜鲜明地指出了,公民宪法上所享有的基本权利在无法得到普通法律的救济时,应该可以直接寻求宪法的救济,宪法规范可以直接产生法律效力。如果有关各界人士能借此契机,

---

[①] 参见许崇德、郑贤君:《"宪法司法化"是宪法学的理论误区》,载《法学家》2001年第6期。

[②] 参见沈岿:《宪法统治时代的开始?——"宪法司法化第一案"存疑》,转引自 http://law-thinker.com/show.asp? id = 2369。

[③] 2010年青岛市三考生诉教育部案,由于此案起诉的是政府抽象行政行为的违宪问题,倘若当年最高人民法院能受理,倒可以促就一个真正意义上的"宪法司法化",可惜,由于时机未成熟等原因,最高人民法院失去了这样一个将宪法诉讼变成现实的绝好契机。

就如何实现受教育权等宪法权利的宪法救济构建一个可行的制度安排，或者说至少能在认识层面达成一定的共识，这对中国的法治进程、对中国宪法的完善和发展都将是一个推动。

尽管以齐玉苓案为标志的中国"自上而下"的试图建立违宪审查制度的路径遭受挫折，此案例的批复几年后也在没有说明道理的情况下被撤销，对此批复的批判声音多于肯定的声音，但实践中另一条以孙志刚事件为标志的"自下而上"的民间宪法发展路径却有了实质性的进展。齐玉苓案的两年之后，孙志刚案开创了公众、媒体和政府互动、捍卫宪法权利的模式，而国务院以前所未有的高效率，甚至在没有走完法定的撤销法规的程序的情况下，就主动签发了《城市流浪乞讨人员救助管理办法》，同时废止了1982年的《城市流浪乞讨人员收容遣送办法》。这之后中国的维权模式基本上是在"孙志刚模式"下展开的。然而这种自下而上的维权成本代价毕竟太过高昂，通常是要在发生性命攸关的大案之后才能产生影响中央政府决策的公共影响力，而且随着此类悲剧的增多，公众的耐受力也在逐渐增大。比如2009年唐福珍的自焚案件引发各界对《城市房屋拆迁管理条例》的强烈质疑，北大五学者向全国人大常委会提出对《城市房屋拆迁管理条例》进行合法性审查的建议，然而《国有土地上房屋征收与补偿条例》2011年1月才出台，这之间的立法过程显然比孙志刚案废除强制收容遣送制度要慢了许多。比如说原本计划2012年第四季度出台的《集体土地征收补偿条例》的难产，又比如久被诟病的最大"违宪"制度——劳动教养制度经历了更长的时间，终于在2013年首先由党的十八届三中全会决定提出予以废止，随即在全国人大会议上予以正式废止，其间经历了各种曲折。笔者认为，落实到受教育权的宪法救济问题上来看，这种"自下而上"模式的推行比较困难，尽管2013年《校车安全管理条例》的出台是与近年接连出现重大校车事故有关，但远称不上是宪法层面的努力，一是因为校车安全关系的不仅仅是受教育权的问题，更重要的是儿童的人身安全问题，二是因为光靠制定一部行政法规是远不能建立宪法救济制度的。最切实的努力还是要通过"自上而下"的官方途径，在制定或修正一些更高层次的法律时，明确宪法的直接适用性，规定公民的宪法权利受到侵犯可提起宪法诉讼，法官对违宪的法律可拒绝适用，以此建立宪法诉讼制度。或能按大陆法系的惯例，设立专门宪法审查机构来审理宪法案件和对涉讼的法律的合宪性作出解释或裁决,并确立"违法立法"失效的制度。唯有等到宪法终于能真正贯彻实施之时,农民受教育权的保障才能真正得以实现。值得庆贺并令宪法学界兴奋的是,中共中央《关于全面推进依法治国若干重大问题的决定》专门强调"完善以宪法为核心的中国特色社会主义法律体系,加强宪法实施",明确要"完善全国人大及其常委会宪法监督制度,健全宪法解释程序机制","一切违反宪法的行为都必须予以追究和纠正"。这些信号标志着宪法有效实施的步伐正在加快,农民受教育权的宪法保障制度势将建立。

第三编
农民权利公法保护展望

THE PROTECTION OF FARMERS' RIGHTS
UNDER THE PUBLIC LAW

第十二章　新型城镇化建设及其演进

　　进入新世纪以来,我国农村的巨变标志就是城镇化的迅速推进。城镇化是一个自然历史过程,是我国发展必然要遇到的经济社会发展过程,也是世界农业、农村、农民发展潮流在中国的表现。一般认为,城镇化的含义是指伴随着工业化的发展,非农产业持续向城镇集聚、人口向城镇集中、乡村向城镇转化、城镇数量和规模不断扩大、城镇生活方式和城镇文明逐步传播扩散的历史过程。① 走城镇化道路是世界各国经济社会发展的普遍规律,各国在城镇化进程中已经积累了许多成功的经验,也提供了不少教训。② 我国改革开放以来的实践证明,城镇化建设是我国经济社会发展的必然趋势,它既是拉动中国经济社会发展的动力资源,也是推进中国社会进步、提升中国社会整体文明程度的有效"抓手"。据统计,从1978年到2011年,我国城镇人口从1.72亿人增加到6.9亿人,城镇化率从17.92%提升到51.27%,应该说进步不小;但正如许多事物一样,城镇化是一把双刃剑,它必须有科学的指引和理性的控制,才能朝着有利于人民利益的方向发展。由于中国城镇化是在中国特定社会背景下发生的,具有其他国家城镇化不同的特点。由于受政治经济发展不平衡等错综复杂客观因素的影响,以及我们在把握城镇化建设规律方面存在不足,我国城镇化过程中已经出现交通拥堵、环境污染、资源紧缺、房价飙升、农民失地、就业困难等系列问题。因此,基于农民权利保障视角,如何加速推进新型城镇化,实现城镇化又好又快发展,是社会科学工作者包括法学工作者的重要研究课题。笔者试从政府法治角度,从

---

　　① 参见任进:《城镇化、城市治理与法治》,载《行政管理改革》2013年第6期。
　　② 简而言之,总结世界城镇化发展史,可以将其划分为传统城镇化道路和新型城镇化道路两种不同的道路。传统城镇化已经陷入困境,各国已经开始探索和践行新型城镇化道路。中国新型城镇化道路不是独此一家,某种意义上它是全人类的共同选择,而且中国当前的探索具有为全人类文明作出新贡献的时代特征。

政策管制与法律规制层面出发,以农民权利保障和人的城镇化为核心,对新型城镇化战略的法治机理予以研究,在策略的公法学分析中,重点廓清新型城镇化的价值目标。

第一节 城镇化政策目标的法理考量

一、法律与政策

　　法律与政策是国家政治生活中交相辉映的主旋律。中国法治道路的重要特色之一就体现为政党领导和国家法治的相互交织、融和、发展。政策是日常生活中使用最广泛的概念之一,不同的学者从不同的角度进行了论述。当代新行政法学的一个重要特点是开始注重政策,尤其是公共政策在国家治理中的作用。詹姆斯·安德森(James E. Anderson)认为,"政策是一个有目的的活动过程,而这些活动是由一个或一批行为者,为处理某一问题或有关事务而采取的"。① 伍启元先生指出:"公共政策是政府所采取对公私行动的指引"。② 陈振明先生则将政策理解为:"政策是国家机关、政党及其他政治团体在特定时期为实现或服务于一定的社会政治、经济、文化目标所采取的政治行为或规定的行为准则,它是一系列谋略、法令、措施、办法、方法、条例等的总称。"③尽管学者们对政策的定义不同,但从这些不同的定义中不难发现政策具有行为规范的功能。"政策是一种行为准则或行为规范,政策总有具体的作用对象或者客体,它规定对象应做什么和不应做什么;规定哪些行为受鼓励,哪些行为被禁止。政策规定常带有强制性,它必须为政策对象所遵守。行为规范和准则使政策具有可操作性,从而实现特定的社会目标。"④笔者以为,政策在一般情况下可以等同于公共政策,在法治形态下,公共政策又常常以法律形式得以实现。在我国,尤为明显的是执政党习惯运用其宪

---

　　① 转引自陈振明主编:《政策科学——公共政策分析导论》,中国人民大学出版社2006年版,第48页。
　　② 同上书,第49页。
　　③ 同上书,第50页。
　　④ 同上注。

法权利,将其政策转化为法律形式并得以实现。

在我国城镇化演进过程中,法律与政策所呈现的关系尤其值得公法学界关注,它既体现了二者的价值基础同源,同时也表征了二者实践路径迥异。在我国,政策(主要是党的政策)与法律是有差别的,有区分的必要性。根据政策制定的主体,可以简单地将政策分为政党政策、国家政策(公共政策)、其他政治团体及社会组织政策,其中最有影响的当属政党政策与国家政策。政党政策又分为执政党的政策和参政党的政策,其中执政党的政策更具影响力,一定程度上是国家政策的源头。[①] 城镇化政策即为适例。只要仔细观察和分析,在我国执政党和政府在主导推行城镇化过程中,法律与政策呈现出相互促进又此消彼长的关系。

二、城镇化政策目标

我国城镇化进程发生于改革开放之后,人们的自觉认识紧随其后。1984 年中共中央第一次提出"小城镇发展",党的十六大提出了"走中国特色的城镇化道路",党的十七大进一步调整完善为"按照统筹城乡、布局合理、节约土地、功能完善、以大带小的原则,促进大中小城市和小城镇协调发展"。[②] 最值得关注的是中共十八大提出的"新型城镇化",反映了执政党对城镇化道路更深刻和全面的认识,也意味着未来中国城镇化建设模式将发生巨大转型。也就是说,作为政府主导、社会联动的一项系统工程,城镇化建设已经从"走中国特色的城镇化道路"的战略思想具体落实为"积极稳妥推进城镇化,着力提高城镇化质量,走集约、智能、绿色、低碳的新型城镇化道路"的发展步骤。这就明确了新型城镇化的主要特征:所谓集约,意味着统筹规划、节约利用土地资源,保障城镇资源的长久可持续利用;所谓智能,意味着信息化和工业化深度融合,工业

---

① 参见吴晓明、王彩霞、范炜烽:《政策与法律的结构分析——从伦理政治到法理政治》,载《学术论坛》2001 年第 3 期。

② 根据党中央的统一部署,国家发改委分别于 2005 年和 2008 年公布了两批全国发展改革试点小城镇,前两批试点小城镇共计 278 家。2012 年 3 月 8 日,国家发改委又公布了第三批全国发展改革试点城镇名单,决定将 64 个市(区)和 369 个镇列为第三批全国发展改革试点城镇。政府旨在通过局部试点、经验研判提升、示范引领,再进行全国推广。

化和城镇化良性互动,城镇化与农业现代化相互协调,居民生活更加便利舒适;所谓绿色,意味着保护环境,注重资源节约、环境友好和生态文明,走绿色城镇化道路;所谓低碳,意味着产业结构的优化和生活观念的改变,保持社会的可持续发展,使人民的生活更有质量,更加感受到幸福。尤其是中共中央新领导集体明确提出了新型城镇化的核心是人的城镇化,为未来城镇化建设注入了新内涵、提出了新要求,由此中国城镇化建设完成了从宏观蓝图构建到具体体系支撑的演进历程,城镇化政策目标也发生了巨大变革。

回顾改革开放以来我国城镇化演进的历程可知,在不同的历史节点,城镇化政策目标在多元的权力形式和权力关系中具有不同的取向。城镇化的过程同时正是政府权力的价值目标不断矫正和得以规范的过程,如果说经济增长、社会稳定、群众利益依次成为传统城镇化的三个主要政策目标,相当长的一段时间里经济增长实际成为城镇化最根本、最主要的目标,由此出现了许多乱象,由于缺乏尊重群众利益的理念,使农民利益受损,导致农村群体性事件频发,决策者试图实现经济效益、社会秩序和群众利益三大目标的愿望也落了空。而在新型城镇化的法治思维中,把尊重群众愿望和利益放在首位,提出了以人为本、经济效益和社会稳定良性互动的理性路径。实践表明,如果不破除唯经济增长不顾民生的城镇化模式,不仅难以完成稳增长、调结构的经济政策目标任务,反而会形成新一轮的"圈地运动",出现把农民"逼上楼"等现象,最终戕害农民的群体权益。因此,新型城镇化是维护农民权益的过程,是造福人民利益的过程,在这个意义上说,新型城镇化的过程正是我国法治国家、法治社会和法治政府一体化实现过程的一部分,其中首当其冲的是要求主导城镇化政策的政府必须围绕锻造民主型政府、有限型政府、善治型政府、责任型政府和平权型政府,要求重整价值谱系,政府法治显然应该成为新型城镇化不同于传统城镇化的一个最鲜明的特征。

第二节 农民是新型城镇化的最重要权利主体

习近平同志早在 2006 年就撰文指出:"三农"问题的本质是农民问题。由于城乡二元的体制结构,国民分成了两种身份:一是城市居民;一是农民。城乡差别是客观存在的,但城乡二元结构成为一种体制,就人为地造成了农民与市民的身份差别。这种体制是历史造成的,有一定的历史合理性,完全突破这个体制目前还有很大的难度,不可能一蹴而就。要通过一个全方位的发展和变革,逐步消除农民与市民在实质上的差别和身份上的巨大落差,而只是社会分工上的不同。这是我们努力的方向,也是最终一定能够实现的目标。当然,无论发展到什么程度,城乡始终是有差别的,有些方面如交通信息等城市会优于农村,有些方面如生态环境农村又会优于城市,但终极的目标应当是,虽有城乡之别,而少城乡之差。① 这段话说得何等实事求是,何等清晰明确!

2015年4月30日中共中央政治局举行第22次集体学习,习近平同志进一步指出:"推进城乡发展一体化的目标就是逐步实现城乡居民基本权益平等化、城乡公共服务均等化、城乡居民收入均衡化、城乡要素配置合理化,以及城乡产业发展融合化。"一句话,要提升农民的地位,保障农民的权利。可见,在这个"权利的时代"里,新型城镇化过程,就是新型城镇化权利主体——农民权利成长的过程。为此,我们仍然需要继续从运用分析农民的宪法地位着手,研究农民从身份走向职业,走向公民化的历程。

一、农民宪法地位分析

新型城镇化过程,是广大农民转型为市民、产业工人或服务者的过程。新型城镇化最本质的内涵涉及农民地位的改变和农民利益的实现,涉及农民向市民身份的转变。从中国历史发展来看,农民往往以打造历史或倒逼改革的形象出现。农民应该是城镇化进程中最受关注的对象,也是新型城镇化建设能否取得良好效果的评价主体。与本成果一以贯之的观点相联系,笔者认为:在我国社会主义宪政体制建设背景下的城镇化过程中,我们的首要任务就是使我国农民宪法上的地位真正定位于"公民"。

首先,农民的"公民"地位是宪政精神所决定的。随着人类社会对宪政的追寻,我们可以发现,民主制度与人权保护已成为宪法最为核心的

---

① 参见习近平:《之江新语》,浙江人民出版社2007年版,第9页。

价值追求,而平等权则是民主与人权的核心,是核心的核心。① 根据《牛津法律大辞典》,平等是指人或事物的地位处于同一标准或水平;都被同等对待。② 平等原则作为宪法的基本原则之一,要求国家机关在立法和执法的过程中,都要给予所有公民平等的保护。③ 平等可以分为形式平等和实质平等,前者从抽象意义上要求对所有具备法律人格的主体给予平等对待,后者则注重从实质意义上对形式平等作出补正。我国1982年《宪法》就明确规定了法律面前人人平等的原则。农民作为我国依法治国的"公民",自然也要接受宪法至上的准则,在宪法上与其他社会主体平等地享有权利、承担义务。宪法政治的环境,决定了我国农民应当享有"公民地位"。反过来看,只有赋予"农民公民"地位,才能保证农民与其他主体的平等关系。就当前落实农民平等权的城镇化过程而言,我们尤其要关注农民享有资源上的平等权。法律的核心是权利,权利的核心是平等,平等的主要内容是资源的平等。因此,新型城镇化战略需要特别重视的一个核心问题就是关注农民的资源平等权。

其次,"公民地位"也是对农民尊严的保护。人的尊严是一切法律价值的源泉,是人类社会法治的最高追求目标,也是一切立法和司法的最高指导思想。人的尊严是平等的、普遍的,不应因为种族、性别、宗教、政治意见、国籍等因素而有差别。1948年《世界人权宣言》第2条对平等非歧视原则作了进一步的规定:"人人有资格享有本宣言所载的一切权利

---

① 参见问清泓:《试论公民的平等权》,载《武汉科技大学学报》(社会科学版)2004年第1期。

② 参见《牛津法律大词典》,法律出版社2003年版,第383页。

③ 我国宪法在公民基本权利和义务一章的开篇即明确规定"公民在法律面前一律平等"。对此,学界有人认为,这意味着平等"是我国公民的一项基本权利,也是社会主义法治的一个基本原则"。参见魏定仁、甘超英、傅思明:《宪法学》(第2版),北京大学出版社2004年10月版,第422页。如果将其解释为一种权利,则意味着这项国家义务同时是公民的一项权利,当国家不能全面履行这项义务时,公民有提出请求或追究责任的权利。若将其作为一个原则,它所强调的就是抽象性和规范性,也即公民在权利受到不平等对待时,有权依据平等原则主张国家给予平等的保护。笔者认为,这两者之间在含义上或有所差别,但在公民权利保护方面,则发挥着近乎相同的作用。它们都可以作为公民请求国家给予平等保护的依据。

和自由,不分种族、肤色、性别、宗教、语言、政治和其他见解、国籍或社会出身、财产、出生或其他身份等任何区别。"平等是实现人的尊严的最核心、最基本的要求。农民与其他主体一样享有公民应当具有的地位,也是农民这一群体实现人的尊严的必然要求。在当前我国城镇化过程中,关注农民尊严的一个重点就是要关注2亿多农民工的尊严,城镇化过程就是农村人口不断转移到城镇的过程,其表现是大量农民工的出现。然而,在与传统户籍制度直接关联的教育、医疗卫生、社会保障、住房保障等领域中,农民工实际权利的享受就出现了许多问题,如果不能在这些领域使农民工得到应有的待遇,对他们的尊严的保护将成为一句空话。

二、农民权利主体属性分析

农民权利是农民基于其农民身份而享有的权利,由两个不同的方面构成:一是农民身份;二是权利。农民身份由户籍制度予以确定。凡是在其户籍中被登记为农业户口的人,在原则上都应当具有农民身份。

《现代汉语词典》将农民定义为:在农村从事农业生产的劳动者。不可否认,这是一个事实。然而,在当今的中国,农民这一职业却承载了与现代社会不相符合的凝重——由传统农耕文明的历史惯性和当代中国的制度事实共同造成的中国农民在现行市场经济条件下所不该继续担负的"身份"之名。"身份是指生而有之的东西,可以成为获得财富和地位的依据。"[①]身份给农民带来的事实却是财富少、地位低。在现代市场经济条件下,"身份"意义上的农民业已钳制了"职业"意义上农民的发展,是造成农民权利贫困、农村发展滞后的主要因素,成为新型城镇化过程中的羁绊。

这一概念中另外需要解决的问题是"权利"的概念。笔者认为,农民身份是一种为现行法律秩序所认定的身份,基于这种身份而产生的任何权利可以说都有着实定法上的基础。因此,对农民权利的研究首先就要从分析实证主义的角度出发。当然,从分析实证主义角度出发并不意味着否认其他角度的重要性,笔者所要强调的仅仅是分析实证主义的优先

[①] 朱光磊等:《当代中国社会各阶层分析》,天津人民出版社2007年版,第40页。

性。本书的研究路径应当是在问题分析中将实定法律规范与法律规范之外的道德习俗等社会规范相结合。笔者认为,权利由四个基本要素构成:资格;请求、要求或同意;合法性;主体需求的满足。因此,农民权利在较为具体的层面上指的是农民基于其农民身份而具备的某种资格,以此资格为前提条件,作为农民的个体或群体可以提出某种请求或要求,这种请求或要求具备法律上的正当性,因此能够获得法律的保护,从而使得提出这一请求或要求的主体的需求可以得到满足,这为新型城镇化符合公平正义方向的演进奠定了坚实的基础。

第三节 城镇化模式取向的公平正义

新中国建立以来的城镇化模式可简要分为传统城镇化发展模式与新型城镇化发展模式。

一、传统城镇化发展模式

传统城镇化发展模式,在国外主要是指18至20世纪为适应工业革命和工业现代化驱动,城市迅速增加,城市规模不断扩大的扩张性、粗放型城镇化模式。这种模式发展到极端,往往演变为"过度城镇化"模式。以墨西哥等拉美国家为代表,由于城镇化建设缺乏统筹规划,短期内农村人口大量涌入城市,导致城镇化进程无序和混乱,空气质量恶化、水源污染、交通拥堵、住宅紧张、犯罪率上升等结果,给整个经济社会发展带来巨大负面影响。我国前一阶段的城镇化也带有传统城镇化的特征,又有其中国特点。其扩张性、粗放性又明显地表现为由耕地集中转变为土地经营集中、产业集聚推动形成人口集聚、乡村群落更迭为城市社区、政府土地财政收入用于社会公共服务支出等特点,这是前一阶段中国传统城镇化发展的普遍路径。政府通过宪法认可的行政征收方式,以显著低于同等情形土地市场的价格,以国家名义获得土地所有权,借助市场资本流动、税费流转、招商引资运作已获取的土地,依托拉高地价实现地方财政收入增长的目标,将所获资金用于行政给付以及社会公共服务支出。在这种传统城镇化发展模式下,一方面,地方政府、房地产开发商、市民在围绕土地所形成的利益博弈中拥有主动权。另一方面,村民、新市民、被拆迁群体所获地价收益与城镇化迅速推高的高物价差距逐渐拉大,由此引发土地流转、户籍、城市发展、社会治理等诸多领域的社会矛盾。前一时期我国城镇化过程中暴露的弊端非常明显。

二、新型城镇化发展模式

中共十八大所展示的新型城镇化发展模式的最大特点就是以人为本,注意协调发展、科学发展。目前,区域发展不平衡是城镇化发展呈现出来的首要特征。"在东部地区快速发展的过程中,区域经济发展的差距有所扩大,中西部地区发展相对滞后,一个重要表现就在于中西部地区城镇化水平相对滞后。"[1]正是基于传统发展模式所带来的经济增长质量与社会整体发展不协调的现状,党的十八大借鉴国内外经验,矫正以往城镇化过程中的不当做法,提出了实现城镇化建设务必转型的新战略。这意味着新型城镇化的工作理念、实现路径、协同要素将发生重大改变,要处理好土地财政收入增长与加大行政给付力度、社会公共服务支出范围与比例、产业空间结构调整与土地集约节约利用、农民利益增加与东部沿海地区用工减少、生态平衡与地方经济增长等之间的关系。

公法学不仅要从"处于思想的应该适用的规范层次"来研究法律规范,同时还要从社会学的角度观察"处于现实发生的事件的实施层次"的法律运作,亦即公法学不仅要研究法律规范,同时还要关注法律在社会生活中的实效运作。[2] 城镇化的分析研究是法律的实然性问题,还应关注公法与政治之间互动形成的社会场景,不仅从法律规范的动态运作进行观察,还应考察城镇化演进过程中的权利与权力博弈、权力与权力较劲的动态实现过程,其意义应是开创行政法社会学研究的逻辑起点。

传统城镇化与新型城镇化所表征的价值取向在不同历史节点呈现出迥异的特质,公平正义的衡量基准的流变性在社会思潮多元化的背景中变得扑朔迷离,诚如博登海默所言:"正义有着一张普罗透斯的脸,变

---

[1] 李克强:《关于调整经济结构促进持续发展的几个问题》,载《求是》2010年第11期。

[2] 参见〔德〕马克斯·韦伯:《韦伯论西方法律的独特性》,载李猛主编:《韦伯·法律与价值》(《思想与社会》第1辑),上海人民出版社2001年版,第27页。

幻无常,随时可呈不同形状并具有极不相同的面貌。"①庞德将社会利益的实现作为利益的首位。"人类,不管是个体或群体或是以任何关系相结合的团体,寻求满足自己的要求、请求或是需求是其本能,因此就必须考虑透过政治组成的社会力量来调节行为的关系与秩序。"②

党的政策的宗旨是以人民利益的维护与满足为衡量基准,需要符合社会公平正义。从公法角度而言,符合"人民利益"的政治话语表述与符合合法个体权益满足的表述具有内在的一致性。笔者认为,城镇化政策的实施效果是否符合公平正义,最终应强调以个体为检验单元。哈耶克甚至认为,正义这个词语只有针对个人时才有意义,绝不能指向社会实体。③ 政策实施必然在宏观环境和微观环境下发生效应,政策目标多元、政策对象不确定和政策运行环境不同,自然会影响到政策对于单个社会主体的公平正义。但是,作为权利主体的个人,不仅是法学研究的逻辑起点,同时更是人类社会活动和政治活动实效的最终评价者。因此,人性尊严应当成为城镇化政策制定是否符合公平正义最低限度的衡量基准。

第四节 转型期城镇化发展模式的现实冲击

转型中国的城镇化发展面临政策目标失序、农民权利贫困、政策工具失灵等一系列挑战,基于经济效益和社会秩序的价值诉求,正遭到强劲的现实冲击。

一、发展理念的挑战

审慎推进新型城镇化,是基于对未来不确定性进行风险规制的政策

---

① 〔美〕E.博登海默:《法理学:法律哲学与法律方法》,邓正来译,中国政法大学出版社1999年版,第252页。

② 〔美〕庞德:《社会利益概论》,载〔美〕William M. Evan主编:《法律社会学》,郑哲民译,巨流图书公司1996年版,第89页。

③ 参见〔英〕弗里德里希·冯·哈耶克:《法律、立法与自由》(第2、3卷),邓正来等译,中国大百科全书出版社2000年版,第50、52、119页。

考量。① 前一阶段,我国城镇化过程中不少地区出现的城乡隔离式发展、土地资源捉襟见肘、征地补偿成本不断攀高、社会差距逐步拉开等现象,不能不说是受到传统城镇化发展理念严重影响所导致的结果,应该说,这既不符合社会主义价值理念的要求,也不符合人民群众的利益和愿望。重城轻人的传统城镇化模式,是对以人为本的发展模式的严重背离,已遭到越来越多的质疑。具有中国特色的指导政府实现法治目标的政府法治论则认为,政府应当依法律产生、政府由法律控制、政府依法律善治、政府对法律负责以及政府与公民关系平等化。② 由此政府法治学理观照,某些地方出现的"逼农民上楼"、房价居高不下、地方政府债务风险系数攀升、基层政府规制工具失灵以及征地领域引发的社会群体事件,这些现象揭示了传统城镇化建设忽视人权的发展理念,必定会造成严重的社会问题,这是我们不愿意看到的。

二、农民权利的挑战

长期以来中国存在所谓"三农"(农村、农业、农民)问题,"三农"问题的核心是农民问题,而农民问题的焦点是农民权益问题。因此,农民问题在于农民权利的贫困问题。

1. 政治权利的贫困

新中国成立,宣布中国人民从此站起来了。但是广大公民享有宪法权利的道路曾遭到挫折。农民的政治权利的享受也屡经波折。本书在前面已屡有陈述。实际上,政治利益是经济利益的集中体现,政治权利是经济社会文化等各种权利的集中反映。农民权利的贫困必然反映在政治权利被漠视方面,这既有客观原因,又有主观原因。这种权利贫困是在历史长河中形成的,也只有在历史长河中才能消除。

---

① Vern R. Walker, *Risk Regulation and the "Faces" of Uncertainty*, 9 Risk 29-34 (1998).

② 政府法治论由本书作者杨海坤所首倡,实践证明这一理论对建设法治政府实践具有极强的指导意义,同时与决策者关于中国法治的论述深度契合。具体参见杨海坤、章志远:《中国特色政府法治论研究》,法律出版社 2008 年版。

2. 经济权利的贫困

经济权利系指宪法所保障的包括财产权、劳动权、休息权等有关经济活动或经济利益的权利。其中最重要的当属农民的财产权利。财产权指财产所有人在法律规定的范围内对其财产享有占有、使用、处分的权利。在城镇化过程中,对农民的财产权来说,突出表现为农民的土地财产权以及与此相关的其他权利贫困。例如有些地方的县、乡级政府和村可以在不征得农民同意的前提下进行征地或强迫农民将承包的土地以非常低的价格转让给政府,而政府再高额转手卖给开发商,农民反成了困难户,成了被救济的对象。农民在财产关系上的这种不平等地位,是其社会地位整体低下的重要根源。[①]

3. 社会保障权利的贫困

长期以来,我国社会保障体系并存着两个相互独立又相互联系的层次,城镇企事业单位的就业人员享受相对较为完善,水平较高的社会保障服务,而广大农民在这方面的情形则恰好相反,我国农村居民主要依靠家庭保障而缺乏社会保障。城乡分离的二元社会结构,使城乡社会保障的差距相当惊人。[②] 传统城镇化过程中,村民转变为市民,而城市市民享有的合法的社会保障待遇,在相当长的时期内农民却无法享有,甚至入住安置房都需要等待较长时间,因此城镇化一度被称为"伪城镇化",这是值得高度警惕的。

三、治理效果的挑战

改革开放以来,政府高度重视工业化和城镇化发展战略,取得了城市化和市民化跨越发展的显著成效。但是在推进城镇化的过程中,由于广受唯GDP论的影响,政府在推进城镇化过程中并未统筹城乡社会一体发展,重地方财政收益轻群众合法权益,重严格行政管制轻社会公共服务,没有将城镇化、管理民主化、社会公平化紧密结合,在征地和卖地、土

[①] 参见陈永梅:《中国农民的权利贫困分析》,载《广东财经职业学院学报》2004年第6期,第82页。

[②] 参见成兴涛、祁伟、曾玉珊:《城乡二元结构下农民权利现状分析及对策思考》,载《南方论刊》2009年第6期,第38页。

地流转和拆迁补偿、宅基地换房操作方面也存在着不容忽视的问题,造成"城乡割裂、城乡二元"的城镇化,农村和农民在城镇化的过程中未能享受到应有的益处,城镇化过程也尚未有效带动农业和农村的现代化。更令人担忧的则是,局部地区所引发的社会矛盾,给地方政府造成了巨大的社会维稳成本。

四、治理机制的挑战

城镇化建设与土地、户籍、区划、融资等法律保障因素存在着制度性和结构性的紧张关系,主要体现为下述四个方面。

1. 土地物权制度

土地物权制度的合法性和合理性攸关新型城镇化成败。我国《宪法》规定,城市的土地属于国家所有;农村和城市郊区的土地,除由法律规定属于国家所有的以外,属于集体所有;农村土地除规定属于国家所有的以外,剩余土地归农民集体所有。国家通过征收将集体土地征为国有,所有权主体由集体转换为国有,再由国家向土地的使用者划拨或出让获得土地收益。城市和农村土地公有制结构不同,造成土地确权、流转、监管、收益的不同。更为严重的则是基于公共利益仍作为高度不确定法律概念而存在,以及目前土地物权权能的空心化、权能主体的虚置化、流转途径的狭窄化等状况依然存在,对农民合法权益的维护形成挑战。

2. 户籍管制制度

伴随30多年的高速增长,我国城镇化水平已经突破50%,东南沿海较发达城市甚至远远超过这一数字,例如江苏省无锡市,截至2012年年底,城镇化率已高达72.9%。从全国统计情况来看,具有本地城市户籍的城镇化水平尚不到36%,其差距是由长期居住在城市却没有城市户籍的流动人口所导致。这种不完全城镇化或者"伪城镇化"造成了日益严重的经济社会问题,不符合社会的公平正义。正如罗尔斯在《正义论》中所指出的:"自然资质的分布只是一个中性的事实,但社会制度怎么对待和处理它们,却表现出正义与否的性质。"[①]在二元经济结构的发展中国

---

① 〔美〕约翰·罗尔斯:《正义论》,何怀宏、何包钢、廖申白译,中国社会科学出版社2008年版,第10页。

家,从工业、城市部门发展可以用不变工资吸收农业部门的剩余劳动力,到城市部门必须通过更高的工资才能够吸引更多劳动力的时点,被称为"刘易斯转折点"。① 日本在 20 世纪 60 年代,韩国在 20 世纪 70 年代都经历过这个转折。尽管目前对刘易斯转折点是否存在仍处于学术争论之中,但不容否认的是,城乡二元的分割制度一直是劳动力转移的巨大壁垒。笔者认为,城镇化建设成效的衡量标准是人本主义观视野下的"人",而非"城",基于户籍制度造成的歧视有悖科学发展观的发展目标。尽管各地先后在户籍管理领域推行改革,但由于户籍牵涉政府财政支出、社会保障水平、城市综合治理等因素,现有改革从整体上仍未突破城市与农村双元户籍管理,而这也正成为新型城镇化建设推进的制度壁垒。限制城市与农村户籍人口的合理流动、新市民和农民工社会保障水平低、政府用于社会公共服务支出少、农民工城镇自有住房拥有指标低等现状,都不符合人本主义观指导下的新型城镇化。

3. 行政区划制度

行政区划体制是一项国家政治制度,它密切关系地方政治经济文化社会发展。与德国、法国、日本等国不同,我国行政区划制度主要由宪法规范予以详尽规定(《宪法》第 30 条、第 62 条第 12 款、第 89 条第(十五)项、第 107 条),没有从法律保留原则和宪法解释层面详细展开。尤其是伴随地方行政事务快速演变因启动宪法修改程序较难、法律不能及时回应、宪法解释适用的范围又极其狭窄,当乡镇、社区等基层行政体制发生频繁变动时,就造成了行政区划法制的荒漠化现象。从农民转变为市民、村落转变为社区、乡镇政府转变为街道办事处、经济发展职能转向社会管理服务,这对基层政府治理带来了严峻挑战。城镇化建设并非一蹴而就,必然历经长期发展阶段。在行政区划调整过程当中,尽管"街道办事处"取代了"乡镇政府",但作为行政主体的原乡镇政府的行政职权和作为派出机关的街道办事处的行政职权发生了严重混同。宪法和法律对基层政府的规定,在城镇化推进过程中被不同程度地扭曲,造成基层行政组织法制局面的混乱。

---

① Lewis, W. Arthur, Economic Development with Unlimited Supplies of Labour, The Manchester School,22,May,1954:139-92.

4. 政府融资制度

城镇化的资金主要来自地方政府融资。根据财政部财科所的测算，城镇化率每提升1个百分点，地方政府公共投资需求将增加5.9个百分点，并认为，"十二五"时期因工业化和城镇化带来的地方政府公共投资规模将在30万亿左右。《中华人民共和国预算法》第28条规定，地方各级预算按照量入为出、收支平衡的原则编制，不列赤字。除法律和国务院另有规定外，地方政府不得发行地方政府债券。实践中，由于财政预算内资金和增量土地收入日益捉襟见肘，地方政府应对财政收支缺口较为普遍的做法是通过城投公司等平台进行融资，中央政府也试图通过代发地方债予以缓解。根据审计署的报告，从债务余额与当年可用财力的比例看，2010年我国有7个省、10个市和14个县本级超过100%，最高超过300%，地方政府负债率上升，并且偿债储备金严重不足。从珠三角和长三角发达城市政府融资的法律层面来看，普遍存在着缺失风险评估和风险管理、债务结构不合理、到期存量债务偿还压力大、部分地区和行业债务风险较高等隐患。因此，不受法律规制的地方政府融资领域风险将成为推进新型城镇化无法回避的核心金融风险，亟需从金融法律层面予以破解。

第五节　新型城镇化的行政法治保障路径

新型城镇化建设是一个综合系统的巨大工程，与农民权益保护关系极大，因此，需要在经济市场化和政府法治化的前提下稳妥推进。然而，信息不对称和信息不真实，在市场交易中无法避免，外部性和公共物品总会导致交易低效，这意味着难以回避市场失灵的局面。这就要求政府在新型城镇化演进过程中履行好引导和规制的角色，明确行政规制理念，依法使用各类规制工具，在严格遵照法定程序的前提下，依循政府法治论规范要求，从而全面破解并超越传统城镇化发展困局。目前在我国城镇化建设中面临许多问题和挑战，还存在一些认识上的误区。城镇化必然触及农民权益，涉及农民的财产权、迁徙权、城镇化带来的增值效益分享权、公民服务的平等享受权和民主管理的参与权等。因此，城镇化过程必须采取行政法治的途径，以保障农民权益为根本。

一、坚持以人为本、维护人性尊严的发展理念

新型城镇化的直接显现目的在于使更多农村剩余劳动人口通过改变生产和生活方式,提高他们的生活质量和获得更好的发展机会,其本质则是国家践行宪法尊重和保障人权的规定、维护和发展农民利益的有力举措。中国特色社会主义社会倡行政府法治、公民自律,这同时也是现代文明社会对公平正义的内在需求。因此,在推进新型城镇化建设过程中,必须坚持符合国际文明社会的发展理念,严格遵行政府法治论的各项要求。

以人为本源于古典哲学的人本主义。随着社会的进步,逐渐成为一项通行于世界各国的文明理念,逐渐并且越来越普遍地将人性尊严视为宪法秩序中的最高价值,是所有法律的最高目的价值规范。① 在国际范围来看,人性尊严源自德国基本法。该法规定:人性尊严不可侵犯,国家一切权力均有义务尊重并保护人性之尊严。继而该原则成为联合国以及许多国家宪法最高指导原则,并成为判断文明政府与否的标志,甚至有些国家将其视为判断法律纠纷的审查标准。美国法学家德沃金从判断政府文明与否的角度予以阐述,"因为我们很珍视尊严,因此我们更强调自由的重要,于是我们将良心权置于自由的最核心,所以倘若政府否定了这个权利,无论这个政府在其他比较没那么重要的事情上赋予了我们多大的自由选择空间,它仍然是个极权政府"②。在美国,1958 年首席大法官沃伦在 Trop v. Dulles 案中将人性尊严作为审查标准,将人性尊严视为判定某一刑罚是否达到残酷且异常以及该刑罚是否违反文明社会的基础标准。③

李克强总理在阐述中国城镇化时一针见血地指出:中国城镇化的核心就是人的城镇化,就是农民市民化。其实质就是以人为本,民生优先,缩小城乡之间的差距,推动中国社会走向共同经济繁荣与共同富裕之

---

① 参见翁岳生:《行政法》(上册),中国法制出版 2002 年版,第 149—150 页。
② 〔美〕德沃金:《生命的自主权、堕胎安乐死与个人自由》,郭贞伶、陈雅汝译,商周出版社 2002 年版,第 279—280 页。
③ Trop v. Dulles 356 U. S. 86, 102-103, 78 S. Ct. 590(plurality opinion)。

路。可见人性尊严是新型城镇化以人为本观念的理论基石。围绕践行为人民服务宗旨的新型城镇化,其出发点、落脚点以及最高目的就是人性尊严。人性尊严的法则"是根本的终极的压倒一切的,它为判断道德是非提供了一项当之无愧的普遍原则"①。

城镇化是传统乡村社会向以工商业、服务业为经济主体的现代城镇社会的自然历史过程,因此,必须尊重人民的首创精神,尊重农民的利益和愿望。笔者认为:社会场域从农村向城镇的变革不能以牺牲公民,尤其是农民群体的利益为条件。作为新型城镇化建设的主导者,政府能否坚守人性尊严理念并依法行政,事关本轮城镇化建设的成败。改革开放以来,关于城镇化建设不断试错的实践证实,依法行政所取得的建设成效能够阻断违法行政引发社会矛盾的冲击,能够最大限度实现改革红利从而普惠于民。因此,在推进新型城镇化建设进程中,围绕锻造"民主型政府、有限型政府、善治型政府、责任型政府和平权型政府"的要求②,严格按照政府法治论运行环节的规范要求,有利于加快新型城镇化建设步伐。

新型城镇化是以人为本、公平正义的城镇化。在推进城镇化的过程中,要认真依照"国家尊重和保障人权"的宪法原则,树立尊重人性尊严的新型城镇化发展理念,遵行政府法治论的规范要求,全面破除将城镇化当做经营土地市场的陈旧观念,通过构建以人性尊严为价值基础的法治秩序,推动形成全面完善的新型城镇化建设法制体系,致力于提升社会公共服务质量,最大程度地杜绝新型城镇化推进过程中侵犯社会主体合法权益、社会公平正义缺失、国家政策异化现象的发生。

二、坚持依法保障农民权益,特别是着重依法保障农民平等公民权

平等分为形式上的平等和实质上的平等,形式上的平等固然重要,但实质上的平等更加重要。平等权作为宪法原则,要求每一个主体都具有平等的法律地位,平等地享有权利,并且平等地受到法律的尊重和保

---

① 〔英〕卢克斯:《个人主义》,阎克文译,江苏人民出版社2001年版,第48页。
② 参见杨海坤、章志远:《中国特色政府法治论研究》,法律出版社2008年版,第137—140页。

护。平等权对于农民来说,既是农民应该获得的天赋权利,同时也是实现农民其他一切权利,包括政治权利、经济权利和社会权利的前提和基础。但是,在提倡人人平等的同时,有一个不容忽视的实际情况是,对于有天然弱势倾向的农民而言,单纯的平等保护还不足以从根本上解决农民问题,不足以改变农民的弱势地位,对农民的实质平等的目标而言,就需要对农民权利保护采取特殊的倾斜保护。具体而言,由于我国长期实行城乡二元户籍制度,以及实际造成了行政性的二元格局和城乡差距加大,因此,与城市居民相比,农民作为一个社会阶层、作为弱势群体,在其生活水平、谋生能力、竞争态势、社会实际地位等方面都处于弱势,甚至在政治上、文化上、心理上也处处表现出弱势。新型城镇化是一个"牵一发而动全身"的社会进步运动,它会给农村、农民、农业以致城市带来全面而深刻的变化,尤其对于农民的生活方式、行为方式、文化观念等带来巨大冲击,尤其需要注意的是,当前城镇化过程中出现的新情况,包括新的贫困现象的发生,当前集中表现在:缺少稳定的就业岗位或就业岗位低端,难以实现预期收入;居住在城乡结合部或城市中心待拆迁破旧地区,生活质量很低;农民及农民工社会保障、医疗保障、子女教育等缺少制度供给保障;高龄农民工渐渐老去,他们的养老问题随之凸现等,如果不引起重视,就会酿成社会问题。因此,我们必须及早顺应现实,改变理念,通过对农民利益适当的倾斜保护方式,促成平等目标的真正实现,即以形式上倾斜保护的手段,以达到实质上的平等为目标,真正实现宪法赋予包括农民在内的公民法律地位和人人平等的神圣原则!

三、坚持依法规范土地权益

在经济发展水平总体偏低的条件下,城镇化是我国未来经济发展的必由之路。工业化进程的推进、城镇规模的扩张,需要为之提供必要的土地作为空间载体。伴随我国工业化、城镇化进程的不断加快,今后相当长一段时间内,围绕土地资源利用与保障的矛盾将会更加突出。截至2011年底,我国的城镇化率已经达到51.3%,若要达到80%的城镇化率目标,则意味着从2012年开始还有近3.89亿的农村人口要进城。而在此过程中,因土地制度引发的维权案例则向新型城镇化建设提出了严峻挑战。中国社会科学院发布的2013年《社会蓝皮书》为此指出,近年来每年因征地拆迁引发的群体性事件占所有纠纷的 50% 左右。因此,我们必须从法治政府视域高度关注土地资源供应、土地资源利用、土地资源权益保障等问题。

(一)依法防范农民土地权益受损

新型城镇化建设要破除通过征地和卖地增加财政收入的落后发展观念,坚持科学发展观,依法监督检查大拆大建过程中侵犯农民土地合法权益行为。细致做好集体土地确权工作,从所有权和用益物权两方面保障农民物权和征收权益。建立科学合理的征地和拆迁补偿标准,在坚持同地同价原则上合理确定补偿标准。探索建立土地级差收益反哺机制,将土地收益中的资金以一定比例向被征地农民社会保障领域倾斜。在向被征地农民发放一次性补偿款的同时,及时将失地农民统一纳入城镇居民社会保障体系。① 建立健全征地拆迁领域法律救济机制,建立公检法和信访机关信息交流共享机制,进一步拓宽群众法律诉求渠道,从而降低社会维稳成本。

(二)依法控制农地非农化规模

严格按照国土管理法律的要求,严控耕地资源使用规模和面积。通过推行农业科技知识产权战略,依法保护现代农业生产技术专利,依赖"科技＋法律"的模式,拓展提升现有耕地资源保护空间,有效缓解新型城镇化建设和耕地保护的冲突。当前一个重要的问题是防止"过度城镇化",不切实际地推行城镇化。"过度城镇化"在当前的主要特点之一是"土地城镇化"大大快于"人口城镇化",因此,土地管理必须加倍引起重视。

(三)依法构建土地管理体系

要进一步加快土地管理法修正案工作,迅速开展《农村集体土地征收补偿条例》的制定调研工作,填补农村土地改革立法空白,为新型城镇化建设提供法律依据。当前,我国农民基于身份主要可以获得法律赋予

---

① 在这方面,已有不少地区进行了试验和创新,例如江苏省苏州市率先实现城乡社保一体化,其标志是把被征地农民当做一个特殊群体加以关注,对劳动年龄内的被征地农民,通过补缴一定年限的养老保险费,统一纳入职工养老保险。劳动年龄以上人员,则纳入职工养老保险或领取征地保险金。

的三项财产权利,即土地承包经营权、宅基地使用权和集体收益分配权,新型城镇化首先必须确权,从而为农民产权提供更有力的保障。

对城镇化既要顺势而为,又要依法引导,使城镇化朝着科学发展的方向前进。要深入贯彻落实《中共中央关于推进农村改革发展若干重大问题的决定》,允许农民以转包、出租、互换、转让、股份合作等形式流转土地承包经营权,发展多种形式的适度规模经营。要根据法律的规定,紧密结合新型城镇化建设需要实际,改革行政征地拆迁补偿机制,全力消解农村用地跟城市用地同地不同权不同价的制度矛盾,依法保护农民土地承包经营权、宅基地使用权。在推进新型城镇化过程中,要把城镇化建设和群众合法权益结合起来,建立权益保障法律化、土地配置市场化与农村土地资本化齐头并进的推进机制。提高农民在土地增值收益中的分配比例,消弭社会不稳定因素。

四、坚持彻底破解户籍管制

国家统计局公布的数据显示,2012年全国城镇化率已达到52.57%。但户籍城镇化率只有35.29%,这一数据蕴含的是当前"人的城镇化"滞后现象,即有数以亿计的农民工不能与城市居民享有同等待遇,还不能真正融入城市社会,更说明了人口城镇化的迫切程度。与此紧密联系的则是我国长久以来推行的户籍政策,正成为阻滞新型城镇化深入推进的制度壁垒。

户籍制度是政府职能部门对所辖人口的出生、死亡、迁徙、婚姻等基本状况进行登记并进行管理的法律制度。在封建时代,户籍制度的核心是君主对臣民人身和财产的占有和支配。自1911年晚清政府制定中国历史上第一部《户籍法》以来,中国户籍制度开始由传统征税派役功能转向私权保障、地方自治、人口信息功能。新中国成立后,我国户籍制度则体现为浓厚的权利界定和利益分配功能。前已论及,1958年1月,《中华人民共和国户籍登记条例》颁布,实际上使1954年《宪法》中规定的"公民居住和迁徙自由"这一公民基本权利被剥夺了。此后,户籍制度不仅造成了城乡二元结构,同时还对社会分层、城市等级造成了直接影响。等级制度是区别待遇和差异化待遇的源泉,这种在城市化发展过程中设置制度保护某些群体和阶层的特权,同时对另一部分群体或阶层加以排斥，不让其分享城市发展带来的成果的社会排斥机制必将生成社会不稳定因素。

第一，从国际法治角度观察，迁徙自由不仅是公民的一项基本人权，同时还是实现其他基本权利的重要途径。户籍制度限定了市民、农民的迁徙自由，特别是导致了农民在社会政治经济上的不平等地位。对迁徙自由的限制从表面上看似乎是借用了户籍制度这一区分标准，但其实质上并不是户籍制度在作祟，而是一种公权力的滥用。即使没有户籍制度的存在，这种权力滥用仍然会找出其他的标准为借口。所以，解决这类问题的关键不在于户籍制度是否被改革或废除，而在于建立和健全合理的行政程序和救济程序，从而实现对行政权力的有效控制，破解户籍制度给新型城镇化建设带来的制度壁垒。

第二，要确认迁徙自由的宪法地位。从法理上而言，公民迁徙自由的存在并不以宪法是否规定为前提，但这并不意味着迁徙自由入宪就没有意义。迁徙自由入宪的目的并不是为了确认公民拥有迁徙自由，而是限制法律及其下位规范性文件对迁徙自由的克减。为达成此目的，进入宪法的迁徙自由条款并不需要详细规定迁徙自由的内容，而是应当将重点放在对立法机关的限制之上。应当明确规定法律可以限制迁徙自由的条件，限制的程度，不当限制的法律后果等。

第三，以宪法规定为基础，实现对户籍制度的重新整理。户籍的意义仅仅是登记一个人的居住信息，它仅仅具有公示效果。在特定情况下，也可以成为享受某些权利的依据，但它绝不应成为将公民固定在某个地区并禁止其迁徙的根据。由此，就必须实现户籍制度立法目的从管制到服务的转向。早有学者指出，应该实现我国迁徙自由的非治安化。[①]

第四，要改变户籍与身份、福利挂钩的做法，这有悖于公民平等自由的主体身份，"即对第一原则所要求的平等正义制度的违反不可能因较大的社会经济利益而得到辩护或补偿。财富和收入的分配及权力的等

---

① 参见王鹰：《迁徙自由与户政管理的非治安化》，载《河北法学》2001年第6期。

级制,必须同时符合平等公民的自由和机会的自由"。[①]因此,要破除将户籍作为社会资源分配的依据,还原户籍的地理标识和信息记录功能,防止诸如把户籍作为谋取不正当利益的手段,导致户籍制度改革中种种怪象的发生。制定统一的户籍法律制度,实行全国统一的居住证制度[②],逐步剥离附加于户籍制度上的福利待遇。

第五,在户籍制度改革中,尤其要体现服务型政府的魅力。服务型政府要求政府增大公共服务的投入,扩大公共服务的范围,改善公共服务的质量,政府要切实承担起提供社会公共产品的义务,并确保群众实现普惠共享,在户籍制度改革问题上,尤其不能因户籍身份的不同而区别对待。行政法上的依法行政原则适用所有的行政行为,但是对服务行政和规制行政应该有不同的要求。罗豪才教授认为,依法行政对行政行为的要求,大体可以分为两种:第一种要求行政行为必须有严格的法律依据。第二种要求是,在职权范围内作出的行政行为,与法律及法律的精神没有抵触就可以实施。[③] 因此,在国家尚未出台统一户籍法律制度前提下,各级政府应当按照服务型政府要求作出行政行为,只要在行政机关的职权范围内,与法律及法律的精神、原则不抵触,又有利于社会的政府就可以积极作为。

五、转变基层政权角色,有效规制基层政权运作

农村基层政权是我国政权体制的重要组成部分,也是整个国家政权

---

① 〔美〕约翰·罗尔斯:《正义论》,何怀宏、何包钢、廖申白译,中国社会科学出版社 2008 年版,第 62 页。关于第一原则和第二原则的论述,见该书第 60—61 页。

② 居住证作为户籍制度改革的一项重要内容,于 2010 年被提上议事日程,当时国务院文件中首次提出要在全国范围内实行居住证制度。2014 年 7 月,国务院提出"全面实施居住证制度"的目标。2014 年 12 月 4 日,国务院法制办公室发布了《居住证管理办法(征求意见稿)》向社会公开征求意见。开启"居住证时代"是大势所趋,这一制度将使城市外来户口享受到户籍同等的政策和公共服务,可以说是人口管理上的一大进步,但它毕竟是户籍制度改革的一个"缓冲"阶段,是一种过渡性的制度安排。

③ 参见罗豪才等:《现代行政法的平衡理论》,北京大学出版社 2003 年版,第 18—19 页。

体系的基础。在城镇化过程中,城乡的界线逐渐模糊,但需要特别注意的是原来农村中基层政权的功能不能削弱和动摇。自从 20 世纪 80 年代"撤社建乡"以来,作为基层政权的乡镇在促进农村经济发展、维护农村社会稳定等方面发挥了不可或缺的重要作用。但随着改革的不断深化,尤其是农业税取消后,不少乡镇基层政权的领导对政府职能转变缺乏自觉意识,这是由主观及客观方面的原因所造成。不少乡镇政权基层干部仍然忙于接受大多来自上级行政机关发出的各种指令、任务、考核目标,疲于奔命完成上级接踵而来的各项任务,而很少直接听取村民自治组织以及广大农民的呼声,更没有自觉实现服务型政府的转变,把主要精力和时间用于向广大农民提供公共服务上面来。主要表现为:把自己的工作完全定位于维持农村稳定方面,即把"维稳"作为自己的基本任务。对此,对于我国农村问题素有研究的学者于建嵘指出:"'维稳'的本意是采取一些措施保持人们的生产、生活秩序以及社会治安秩序等不发生失序或动荡不安。现在这个词已经偏离了其初的意义,变成了一个异化了的概念。"[1]在一些基层政权干部看来,城镇化过程中只要农民不闹事就是上上大吉,他们往往片面地理解和执行"稳定压倒一切"的理念,常常把城镇化过程中农民的正当利益需求和表达看做破坏社会秩序的祸害,看做破坏农村安定团结的源头,因此,其心理状态不太正常。平时往往无所作为,遇到问题绕着走,出现麻烦惊慌失措,迷信用高压手段解决社会矛盾,因此使基层问题积累成堆,引发群体性事件以及"信访潮"等社会现象。因此,基层政权功能定位亟需解决,应该把建设为服务型政府的目标扎扎实实定下来,应该在基层治理中以村民利益为皈依,以提升村民福祉和谋求公共利益最大化为目标,从而使基层政权的政治公信力和凝聚力大大加强。"探索一个世纪之久的基层政权之现代性改造,仍然是一个未完成的任务。"[2]在新型城镇化过程中,城乡基层政权的现代化始终是我们公法学者关切的焦点问题。

---

[1] 于建嵘:《我国农村基层政权建设亟需解决的几个问题》,载《行政管理改革》2013 年第 9 期。

[2] 张静:《基层政权:乡村制度诸问题》,上海人民出版社 2007 年版,第 82 页。

六、坚持有序规范行政区划

行政区划是国家为便于管理而将其领土按一定的原则和程序分为若干个不同层次的单元,并设置相应地方国家机关分层管理,以实现国家职能的法律制度。① 政治经济社会的发展在时刻变化,一方面由宪法对细致入微的基层行政规划进行规范甚为不妥,另一方面行政区划行为并不能一蹴而就,新旧区划调整容易造成法治真空现象。在新型城镇化推进过程中,基层政权的管理形式变化最为剧烈,村民转变为市民、社区取代村落、街道办事处替代了乡镇原先的管理角色,一系列角色变迁,导致新的法律主体以及法律效果的产生。出现了管理权力真空、交叉、重叠等混乱现象。而不受法律规范的种种权力都会演变为非理性的侵犯力量,基层法律秩序价值无从建立。

引发现状的原因在于法律自身的稳定性与社会实践的流变性发生了激烈碰撞。以基层街道办事处的管理状况为例。全国人大常委会2004年10月27日修正颁布的《中华人民共和国地方各级人民代表大会和地方各级人民政府组织法》和1954年12月31日全国人大常委会通过颁布的《城市街道办事处组织条例》,是目前关于街道办事处的法律渊源。根据法律规定,街道办事处工作对象是城市中的居民,工作任务以城市管理和社区服务为重点。但在行政区划更迭的具体行政实践中,街道办事处不仅要行使上述法定的服务职能,同时还要行使乡镇一级政府的行政职能,特别是经济行政管理的职能。在唯GDP论的政府考核体制下,作为行政区划过渡期的街道办事处,往往将工作重心放在后者,社会管理被忽视就极其自然,从而造成了许多弊端。

从行政立法上来看,建议通过引入法律保留条款和构建完善的宪法解释制度,从而消解宪法稳定性和行政实践的紧张关系。在目前没有法律明确街道办事处的工作职责,基层行政管理和行政区划体制又在不断改革的前提下,符合立法法要求具有制定地方性法规权限的城市可以从建设法治政府的战略目标出发,着眼于厘清基层政府职责、巩固基层社会稳定,适时启动街道办事处组织条例草案起草工作,明确行政区划过

---

① 参见张千帆主编:《宪法学》法律出版社2004年版,第461页。

程中街道办事处与乡镇政府的区别、设立街道办事处的程序、街道办事处的职责、行政程序、费用保障等。此外,在具体推进城镇化建设过程中,紧密结合行政区划和区域经济发展实际,统筹城乡发展、产业发展,在立法中坚持功能分类的原则,分门别类规划耕地保护区、生态保护区、居民安置区、产业发展区等,使城乡发展能够互相衔接、互相促进。在这里还要补充指出,城镇化的最根本的动力来自社会经济文化的发展,而不是权力的命令或执政者的主观设想,因此,城镇化必须与居民自治、城镇自治发展相联系,在优化行政层级、深化乡镇行政体制改革中必须摆脱"行政万能"的思想,引入政府管理与民众自治的良性互动和有机结合。①

七、坚持政府融资风险防控

城镇化的推进离不开源源不断的资金投入,这也是城镇化成败的关键。目前新一轮城镇化中政府投资与支出之间的缺口需要借助市场化方式来弥合。新型城镇化建设资金来源要形成多元化融资机制。从目前来看,尽管国务院和银监会严令禁止地方政府融资平台贷款,但鉴于在法律上没有对政府融资含义予以明确界定,如地方政府可以随意设立公司制的融资平台,再加上银行可以提供利率低、额度高、周期长的政策性贷款,由此导致对政府融资的法律风险规制难以取得良好成效。

笔者在这方面的建议是,地方政府融资风险的法律防控机制可从以下几方面着手构建:一是从规制主体视角限定政府融资形式。根据我国目前法律规定,地方政府不能成为地方政府债券发行主体和银行借贷主体,实践中以国有独资公司形式出现的公司制并不符合公司法理,仅仅是地方政府融资冲动和利用法律形式主义要件结合而成的混合体。应

---

① 2014年11月18日,第三届"中国法治政府奖"在京揭晓,江苏苏州太仓"政社互动"榜上有名。2008年11月,太仓市开始梳理职权,依法界定基层群众自治组织与市(镇)两级政府及其职能部门的关系,率先试行"政社互动"管理新模式,明确"凡属村(居)自治性的管理工作,放手让村(居)委会自主管理","政府部门行政职责范围的工作任务,不得随意下达到村(居)委会"。这是一个成功的试点,其经验应该推广。

从法律角度规范政府融资主体,成立非公司制并且受政府有效控制的融资机构。二是从惩处机制视角强化政府融资责任。对于银行而言,只要以政府信用担保,政府融资即具有一定的风险防控度。根据《担保法》和其司法解释的规定,对于担保无效的,债权人和担保人具有过错,则担保人承担不超过1/2的清偿责任。在银行机构和政府有效规避国务院和银监会相关规定的前提下,间接促成政府融资无序局面。缺失行政融资问责机制不仅导致政府债务偿还主体不清、无法有效落实监管,更严重的则在于无法有效评估政府融资金融风险,融资危机一旦爆发,政府将无从着手控制风险的波及面。因此要建立健全投融资行政决策机制,将投融资管理工作纳入政务信息公开范畴,实现政府融资透明化、决策程序化、监管社会化。三是从监督检查视角防控政府融资风险。从当前融资情况来看,当务之急是制定地方资产负债表,抓紧清理核实并妥善处理各级政府融资平台公司债务,按照轻重缓急、风险大小原则处理债务偿还和在建项目后续融资问题。联合纪检监察、财政、审计部门,加大清理规范已成立的政府融资公司,适时推进融资平台和融资公司双轨分离融资机制。要严令禁止地方政府违规担保承诺行为,严格审查信贷管理和资金运行的全过程。

我国推进城乡发展一体化、推进新型城镇化的基本经验和努力方向是:要坚持从国情出发,从我国城乡发展不平衡不协调和二元结构的现实出发,从我国的自然禀赋、历史文化传统、制度体制出发,既遵循普遍规律、又不能墨守成规,既要借鉴国际先进经验、又不能照抄照搬;一定要全力以赴、抓紧工作,努力在统筹城乡关系上取得重大突破,特别是在破解城乡二元结构、推进城乡要素平等交换和公共资源均衡配置上取得重大突破,给农村发展注入新的活力、新的动力,让广大农民平等参与改革发展进程、共同享受改革发展成果。

第十三章　农村治理体系现代化建构与农民权利保护

第一节　国家治理现代化背景下的农村治理

1978年以来的中国改革，基本上沿着经济体制先行，政治制度随后跟进的路线行进。近年来，随着改革逐步进入深水区、攻坚期，经济发展的成果需要政治体制的承认和完善，执政党和政府逐渐把视角转向政治体制改革的突破。党的十八届三中全会除了明确废除城乡二元结构、推进城乡一体化等针对"三农"的目标外，更在宏观角度提出了推进国家治理体系和治理能力的现代化的政治改革路线。国家治理体系是一个宏大的概念，由于当下中国还有近一半的人口生活在农村，中国特色的国家治理体系必然包括农村治理体系。而村落社区虽然相对城镇较为封闭，但仍与国家权力间有着千丝万缕的联系。因此，什么是中国农村治理体系和能力的现代化，怎样达到农村治理体系和能力现代化的目标？都是我辈公法学人需要讨论的问题。

公法学是一门少见的不受晚近学术界"学科碎片化"影响的知识技艺，从宏观的政治制度、历史变革到微观的政治参与、权利保护，甚至看似"私人"的家庭伦理、婚姻继承，只要涉及公共领域的问题，都是公法学与公法学人探究和讨论的维度。对农民权利的保护也不应当仅仅局限于宪法和行政法学理的领域，只有一个现代化的农村治理体系和高效化的农村治理能力，才能在制度上保证对农民群体的权利保障。因此在本书的结尾部分，笔者将突破传统法律学科的界限，畅谈对新时期农村治理体系走向现代化的设想。

我国农村治理体系现代化至少具有以下四个特征：

一、农村公权力服务化

党的十八大报告明确提出："要更加注重党的领导方式和执政方式，

保证党领导人民有效治理国家。"①作用到农村基层,就是以村民自治组织和基层党组织为中心的农村公共权力进行治理机制的创新,在具体的公共管理实践中,避免强制粗暴的方式,重"疏"而不重"堵"。农村的基层公权力并非法律意义上的行政机关,因此所扮演的角色应当是利益冲突时的协调者、发展方向上的引路人和资源配置中的整合者。基层党组织和村民自治组织在现代农村治理体系中的地位,应当是一个服务广大农民群体的公共机构。

改革开放之前的中国的治理体系和治理模式更多的是一种"全能主义"的治理范式,即不存在政府、市场、社会的职能划分。公权力以命令的态度垄断并直接分配社会资源。这样一种计划性的治理体系,让广大农民为城市和工业化按剪刀差输送廉价工业原材料,在一定程度上就是对农民权利的剥夺和侵害。改革开放以来,中国虽然逐步走出全能主义的治理模式,但国家权力(主要是政府权力)依然没有在农村后撤,最近甚至出现了村委会干涉村民设宴抽什么烟的新闻。② 新时期的农村治理体系构建,第一步就是农村的公共权力改变其治理模式,由"命令式治理"走向"服务型治理"。

"服务型政府"是晚近行政学界探讨的热点之一,美国经济学者诺斯即认为,政府存在是经济发展的关键,而政府又是认为经济衰退的根源。③ 因此政府在行政管理过程中如过度强调其政治统治等强制性,极易导致经济僵化甚至衰退,故在实践中政府的社会管理与公共服务职能更为主要。其中的公共服务,就是指政府作为服务主体满足被服务的客体,即社会组织和个人的利益与需求。

本书第六章讨论村民自治权时已阐明,农村的基层自治组织和基层党组织具有准行政化的倾向,因此对村民具有一定程度的约束力。但这

---

① 《中共中央关于全面深化改革若干重大问题的决定》(2013年)。

② 参见《湖北村民因设宴抽18元香烟被村委会罚款2 000元》,载新浪新闻http://hb.sina.com.cn/news/j/2014-10-16/detail-ianfzhnh3203114.shtml,2014年10月16日访问。

③ 参见〔美〕诺思:《经济史上的结构和变革》,厉以平译,商务印书馆2009年版,第21页。

样一种自治组织,毕竟不是法律意义上的狭义政府,并没有基于强制力后盾的政治统治职能。因此现代化的农村治理体系中,社会服务职能应当且必然是农村公权力的主要职能。笔者认为,农村治理体系中服务型的公权力,是指在社会本位和农民本位的理念指导下,在基层民主制度框架内,把服务作为农村治理体系和谐和农村公权力职能建构中心的模式和形态,具体包含以下内容:

第一,地位上村民优先于农村的公权力。公权力与公民的关系是区分传统政府(广义)与现代政府的重要因子。传统中国的公权力是政治统治本位的,即政治统治主导社会生活,政府自身利益占超强地位,即使在远离政治中心的农村,村民也不得不仰视手握公权力的"村主任""村支书"。近年来,随着政策上以经济建设为中心,公权力逐步走向经济建设本位,即经济建设主导社会生活,政府自身利益占主导地位,兼以实现社会公共利益。在农村容易表现为牺牲村民现实利益以发展经济(如利用耕地开发房地产等)。现代化的公权力,应是服务型的农村公权力,以村民与社会利益为本位,即公权力存在和运作的意义在于为村民和农村社会提供服务。这就需要广大农民群体彻底打破传统小农社会形成的官尊民卑思想,努力发挥普通村民在农村政治生活和公共服务提供过程中的作用。在此基础上,农村公权力以尊重的态度,负责对参与社会治理的村民与村民组织进行协调、合作,共同致力于农村服务水平的提高。

第二,职能上农村公权力的重心在于公共服务。顾名思义,社会服务功能是服务型公权力的主要职能,其他一切职能都处于次要位置,运作的目的在于保障公共服务这一主要职能之履行。改革开放以来,中国公权力运行体制逐步从政治统治职能一家独大过渡到社会管理为主、政治统治和公共服务为辅的管理型公权力。这样一种形式的公权力,有着以"权"为本、追求政权稳固和经济有效运作为宗旨[①],其缺点在于以命令、审批、许可、强制、处罚为基本手段的方式不适用于规范上只拥有"软权力"的农村公权力。由于没有强制力的后盾,农村公权力应当在运作方式上以向村民和农村社会组织提供公共物品和公共服务为方式,达致

---

① 参见姜明安:《建设服务型政府应正确处理的若干关系》,载《北京大学学报》(哲学社会科学版),2010年第6期,第110—119页。

"良治"的效果。

第三,服务方式上公权力倡导和引领服务而非直接提供服务。古典自由主义者普遍认为,公权力的地位应当相当于守夜人,其功能仅限于为公民提供安全和秩序而非引导公民走向德性生活。① 这样一种看法固然带有一定的局限性,却点明了农村服务型公权力的实质——所谓服务,并不是公权力将所有公共领域的社会服务包揽,这样做只会增加本来在经济上就不宽裕的农民群体的负担,且垄断服务本就是全能型公权力的符号。邓小平曾认为,我国的各级领导机关都管了很多不该管且管不好的事情,这些事若按照规章放给社会单位会好办得多。② 这样一种思想,体现了服务型公权力的精髓,即公权力并不直接提供服务,而是将服务放开给市场和社会,公权力仅仅起到一个监督和引导公共服务的职能。这就需要农村公权力积极引导,让市场经济的东风进一步吹进农村社会,让民间资本进入农村的公共设施建设、医疗、社会保障等领域。即使农村公权力以服务村民为目的主动参与实体公共服务,也不能以营利为目的,更不能假借"服务"之名行公器私用、垄断经营之实体。

二、农村公权力机关制度化

长期以来,中国农村治理之所以存在治理能力低效的问题,其重要原因就是各治理主体之间界限模糊。政党组织、基层政府、村民自治组织以及其他社会组织等公共领域的公权力主体,在农村治理中边界模糊,有利益则互相争功,遇责任则推诿扯皮,缺乏共识和合力。因此当下中国农村若要达致治理体系现代化的目标,首先应当将各治理主体的界限清晰化,以保障农村治理的制度化、规范化和程序化。

与传统国家相比,近代国家的重要特征就是强大的权力渗透能力。政治中心能够对自己领土范围内发生的各种社会活动进行领导和控制,并根据自己的命令管理整个国家。③ 因此中国农村走出小农社会的标志

---

① 参见〔美〕诺齐克:《无政府,国家与乌托邦》,中国社会科学出版社1991年版,第35页。

② 参见邓小平:《邓小平文选》(第2卷),人民出版社1993年版,第328页。

③ 〔意〕波吉:《国家:本质,发展与前景》,上海人民出版社2007年版,第135页。

即在于政治性的公共权力取代传统的民间规则,完成对农村公共管理的主导和控制的作用。但走出传统,并不意味着进入现代。我们认为,一个现代化的农村治理体系应当包含两大主轴,即前文提到的公权力与市场、农村社会之间的分权关系和农村公权力内部多元治理主体之间的关系。前者的意义在于定义了农村治理中政治、经济、社会生活之间的广域边界,后者则涉及如何厘清和界定农村不同公权力机构之间的职责和权限,以让其在现代化的农村治理体系中互相配合和制约,保障治理能力的高效化,达到"良治"的现代化治理效果。

当下我国农村主要有以下带有行政属性的公权力:

1. 乡镇党政机关

我国宪法规定中国地方政府有三级,农村地区大多在行政上属于处于基层的乡镇管辖。乡镇机关作为中国庞大行政体系的直接代表对农村有着管辖的权力。乡镇机关主要包括基层政府、乡镇党委、乡镇人大等。在农村社会的语境中,乡镇诸机关由于都以乡镇的名义对农村基层产生影响,可被笼统称为"乡镇政府"。

2. 农村党支部

村党支部是中国共产党在农村基层的组织,也是农村各种组织和各项工作的领导核心,农村内部的方针政策大多由村支部作出。农村党支部的权力是由党的执政地位决定的,权力来源乃是上级党组织赋予的,即自上而下的。

3. 村民委员会

根据《村民委员会组织法》第2条第1款的规定:"村民委员会是村民自我管理、自我教育、自我服务的基层群众性自治组织,实行民主选举、民主决策、民主管理、民主监督。"因此村委会作为村民群体的代表,对农村内部管理拥有决定权,是村民自治权的体现,也是基层民主和村民自治的核心内容。

在学理上,三大农村公权力部门各有自己的分工,即基层政府代表国家权力,村支部代表执政党的领导,村委会代表村民自治权,但实践中三者往往纠缠不清。立法上2010年修订公布的《中华人民共和国村民委员会组织法》(以下简称《村民委员会组织法》)第5条曾明确规定:"乡、民族乡、镇的人民政府对村民委员会的工作给予指导、支持和帮助,但是不得干预依法属于村民自治范围的事项。"但由于乡镇政府是从农村人民公社转变而来的,实践中它不可避免被人民公社"政社合一"的原有管理体系的历史惯性所影响,导致其与农村自治组织和村支部的关系成为领导和被领导的关系。这种关系在实际农村政治生活中表现为村干部公务员化、村财政乡镇管理化等,导致村支部和村委会逐渐沦为乡政府管理农村的工具,其结果必然是权力界限模糊和村民自治权受损。同时,村社内部的村委会与村支部同样存在界限不明的问题。根据社会学者的调查,作为规范村委会行为试点的某县114个行政村,有60%的村党支部和村委会两套班子工作无法分开,有24%的村存在两套班子矛盾深、工作不协调,造成一方瘫痪的情况。主要原因是关系不明、职责不清,争执的焦点多为印章使用权。[①]

在本书第六章中,我们在论及农民自制权利保护时曾提出了一个"村权三分,三会自治"的农村治理体系构想,即农村党支部、村委会、议事会(监事会)分割农村权力,三种权力互相制约和平衡。笔者认为,这是一个达致农村公权力机关制度化乃至农村治理体系现代化的好设想。在当下的农村政治体制下,达到这样一个制度化、现代化的目标,应当做到以下几点:

1. 乡镇机关在农村的"退场"与转变

当代中国地方政权的设置大致分为四层,即省、地、县、乡。乡镇政府作为最基层的政权组织,更多起到的应当是对上级机关负责的同时为农村自治机构提供咨询和监督。作为基层政权,乡镇机关直接面对广大的农村和农民,乡镇机关权力的膨胀必然意味着农民自治权利的收缩。而农村自治权力的准行政化倾向,容易导致农民自治机构听命于乡镇政府。因此建构现代化的农村治理体系,提高农村治理效率,保障农民自治权利的第一步应当是收缩乡镇政府机关的权力。未来的乡镇政府应当逐步转变职能,变领导职能为监督和咨询。值得注意的是,这里的"退场"并不意味着"裁撤",乡镇依然是我国宪法中规定的行政区划的最低一级,作为建制的乡镇的取消亦无助于农村治理体系的完善构建。农村

[①] 参见潘嘉玮、周贤日:《村民自治与行政权的冲突》,中国人民大学出版社2004年版,第151页。

治理语境下的"退场",更多是乡镇职权走出原先的"全能主义",将经济职能交给市场,社会管理和公共服务职能更多移交给村民自治组织,以划清农村治理体系中不同机关之间的权责界限,保障农民自治权利顺利履行。笔者认为,未来的农村治理体系现代化改革中,乡镇政府改革层面应采取以下改革手段:

(1)乡镇的裁撤与合并。自2000年前的"郡县制"以来,中国的行政权力都以县为国家之治的末端,县以下则实行由乡绅自治的社会权力主导治理,从而在国家治理中,构成中国古代国家与精英共治的二元共和政治格局。清末民初以来的现代化进程,导致了国家权力的扩张及对乡村社会的渗透。但从目前的情况来看,似乎这种渗透有矫枉过正的嫌疑,由于乡镇机关办公、运作产生的费用多直接由农民的税费承担(尤其在农业税改革之前),乡镇冗官、冗费直接导致农民税赋承担过重的问题。因此未来的农村治理应当在当前的县域内根据具体的农村经济社会发展需要,对乡镇机关进行调整和裁撤。这种调整分为三种。一是行政区划上的调整,对乡镇进行合并,逐步减少乡镇的数量。二是机构编制上的调整,即对乡镇内设机构进行精简和压缩,仅保留党委、人大、政府等几个极其精简的班子,对机关内部各冗杂的部门进行合并,以一人多岗的方式精简乡镇机构编制。三是乡镇职权上的调整,将所有法律上不属于乡镇职权范围的内容下放到村民自治组织。同时将乡镇的经济职能推向市场,对乡镇管理的事业单位进行企业化改制,以全面收缩乡镇的职权。

(2)乡镇领导职务的"生人化"。有学者认为,中国乡镇制度产生的根源是中央权力的利益要求和乡村豪强势力利益要求的结合与妥协。① 若以这种视角切入农村治理问题,容易发现自改革开放后撤社建乡以来,越来越多的"本地人"进入乡镇机关领导层,体现了地方势力的扩张。乡镇"熟人化"虽然拥有乡镇领导熟悉内情、有利治理效率提高等优点,但相比之下,这个现状依然是弊大于利,其原因在于本地人聚集的乡镇机关容易演变成利益小圈子,成为控制本地经济政治生态的工具,导致

---

① 参见楚成亚:《乡(镇)政府自我利益的扩张与矫治》,载《当代世界社会主义问题》2008年第2期。

利益集团之外的农民群体权利受到极大威胁。因此,在农村治理现代化建设中,应充分在技术上防止乡镇领导"熟人化",如以立法方式规定乡镇主要领导干部的回避制度和乡镇间领导干部的职务流动,以保障乡镇领导职务的"生人化"。由于未来乡镇机关在农村治理中的地位将逐步缩小和退场,"生人化"可能导致的领导干部不熟悉情况,治理能力较低效等问题,可以被最大限度的改善和克服。

(3)乡镇职能指导化。在现有乡镇走出原先的"全能主义",职权下放给村民自治组织后,乡镇在农村治理体系中的具体职能应当是给予村民自治组织以行政指导。行政指导指行政机关在其职能、职责或管辖事物范围内,为适应复杂多样化的经济社会管理需要,适时灵活地采取符合法律精神、原则、规则或政策的指导、劝告、建议等不具有国家强制力的方法,谋求行政相对人同意的行为。① 比起原有的行政指令,行政指导模式的精髓在于其不具有国家强制力。由于村民自治机构和乡镇机关并不存在行政级别上的隶属关系,乡镇对村委会的治理若采取行政指令,则严重破坏了村委会的自治权,从而间接侵害了农民的政治权利。采取非强制力的行政指导作为治理模式的另一个原因是农民群体是自己利益的最佳判断者,因此理论上村委会直接作出的决定比乡镇代为作出的决定更符合村民的切身利益,因此村委会有权不根据乡镇的指导意见作出决定。乡镇职权的行政指导化是中国农村治理体系现代化中的重要一环,与农村公权力的职能服务化、权力制度化息息相关,需要引起极大的重视。

2. 农村党权的新作用

随着基层民主制度成为中国的宪法性制度,中国农村的权力结构发生了重要变化,即原先以农村党支部的统领一切为特征的一元权力结构,逐步转向村支部和村委会并列的二元权力结构。由于村委会(村主任)和村支部(村支书)的权力来源、性质责任、制约机制完全不同,所以学理上这样一种"党政分离"的主张似乎是理所应当的。但实践中,由于农民群体缺乏法制意识、村民自治政策也尚未贯彻到广大农村的每个角

---

① 参见莫于川:《法治视野中的行政指导行为——论我国行政指导的合法性问题与法治化路径》,载《现代法学》2004年第26期,第3—13页。

落,这样一种二元体制,并没有为大多数村社所采用,大部分情况下两套班子分不开,即使能够做到"党政分离",往往在很大程度上也是因为村支部和村委会变成了两个小群体争权夺利的工具。

事实上,党权的介入并不意味着农村治理体系因权力划分不明而受到考验,反而能够促进整个体制的有效运行。由于作为基层政府的乡镇和村民自治组织并没有法律上的隶属关系,唯一能够充当乡镇和村社纽带的只有执政党的组织序列。因此,在我们看来,村支部在现代化的农村治理体系中的地位应当是一座沟通乡镇和村庄的桥梁。有学者认为,政治学上的"党核心"具有纵横穿透力,在这种政治穿透的作用下,中国的各级权力组织具有同构性。[①] 中国农村治理能力的高效化正可以利用这种同构性,国家意志可以通过党组织的领导序列自上而下传达,并在农村治理中贯彻。因此,农村党支部在农村治理体系中的作用,应当是作为村落社区和国家权力之间互动的桥梁。

在法律规范上,中国农村党支部和村委会之间并不存在真正的权力竞合抑或利益冲突。关于农村基层党组织的党权与村民自治权的关系。《村民委员会组织法》第4条规定:"中国共产党在农村的基层组织,按照中国共产党章程进行工作,发挥领导核心作用,领导和支持村民委员会行使职权;依照宪法和法律,支持和保障村民开展自治活动、直接行使民主权利。"从中我们可以看出,党支部在农村政治生活中的作用和地位在于"支持和保障",即作为一个政治上的领导核心,对村民自治发挥保障监督的作用,即农村政治生活的主体依然是基于基层民主制度的村民自治组织,党支部在农村治理体系中负责传达上级旨意,并从方针政策上对村委会进行领导,而非直接参与经济社会治理。这样的界线划清,有助于让农村治理体系不同主体间权责统一,以促进农村治理体系的现代化,加强农村治理能力。

3. 村委会权力的扩张与监督

众所周知,村民自治权是基层民主制度这一中国基本政治制度在农村地区最重要的体现,也是中国农村权力结构中最重要的要素。《村民

[①] 参见郭正林:《中国农村权力结构的制度化调整》,载《开放时代》2001年第7期。

委员会组织法》规定,村民委员会作为村民自治权在农村中的实体代表,是农民自我组织、自我管理、自我服务的机构。相对于其他农村公权力,村委会作为农民民主选举出的机构,在权力来源上具有自下而上的明显特征,这与基层政府、农村党支部等其他农村公权力机关有着本质的区别。而这一区别也导致了村委会具有政治学上的"选举合法性"与对农民利益的"直接代言性",因此笔者认为,在农村治理体系现代化建设中,应当扩张村委会的权力,让其成为诸公权力渗入农村社会的平台。因此,作为村民自治机构的村委会在农村治理体系中的地位,应当是在乡镇政府的咨询监督和村支部的政治领导下总揽农村治理全局,直接面对广大农民群体,对农村提供全面的组织管理和公共服务。

正如史家阿克顿所言的那样,权力导致腐败。由于村委会除了公益性的属性之外,也不可避免地成为一群有自身利益的人构成的理性组织。因此扩张的村委会权力往往会伴随着权力滥用情况的发生,这就需要一种完善的监督体制。传统的对村委会的监督机制主要有两种,即作为农村领导核心的村党支部的监督和作为村级组织的指导者和监督者的乡镇政府的监督。本书第六章第四节在这两种监督之外曾提到了第三种监督方式,即参考公司制度中的监事制度,在农村设立监事会(村纪检监察信访室),健全民主管理监督机制。规定监事会的组成人员必须是非"两会"成员,体现监督的公正性。必须是村党支部委员及村民代表,监事长、监事经乡镇组织纪检部门考核后,分别任命为纪检员、监察员,体现监督的权威性。行使监督权时,监督结果必须向村民公示,体现监督的公开性。这样一种制度,可以确保农民群体对村委会的直接监督,保障农民对村委会的直接控制和自下而上的民主原则,不失为农村治理体系现代化中的创举。

三、农村社会权力的参与和规制

公权力是农村治理体系的重要内容,但这不意味着公权力之外即是权力真空。乡镇政府、村委会、党支部三大公权力部门之外依然有其他主体能够运用其拥有的资源对他人产生影响力和支配力。这样一类没有被法律所规范但在农村政治社会生活中实然存在的权力,被我们称为农村社会权力。有社会学者将传统中国的农村社会权力分为宗族组织、村落整体性组织(如农村宗教组织)和阶层局部性组织(如农村自卫组织)。① 与农村公权力相比,农村社会权力具有显明的非规范性,即权力行使主体并非特定的机构,而是对整个农村社会具有影响力的个人和团体,其中团体在社会活动中也多由少数个人控制,这些通过控制农村社会组织,在农村社会中具有话语权和影响力的群体,即是传统话语中的"乡绅"。

在传统中国,农村社会长期由一个庞大的乡绅阶层履行社会治理职能。这里"乡绅"的定义,指农村中政治地位、经济基础、文化资本上均占有优势的少数地方精英,这部分人参与并主导乡村政治事务,充当了国家、政府和农民之间的桥梁。由表现为家族族长、乡望贤人的乡绅所主导的农村治理,是中国古代法律政治制度的重要组成部分,瞿同祖先生曾对这一法律传统有过一个法社会学的分析:"传统社会可以说全为儒家的伦理和礼教所支配",而"伦理思想当然渗透着法律全体,无论是国家法,还是民间的以乡绅为中心的家族法"。② 在其中,"礼"不过是一种外在的表现形式或框架,真正占支配地位的则是基于家族主义的"伦",这一关于"伦"的定义,在农村社会中则由占有文化优势的乡绅制定和规划。因此在中国国家的发展和法律儒家化的过程中,"祖先崇拜由自发的血缘祭祀转变为国家活动"③,这表明,国家政权尊重社会权力在政治生活中的地位,并允许整个共同体保持家国二元的政治共和形态。

进入现代社会后,随着技术上的发展进步,开放性的商工文化逐渐打开农耕文明封闭的场域,随着经济活动的次数趋于频繁与规模趋于扩大,"社会"的概念从传统的家族中心转移到了市场中心,并导致了社会政体规模的扩大,一个新的概念——"市民社会"④取代了"家族社会",

---

① 参见张佩国:《地权·家户·村落》,学林出版社2007年版,第184页。
② 瞿同祖:《瞿同祖法学论著集》,中国政法大学出版社1998年版。
③ 梁治平:《法律的文化解释》,生活·读书·新知三联书店1994年版,第392页。
④ 市民社会,即 civil society,又称民间社会,指工业革命以后国家——社会二元化后的社会形态。

成为连接个人与国家的纽带。① 市民社会中连接共同体成员的纽带是"经济"而非家族社会中的"血缘",故公私之间的区别成为现代社会与政治的前提。虽然"市民社会"是一个纯西方的概念,但也并非不可借鉴用于分析中国农村社会。由于经济取代血缘成为社会关系的核心,这样一种社会变迁的映射,在"乡绅"的定义上即表现为传统的家族势力、道德权威不再成为农村治理中可以倚重的重心,经济能力取代家族地位成为定义和判断农村精英的标准。改革开放30多年来,农村的一部分人通过各种渠道和方式成为先富起来的那一部分,他们凭借自己或亲友的力量在农村的场域中置产兴业,成为乡镇企业或私营企业的高层。由于这些人拥有可转化为政治和文化资源的经济资本,因此他们在农民群体中具有一定的威望,也成为农村治理体系中不可忽视的部分。因此,在我们对新时期农村治理体系现代化的规划和设想中,"乡村精英群体"成为不可代替且不可能代替的部分。当然,除了经济精英,传统的宗族长老、宗教领袖、农村知识分子等群体依然在农村的场域中拥有一定的影响力,但在"一切围绕经济"的今天,他们已不再具有重要的代表性和可分析性,本文中的"乡绅"或"乡村精英"的概念,主要指经济上的精英。

笔者认为,这样一种以乡村精英群体为代表的社会权力对农村政治生活的参与,总体上对中国农村治理体系的现代化历程是一件利大于弊的事。撇除道德、宗族等传统元素,现代化的"乡绅治理"对当下的农村治理拥有以下优点:

第一,有利于促进农村治理体系的多元化。现代中国的发展道路更多是以经济手段实现的,农村治理体系和治理能力的现代化亦依赖一个发展起来的经济基础。如前文所述,新"乡绅"是经济上的精英,这样的人参与农村治理,有利于破除传统农村治理中"政治挂帅"的体制,改变农村治理的结构,达到善治的目标。

第二,有利于提升农村治理能力和治理效率。由于这样一类的农村精英多是通过发展农村相关产业,如养殖种植业、农产品加工、纺织业等轻工业积累财富,他们拥有发展农村经济,找到适合当地经营模式的经

---

① 参见傅永军、汪迎东:《哈贝马斯"公共领域"思想三论》,载《山东社会科学》2007年第6期。

验。同时企业中高效的管理模式和管理经验也值得农村公共治理效仿,因此,社会权力对农村治理的参与,有利于真正实现中国特色社会主义的"先富带后富,同奔致富路"。

第三,有利于引导农民群体参与农村政治。上文所述的农村精英,乃是农村中农民群体的优秀代表,他们对农村的利益有着清晰的认知,也相比一般农民有着更强的政治和法治意识,因此农村精英能够在农村政治生活中为农民群体提供利益上的代言和行动上的引领。放开社会权力对农村政治治理的介入,是引导全体农民积极参与农村政治生活的一把钥匙。

但是,正如费孝通先生先前所言,在中国农村——"权力之所以诱人,最主要的动机永远是经济利益"①,农村精英,亦或者说乡绅,他们参与农村政治生活,直至通过选举担任村主任之类的重要领导职务,固然有"先富带后富",帮助广大村民的考虑,但毋庸讳言,一部分人最深刻的动机可能还是从掌握公共权力中获取利益,为自己和自己的产业(企业)的发展谋取空间。这种谋利的方式可以是直接的,如运用公共资源,修建到自己产业的公路;或是间接的,如利用担任公职积累声望,促进自己和自己企业的发展,在当下中国的极端情势下,"乡绅善治"会演变成少数人说了算的寡头政治,甚至演变为困扰中国农村很久的"村霸统治"。② 这样一来,作为社会公器的农村公权力不但不能服务广大农民群体,更容易成为损害村民和村社公共利益的罪魁祸首。但限制农村社会权力参与农村治理在当下市场化、民主化不断深化的中国农村又是明显不切实际的,因此对农村社会权力的监督和规制,成为农村治理体系现代化中的重要课题。

前文提到了几种对农村治理体系的监督模式,如作为基层政府的乡镇机关的指导型监督、作为领导核心的执政党的垂直型监督、权力源于

---

① 费孝通:《乡土中国》,生活·读书·新知三联书店1985年版。
② 农村税费改革后,一部分农村基层官员主要不再从农民身上汲取资源,而主要从国际财政转移支付中谋取利益,主要表现为虚列开支、虚报冒领,并通过截留、私分、挪用、贪占等手法从各种国家普惠性财政转移支付和专项转移支付中获取不法利益。这是值得关注的新动向。

农民大众的监事会的民主型监督。笔者认为,无论何种监督,对农村社会权力的规制重点在于以下两点:

其一,规制必须是制度化的规制。制度化是中国农村治理体系要达至现代化之效果的前提和基础。在追求经济利益成为第一要务的中国农村,保证社会公器不被以少数经济精英为代表的社会权力吞噬的唯一方法,即是将对权力的规制机制作为一项农村政治生活的基本制度。这一点不仅仅需要社科学者的理论研究,更需要现实的制度完善才能逐渐成就。

其二,鼓励村民反映诉求。当下之所以在部分农村地区形成了村委会、党支部等极少数人或者个别人"一言堂"的领地,固然有监管措施不力等体制原因,而农民群体对参与政治生活的漠视也不能被忽视。因此,农村治理体系建设不仅仅是一个政治问题或公法问题,更需要从源头上提高农民政治素养,鼓励农民向上反映合理的意见和诉求,甚至应当鼓励农民抵制农村公权力明显侵犯农民权利的行为,这才是对农村治理体系监管的根本之道。

四、将农村法治的思想引入农村治理

在党的十八届四中全会上,审议通过了《中共中央关于全面推进依法治国若干重大问题的决定》,《决定》指出:全面推进依法治国,总目标是建设中国特色社会主义法治体系,建设社会主义法治国家。这意味着依法治国,建设法治国家已成为新时期国家和执政党建设的重中之重。在中国这样一个以农业人口为主的国家中,建成法治国家的重要组成部分即在于在农村治理体系中贯彻"法治"的理念。这也是作者选择公法作为保护农民权利之切入点的缘由。

在20世纪80年代末期,笔者即提出"政府法治论",这是一种中国特色的行政法学基本理论,包含政府由法律产生、政府由法律控制、政府以法律办事、政府对法律负责、政府与公民关系平等化等五个方面。值得注意的是,这样一种理论不应当仅仅作为狭义行政机关的理论基础,而可以扩散和映射到整个公共领域中,即农村治理的制度设计、关于"三农"法规的订立废止、农村公权力的行使都必须以法治思想为引领,为了与狭义"政府法治论"相区别,本文称这种作用于农村的治理思路为

"法治的农村治理思路"。这种法治的农村治理思路,不仅仅是响应执政党和中央政府号召的结果,更有着深层次的现实基础和思想渊源:

其一,法治的农村治理思路符合当下的农村现实经济背景。随着改革开放的不断深入,传统农村可以不依赖市场,而自给自足的封闭经济模式被打破,集体经济、村办企业、农村贸易等经济活动在农村经济中的比重逐年上升,在东南沿海的发达地区甚至超过了种植业、养殖业等传统农业。一方面,市场经济的运行依赖固定的市场规则,市场规则运行的前提在于主体间的平等。当下农村参与市场的除了农民群体,还有农村社会组织、集体经济和村办企业等拥有"公共"背景的主体,在没有相应的法律和制度规制的情况下,这类主体和普通村民存在着天然的不平等。这样一种不平等关系的存在,容易破坏市场规则,将本应开放的市场封闭。因此,通过法律的形式对农村治理体系加以规范和限制成为发展农村市场经济的当务之急。另一方面,市场经济存在相当大的缺陷,如盲目性、自发性和滞后性等。一个众所周知的例子就是近年来,游资炒作农产品价格的行为对农村经济造成较大冲击,这类消极方面需要依靠公共权力的管理才能克服,这种公权对经济与市场的管理和调节需要法律的限制和规定,这必然要求对农村的经济治理有一个由法律产生、对法律负责的治理主体。

其二,法治的农村治理思路能有效规避农民群体的局限性。通过对近代中国的历史分析我们可以发现,农民阶级具有一定的局限性。这固然源于旧社会中作为小生产者的农民阶级被统治阶级所压迫,导致经济上孤立、信息上闭塞、文化上缺失的结果。但不可否认的是,这样的局限性直到现在还有着强大的历史惯性,即当下中国的大部分农民群体几乎不拥有组织资源,所拥有的经济文化资源也明显低于社会中的其他阶层。这不可避免地导致了农民群体在现实政治社会生活中更加关注眼前和自身利益而非长远的、群体的利益,甚至有认为,"政治民主并不重要,只要能发展经济、提高生活水平就够了"的倾向[①]。这样一种政治观念上冷漠、离散的心态,导致农民群体明显缺乏理性、健全的现代权利意

---

① 参见孙永芬:《中国社会各阶层政治心态研究:以广东调查为例》,中央编译出版社2007年版,第85页。

识,也导致基层农村政治容易被少数人通过利诱的方式把持,最终侵害农民权利。因此,农村治理必须于法有据,尤其要有公法作为依据,才能从制度层面保证农村治理不会有意无意地侵犯农民的权利,乃至破坏农村社会的有序性。由于农民在文化水平和权利意识上的缺乏,农村治理中很容易产生对权力和掌握权力的个人的盲目服从甚至崇拜,导致强人和寡头政治在农村的场域中通行无阻。只有明确将权力归于法律之下,才可以有效避免这种情况的出现,一定程度上也能够提高和健全农民群体的权利意识。

其三,法治的农村治理思路符合政治哲学中对人性的预判。孟德斯鸠曾认为,对人性的判断是一项法律制度安排的前提。[①] 传统政治哲学对人性的预判有不同观点,如柏拉图在《理想国》中认为人性本恶,并因此在他的制度设计里完全否定了家庭和血缘的作用;中国古典政治哲学则认为人性向善,因此在制度设计中强调家国一体、圣贤治国。法治作为一种现代的治理思路,悬置了古典政治哲学中关于人性的善恶之辩,认为人性向私。当下中国的政治治理之所以不断强调法律和制度的规制,在政治哲学上追本溯源即在于认为人性是自私的。无论是作为农村治理主体的村委会、党支部和基层政府,还是作为农村治理相对人的村民群体,他们对治理效果的最终追求永远是满足自己和自己所属群体的利益。因此法治的农村治理思路的起点即在于认为农村治理主体拥有自己的私利,因此必须以法律的方式抑制治理主体过度因私废公,引导治理主体为广大村民的利益服务。政府法治论中关于有限政府、民主政府、治理政府、责任政府、平权政府的论述,其目的无不在于让法律成为束缚公权力的牢笼。法治并不是政治治理的目的,而仅仅是用来控制公权扩张、防范公器私用、督促职责履行的工具。

正因为这样的现实基础,笔者认为,农村法治是构建现代化农村治理体系的最重要的内容。但仅仅在思想上认为农村治理体系应当贯彻和落实法治精神是远远不够的,法治并不是一座高高在上、信而仰望的灯塔,而应当是通往光明前方的铺路石。当下农村的法治化建设,如果先从思想入手,给教育和文化背景相对缺乏的农民群体进行普法宣传,

---

① 参见〔法〕孟德斯鸠:《论法的精神》,当代世界出版社2008年版,第52页。

无疑效果太慢，必须先从现实制度和情势入手，给予法治以现实力量。笔者认为，农村治理中关于法治的改革主要应有三点：

第一，转变农村立法不作为的局面。前文在论述何为治理体系现代化时阐述了一些关于农村治理的"善治"政体，事实上，这些现代化的治理模式在农村法治的语境下的目的，无不在于以互相制约为手段防止权力的滥用和外溢。由于扩张性是公权力的天然属性，法律制度成为防止多种公权力互相兼并、争斗，以致损害广大农民权利的唯一保障。因此，农村法治认为是法律授予农村各治理主体以治理的权力，法律高于公权力，法治作为一种保障模式，是农村治理体系中的根本目的和关键环节，而法律的制定，是法律实施的依据和前提。

因此，在农村治理的实践中，首先应当解决的问题是扭转当下关于农村的立法不作为之局面。当下中国的农村立法虽然已逐步在宪法、法律、行政法规、党章党纪等各级法律层面上明确了关于农村治理的一系列制度渠道。特别是基层农村治理方面的《村民委员会组织法》以及《中国共产党地方组织选举工作条例》等一系列法律和决定、意见，为农村治理体系的运作建构了一个相对合理的法律背景。但是问题在于，这样的法律制定过于宏观化、理论化，难以具体实施到农村治理的每个环节。如前文提到农村治理中乡镇政府有权对村委会的准行政工作予以指导，但行政指导作为行政权的一种，目前尚为法律真空，一直没有更具体的操作方法等。另一种立法缺失在于法律因内容过于宽泛或过于陈旧在农村治理实践中缺乏适用性，如农村各治理主体虽已有立法上的分工，却明显边界不明，实践中如何进行协作，相互制约监督成为了一个难题，导致各主体相互扯皮，推卸权责。这就需要立法机关在法律制定和法律解释上下工夫，切实以现实农村社会情势为基础和蓝本，发掘法律资源，进行立法上的完善。

第二，改进农村法律执行力弱的问题。没有得到执行的良法无异于废纸，因此在农村治理中，应当以加强法律执行力和改进立法配套。在农村法治的角度下，当下我国农村之所以出现诸多乱象，除了立法不完善外，对法律制度的执行和对违法行为的惩罚不力也是重要原因。例如部分地区基层干部无视《村民委员会组织法》作为法律的强制性，对民选村委会干部任意免职、停职，直接干预村的公共事务。这导致的直接结果即是作为我国重要政治制度的基层民主制度在实践环节被消耗殆尽,《村民委员会组织法》和村民自治制度毫无权威性。由于这一类事件的违法主体多为农村公权力机关,甚至具有行政权力的乡镇政府,其纠正的难度相当之大,即使能得到修正,行政相对人也会付出很大代价。

通过对这种现象的深挖,我们不难发现,之所以法律执行力弱,其原因之一在于当下中国的国家治理体系中司法权力并没有得到一个独立和强效的地位。如果没有基于司法权对行政权的监督地位,仅仅靠行政机关进行内部监督,"有限政府"就永远不会实现。这个问题不仅仅是农村治理体系的内部问题,还是涉及整个国家治理体系和治理能力的重大命题。让司法权切实发挥对行政权的监督作用,使其得到真正的实施,以保障农村地区法律执行能力,对农村公权力违法行为进行纠察,是未来农村治理体系乃至国家治理体系现代化建设亟需解决的重要命题。

第三,加强农民群体对农村治理的监督。社会治理并非数学公式,"良治"与"暴政"往往只有一步之遥,因此由何主体来判断治理结果并对治理进行监督,是政治学中源远流长的话题。政府法治论认为,现代化的现代国家公权力,首先应当是民主的。因为民主型政府意味着政府权力来源的合法性和正当性,是宪法中"人民主权"理念的体现。[①] 这样的理念映射到农村的场域中,即意味着农民群体对农村治理主体的承认是农村治理主体正当性和合法性的直接来源。因此作为权力来源的农民对农村治理过程透明有效的监督,是农村法治建设现代化的标志。农民作为农村治理的直接作用人,对农村治理的治理过程和治理效果有着最真切、最实际的感触,因此保障和加强农民监督权力,不仅能够完善农村治理体系,更可以提升农村治理能力。

但前文说到中国农民群体囿于历史惯性,或对村庄规划、村委会选举等农村治理内容漠然置之;或在行使自己的政治权利时只顾及眼前私利而对公众利益持抵触态度。由于中国农民文化水平较低、法治观念淡薄的现状是特殊历史原因形成的,其改善和进步需要各主体、多方面、长

[①] 参见杨海坤:《行政法哲学的核心问题:政府存在和运行的正当性——兼论"政府法治论"的精髓和优势》,载《上海师范大学学报》(哲学社会科学版)2008年第36期,第55—62页。

时间的努力，一味以素质论为侵害农民监督权利的行为辩护，对中国农村治理体系现代化建设无济于事。笔者认为，对农民监督权利的加强，应当在以下两方面首先实行。一方面是公权力的透明化。各农村治理机关只有公开透明地向农民群体展示信息，才能给农民群体以行使监督权力的渠道。目前《信息公开条例》第12条规定了乡镇政府有义务公开政府信息，事实上这是远远不够的，其他农村治理主体由于其准行政化的倾向，应当在信息公开的层次和程度上与政府同等对待。另一方面是农民表达诉求的渠道和途径应当顺畅有效。当下之所以上访等事件源源不断，除了公权力对农民权利的侵害之外，农民无处表达自己的利益诉求也是重要原因。只要基于农民有发出自己声音的法定表达机制，才可以充分保障农民的监督权利。

以上三点，是笔者对未来农村治理体系现代化建设的一个设想。之所以在这样一部主题为保护农民权利的书稿里选择以宏观的政治治理秩序和治理模式结尾，其原因在于虽然保护农民权利的方式众多，优点各异，但作为公法学人，笔者更加相信长久的制度保障是对农民权利的最好保护，而制度建构是制度保障的前提和基础。没有一个好的农村治理体系，仅仅依靠短期、高效的运动式治理，其成效必定只在一时，中国农民、农村、农业的命运也不可能从根本上走出被侵害、被忽视的历史泥潭。党的十八届四中全会确立了法治作为解决新时期国家治理问题的中心，而"三农"问题是我国国家治理问题中最复杂的部分，三农中农民权利长期得不到保护的解决方式和方法亦如此。之所以注重重点是公法之治的法治，其原因在于公法的制度解决方式重治本而非治标，因此成效功在千秋，以公法作为保护农民权利，构建农村治理模式的重点领域，其目的在于公法的解决方式具有无与伦比的长效性。但我们并不能因此而忽视其他学科对农民权利保护的研究和解决模式的提出，这个宏大命题的解构需要社会学、政治学、经济学和公法学等各领域的社科学者和政策制定者的共同努力。农民权利的保护和农村治理模式的现代化建构，需要国家、社会、个体等主体长期有效的共同努力。笔者相信，这样一个建设的过程，不仅仅是中国农村走向市场和民主的过程，更是整个国家发育现代社会，培育现代公民的重要途径。

第二节　农民权利公法保护是国家治理的重点

2014年12月,"四个全面"作为我国社会主义现代化建设战略思想和战略布局完整、全面地呈现在国人面前。"四个全面"中,全面建成小康社会,包括建设社会主义新农村,是我们的战略目标,全面深化改革、全面依法治国、全面从严治党是三大战略举措。接着,在2015年4月30日,中共中央政治局第22次集体学习时习近平总书记更明确指出:加快推进城乡发展一体化,是党的十八大提出的战略任务,也是落实"四个全面"战略布局的必然要求。全面建成小康社会,最艰巨最繁重的任务在农村特别是农村贫困地区。

一、人权保障是国家治理的基础和目的

党的十八大以来,中国新一轮全面深化改革全方位展开。特别是十八届三中、四中全会,把推进法治中国建设,作为今后中国全面改革中的一项重大内容,具有划时代的里程碑意义。全面依法治国的内容主要包括全面推进科学立法、严格执法、公正司法、全民守法,坚持依法治国、依法执政、依法行政共同推进,坚持法治国家、法治政府、法治社会一体建设,标志着基于顶层设计的国家"全方位一体化"法治观已经形成。法治中国建设与推进小康社会建设、推进全面改革以及推进国家治理体系与能力现代化是同一个过程。推进国家治理体系和能力现代化就是运用法治思维、法治方式治理国家的现代化,其目的都是为了人权保障,确保包括占人口最多的农民在内的广大人民群众利益的最大化。

二、国家治理必然包括农村治理

中共十八届三中全会决定把全面改革的总目标定位为"完善和发展中国特色社会主义制度,推进国家治理体系和能力现代化"。其中,把推进国家治理体系和能力现代化作为全面改革总目标的核心内容是一个重大的突破,也是顺应当前世界发展与改革潮流,顺应中华民族伟大复兴历史使命的战略部署。它与我们要实现国家富强、民族复兴、人民幸福的"中国梦"息息相关!因为没有"国家治理体系和能力的现代化",

就谈不上工业、农业、国防、科技等等的现代化！回顾历史,中国封建政治体系的最明显特点是高度的中央集权,通常的规律是:在王朝的鼎盛时期,政治相对清明,朝廷对农民实行让步政策,注意农民的休养生息,生产力得到恢复和发展,整个社会出现经济繁荣,历史上曾出现过"文景之治""贞观之治",等等,但好景往往不长,统治阶级必然走向政治腐败,其突出表现就是对广大农民横征暴敛,一旦政权与农民作对,无休止的此起彼伏的动乱就会出现,最终王朝必然走向衰落,所谓"朝纲崩溃"就是国家治理体系混乱乃至崩溃,治理能力一败涂地,完全无力应对内忧外患。

应该看到我国农村的巨大进步,但不能否认当前我国农村在在治理方面存在的问题。一张新加坡报纸以《中国重建乡村生活迫在眉睫》的标题这样报道:"乡村的复兴在上世纪 90 年代中后期结束。通胀迅速侵蚀农村收入,促使城乡差距不断扩大。更主要的是,政府对住宅实施私有化以后,城市房价暴涨,相比之下,农村住宅的价值几乎不变,造成了城乡财富落差。地方政府对此没有采取什么有效措施,随着越来越多的农民涌入沿海城市的工厂,各级地方政府都陷入懈怠和退化……"因此,作者呼吁:"必须采取行动才能重建中国日益衰落的乡村生活","政府和公众必须走出阴影,把重建乡村生活放在重要位置"。[①] 不管怎样,农村治理的问题必须重视,党的关于全面推进依法治国的决定中着重强调的基层治理法治化问题的现实意义特别明显!

三、国家治理现代化的首要标志是民主化

国家治理体系与能力现代化具有非常丰富和深刻的内涵,至少包括国家治理的民主化、科学化、效率化、文明化和法治化。其首要标志就是它的民主化。所谓民主化,是解决国家治理体系与能力的动力资源和目标价值问题,即解决谁来治理和为谁治理的问题。现代国家治理体系与能力与传统国家治理体系与能力的区别就在于国家权力的来源与价值取向。习近平同志早就提出:"权为民所赋、权为民所用",也就是说,国家一切权力属于人民;国家政权所有者、管理者和利益攸关者都要参与

[①] 参见《参考消息》2014 年 12 月 8 日,第 16 版。

国家治理过程;必要的权力集中必须与共和体制保持高度一致,必须与相应的分权制衡相匹配,而国家治理能力增强的最终目的是为了人民的安全和幸福!民主化是国家治理体系和能力现代化的首要之意。其中,内容极其丰富,包括政府向市场放权,发展和形成现代市场经济;向人民大众让利,推进公平分配机制和社会均等化公共服务;向社会逐步放权,扩大公民自由,加强公民参与,增强社会活力;向司法机关逐步放权,推进司法独立,建立人权司法保障体系;向地方和基层放权,建立和完善事权与财权相配套的新型中央与地方关系,发展基层民主,激活地方和基层的积极性和创造性,等等。按照这一点,中国幅源最辽阔的是农村,最大多数人口是农民,因此,民主化最重要的课题是农民的现代化,农村治理的现代化。农村基层治理的民主化无疑是中国全社会治理民主化的重点。

四、农民权利保护是国家治理现代化题中应有之义

人权保障应该并且必须贯穿在推进国家治理体系和能力现代化的全过程。人权保障既是国家治理体系与能力现代化的基础和动力,也是推进国家治理体系与能力现代化的出发点和落脚点。没有人权保障作为基础和动力,不可能真正实现国家治理体系与能力现代化;反之,如果不能实现和发展人权保障,推进国家治理体系与能力的现代化也就失去了意义,或者说,这根本不是国家治理体系与能力的现代化。推进国家治理体系与能力的现代化过程不但不妨碍人权保障,而且应该会极大地推进人权保障。检验国家治理体系与能力现代化是否成功,最终要看人民权利和利益是否得到应有的保障和充分的发展。人民的权利包括物质权利和精神权利;包括经济权利、政治权利、社会权利、文化权利和生态权利;也包括实体权利和程序权利。[①] 随着我国社会经济文化事业和人权事业的发展,我国公民的民主和法治意识必然随之增强,我国公民的人权意识也必然随之增强。笔者认为:公法,特别是规范国家权力的

---

① 2014年5月27日国务院新闻办公室公布的《2013年中国人权事业的进展》,把我国公民的人权权利概括为:发展权利、社会保障权利、民主权利、言论自由权利、人身权利、少数民族权利、残疾人权利和环境权利。

宪法与规范政府权力的行政法在推进国家治理和能力现代化过程中应该发挥关键性作用。总之,国家治理体系与能力现代化的本质和核心是人的利益的实现,其中当然包括农民利益的实现;人权保障事业,包括农民权益的实现和发展;其重要方略就是实现法治,尤其是实现公法之治。

五、农民权利公法保护任重而道远

农民是悠远中华文明的书写者和见证者。数千年以来,这个庞大的群体日出而作,日落而息,沉默地躬耕于阡陌之间,以勤劳、汗水和智慧把农耕文化深深嵌入历史文明前进的车辙中。深受中和仁恕传统文化浸润的农民群体,穿越 2000 余年的封建帝制社会,历经 100 余年的民族民主革命洗礼,并持续推进改革开放以来 30 余年中国发展奇迹,成为承载、推进甚至演绎华夏文明的历史力量。作为历史文明的建设者,农民群体在政治生活中具有沉默者和革命者双重极端的政治角色:在土地所有制结构中只要获得最低限度权益的温饱保障,农民群体就会呈现出隐忍和沉默的特点,主动或被动地服从于政治预设的法律秩序;一旦政治社会经济结构发生巨变,农民群体往往成为决定国家政治生活统治力量的关键因素,获得农民群体支持的政治党派将会拥有政治民主的正当地位。农民群体既是国家政治生活的失语症患者,又是国家政治生活的革命者,漫长的封建专制社会剥夺了他们发出维护权益保障声音的机会,但非民主的压迫性政治统治也助长了他们反抗压迫的强大力量——这几乎是一种政治世界中的生存本能。

在这种法律的历史的基本现实背景下,农民权利的公法保护显得至为关键。新中国成立以来,特别是改革开放 30 余年以来,一路高歌猛进的公法学理在构建逻辑自洽体系和回应改革开放实践过程中取得了巨大成绩,但不可否认的是,截至目前,公法学理论的光束还没有照进农民权利的制度肌理,遑论照亮农民权利公法保护的每一个角落!奉行集体价值绝对规则,导致农民权利的理论基础不能合理照顾集体与个体之间的辩证关系,用高贵的集体政治品格作为衡量农民权利的唯一准则,完全抹杀了人的生物本能诉求。奉行剪刀差的国家发展公式,在国家权力与农民权利、国家富强与农民尊严、工业赶超与农业萎缩、城市飞速发展与农业化停滞等问题上造成一系列制度鸿沟和发展价值目标对立,导致改革红利难以普惠于民。规模庞大、数量众多的农民群体在民主政治实践过程中,特别是面对国家公权时,仍然保留着传统的"沉默者和革命者"的法律逻辑和生存本能。最有革命意义的社会群体,却没有有序的组织;最有民主意义的政治群体,却不能发出强有力的民主声音;最有强大经济驱动能力的经济群体,却难以获得经济富足的制度保障。如同美国学者约翰·梅西·赞恩在《西方法律的历史》中对蚂蚁群体的观察:"对蚂蚁而言,生活的绝对法则就是为公共利益而合作","这个有组织的群体的最奇特之处就在于没有明显的组织"。① 这与以往的农民群体有一定相似之处。

对农民权利的公法学保护正视了正在中国发生的法律现实。"人拥有蚂蚁的一切智慧,然而更具有无限高级的品质,使得人虽不能完美无瑕,但却为人开创了取得进步的广阔前景。"②正是基于对人主体性价值的尊重与关怀,我们围绕农民权利公法学保护一些重要命题展开,从农民内涵的解读到公民个体合法权益的维护,从历史传统到国家政策再到宪法法律落实,通过农民权利法律百科全景式的勾描,对鲜活社会现实世界中的农民群体的公法遭遇进行了法理解读,希望在为农民权利公法学理论体系建构作出努力之外,还能够引起更多的公法学者和国家政治生活的参与者、决策者的重视。

值得欣喜的是,面对国际国内严峻的经济社会态势挑战,中国共产党领导核心不仅表现了对"三农"问题的高度关切,而且充分运用法治思维方式提出了以推进新型城镇化为抓手,试图突破农民权利的公法保护、国家经济发展的民生取向以及社会秩序价值的个体衡量等一系列体制机制上的壁垒,为从法律上建立农民权利保障机制提供经济和上的政治上的基础。在从公法学规范意义上揭示农民权利公法保护的必要性和可行性的同时,还须直面真实世界的农民权利保护问题,亦即从公法学功能意义上有力回应现实世界的难题,这些正是本书的主旨所在。为此,笔者以党的十八大报告中所提的城乡一体化和新型城镇化,既作为

---

① 〔美〕约翰·梅西·赞恩:《西方法律的历史》,孙远申译,陕西师范大学出版社2009年版,第7页。

② 同上书,第10页。

农民权利公法保护的终结篇——意味着党和国家决定以此为工作举措对农民权利的公法建构予以政策决策落实,同时作为对农民权利公法保护的展望篇——意味着农民权利公法保护是中华民族伟大复兴的中国梦的重要组成部分,是法治中国的重要部分,必将最大限度激发数亿中国农民群体的民主政治参与热情,以公法保护捍卫合法权益,共同建构幸福和谐的美丽中国!

最值得重视的仍然是中共中央《关于全面深化改革若干重大问题的决定》,这是一个指导全党全国人民前进的重要文件,也对中国农村的发展和农民权利的保护提出了纲领性的重要意见。文件着重讨论并指引我们要健全城乡发展一体化体制机制,这个体制机制最核心的是法律制度。文件清晰地指出:要赋予农民更多财产权利,要推进城乡要素平等交换和公共资源均衡配置,要完善城镇化健康发展体制机制,要推进农业转移人口市民化,要推进和建立城乡更加公平可持续发展的社会保障制度,要实现发展成果更多更公平惠及城乡全体人民。可以说,这是今后我国农村发展的指路明灯。在2014年年末分别召开的中央城镇化工作会议和中央农村工作会议上,中央全面地部署了农村工作和城镇化工作。会议指出:"推进城镇化必须从我国社会主义初级阶段基本国情出发,遵循规律,因势利导,使城镇化成为顺势而为、水到渠成的发展过程",强调"要以人为本,推进以人为核心的城镇化,提高城镇人口素质和居民生活质量,把促进有能力在城镇稳定就业和生活的常住人口有序实现市民化作为首要任务"。特别可贵的是,在研究城镇化过程中,中央提出了天人合一的正确理念,提出"要尊重自然、顺应自然、天人合一的理念,依托现有山水脉络等独特风光,让城市融入大自然,让居民望得见山、看得见水、记得住乡愁""在促进城乡一体化发展中,要注意保留村庄原始风貌,慎砍树,不填湖,少拆房,尽可能在原有村庄形态上改善居民生活条件"。党中央把农民权利的保护放在首位,明确指出:"小康不小康,关键看老乡。一定要看到,农业还是'四化同步'的短板,农村还是全面建成小康社会的短板。中国要强,农业必须强;中国要美,农村必须美;中国要富,农民必须富。"为此必须把坚持解决好"三农"问题作为全党工作的重中之重。从中央文件和中央领导同志的谈话,均可以清晰地看到中央改变农村面貌的决心、维护好农民权益的决心,因此只要坚持民主化、科学化、法治化的正确道路,中国农村的发展是大有希望的,中国农民的生活前景是无限美好的!中国是一个具有广袤土地、众多人口、悠久传统并处于发展和转型中的社会主义大国,正经历工业化、信息化、城镇化、农业现代化和绿色化深度融合、同步发展,以及市场化、全球化和社会主义制度几重重大历史变革的汇集交织,中国经济社会发展道路的丰富性、复杂性和特殊性世所罕见。在这个意义上,中国农民问题的解决,具有深远的历史意义和广阔的世界意义!

参 考 文 献

一、著作译著类

1. 方江山:《非制度政治参与:以转型期中国农民为对象分析》,人民出版社 2000 年版。
2. 程贵铭:《农村社会学》,中国农业大学出版社 1998 版。
3. 秦晖、苏文:《田园诗与狂想曲——关中模式与前近代社会的再认识》,中央编译出版社 1996 年版。
4. 农业部农村经济研究中心:《中国农村研究报告》(1999 年),中国财政经济出版社 2000 年版。
5. 李守经:《农村社会学》,高等教育出版社 2000 年版。
6. 刘豪兴:《农村社会学》,中国人民大学出版社 2004 年版。
7. 陆学艺:《当代中国社会阶层研究报告》,社会科学文献出版社 2002 年版。
8. 陆学艺:《社会结构的变迁》,中国社会科学出版社 1997 年版。
9. 陆益龙:《户籍制度——控制与社会差别》,商务印书馆 2003 年版。
10. 李强:《转型时期的中国社会分层》,黑龙江人民出版社 2002 年版。
11. 李昌平:《我向百姓说实话》,远方出版社 2004 年版。
12. 刘友田:《村民自治——中国基层民主建设的实践与探索》,人民出版社 2010 年版。
13. 吕红平:《农村家族问题与现代化》,河北大学出版社 2001 年版。
14. 梁慧星主编:《民商法论丛(第 3 卷)》,法律出版社 1995 年版。
15. 武岩等:《中国农民的变迁》,广东人民出版社 1999 年版。
16. 葛剑雄:《中国人口发展史》,福建人民出版社 1991 年版。
17. 潘逸阳:《农民主体论》,人民出版社 2002 年版。
18. 杨海坤等:《宪法基本理论》,中国民主法制出版社 2007 年版。
19. 杨海坤:《中国行政法基本理论》,南京大学出版社 1992 年版。
20. 季卫东:《宪政新论——全球化时代的法与社会变迁》,北京大学出版社 2002 年版。
21. 季卫东:《法治构图》,法律出版社 2012 年版。

22. 季建业:《农民权利论》,中国社会科学出版社 2008 年版。
23. 蔡昉等:《中国人口与劳动问题报告》,社会科学文献出版社 2004 年版。
24. 俞德鹏:《城乡社会:从隔离走向开放——中国户籍制度与户籍法研究》,山东人民出版社 2002 年版。
25. 姜明安:《公法与政治文明》,载《公法研究》(第二辑),商务印书馆 2004 年版。
26. 罗智敏译:《学说汇纂》(第 1 卷),中国政法大学出版社 2008 年版。
27. 陈振明主编:《政策科学——公共政策分析导论》,中国人民大学出版社 2006 年版。
28. 严强、张凤阳、温晋锋:《宏观政治学》,南京大学出版社 1998 年版。
29. 孙国华、朱景文主编:《法理学》(第 2 版),中国人民大学出版社 2004 年版。
30. 孙国华:《法理学》,中国人民大学出版社 1999 年版。
31. 孙笑侠:《法理学导论》,高等教育出版社 2004 年版。
32. 沈岿:《谁还在行使权力》,清华大学出版社 2003 年版。
33. 孙达人:《中国农民变迁论》,中央编译出版社 1996 年版。
34. 夏勇:《中国民权哲学》,生活·读书·新知三联书店 2004 年版。
35. 邓英淘等:《中国农村的变革与发展》,广东高等教育出版社 1992 年版。
36. 胡美灵:《当代中国农民权利的嬗变》,知识产权出版社 2008 年版。
37. 刘豪兴:《农村社会学》,中国人民大学出版社 2004 年版。
38. 陈振:《政治学——概念、理论和方法》,中国社会科学出版社 2004 年版。
39. 何华辉:《比较宪法学》,武汉大学出版社 1988 年版。
40. 敖带芽:《私营企业主阶层的政治参与》,中山大学出版社 2005 年版。
41. 陶东明:《当代中国政治参与》,浙江人民出版社 1998 年版。
42. 郭殊:《和谐农村与农民权利的宪法保障》,中国社会出版社 2010 年版。
43. 俞可平:《治理与善治》,社会科学文献出版社 2000 年版。
44. 傅伯言、汤乐毅、陈小青:《中国村官》,南方出版社 2001 年版。
45. 白钢、赵寿星:《选举与治理——中国村民自治研究》,中国社会科学出版社 2001 年版。
46. 孟令梅、肖立辉:《民国早期山西村治的理论与实践》,载《中国农村研究·2001 年卷》,中国社会科学出版社 2002 年版。
47. 郭殊:《和谐农村与农民权利的宪法保障》,中国社会出版社 2010 年版。
48. 吴家清:《宪法与社会主义新农村建设》,山东人民出版社 2007 年版。
49. 潘嘉玮、周贤日:《村民自治与行政权的冲突》,中国人民大学出版社 2004 年版。

50. 黄辉:《中国村自治法的制度、实践与理念》,法律出版社 2009 年版。

51. 国务院法制办公室政法司:《村民委员会组织法讲话》,中国法制出版社 1999 年版。

52. 胡建淼主编:《行政法学》,法律出版社 2000 年版。

53. 姜明安:《行政法与行政诉讼法》,法律出版社 2003 年版。

54. 杨黎源:《农民工权利研究》,浙江人民出版社 2009 年版。

55. 陈纯柱:《村民权利的宪政审视》,四川大学出版社 2010 年版。

56. 郭殊:《和谐农村与农民权利的宪法保障》,中国社会出版社 2010 年版。

57. 姚建宗编:《法理学:一般法律科学》,中国政法大学出版社 2006 年版。

58. 于建嵘:《岳村政治——转型期中国乡村政治结构的变迁》,商务印书馆 2001 年版。

59. 郝志东、廖坤荣:《两岸乡村治理比较》,社会科学文献出版社 2008 年版。

60. 郭剑平:《社团组织与法律秩序研究》,法律出版社 2010 年版。

61. 丁云等编著:《当代中国农民政治参与》,知识产权出版社 2011 年版。

62. 中国改革发展研究院编:《中国农民组织建设》,中国经济出版社 2005 年版。

63. 殷梦霞、田奇选编:《民国人口户籍史料汇编》(第 12 册),国家图书馆出版社 2009 年版。

64. 殷啸虎:《新中国宪政之路》,上海交通大学出版社 2000 年版。

65. 陈华彬:《物权法原理》,国家行政学院出版社 1998 年版。

66. 江平等:《中国土地立法研究》,中国政法大学出版社 1999 年版。

67. 郑玉波:《民法总则》,三民书局 1979 年版。

68. 史尚宽:《民法总论》,中国政法大学出版社 2000 年版。

69. 佟柔:《中华法学大辞典·民法学卷》,中国检察出版社 1994 年版。

70. 揭明、鲁勇睿:《土地承包经营权之权利束与权利结构研究》,法律出版社 2011 年版。

71. 宋才发等:《西部民族地区城市化过程中农民土地权益的法律保障研究》,人民出版社 2009 年版。

72. 布哈林:《过渡经济学》,法律出版社 1955 年版。

73. 盛洪主编:《中国过渡经济学》,上海三联书店、上海人民出版社 1996 年第 3 版。

74. 梁慧星:《中国物权法草案建议稿》,社会科学文献出版社 2001 年版。

75. 梁慧星编:《中国物权法研究》(上),法律出版社 1998 年版。

76. 叶剑平、张有会:《一样的土地,不一样的生活》,中国人民大学出版社 2010 年版。

77. 翁岳生：《行政法》，中国法制出版社 2002 年版。
78. 杨建顺：《日本行政法通论》，中国法制出版社 1998 年版。
79. 彭汉英：《财产法的经济分析》，中国人民大学出版社 2000 年版。
80. 马新彦：《美国财产法与判例研究》，法律出版社 2001 年版。
81. 陈新民：《德国公法学基础理论》（下册），山东人民出版社 2001 年版。
82. 叶必丰：《行政法的人文精神》，湖北人民出版社 1999 年版。
83. 杨海坤主编：《中国行政法基础理论》，中国人事出版社 2000 年版。
84. 史尚宽：《土地法原论》，正中书局印行。
85. 胡锦光主编：《香港行政法》，河南人民出版社 1997 年版。
86. 曲福田：《土地行政学》，江苏人民出版社 1997 年版。
87. 陈利根：《土地法学》，中国农业出版社 2004 年版。
88. 孟醒：《统筹城乡社会保障》，经济科学出版社 2005 年版。
89. 陈良谨：《社会保障教程》，知识出版社 1990 年版。
90. 葛寿昌：《社会保障经济学》，复旦大学出版社 1990 年版。
91. 杨翠迎：《中国农村社会保障制度研究》，中国农业出版社 2003 年版。
92. 林嘉：《社会保障法的理念、实践与创新》，中国人民大学出版社 2002 年版。
93. 林嘉：《劳动法和社会保障法》，中国人民大学出版社 2009 年版。
94. 黎建飞：《社会保障法》，中国人民大学出版社 2010 年版。
95. 和春雷等：《当代德国社会保障制度》，法律出版社 2001 年版。
96. 杨冠琼：《当代美国社会保障制度》，法律出版社 2001 年版。
97. 孙光德等：《社会保障概论》，中国人民大学出版社 2002 年版。
98. 覃有土、樊启荣：《社会保障法》，法律出版社 1997 年版。
99. 龚向和：《受教育权论》，中国人民公安大学出版社 2004 年版。
100. 袁振国主编：《教育政策学》，江苏教育出版社 1996 年版。
101. 黄明东主编：《教育政策与法律》，武汉大学出版社 2007 年版。
102. 关保英：《行政法的私权文化与潜能》，山东人民出版社 2003 年版。
103. 翁乃群主编：《村落视野下的农村教育——以西南四村为例》，社会科学文献出版社 2009 年版。
104. 陈韶峰：《受教育权纠纷及其法律救济》，教育科学出版社 2010 年版。
105. 季金华：《司法权威论》，山东人民出版社 2004 年版。
106. 陈新民：《宪法基本权利之基本理论》（上），三民书局 1992 年版。
107. 胡锦光、韩大元：《当代人权保障制度》，中国政法大学出版社 1993 年版。
108. 王圣诵：《中国自治法研究》，中国法制出版社 2003 年版。
109. 王名扬：《法国行政法》，中国政法大学出版社 1988 年版。

110. 王利明:《物权法名家讲坛》,中国人民大学出版社 2008 年版。

111. 王利明:《物权法研究(修订版)》(上卷),中国人民大学出版社 2007 年版。

112. 王利明:《物权法论》,中国政法大学出版社 1998 年版。

113. 王家福、刘海年、李林:《人权与 21 世纪》,中国法制出版社 2001 年版。

114. 王威海:《中国户籍制度:历史与政治的分析》,上海文化出版社 2006 年版。

115. 王则柯:《博弈论平话》,中国经济出版社 1998 年版。

116. 王卫国:《中国土地权利研究》,中国政法大学出版社 1997 年版。

117. 王景琦:《房地产诉讼》,法律出版社 2003 年版。

118. 王浦劬:《政治学基础》,北京大学出版社 1995 年版。

119. 王禹:《我国村民自治研究》,北京大学出版社 2004 年版。

120. 郑功成:《社会保障学》,商务印书馆 2000 年版。

121. 周太和:《当代中国的经济体制改革》,中国社会科学出版社 1984 年版。

122. 郑秉文、和春雷:《社会保障分析导论》,法律出版社 2001 年版。

123. 卓泽渊:《法的价值论》,法律出版社 1999 年版。

124. 周叶中主编:《宪法》,高等教育出版社、北京大学出版社 2000 年版。

125. 周伟:《宪法基本权利——原理·规范·应用》,法律出版社 2006 年版。

126. 周枏:《罗马法原论》,商务印书馆 1994 年版。

127. 张国庆主编:《公共政策分析》,复旦大学出版社 2005 年版。

128. 张文显:《法理学》,高等教育出版社 1999 年版。

129. 张英洪:《农民权利论》,中国经济出版社 2007 年版。

130. 周其仁:《产权与制度变迁》,社会科学文献出版社 2002 年版。

131. 朱光磊等:《当代中国社会各阶层分析》,天津人民出版社 2007 年版。

132. 赵秀玲:《村民自治通论》,中国社会科学出版社 2004 年版。

133. 张广修、张景峰:《村民自治权与基层政权关系论》,河南人民出版社 2006 年版。

134. 赵秀玲:《村民自治通论》,中国社会科学出版社 2004 年版。

135. 张乐生:《破解村民自治的十大难题》,中国社会出版社 2002 年版。

136. 张广荣:《我国农村集体土地民事立法研究论纲》,中国法制出版社 2007 年版。

137. 张曼隆:《土地法》,元照出版社 1996 年版。

138. 张文显主编:《法理学》,法律出版社 1997 年版。

139. 张敬一、赵新亚:《农村养老保障政策研究》,上海交通大学出版社 2007 年版。

140. 赵梅:《美国公民社会的构建》,中国社会科学出版社 2010 年版。

141. 周叶中、韩大元主编:《宪法》,法律出版社 2006 年版。
142. 《邓小平文选》(第 3 卷),人民出版社 1993 年版。
143. 《毛泽东选集》(第 2 卷),人民出版社 1991 年版。
144. 《毛泽东选集》(第 3 卷),人民出版社 1991 年版。
145. 《毛泽东选集》(第 4 卷),人民出版社 1991 年版。
146. 《辞海》,上海辞书出版社 1999 年版。
147. 《列宁选集》(第 4 卷),人民出版社 1972 年版。
148. 《马克思恩格斯全集》(第 5 卷),人民出版社 1958 年版。
149. 《马克思恩格斯选集》(第 3 卷),人民出版社 1995 年版。
150. 《马克思恩格斯选集》(第 1 卷),人民出版社 1995 年版。
151. 〔美〕赖特:《阶级》,高等教育出版社 1996 年版。
152. 〔美〕弗里德里希:《超验正义:宗教的宪政之维》,周勇、王丽芝译,三联书店 1997 年版。
153. 〔美〕波斯纳:《正义/司法的经济学》,中国政法大学出版社 2002 年版。
154. 〔美〕德沃金:《认真对待权利》,信春鹰、吴玉章译,中国大百科全书出版社 1998 年版。
155. 〔美〕博登海默:《法理学——法律哲学与法律方法》,邓正来译,中国政法大学出版社 2004 年版。
156. 〔美〕艾伦·沃森:《民法法系的演变及形成》,李静冰、姚新华译,中国法制出版社 2005 年版。
157. 〔美〕艾恺:《最后的儒家——梁漱溟与中国现代化的两难》,王宗昱、冀建中译,江苏人民出版社 1996 年版。
158. 〔美〕黄宗智:《华北的小农经济与社会变迁》,中华书局 1986 年版。
159. 〔美〕米格代尔:《农民、政治与革命》,李玉祺、袁宁译,中央编译出版社 1996 年版。
160. 〔美〕罗尔斯:《正义论》,何怀宏、何包钢、廖申白译,中国社会科学出版社 2009 年版。
161. 〔美〕杜赞奇:《文化、权力与国家——1900—1942 年华北农村》,王福明译,江苏人民出版社 1994 年版。
162. 〔美〕科斯塔斯·杜兹纳:《人权的终结》,郭春发译,江苏人民出版社 2002 年版。
163. 〔美〕托克维尔:《论美国的民主》(上卷),董果良译,商务印书馆 1996 年版。
164. 〔美〕罗宾·保罗·买乐怡:《法与经济学》,孙潮译,浙江人民出版社 1999

165.〔美〕迈克尔·D.贝勒斯:《法律的原则》,中国大百科全书出版社 1996年版。

166.〔美〕伯纳德·施瓦茨:《美国法律史》,中国政法大学出版社 1989 年版。

167.〔美〕约翰·罗尔斯:《正义论》,何怀宏等译,中国社会科学出版社 1998年版。

168.〔美〕马丁·P.戈尔丁:《法律哲学》,齐海滨译,生活·读书·新知三联书店 1987 年版。

169.〔美〕路易斯·亨金:《宪政与权利》,郑戈等译,生活·读书·新知三联书店 1996 年版。

170.〔英〕迈克尔·曼:《国际社会学百科全书》,四川人民出版社 1989 年版。

171.〔英〕戴维·米勒、韦农·波格丹诺:《布莱克维尔政治学百科全书》,中国问题研究所、南亚发展研究中心、中国农村发展信托投资公司组织译,中国政法大学出版社 1992 年版。

172.〔英〕哈耶克:《通往奴役之路》,王明毅等译,中国社会科学出版社 1997年版。

173.〔英〕奥斯丁:《法理学的范围》,刘星译,中国法制出版社 2002 年版。

174.〔英〕戴维·M.沃克:《牛津法律大辞典》,光明日报出版社 1988 年版。

175.〔英〕亚当·斯密:《国富论》,唐日松等译,华夏出版社 2005 年版。

176.〔英〕安德鲁·海伍德:《政治学核心概念》,吴勇译,天津人民出版社 2008年版。

177.〔英〕戴维·赫德:《民主的模式》,燕继荣译,中央编译出版社 1998 年版。

178.〔美〕William M. Evan 主编:《法律社会学》,巨流图书公司 1996 年版。

179.〔德〕卡尔·施密特:《宪法学说》,刘锋译,世纪出版集团、上海人民出版社 2005 年版。

180.〔德〕马克斯·韦伯:《经济与社会》(下卷),商务印书馆 1997 年版。

181.〔德〕哈特穆特·毛雷尔:《行政法总论》,高家伟译,法律出版社 2000年版。

182.〔奥〕维特根斯坦:《哲学研究》,李步楼译,商务印书馆 1996 年版。

183.〔奥〕凯尔森:《法与国家的一般理论》,沈宗灵译,中国政法大学出版社 1996 年版。

184.〔奥〕曼弗雷德·诺瓦克:《民权公约评注》(上),比小青、孙世彦主译,夏勇校译,三联书店 2003 年版。

185.〔古罗马〕查士丁尼:《法学总论——法学阶梯》,潭爽译,中国社会出版社

1999 年版。

186.〔意〕彭梵得:《罗马法教科书》,黄风译,中国政法大学出版社 2005 年版。

187.〔日〕美浓部达吉:《公法与私法》,黄冯明译,周旋勘校,中国政法大学出版社 2003 年版。

188.〔日〕森本益之等:《刑事政策学》,戴波等译,中国人民公安大学出版社 2004 年版。

189.〔日〕盐野宏:《行政法》,杨建顺译,法律出版社 1999 年版。

190.〔日〕南方博:《日本行政法》,杨建顺等译,中国人民大学出版社 1998 年版。

191.〔荷〕亨利·范·马尔赛文、格尔·范·德·堂:《成文宪法的比较研究》,陈云生译,华夏出版社 1987 年版。

192.江峰:《立宪主义与政治民主:宪法前沿十二讲》,华中科技大学出版社 2013 年版。

二、期刊论文类

1. 陈一放、潘圣平:《农村社会转型与农民现代化》,载《理论学习月刊》1998 年第 4 期。

2. 高建民:《中国农民概念及其分层研究》,载《河北大学学报》(哲学社会科学版)2008 年第 4 期。

3. 侯广斌、王晓成、周琥:《新农村体育建设背景下农民、农村概念的界定及农民群体划分的探讨》,载《湘南学院学报》2008 年第 5 期。

4. 江国华:《从农民到公民——宪法与新农村建设的主体性视角》,载《法学论坛》2007 年第 2 期。

5. 孙德厚:《对规范使用"村民"与"农民"概念的思考》,载《北京农业职业学院学报》2003 年第 4 期。

6. 林元:《当代中国农民的职业分化》,载《华东经济管理》2001 年第 2 期。

7. 郭君平、任钰、何忠伟:《都市型农民的内涵与特征分析》,载《北京农业》2010 年 10 月下旬刊。

8. 赵万一:《中国农民权利的制度重构及其实现途径》,载《中国法学》2012 年第 3 期。

9. 王春光:《当前中国阶级阶层关系的变化与特点》,载《河北学刊》2010 年第 7 期。

10. 杜丽:《"公平"与"共享"的呼吁:还农民以国民待遇》,载《法制与社会》

2008 年第 5 期。

11. 张道航:《当代中国"农民阶级"概念辨析》,载《理论研究》2010 年第 5 期。

12. 何文华:《悖论·理性冲突·思维方式的度》,载《求索》1987 年第 1 期。

13. 肖北庚:《宪政规定性的法理分析——透视宪政的另一种视角》,载《湖南师范大学社会科学学报》2002 年第 3 期。

14. 韩大元:《略论社会主义宪政的正当性》,载《法学》2011 年第 12 期。

15. 张千帆:《宪政民主应成为基本共识》,载《炎黄春秋》2012 年第 6 期。

16. 问清泓:《试论公民的平等权》,载《武汉科技大学学报》(社会科学版)2004 年第 1 期。

17. 郭春生:《阶级分析与阶层分析:〈共产党宣言〉的历史价值和当代价值》,载《中国特色社会主义研究》2009 年第 6 期。

18. 唐鸣、陈荣卓:《农民工法律地位的界定及考察路径——一条从抽象到具体的研究思路》,载《浙江大学学报》(人文社会科学版)2006 年第 9 期。

19. 陆学艺:《中国社会阶级阶层结构变迁 60 年》,载《中国人口·资源与环境》2010 年第 7 期。

20. 胡锦涛:《坚定不移沿着中国特色社会主义道路前进,为全面建成小康社会而奋斗——在中国共产党第十八次全国代表大会上的报告》。

21. 周其明:《农民平等权的法律保障问题》,载《法商研究》2000 年第 2 期。

22. 周作翰、张英洪:《论当代中国农民的政治权利》,载《湖南师范大学社会科学学报》2005 年第 1 期。

23. 刘亚荣、张婕、于京天:《教育局长眼中的教育经费——对 302 个全国地(市)、县教育局长的调查》,载《中国教育报》2004 年 8 月 23 日。

24. 高强:《断裂的社会结构与弱势群体构架的分析及其社会支持》,载《天府新论》2004 年第 1 期。

25. 贾应生、何青洲:《从宪政角度看农民弱势群体社会权利保障》,载《重庆科技学院学报》(社会科学版)2007 年第 6 期。

26. 李林:《法治社会与弱势群体的人权保障》,载《前线》2001 年第 5 期。

27. 郑杭生等:《全面建设小康社会与弱势群体的社会救助》,载《中国人民大学学报》2003 年第 1 期。

28. 周永坤:《中国现代化进程中的农民问题》,载《河北学刊》2012 年第 1 期。

29. 赵万一:《中国农民权利的制度重构及其实现途径》,载《中国法学》2012 年第 3 期。

30. 应松年、何海波:《我国行政法的渊源:反思与重述》,载《公法研究》(第 2 期),商务印书馆 2004 年版。

31. 成兴涛、祁伟、曾玉珊:《城乡二元结构下农民权利现状分析及对策思考》,载《南方论刊》2009年第6期。

32. 陈永梅:《中国农民的权利贫困分析》,载《广东财经职业学院学报》2004年第6期。

33. 李永宁:《统筹城乡公共产品供给的财政政策思考》,载《改革研究》2008年第11期。

34. 郭道晖:《子民变公民,自治代官治:农村宪政的两大要务》,载《"农村宪政与行政法治"主题研讨会论文集(2005)》。

35. 梁治平:《"公法"与"公法文化"》,载《读书》1994年第9期。

36. 陈端洪:《对峙——从行政诉讼看中国的宪政出路》,载《中外法学》1995年第4期。

37. 章志远:《互动:宪法与行政法关系的另一种思考》,载《河南省政法管理干部学院学报》2001年第2期。

38. 吴晓明、王彩霞、范炜烽:《政策与法律的结构分析——从伦理政治到法理政治》,载《学术论坛》2001年第3期。

39. 李友根:《司法裁判中政策运用的调查报告——基于含"政策"字样裁判文书的整理》,载《南京大学学报》2011年第1期。

40. 黄德海、文启湘:《总政策:概念、内涵及实证分析》,载《河北经贸大学学报》2003年第1期。

41. 俞忠英:《现代化的车轮:中国经济发展总政策》,载《经济改革》2003年第1期。

42. 王伟奇:《法治理论中政策与法之关系分析——以社会权利的发展为背景》,载《湖南文理学院学报》(社会科学版)2008年第2期。

43. 苗壮:《合同、政策、法律——中国农村土地经营制度改革的经济分析》,载《中国政法大学学报》2008年第3期。

44. 杨海坤、上官丕亮:《论宪法法部门》,载《政治与法律》2004年第4期。

45. 何深思:《政治资源公平分配是民主社会的基本要求》,载《资料通讯》2005年第5期。

46. 陈征:《我国宪法中的平等权》,载《中共中央党校学报》2010年第5期。

47. 刘刚、郭亚杰:《经济发展方式转变进程中如何保障公民政治参与权》,载《经济导刊》2001年第4期。

48. 李培林:《流动农民工的社会网络与社会地位》,载《社会学研究》1996年第4期。

49. 黄春:《关于中国农民政治权利的理性思考》,载《安徽电气工程职业技术学院学报》2007 年第 4 期。

50. 林光彬:《社会等级制度与"三农"问题》,载《读书》2002 年第 2 期。

51. 邹平学:《完善人民代表选举产生机制的若干思考》,载《法学评论》2005 年第 1 期。

52. 邢亮:《农民权利保护的宪政思考》,载《福建行政学院学报》2008 年第 3 期。

53. 黄延廷:《农民工选举案问题探讨》,载《长白学刊》2010 年第 3 期。

54. 顾协国:《大规模流动民工的政治权利及其实现途径》,载《江西社会科学》2003 年第 7 期。

55. 林光彬:《社会等级制度与"三农"问题》,载《读书》2002 年第 2 期。

56. 赵树凯:《当代中国农民身份问题的思考》,载《华中师范大学学报》(人文社会科学版)2011 年第 6 期。

57. 陆学艺:《农民工问题要从根本上治理》,载《特区理论与实践》2003 年第 7 期。

58. 程亚萍:《村民自治概念的三个视角》,载《高等函授学报》(哲学社会科学版)2008 年第 2 期。

59. 黄艳萍:《民族村寨村民自治实现善治的进路——以村规民约的完善为视角》,载《法学杂志》2009 年第 6 期。

60. 王旭宽:《村民自治权冲突及其法律救济的不足与完善》,载《云南社会科学》2006 年第 5 期。

61. 田飞龙:《从村民自治领域的权利救济看统一公法学知识生产的必要性——从村民自治领域的两个典型案例切入》,载《美中法律评论》2009 年第 10 期。

62. 崔智友:《中国村民自治的法学思考》,载《中国社会科学》2001 年第 3 期。

63. 马明华:《村民自治权及其法律救济探析——以法社会学为视角》,载《河南省政法管理干部学院学报》2003 年第 4 期。

64. 陈箭、刘民安:《简论村民委员会的法律地位》,载《政治与法律》1992 年第 6 期。

65. 徐勇:《村民自治的深化:权利保障与社区重建》,载《学习与探索》2005 年第 4 期。

66. 龙禹、颜勇:《关于村民自治权司法救济途径的创新研究》,载《广东农业科学》2009 年第 12 期。

67. 黄雪贤、路爱琴:《论村民委员会的行政主体地位》,载《西部法学评论》2008 年第 2 期。

68. 章志远:《信访潮与中国多元化行政纠纷解决机制的重构》,载《法治研究》2012 年第 9 期。

69. 肖唐镖、幸珍宁:《江西农村宗族情况考察》,载《社会学研究》1997年第4期。

70. 刘友田:《关于村民自治的调查研究》,载《青岛农业大学学报》(社会科学版)2008年第3期。

71. 程同顺:《村民自治中的党"政"关系》,载《中国政治》2002年第1期。

72. 郭殊:《论农会问题与农民的结社自由》,载《法学研究》2006年第3期。

73. 李龙、夏立安:《论结社自由权》,载《法学》1997年第12期。

74. 郭殊:《论农会问题与农民的结社自由》,载《法商研究》2006年第3期。

75. 朱英:《辛亥革命前的农会》,载《历史研究》1991年第5期。

76. 张英洪、周作翰:《中国农民的结社权》,载《云梦学刊》2006年第11期。

77. 于建嵘:《20世纪中国农会制度的变迁及启迪》,载《福建师范大学学报(哲学社会科学版)》2003年第5期。

78. 王俊英等:《欧洲农民协会的发展及其启示》,载《世界农业》2004年第11期。

79. 尤琳:《城乡一体化背景下村委会发展的制度瓶颈及完善路径——兼评新〈村民委员会组织法〉》,载《求实》2011年第2期。

80. 杜琼:《非政府组织之于农民》,载《云南行政学院学报》2003年第4期。

81. 赵瑞涛:《黑龙江省农村NGO的功能作用和发展现状——以农民专业合作组织为例》,载《安徽农业科学》2009年第34期。

82. 曹剑光:《浅析农村社会中介组织存在的问题及其发展》,载《农村经济》2005年第4期。

83. 郭霞、唐桂莲:《我国农村NGO生成的体制起因探究》,载《山东师范大学学报》(人文社会科学版)2010年第3期。

84. 陈俏巧:《社会主义新农村建设中的农村民间组织》,载《浙江树人大学学报》2008年第3期。

85. 敖毅、许鸣:《当前我国农村新型社会中介组织的发展及其再转型》,载《中国农村经济》2004年第7期。

86. 粟雄飞、尹文嘉、甘日栋:《新农村建设中的NGO:作用、困境与发展途径》,载《中共山西省委党校学报》2010年第5期。

87. 李玉文:《农民专业合作社联合组织形式的比较与选择》,载《社会科学家》2011年第9期。

88. 林海:《农民工工会和结社自由》,载《法治研究》2009年第4期,。

89. 王怀章、童丽君:《论迁徙自由在我国的实现》,载《法律科学》2003年第4期。

90. 薛江武:《对公民迁徙自由的立法思考》,载《中南政法学院学报》1994年第1期。

91. 肖辉:《迁徙自由的法理学分析》,载《河北法学》2004年第8期。

92. 肖辉:《迁徙自由的法理学分析》,载《河北法学》2004年第8期。

93. 罗厚如:《迁徙自由的比较研究》,载《河北法学》1995年第4期。

94. 李雪平:《国际人权法上的迁徙自由和移徙工人的权利保护——以中国农民工为例》,载《法律科学》2004年第3期。

95. 谓君:《质疑户籍制》,载《视点》2000年第11期。

96. 殷啸虎、林彦:《我国法律关于迁徙自由规定的变化及其思考》,载《法学》2001年第6期。

97. 王海光:《城乡二元户籍制度的形成》,载《炎黄春秋》2011年第12期。

98. 王鹰:《迁徙自由与户政管理的非治安化》,载《河北法学》2001年第6期。

99. 郭明瑞:《关于农村土地权利的几个问题》,载《法学论坛》2010年第1期。

100. 刘道远、谭奕和:《土地征收中集体土地权利研究——基于物权法视角之思考》,载《法学杂志》2007年第3期。

101. 王树春:《中国农村集体经济制度变迁的历史及其趋势》,载《天津商学院学报》2003年第1期。

102. 束景陵:《试论农村集体土地所有权主体不明确之克服》,载《中共中央党校学报》2006年第3期。

103. 崔建远:《土地上的权利群论纲》,载《中国法学》1998年第2期。

104. 叶华:《农地承包权具有所有权性质》,载《中国农村观察》1998年第6期。

105. 党国印:《中国农村社会权威结构变化与农村稳定》,载《中国农村观察》1997年第8期。

106. 张维迎:《法律和社会规范》,载《比较》2004年第11期。

107. 田培炎、蒋兆康:《权利与效率——一种法律经济学观念》,载《法学研究》1992年第6期。

108. 孙宪忠:《确定我国物权种类以及内容的难点》,载《法学研究》2001年第1期。

109. 王申义:《论权利的社会化》,载《法学研究》1999年第1期。

110. 杨中旭:《成都确权难题待深解》,载《财经》2011年第1期。

111. 张祎娴:《上海郊区宅基地置换试点模式及案例研究》,载《城市规划》2010年第5期。

112. 沈永昌:《上海郊区宅基地置换试点运作模式研究》,载《上海农村经济》2005年第7期。

113. 胡运霞:《农村宅基地流转绩效研究》,载《小城镇建设》2008年第4期。

114. 《重庆市人民政府关于统筹城乡户籍制度改革的意见》,载《重庆市人民政府公报》2010年第15期。

115. 杨玲:《土地征用的法律内涵》,载《法律科学》1999年第9期。

116. 张庆东:《公共利益:现代行政管理的本质问题》,载《云南行政学院学报》2001年第4期。

117. 黄学贤:《公共利益界定的基本要素及应用》,载《法学》2004年第10期。

118. 朱道林、沈飞:《土地征用的公共利益原则与制度需求的矛盾》,载《国土资源》2002年第11期。

119. 欧海若、吴次芳:《韩国的土地征收制度及其借鉴》,载《国土经济》1999年第4期。

120. 赵世义:《财产征用及其宪法约束》,载《法商研究》1999年第4期。

121. 姚建宗:《法律行为本体论论纲》,载《国家检察官学院学报》1996年第4期。

122. 卢丽华:《加拿大土地征用制度及其借鉴》,载《中国土地》2000年第8期。

123. 李乃贵:《美国土地征用制度》,载《中国土地》2001年第4期。

124. 宋振远等:《"公共利益"岂能成为商业拆迁的障眼法——中国城市拆迁问题调查》,载《半月谈》2003年第10期。

125. 商春荣:《土地征用制度的国际比较与我国土地资源的保护》,载《农业经济问题》1998年第5期。

126. 魏雅华:《中国需要一部新〈宪法〉——1982年版的〈宪法〉与中国土地问题的彻骨之痛》,载《中国律师》2003年第9期。

127. 王太高:《土地征收制度比较研究》,载《比较法研究》2004年第6期。

128. 陈江龙、曲福田:《土地征用的理论分析及我国征地制度改革》,载《江苏社会科学》2002年第2期。

129. 闫振华:《我国集体土地征用制度之弊端》,载《河南商业高等专科学校学报》2001年第2期。

130. 申京诗、刘晓鹰:《土地征用制度改革的模式选择》,载《国土资源科技管理》2003年第3期。

131. 吴兴国:《检视我国农地征用法律制度——兼及民法草案57条的修改》,载《行政与法》2003年第10期。

132. 崔智友:《中国村民自治与农村土地问题》,载《中国农村观察》2002年第3期。

133. 陈利根、刘方启:《修宪与土地征收制度的完善》,载《南京农业大学学报

(社会科学版)2004年第4期。

134. 郑杭生:《中国社会保障改革与制度建设》,载《新华文摘》2003年第5期。

135. 丁建定:《当代西方社会保障制度改革的背景与措施》,载《中国社会保障》2006年第4期。

136. 周弘:《西方社会保障制度的经验及其对我们的启示》,载《中国社会科学》1996年第1期。

137. 朱玲:《政府与农村基本医疗保障制度选择》,载《中国社会科学》2000年第4期。

138. 袁苗:《征用土地增值收益分配:一种基于产权经济学的分析框架》,载《农村经济与科技》2006年第12期。

139. 张蕾、刘艳涛:《社会保障一定要城乡普惠——代表委员建言农村社会保障体系建设》,载2009年3月11日《农民日报》。

140. 柴瑞娟:《我国农村社会保障构建困境与求解之道——基于国家责任的视角》,载《社会科学家》2011年第5期。

141. 罗豪才、宋功德:《认真对待软法——公域软法的一般理论及其中国实践》,载《中国法学》2006年第2期。

142. 宋斌文、范小岗、周惠文:《失地农民问题是事关社会稳定的大问题》,载《调研世界》2004年第1期。

143. 王玮、程蕾:《社会保障中的国家责任》,载《中国青年政治学院学报》2012年第3期。

144. 何金颖:《社会保障中的政府责任——兼评中国的政府责任》,载《南都学坛》2003年第6期。

145. 陈喜强:《重新认识政府在社会保障制度变迁中的作用》,载《改革与战略》2001年第2期。

146. 李郁芳:《试析土地保障在农村社会保障制度建设中的作用》,载《暨南学报》(哲学社会科学版)2001年第6期。

147. 杨东平:《教育公平的理论和在我国的实践》,载《教育学》2001年第3期。

148. 沈岿:《行政自我规制与行政法治:一个初步考察》,载《行政法学研究》2011年第3期。

149. 尹晓敏:《论高校学生申诉制度功能的失落与复归》,载《高等教育研究》2009年第3期。

150. 吴殿朝:《教育仲裁制度研究》,载《高等工程教育研究》2006年第6期。

151. 王轶:《正确理解公共利益切实维护私人权利》,载《理论参考》2007年第6期。

152. 温辉:《受教育权可诉性研究》,载《行政法学研究》2000年第3期。

153. 范履冰:《我国教育公益诉讼制度的建构探析》,载《现代法学》2008年第5期。

154. 汤尧:《论教育公益诉讼提起的条件》,载《教育科学》2006年第6期。

155. 尹力:《教育公益诉讼:受教育权利司法保障新进展》,载《教育理论与实践》2008年第10期。

156. 许崇德、郑贤君:《"宪法司法化"是宪法学的理论误区》,载《法学家》2001年第6期。

157. 张千帆:《中国宪政的路径与局限》,载《法学》2011年第1期。

158. 夏勇:《中国宪法改革的几个基本理论问题》,载《中国社会科学》2003年第2期。

三、博士论文类

1. 颜玉怀:《当代中国农民利益研究》,西北农林科技大学2005年博士学位论文。

2. 学江:《中国农民就业保障体系研究》,西北农林科技大学2005年博士学位论文。

3. 李君甫:《贫困地区农民非农就业中的职业教育和培训研究》,西北农林科技大学2004年博士学位论文。

4. 尹小平:《中国改革进程中的农民利益问题研究》,中共中央党校2001年博士学位论文。

5. 李甍:《城市化进程中农民进城就业问题研究》,中国农业大学2004年博士学位论文。

6. 张远忠:《中国农民收入问题研究》,山东大学2002年博士学位论文。

7. 王佳慧:《当代中国农民权利保护的法理》,吉林大学法学院2007年博士学位论文。

8. 王海燕:《我国农民非农化发展研究》,山东大学2005年博士学位论文。

9. 张桂英:《中国共产党农民利益问题政策研究》,东北师范大学2004年博士学位论文。

10. 牟少岩:《农民职业分化的影响因素研究——以青岛地区为例》,山东农业大学2008年博士学位论文。

11. 郝耀武:《中国农村村民自治权研究》,吉林大学2009年博士学位论文。

12. 王国峰:《论结社权》,吉林大学2010年博士学位论文。

13. 郭彩云:《农村民间组织与乡村治理研究》,中央民族大学 2012 年博士学位论文。

14. 曹文娟:《我国农民合作社法律制度研究》,中央民族大学 2011 年博士学位论文。

15. 钱文亮:《中国农村社会保障法律制度》,对外经济贸易大学 2007 年博士学位论文。

16. 宋士云:《新中国农村社会保障制度结构与变迁(1949—2002)》,中南财经政法大学 2005 年博士学位论文。

17. 汪敏:《农村社会保障中的政府责任》,湖南大学 2007 年博士学位论文。

18. 黄庆杰:《城乡统筹的农村社会养老保障:制度选择与政府责任》,中国社会科学院 2009 年博士学位论文。

后　记

　　人的成长和发展是有阶段性的，对此孔老夫子早有所教诲。孔子曰"七十而从心所欲，不逾矩"，我现在已经到此年龄了。回首往事，只感到时光荏苒，往事如烟。孩童时期仿佛还在眼前，中学、大学时期的生活历历在目，大学毕业后的艰辛岁月恍如昨日，最近看苏州大学法学院橱窗里历届学生毕业照，看到29年前的第一届本科学生毕业照尤感亲切。改革开放这30余年，中国民主与法治处于发展最快的黄金时期，而这段法学教学与研究的生活经历则是我个人人生中最充实、最忙碌，也是最有成就感的时期。我不仅长期参与了法学院本科生教学工作，而且开创了苏州大学法学院硕士生、博士生教学与研究工作的先河。2010年我应邀来到了著名的山东大学，更感受到这所学校的大气和温馨，我个人也正在为该校法学院的发展尽绵薄之力，真是人生不虚度，夕阳无限好！

　　一个偶然的机会，我得到"农民权利的公法保护"国家项目。说偶然，因为我在2008年完成"中国特色政府法治论"等国家社科项目之后，准备休养生息、好好读书之际，当时在校学习的博士生吴睿同学鼓励我再争取做一个科研项目，并协助我起草项目申请书，我当时并不抱太大希望，也确实感到有些倦怠；然而，国家项目经评审程序顺利获得通过，事后我的学界好朋友、时任山东大学校长的徐显明教授说评审组高度评价我的科研积极性和科研信誉，故准予我从事这个项目。但说真的，我对中国农村缺乏真正深入细致的了解，对中国当代农民情况的了解也若明若暗，要真正发现问题，研究法律对策，提出有价值的意见和建议，确实感觉勉为其难。但不管怎样，按照我的性格和脾气，一旦任务到手，还得硬着头皮认真对待，总不能对不起方方面面的支持者啊！几年来，我在完成各项教学与研究任务之余，经常督促自己把国家项目研究工作放在重要位置，努力从头学起，并与学生们一起调查、讨论和研究，经过一番辛苦，终于形成了目前的书稿。

　　事非经过不知难，只有经过一番研究方知道中国农民问题的复杂性、重要性。众所周知,农民在中国社会中长期处于弱势群体地位,新中国成立之后,在城乡二元结构长期影响下,我国传统农民尽管为社会稳定和发展作出了不可磨灭的贡献,但总体上仍然处于权利的贫困和缺失状态,农民的无权和少权境遇在经济、政治、文化、社会和生态环境等方面都表现得十分突出。改革开放以来,中国共产党倾尽全力力图改变这种状况,并取得了显著成绩。特别是进入21世纪之后,党中央作出了建设社会主义新农村的战略部署,农村各方面的建设有了巨大的进步。特别是党在十八届三中全会《中共中央关于全面深化改革若干重大问题的决定》中作出了农村改革的具体安排,一幅城乡一体化背景下的农村、农业、农民现代化的灿烂图画正在变为现实。尽管如此,由于农民群体的复杂性、多样性,我国社会转型环境的复杂性、风险性,农民权益保障问题仍然是一个需要社会长期关注和跟踪研究的巨大课题,尤其是运用公法保障农民权益更是一个特别复杂、需要与时俱进的研究课题。我们在研究过程中,常常深深感到力不从心、心中无底。

形势比人强,中国改革的步伐有时比学者的预测更快。在这里需要特别说明的是,本书中农民概念的起点就是以户籍作为形式区分标准的,这也反映了长期以来中国社会结构的状况,而且一直被认为是不容置疑的。但是,经过改革能量的多年集聚,经过党中央和全国各界的努力[1],2014年7月30日国务院终于出台了《关于进一步推进户籍制度改革的意见》,这个意见中的最大亮点就是决定取消农业户口与非农业户口性质区分,建立城乡统一的户口等级制度,可以说,这使人们眼前一亮,形势骤然发生了剧变——向好的方向的剧变!确实,这是一个需要理论勇气和战略思考的重要决定,至少是自2006年彻底取消农业税以

---

[1] 习近平主席早在2001年任福建省省长时所提交的博士论文《中国农村市场化研究》中就提出:"取消城乡二元户籍制度,是历史发展的必然趋势。""绝大多数在城市务工的农民并未真正融入城市,造成这一问题的根本原因是户籍制度的限制。""应该大胆进行户籍制度改革,坚决剔除粘附在户籍关系上的种种社会经济差别,彻底消除由户籍制度造成的城乡劳动力市场的分割。"而进入21世纪之后,每年"两会"期间户籍制度改革都成为热议的话题,"两会"代表和委员提出了不少议案和提案,要求加速推进我国户籍制度改革,社会科学工作者为此撰写和发表的论文可以说不计其数。

来,又一个具有划时代意义的改革举措;更进一步说,这是推动我国城乡统筹发展、推动新型城镇化发展的重要举措。① 从今往后,至少在形式上、身份上,中国将再无"农"与"非农"的区别,应该说,无论是在理念上,还是制度建设上,我国改革都迈出了至关重要的一步,标志着实行了半个多世纪的"农业"和"非农业"二元户籍管理模式将退出历史舞台!

但是,反过来说,宣布取消"农"与"非农"的区别,并不如此简单,更不可能登高一呼、发个文件就万事大吉,从此中国就没有农民了。职业上的农民肯定仍然存在,而且这也是我们期许的,发达国家今天的现状也不可能"消灭"农民,社会的存在永远离不开农民。当然,身份上残留的农民及其观念也不可能立即退出历史舞台,如果单靠户籍制度的改革,而没有其他强有力的配套制度的改革和完善,则不可能达到预期的实现社会公平正义的目标。因为户籍制度改革的背后,是非常复杂的权利和利益关系调整。从基本的政治权利到土地权益、就业失业、子女教育、医疗卫生、社会保障等,太多的权利过去都和户籍绑定,客观而言,综合改革受到多方面因素的制约,不可能一步到位;加速到来的城镇化还会遇到许多新问题、新困难,操作不当甚至会带来某些负面影响,例如我们已经看到的城乡居民利益冲突、就业压力上升、城市资源不足等问题的显现,这些问题都必须未雨绸缪,以便科学化解。但无论如何,户籍制度改革是大势所趋、众望所归,其最积极的含义就是告诉人们,中国以人为本的改革方向已定,历史不容倒转,一个前所未有的公民平等权利张扬的时代正在来临!任务依然十分艰巨,尤其不能忽视权利进步所必需的社会物质条件、社会结构条件以及人们的观念进步等其他必不可少的种种条件。眼下十分突出的就是,在形式上转换农民身份称呼的同时,应当更加努力推进"农"与"非农"背后附着的权利和福利的真正平等化!从这个意义上说,本书的"农民权利的公法保护"命题的意义远没有

---

① 美国布鲁金斯学会桑顿中国研究中心主任李成高度评价中国户籍制度改革时说:"这是一个历史性事件,是中国历史上最大的改革举措之一。户籍制度改革对中国经济有巨大的推动作用,有可能成为最大的内需动力。中国新的领导层执政两年后即推出户籍制度改革,反映了中国领导人对未来发展的信心。"(《法制日报》2014年8月5日,第9版)

结束,至少我国真正职业化意义的农民概念的确立还需要相当长的过程,我国实现城乡基本公共服务和社会福利均等化目标还任重而道远。

然而路途遥远绝不能成为我们企图停止前行的理由。因为城乡差距不断扩大的态势如果不被遏制,农民权利受侵害的现状不被彻底消除,中国就难以获得持续稳定的发展机遇。当前中国经济高速发展,城镇不断向农村伸展,在一部分城镇居民先富起来之后,曾经被户籍制度牢牢禁锢在土地上的农民群体所享受到的经济进步的成果还远没有达到令全社会,尤其是广大农民满意的程度。目前我国的城乡社会现状,仍然存在着城镇和乡村经济社会发展极其不平衡的情况,乃至形成了不是一时就可以彻底解决的城镇与乡村在经济、社会、权利等领域的两极分化结构。本项目名为"农民权利的公法保护",实质上乃围绕着"农民"与"公法"两大主轴,直面当下中国的农民、农村、农业问题面临的困境和挑战,并试图从公法学的角度给出一条诠释之路,以直面这种被扭曲的现状予以根本改革。但是我们不可否认,公法学对社会问题的阐释维度多基于学理规范而非社会现实,现实中"三农"问题涉及政治情势、经济现状、社会生活、历史文化等多个角度和层次,因此笔者在书稿中尽量增加运用社会实证调查、政治现实阐述、历史背景分析等公法学周边学科的分析方法,以求在农民权利问题的场域中给读者一个全景式的视域。但无论如何,对农民权利之保护的推进,不仅需要学者的文字功夫和理论钻研,更依赖现实制度的完善才能逐渐成就。

"农民权利的公法保护"项目于 2009 年由国家社科办批准,经过五年时间的辛苦努力,终于初步完成,但这只是为解决这个巨大的世纪性课题破个题。五年来,我作为项目负责人,一直专心致志于工作,带领课题组成员披星戴月、竭尽全力进行社会调查、开座谈会、整理材料,进行学术讨论,终于完成了这个近 50 万文字的成果。前后参加本课题工作的博士生、硕士生、本科生有:吴睿、杨俊、朱中一、陈峰、桂萍、张鑫、陈多旺、刘为勇、杨红、王灵波、赵哲、李清宇、郝炜、马迅、宋龙飞、樊响等。他们关心国事、思想解放、充满朝气,都为本课题的完成作出了各自的贡献。因此,与其说这是一部专著,不如说是师生共同创作的集体成果。没有学生们的支持和努力,就不可能有今天这样的成果。因此首先要特别感谢他们!另外,多年来,我国不少学者关注"三农"问题,写下了大量有价值、有分量的专著、论文和调查报告,其中不乏真知灼见,我在写作过程中必然参考和吸收了他们的有益成果,在此向他们致以衷心感谢!

完成本课题,首先应该感谢国家社科办公室,他们批准了本项目,给予了研究资金上的帮助;其次,要感谢苏州大学文科科研部门和苏州大学法学院领导的关心和帮助,他们为我提供了良好的研究条件和环境;再次,本书的出版得到了山东大学的出版资助,山东大学法学院是我近几年从事法学教学与研究工作的地方,这里的同事们、同学们给予我热情的支持和帮助使我终身难忘,在此特别予以感谢;最后,我还要深深感谢北京大学出版社的领导和责任编辑的巨大帮助,没有他们的努力,本书不可能在2015年顺利出版,以现在的面貌呈现于世人面前!

作者谨识于2015年5月